BASTEI LÜBBE

Herbert J. Stern

EIN RICHTER FÜR BERLIN

Verfilmt von Bibo-TV und January Enterprises, produziert von Joshua Sinclair und Ingrid Windisch, mit Martin Sheen, Sean Penn, Jutta Speidel und Sam Wanamaker nach dem Drehbuch von Joshua Sinclair

BASTEI LÜBBE

BASTEI-LÜBBE-TASCHENBUCH
Band 65 081

Amerikanischer Originaltitel: Judgment in Berlin

Lizenzausgabe: Gustav Lübbe Verlag GmbH, Bergisch Gladbach
Printed in West-Germany Mai 1988
Einbandgestaltung: Klaus Blumenberg
Titelfoto: January Enterprises
Satz: hanseatenSatz-bremen, Bremen
Druck und Bindung: Ebner Ulm
ISBN 3-404-65081-6
Der Preis dieses Bandes versteht sich einschließlich der gesetzlichen Mehrwertsteuer

Inhalt

Erstes Buch — Willkommen im freien West-Berlin!

30. August 1978 10
1. Der Rückflugschein in die Freiheit 13
2. Die Mauer der Tränen (13. August 1961) 33
3. Die Angeklagten (30. August — 6. Dezember 1978) . . . 44

Zweites Buch — Das Vorverfahren

4. Die Anklagevertreter und die Richter 70
5. Das gerichtliche Eröffnungsverfahren (12. Januar 1979). 96
6. Hinreichender Tatverdacht (13. Januar 1979) 119

Drittes Buch — Kraft Recht der Eroberung

7. Aus Ehr- und Pflichtgefühl (11. — 12. März 1979) 140
8. Das Gericht der Eroberer (13. März 1979) 151
9. Die verfassungsmäßige Besetzung (13. — 14. März 1979) 176

Viertes Buch — Ingrid Ruske

10. Gesagt ist gesagt (14. — 15. März 1979) 196
11. Im Kittchen (15. — 16. März 1979) 219
12. Der Gesandte und der Richter (16. — 17. März 1979). 245
13. Goeller (17. März 1979) 252

Fünftes Buch — Hans Detlef Alexander Tiede

14. Im nationalen Interesse (17. März — 9. Mai 1979). . . . 276
15. Nichtberücksichtigung (9. Mai 1979) 298
16. Irreführung des Gerichtes (10. Mai 1979) 312
17. O mein Heimatland! O mein Vaterland!
(10. — 13. Mai 1979) 329

Sechstes Buch – Die Hauptverhandlung

18. Die Geschworenen (14. Mai 1979) 338
19. Die Eröffnungsvorträge (15. Mai 1979) 352
20. Der Flug LOT 165 (16. Mai 1979) 376
21. Zwei Piloten – zwei Versionen (16. Mai 1979) 405
22. Richter oder Jury (17. Mai 1979) 418
23. Die Zeugen X, Y und Z (21. Mai 1979)............ 433
24. A, B, C und D (22. Mai 1979) 457
25. Die Schlußvorträge (23. Mai 1979) 462
26. Das Land, wo unsere Väter starben
(24. – 25. Mai 1979)........................... 481
27. Wahrspruch (26. Mai 1979) 498
28. Teures Land der Freiheit (27. Mai 1979) 504
29. Freiheit! hört man schallen (28. – 29. Mai 1979)..... 512

Nachwort.................................. 537
Anmerkungen 540

Die Hauptpersonen

KENNETH ADAMS – amerikanischer Mitverteidiger von Detlef Tiede
ROGER M. ADELMAN – Stellvertretender US-Staatsanwalt für Berlin, Ankläger; später Hauptankläger von John M. Hinckley, Jr.
DAVID ANDERSON – Gesandter der USA in Berlin, Stellvertretender US-Stadtkommandant von Berlin und Chef der US-Mission, Berlin; derzeit US-Botschafter in Jugoslawien
CALVIN P. BENEDICT – Generalmajor, US-Stadtkommandant von Berlin
JUDAH BEST – amerikanischer Verteidiger von Detlef Tiede
ULRICH E. BIEL – deutscher Verteidiger von Ingrid Ruske
HORST FISCHER – Verlobter von Ingrid Ruske
MARIANNE FISCHER – deutsche Juristin der US-Mission
ARTHUR F. GOELLER, Jr. – Oberstleutnant der US-Luftwaffe, leitender Ermittlungsbeamter; derzeit 2. Vizepräsident der Chase Manhattan Bank
BERNARD HELLRING – amerikanischer Verteidiger von Ingrid Ruske
DIETRICH HERRMANN – deutscher Verteidiger von Detlef Tiede
JAMES C. NELSON – Politischer Berater der US-Mission, Berlin
STEVE RABOURN – Gerichtsmarschall des US-Gerichts für Berlin, Chef des Ordnungsdienstes
BRUNO A. RISTAU – Leiter des Amtes für auswärtige Rechtsfälle im Justizministerium; Gerichtsschreiber des US-Gerichts für Berlin
INGRID RUSKE – Serviererin, DDR-Flüchtling

SABINE RUSKE – zwölfjährige Tochter der Ingrid Ruske
RICHARD SHAPIRO – amerikanischer Mitverteidiger von Ingrid Ruske
HERBERT J. STERN – US-Bundesrichter; Richter am US-Gericht für Berlin
WALTER J. STOESSEL, Jr. – US-Botschafter in Bonn; später US-Staatssekretär; jetzt außer Dienst
ANDRE M. SURENA – Rechtsberater der US-Mission Berlin, US-Staatsanwalt für Berlin, Hauptankläger; derzeit Stellvertretender Rechtsberater für Menschenrechte und Flüchtlinge in der Abteilung für Menschenrechte des US-Außenministeriums
HANS DETLEF ALEXANDER TIEDE – Kellner, DDR-Flüchtling
GISELA WOLF – deutsche Juristin im Büro des US-Staatsanwalts für Berlin

Erstes Buch

Willkommen im freien West-Berlin!

30. August 1978

Der Flughafen Tempelhof liegt im amerikanischen Sektor von Berlin. Aus der Luft betrachtet, ähnelt das Flughafengebäude einem fliegenden Adler. Es wurde im Zuge des Ausbaus des deutschen Flugwesens in der zur zukünftigen Kapitale von Hitlers »Neuem Europa« bestimmten Hauptstadt des »Dritten Reiches« für die Olympischen Spiele des Jahres 1936 errichtet. Da es von Bombenschäden völlig verschont blieb, sieht es heute noch genauso aus wie 1936 und ist nach wie vor eines der längsten Gebäude der Welt.

Der Flughafen Tempelhof ist heute indes nichts weiter als ein Luftstützpunkt der US-Luftwaffe und steht zu mehr als der Hälfte leer. Der zivile Flugverkehr von und nach West-Berlin wird über den im französischen Sektor gelegenen Flughafen Tegel abgewickelt. Selbst der militärische Flugverkehr nach Tempelhof ist großenteils zum Erliegen gekommen. Der einst so riesige Flughafen dämmert gleichsam wie ein Ruheständler mehr oder weniger schläfrig dahin.

Sein Kontrollturm ist jedoch nach wie vor in vollem Betrieb. Über Berlin herrscht ein reger Luftverkehr, und der Funkbetrieb der Flugzeuge ist interessant, vor allem der von jenseits der Mauer.

Am Morgen des 30. August 1978 hatten drei Oberfeldwebel der US-Luftwaffe im Kontrollturm Dienst. Während Berlin einem heißen Spätsommertag entgegensah, hörten sie den Funkverkehr ab, darunter auch die ostdeutschen Frequenzkanäle. Sie konnten das Sprechfunkgequassel der Ostblockflugzeuge hören, die den Ostberliner Flughafen Schönefeld anflogen und verließen. Da wollte zum Beispiel die polnische LOT-Maschine 165 in Schönefeld landen. Doch dann kam plötzlich ein Notruf. Der Flugkapitän meldete, es befinde sich ein Luftpirat an Bord. Die amerikanischen Luftwaffendienstgrade beugten sich vornüber. Die Maschine werde zur Kursänderung gezwungen. Der polnische Flugkapitän bat den Kontrollturm Schönefeld um Erlaubnis, Verbindung mit dem Tempelhofer Tower aufnehmen zu dürfen. Schönefeld antwortete mit Ja. Das ziellose Abhören wurde mit einem Mal zum Ernstfall: Die polnische LOT-Maschine 165 drehte ab und flog den Flughafen Tempelhof an. Der befehlführende Oberfeldwebel gab Alarm. Die beiden anderen hängten sich ans Telefon.

Wenige Minuten später tauchte das kleine polnische Verkehrsflugzeug vor den Augen der Amerikaner im Tower auf. Der Flugkapitän, Lukomski, hatte inzwischen die Funkverbindung mit ihnen aufgenommen und bat um Landeanweisungen. Mit einer Hand das Mikrophon umklammernd, lotste der Oberfeldwebel ihn herunter. Der andere Oberfeldwebel hing an einem Sonderapparat, der ihn mit Colonel Oberst, dem Kommandanten, verband.

Während das Flugzeug zur Landung ansetzte, rannten amerikanische Luftwaffensoldaten zu den Bereitschaftsfahrzeugen. Offiziere und Mannschaften strömten in Massen aus dem riesigen Flughafenkomplex und eilten im Laufschritt zum Vorfeld der Landebahn, auf der die polnische Maschine jetzt angerollt kam.

Ehe die polnische Maschine noch zum Stehen kam, sah sie sich von Luftwaffenfahrzeugen aller Art umzingelt. Der Flugkapitän erhielt mit lautem Gebrüll Befehl, die Motoren abzustellen, und der Flugzeugentführer wurde angewiesen, an den Einstieg zu kommen, seine Waffe herauszuwerfen und sich zu ergeben. Nach einem kurzen Wortwechsel zwischen dem polnischen Flugkapitän und zwei Obersten der US-Luftwaffe verstummten die Motoren. Dann öffnete sich langsam die Tür des Flugzeugs, und die Luftwaffensoldaten erblickten die Umrisse eines Mannes.

Detlef Tiede, ein Ostberliner, trat mit hochgereckten Armen aus dem Einstieg. Mit zwei Fingern formte er ein »V«. Er strahlte das amerikanische Aufgebot an und warf einem der beiden Obersten seine Pistole zu. »Willkommen im freien West-Berlin!« begrüßte ihn der andere lachend.

Dann erschien eine hübsche Blondine mit einem zwölfjährigen Mädchen an der Hand an der Einstiegsluke. Der Oberst gab ihr spontan einen Kuß auf die Wange, als sie mit ihrer Tochter das

Flugzeug verließ. Sieben von den anderen Fluggästen nutzten sofort die Gelegenheit, sich in den Westen abzusetzen.

Es war dies offensichtlich ein weiterer kühner Akt der Piraterie von verwegenen, freiheitsdurstigen Ostberlinern. Doch dieser sollte sehr verschieden von allen anderen behandelt werden, die vorher und nachhher begangen wurden.

1.
Der Rückflugschein in die Freiheit

Ein Leben in Freiheit ist nicht so leicht, und die Demokratie ist nicht vollkommen, aber wir hatten es nie nötig, eine Mauer aufzubauen, um unsere Leute bei uns zu halten und sie daran zu hindern, dorthin zu gehen, wohin sie wollten. Ich möchte Ihnen im Namen der Bevölkerung der Vereinigten Staaten, die viele tausend Kilometer von Ihnen entfernt lebt, auf der anderen Seite des Atlantiks, sagen, daß meine amerikanischen Mitbürger stolz, sehr stolz darauf sind, mit Ihnen zusammen, selbst aus der Entfernung, die Geschichte der letzten achtzehn Jahre teilen zu können. Denn ich weiß von keiner Stadt, die achtzehn Jahre lang belagert wurde und dennoch lebt mit ungebrochener Vitalität, mit unerschütterter Hoffnung, mit der gleichen Stärke und mit der gleichen Entschlossenheit wie heute West-Berlin. Die Mauer ist die abscheulichste und die stärkste Demonstration des Versagens des kommunistischen Systems. Die ganze Welt sieht dieses Eingeständnis des Versagens. Wir sind darüber keineswegs glücklich, denn – wie Ihr Regierender Bürgermeister gesagt hat – die Mauer schlägt nicht nur der Geschichte ins Gesicht, sie schlägt der Menschlichkeit ins Gesicht. Durch die Mauer werden Familien getrennt, der Mann von der Frau, der Bruder von der Schwester, und Menschen werden mit Gewalt auseinandergehalten, die zusammenleben wollen. . . In achtzehn Jahren des Friedens hat diese Generation der Deutschen sich das Recht verdient, frei zu sein, einschließlich des Rechts, die Familien und die Nation in dauerhaftem Frieden wiedervereint zu sehen, in gutem Willen gegen jedermann.

John F. Kennedy vor den auf dem Rudolf-Wilde-Platz, dem heutigen John-F.-Kennedy-Platz, versammelten Berlinern, 26. Juni 1963

Hans Detlef Alexander Tiede wurde nach dem Krieg in der sowjetischen Besatzungszone Deutschlands geboren. Er wurde somit ein Bürger der Deutschen Demokratischen Republik und nicht der Bundesrepublik Deutschland, wie es der Fall gewesen wäre, hätte er ein paar Kilometer weiter westlich das Licht der Welt erblickt. Für ihn sollte Adolf Hitler nie mehr als eine historische Gestalt sein, die vor seiner Geburt gelebt hatte und gestorben war. Was den deutschen »Drang nach Osten« betraf, den Kampf der Germanen gegen die Slawen, die in Stalingrad zerschellten Hoffnungen, die furchtbaren Folgen für Deutschland, so hatte er mit alldem nichts zu tun, obschon auch er sein Erbe war.

Er war im Grunde ein einfacher Mensch. Mittelgroß und von unauffälligem Aussehen, verfügte er nur über ein besonderes Kennzeichen — einen wohlgepflegten Schnurrbart. Von Beruf Kellner, stieg er im Laufe der Jahre allmählich auf und erhielt Stellen in den besseren und schließlich den besten Gaststätten. Er war ein Durchschnittsmensch und führte das Leben eines solchen.

In einer Hinsicht war Tiede indes ein Ausnahmemensch. Später schrieb er einmal: »Ob Mensch oder Tier, jeder liebt seine Freiheit.« Er liebte sie jedoch mehr als die meisten. Zumindest war er bereit, mehr für ihre Erlangung zu riskieren als die meisten seiner Mitbürger. Er war sich stets dessen bewußt gewesen, daß er auf der falschen Seite der Mauer lebte, und hatte immer gewußt, daß es unrecht war, ihn zum Bleiben zu zwingen — wenn er auch die Schlußakte der Konferenz von Helsinki, die Charta der Vereinten Nationen oder ihre »Allgemeine Erklärung der Menschenrechte« nicht hätte zitieren können. Er kannte diese Rechtsnormen nicht, begriff aber schon als Kind die Unterschiede zwischen der Lebensweise der Menschen im Westen und im Osten Deutschlands, wo er geboren war und aufwuchs, und dürstete bereits in jungen Jahren danach, seine Heimat zu verlassen.

Doch als Tiede ein Alter erreichte, in dem er diesen seinen Traum hätte verwirklichen können — lediglich durch Besteigen der

S-Bahn von Ost- nach West-Berlin –, da war es zu spät. Die Mauer stand dem entgegen. Als die Berliner Mauer am 13. August 1961 errichtet wurde, war Tiede noch ein Junge – und von diesem Tag an verwehrten ihm die Gesetze des kommunistisch beherrschten Ostens die Ausreise nach dem Westen. Er sollte ein Gefangener bleiben, dem man vorschrieb, was er zu arbeiten, zu lesen und zu sagen hatte, und den man zwingen wollte, seine Kinder nach derselben Schablone zu erziehen, in die man ihn zu pressen versuchte.

Als Tiede knapp vierundzwanzig Jahre alt war, lernte er eine junge Kellnerin kennen, Ingrid Ruske. So jung sie war, war sie bereits verheiratet gewesen, geschieden und Mutter eines Töchterchens namens Sabine. Man kam sich näher, doch schließlich wurde dann doch nichts aus der Beziehung, und die beiden gingen wieder ihre eigenen Wege.

Tiede heiratete später eine Polin, Maria, Mutter eines kleinen Jungen namens Rafael. Tiede sah das Kind als sein eigenes an und adoptierte es.

Dann bekamen er und Maria einen Sohn. Tiede nannte ihn John nach dem Mann, den er am meisten bewunderte, dem 1963 ermordeten Präsidenten des Landes, in das er immer schon hatte auswandern wollen: der Vereinigten Staaten von Amerika.

Die vier – Detlef, Maria, Rafael und John – lebten einige Jahre glücklich und zufrieden, soweit das angesichts des Wunsches der Eltern, in den Westen überzusiedeln, in Ost-Berlin möglich war. Sie konnten Tag für Tag die Mauer sehen und wußten, was ihnen auf der einen Seite winkte und was sie auf der anderen erdulden mußten.

Doch Maria war Polin. Im Laufe der Zeit gestattete die polnische Regierung ihren Bürgern mehr und mehr, Reisen in den Westen zu unternehmen, und lockerte sogar die Auswanderungsbestimmungen Ostdeutschland blieb dagegen unerbittlich und erlaubte einzig und allein Personen im Rentenalter Reisen in den Westen. Die Machthaber hatten in den Jahren 1945 bis 1961, in denen fast vier Millionen ihren Herrschaftsbereich verlassen hatten, erfahren, daß sie nicht darauf vertrauen konnten, daß Bürger, denen sie die Ausreise in ein westliches Land gestatteten, und sei es auch nur zu Besuchszwekken, wieder zurückkehren würden. Aus diesem Grund blieben sogar

Besuchsreisen verboten. Als Polin konnte Maria indes die Sektorengrenze nach West-Berlin ungehindert überschreiten, und oft nahm sie auch die Kinder mit. Mit der Zeit dauerten ihre Besuche dort immer länger und wurden immer häufiger; oft blieb sie auch nachts in West-Berlin. Tiede blieb natürlich, wo er war, auf der anderen Seite der Mauer.

Die beiden ließen sich schießlich scheiden, lebten aber weiterhin zusammen, da sie nicht genügend Geld für getrennte Wohnungen besaßen. Und dann passierte Tiede etwas Merkwürdiges. Nach und nach verschwanden einzelne Gegenstände aus seiner Wohnung; in dem Maße, in dem er Maria immer weniger zu sehen bekam, verringerte sich seine Habe. Eines Tages verschwand Maria dann hinter der Mauer, um nicht mehr zurückzukehren – die beiden Kinder hatte sie mitgenommen. Von jenem Tag an sah Tiede seine Söhne nicht mehr wieder. Als DDR-Bewohner war es ihm verwehrt, sie im anderen Teil Deutschlands, wo sie jetzt lebten, zu besuchen.

Er ging Tag für Tag seiner Arbeit als Kellner nach, doch es war ein freudloses Dasein. Unaufhörlich mußte er an die beiden kleinen Jungen denken und daran, daß er sie vielleicht nie wiedersehen würde. Wenn er abends an der Mauer vorbei nach Hause ging und die Grenzposten sah, dann kam ihm jedesmal zu Bewußtsein, daß er eingekerkert war – lebenslänglich. Immer dachte er dabei an die Kinder. Das Schrecklichste war, daß er sie nie wieder zu Bett bringen, nie mehr Ball mit ihnen spielen, sie nie wieder berühren würde – er würde sie nicht einmal mehr zu sehen bekommen. Niemals wieder würden sie »Pappi« zu ihm sagen.

Er verfiel in eine tiefe seelische Depression. Wie lange würde es wohl dauern, fragte er sich, bis sie ihn überhaupt nicht mehr vermissen würden? Wie lange, bis sie sich nicht mehr an sein Gesicht erinnern, ja seinen Namen vergessen haben würden? Rafael war erst sieben und John noch keine vier Jahre alt. Bei Kindern, dachte er, verblaßt die Erinnerung nach einiger Zeit. Und was passiert, wenn Maria sich wieder verheiratet, wenn ein anderer Mann auftritt. Dann hatten sie Grund, ihn aus ihrem Gedächtnis zu tilgen. Er mußte in den Westen – und zwar bald.

Er kam um eine amtliche Ausreiseerlaubnis ein. Sie wurde ihm verweigert. Er stellte einen neuen Antrag, der ebenfalls abschlägig beschieden wurde. Er reichte insgesamt zwölf Gesuche ein; alle wurden entweder abgelehnt oder blieben unbeantwortet. Die Behörden kümmerte es nicht, wenn der Vater seine Kinder nicht wiedersah. Mit ihren MG-Posten auf der Mauer verschafften sie ihren ablehnenden Bescheiden Geltung.

Tiede ging mit seinen Anträgen ein großes Risiko ein. Er wußte, welche Gefahren jedem drohten, der auch nur andeutete, daß er »die Republik« zu verlassen beabsichtigte. Er mußte mit der Möglichkeit rechnen, seinen Arbeitsplatz und verschiedene Vergünstigungen zu verlieren, ja sogar mit einer Freiheitsstrafe. Tiede ließ sich dadurch jedoch nicht abschrecken. Er ging zu seiner Arbeitsstelle, kehrte abends nach Hause zurück und beantragte wieder und wieder eine Ausreiseerlaubnis – mehr als ein Dutzend Mal, in bittendem, flehendem, manchmal aber auch scharfem und forderndem Ton, doch stets erfolglos.

So unkompliziert und freimütig Tiede auf viele auch wirkte, war ihm doch ein ausgesprochenes Gefühl für seine persönliche Würde eigen. Er wollte als Mann behandelt werden und sich nicht wie ein Esel antreiben und führen lassen. Das Unrecht und die Ungerechtigkeit, die er so bitter empfand, aber ohnmächtig erdulden mußte, versetzten ihn in Wut. Sein Zorn siegte schließlich über den letzten Rest von Zurückhaltung, den er sich noch bewahrt hatte, und selbst über seine Furcht. Wieder wandte er sich an die Behörde, doch diesmal überkam ihn dabei maßlose Empörung, und er konnte sich nicht mehr beherrschen.

»Ich, Detlef Tiede«, schrieb er, »kann und werde nicht verstehen, warum die meisten Menschen auf der Welt die Freiheit haben, zu leben, wo sie wollen, ich aber nicht.« Doch damit noch nicht genug: »Meine geschiedene Frau kann jederzeit die DDR-Grenze überschreiten. Wo ist da Gerechtigkeit? Bin ich ein Mensch zweiter Klasse? Ich beantrage hiermit erneut meine Ausreise in die BRD.« Mit klopfendem Herzen sandte er den Brief an die Regierung der DDR.

Er hatte in gewissem Sinne Glück Er bekam nämlich keine Antwort. Nicht, daß irgend jemand sich die Mühe gemacht hätte, ihm die historischen Gründe für die unterschiedliche Behandlung der Polen und der Deutschen zu erläutern. Er konnte vielmehr von

Glück sagen, daß man ihn nicht ins Gefängnis steckte. Er begann, sich zu fragen, ob er wohl zu unwichtig sei und man ihn deshalb nicht belange. Tiede lebte weiter wie bisher, ging in gewohnter Weise seiner Tätigkeit nach und fing an, sich den Text seines nächsten Antrags zu überlegen, der, wie er wußte, ebenso zwecklos sein würde wie die bisherigen. Doch was sollte er sonst noch tun?

Ingrid Ruske war mit ihrer Tochter ihre eigenen Wege gegangen. Mit ihrem hellblonden Haar, ihren sanften Augen war sie eine attraktive, ja fast schöne Frau, und es fehlte ihr zu keiner Zeit an Verehrern. Ihr Äußeres, im Verein mit einer gewissen Zartheit, einem Anflug von Hilflosigkeit, machte es unwahrscheinlich, daß sie lange allen bleiben würde.

Sie begegnete schließlich einem Westberliner namens Quint und verliebte sich in ihn. Dieser war von Beruf Maler und arbeitete als solcher täglich in Ost-Berlin. Die beiden machten Heiratspläne. Quint konnte sie jeden Abend besuchen, mußte aber als Westberliner den Ostsektor bis Mitternacht wieder verlassen haben. Dieser Zustand dauerte über ein Jahr lang an. Die beiden trotzten der Mauer, der Politik und der Geographie und träumten von ihrer gemeinsamen Zukunft. Quint wollte für sie und die kleine Sabine die Genehmigung zum Verlassen des Ostsektors einholen. Dann würden sie heiraten und alle drei zusammen in West-Berlin wohnen.

Quint richtete also ein Gesuch an die Regierung der DDR. Gespannt warteten die drei auf die Antwort. Als sie eintraf, wünschten sie, sie hätten nie ein Gesuch eingereicht.

Ingrid Ruske bekam nicht nur einen abschlägigen Bescheid, sondern mußte überdies zur Strafe ihren Ausweis abliefern und wurde dadurch in diesem Staat, in dem in Mensch ohne Papiere ein Niemand ist, zur Unperson. Sie war nun außerstande, sich auszuweisen. Sie konnte nicht mehr verreisen. Wenn sie irgend etwas von einer Behörde benötigte, wenn sie eine Dienststelle aufsuchen wollte, wenn ein Polizist sie anhielt, dann war sie ohne jede Legitimation. Sie mußte jedesmal angeben, sie könne sich nicht ordnungsgemäß ausweisen, weil man ihr ihren Ausweis entzogen habe. Sie war mit einem Stigma behaftet, ständig exponiert, in einer Gesellschaft, in der allein die Tarnkappe der Anonymität Schutz gewährt.

Sie und Quint wurden sich darüber klar, daß sie niemals würden heiraten können, daß ihre Übersiedlung nach West-Berlin niemals genehmigt werden würde und daß dies das Ende ihrer Verlobung war. Er war den körperlichen und seelischen Belastungen und sie den Folgen ihrer »Ausweislosigkeit« in dem ostdeutschen Polizeistaat auf die Dauer nicht gewachsen. Sie trennten sich, zwei hilflose Menschen, deren Träume an der Mauer eines Staates zerschellten, dem ihr Schicksal völlig gleichgültig war.

Ingrid Ruske war jetzt wieder mit ihrer Tochter allein. Sie fühlte sich verlassen. Sie war indes noch jung, erst Anfang dreißig und zudem eine hübsche Frau. Vielleicht, daß sie jetzt etwas mehr zur Fülle neigte als zu der Zeit vor sechs Jahren, wo Tiede ihr erstmalig begegnet war. Doch wirkte sich das auf ihr Äußeres nur vorteilhaft aus, ließ es sie doch weicher, weiblicher erscheinen und nicht mehr, wie seinerzeit, als junges Mädchen. Ihre Haare waren noch immer weizenblond und ihr Lächeln noch immer so strahlend – wenn sie jetzt auch meistens traurig und abgespannt aussah.

Ihr anziehendes Äußeres hatte ihr bisher nicht immer Glück gebracht. Manch einer interessierte sich für sie, doch es war nicht die große Liebe. Sie wußte jetzt, daß sie vor einem völligen Neubeginn stand und Vorsorge für ihre Zukunft und die ihrer kleinen Tochter treffen mußte. Sie mußte ihren Lebensunterhalt verdienen und Arbeit finden.

Sie begegnete einem Mann namens Berndt. Dieser verschaffte ihr eine Stelle in seinem Betrieb, dem Ostberliner Restaurant »Moskau«. Sie arbeitete viel und gab die Hoffnung auf, eines Tages doch noch in den Westen zu gelangen. Sie fand sich damit ab, daß sie auf der anderen Seite der Mauer bleiben mußte. Nach einer geraumen Weile, als es offensichtlich war, daß sie ihre Gesinnung geändert hatte, gab man ihr ihren Ausweis zurück und bestätigte ihr damit wieder amtlicherseits ihre Identität.

Aber sie blieb unzufrieden. Der dem Alkohol zugetane Berndt entwickelte sich zum Gewohnheitstrinker. Er war kein harmloser Trinker von der Sorte, die lacht und singt, um dann schließlich in Schlaf zu versinken. Berndt wurde zänkisch und laut und gebärdete sich immer mehr als Tyrann. Er fing an, Ingrid ständig zu beschimpfen, oft auch im Restaurant und bisweilen sogar im Beisein von Gästen. Sie fühlte sich durch sein Benehmen gedemütigt und wollte die Stelle wechseln, fand aber keine Gelegenheit dazu.

Eines Abends im Februar 1977 saß Horst Fischer allein an einem Tisch im Restaurant »Moskau« und wurde dort Zeuge einer Szene zwischen Ingrid Ruske und Berndt. Fischer war ein gewichtiger Mann, er war Bauleiter und beaufsichtigte eine Anzahl westdeutscher Baufirmen, die in Ost-Berlin ein Schlachthaus errichteten. Er kam häufig ins Restaurant »Moskau«, um die Verpflegung seiner Leute zu regeln und ihre Rechnungen zu bezahlen. Alle waren Westdeutsche, die zeitweilig in Ost-Berlin arbeiteten, um das Projekt durchzuführen. Fischer kam aus Hamburg, er war von Beruf Elektroingenieur. Zum ersten Mal managte er ein solches Projekt im Osten.

Fischer war verheiratet, aber nicht glücklich. Seine Frau wollte sich von ihm scheiden lassen, er dagegen die Ehe aufrechterhalten. Er war ein Mann von ruhigem, ausgeglichenem Wesen. Seine Leute kamen mit Ostberliner Freundinnen ins Restaurant – jede Woche mit anderen-, doch er erschien immer allein. Auch als seine Frau die Scheidung beantragt hatte, blieb er immer für sich und trank keinen Alkohol. Er war groß und schweigsam, freundlich und zuvorkommend. Ingrid Ruske fühlte sich zu ihm hingezogen. Er schien so anders als alle die anderen.

Er seinerseits fühlte sich auch zu ihr hingezogen. Er war älter als sie, und sie erschien ihm jung und hübsch. Er sah, wie Berndt sie behandelte und empfand Mitgefühl für sie. Nach einiger Zeit begann er, sich in der Bar neben sie zu setzen und sich mit ihr zu unterhalten, während seine Leute sich mit den Ostberliner Mädchen amüsierten. Wenn Fischer in der Nähe war, ließ Berndt Ingrid in Ruhe.

Die Liebesbeziehung zwischen Ingrid Ruske und Horst Fischer bahnte sich ganz allmählich an. Sie hatte so etwas schon einmal mit einem Westdeutschen erlebt, und es hatte mit der Zerstörung ihrer Träume und dem Verlust ihrer Identität geendet. An noch einem solchen Abenteuer war ihr nicht gelegen. Doch wider Willen verliebte sie sich in Horst Fischer.

Auch er verhielt sich vorsichtig. Seine Ehe war noch nicht geschieden, obschon er wußte, daß die Scheidung demnächst ausgesprochen werden würde. Und so kamen sich der vereinsamte Mann aus dem Westen und die junge Frau aus dem Osten näher, zuerst langsam und dann immer ernsthafter, bis sie schließlich beschlossen, ihren Lebensweg gemeinsam zu gehen.

Sie waren sich darüber klar, daß, sobald das Schlachthaus fertig war, er wieder nach Westdeutschland zurück mußte, ohne sie mitnehmen zu dürfen. Sie begannen daher, ihre und Sabines Flucht zu planen. Noch ehe sie die Einzelheiten festgelegt hatte, fing er an, ihre Habe langsam, Stück für Stück, aus Ost-Berlin herauszuschmuggeln: Kleider, Schmuck, sogar ihren Pudel brachte er an den Posten vorbei in den Westteil der Stadt.

Horst Fischer mietete sogar eine Wohnung in West-Berlin, in der Berliner Straße, unterzeichnete den Mietvertrag in ihrer beider Namen und füllte sie Schritt für Schritt mit Ingrids Sachen an. Binnen kurzem befand sich der Großteil ihrer Habe dort. Sie hatten vor, nach Ingrids Flucht aus Ost-Berlin zu heiraten und in diese ihre Wohnung in der Berliner Straße zu ziehen. Sie hatte die Wohnung natürlich noch nicht gesehen, unterschrieb aber den Mietvertrag als seine Frau mit »Ingrid Fischer« und wurde dieserart Wohnungsinhaberin in West-Berlin, einer Stadt, deren Betreten ihr gesetzlich verboten war.

Horst Fischer und Ingrid Ruske begannen dann, einen Fluchtplan zu schmieden. Verschiedene Möglichkeiten wurden von ihnen erwogen und dann als zu gefährlich – besonders mit dem Kind – wieder verworfen. Schließlich kamen sie zu einem Entschluß. Ihr Plan schien einfach, gefahrlos, nahezu narrensicher. Sie hatte dennoch große Angst, vertraute sich und ihre Tochter aber der Führung des massigen Ingenieurs an.

Horst besorgte Ingrid einen Reisepaß, der auf den Namen einer in Westdeutschland ansässigen Frau ausgestellt war. Daran war lediglich eine Änderung vorgenommen worden: er zeigte Ingrids Lichtbild. Sonst aber war er echt. Sie hatten vor, zusammen mit Sabine mit der Bahn nach Polen zu fahren. Während er als Westdeutscher den ostdeutschen Behörden keine Rechenschaft schuldete, wollte sie ihre und ihrer Tochter Fahrt als »Ferienreise« deklarieren. An der polnischen Grenze wollte Ingrid den ostdeutschen Grenzpolizisten ihren Ostberliner Ausweis zeigen, den man ihr einige Monate zuvor zurückgegeben hatte, also als DDR-Bewohnerin aus der DDR ausreisen. Das sollte der erste Schritt sein. Sodann wollte sie bei der Kontrolle auf der polnischen Seite ihren gefälschten westdeutschen Paß vorzeigen und nach Polen als Bürgerin der Bundesrepublik einreisen. Als solche würde sie aus Polen nach jeder beliebigen Stadt des Westens ausreisen können. Sie wollten dann weiter bis nach Warschau fahren — und anschließend in die Freiheit.

Sie planten, überlegten und sprachen alle Einzelheiten wieder und immer wieder durch. Sie waren sich bewußt, daß Ingrid im Falle ihrer Entdeckung mit einer hohen Freiheitsstrafe zu rechnen hatte — und mit einem staatlichen Vormund für Sabine. Die Risiken, die sie eingingen, waren immens, doch sehr groß war auch der Gewinn, der ihnen winkte.

Es dauerte mehrere Monate, bis sie fertig waren.Im Frühjahr 1978 bestiegen sie dann endlich alle drei einen Zug nach Warschau. Ingrid hatte nur einen Koffer mitgenommen — mehr Gepäck für eine »Ferienreise« hätte Verdacht erregt, und der Großteil ihrer Habe befand sich bereits in West-Berlin. Als sie in den Zug stieg, blickte sie noch einmal zurück. Ost-Berlin war schließlich ihre Heimat gewesen. Mit einem leichten Achselzucken faßte sie Sabine an der Hand und stieg ein. Als sie zusammen mit ihrer Tochter Fischer gegenüber Platz nahm, strahlte sie ihn an.

In ihrem Abteil blickten der Mann, die Frau und das Kind aus dem Fenster. Im Flug zogen Felder, Wiesen und Wälder vorbei. Der Zug schien der Grenze im Blitztempo entgegenzueilen, doch Ingrid konnte nicht sagen, ob seine Fahrt ihr zu langsam oder zu schnell vorkam. Sie konnte ihre Erregung nur mühsam bändigen. Allein die massige Gestalt des ihr gegenübersitzenden Horst Fischer gab ihr ein Gefühl der Geborgenheit. Als sich der Zug der polnischen Grenze näherte, verlangsamte er das Tempo und kam dann zum Stehen. Steif und starr vor Aufregung saßen die drei Fahrgäste auf ihren Plätzen. Zuerst würden die ostdeutschen Grenzpolizisten kommen. Diesen sahen sie ohne Bangen entgegen. Ingrid würde ihnen ihren Ostberliner Ausweis vorzeigen. Dann die Polen. Wenn sie sich durch den gefälschten westdeutschen Reisepaß täuschen ließen, wenn sie nicht kontrollierten, ob er einen ostdeutschen Einreisestempel aufwies, wenn sie ihn mit einem polnischen Einreisesempel versahen — dann würden sie und Sabine frei sein — für immer. Sie würden dann in die Wohnung in der Berliner Straße in West-Berlin »heim«kehren. Sie warteten auf die erste Etappe — darauf, daß die ostdeutsche Grenzpolizei sie aus Ostdeutschland nach Polen ausreisen ließ. Sie wagten es nicht mehr, sich ins Gesicht zu sehen, sondern suchten nur noch Blicke von ihren Spiegelbildern im Abteilfenster zu erhaschen.

Ingrid hörte, wie sich auf dem Gang die Schritte der Grenzpolizisten näherten. Oh, was habe ich da nur getan, dachte sie bei sich. Die lassen sich nicht täuschen. Sie wissen sofort Bescheid. Wenn ich ihnen den gefälschten Paß zeige, verrate ich mich. Sie sehen es mir an. Ich bin viel zu nervös. Warum habe ich das nur getan?

Als die Tür aufging, stockte Ingrid das Blut in den Adern. Was sie sah, bedeutete, daß alle ihre gemeinsamen Pläne und Hoffnungen gescheitert waren: Die polnischen Grenzpolizisten kamen in Begleitung der deutschen.

Es sollte also nicht sein. Die Grenzpolizisten betraten zusammen das Abteil und kontrollierten die Papiere der drei Reisenden, die da wie versteinert vor ihnen saßen. Ingrid konnte ihnen natürlich nur ihren Ostberliner Ausweis vorzeigen, hätte der deutsche Grenzpolizist doch auf ihrem westdeutschen Reisepaß den Einreisestempel vermißt. Sie konnte zwar ohne jede Schwierigkeit nach Polen einreisen, aber als DDR-Bewohnerin, die sie war und nun würde bleiben müssen. Weiter als Polen durfte sie nicht. Der Zug entfernte sich aus dem Grenzgebiet und fuhr jetzt wieder mit normaler Geschwindigkeit. Für Ingrid, Horst und Sabine wurde die erhoffte Fahrt in die Freiheit zu einer Reise ins Ungewisse. Sie verfielen in brütendes Schweigen und wußten nicht, was sie nun tun sollten.

Der Zug fuhr in den Warschauer Hauptbahnhof ein. Die drei Reisenden stiegen aus. Doch wohin sollten sie sich wenden? Ingrid stand, vor Furcht und Enttäuschung wie gelähmt, auf dem Bahnsteig. Würde es stets so bleiben, daß sie wie Mäuse in einem Labyrinth bald hierhin, bald dorthin hasten mußten, um sich dann schließlich jedesmal am Ausgangspunkt ihres Fluchtunternehmens wiederzufinden?

Fischer nahm ihr Gepäck auf. Er wollte sich nicht geschlagen geben. Er faßte Sabine an der Hand. Ingrid ging hinterher. Er fand ein Hotel, brachte sie dort unter und klapperte anschließend ganz Warschau auf der Suche nach Tinten, Stempeln und Bleistiften aller Art ab. Diese breitete er dann auf dem Fußboden aus und versuchte, während Ingrid und das kleine Mädchen auf dem Bettrand saßen, auf ihrem gefälschten westdeutschen Paß einen polnischen Einreisestempel nachzumachen.

Er hockte im Schneidersitz auf dem Boden und übte sich wieder und immer wieder im Kopieren des polnischen Stempels. Die Bleistifte verschwanden fast in seiner großen Faust. Ingrid konnte sich eines Lächelns über den großen stämmigen Mann nicht erwehren, der da vor ihr hockte und sich seufzend und vor sich hinmurmelnd an seiner komplizierten Aufgabe abmühte. Eine Stunde verging, dann noch eine. Plötzlich sprang er auf und schleuderte die Schreibgeräte und Bleistifte fluchend gegen die Wand. Es war nichts zu machen. Er konnte den Einreisestempel nicht so perfekt nachmachen, daß sie ihn unbesorgt an der Grenze hätten vorzeigen können.

Sie packten ihre Sachen zusammen, um wieder nach Ost-Berlin zurückzufahren. Ingrid konnte nirgend woanders hin. In ihrer Angst vernichteten sie ihren westdeutschen Paß. Es war zu gefährlich, ihn noch länger bei sich zu führen.

Fischer brachte sie nach Ost-Berlin zurück. Sie waren nun wieder am Ausgangspunkt ihres Fluchtversuchs angelangt. Sie hatte dies alles schon einmal mit einem Westberliner durchexerziert. Sie hatte sich von Quint getrennt und war entschlossen, sich nun auch von Fischer zu trennen. Sie konnte sich und ihr Kind einer solchen Gefahr nicht noch einmal aussetzen.

Doch Fischer wollte nicht aufgeben. Er werde sie und Sabine schon herausbringen. Er hatte jetzt einen anderen Plan: Sie werde wieder als DDR-Bewohnerin nach Polen reisen. Diesmal werde er dort mit ihr zusammentreffen und ihr gefälschte Papiere mitbringen, die auf den Namen einer westdeutschen Frau und ihres Kindes ausgestellt sein würden. Sie brauche die Papiere dann bei der Grenzkontrolle nicht vorzuzeigen. Er werde auch die Fahrausweise und die Platzkarten in West-Berlin besorgen. In Polen werde er ihr die Papiere und die Fahrausweise geben, und dann würden sie per Schiff nach Travemünde fahren. Sie brauche keine Risiken mehr einzugehen.

Ingrid wollte auf seinen Vorschlag nicht eingehen. Sie wollte sichergehen, daß man sie und Sabine nicht verhaftete. Das konnte sie nur, wenn es erst einmal jemand anderes versuchte. Doch wer war dazu bereit? Da erinnerte Ingrid Ruske sich an Detlef Tiede — und ihre Wege begannen sich nach all den Jahren abermals zu kreuzen.

Sie hatte gehört, daß Tiedes Frau mit den Kindern in den Westen gegangen war und daß er große Sehnsucht nach ihnen hatte. Sie vermutete — und ihre Vermutung erwies sich als richtig —, daß er einwilligen würde, den Vorreiter zu machen. Als sie sich an ihn wandten, war er denn auch sofort dazu bereit. Die drei — Fischer, Ingrid Ruske und Tiede — setzten sich zusammen, aber nur ein einziges Mal. Öfter zusammenzutreffen, wäre zu gefährlich gewesen. Man faßte folgenden Plan: Fischer würde die gefälschten Papiere für Tiede besorgen, Tiede als Ostdeutscher nach Danzig oder Zoppot fliegen, dort von Fischer die Papiere in Empfang nehmen und dann als Westdeutscher an Bord des Schiffes gehen.

Sie planten, trafen Vorbereitungen und änderten nach einiger Zeit ihre Pläne wieder. Dann gab es Verzögerungen. Fischer konnte die Papiere nicht so schnell beschaffen, wie er gehofft hatte. Er fuhr ständig zwischen Ost- und West-Berlin hin und her, suchte von Freunden im Westen echte westdeutsche Reisepässe zu bekommen und fälschte sie für Detlef, Ingrid und Sabine.

Schließlich kam man überein, daß man nun gut genug geplant habe, Fischer war überzeugt, daß es diesmal klappen würde, daß sie sogar alle vier zusammen reisen könnten. Er habe alles genau einkalkuliert. Ingrid war zuerst skeptisch, fügte sich dann aber seinem Willen. Die Vorbereitungen wurden abgeschlossen. Fischer buchte in West-Berlin vier Plätze auf einem westdeutschen Fahrgastschiff, das am 28. August 1978 von Zoppot abfahren sollte.

Tiede und Ingrid buchten einen Hin- und Rückflug vom Ostberliner Flughafen Schönefeld nach Danzig. Nur ein Hinflug hätte allerlei Fragen provoziert. Was führt ein Ostdeutscher im Schilde, der nur eine *Hin*fahrt irgendwohin bucht? Sie warteten auf den Abflugtag und auf die gefälschten Papiere, die Fischer ihnen aus West-Berlin bringen wollte.

Als er kam, waren sie der Verzweiflung nahe. Fischer hatte immer noch nicht alle Papiere beisammen. Ihm fehlte noch ein Ausreisevisum für Tiede und ein Personalausweis für Ingrid. Er war jedoch zuversichtlich. Er würde sie noch bekommen. Diesmal würde es klappen. Tiede flog nach Polen, um dort Ouartier zu machen. Ingrid und Sabine flogen ein paar Tage später, am 25. August. Sie wollten sich am 27. August mit Fischer treffen. Dieser würde mit der Bahn kommen und die restlichen Papiere mitbringen. Tags darauf, am 28. August, wollten sie dann zusammen mit dem Schiff nach Westdeutschland in die Freiheit fahren.

Alles verlief programmgemäß. Ingrid und Sabine stießen zu Detlef in Polen. Sie stellten fest, daß das Schiff fahrplanmäßig eintreffen würde. Es war alles bereit. Sie fieberten vor Aufregung – vor allem Tiede. Tags darauf würde Fischer eintreffen und in spätestens zwei Tagen würde er, Detlef Tiede, seine Kinder endlich wiedersehen.

Am nächsten Morgen rief Fischer sie vom Bahnhof aus an und teilte ihnen mit, daß er im Begriff sei, abzufahren. Er ließ durchblikken, ohne dies direkt zu sagen, daß er die restlichen Papiere bei sich habe. Die drei »Touristen« zählten in Danzig die Stunden bis zur Ankunft des Zuges und trafen schon lange vorher auf dem Zoppoter Bahnhof ein, um ihn nur ja nicht zu verpassen. Der Zug lief pünktlich ein. Die Fahrgäste stiegen aus und strömten zum Ausgang. Ingrid und Detlef standen auf dem Bahnsteig und hielten angestrengt Ausschau nach Horst. Doch dieser war nicht dabei. Der letzte Fahrgast verschwand -Horst war immer noch nicht da. Sie liefen zu dem Zug und gingen ihn Wagen für Wagen ab. Ergebnislos. Sie gerieten in Panik. Vielleicht war es der falsche Zug? Sie blieben auf dem Bahnhof und warteten sämtliche Züge ab, die an jenem Tag aus Ostdeutschland in Zoppot eintrafen, doch Fischer kam nicht.

Von einer Telefonzelle aus riefen sie in West-Berlin an und versuchten, Fischer zu erreichen. Sie bekamen nur die Auskunft, daß er nicht zur Arbeit erschienen sei. Er war verschwunden. Es wurde Abend. Sie warteten weiter. Er kam nicht. Es wurde ihnen klar, daß er nie kommen würde.

Sie gingen zum Seesteg. Dort lag das Schiff. Aber an Bord konnten sie nicht gehen, denn ihre Papiere waren nicht vollständig. Sie hatten nicht einmal Fahrausweise. Sie standen da und sahen, wie die letzten Passagiere an Bord gingen, die Laufplanke hochgezogen und das Schiff abfahrbereit gemacht wurde. Die drei mußten den Tränen nahe mit ansehen, wie die Fahrgäste zum Abschied winkten, die Taue gelöst, die Maschinen angelassen wurden und das Schiff ablegte. Hand in Hand standen der Mann, die Frau und das kleine Mädchen auf dem Landungssteg und blickten auf das mit Abfällen durchsetzte, schäumende Kielwasser ihres Traumschiffs, das nun ohne sie abfuhr.

Sie wandten sich schließlich ab und kehrten in die Stadt zurück. Sie ahnten, was passiert sein mußte: Horst Fischer war auf dem Weg zu ihnen nach Polen vom Staatssicherheitsdienst verhaftet worden.

Bis heute weiß man nicht, wie es zu seiner Verhaftung kam. Einige West-Berliner hatten ihm geholfen. Von einem Mann mit Vornamen Wolfgang bekam er einen Personalausweis für Tiede und von einer Frau mit Vornamen Barbara einen echten Westberliner Personalausweis für Ingrid. Zweifellos hatte er auch mit anderen über die Angelegenheit gesprochen. Möglicherweise hatte ihn irgend jemand belauscht oder eine unvorsichtige Bemerkung von ihm weitergegeben. Vielleicht auch, daß ihn ein bezahlter Spitzel an den Osten verriet. Jedenfalls wartete die Volkspolizei bereits auf ihn, als der Zug die Grenze überquerte, und holte ihn, der Tiedes und Ingrid Ruskes Papiere bei sich trug, heraus, zunächst unter dem Vorwand, er betreibe Heroinschmuggel.

Detlef und Ingrid wußten natürlich nichts von alldem, als sie ratlos in die Stadt zurückfuhren. Doch als das Schiff abgefahren und Horst nirgends zu erreichen war, war ihnen alles klar.

Ingrid Ruske erinnerte sich an ihre Erlebnisse in Warschau – als Horst, Sabine und sie nach dem Scheitern ihres ersten Plans in der polnischen Hauptstadt auf dem trocknen gesessen hatten und Horst, auf dem Fußboden ihres Hotelzimmers hockend, so große Mühe darauf verwendet hatte, den polnischen Stempel zu fälschen. Jetzt saß sie abermals auf dem trockenen, doch diesmal konnte sie nicht mehr zurück. Und er? Gott allein wußte, was sie mit ihm machen würden.

Horst hatte eine auf den Namen einer Westberliner Frau ausgestellte, aber mit Ingrids Lichtbild versehene Kennkarte bei sich, außerdem Tiedes Ausreisevisum. Selbst wenn der arme Mann kein

Schuldgeständnis ablegte, um seine Haut zu retten, so genügte das Belastungsmaterial, das er in der Tasche trug, um sie alle ins Gefängnis zu bringen. Die polnische Polizei würde sie auf eine Anforderung aus Ostdeutschland hin sofort festnehmen.

Ingrid und Detlef wußten, daß sie in höchster Gefahr schwebten. Sie wußten, daß sie nicht in Polen bleiben konnten. Sie hatten dort keinen Arbeitsplatz. Außerdem waren sie mit Geld knapp. Tatsächlich verfügten sie über wenig mehr als über ihre Rückflugkarten für die polnische LOT-Maschine 165, die am 0. August um 10.00 Uhr von Danzig abfliegen sollte.

Nach Ost-Berlin konnten sie jedoch nicht zurückfliegen. Dort drohte ihnen ohne jeden Zweifel sofortige Verhaftung. Detlef meinte zu Ingrid, wenn sie zurückflögen, könnten sie das Geld für ein Taxi sparen, denn der Stasi werde bereits auf sie warten. Wenn sie in Polen blieben, würde man sie verhaften, und wenn sie zurückflögen, würde man sie bei der Landung festnehmen. Und was würde wohl mit der zwölfjährigen Sabine geschehen? An diesem 29. August faßten sie den Plan, die LOT-Maschine 165 zu entführen. Tiede machte ihr klar, daß ihnen nichts anderes übrigbleibe, als das Flugzeug gewaltsam von Ost- nach West-Berlin umzuleiten.

Sie wußten, daß dies gesetzwidrig war, doch Tiede fragte, ob es denn wohl »legal« sei, sie in Ostdeutschland festzuhalten? Ob es »legal« sei, sie jetzt, weil sie einen Fluchtversuch unternommen hatten, ins Gefängnis zu stecken und das Kind dem Staat zu übergeben? Sollen sie sich in dieser Situation gehorsam ins Gefängnis bringen lassen – widerstandslos? Nun, sagten sie sich, wenn sie schon irgendwo einsitzen müßten, dann lieber in West- und nicht in Ost-Berlin. Im Westen würde der Freiheitsentzug eines Tages enden, im Osten aber würden sie nie frei sein – nicht einmal nach ihrer Entlassung aus dem Gefängnis.

Sie brauchten irgend etwas, womit sie die Besatzung einschüchtern und sie veranlassen konnten, den Kurs zu ändern, hatten für eine Pistole aber kein Geld.

Als sie dann ziellos durch die Straßen der polnischen Hauptstadt irrten, blieb die kleine Sabine vor dem Schaufenster eines Spielwarenladens stehen. Ingrid und Detlef gingen weiter, doch das Kind wollte erst sehen, was es da gab. Plötzlich riß es sich von dem Anblick los, rannte hinter den beiden her, faßte seine Mutter am Arm, damit sie stehenblieb, und erzählte ihr mit vor Aufregung hochrotem Kopf, sie habe in dem Schaufenster es Spielwarenladens eine Pistole liegen sehen. Sie sehe wie eine richtige Pistole aus, berichtete Sabine ihrer Mutter und zog die beiden Erwachsenen mit sich zurück, bis sie alle drei vor dem Schaufenster standen.

Damit ginge es vielleicht, dachte Tiede. Er ging in den Laden, sah sich die Pistole genauer an und nahm sie in die Hand. Es war natürlich keine richtige Pistole. Man konnte niemandem damit einen Schaden zufügen. Es war eine Startpistole, mit der man lediglich Platzpatronen abfeuern konnte, die das Geschäft aber gar nicht vorrätig hatte. Sie sah jedoch zumindest wie eine echte Pistole aus.

Sie hatten indes nicht einmal genügend Geld, um sich diese Spielzeugpistole zu kaufen. Es sei aussichtslos, meinte Ingrid.

Tiede wollte so schnell nicht aufgeben. Sie würden sich das Geld durch den Verkauf der paar zusätzlichen Kleidungsstücke beschaffen, die sie auf ihre »Ferienreise« mitgenommen hätten.

Sie gingen also auf einen Flohmarkt, fragten von Bude zu Bude und verkauften allerlei Kleidungsstücke. Sogar Sabines Sachen wurden verhökert.

Schließlich hatten sie genug Geld zusammengebracht, Sie eilten im Geschwindschritt zu dem Laden zurück und kauften die Pistole.

Damit hatten sie ihre »Waffe«, mußten nun aber überlegen, wie sie sie durch die Kontrollen, die in den Ländern des Ostens wie des Westens vorgenommen werden, hindurch an Bord des Flugzeugs schaffen wollten.

Sie beschlossen, die Spielzeugpistole Sabine anzuvertrauen. Vielleicht, daß die Kontrollbeamten das Kind nicht durchsuchen würden.

Sie fuhren zum Flughafen. Zweiundsechzig Passagiere flogen an jenem Tag mit der LOT-Maschine 165, doch nur drei davon mußten sich einer Leibesvisitation unterziehen: Tiede, Ingrid und Sabine wurden ausgesondert und gezwungen, sich vor einem eigens dazu erschienenen Sonderkommando zu entkleiden. Infolge der Leibesvisitation verzögerte sich der Abflug der Maschine. Jetzt war kein Zweifel mehr möglich: Fischer war verhaftet worden und sie wurden überwacht.

Die Pistole wurde natürlich gefunden. Die polnische Zollbeamtin, die Sabine durchsuchte, entdeckte sie. Als sie sie in die Hand nahm, machte Ingrid sich auf das Schlimmste gefaßt. Jetzt war alles aus. All diese vergeblichen Versuche. Wie dumm war sie gewesen. Nun, aus und vorbei.

Doch zum erstenmal war sie jetzt vom Glück begünstigt. Sie bemerkte, daß die Kontrollbeamtin, indem sie die Pistole hin und her schwenkte, Sabine dabei anlächelte. Dann lachte die Frau und gab sie dem Kind zurück. Sie hatte sich überzeugt, daß es keine richtige Pistole war, und glaubte, es handele sich um eine Spielzeugwaffe. Indem sie sie Sabine zurückgab, ermahnte sie das Kind scherzhaft, sie solle nur ja niemand damit totschießen. Sabine versprach ihr das. Ihr kam die Sache spaßig vor. Ingrid faßte das kichernde Kind am Arm und entfernte sich eiligst.

Die drei gingen an Bord und nahmen im vorderen Teil der Maschine Platz. Der Flug von Danzig nach Schönefeld war Ingrid Ruske eine unendlich lange Stunde. Vom Augenblick des Abflugs an zweifelte sie, ob Tiede wirklich versuchen würde, ein Flugzeug mit einer Spielzeugpistole zur Kursänderung zu zwingen. Sie blickte ständig zu ihm hinüber – in der Erwartung, ihm Unentschlossenheit am Gesicht abzulesen –, mußte jedoch feststellen, daß er ruhig und unbeirrbar aussah. Sie zitterte vor Erregung. Wie war es bloß so weit gekommen, fragte sie sich. Sie vermochte nicht zu glauben, daß sie in einem Flugzeug saß, das sie gleich entführen wollte. Eine Luftpiratin! Ein Unwohlsein überkam sie. Wie um Himmels willen kam sie, Ingrid Ruske, eine Berliner Kellnerin, dazu, ein Flugzeug zu entführen?

Sie blickte hin und her. Ob die anderen Fluggäste wohl ihre Gedanken errieten? Die Besatzung schritt den Gang herauf und herunter. Sie war offenbar ziemlich zahlreich. Bis auf eine Stewardeß bestand sie nur aus Männern. Plötzlich wußte sie Bescheid. Natürlich! Die Stewards waren sämtlich Sicherheitsdienstler, die nur auf den ersten Schritt zur gewaltsamen Inbesitznahme des Flugzeugs warteten. Sie flüsterte Detlef ins Ohr, er solle sich nur einmal die Stewards ansehen, es seien zu viele. Das seien alles Leute vom Staatssicherheitsdienst.

Tiede blickte in die Runde und zählte. Zu seinem Mißbehagen

stellte er fest, daß anscheinend ungewöhnlich viele männliche Stewards an Bord waren, die alle sehr robust wirkten. Wenn er denen mit einer Spielzeugpistole entgegentrat, würde er innerhalb von drei Sekunden erledigt sein. Ingrid bat ihn, alle Hoffnung aufzugeben.

Tiede schnallte sich ab, schlenderte nach vorn zur Bordküche und blieb dort ein paar Augenblicke schweigend stehen, um die Stewards genau zu beobachten. Dann begab er sich mit einem unwillkürlichen Kopfnicken zu seinem Platz zurück. Ingrid sah, daß er grinste. Das seien echte Stewards, teilte er ihr mit, keine Sicherheitsdienstler. Er habe das an der Art und Weise erkannt, wie sie die Getränke einschenkten und die Speisen zubereiteten. Die seien echt. Er kicherte, Sie fand das jedoch alles gar nicht komisch.

Er möge doch bedenken, drang sie in ihn, daß es bloß eine Spielzeugpistole sei. Sie hätten sie in einem Spielwarenladen gekauft. Wenn er versuche, damit das Flugzeug in seine Gewalt zu bringen, dann werde der Flugkapitän beim Kontrollturm Danzig rückfragen, wie eine Pistole an Bord gekommen sei. Der Kontrollturm werde dann bei der Kontrollbeamtin rückfragen und ihm mitteilen, daß es bloß ein Spielzeug sei, und sie würden alle festgenommen. Sie bat ihn inständig, den Plan fallenzulassen. Sie war sicher, daß man sie verhaften würde. In diesem Augenblick wurde die bevorstehende Landung auf dem Flughafen Schönefeld angekündigt und die Fluggäste aufgefordert, sich anzuschnallen.

Tiede faßte sie unsanft am Arm. Sie solle nicht blöd sein, sagte er zu ihr. Die würden nicht merken, daß es sich um eine Spielzeugpistole handle — und wenn sie in Schönefeld landeten, dann warte sowieso schon die Polizei auf sie und bringe sie direkt ins Gefängnis. »Gib mir die Pistole!« befahl er der vor Angst wie gelähmten Frau.

Es ist doch alles zwecklos, dachte sie. Sie konnte keinen klaren Gedanken mehr fassen, nur noch tun, was er ihr sagte. Sie griff in die Tasche von Sabines Mantel. Wo war die Pistole? Sie konnte sie nicht finden. Tiede blickte sie flehend an. Sie hatten nur noch ein paar Minuten. Sie mühte sich mit dem Kindermantel ab — endlich, da war sie! Sie überreichte sie ihm und beobachtete, wie er nach vorn schritt. Wegen der bevorstehenden Landung war der Vorhang vor der Pilotenkanzel zugezogen worden. Tiede schritt hindurch — mit vorgehaltener Pistole.

Eine halbe Stunde später landete das Flugzeug in Berlin, jedoch nicht auf dem Flughafen Schönefeld, sondern in Tempelhof, West-Berlin. Keiner der Passagiere hatte vor der Landung etwas von der Umleitung gemerkt.

Nach der Landung der Maschine verließ Tiede die Pilotenkanzel und betrat den Mittelgang. »Wir sind frei!« rief er. »Gott sei Dank, wir sind frei! Wer will, kann aussteigen und hierbleiben«, setzte er hinzu, Die Passagiere blickten sich zuerst verwirrt an, als der ostdeutsche Zivilist aus der polnischen Pilotenkanzel stürzte und schrie, daß sie alle frei seien. Doch nach ein paar Minuten waren sie bereits am Überlegen, was sie tun sollten. Die Männer fingen an, mit ihren Frauen zu beratschlagen: Sollten sie oder sollten sie nicht? Eine solche Chance würde sich ihnen vielleicht nie wieder bieten!? Sieben nutzten die Gelegenheit, die Tiede ihnen verschafft hatte.

Sieben Passagiere, sämtlich Ostdeutsche, entschieden sich sofort zum Übertritt in den Westen. Diese schlossen sich Detlef, Ingrid und Sabine an und brachen alle Brücken hinter sich ab, gaben Heimat, Arbeit und Familie auf. Zehn Menschen schwammen gegen den Strom der Geschichte an und entledigten sich einer Erblast, die aus vor ihrer Geburt begangenem Unrecht resultierte. Sieben von den zehn verließen das Flugzeug und waren damit frei. Die anderen drei fanden sich auf besetztem Territorium wieder, in die Vergangenheit zurückgeworfen, in die Geschichte eines geteilten Landes und einer besetzten Stadt, vor ein amerikanisches »Besatzungsgericht« gestellt, dessen Jurisdiktion sich auf den »Sieg im Zweiten Weltkrieg« gründete.

2.
Die Mauer der Tränen

13. August 1961

Die Kommunisten haben quer durch Berlin eine Mauer gebaut. Sie bewachen sie mit Soldaten, wie man Gefängnismauern bewacht, damit die Insassen nicht entweichen können... Tag für Tag werden Männer, Frauen und sogar Kinder, die aus dem kommunistischen Gefängnis zu ihren Verwandten im freien Teil der Stadt zu fliehen versuchen, an der Mauer erschossen...

Beton und Stacheldraht sind die einzigen Argumente, die das kommunistische Regime der Anziehungskraft der freien Welt entgegenzusetzen hat. In ihrem scheinbaren Triumph offenbart die brutale Gewalt ihre innere Schwäche angesichts des menschlichen Freiheitsdranges. Das Unnatürliche kann nicht lange Bestand haben. Deshalb wird die Berliner Mauer eines Tages wieder verschwinden.

Konrad Adenauer

Als die Einwohner von Berlin am Sonntagmorgen, am 13. August 1961, aufwachten, erfuhren sie, daß sie in einer geteilten Stadt lebten. Eine Grenze war aufgerichtet worden. Wer sie ohne Erlaubnis überschritt, riskierte, von den Maschinengewehren auf den Wachtürmen erschossen zu werden. Da standen Posten mit einem unbedingten Schießbefehl. Die Mauer wurde im Jahre 1961 errichtet, doch ihr Fundament wurde schon sehr viel früher gelegt. Im Jahre 1923, als sich die Nazis in den Straßen von München zusammenrotteten, um die bayrische Regierung zu stürzen, oder 1933, als diese selben politischen Berufsverbrecher die Macht über das Deutsche

Reich an sich rissen? Mit Sicherheit am 1. September 1939, als Hitler sein Versprechen, dem deutschen Volk Lebensraum im Osten zu schaffen, erfüllte, indem er Polen den Garaus machte. Da hatten sich die ersten Umrisse der Mauer schon im undurchdringlichen Nebel der Zukunft abgezeichnet.

Bereits im Jahre 1926 hatte er in *Mein Kampf* Deutschlands Schicksalsweg programmiert:

> Wir setzen dort an, wo man vor sechs Jahrhunderten endete. Wir stoppen den ewigen Germanenzug nach dem Süden und Westen Europas und weisen den Blick nach dem Land im Osten... Wenn wir heute in Europa von neuem Grund und Boden reden, können wir in erster Linie nur an Rußland und die ihm untertanen Randstaaten denken. Das Schicksal selbst scheint uns hier einen Fingerzeig geben zu wollen... Das Riesenreich im Osten ist reif zum Zusammenbruch. Und das Ende der Judenherrschaft in Rußland wird auch das Ende Rußlands als Staat sein.

Dreizehn Jahre später traten Hitlers Truppen zum Angriff auf Polen an. 1941 marschierten sie in Rußland ein drangen in die Ukraine vor und gelangten bis nach Stalingrad, wo die Eliteverbände der deutschen Wehrmacht umkamen oder in Gefangenschaft gerieten. Das machte die Mauer, die später Berlin von Berlin und Deutsche von Deutschen trennen sollte, unausweichlich.

Am 30. April 1945 war ein Großteil von Berlin ein wüstes, brennendes Trümmerfeld. Nur ein Häuserblock trennte die vorstürmenden Rotarmisten noch von Hitlers Bunker. Am 1. Mai kapitulierten die Verteidiger der Reichshauptstadt.

Seither gehört Berlin zu keinem Teil Deutschlands mehr – weder zum östlichen noch zum westlichen. Vielleicht wird dies sogar für immer so bleiben.

Daß die Russen den Wettlauf nach Berlin gewannen, ist nichts als eine Fabel. Die Russen hätten sich, so heißt es, die besten Stücke gesichert, weil General Eisenhower seine Panzer zurückgehalten und ihnen den Vortritt gelassen habe. In Wahrheit war alles ganz anders. Die Stadt wurde aufgrund eines sorgfältig durchdachten Abkommens geteilt, über das man sich acht Monate vorher geeinigt hatte.

Im Februar 1944, als Nazideutschland noch längst nicht besiegt war — noch Monate vor der alliierten Invasion in Frankreich —, schlugen die Russen mit Blick auf den Endsieg die Aufteilung Deutschlands unter den drei alliierten Mächten — Großbritannien, USA und Rußland — vor. Am 12. September 1944 wurde in London ein entsprechendes Protokoll unterzeichnet, das die Aufteilung Deutschlands in drei Besatzungs-»Zonen« vorsah. Das mitten in der russischen Zone gelegene Berlin wurde als Sonderfall behandelt. Die ehemalige Reichshauptstadt sollte von den Russen, Engländern und Amerikanern gemeinsam besetzt und verwaltet werden. Wie ganz Deutschland in drei Zonen, so teilten sie Berlin in drei »Sektoren« ein. Und um keinerlei Unklarheiten darüber aufkommen zu lassen, wer was bekommen sollte, wurden die Grenzlinien dieser Zonen und Sektoren in eine Karte eingezeichnet und diese dem Abkommen vom 12. September 1944 beigefügt.

Auf der Konferenz von Jalta wurde fünf Monate später eine kleine Abänderung vereinbart: Im Wege der Neuaufteilung des amerikanischen und britischen Besatzungsgebietes wurden eine vierte Zone in Deutschland und ein vierter Sektor in Berlin geschaffen und Frankreich zugeteilt. Die Grenzen der russischen Besatzungszone blieben dieselben. In allen übrigen Hinsichten entsprach die Besetzung Deutschlands und Berlins genau den Bestimmungen der Abkommen von 1944, nach denen sie gemeinsam von den vier Mächten durchgeführt werden sollte.

Am 1. August 1945 verkündeten die Alliierten auf der Konferenz von Potsdam, daß das Endziel der Besetzung die Wiedervereinigung Deutschlands sei. Es ist völlig klar, daß es den Russen damit nicht ernst war. Sie fanden zweifellos wenig Veranlassung, die Wiedervereinigung Deutschlands zu wünschen. Sie hatten einen solchen Krieg noch nie führen müssen. Ihre Verluste bezifferten sich möglicherweise auf fünfundzwanzig Millionen Tote. Diese hatten sie in dem Krieg verloren, den sie gewannen. Wären sie besiegt worden, wären sie ausgerottet worden.

Ihre Feinde hatten aus ihren Plänen keinen Hehl gemacht: Die

Ostvölker – die Polen und die Russen – sollten besiegt, ihre Städte besetzt, ihr Land kolonisiert und die Bewohner entweder liquidiert oder versklavt und Deutschland für immer dienstbar gemacht werden.

Nicht einmal ihre katastrophale Niederlage bei Stalingrad hatte die Machthaber Deutschlands von diesem Plan abbringen können. Am 4. Oktober 1943, sieben Monate nach Stalingrad, verkündete Heinrich Himmler vor seinen SS-Führern:

> Wir müssen in zwanzig bis dreißig Jahren wirklich die Führungsschicht für ganz Europa stellen können. Wenn die SS zusammen mit den Bauern... dann die Siedlung im Osten betreibt, großzügig, ohne jede Hemmung, ohne jedes Fragen nach irgendwelchem Althergebrachten, mit Schwung und revolutionärem Drang, dann werden wir in zwanzig Jahren die Volkstumsgrenze um fünfhundert Kilometer nach Osten hinausschieben.

In Wirklichkeit hatten diese sogenannten »Führer« jedoch nicht über die Slawen, sondern über ihre eigenen Enkel und die künftigen Generationen des deutschen Volkes das Urteil gesprochen. Denn eben diese Slawen waren es, die nach fürchterlichen Verlusten im Mai 1945 Berlin eroberten; sie waren es, die drei Jahre später, als ihre einstigen Verbündeten die Wiedervereinigung Deutschlands betrieben und dem deutschen Volk seine Souveränität zurückzugeben versuchten, über die Ostzone Deutschlands und den russischen Sektor von Berlin herrschten.

1948 bestanden die Russen darauf, daß Deutschland nicht wiedervereinigt werden dürfe. Sie hatten erleben müssen, daß es Hitler mit alledem, was er 1926 geschrieben hatte, ernst gewesen war, daß es sich bei den Ansprachen von 1943 an die Truppen keineswegs um leere Rederei gehandelt hatte. Diese teuflischen Pläne und wahnwitzigen Theorien waren in den Straßen der russischen Städte von uniformierten Deutschen getreulich in die Tat umgesetzt worden, und wenn es auch zutrifft, daß diese Deutschen die schwarze Uniform der SS trugen, so steht doch ebenso fest, daß die Kommandeure im Feldgrau der Wehrmacht von den Vorgängen in ihrer Etappe sehr wohl Kenntnis hatten.

Die Russen werden alles dies nie vergeben noch vergessen. Sie wollen die Gewißheit haben, daß Deutschland oder Deutsche niemals wieder imstande sein werden, dem russischen Volk und seiner Heimaterde derartige Wunden zu schlagen.

Als ihre Alliierten den Deutschen die Herrschaft über Deutschland zurückzugeben begannen, lösten sich die Russen von ihnen. Ihre Beweggründe waren zweifellos nicht bloße Angst oder Rache. So unterjochten sie beispielsweise Polen nicht zweimal – das erste Mal im Zusammenwirken mit Hitler und dann allein – aus Rache oder Angst. Expansion war ihr Ziel, wie die derzeitige Karte Osteuropas beweist.

Demnach ist Deutschland für Rußland ein Sonderfall. Der Gedanke an ein wiedervereinigtes Deutschland, und sei es auch ein kommunistisch beherrschtes, erscheint ihm unerträglich. Rußland zieht ein für dauernd zwischen Ost und West geteiltes Deutschland jeder Lösung vor, die auf eine wie immer geartete Wiedervereinigung hinausläuft.

Dies ist die – weit in die Vergangenheit zurückreichende – Grundlage, auf der die Mauer schließlich errichtet und Deutschland – vielleicht für immer – geteilt wurde.

Im Jahre 1948 begannen die Westalliierten, ihren Besatzungszonen weitgehende Autonomie zuzubilligen. Eine Verfassung wurde geschaffen. Die Errichtung der Bundesrepublik Deutschland begann 1949. 1952 wurde der Deutschland-Vertrag über die Beziehungen zwischen der Bundesrepublik Deutschland und den drei Westmächten in Bonn unterzeichnet, der 1955 wirksam wurde. Er beendete die militärische Besetzung Deutschlands durch die Vereinigten Staaten, Großbritannien und Frankreich und stellte die volle Souveränität der Bundesrepublik Deutschland her. Genau am 5. Mai 1955 endete die Besetzung Deutschlands durch die drei Mächte, außer in Berlin.

Nachdem die Russen 1948 den Alliierten Kontrollrat für Deutschland verlassen hatten, betrieben sie die Errichtung der Deutschen Demokratischen Republik, und als die Westalliierten der Bundesrepublik Deutschland den Status der Autonomie verliehen, billigten die Russen der DDR scheinbar ebenfalls volle Autonomie zu. Ihre Truppen blieben natürlich – nicht zum Schutz, sondern um zu herrschen. Als Folge davon existieren heute zwei Deutschland, sogar in der UNO – überall, außer in den Herzen der Deutschen.

Wie im Londoner Protokoll von 1944 bestimmt, wurde eine Interalliierte Kommandantur errichtet, die die Verwaltung des ganzen Gebietes von »Groß-Berlin« leiten sollte. Die Militärkommandanten des amerikanischen, britischen, französischen und russischen Sektors waren nur dieser Alliierten Kommandantur unterstellt, herrschten in ihrem jeweiligen Sektor im übrigen aber unumschränkt und konnten dort sogar Gesetze erlassen. Als sich die beiden Deutschland vorbereiteten, versuchten die Russen, der Vier-Mächte-Verwaltung von Berlin ein Ende zu setzen. Sie verließen das interalliierte Verwaltungsorgan für die vier Berliner Sektoren und forderten ihre ehemaligen Verbündeten auf, die Stadt zu räumen.

Doch hier endete die Parallele zwischen der Okkupation Deutschlands und der seiner einstigen Hauptstadt. Die Bundesrepublik Deutschland und die Deutsche Demokratische Republik konnten sich separat und für sich entwickeln. Aber die 180 Kilometer tief in der russischen Besatzungszone gelegene Stadt Berlin war völlig von dem im Entstehen begriffenen ostdeutschen Staat umgeben. Zwischen ihren westlichen Sektoren und der Bundesrepublik Deutschland bestand keinerlei geographische Verbindung – aber die Alliierten waren fest entschlossen, sie nicht von der DDR schlucken zu lassen.

Die drei Westalliierten wollten die mehr als zwei Millionen Menschen, die in ihren Sektoren lebten, nicht ostdeutscher Oberherrschaft ausliefern. Wenn sie auch ihren Teil der Stadt dem im Entstehen begriffenen, 180 Kilometer entfernten westdeutschen Staat nicht einzugliedern vermochten, so konnten sie doch zumindest verhindern, daß die Kommunisten die Macht über die ganze Stadt an sich rissen. Die Alliierten erkannten daher die Auflösung der Interalliierten Kommandantur einfach nicht an und beharrten unter Berufung auf die Abkommen von 1944 und 1945 auf ihren Besatzungsrechten in West-Berlin als Siegermächte des Zweiten Weltkriegs.

Als die Russen erkannten, was da im Gange war, gerieten sie in Wut. Im Juni 1948 stoppten sie den gesamten Passagier- und

Frachtgutverkehr von und nach West-Berlin in der Absicht, die Alliierten auf diese Weise auf die Knie und die Westberliner zum Anschluß an Ostdeutschland zu zwingen. Elf Monate dauerte die Hungerblockade. West-Berlin wurde während dieser Zeit aus der Luft versorgt. Tausende Tonnen Versorgungsgüter, Lebensmittel, Kleidungsstücke und Brennstoff wurden im Rahmen der »Berliner Luftbrücke« in die Stadt – hauptsächlich nach Tempelhof – eingeflogen. Am 14. Mai 1949 wurde die Blockade aufgehoben. Die Westberliner und ihre amerikanischen, britischen und französischen »Besatzer« hatten durchgehalten. Berlin war nun faktisch geteilt. West-Berlin sollte unter dem Schutz der drei West-Mächte weiterexistieren, die fortfuhren, ihre Sektoren gemäß den Abkommen von 1944 und 1945 als erobertes Territorium zu verwalten. Für die Amerikaner, Briten und Franzosen hat die Interalliierte Kommandantur niemals zu bestehen aufgehört. Sie hält nach wie vor Sitzungen in Berlin ab, obgleich seit mehr als siebenunddreißig Jahren – seit dem 1. Juli 1948 – nur noch drei der Stadtkommandanten daran teilnehmen. In Berlin hat man die Uhren angehalten. West-Berlin ist der einzige Ort, wo der Krieg nie ganz beendet wurde. Die inselartige Stadt stellt den letzten Posten des Zweiten Weltkriegs dar.

Als die Bundesrepublik Deutschland 1955 souverän wurde, dauerte die »Besetzung« Berlins somit fort. Es war dies jedoch eine »wohlwollende« Besetzung, zur Bewahrung der Freiheit in West-Berlin.

Die Zwistigkeiten zwischen Ost und West in Berlin und in ganz Deutschland machten wieder und wieder Schlagzeilen in der Weltpresse. Von 1945 bis 1961 flohen vier Millionen Menschen aus Ostdeutschland – fast ein Fünftel der Gesamtbevölkerung. Wie John F. Kennedy später feststellte, »stimmten die Deutschen mit den Füßen ab«. Und diese Füße gaben den letzten Anstoß zum Bau der Berliner Mauer, denn die Ostdeutschen kamen in der Regel über Ost-Berlin. Die durch mehrfache Stacheldrahtzäune gesicherten Grenzen Ostdeutschlands und der Satellitenstaaten Ungarn, Polen und Tschechoslowakei waren durch eine Reise nach Berlin – Ost-Berlin – leicht zu umgehen. Von dort aus konnte ein Ostdeutscher, ein Pole, ein Ungar, sogar ein Russe ohne Schwierigkeiten nach West-Berlin und weiter nach Westen gelangen — um niemals zurückzukehren. Der Eiserne Vorhang wies ein Loch auf, eine Wunde innerhalb Ostdeutschlands, aus der Welle auf Welle von freiheitsdurstigen Osteuropäern herausflutete.

Im Jahre 1953 erhoben sich ostdeutsche Arbeiter gegen ihre russischen Herrscher. Am 17. Juni stürmten sie mit Ziegeln und Steinen gegen russische Panzer an. In jenem Jahr stieg die Zahl der DDR-Flüchtlinge auf 331.390.

Wenn die DDR nicht ausbluten sollte, dann mußte das Loch im Eisernen Vorhang unbedingt geschlossen werden. Im Jahre 1958 schlugen die Russen zu. Sie verlangten, Berlin müsse binnen einem halben Jahr eine »Freie Stadt« werden — d. h. die Okkupation als Folge des Zweiten Weltkriegs müsse beendigt werden. Präsident Eisenhower ließ die Russen durch Außenminister Dulles daran erinnern, daß sich die Vereinigten Staaten gemäß den Abkommen von 1944 in Berlin befänden, in denen die Grenzen der Besatzungsgebiete der vier Mächte genau festgelegt seien. Die Amerikaner, bedeutete er ihnen, würden Berlin weiterhin besetzt halten. Berlin blieb somit »besetzt«, und wer aus dem Osten fliehen wollte, hatte nach wie vor einen Ort, von dem aus er in den Westen gelangen konnte. Der Exodus hielt noch drei Jahre an — bis zum 13. August 1961. Dann lösten die Russen ihr Problem durch Schließung der letzten Lücke im Eisernen Vorhang.

Am Sonntagmorgen, am 13. August 1961, wurde die Grenze hermetisch abgeriegelt — zuerst provisorisch mit Barrikaden aus Stacheldraht, die von bewaffneten Kommunistischen Kampfgruppen und Vopos gesichert wurden, und dann, wenige Tage später, durch aufgeschichtete Betonblöcke. Diese wurden in Eile aufeinandergetürmt, wobei der noch feuchte Mörtel Tränenströmen gleich herabtropfte. Damals entstand der Name »Mauer der Tränen«.

Der Weltöffentlichkeit gegenüber hieß es natürlich, die Grenze sei zur Abwehr westlicher Spione und Saboteure gesperrt worden. Das war jedoch eine glatte Lüge. Die Westberliner durften nach wie vor den Ostsektor betreten; die Ostberliner waren es, die die Grenze nicht mehr überqueren durften.

Binnen ein paar Wochen erfuhr man von waghalsigen Fluchtversuchen. Während der ersten drei Monate kamen acht Flüchtlinge durch Schüsse der Volkspolizei ums Leben; sechzig weitere erlitten Verwundungen. Zweihundertundein Ostberliner Polizisten und Soldaten sprangen über die Mauer in die Freiheit.

Überall spielten sich herzzerreißende Szenen ab. So wurde beispielsweise von einem jungen Mann berichtet, der unweit der Mauer über ein Dach geklettert war, um in die Freiheit zu gelangen – und statt dessen den Tod gefunden hatte.

> Plötzlich schrie ein junger Mann »Hilfe!«. . . Vopos mit Gewehren kletterten ihm hinterher. Der junge Mann hörte auf zu klettern, stand auf und rannte halsbrecherisch auf dem Dach hin und her. Weitere Vopos ließen sich auf den Giebeln benachbarter Häuser nieder und beharkten den Mann, sobald er in ihr Schußfeld geriet, mit ihren Maschinenpistolen. Panikartig rannte er auf den First. Ein Vopo heftete sich ihm an die Fersen und rang dort erbittert mit ihm. Dann rollten beide in die Dachrinne. Der Vopo schlug mit einem Ziegel, den er vom Dach losgerissen hatte, auf den Kopf des jungen Mannes ein Dieser fiel hin und der Vopo ebenfalls. Wäre nicht die eiserne Sperre gewesen, die die Vopos errichtet hatten, um Fluchten zu verhindern, so wären sie hinuntergefallen. Der junge Mann stand wieder auf und lief erneut wie eine Ratte in der Falle im Zickzack hin und her. Unten auf der Straße rief eine Menschenmenge »Mörder!«, »Schweinehunde!« Westberliner Polizei war ebenfalls erschienen. Sie strahlte den jungen Mann, um ihm zu helfen, mit Scheinwerfern an und gab ihm mit Schüssen auf die Vopos Feuerschutz. Einer der Vopos erhielt einen Oberschenkelschuß und rollte das Dach hinunter gegen die Sperre.
>
> Feuerwehrleute breiteten ein Sprungtuch aus, und ihr Hauptmann rief dem jungen Mann zu, er solle springen. Dieser lief immer noch hin und her. Die Feuerwehrleute rannten hierhin und dorthin, um mit ihm Schritt zu halten. Die Vopos schossen unaufhörlich. Schließlich sprang der junge Mann, doch die Feuerwehrleute waren mehrere Meter von der Stelle entfernt, wo er sprang . . .

Sein Name war Bernd Lunser. Er war zwanzig Jahre alt und

der vierte Flüchtling, der auf diese Weise in der Bernauer Straße zu Tode kam.*

Trotz der jetzt geringeren Erfolgsaussichten wurden weiterhin Fluchtversuche unternommen.

Einige verzweifelte Ost-Berliner versuchten sogar, durch einen verwegenen Piraterieakt in den freien Westen zu gelangen. Im Juni 1962 brachte eine erfinderische Gruppe von dreizehn Flüchtlingen, zu der auch ein fünf Monate altes Baby gehörte, ein Ostberliner Fahrgastschiff, die *Friedrich Wolf,* mit großem Geschick in ihre Gewalt. Sie erreichte ihr Ziel, nach WestBerlin zu fliehen, durch eine tollkühne List . . .

Zuerst gingen die Männer der Gruppe an Bord des Schiffes. Scheinbar arglos luden sie den Kapitän und den Maschinisten zu einem freundschaftlichen Umtrunk ein, um die beiden dann im geeigneten Augenblick zu fesseln. -Anschließend wurden rasch die fünf Frauen und der Säugling an Bord geschafft und die Motoren angeworfen. In der frühen Morgendämmerung nahm die *Friedrich* Wolf Kurs auf die Freiheit.

Ihre außerplanmäßige Fahrt erregte binnen kurzem die Aufmerksamkeit der kommunistischen Volkspolizei, die sofort in Massen erschien und das Feuer eröffnete. Mehr als zweihundert Maschinengewehrgeschosse schlugen in die Deckaufbauten der *Friedrich* Wolf ein. Die Flüchtlinge gingen in Deckung und überstanden den Kugelhagel wie durch ein Wunder völlig unverletzt. Sie ließen die *Friedrich* Wolf dann auf das Ufer des Westberliner Landwehrkanals auflaufen, waren dort aber immer noch nicht aus der Gefahrenzone heraus, denn die kommunistischen Grenzposten fuhren fort, das Schiff und seine Passagiere zu beschießen. Doch bald kam ihnen Westberliner Polizei zu Hilfe. Diese nahm die Vopos unter Feuer, so daß die Flüchtlinge sich einer nach dem anderen vom Schiff ans Ufer rollen konnten. Das Maschinengewehrfeuer dauerte an, doch wurde niemand getroffen. Der Kapitän und der Maschinist

* Pierre Galante, Jack Miller: *The Berlin Wall.* Doubleday, New York. 1965.

erhielten dann die Erlaubnis, die von Kugeln durchlöcherte Friedrich Wolf über die Spree zurück nach Ost-Berlin zu bringen.*

Die »Piraten« wurden im freien West-Berlin willkommen geheißen. Doch »Seeräuberei« im Jahre 1962 war eines, gewaltsame Flugzeugentführung im Jahre 1978 ein anderes.

* Deanna & David Heller: *The Berlin Wall.* Walker, New York. 1962.

3.
Die Angeklagten

30. August – 6. Dezember 1978

WEST-BERLIN. – Die gewaltsame Entführung einer polnischen Linienmaschine mit 63 Passagieren und acht Besatzungsmitgliedern an Bord nach West-Berlin nahm Mittwoch ein friedliches Ende. Der bewaffnete Luftpirat, ein Ostdeutscher, ergab sich in Tempelhof, dem hiesigen US-Militärflugplatz, den amerikanischen Behörden.

Der Flugzeugentführer wurde von Angehörigen der US-Luftwaffe entwaffnet und zusammen mit einer Frau und einem Kind, die sich in seiner Begleitung befanden, in amerikanischen Gewahrsam genommen. Bisher wurde noch keiner von ihnen identifiziert.

US-Beamte teilten mit, daß sieben weitere Passagiere, sämtlich Ostdeutsche, um Asyl nachgesucht hätten und den West-Berliner Flüchtlingsbehörden übergeben worden seien. Das Flugzeug, eine TU 134 sowjetischer Bauart, wurde sechs Stunden, nachdem es um 10.04 Uhr in Tempelhof gelandet war, von den Amerikanern freigegeben und flog daraufhin nach Schönefeld, seinem ursprünglichen Bestimmungsort in Ostdeutschland.

Trotz seines friedlichen Ausgangs verwickelte der Zwischenfall die amerikanischen Behörden jedoch in einen diplomatischen Konflikt mit den Polen und den Ostdeutschen, die die Auslieferung des Flugzeugentführers und die Rückkehr aller Passagiere nach dem Osten forderten. Der Kommandant des amerikanischen Sektors von Berlin, Generalmajor Calvin Benedict, legte polnischen Diplomaten den Standpunkt der USA dar.

Die Flugzeugentführung ereignete sich keine sechs Wochen nachdem die Lenker der wichtigsten nichtkommunistischen

Staaten der Welt, darunter Präsident Carter, im Juli auf ihrer Bonner Gipfelkonferenz beschlossen, Maßnahmen gegen transnationale Flugzeugentführungen einzuleiten und den Luftverkehr nach und von allen Ländern einzustellen, die die zügige Auslieferung von Luftpiraten und von gewaltsam entführten Flugzeugen verweigern. Dieses Abkommen enthält keinerlei Klausel über Luftpiraten, die aus autoritär regierten Ländern flüchteten, um im Westen um Asyl nachzusuchen.

Der Luftpirat und seine Familie, die offensichtlich zu der letztgenannten Kategorie zählen, bestiegen die nach Berlin-Schönefeld bestimmte polnissche LOT-Linienmaschine in Danzig/Polen.

Kurz vor der flugplanmäßigen Landung betrat der Mann die Pilotenkanzel und zwang den Piloten zur Kursänderung nach dem nur etwa 40 Kilometer entfernten Flugplatz Tempelhof im US-Sektor von Berlin. Der Luftpirat bedrohte die Besatzung mit einer Pistole, doch teilten die zuständigen Beamten mit, es seien keine Schüsse gefallen und niemand verletzt worden.

The New York Times, 31. August 1978; ergänzt durch Nachrichtenmaterial von *The New York Times News Service* und *Associated Press*

Während die amerikanischen Obersten die drei Flüchtlinge lächelnd im »freien West-Berlin« bewillkommneten, zogen sich über deren Köpfe diplomatische Wolken zusammen. Generalmajor Calvin P. Benedict, der Kommandant des amerikanischen Sektors von Berlin, begab sich im Eiltempo zum Flugplatz. Desgleichen Andre M. Surena vom US-Außenministerium. Oberstleutnant Arthur F. Goeller, Jr., der Kommandeur der Luftwaffen-Nachrichtendienstzentrale, war bereits dort. Sein Büro befand sich in Tempelhof.

Das polnische Flugzeug wurde beschlagnahmt. Amerikanische Nachrichtenoffiziere strömten unter der Leitung von Goeller die Maschine, um sich von der polnischen Besatzung Bericht erstatten zu lassen und die Passagiere auszuforschen. Wer hatte was gesehen? Kein einziger Passagier hatte bis zur Landung des Flugzeugs irgend etwas bemerkt oder von einer gewaltsamen Umleitung gewußt.

Nach ein paar Stunden waren sie fertig. Die Maschine durfte den Flughafen Tempelhof wieder verlassen. Die sieben Passagiere, die sich zum Übertritt in den Westen entschlossen hatten, wurden freigelassen. Hans Detlef Alexander Tiede sowie Ingrid und Sabine Ruske wurden dagegen von den Amerikanern festgenommen.

Tiede wurde verhört. Er gab sofort zu, daß er das Flugzeug zur Kursänderung veranlaßt habe, verschwieg aber den Grund: die Verhaftung von Horst Fischer. Um Fischers Namen nicht erwähnen zu müssen, schwieg Tiede sich über Ingrid Ruske aus. Diese bestritt bei ihrer Vernehmung jedwede Beteiligung an dem Plan zur gewaltsamen Umleitung des Flugzeugs.

Hätten sie ausgepackt und Ingrid Ruskes Rolle bei der Flugzeugentführung geschildert, so hätten sie Fischers Anteil an dem Fluchtplan verraten und damit den Ostdeutschen weiteres Belastungsmaterial an die Hand gegeben. Noch vor der Landung des Flugzeugs hatten sie vereinbart, nichts darüber auszusagen – nicht zu ihrem eigenen Schutz, denn sie glaubten nicht, daß sie deswegen von den Amerikanern etwas zu befürchten hätten, sondern allein, um Fischer zu schützen, der bei dem Versuch, ihnen zu helfen, festgenommen worden war.

Diese Verschwörung des Schweigens hatte für die amerikanischen Behörden unvorhergesehene Folgen. Kein Mitglied der polnischen Besatzung und kein Passagier hatte gesehen, daß die Frau an der Umleitung beteiligt gewesen war. Tiede vermied es, seine Bekannte durch seine Aussagen zu belasten, und diese weigerte sich, ihre Beteiligung einzugestehen. Die Amerikaner hatten daher keinerlei Belastungsmaterial gegen sie und ihre Tochter. Sie wußten nicht mehr, als daß der »Luftpirat« in Begleitung der Frau und des Kindes gereist war.

Trotzdem wurden alle drei in Haft genommen und ohne Anspruch auf Haftverschonung gegen Sicherheitsleistung, ohne Anklage und ohne Rechtsbeistand festgehalten. Sie durften nicht einmal telefonieren oder Briefe schreiben – ausgenommen Mitteilungen, die von ihren Bewachern kontrolliert wurden. Man hatte sie in ein Appartement im Tempelhofer Offiziersklub gesperrt und einen bewaffneten Soldaten an ihrer Tür postiert. Ihre Haft dauerte mittlerweile vierundsechzig Tage.

Die amerikanischen Militärs und Diplomaten waren ihren Häftlingen wohlgesinnt und behandelten sie durchaus human. Aber Washington hatte noch nicht entschieden, was mit ihnen geschehen sollte. Zur Vermeidung unangenehmer Fragen von Anwälten wurden die drei Flüchtlinge deshalb in Isolierhaft, in der »Vorhölle«, wie es später hieß, gehalten.

Der Haken dabei war, daß das State Department sich nicht zu einer Entscheidung aufraffen konnte. Die Westdeutschen wollten den Fall nicht verhandeln und hatten die Amerikaner gebeten, dies zu tun. Im State Department verspürte man indes wenig Neigung, diesem Wunsch nachzukommen. Die Vereinigten Staaten hatten in Berlin kein Gericht, keinen Verhandlungssaal und keinen Richter. Sie waren keineswegs darauf erpicht, eigens für diesen Rechtsfall einen Gerichtshof zu schaffen. Die Debatte darüber dauerte an. Botschafter konferierten miteinander, Noten wurden verschickt. Unterdessen blieben der Mann, der sich selbst der Flugzeugentführung bezichtigt hatte, die Frau, gegen die keinerlei Belastungsmaterial vorlag, und das völlig unverdächtige Kind weiter in Haft – ohne Anklage, ohne Rechtsbeistand und ohne Anspruch auf Haftverschonung gegen Sicherheitsleistung. Um sicherzugehen, setzten die Amerikaner sogleich einen Staatsanwalt ein. Andre Surena, der Rechtsberater der US-Mission in Berlin, wurde zum US-Anwalt für Berlin ernannt.

Ein der letzten Amtshandlungen der US-Hochkommission für Deutschland war im Jahr 1955 die Schaffung des US-Gerichtshofs für Berlin durch das Gesetz Nr. 46 des Hochkommissars gewesen. An die Stelle des Hochkommissars trat unmittelbar danach der US-Botschafter in der Bundesrepublik Deutschland – dieselbe Person, aber ein anderer Hut. Fünfundzwanzig Jahre lang existierte der US-Gerichtshof für Berlin nur auf dem Papier. Ein US-Richter für Berlin hatte nie amtiert. Die deutschen Instanzen ließen sämtliche Strafrechtsfälle durch die deutschen Gerichte West-Berlins aburteilen.

Zwei Tage nach der Landung des Flugzeugs wurde Surena US-Staatsanwalt für einen Gerichtsbezirk, der drei Häftlinge, aber keinen Gerichtshof hatte, und während diese in Isolierhaft gehalten wurden, ging die Debatte darüber weiter, wer sie unter Anklage stellen sollte. Eins stand jedoch fest: Anders als bei Akten der Piraterie auf dem Wasser, wie im Falle der *Friedrich Wolff* im Jahre 1962, waren im Jahre 1978 aufgrund der Abkommen von Den Haag und Tokio Flugzeugentführer entweder unter Anklage zu stellen oder auszuliefern. Westdeutschland und die Vereinigten Staaten waren Signatarstaaten. Sie hatten diese Abkommen sogar *gefordert,* die in erster Linie darauf abzielten, ihren zivilen Luftverkehr vor Terroristen zu schützen, die in kommunistischen Staaten oder solchen der Dritten Welt Zuflucht suchten. Die Diplomaten glaubten, daß die Sicherheit des Luftverkehrs von diesen internationalen Abkommen abhänge, und wenn die »freie Welt« von ihren Gegnern erwartete, daß sie Luftpiraten unter Anklage stellte, dann würde sie doch wohl auch einen Flugzeugentführer zur Verantwortung ziehen müssen, der aus einem Land hinter dem Eisernen Vorhang geflüchtet war!

Es mußte also Anklage erhoben werden. Doch wer sollte dies tun? Alle wünschten eine Strafverfolgung, doch keiner wollte dafür zuständig sein. Inzwischen wurden die drei weiter in Isolierhaft gehalten.

Den amerikanischen Diplomaten in Berlin und Washington war bei alledem natürlich nicht ganz wohl. Doch was konnten sie sonst noch tun? Wenn sie Detlef Tiede und Ingrid Ruske Rechtsbeistände gaben, so würden diese unangenehme Fragen stellen – auf die es bis jetzt noch keine Antworten gab. Also legte man den Fall der drei Flüchtlinge einfach auf Eis, tagelang, wochenlang, schließlich monatelang, während die Verantwortlichen im State Department – und die Militärs mit mehr oder weniger schlechtem Gewissen ihre Pflicht erfüllten und sich still verhielten.

Doch einer war unter ihnen, dem die Angelegenheit Sorge bereitete. Oberst Goeller, der oberste Ermittlungs- und Gefängnisbeamte, war ein fähiger und erfahrener Ermittler, eine Art Superpolizist und Kommandeur einer Gruppe von Nachrichtenoffizieren. Er wußte, daß gegen die Frau kein Belastungsmaterial vorlag. Er wußte ebenfalls, daß man solches nur bekommen konnte, wenn man es ihr entlockte.

Demgemäß begab er sich Woche für Woche – wöchentlich mehrmals – mit seinem Dolmetscher, Hans Koester, denn Goeller konnte kein Deutsch, zu der inhaftierten Ingrid Ruske. Oberst Goeller brachte ihr Geschenke mit und erwies auch der Tochter Freundlichkeiten. Er führte verschiedene Sportspiele mit den beiden durch – insbesondere Tischtennis –, lud sie zu Spaziergängen ein und plauderte zwanglos mit ihnen – wochenlang. Manchmal brachte Goeller seine Kamera mit und machte Schnappschüsse. Er fragte die Frau aus, vorsichtig und geduldig. Er sprach auch mit dem Mann. Sogar mit dem Kind. Alles dies geschah ganz zwanglos, beiläufig und in freundlichem Ton. Doch Ingrid Ruske weigerte sich nach wie vor auszusagen. Die Bekundungen, die Goeller ihr im Verlauf ihrer zweimonatigen Isolierhaft entlockte, während der sie niemandem eine unzensierte telephonische oder schriftliche Mitteilung zukommen lassen konnte, enthielten nichts, was man als Belastungsmaterial gegen sie hätte verwenden können. Sie lernte Oberst Goeller schätzen und vertraute ihm. Doch wenn sie schwieg, so geschah dies nicht zu ihrem eigenen Schutz, sondern Fischers wegen. Sie durfte mit keiner Silbe verraten, was vorgefallen und aus welchem Grund es geschehen war. Sie rechnete damit, daß man sie zur Verantwortung ziehen würde, doch ihn durfte sie niemals erwähnen. Demgemäß schwieg sie wie das Grab auf den Spaziergängen, bei den Unterhaltungen und den Spielen – und selbst wenn sie Geschenke bekam.

Währenddessen saß Horst Fischer nur wenige Kilometer von ihr entfernt in einer Zelle in Ost-Berlin. Ein schweres Mißgeschick war ihm passiert. Er und Ingrid Ruske hatten zusammen eine Drehtür durchschritten. Ein Schub – und sie war draußen. Frei. Der nächste Schub – und er war drinnen, auf der falschen Seite der Mauer. Im Gefängnis.

Er war in West-Berlin in den Zug gestiegen. Kurz zuvor hatte er Ingrid noch angerufen und ihr gesagt, er sei »unterwegs«. Weiter nichts. Er wollte nicht zuviel sagen. Sie begriff.

Der Zug verließ den Bahnhof Zoo in Richtung Osten und fuhr dann durch die DDR. Als er sich der polnischen Grenze näherte, ergriff Fischer eine immer stärker werdende Erregung. Die Vopos verteilten sich über den ganzen Zug. Zwei von ihnen kamen in sein Abteil, pflanzten sich vor ihm auf und unterzogen seine Papiere einer eingehenden Prüfung. Dann sahen sie ihn lange an und danach wieder die Papiere. Er gab sich Mühe, ruhig und unauffällig auszusehen. Entgegen seinen Befürchtungen lief alles glatt ab: Er bekam seine Papiere zurück, und die beiden verschwanden wieder.

Dann erschienen die polnischen Grenzpolizisten. Fischer war in Schweiß gebadet, obwohl er sich einzureden versuchte, daß er keine Angst zu haben brauche. Mit einem Seufzer der Erleichterung stellte er fest, daß er keine Veranlassung hatte, in Panik zu geraten: Die Polen gaben sich mit einem flüchtigen Blick zufrieden und waren ein paar Sekunden später schon wieder weg.

Dann gab es einen Ruck, und der Zug setzte sich in Bewegung. Er passierte die Grenze. Fischer tat einen tiefen Atemzug und lehnte sich in seinen Sitz zurück. Nun würde alles klappen. Er war jetzt in Polen. Zwar hatten Ingrid und er das erste Mal hier Pech gehabt. Diesmal aber nicht. Der Zug beschleunigte sein Tempo. Fischer zog sein Taschentuch und wischte sich die Schweißtropfen von der Oberlippe. Alles übrige dürfte jetzt leicht sein. Bis zum Eintreffen des Zuges in Zoppot konnte er sich ruhig ein Nickerchen gönnen. Eine jähe Müdigkeit überkam ihn, vielleicht als Reaktion auf die plötzliche seelische Entlastung. Der Kopf sank ihm auf die Brust. Horst Fischer fiel in Halbschlaf.

Plötzlich wurde die Abteiltür aufgerissen. Fischer fuhr hoch: Vopos. Doch wie kamen die nach Polen?

Während er sich dies noch fragte, drangen sie ins Abteil, packten ihn beim Arm und trieben ihn den engen Korridor hinunter zum Wagenende. Einige Mitreisende reckten die Hälse, um zu sehen, was da vor sich ging, doch die meisten hatten Angst und sahen starr vor sich hin.

Fischer konnte sich seine Frage jetzt selbst beantworten: Die Volkspolizei war hinter ihm her. Die kannten kein Zögern.

Dann hielt der Zug mit einem scharfen Ruck; die Vopos stießen ihren Häftling das Trittbrett hinunter und in einen bereitstehenden Personenwagen hinein.

Während man ihn auf den Rücksitz zwischen zwei Vopos drängte, sah Fischer, daß alles sorgfältig vorbereitet war. Der wartende

Wagen. Ein Mann fahrbereit am Steuer. Alles genau geplant. Ein abgekartetes Spiel. Aber wer hatte ihn verraten?

In seinem Kopf begann es wieder zu arbeiten. Die Benommenheit wich allmählich. Die Papiere, die gefälschten Papiere mit Ingrids Foto, die er in der Tasche trug! Wider Willen griff er in seine Brusttasche. Wie sollte er ihnen die erklären? Doch halt, überlegen! Ruhe bewahren und genau überlegen! Während der Wagen nach Ost-Berlin zurückraste, dachte Fischer scharf nach.

Sie wußten ohne Zweifel einiges über ihn. Was sollte er schon sagen? Vormachen konnte er ihnen nichts. Sie würden ihm doch nie glauben. Aber die Hauptfrage war, ob sie über sie Bescheid wußten? Die Papiere enthielten nur ihr Foto, nicht aber ihren Namen! Selbst wenn ihn irgend jemand verraten hatte, so kannte der Betreffende doch möglicherweise nicht den Namen derjenigen, die er in den Westen hatte bringen wollen. Oder vielleicht, daß die Polizei über Detlef Bescheid wußte, aber nicht über Ingrid?

Er lehnte sich etwas zurück. Daß sie die Papiere finden würden, war klar. Er würde aber nichts sagen. Er würde jede Aussage verweigern. Ingrid und die kleine Sabine mußten eine Chance bekommen, unauffällig nach Ost-Berlin zurückzukehren — nach Beendigung ihres Kurzurlaubs — und dort weiterzuleben, als ob nichts passiert wäre. Er nickte dazu innerlich und fühlte sich ein wenig erleichtert.

In Ost-Berlin wurde Fischer in eine kahle Zelle gesperrt und täglich verhört. Die Vernehmungsbeamten waren fast immer dieselben. Zwar tauchten manchmal auch neue Gesichter auf, doch für Fischer sahen sie alle gleich aus. Harte Männer mit »gefrorenen Gesichtszügen«, die unablässig die gleichen Fragen stellten, Tag für Tag, immer wieder. Doch er schwieg eisern. Er wußte, was er sich damit einhandelte — aber Ingrid und Detlef mußten unbedingt eine Chance bekommen.

Horst Fischer durfte natürlich weder Rundfunk hören noch gab man ihm Zeitungen. Er erfuhr daher nichts über die gewaltsame Umleitung der polnischen LOT-Maschine 165, nichts über seine Freunde, denen seine Peiniger nun nichts mehr anhaben konnten. Er wußte nicht, daß sein Schweigen jetzt gar nicht mehr notwendig, ein vergebliches Opfer war. Und seine Kerkermeister setzten ihn natürlich nicht ins Bild. Diese stellten nur immer wieder ihre Fragen. Dieselben Fragen, stets aufs neue.

Plötzlich war es Ende September. Die Besatzungsbehörden — d. h. das amerikanische State Department — kamen zu einer Entscheidung. Die Vereinigten Staaten würden als Ankläger auftreten. Zum erstenmal in fast dreißig Jahren würde in Berlin ein Besatzungsgericht tagen. Warum? Um den Deutschen die Peinlichkeit zu ersparen, zwei Flüchtlinge unter Anklage stellen zu müssen, denen die eigene Verfassung da Recht auf Freizügigkeit gab — eine in Deutschland, d. h. in Westdeutschland, höchst unpopuläre Anklage.

Die Bundesrepublik Deutschland erklärte sich bereit, sämtliche Kosten des Verfahrens zu übernehmen. Die Vereinigten Staaten würden als Ankläger auftreten. Der Status Berlins als »Besatzungsgebiet« — die Rechtsgrundlage für die fortdauernde Anwesenheit der Amerikaner in der Stadt — ermächtigte die Vereinigten Staaten gemäß Gesetz Nr. 46, im amerikanischen Sektor von Berlin ein »Besatzungsgericht« einzuberufen. Mit erheblichen Kosten, die sämtlich von der sehr bereitwilligen Regierung Westdeutschlands bestritten wurden, wurde eine ehemalige Wartehalle des Flughafens Tempelhof zu einem Verhandlungssaal für das US-Gericht für Berlin umgebaut. Sobald das State Department fertig war, sollte dort der Gerichtshof tagen, vor dem die Beschuldigten angeklagt, vernommen und höchstwahrscheinlich verurteilt würden.

Während die Zimmerleute und Elektriker eifrig dabei waren, einen Gerichtssaal zu schaffen, fuhren Goeller und sein Dolmetscher fort, Ingrid Ruske und ihre Tochter zu besuchen und mit ihnen zu plaudern. Die Herrichtung des Gerichtssaals und die Verhöre fanden nur wenige Meter voneinander entfernt gleichzeitig im Tempelhofer Flughafen statt. Die Häftlinge konnten von ihrem Arrest aus das Sägen und Hämmern indes nicht hören, und Goeller sagte ihnen nichts davon.

Eines Tages während der Vorbereitungen traf ein Brief für Tiede ein. Der Absender war ein deutscher Rechtsanwalt, der von der Entführung des polnischen Flugzeuges gehört hatte. Dieser bot dem Beschuldigten seine Dienste an, doch meinte Goeller, er solle das

Anerbieten ignorieren, und Tiede befolgte seinen Rat. Alles sollte so bleiben, wie es war — zumindest, was die Häftlinge betraf.

Während der Gerichtssaal langsam Gestalt annahm, wurden noch andere, schwierigere Vorbereitungen getroffen.

Wie vom Gesetz Nr. 46 des Hochkommissars gefordert, sollte der Fall nach deutschem Strafrecht, aber nach amerikanischem Verfahrensrecht verhandelt werden. Die Amerikaner wollten außer Surena noch einen erfahrenen Staatsanwalt aus Washington, Roger M. Adelman, abordnen, die Deutschen eine erfahrene Staatsanwältin, Frau Gisela Wolf, und als Gehilfin eine zweisprachige Juristin aus Berlin, Frau Marianne Fischer. Die Bundesrepublik wollte für Polizeischutz sorgen, Gefängniszellen zur Verfügung stellen und sämtliche Kosten des Verfahrens übernehmen; die Vereinigten Staaten wollten den Richter stellen.

Mitte Oktober, zwei Monate nach den Inhaftierungen, schloß das State Department, während Oberst Goeller seine Besuche und freundschaftlichen Plaudereien fortsetzte, seine Vorkehrungen durch die Ernennung eines US-Richters für Berlin ab. Am 1. November war alles vorbereitet.

Der Mann, die Frau und das Kind, die nach wie vor in Haft saßen, erfuhren von alledem nichts Ihre Ankläger hielten sich bereit, der Gerichtssaal war so gut wie fertig, das Verfahren gegen sie eingeleitet und der Vorsitzende Richter bestimmt — doch sie blieben in Haft und ohne Rechtsbeistand. Doch als es dann November wurde, konnten die Anklagevertreter die Tatsache nicht länger ignorieren, daß gegen die Frau und das Kind keinerlei Belastungsmaterial vorlag. Es war Goeller und Koester nicht gelungen, solches beizubringen.

Am 3. November 1978, fünfundsechzig Tage nach ihrer Verhaftung, wurde Ingrid Ruske auf freien Fuß gesetzt. Ihr Schweigen, das sie sich auferlegt hatte, um einen anderen zu schützen — schützte sie selbst. Sie wurde zwar endlich aus der Haft entlassen, aber erst nachdem sie eine Verzichturkunde unterzeichnet hatte, die Oberst Goeller ihr vorlegte. Sie verpflichtete sich, weder gegen die Vereinigten Staaten noch gegen irgendeinen amerikanischen Beamten gerichtlich vorzugehen. Die Amerikaner machten sich Sorgen, daß man sie für ihre und ihres Kindes Behandlung zur Rechenschaft ziehen könnte. Goeller wurde von Surena angewiesen, vor ihrer Freilassung diese Erklärung von ihr zu besorgen. Sie erklärte sich sofort dazu bereit. Diese Leute waren ja ihre Freunde, und über einen Rechtsbeistand, den sie hätte um Rat fragen können, verfügte sie immer noch nicht. Nachdem sie die Zusage, weder ihn noch seine Vorgesetzten oder sein Land zu verklagen, unterzeichnet hatte, ließ Goeller sie frei.

Soweit Horst Fischer sich erinnern konnte, hatte man ihn etwa zwei Wochen lang verhört, als er einen Neuen in die Zelle bekam. Sein Zeitgefühl war schon nicht mehr ganz sicher. Aber zwei Wochen mußten wohl vergangen sein. Der Neue kam ins Erzählen und erwähnte dabei zufällig die beiden Ostberliner, die ein polnisches Flugzeug entführt hätten und damit auch glücklich in den Westen gelangt seien, Ein Mann und eine Frau – und ein zwölfjähriges Mädchen.

Diese Mitteilung wirkte auf Fischer elektrisierend. Er drang in den Neuen, ihm alles zu erzählen, was er darüber wußte. Er erfuhr schließlich, daß die Flugzeugentführung etwa drei Tage nach seiner Verhaftung erfolgt war. Ob der Neue sich an den Namen der Frau erinnere? Nein, aber der andere – der Mann – heiße Detlef Soundso. Fischer stieß einen Seufzer der Erleichterung aus. Sie waren in Sicherheit!

Es schien ihm aber eigentlich unglaublich. Sie sollten tatsächlich ein Flugzeug entführt haben?! Nun, wenn das stimmte – wenn der Neue nicht irgendein Agent war, der ihn aushorchen sollte –, so hieß das, daß er jetzt auspacken konnte. Die Verhöre würden dann endlich aufhören. Vielleicht würde man ihn sogar laufen lassen. Schließlich war ihm ja keins von seinen Vorhaben gelungen. Er hatte Ingrid und Tiede nicht herausbringen können. Sie hatten es selber getan. Das war's! Er würde ihnen alles erklären – weiteres Schweigen war jetzt sinnlos –, und dann würden sie einsehen, daß er eigentlich gar nichts verbrochen hatte. Detlef, Ingrid und Sabine hatten alles allein getan.

Fischers Entschluß stand fest. Wenn seine Vernehmer am nächsten Tag wiederkamen, würden sie sich schön wundern. Er würde ihnen den mißlungenen Plan einer Flucht über die Ostsee genau schildern. Er würde zugeben, daß er vorgehabt hatte, Ingrid, Sabine und Detlef dazu zu verhelfen. Er brauchte jetzt nicht mehr zu schweigen. Gott sei Dank! Sie waren in West-Berlin in Sicherheit!

Ingrid Ruske war ratlos. Nach ihrer Haftentlassung wußte sie nicht, wohin sie sich wenden sollte. Sie hatte ihr Ziel erreicht, aber ihr Herzenswunsch war unerfüllt geblieben. Sie war frei, aber Horst Fischer saß im Gefängnis, und sie war jetzt allein.

Sie hatte eine Bleibe und auch einige Habe: die Wohnung in der Berliner Straße in West-Berlin, die sie als »Frau Fischer« zusammen mit Horst gemietet hatte. Fischer hatte ihre Sachen dorthin gebracht, nachdem er sie Stück für Stück aus Ost-Berlin herausgeschmuggelt hatte. Sie harrten dort ihrer. Aber hinter verschlossenen Türen. Hinein konnte sie nämlich nicht. Der einzige Schlüssel befand sich in einer Zelle in Ost-Berlin. Sie konnte sich nicht an den Hausbesitzer wenden und Einlaß fordern. Sie hieß nämlich nicht Ingrid Fischer.

Quint, ihr einstiger Verlobter, nahm sie und Sabine bei sich auf. Er war jetzt mit einer anderen Frau verlobt und lebte mit ihr zusammen. Mit Ingrid verband ihn nichts mehr, doch waren er und seine Verlobte sich einig, daß Ingrid und Sabine, die sonst niemand hatten, bei ihnen bleiben sollten.

Sie wurde durch das Notaufnahmelager für DDR-Flüchtlinge geschleust, wo man ihr eine kleine Geldsumme sowie einen neuen Personalausweis aushändigte und eine Stelle im Restaurant »Kopenhagen« verschaffte. Sie wollte mit ihrer Tochter in West-Berlin ein neues Leben beginnen und dort auf die Freilassung von Horst Fischer warten. Sie glaubte nicht, daß man ihn für dauernd in Haft halten würde. Sie benötigte nun aber dringend ihre Habe, die sich in der ihr verschlossenen Wohnung in der Berliner Straße befand. Nach ein paar Tagen wandte sie sich daher hilfesuchend an den freundlichen Oberst Goeller.

Während ihrer Haft hatten Hans Koester und Arthur Goeller ihr wiederholt ihre Hilfe angeboten. Nach ihrer Entlassung hatte Koester sie in das Notaufnahmelager gebracht. Bei ihrer Verabschiedung hatte er ihr gesagt, sie solle sich an ihn wenden, falls sie einmal Hilfe brauche. Nun, das war jetzt der Fall. Sie rief Koester an.

Kurz bevor ihr Anruf kam, war Goeller zufällig auf den Namen Horst Fischer gestoßen. Maria Fischer war nämlich plötzlich aufgetaucht und hatte den amerikanischen Behörden ihr Leid geklagt: Ihr früherer Mann sitze in einem ostdeutschen Gefängnis wegen einer anderen Frau – Ingrid Ruske. Goeller war nun endlich in der Lage, den Verlauf der Flugzugentführung zu rekonstruieren. Es stellte sich alsbald heraus, daß die Ruske ihm bei den vielen Plaudereien nicht alles erzählt hatte, und er glaubte auch zu wissen warum. Die Frau hatte natürlich gelogen, weil sie diesen Fischer nicht gefährden wollte.

Als Ingrid Ruske sich hilfesuchend an die Amerikaner wandte, wandten diese ihr gerade erneut ihre Aufmerksamkeit zu. Koesters Bericht über die »vertraulichen Mitteilungen«, die sie ihm am Telefon gemacht hatte, bestätigten Goellers Verdacht endgültig.

»Sie hat seit Anfang 1977 die Absicht gehabt, in den Westen zu fliehen«, schrieb Koester. »Dementsprechend versicherte sie sich der Hilfe eines Mannes aus Westdeutschland, der einen Teil ihrer Habe von Ost- nach West-Berlin zu bringen versprach. Dieser Westdeutsche, dessen Name ihren Angaben zufolge Horst Fischer lautet und der im Jahre 1978 zu nicht näher bezeichneten Zeiten in West-Berlin, Berliner Straße 46, gewohnt hat., brachte Ingrid Ruskes Schmuck, Mäntel, Kleider und andere Kleidungsstücke von Ost- nach West-Berlin und deponierte die genannten Gegenstände der Ruske zufolge in seiner Westberliner Wohnung.«

In seinem Tempelhofer Büro nahm Goeller Koesters Bericht in die Hand und bedachte seinen nächsten Schritt. Die Frage lautete, ob USA-Anwalt Surena und die anderen wünschten, daß gegen die Frau ein Verfahren eingeleitet werde. Falls ja, so mußte man sie nach Tempelhof zurückbringen und erneut verhören. Goeller wandte sich an die Staatsanwälte.

Die Antwort lautete: »Ja!«

Roger Adelman, der Sonderstaatsanwalt aus Washington, wies Goeller an, sie abermals zu verhören. Diesmal müsse er sie jedoch genau über ihre Rechte ins Bild setzen – damit man ihr ihre Aussagen vorhalten könne.

Die Amerikaner wußten, daß der Richter in Berlin eingetroffen war und daß Tiede binnen kurzem unter Anklage gestellt werden würde. Wenn das geschah, würden zweifellos sofort Anwälte in Erscheinung treten. Dies war mithin die letzte Gelegenheit, belastendes Material gegen die Frau zu bekommen. Man mußte sie unbedingt zum Reden bringen.

Goeller war bereit. Er wußte jetzt alles. Weitere Ausflüchte waren nun zwecklos.

Am 28. November schickte Goeller Koester in das Restaurant. Dieser traf Ingrid Ruske an, wie sie gerade bediente, und sagte ihr, der Oberst wolle sie sprechen. Sie war hocherfreut. Sie dachte, es handele sich darum, ihr zum Einzug in die Wohnung in der Berliner Straße zu verhelfen. Während Koester draußen wartete, machte sie sich rasch fertig. Dann trat sie heraus, stieg in das bereitstehende Militärfahrzeug und fuhr mit ihm nach Tempelhof zurück.

Goeller und sein Stenograph warteten dort bereits auf sie. Als sie die Dienststelle betrat, handelte Goeller entsprechend den Weisungen der Staatsanwälte.

Er redete sie mit ihrem Vornamen an und hieß sie herzlich willkommen. Dann begann er, das Verfahren gegen sie einzuleiten. Er machte sie jetzt zum allerersten Mal auf ihre Rechte aufmerksam – wie Adelman und Surena ihn angewiesen hatten –, damit ihre Aussagen später als Belastungsmaterial gegen sie verwandt werden konnten. Dann fragte er sie, ob sie aussagen wolle. Sie antwotete natürlich mit Ja. Schließlich war sie ja immer dazu bereit gewesen.

»Wollen Sie über die Angelegenheit aussagen, mit deren Untersuchung wir befaßt sind?«

»Ja.«

»Sind Sie bereit, ohne Beisein eines Rechtsbeistandes auszusagen?«

»Ja«, antwortete sie spontan.

»Ich bin ein wenig bestürzt«, eröffnete er ihr, »denn ich nahm an, Sie hätten uns bereits die ganze Wahrheit gesagt, und erfahre nun, daß Sie uns einiges vorenthalten haben.«

»Ich habe die Wahrheit gesagt«, entgegnete sie, »aber nicht alles.« Goeller wußte indes, daß sie nicht eher aussagen würde, als bis er ihr ihre Besorgnis, sie könne Horst Fischer schaden, genommen hatte. Er brachte daher die Sprache auf Fischers frühere Ehefrau – und benutzte diese, um Ingrid Ruske zu ködern.

»Ingrid, es geht jetzt darum«, erklärte er ihr, »daß ich alles über Herrn Fischer erfahren möchte. Nun hat Frau Fischer einige Behauptungen über Sie aufgestellt, denen ich nachgehen muß.« Er ließ durchblicken, daß Fischers frühere Frau sie beschuldigt habe, sie, Ingrid Ruske, habe die ostdeutsche Polizei veranlaßt, Horst Fischer festzunehmen; sie habe den armen Kerl »ans Messer geliefert«.

Goellers Worte trafen sie wie Keulenschläge. Sie sah ihn fassungslos an. Wie konnte diese Frau so etwas behaupten!

Goeller verdächtigte Ingrid Ruske natürlich keineswegs, Horst Fischer denunziert zu haben, und hatte sich ganz gewiß nicht um irgendwelche Anschuldigungen von dessen früherer Ehefrau zu bekümmern. Er war dabei, die Frau erneut zu täuschen – wie er es schon monatelang getan hatte –, um ihr ein Schuldgeständnis zu entlocken.

»Wissen Sie, wo Herr Fischer jetzt ist?«

»Ja.«

»Wo denn?«

Angesichts dieser Anschuldigung wußte Ingrid Ruske, daß sie nun nicht mehr schweigen konnte.

»Im Gefängnis«, antwortete sie vorsichtig. »Das heißt, ich bin fast hundertprozentig sicher. Deshalb habe ich geschwiegen, weil ich es nicht genau wußte.«

Er machte sich ihre Ängste zunutze: Er, Oberst Goeller, werde ihr helfen. Doch zuerst müsse sie ihm alles erzählen, vom Beginn ihrer Beziehung zu Fischer an.

»Ich möchte, Ingrid, daß Sie mich über Ihre Beziehung zu Fisches genau ins Bild setzen. Wann lernten Sie ihn kennen?«

»Ungefähr im Februar 1977.«

»Wo lernten Sie ihn kennen?«

»Im Restaurant Moskau.«

»Was für Beziehungen hatten Sie zu ihm? Verabredete er sich mit Ihnen?«

»Anfänglich waren unsere Beziehungen die eines Gastes zu einer Leiterin, mehr nicht. Er war Bauleiter und veranstaltete Feiern für die Bauführer. Da mußte er sich dann an mich wenden. Bei mir mußte er auch die Rechnungen bezahlen.«

Goeller sprach langsam und legte Pausen ein, damit der Dolmetscher und der Stenograph mitkommen konnten.

»Wann verabredeten Sie sich erstmalig mit Herrn Fischer?«

»Persönlich wurden unsere Beziehungen im Sommer 77. Ich erinnere mich, daß bei meiner Geburtstagsfeier im Juli 77 im Sommerhäuschen meiner Eltern außerhalb von Ost-Berlin nicht bloß Horst Fischer, sondern auch einige von den anderen Bauführern dabei waren.«

»Sie veranstalteten also im Juli eine Geburtstagsfeier in Hohenneuendorf, an der Herr Fischer und andere Bauführer teilnahmen?«

»Ja, sonst hätte er mir nicht von seinen Eheproblemen erzählt«, gab Ingrid Ruske zur Antwort.

»Trafen Sie sich dann von Juli an regelmäßig mit ihm?«

»Nicht regelmäßig.«

»Hatten Sie«, wollte Oberst Goeller wissen, »intime Beziehungen zu Herrn Fischer?«

»Nein. Er war damals noch nicht geschieden, und sie wußten nicht, wie lange der Scheidungsprozeß dauern würde. Er wollte sich übrigens gar nicht scheiden lassen.« Nach Fischers Ehescheidung kam man sich näher. Er schlug ihr schon bald vor, aus Ost-Berlin zu fliehen, und fing an, ihre Habe Stück für Stück nach West-Berlin zu schmuggeln.

»Wann fing er an, Ihre Sachen wegzuschaffen?«

»Ungefähr Februar oder März 78. Er brachte meinen Schmuck 'rüber, meine Kleider, Silber usw., aber keine Möbel.«

Sie berichtete, Fischer habe sogar ihr Hündchen durch die Mauer geschmuggelt. Goeller kam dann auf die Wohnung zu sprechen, die Fischer in West-Berlin für die beiden gemietet hatte.

»Wie war das mit der Anmietung der Wohnung in West-Berlin?«

»Im Januar 1978 zeigte er mir einen Mietvertrag für eine Wohnung in der Berliner Straße 46 und sagte, wenn ich dort wohnen wollte, müßte ich den Vertrag unterschreiben, weil die Ehefrau mit unterzeichnen müßte. Ich habe den Vertrag dann unterschrieben, mit Ingrid Fischer.«

Goeller war jetzt in seinem Element. Sie packte aus über Fischer und über ihre gemeinsamen Pläne. Sie berichtete ihm von der Wohnung, die in West-Berlin auf sie wartete. Goeller setzte zur entscheidenden Frage an.

»Wie wollten Sie fliehen?«

»Das weiß ich nicht, da müssen Sie Horst Fischer fragen.«

Fehler! Goeller zögerte. Er hatte die Falle etwas zu früh zuschnappen lassen. Doch nun blieb ihm keine andere Wahl. Er hatte sich festgelegt. Er mußte sie weiter ausforschen.

»Über die gefälschten Papiere wissen wir bereits Bescheid«, drang er in sie.

»Ich möchte das jetzt nicht sagen«, kam die Antwort.

»Was möchten Sie nicht sagen? Meinen Sie Ihren Fluchtplan?«

»Ich möchte nichts falsch machen«, flehte die Frau.

Oberst Goeller war in eine Sackgasse geraten. Mit all seiner Schlauheit, seinen Freundlichkeiten, sogar mit den Anspielungen auf die frühere Ehefrau hatte er nichts erreicht. Die sture Frau war einfach nicht zum Reden zu bringen! Tüchtiger Polizeioffizier, der er war, war er nicht bereit, sich damit abzufinden.

Er mußte unbedingt von ihr eine Aussage haben. Ohne eine solche konnten Adelman und Surena sie nicht unter Anklage stellen. Eine schuldige Luftpiratin würde dann völlig straffrei ausgehen. Er mußte sie von der Furcht befreien, Fischer zu schaden, und ihre Sorge um ihn dämpfen. Das war seine letzte Chance.

Wie er der Frau in seinem Sessel gegenübersaß, kam ihm zu Bewußtsein, daß er ihr zu hart zugesetzt hatte. Er mußte ein wenig einlenken. Goeller zeigte sich wieder von seiner freundlichen Seite.

»Was können Sie denn schon falsch machen?« versuchte er sie zu beruhigen. »Herr Fischer sitzt bereits in Ost-Berlin im Gefängnis, und wir führen keine Ermittlungen für den Osten durch. Wir wollen bloß hinter die Wahrheit kommen,« betonte er, »und Sie haben uns zuerst nicht die Wahrheit gesagt. Wir wollen wissen, wie alles vor sich gegangen ist. Wir können aber Herrn Fischer nicht schützen und ihm auch nicht helfen. Sie haben ihn geschnappt, und er sitzt im Gefängnis, und wir können daran nichts ändern«, fügte er bedauernd hinzu.

Ingrid Ruske beruhigte sich daraufhin ein wenig und erzählte ihm folgendes: »Horst Fischer wollte mich am 25. August mit Hilfe von gefälschten Papieren aus Polen herausbringen. Nachdem er mich am Flughafen abgesetzt hatte und ich in Polen angekommen war, rief er mich an und sagte, alles wäre in Ordnung und er führe jetzt nach Polen.«

Endlich! Jetzt packte sie aus! Nach allen diesen Monaten würde sie ihm nun alles über Fischer und den Fluchtplan erzählen — und dann unvermeidlicherweise alles über sein Mißlingen und über die gewaltsame Flugzeugentführung. Schließlich würde sie dann ein Schuldgeständnis ablegen. Er mußte jetzt sehr vorsichtig und geduldig vorgehen. Zunächst also etwas ablenken. Statt »Herr Fischer« hieß es einfach »Horst«.

»Horst brauchte Papiere für Detlef, Sabine und Sie?« fragte er sie, Sie nickte. »Wir hatten verabredet, daß Fischer einen Westberliner Personalausweis für mich, in den auch Sabine als Kind eingetragen ist, und polnische Visa beschaffen sollte. Dann sollten wir von Zoppot mit einem Schiff fahren. Ich glaube, das Schiff fährt bis nach England.« Sie strengte ihr Gedächtnis an: »Ich wollte dann in dem westdeutschen Ostseehafen von Bord gehen und Detlef auch.«

Sie kam jetzt zu dem entscheidenden Punkt. Es wurde alles mitgeschrieben, Wort für Wort. Wenn sie aber wieder stockte und die Aussage verweigerte oder einen Rechtsbeistand verlangte, dann blieb ihm nichts anderes übrig, als aufzuhören. Goeller mußte höllisch aufpassen, daß ihm kein falscher Zungenschlag unterlief.

Er mußte ihr die Gewißheit geben, daß niemandem — auch nicht ihr selbst — ein Schaden daraus erwachsen würde, wenn sie ihm, ihrem Freund, alles erzählte. Dies mußte auf irgendeine unmerkliche Weise geschehen, die die Zulässigkeit ihres Schuldgeständnisses nicht beeinträchtigen durfte. Es sei also so gewesen, fuhr Oberst Goeller fort, daß sie und »Detlef« nach Horsts Festnahme damit rechnen mußten, von den Ostdeutschen verhaftet zu werden. Was sie getan hätte, könne man verstehen — die Flugzeugentführung, versicherte er ihr, »spielt keine Rolle«. Das sei »nichts besonders Schlimmes«.

»Begreifen Sie bitte«, bat er sie, »daß Sie Detlef gar keine Schwierigkeiten machen könne. Die Sache mit den gefälschten Papieren ist unwichtig. Wichtig ist«, betonte er, »daß Sie jetzt die Wahrheit sagen. Sie können Detlef in diesem Bereich nicht schützen, denn wir sind nicht imstande, ihm Schutz zu gewähren. Ob er mit gefälschten Papieren raus wollte oder durch Entführung eines Flugzeugs, spielt keine Rolle. Die Hauptsache ist, daß Sie uns die ganze Wahrheit sagen.«

Goeller war im Begriff, mit der entscheidenden Frage herauszuplatzen. Da er ihrer aber immer noch nicht sicher war, beschloß er, sich so auszudrücken, daß sie nur ja zu sagen brauchte, und dann war er am Ziel.

»Horst Fischer besorgte also gefälschte Papiere für Sie alle drei, und Sie wollten alle per Schiff flüchten. Detlef fuhr als erster, um festzustellen, ob es klappen würde, und dann Sie und Sabine. Dann machten Sie sich auf den Weg, und die Papiere kamen nicht, und Sie dachten, Horst Fischer wäre festgenommen, und dann erfolgte die Flugzeugentführung. Das ist nichts besonders Schlimmes, denn Sie taten es damals, weil Sie dachten, daß die Ostdeutschen Sie festnehmen würden.«

»Das stimmt«, bestätigte sie ihm.

Ingrid Ruskes Gesicht heiterte sich sichtlich auf. Oberst Goeller begriff: Was sie und Tiede getan hatten, war »nichts besonders Schlimmes«.

»Das stimmt.« Sie erschien erleichtert.

»Begreifen Sie bitte Ingrid, daß ich durchaus verstehe, warum Sie die Unwahrheit sagten. Wir müssen aber den ganzen Tathergang erfahren, und wenn dann gelogen wird, scheint plötzlich alles, was Sie sagen, gelogen. Es ist also wichtig, daß wir genau erfahren, was damals geschah.«

Die Frau fuhr daraufhin fort, mit einfachen Worten und arglos auszusagen.

»Detlef und ich waren uns einig, daß wir Ihnen dies früher oder später sagen müßten. Wir hätten es Ihnen also schließlich doch gesagt. Der Hauptgrund, weshalb ich es Ihnen nicht gesagt habe, ist, daß ich nichts über Herrn Fischers plötzliches Verschwinden wußte und seinen Aufenthaltsort nicht kannte.«

Goeller konnte jedoch auf ein Früher oder Später nicht mehr warten. *Jetzt* mußte sie aussagen. Goeller spielte noch einmal seine Trumpfkarte aus: Ingrids »Freund« Goeller wollte sie gern vor Fischers früherer Frau beschützen.

»Was ich klären möchte, sind die Behauptungen, die Frau Fischer über Sie aufgestellt hat und die ich für falsch halte. Das geht nur«, versicherte er ihr, »wenn Sie mir die volle Wahrheit über das sagen, was sich abgespielt hat. Ich möchte«, insistierte er, »sämtliche Einzelheiten Ihres Plans erfahren. Sie dürfen mir jetzt keine Lügen mehr auftischen. Wir müssen mit dem Verfahren weiterkommen, und Sie dürfen nichts mehr verschweigen.«

Daraufhin fügte sie sich seinem Willen.

»Ich bin bereit, Ihnen alle Einzelheiten, von Anfang an, zu berichten, aber ich möchte vorher erst zwei Minuten mit Detlef sprechen.«

»Wegen der Abrede, die Sie mit ihm getroffen haben?« vermutete Goeller.

»Ja, wegen unserer Verabredung, erst später auszusagen. Ein anderer Grund ist, daß ich verhindern möchte,daß Detlef irgend welche Fehler in bezug auf die ganze Angelegenheit macht. Er weiß nämlich nicht alles. Er weiß nichts von meinem ersten Fluchtversuch. Ich will nicht, daß er irgend welche Fehler macht und lügt, obwohl die ganze Sache bekannt ist. Ich glaube, das muß ich unbedingt tun, um zu verhindern, daß er irgendwelche Dummheiten macht.«

Goeller nickte. Er konnte es sich leisten, großzügig zu sein. Aber nicht zu großzügig.

»Wir müssen aber dabeisein, wenn Sie mit ihm sprechen«, warnte er sie.

Ingrid Ruske bat nur getreu ihrer Abrede um ein paar Minuten Unterbrechung, damit sie Detlef Tiede davon in Kenntnis setzen könne, daß ihr beiderseitiges Versprechen, die Gründe für die Flugzeugentführung zu verschweigen, nicht mehr notwendig sei. Der Oberst begleitete sie, um mitzuhören.

Zwanzig Minuten später kamen sie zurück. Goeller wollte sichergehen, daß kein Anwalt später sagen konnte, man habe ihr die ihr zustehenden Rechte vorenthalten. Er machte sie daher abermals ausdrücklich auf ihr Recht aufmerksam, die Aussage zu verweigern, um dann von ihr die Bekundung entgegenzunehmen, aufgrund welcher er sie erneut in Gewahrsam zu nehmen beabsichtigte.

Sie berichtete Goeller alles, von Anbeginn an. Frage. Antwort. Koester übersetzte aus dem Englischen ins Deutsche, und dann aus dem Deutschen ins Englische. Frage. Antwort. Der Stenograph schrieb alles mit. Sein Protokoll enthielt die Glieder der Beweiskette, die Goeller zu einer Anklage gegen sie schmiedete.

Schließlich und endlich kam man zum entscheidenden Punkt.

»Wie gelangten Sie in den Besitz der Pistole?« wollte er von ihr wissen.

»An dem Tag, als wir zum Flohmarkt gingen«, berichtete sie ihm, »hatten wir Glück und fanden eine.« Sie erinnerte sich, wie sie dort ohne alles Geld gestanden hatten. »Ich habe ein paar Kleidungsstücke, Schuhe und einen Schirm verkauft. Wir brauchten Geld, um uns eine Waffe kaufen zu können. Deswegen verkauften wir auf dem Flohmarkt einige Kleidungsstücke von mir, Schuhe und einen Schirm.«

»Hatten Sie zuvor miteinander besprochen, wie Sie die Pistole in das Flugzeug schaffen wollten?«

»Ja, die einzige Möglichkeit war Sabine.«

»War Ihnen bekannt, daß man Sie auf dem Flughafen durchsuchen würde?«

»Wir wußten es nicht genau, wir mußten aber mit der Möglichkeit rechnen«, gab sie vorsichtig zur Antwort. »Das ist der Grund, weshalb Sabine sie tragen sollte.«

Goeller konnte nicht umhin, einige gezielte Fragen betreffs des zwölfjährigen Mädchens zu stellen. Schließlich war es möglich, daß seine Vorgesetzten bezüglich des Kindes etwas zu tun gedachten — es war die ganzen Wochen hindurch in Haft gewesen, obwohl gar kein Belastungsmaterial gegen es vorlag. Möglicherweise war es berechtigt, auf Schadenersatz zu klagen, ungeachtet der von seiner Mutter unterzeichneten Verzichterklärung.

»Und Sabine hatte die Pistole in der Tasche?«

»Ja.«

»Was hatten Sie ihr gesagt, wie sie sich verhalten sollte?«

»Ich hatte Sabine gesagt, wir wollten versuchen, das Flugzeug nach dem Westen zu entführen, und ihr eingeschärft, sie solle den Leuten vom Zoll sagen, sie hätte die Pistole geschenkt bekommen und es wäre eine Spielzeugpistole.«

Mit seinen letzten Fragen an die Mutter und ihren Antworten wollte Goeller den Beweis führen, daß das zwölfjährige Mädchen vorsätzlich an einer Flugzeugentführung beteiligt gewesen war. Die Entscheidung darüber, was mit dem Kind zu geschehen habe, würden dann natürlich seine Vorgesetzten treffen müssen.

Nachdem sie ihre Aussage gemacht hatte, konnte nun Anklage gegen Ingrid Ruske erhoben werden. Koester fuhr sie zurück. Unmittelbar darauf wurde Tiede vorgeführt und vernommen. Er brauchte nun nichts mehr zu verschweigen. Zum erstenmal war er, sichtlich erleichtert, in der Lage, den unerträglichen Druck zu schildern, der ihn veranlaßt hatte, das Flugzeug zur Kursänderung zu zwingen. Wenn er drei Monate lang geschwiegen habe, gestand er Goeller, so nur, um einen anderen nicht in noch größere Schwierigkeiten zu bringen.

»Horst Fischer wollte am 26. August in Polen mit uns zusammentreffen«, erklärte er dem amerikanischen Oberst und dessen Dolmetscher. »Am 25. August rief er uns abends von West-Berlin aus an und sagte zu Ingrid, er wäre jetzt auf dem Bahnhof Zoo und sein Zug nach Polen führe in einer Stunde ab. Das Fatale war, daß Horst Fischer dort aber nicht eintraf. Das war für uns eine Katastrophe.« Er erzählte Goeller von der Panikstimmung, in die sie geraten seien. »Wir sind von einer Bahnstation zur anderen gelaufen und dann wieder in unser Quartier zurück, aber nichts tat sich. Horst kam nicht. Am 28. lief unser ›Traumschiff‹ aus dem Danziger Hafen aus, via Travemünde, und wir waren nicht an Bord. Ich war jetzt fast überzeugt, daß sie Horst geschnappt hatten. Was sollten wir jetzt machen? Es gab nur noch einen Ausweg: ein Flugzeug zu entführen«.

Tiede schloß seine Aussage vor Goeller mit dem, was ihm am meisten am Herzen lag: Horst Fischers Schicksal.

»Nun, alles hat dann glücklich geendet, gleichzeitig aber auch sehr traurig. Wir drei und zehn (in Wirklichkeit sieben) andere haben unser Ziel erreicht – die Freiheit. Aber Horst Fischer! Der ist in den Händen des SSD! Was wird mit ihm passieren? Er hat sich so selbstlos für uns eingesetzt!«

Detlef Tiede fühlte sich, obwohl in Haft, als freier Mann – und die Hauptsorge dieses Mannes, für den das State Department in aller Stille einen Gerichtssaal bauen ließ, galt einem anderen, der, ebenfalls im geheimen, ebenfalls ohne Verteidiger und ohne Anspruch auf Haftverschonung durch Sicherheitsleistung in einem Ostberliner Gefängnis saß.

Der amerikanische Oberst machte seinen Vorgesetzten Meldung:

Der Mann *und* die Frau könnten jetzt unter Anklage gestellt werden. Die Polizei hatte ganze Arbeit geleistet.

Zwei Tage später, am 30. November 1978, wurde Ingrid Ruske erneut vorgeführt. Die Niederschrift der Fragen und Antworten war zu einer kürzeren Aussage in Form eines scheinbar von ihr stammenden Berichts zusammengefaßt worden. Diese enthielt sämtliche Mitteilungen, die sie gemacht hatte, nicht aber Goellers Fragen und Ausführungen. Sie unterschrieb sie. Sechs Tage später erwirkte Goeller damit einen Haftbefehl gegen Ingrid Ruske.

Die dreimonatigen Verhöre hatten sich schließlich gelohnt. Jetzt hatte er das Beweismaterial. Die Tatsache, daß Goeller sich gezwungen gesehen hatte, einen Rechtsbruch zu begehen – daß er, um dieses Material zu bekommen, hatte lügen und das Vertrauen einer hilflosen Frau mißbrauchen müssen, die in ihm ihren Freund sah – kümmerte niemand. Zumindest nicht zu jenem Zeitpunkt. Denn damals waren die Behörden allzusehr damit beschäftigt, ihren Gerichtshof zu schaffen, als daß ihnen der Gedanke gekommen wäre, sie müßten vielleicht – vor eben jenem Gerichtshof – Rechenschaft über all das ablegen, was sie der Frau angetan hatten.

Fischer erzählte seinen Vernehmern alles. Zumindest alles, was er wußte. Unablässig mußte er es ihnen wiederholen. Sie gaben sich jedoch immer noch nicht zufrieden. Die täglichen Verhöre dauerten fort. Jetzt fingen sie an, ihn über das Flugzeug und seine Entführung auszufragen. Sie schienen außerstande zu begreifen, daß er in keiner Weise daran beteiligt gewesen war und nichts davon wußte. Tag für Tag verhörten sie ihn. Immer dieselben Fragen. Keine besonders listigen oder verfänglichen Fragen. Lediglich dieselben Fragen. Immer wieder aufs neue. Er fragte sich, warum sie nicht begreifen wollten, daß die Flugzeugentführung *wegen* seiner Verhaftung stattgefunden hatte und nicht umgekehrt.

Die einzige Änderung in den letzten paar Wochen hatte darin bestanden, daß sie angefangen hatten, ihn über einige Sabotageakte zu befragen, die in Ost-Berlin verübt worden waren. Er wußte nicht einmal, wovon eigentlich die Rede war. Das störte sie aber nicht im mindesten. Sie hielten ihm ständig vor, er müsse irgendeine Art von

Widerstandsorganisation leiten. Was er auch immer sagte, sie stellten unablässig dieselben Fragen, Tag für Tag, Woche für Woche.

Er hattte jetzt einen Rechtsbeistand. Nach sechs Wochen gaben sie ihm einen ostdeutschen Anwalt, der Fischer aber gleich darauf aufmerksam machte, daß er nichts für ihn tun könne. Ob man ihn vor ein Gericht stellen werde, wollte Fischer wissen. Ja, natürlich, sagte der Anwalt. Wann? Erst nach dem Prozeß gegen die Luftpiraten in West-Berlin. Warum? Was er denn damit zu tun habe, wollte Fischer wissen. Die ostdeutschen Behörden wollten abwarten, erklärte ihm der Anwalt, ob während des Prozesses gegen die Frau und den Mann nicht Tatsachen zur Sprache kämen, die auf seine Beteiligung an der Flugzeugentführung hindeuteten. Die glaubten einfach nicht, daß er nichts damit zu tun hätte.

Der Rechtsanwalt ging wieder. Die Eisentür schloß sich hinter ihm. Fischer war verzweifelt. Ein Prozeß in West-Berlin? Dann war Ingrid ja doch in Sicherheit. Aber kein einziger ostdeutscher Flüchtling war jemals im Westen vor Gericht gestellt worden, obschon jeder von ihnen vorher irgendeine Art Gesetz gebrochen hatte. Fischer war bestürzt. Soweit er gehört hatte, war niemand während des Fluges verletzt worden, und die ganze Sache hatte nur ein paar Stunden gedauert. Dennoch war er sich in seiner Zelle in Ost-Berlin jetzt darüber klar, daß sie alle drei – Ingrid, Detlef und er selbst – in eine üble Lage geraten waren. Wie schlimm ihre Situation war? Die Antwort würde aus West-Berlin kommen.

Zweites Buch

Das Vorverfahren

4.
Die Anklagevertreter und die Richter

DER RECHTSBERATER
Department of State
Washington

26. Dezember 1978

An den Präsidenten des
Obersten Gerichthofs der Vereinigten Staaten
Washington, D. C. 20543

Sehr geehrter Herr Präsident,

... am 18. Oktober schrieb ich Ihnen... in betreff des Richters Dudley B. Bonsal vom Southern District der Stadt New York und empfing daraufhin von Ihnen am 30. Oktober eine positive Antwort...

Richter Stern hat die Angelegenheit nach Rücksprache mit dem Oberrichter des Distrikts New Jersey sorgfältig erwogen und ist zu der Überzeugung gelangt, daß die Übernahme dieses Auftrags in keiner Weise mit seinen Amtspflichten kollidieren würde. Sollten Sie jedoch Einspruch erheben, so möchte Richter Stern sich lieber nicht zur Verfügung stellen.

Wie bereits in meinem Schreiben vom 18. Oktober erwähnt, besitzen die Vereinigten Staaten im amerikanischen Sektor von Berlin materielle Rechte und Pflichten, die aus dem alliierten Sieg im Zweiten Weltkrieg resultieren... Obwohl das Gericht bisher noch nicht getagt hat, erfordern die Umstände eines Falles, bei dem ein polnisches Luftfahrzeug kürzlich von zwei ostdeutschen Staatsangehörigen gewaltsam in den US-Sektor von

Berlin umgeleitet wurde, daß die Vereinigten Staaten dort Strafgerichtsbarkeit ausüben.

Der Richter und weitere Gerichtsbeamte werden vom US-Botschafter in der Bundesrepublik Deutschland ernannt. Ein Stellvertretender US-Staatsanwalt wird die Anklage vertreten. . . Dieses Verfahren ist für die auswärtigen Angelegenheiten der Vereinigten Staaten von Wichtigkeit. Wir sind dankbar, daß Richter Stern sich bereit erklärt hat, den Vorsitz zu übernehmen, und hoffen, daß Sie keine Einwände dagegen erheben.

Mit bestem Gruß,

i. A. Lee R. Marks

*

Oberster Gerichtshof der Vereinigten Staaten
Washington, D. C. 20543
Der Präsident

29. Dezember 1978

An den Rechtsberater des Department of State
z. Hd. d. Stellvertreters, Lee R. Marks, Esq.
2201 C Street, N. W.
Washington, D. C. 20520

Sehr geehrter Mr. Marks,

ich bestätige Ihnen den Empfang Ihres Schreibens vom 26. Dezember betreffend die Beauftragung von Richter Stern mit der Führung des darin erwähnten Prozesses.

Vorausgesetzt, daß der Oberrichter seines Distriktgerichts einverstanden ist, habe ich dagegen keinerlei Einwände vorzubringen.

Mit freundlichem Gruß,

(gez.) Warren E. Burger

Das State Department bestimmte Richter Dudley Bonsal vom Bundesgericht New York zum Vorsitzenden Richter in Berlin. Der 72jährige Jurist, Bruder eines ehemaligen US-Botschafters in Brasilien, erklärte sich bereit, den Vorsitz unter der Voraussetzung zu übernehmen, daß der Präsident des Obersten Gerichtshofs der Vereinigten Staaten damit einverstanden sei. Inzwischen waren die Anklagevertreter bereits tätig geworden.

Der 31jährige Andre Surena, ein schlanker, gutaussehender, bärtiger, beredter Schwarzer, amtierte jetzt als US-Staatsanwalt für Berlin.

Von kleinem Wuchs, selbstbeherrscht, mit ruhigen, sanften Augen, war der lernbegierige, überaus willensstarke Surena an den Straßenecken eines der größten Gettos der Welt aufgewachsen. New York City wird durch keine Mauer geteilt. Dort existieren keine von Tränensymbolen benetzten Betonwände. Die Mauer, der Andre Surena sich gegenübersah, war unsichtbar – aber nicht minder real wie die Ketten, die ein polnisches oder russisches Getto abgrenzen, und auf ihre Weise ebenso unübersteigbar wie die, die Detlef Tiede und Ingrid Ruske vom Westen abgesperrt hatte.

Auch er war der Erbe eines ungerechten Vermächtnisses. Schließlich hatte kein einziger seiner Vorfahren jemals irgendeinem von denen, die ihn jetzt ausschließen wollten, ein Unrecht zugefügt. Für einen kleinen Jungen waren das gewaltige Hindernisse.

Manche kapitulieren vor solchen Widerständen und bleiben zeitlebens Geschlagene, ohne Hoffnung auf bessere Zeiten. Andere empören sich und rebellieren – das Herz von Haß und Wut zerfressen und nach Rache dürstend. Andre Surena gab sich weder geschlagen noch rebellierte er. Er arbeitete sich vielmehr allen Schwierigkeiten zum Trotz im Rahmen der bestehenden Ordnung empor und überwand all die künstlichen Mauern, die der vielseitig begabte junge Mann vor sich aufgerichtet fand.

Er besuchte das City College der University of New York und studierte danach Rechtswissenschaft. Er wurde zur Advokatur zugelassen und bekam eine Anstellung im State Department in Washington. Dann besuchte er einen Sprachkursus in Deutsch, nach dessen erfolgreichem Abschluß er nach Berlin versetzt wurde.

In Berlin bekleidete Surena einen wichtigen Posten bei den Besatzungsbehörden. Man stellte ihm eine Villa zur Verfügung, Dienstpersonal und für offizielle Anlässe einen Wagen samt livriertem Fahrer. Er war eine Respektsperson, ein wichtiger und mächtiger Mann — der Rechtsberater der Herrscher über eine Million Menschen im US-Sektor.

Er amtierte zu der Zeit in Berlin, als die polnische LOT-Maschine 165 dort landete, daher wurde er der US-Staatsanwalt für Berlin. Doch dann geriet er in den diplomatiscen Streit um die Frage, welche Nation den Luftpiraten unter Anklage stellen sollte. Während Washington hin und her überlegte, oblag es ihm, die täglichen Entscheidungen über die Behandlung der Häftlinge zu treffen.

Surena überwachte ihre Inhaftierung. Er war derjenige, bei dem Goeller sich nach seinen Unterhaltungen mit Ingrid Ruske meldete und dem er Abschriften der Briefe brachte, die für die Häftlinge eintrafen. Es war dies eine konfliktträchtige und verwirrende Rolle, die der junge Mann zu spielen hatte — Zensor, Gefängnisaufseher, Staatsanwalt, Diplomat, Rechtsberater —, doch wurde er ihr durchaus gerecht, den ganzen September, Oktober und November hindurch.

Er wartete auf die Ankunft des Richters Bonsal. Surena hatte es im Grunde aber beruflich noch nicht so sehr weit gebracht. Er hatte noch nie einen Prozeß geführt oder an einer Strafverfolgung teilgenommen. Er brauchte Hilfe und war sich dessen auch bewußt.

Das State Department gab ihm deshalb Roger Adelman bei. Siebenundreißig Jahre alt, fast 1,93 Meter groß, war Adelman Stellvertretender Bundesanwalt im District of Columbia und seit fast zehn Jahren als Staatsanwalt tätig. In Philadelphia geboren und aufgewachsen, lebte er jetzt in Washington, D. C., wo er als Hilfsreferent im Amt des Bundesanwalts begonnen und dort zunächst die kleineren Fälle, einen nach dem anderen, bearbeitet hatte. 1978 war er Dezernent. Er bearbeitete nach wie vor Rechtsfälle — doch jetzt nur noch die großen. Er gehörte zu den wirklichen »Profis« des Amtes. Adelman sollte als Stellvertretender US-Staatsanwalt für Berlin den Hijacking-Fall bearbeiten. Ende September traf er an Ort und Stelle ein, um Goellers Ermittlungen zu koordinieren. Surena war für die Beziehungen zu den örtlichen deutschen Dienststellen zuständig; Adelman oblag es, das Strafverfahren einzuleiten. Zwei deutsche Juristinnen, Frau Gisela Wolf und Frau Marianne Fischer, wurden ihm beigeordnet, um ihm die Feinheiten des deutschen Strafrechts zu erklären, nach dem gegen die beiden Beschuldigten verhandelt werden sollte.

Ingrid Ruske und Detlef Tiede wußten natürlich nichts über den Richter und die vier Staatsanwälte. Sie lebten in dem Glauben, sie müßten auf die Entscheidung der Amerikaner, was mit ihnen geschehen solle, warten. Sie blieben den ganzen September und Oktober hindurch unter strenger Bewachung in Tempelhof, wo Goeller sie häufig befragte, während Adelman und Surena ohne ihr Wissen ihre Post kontrollierten, Goeller Weisungen gaben und gemeinsam mit den deutschen Juristinnen eine Anklageschrift ausarbeiteten.

In Ost-Berlin wartete Horst Fischer. Man hatte ihn in eine gewöhnliche Strafanstalt gebracht. »Staatsfeinde« aller Art saßen hier in Haft – politische wie er selbst, aber auch zahlreiche Mörder, Diebe und Drogenhändler.

Fischer hatte während der zwei Monate im Gefängnis fast zehn Kilo verloren. Sein Haar begann zu ergrauen. Er vermutete, daß er jetzt sehr viel älter aussehe, faßte sich aber in Geduld. Ihm blieb nichts anderes übrig. Man würde ihn erst nach dem Abschluß des Verfahrens im »Westen« den Prozeß machen. Und wann, fragte er sich, würde das wohl sein?

Am 30. Oktober 1978 waren die Amerikaner soweit. Der Präsident des Obersten Gerichtshofs der Vereinigten Staaten stimmte der Ernennung von Richter Bonsal zu. Ingrid Ruske sollte in Freiheit gesetzt werden – sowie sie das Schriftstück unterzeichnete, in dem sie die Vereinigten Staaten von der Haftbarkeit für ihre Inhaftierung entband. Sie wurde am 3. November 1978 entlassen. Alles war in bester Ordnung. Das Strafverfahren gegen Hans Detlef Alexander Tiede konnte beginnen.

Richter Bonsal traf am 27. November ein. In seiner Begleitung befanden sich Mark B. Feldman, Stellvertretender Rechtsberater des

State Department in Washington, und Bruno A. Ristau, der Leiter des Amtes für Auswärtige Rechtsfälle im US-Justizministerium. Am Abend nach ihrer Ankunft vernahm Goeller Ingrid Ruske erneut und bewog sie dazu, ein Schuldgeständnis abzulegen. Das Verfahren gegen die beiden Angeklagten konnte nunmehr stattfinden. Doch dann machte Richter Bonsal tags darauf alle Pläne zunichte.

Achtundvierzig Stunden nach seiner Ankunft beschloß der Richter, Berlin wieder zu verlassen. Ein offizieller Grund hierfür wurde nicht genannt. Er flog einfach wieder ab. Auf dem Weg zum Flughafen nahm ihm der US-Stadtkommandant, General Calvin P. Benedict, den Amtseid als US-Richter für Berlin ab. Eine halbe Stunde später war Bonsal verschwunden. Seine einzige Amtshandlung bestand in der Verkündung der Verfahrensbestimmungen für den Gerichtshof. Feldman hatte diese aus Washington mitgebracht – und Richter Bonsal verlieh ihnen, während er, von Benedicts Dienststelle kommend, zum Flughafen fuhr, vom Rücksitz seines Wagens aus durch seine Unterschrift Gesetzeskraft.

Die plötzliche Abreise von Richter Bonsal brachte das State Department, das im Begriff war, gegen Ingrid Ruske gerichtlich vorzugehen, und die Militärbehörden, die Tiede in Haft genommen hatten, in arge Verlegenheit. Feldman, Surena, Adelman und Ristau saßen in Berlin mit einem Häftling und einem weiteren, den sie unter Anklage stellen wollten, ohne Richter auf dem trocknen. Es war ein schönes Durcheinander. Zwischen Berlin und Washington rauchten die Drähte.

Einen Tag nach Bonsals Abreise machte Washington per Telex einen Vorschlag. Vielleicht könne man Richter Goodman, einen pensionierten Mitarbeiter des State Department, dazu bewegen, vorübergehend in Berlin zu amtieren. Goodman wohnte in München und war am Obersten Rückerstattungsgericht in Deutschland tätig.

Die Beauftragten des State Department machten Goodman rasch ausfindig. Er befand sich gerade Auf einer Konferenz in Den Haag. Ja, er sei bereit, in Berlin zu amtieren, teilte er ihnen mit, aber nur vorübergehend. Sofort dorthin kommen könne er allerdings nicht. Er sei zu sehr eingespannt. Das State Department mußte sich damit abfinden. Es war kein anderer da. Die Männer aus Washington blieben in Berlin und faßten sich in Geduld.

Fünf Tage später traf Goodman ein. Am Flughafen standen die Dienstwagen, um ihn abzuholen. Der zweite Jurist, der zum US-Richter für Berlin ernannt worden war, wurde eiligst zur Dienststelle des Stadtkommandanten gefahren, wo General Benedict ihm den Amtseid abnahm. Tags darauf, am 6. Dezember, stellten Adelman und Surena Detlef Tiede vor dem neuen Richter unter Anklage.

Der verstörte Tiede wurde aus seinem Zimmer im Columbia House, dem US-Offiziersklub in Tempelhof, geholt und in den neuen Gerichtssaal gebracht, den man am anderen Ende des riesigen Gebäudes für ihn ausgebaut hatte. Kurz vor 17.00 Uhr wurde er dem Gericht vorgeführt.

Beim Betreten des Gerichtssaals erblickte Tiede eine Richterbank und den dahinter thronenden Goodman. Ein deutscher Anwalt, Dietrich Herrmann, war bereits anwesend und hielt sich bereit. Goodman hatte Herrmann zu Tiedes deutschem Verteidiger bestimmt, nachdem er zuvor aufgrund der von Adelman und Surena am Morgen eingereichten Anklage wegen Flugzeugentführung einen Haftbefehl gegen Tiede erlassen hatte.

Die beiden amerikanischen Ankläger warteten vor der Richterbank, als der ehemalige Kellner in den Saal geführt wurde. Achtundneunzig Tage nach seiner Festnahme wurde er endlich formell unter Anklage gestellt und ihm ein Rechtsanwalt beigegeben, der ihn beraten sollte.

Tiede wurde der Platz neben Herrmann angewiesen. Nach einer kurzen Anhörung erlangten Surena und Adelman von Richter Goodman eine Verfügung, aufgrund welcher Tiede vom Flughafen in das Untersuchungsgefängnis Moabit zu überführen war, wo er bis zu einer auf Januar anberaumten formellen Vernehmung ohne Anpruch auf Haftverschonung durch Sicherheitsleistung in Haft bleiben sollte. Der deutsche Anwalt hatte nichts dagegen einzuwenden. Er hatte den Fall eben erst übernommen. Überdies war ihm die amerikanische Strafprozeßordnung unbekannt. Seine Aufgabe bestand darin, auf die Vorschriften des deutschen Strafrechts hinzuweisen. In gewissem Sinne war der ostdeutsche Angeklagte vor dem amerikanischen Gericht immer noch ohne Rechtsbeistand.

Es lag auf der Hand, daß Tiede einen amerikanischen Anwalt brauchte. »In Anbetracht der Tatsache, daß die Beweisaufnahme in diesem Fall im Grunde nach den vor den US-Bundesgerichten gültigen Bestimmungen erfolgt«, verkündete Goodman, »halte ich es für erforderlich, daß dem Beschuldigten auch baldigst ein amerikanischer Anwalt beigegeben wird, damit er alle ihm zustehenden Rechte wahrzunehmen vermag.«

Der verwirrte Tiede wurde eiligst aus dem Gerichtssaal geführt, diesmal aber nicht in das Zimmer, das man ihm im Flughafengebäude angewiesen hatte, sondern in ein anderes Gefängnis, wo er in einer Zelle den Beginn des Hauptverfahrens abwarten sollte.

Dann die Frau. Goeller trat vor und präsentierte eine eidesstattliche Erklärung. Diese enthielt die Aussagen, die sie vor ihm gemacht hatte. Alles war darin aufgeführt: der ursprüngliche Plan, sein Mißlingen, die Verhaftung von Horst Fischer und die Flugzeugentführung. Surena und Adelman legten sie Richter Goodman vor.

Mit Rücksicht auf die Gefahr, in der Horst Fischer schwebte, baten die Anklageverteter den Richter, die eidesstattliche Erklärung zu versiegeln. Dies geschah. Dann wurde eine Vorladung für Ingrid Ruske erlassen und gleichfalls versiegelt. Die ganze Angelegenheit sollte bis zum Beginn des Verfahrens gegen sie und Tiede Mitte Januar geheim bleiben.

Alles ging nun schließlich seinen geregelten Gang. Tiede war formell unter Anklage gestellt worden und hatte einen Rechtsbeistand. Gegen die Frau war Anklage erhoben worden, und Goodman bestimmte den Berliner Rechtsanwalt Dr. Ulrich E. Biel zu ihrem Verteidiger. Der nächste Verhandlungstermin war anberaumt. Soweit war alles schön und gut.

Doch nun waren sowohl Bonsal wie auch der zeitweilig amtierende Goodman wieder abgereist. Der Gerichtshof war abermals »richterlos«. Die ganze Angelegenheit lief weiterhin ruckweise ab. Es war lächerlich. Dabei war alles sonnenklar. Die Angeklagten waren ohne jeden Zweifel schuldig. Sie hatten ein Flugzeug entführt. Sie waren beide geständig. Es galt, kurzfristig ein Gericht einzuberufen. Wenn sie sich dann nicht gleich schuldig bekannten, würde man kurzen Prozeß mit ihnen machen. Washington brauchte nur einen Bundesrichter ausfindig zu machen, der Mitte Januar in Berlin die Vorprüfung durchführte und dann noch einmal wiederkam, um die Sache ins reine zu bringen. Doch wie sollte man an einen Bundesrichter herantreten? Und wer kam in Frage? Im State Department beschloß man, sich an das Justizministerium zu wenden.

Bruno Ristau, der Leiter des Amtes für Auswärtige Rechtsfälle im US-Justizministerium, stand einer kleinen Gruppe von Juristen vor, die die Vereinigten Staaten bei allen Prozessen vertraten, an denen eine auswärtige Macht beteiligt war. Er war mit der Welt der Diplomatie ebenso vertraut wie mit der der Gerichtshöfe.

Ristau war 1929 in Warschau geboren. Sein Vater war deutscher, seine Mutter russischer Abstammung. Zur Zeit des deutschen Überfalls auf Polen war er zehn Jahre alt, und als Mitteleuropa in Trümmern lag fünfzehn. Von allen Hauptstädten trug Warschau die schlimmsten Zerstörungen davon. Der junge Bruno machte sich auf den Weg durch den vom Krieg verheerten Kontinent. Er hatte die Geschütze der Wehrmacht und die nationalsozialistische Besatzungsherrschaft überlebt, und auch die russischen Granaten hatten ihm nichts anhaben können. Vor der Roten Armee floh er in die Vereinigten Staaten. Als er dort eintraf, war er achtzehn. Ironischerweise hätten Bruno Ristau und Detlef Tiede auch mit vertauschten Rollen in Tempelhof erscheinen können: Wenn nämlich Ristau in Osteuropa geblieben wäre und wenn Tiedes Mutter dafür gesorgt hätte, daß ihr Sohn in den Westen ging. Es war jedoch Ristau, der der russischen Besetzung Osteuropas entkam, und der etliche Jahre später geborene Tiede, dem derselbe Weg von Ost-Berlin aus versperrt blieb.

In Amerika vervollkommnete Ristau sich im Englischen und besuchte die High School. Beim Ausbruch des Koreakrieges trat er in die US-Army ein und wurde naturalisierter US-Bürger. Nach Abschluß seines Militärdienstes absolvierte er eine College-Ausbildung und studierte mit Hilfe eines GI-Stipendiums Rechtswissenschaft. Er stieg schließlich in eins der höchsten Ämter im Justizministerium, zum Leiter der Abteilung für Auswärtige Rechtsfälle, auf. Er war mit den Rechtsordnungen von einem Dutzend Staaten vertraut, sprach fließend polnisch, russisch, deutsch, französisch, italienisch und natürlich englisch. Auch wenn er für Amerika sprach, wirkte er wie ein europäischer Diplomat. In seiner Sprechweise verriet allerdings ein leichter Anflug von einem rollenden R seine nichtamerikanische Herkunft.

Ristau erklärte sich bereit, als Gerichtsschreiber des US-Gerichts für Berlin zu amtieren und faktisch über Nacht eine einer Judikative entsprechende Institution der Besatzungsverwaltung zu schaffen. Zusammen mit Richter Bonsal und Feldman flog er nach Berlin. Als Bonsal die Stadt wieder verließ, blieb er, und als dann Richter Goodman plötzlich abgeordnet wurde und das Gericht einberief, war Ristau zur Stelle. Auch als das State Department einen anderen Bundesrichter ausfindig machen mußte, wandte es sich erneut an ihn.

Der Mann, den er Feldman empfahl, amtierte seit fünf Jahren als Distriktrichter und war davor Bundesanwalt gewesen. Zweiundvierzig Jahre alt, ging ihm der Ruf eines strengen »Law and order«-Richters voraus. Sein Name war Stern. Ristau schlug ihn Feldman vor. Feldman bat Ristau, den Richter anzurufen und zu fragen, ob er den Vorsitz in Berlin übernehmen wolle. Ristau ließ sich daraufhin von seinem Washingtoner Büro aus mit Newark, New Jersey, verbinden.

Richter Stern stand in seinem Büro und entledigte sich gerade seiner Robe. Mit Widerwillen blickte er auf seinen Schreibtisch, wo Schriftsätze, Prozeßakten, Meldungen und Briefe ein wüstes Durcheinander bildeten. Er schüttelte besorgt den Kopf. Fünfzehn Minuten Verhandlungspause und Stoff für mindestens sechs Stunden Studium und Diktat. Während er den größten Aktenberg in Angriff nahm, leuchteten zwar die Kontrollampen auf seinem Telefonapparat auf, aber er las weiter.

Es war ein besonders schwieriger Fall von Frauen-Diskriminierung. Über zweitausend weibliche Angestellte einer Produktionsstätte der Western Electric Company hatten diese Schadenersatzklage wegen nachteiliger Ungleichbehandlung angestrengt. Er hatte ihn ohne Jury verhandelt und zugunsten der Frauen entschieden. Die beklagte Partei wollte sich jedoch noch immer nicht geschlagen geben. Sie weigerte sich, einem Vergleich zuzustimmen, und verlangte von ihm, über den Schadenersatzanspruch einer jeden Frau separat zu verhandeln. Die dachten offenbar, sie könnten ihn auf die Knie zwingen. In dem Bemühen, eine Lösung für das Problem zu finden, hatte er jedoch vier Gehilfen ernannt, die die einzelnen Fälle bearbeiten sollten. Dabei hatte er allerdings nicht vorausgesehen, daß jeder der vier umfangreiche Berichte über jeden Fall vorlegen würde. Aber er ertrank schon sowieso in seinen Akten. Jetzt hatte er keine Zeit dafür.

Er wandte sich einem anderen Stapel zu. Der Gefängnisfall. Der Bürgerbeauftragte des Staates New Jersey hatte eine Klage gegen das Bezirksgefängnis wegen inhumaner Behandlung der Insassen angestrengt. Der Direktor hatte den Kindern der Häftlinge die Besuchserlaubnis mit der Begründung entzogen, das Gefängnis sei kein Ort für Kinder. Außerdem hatte er den Insassen – darunter viele Untersuchungshäftlinge, die nur die Kaution nicht aufbringen konnten – verboten, in ihren Zellen Zeitungen und Zeitschriften zu lesen, und dies damit begründet, man könne Pistolen daraus fertigen.

Die Telefonlampe leuchtete erneut auf: Cathy Hughes hielt ihm die Anrufer fern. Kopfzerbrechen bereitete ihm auch der Prozeß, den er gerade zu führen hatte: Drei junge Männer standen wegen Bankraubs, begangen in verschiedenen Bundesstaaten, unter Anklage. Sie hatten mit Kofferradios den Polizeifunk abgehört. Alarmierte ein Kassenbeamter die Polizei, so machten sie sich aus dem Staub. Es waren drei Angeklagte, denen ein halbes Dutzend Banküberfälle und ein Mord zur Last gelegt wurden. Ein Wärter; der sich den Verbrechern in den Weg gestellt hatte, war mit einer Schrotflinte niedergestreckt und dann von einem der Angeklagten durch zwei Schüsse in den Rücken getötet worden. Die Wechselsprechanlage summte. Er nahm den Hörer ab.

»Ein Bruno Ristau vom Justizministerium in Washington. Er sagt, er sei der Leiter der ›Abteilung für Auswärtige Rechtsfälle‹.«

Der Richter blickte auf seine Uhr.

»Ich rufe zurück. Und, Cathy, bitte sagen Sie den Vollzugsbeamten, sie möchten die Angeklagten in den Saal zurückbringen. Ich muß mit diesem Prozeß weiterkommen. Und«, fügte er rasch hinzu, »sagen Sie ihnen, sie sollten nicht vergessen, daß keiner der Geschworenen die Angeklagten in Handschellen sehen darf. Ich möchte diesen Prozeß nur einmal führen.« Er dachte bereits an das Berufungsverfahren. Das Belastungsmaterial gegen die Angeklagten war erdrückend. Da war mit harten Urteilen zu rechnen.

Bruno Ristau, sinnierte er, während er sich die Robe wieder anzog und zum Gerichtssaal hinunterschritt. Lang, lang ist's her.

Sieben Jahre. Vor sieben Jahren hatte er zuletzt mit Ristau gesprochen. Er war damals Staatsanwalt für den Distrikt New Jersey gewesen und hatten zusammen mit Ristau einen hochrangigen Angehörigen des französischen Geheimdienstes S. D. E. C. E. unter Anklage gestellt, der fünfzig Kilo fast reines Heroin in einem Volkswagen-Kleinbus in die Staaten geschmuggelt hatte. Die Franzosen waren wütend gewesen und hatten mit Hilfe des US-Botschafters, Arthur K. Watson, die Einstellung des Verfahrens betrieben. Ristau und Stern hatten den Justizminister jedoch von der Notwendigkeit überzeugt, den Fall weiterzuverfolgen. Nach der Anklageerhebung hatten sich die Franzosen geweigert, ihren Mann auszuliefern, so daß der Fall niemals zur Verhandlung gekommen war. Er lächelte vor sich hin. Das Verfahren war aber nicht niedergeschlagen worden, und die Akten darüber würden wohl niemals geschlossen werden. Wenn einige S. D. E. C. E.-Leute allerdings ihre Aktionen zum Teil mit dem Erlös aus Drogen finanzierten – wie der Spediteur seinerzeit behauptet hatte –, dann hatte die allgemeine Empörung, die die Anklageerhebung ausgelöst hatte, dem wenigstens ein Ende bereitet. Bruno Ristau. Was mochte der wohl nach so langer Zeit von ihm wollen?

»Bruno, Donnerwetter«, rief der Richter ins Telefon, »wie geht es Ihnen?«

Die beiden tauschten für ein paar Minuten Erinnerungen aus, wobei der Richter gleichzeitg das Durcheinander auf dem Schreibtisch beäugte.

»Was ist los, Bruno?«

»Hochgeschätzter Richter«, begann Ristau, »ich wette, Sie wissen nicht, wem Berlin gehört.«

»Stimmt, ist mir auch gleich. Ist das ein Ratespiel?«

Ristau lachte.

»Wollen Sie der US-Richter für Berlin werden?«

»Was?« »Ich fragte, ob Sie –« »Hören Sie mal, Bruno –« Ristau lachte erneut. Und dann fing er an, es ihm zu erklären. Berlin sei nach wie vor Besatzungsgebiet. Kürzlich sei dort eine Flugzeugentführung vorgekommen: Ein Ostdeutscher habe ein polnisches Flugzeug nach West-Berlin umgeleitet. Die Deutschen wollten ihn nicht aburteilen. Das State Department habe sich bereit erklärt, ein Besatzungsgericht zu schaffen. Es lasse einen Gerichtssaal bauen, die Anklagevertreter seien an Ort und Stelle, und der beschuldigte Flugzeugentführer sei in Haft, seit über einem Vierteljahr bereits. Die Sache werde jetzt allmählich peinlich. Das Gericht müsse so schnell wie möglich zusammentreten. Richter Bonsal sei vor einem Monat dagewesen, aber wieder abgereist.

»Warum?« Der Richter witterte sogleich Unrat. »Warum ist Richter Bonsal wieder abgereist?«

»Nun, er ist schon über siebzig. Vielleicht wird ihm das Hin- und Herfliegen zuviel.« Ristau las aus dem Schriftsatz vor. Der Ost-Berliner habe einen deutschen Anwalt, es müsse aber noch ein amerikanischer für ihn ernannt werden. Übrigens sei er in Begleitung einer Frau gereist. Diese sei noch nicht in Haft, doch wolle man sie ebenfalls unter Anklage stellen. Sie brauche also gleichfalls einen Anwalt.

Das war alles. Nichts über Ingrid Ruskes Inhaftierung und Vernehmung. Nichts über die Verhaftung von Horst Fischer oder die Motive für die Flugzeugentführung. Diese Dinge wurden alle unter Verschluß gehalten, wie Richter Goodman angeordnet hatte.

»Wenn Sie einwilligen«, schloß Ristau, »werden Sie als Richter nach Artikel II auf Anordnung des Präsidenten gemäß seiner Kriegsgewalt ernannt. Und«, fügte Ristau hinzu, um ihm den Auftrag zu versüßen, »Sie haben dann Anspruch auf einen Diplomatenpaß.«

Der Richter war ein wenig benommen. Immerhin erklärte er sich bereit, die Sache mit Feldman vom State Department zu erörtern.

Feldman rief ihn tags darauf an. Auf die Tatumstände könne er nicht weiter eingehen, denn das sei in Abwesenheit der Beschuldigten unzulässig. Er wolle jedoch gern alle sonstigen Fragen beantworten.

Inwiefern ein amerikanische Gericht dort zuständig sei, wollte der Richter wissen.

Aufgrund der fortdauernden Besetzung Berlins durch amerikanische Streitkräfte als Folge des Sieges im Zweiten Weltkrieg. Die Besetzung werde nur fortgesetzt, um russischen Versuchen entgegenzutreten, die Vereinigten Staaten gewaltsam aus Berlin zu verdrängen; im übrigen hätten die Vereinigten Staaten stets nach dem Prinzip gehandelt, alle Regierungsbefugnisse in Berlin an die Deutschen zu übertragen. Der US-Gerichtshof in Berlin habe demgemäß bisher noch nicht getagt.

Ob der Richter daran interessiert sei, bei dem ersten Fall, der vor diesem Gericht verhandelt werde, den Vorsitz zu führen. Die Verhandlung werde nach deutschem Strafrecht, aber nach amerikanischem Verfahrensrecht geführt werden. Der Richter müsse natürlich wissen, daß, wenn er den Auftrag annehme, er *der* US-Richter für Berlin für alle denkbaren Fälle sei und daß der US-Botschafter in der Bundesrepublik ihn dann ohne Einschränkung ernennen würde.

Der Richter empfand den Auftrag als eine lockende und prickelnde Herausforderung. Würde ein amtierender Bundesrichter denn aber befugt sein, in West-Berlin ein Besatzungsgericht einzuberufen?

Feldman hatte volles Verständnis für seine Bedenken. Er brauche zwar bald eine Antwort, aber der Richter solle sich die Sache reiflich überlegen. Selbstverständlich, betonte Feldman, habe der Präsident des Obersten Gerichtshofs die Annahme des Auftrags durch Richter Bonsal gebilligt. Das State Department wolle sich gern noch einmal an ihn wenden. Der Richter bat Feldman um Bedenkzeit. Er hängte den Hörer ein und lehnte sich in den großen Drehstuhl hinter seinem Schreibtisch zurück. Er schloß die Augen, um nachzudenken und sich ein wenig in Erinnerungen zu ergehen.

Er war ein aus dem Ostteil von Manhattan gebürtiger Jude. Sein Vater war dort Synagogenvorsteher gewesen. Er fragte sich, ob er, der während der Zeit des Holocaust aufgewachsen war, nach Deutschland gehen solle, um als US-Richter zu amtieren. Viele seiner Verwandten waren in Rumänien und Ungarn umgebracht worden. Seine Eltern hatten ihm wieder und wieder von diesen Dingen berichtet. Er erinnerte sich, daß er die Deutschen, die sein Volk hatten ausrotten wollen, früher gehaßt hatte.

Während die übrige Welt Unkenntnis vorschützte und die Deutschen so taten, als bemerkten sie nicht, was mit ihren jüdischen Mitbürgern geschah, »wußten« die Juden überall in der Welt »Bescheid« und begannen, es ihren Kindern zu erzählen. Dem Richter hatte es fast den Verstand verschlagen, als er von den ungeheuren Greultaten dieses Volkes von Teufeln erfuhr, die aus den Juden »Seife machen« wollten. Manches davon überstieg sein Vorstellungsvermögen. Wie macht man aus einem Menschen Seife? Dennoch: Wenn er auch die Einzelheiten nicht begriff, so verstand er doch die Grundtatsache: Die »Deutschen« waren die Todfeinde seines Volkes.

Im Juli 1948, als Berlin sich verzweifelt der russischen Blockade zu erwehren versuchte, die die Freiheit in der Stadt auszulöschen drohte, kämpfte der erst zwei Monate alte Staat Israel gegen Eindringlinge, die das ganze Land – und alle darin lebenden Juden – ausradieren wollten. Er war damals elf Jahre alt, zu jung, um die Parallelen zu erkennen, soweit ihm die Zeitereignisse überhaupt zu Bewußtsein kamen. Es war für einen amerikanischen Jungen sehr schwierig zu begreifen, warum US-Piloten ihr Leben aufs Spiel setzten, um dieselben Menschen zu versorgen, die sie erst drei Jahre zuvor mit Bomben angegriffen hatten – dieselben Menschen, in denen er die Ausrotter seines Volkes sah.

Auf eine beträchtliche Anzahl von ihnen traf dies ja tatsächlich zu. Als Kind wünschte er ihnen nur Schlechtes, ihnen allen. Als er im reifen Alter dann erkannte, daß er nicht länger einem ganzen Volk die Untaten einiger seiner Angehörigen zur Last legen könne und daß Juden ebenso Unrecht taten, wenn sie alle Deutschen haßten, wie diejenigen Deutschen, die unter Hitler alle Juden gehaßt hatten, erschien ihm das ganze Problem derart verwickelt, daß er lieber gar nicht daran dachte. Herz und Verstand stimmten dabei nicht überein.

Jetzt mußte er sich damit befassen. Man hatte ihn aufgefordert, sich nach Deutschland zu begeben, um in Berlin zu Gericht zu sitzen.

Es war nicht der Fall, der ihm Kopfzerbrechen machte. Er wußte darüber nicht mehr, als daß es sich um eine Flugzeugentführung handelte. Er fragte sich vielmehr, ob er beiden Seiten in Berlin gerecht zu werden vermöge, welcher Tatbestand sich auch immer herausschälen würde. Er stand auf und packte seine Aktentasche. Es war Zeit, das Gerichtsgebäude zu verlassen.

Den Kopf voller Sorgen, fuhr er nach Hause. Auf der Treppe seines Hauses in Hoboken beschloß er, die ganze Angelegenheit erst einmal mit seiner Frau zu besprechen.

Das Ehepaar aß in der Küche, wie immer, wenn es allein war. Er wartete bis zum Ende der Mahlzeit und half seiner Frau anschließend beim Abwaschen. Als sie damit fertig waren, ahnte diese schon, daß ihn etwas bedrückte. Schließlich kannte sie ihren Mann.

»Marsha«, begann er vorsichtig, »ich habe heute einen Anruf vom State Department bekommen.«

Sie sagte nichts.

»Ich soll nach Berlin gehen. Als Richter. Sie haben da irgendeinen Kriminalfall – und ich soll dabei den Vorsitz führen.«

Er bemerkte, daß sie die Stirn runzelte. Ein schlechtes Zeichen.

»Im Grunde nichts Besonderes. Ein Flugzeug ist entführt worden, und sie haben den Kerl geschnappt.« Er sprach jetzt schneller. »Ich bin sicher, daß es kein sehr komplizierter Fall ist. So etwas findet schließlich in Gegenwart von vielen Zeugen statt. Ich muß zweimal oder vielleicht auch dreimal nach Berlin fliegen. Wir könnten uns dann die Stadt ansehen – auf besondere Art und Weise, als, hör gut zu: US-Richter für Berlin.«

»Willst du wirklich hin?«

»Ja, Marsha, ich bin nicht abgeneigt. Die Sache wird meine Erfahrung ungemein bereichern.«

»Du kannst aber doch nicht nach Berlin fliegen und da wohnen?! Was ist los mit dir – hast du vergessen, daß keiner von deinen europäischen Verwandten mehr am Leben ist?«

Er zuckte zusammen. Sie bemerkte es und drang weiter in ihn.

»Du kannst dort nicht einmal ein Grab besuchen. Sie sind alle in deutschen Gasöfen umgekommen.«

»Hör zu!« – er hob abwehrend die Hand –, »es handelt sich nicht um ein Kriegsverbrechen. Keine Nazis. Es ist ein ganz gewöhnlicher Kriminalfall. Könnte auch hier passiert sein. Solche Hijacking-Fälle kommen bei uns ebenfalls vor. Diesmal war es in Berlin.«

Sie ließ sich nicht überzeugen. Man nutze ihn aus, meinte sie. Das könne zu nichts Gutem führen. Wenn er natürlich zusagen wolle, so möge er das tun. Sie werde aber nicht mitkommen. Sie habe nicht den Wunsch, ihren Fuß auf den Boden dieses Landes zu setzen.

Damit war die Sache für sie erledigt.

Nach einer Woche traf die schriftliche Zustimmung des Präsidenten des Obersten Gerichtshofs im State Department ein, und der Richter machte sich reisefertig.

Deutsche Rechtsanwälte, die Goodman ausgewählt hatte, hielten sich zur Verfügung. Jetzt brauchte er noch zwei erfahrene amerikanische Strafverteidiger, die bereit waren, in knapp drei Wochen nach Berlin zu fliegen.

Es dauerte noch einmal acht Tage, bis er die Anwälte, die er brauchte, ausfindig gemacht hatte. Er rief Judah Best in Washington an und wandte sich in New Jersey an Bernard Hellring. Beide erklärten sich bereit, am 9. Januar gemeinsam mit ihm nach Berlin zu fliegen, wo das Verfahren am 12. beginnen sollte.

Der Richter rief Adelman im Büro des US-Bundesanwalts in Washington, D. C., an, und fragte ihn, ob er gemeinsam mit Best, Hellring, Ristau und ihm selbst am 9. nach Berlin fliegen könne. Man könne dann an Bord die Organisation des Gerichtshofs besprechen.

Nein, am 9. Januar habe er eine Berufungssache, er werde aber am 12. Januar in Berlin zur Stelle sein.

Ob Adelman wohl bereit sei, Best und Hellring behilflich zu sein und ihnen vor dem Zusammenzutreten des Gerichts das übliche Aktenmaterial auszuhändigen, damit sie in Berlin keine Zeit zu vergeuden brauchten? Selbstverständlich, versicherte Adelman dem Richter.

Schließlich und endlich bemerkte der Richter, daß die Anklageschrift – nach den Verfahrensvorschriften des Berliner Gerichts »Mitteilung« genannt – noch nicht eingereicht sei. Ohne diese, in der die Anklagepunkte gegen die Beschuldigten im einzelnen aufzuführen seien, könnten die Verteidiger nicht auf schuldig oder Freispruch plädieren. Die Vorschriften verlangten zwar von der Anklagevertretung nicht, daß sie die Mitteilung schon vor der Vorprüfung durch den Richter einreiche, doch sei es wünschenswert, daß sie es vor dem Zusammentreten des Gerichts tue, damit das gesamte gerichtliche Eröffnungsverfahren an den beiden zur Verfügung stehenden Gerichtstagen abgeschlossen werden könne.

Adelman sicherte auch dies zu.

Der Richter war beeindruckt. Adelman strömte Zuversicht aus. Er konnte es sich offenbar leisten, zwei Anwälten gegenüber großzügig zu sein, die im Begriff waren, nach Europa zu fliegen, um dort einen hoffnungslosen Fall zu übernehmen – Entführung eines Luftfahrzeugs samt Besatzung und zweiundsechzig Passagieren auf einen Flugplatz der US-Luftwaffe.

Die Anklagevertretung hatte jedoch auch ihre Probleme, wie Hellring und Best alsbald feststellen sollten.

Als erstes war da die Frau. Ohne ihre Aussagen vor Goeller konnte man Ingrid Ruske nicht vor Gericht stellen.

Die polnische Besatzung hatte nichts gegen sie vorzubringen. Sie war nicht mit Tiede in den Vorderteil der Maschine vorgedrungen. Kein Passagier konnte bekunden, daß sie an Bord des Flugzeugs irgendeine ungesetzliche Handlung begangen hatte. Das einzige, was man ihr beweisen konnte, war, daß sie und ihre Tochter in Begleitung eines Mannes gereist waren, der das Flugzeug zur Kursänderung gebracht hatte. Adelman und Surena konnten noch nicht einmal beweisen – jedenfalls nicht ohne das kleine Mädchen in den Zeugenstand zu rufen –, wie der Kauf der Pistole vor sich gegangen war.

Tiede kam als Zeuge der Anklage nicht in Frage – gestatten die amerikanischen Gerichte doch der Anklagevertretung nicht, Beschuldigte in den Zeugenstand zu rufen. Selbst wenn die polnische Regierung die Kontrollbeamtin präsentierte, die das im Besitz des

Kindes befindliche »Spielzeug« entdeckt und es *dem Kind* zurückgegeben hatte, so würde dies allein nicht ausreichen, um *die Frau* mit Tiedes Tat an Bord des Luftfahrzeugs in Zusammenhang zu bringen. Nein, wenn die Anklagevertretung ihre Aussagen nicht als Beweismaterial verwenden durfte, dann würde die Anklage gegen sie zurückgewiesen, und ihr amerikanischer Anwalt würde fast sicher den Antrag stellen, diese Aussagen als nicht ordnungsgemäß zustande gekommen zu streichen.

Die meisten örtlichen Beobachter waren mit dem amerikanischen Verfahren nicht vertraut, nicht ordnungsgemäß zustande gekommene Aussagen zu streichen. Sie räumten daher Ingrid Ruske keinerlei Chancen ein, außer vielleicht auf Strafmilderung. Doch wer das amerikanische Strafrecht kannte, wußte es besser – er wußte, daß, sobald Bernard Hellring entdeckte, wie man mit seiner Mandantin verfahren war, er einen Antrag auf Streichung stellen würde. Hatte er damit Erfolg, so würde er alsbald feststellen, daß sonst kein Belastungsmaterial gegen sie vorlag. Und dieses Ergebnis würde die Vereinigten Staaten dann vor sehr schwierige Probleme stellen.

Wie sollte das State Department den Polen, deren Flugzeug gewaltsam umgeleitet worden war, den Ostdeutschen, deren Bürger sich als Passagiere an Bord befunden hatten, und den Russen, die das Verfahren mit Argusaugen verfolgten, die Abweisung einer Klage gegen eine geständige Luftpiratin erklären? Dieses Resultat konnte künftig als Ausrede für Weigerungen der Kommunisten dienen, die Entführer westlicher Luftfahrzeuge unter Anklage zu stellen.

Adelman beabsichtigte, dies alles dadurch zu vermeiden, daß er die Streichung ihrer Aussagen verhinderte. Und er glaubte auch zu wissen, wie er dabei vorgehen mußte. Adelman hatte sich eine Theorie zurechtgelegt.

War es nicht so, daß die Frau sich *aus freien Stücken* an Goellers Büro gewandt hatte, in dem Bestreben, in Fischers Wohnung zu gelangen? Nun, die Anklagevertretung würde geltend machen, daß Oberstleutnant Goeller sie am 28. November nicht als tatverdächtig zum Verhör vorgeladen hatte, sondern daß vielmehr sie um eine Unterredung mit Goeller *nachgesucht* hatte, weil sie nämlich die

Falschaussage, die sie zuvor vor ihm gemacht hatte, zu berichtigen *wünschte* und ihn außerdem um Unterstützung bei der Erlangung ihrer Sachen bitten wollte. Mit anderen Worten, sie hatte aus eigenem Antrieb gehandelt. Sie war freiwillig bei Goeller erschienen. Was hätte dieser unter den gegebenen Umständen tun sollen — hätte er sich etwa weigern sollen, sie anzuhören? Und hatte er in Wirklichkeit nicht noch ein übriges getan und sie erst angehört, nachdem er sie auf ihre Rechte hingewiesen hatte?

Das war ein Problem und seine mögliche Lösung. Doch auch die Anklage gegen Detlef Tiede bereitete den amerikanischen Staatsanwälten Kopfzerbrechen.

Sie konnten natürlich beweisen, daß er das Flugzeug gewaltsam umgeleitet hatte. Die polnische Regierung hatte zugesagt, die Besatzung nach West-Berlin zu schicken, damit sie gegen ihn aussage, Adelman verfügte aber auch ohne ihre Aussagen über die Bekundungen der amerikanischen Militärpersonen, die Tiede nach der Landung der Maschine — mit der »Pistole« in der Hand — festgenommen hatten. Was Tiede betraf, so schien die Flugzeugentführung derart eindeutig, daß man in Berlin über die sorgfältigen Vorbereitungen der Amerikaner höchst erstaunt war. Warum so viele Anwälte? Warum einen ganzen Verhandlungssaal für eine Sache bauen, die doch ganz sonnenklar war? Für Detlef Tiede ging es doch eigentlich nur noch um die Dauer seiner Freiheitsstrafe.

Tiedes Verteidigung war indes keineswegs aussichtslos, konnte er doch rechtfertigenden oder entschuldigenden Notstand geltend machen. Die betreffenden Vorschriften des deutschen Strafgesetzbuches konnten, zusammen mit anderen Tatsachen wie der Inhaftierung von Horst Fischer — von der die Westberliner Öffentlichkeit wie auch der Richter und die Anwälte in den Vereinigten Staaten noch nichts wußten —, die Absichten der Anklagevertretung zunichte machen.

Tiede hatte das Flugzeug schließlich nicht aus Habgier oder zur Durchsetzung irgendwelcher politischer Forderungen entführt. Er hatte keine Geiseln genommen, keine Amnestie für politische Gefangene oder auch nur für sich selbst gefordert. Niemand war verletzt worden. Selbst mit seiner Pistole — wenn man sie so nennen wollte -hätte er niemandem einen Schaden zufügen können. Hinzu kam, daß außer Ingrid und Sabine Ruske sieben weitere Deutsche dem kommunistischen Regime hatten entrinnen können. Konnte Tiede für seine Handlungen nicht rechtfertigenden oder entschuldigenden Notstand geltend machen, erstens wegen seiner lebenslangen Freiheitsberaubung jenseits der Mauer und zweitens wegen der ihm, Ingrid und Sabine im Falle ihrer Rückkehr nach Ost-Berlin drohenden Verhaftung? Nach den Rechtsvorschriften der meisten amerikanischen Staaten konnten diese Umstände keine Berücksichtigung finden, doch das im vorliegenden Fall anzuwendende deutsche Strafrecht war anders.

In den Paragraphen 34 und 35 des Strafgesetzbuches der Bundesrepublik Deutschland sind der Rechtfertigungsgrund des rechtfertigenden und der Schuldausschließungsgrund des entschuldigenden Notstands geregelt. Grob gesprochen, liefern sie jedem einen Rechtfertigungsgrund, der zur Abwendung einer Gefahr eine verbrecherische Tat begeht. Sie sehen eine Güterabwägung vor. Es wird das Maß der Gefahr, in der sich ein Beschuldigter befand, untersucht und dann die Angemessenheit seiner Reaktion darauf. Welche seiner rechtlich geschützten Interessen waren bedroht? Wie ernst war die Gefahr? Hätte er die Gefahr auf irgendeine andere Weise als durch eine verbrecherische Handlung ausräumen können? Welchen Gefahren setzte er andere durch die Abwendung der seinen Interessen drohenden Gefahr aus und welche ihrer rechtlich geschützten Interessen verletzte er? Dies sind einige der Erwägungen, die es den deutschen Gerichten gestatten, die Strafvorschriften zu mildern, wenn die Gerechtigkeit es erfordert, und Personen, die zur Abwendung einer Gefahr gesetzwidrige Handlungen begehen, Straffreiheit zu gewähren.

Die Anklagevertretung wollte sich einen Überblick über sämtliche nach dem westdeutschen Strafgesetzbuch entschiedenen Fälle von Flugzeugentführungen verschaffen. Einige davon betrafen Flüchtlinge aus kommunistischen Ländern. Die deutschen Richter hatten in jedem Fall entschieden, daß der Wunsch, ein kommunistisches Land zu verlassen, um in die Freiheit zu gelangen, die von ihnen abzuurteilende gewaltsame Flugzeugentführung weder zu entschuldigen noch zu rechtfertigen vermöge.

Die Staatsanwälte hofften, den amerikanischen Richter anhand dieser Präzedenzfälle davon zu überzeugen, daß Tiedes Tat nach deutschem Recht gesetzwidrig sei und nicht als Notstandshandlung gewertet werden könne. Dabei tauchten jedoch allerlei Probleme auf.

Einmal war Tiedes Fall anders gelagert als alle bisher verhandelten Hijacking-Fälle. Im Unterschied zu den anderen Angeklagten war Tiedc Deutscher. Laut dem Grundgesetz der Bundesrepublik Deutschland gibt es nur eine allgemeine deutsche Staatsangehörigkeit, und die deutschen Einwohner der Deutschen Demokratischen Republik haben daher innerhalb der Bundesrepublik Deutschland die gleichen Rechte wie die dort wohnenden Deutschen. Diese Rechtsvorschriften erinnern an die Garantie des Staates Israel für die Juden der ganzen Welt. Überdies bestreitet Westdeutschland die Gültigkeit der Gesetze Ostdeutschlands, die dessen Bewohnern die Ausreise nach Westdeutschland verbieten. Adelman war darüber hinaus bekannt, daß Tiede geltend machen würde, er habe das Flugzeug zur Kursänderung bringen müssen, um sich der ihm in Ostdeutschland drohenden Verhaftung zu entziehen. Nach westdeutschem Recht waren Fischers Inhaftierung und die Tiede drohende Inhaftnahme ungesetzlich und war Tiede berechtigt, sich seiner Festnahme zu widersetzen.

Tiedes Fall war also nicht einfach der eines Mannes, dem man das Recht auf Übersiedlung in die Bundesrepublik Deutschland verweigert hatte. Kein deutsches Gericht hatte bisher einen solchen Fall zu entscheiden gehabt.

Die Probleme und ihre Verzweigungen gingen weit über den Fall Tiede hinaus. Angenommen, ein Flüchtling wurde von einem Ostberliner Posten bei der Flucht über die Mauer erschossen, wie es im Fall des Bernd Lunser geschehen war. Mußte der ostdeutsche Posten, der ja schließlich nur dem ostdeutschen »Gesetz« Gehorsam geleistet hatte, damit rechnen, in Westdeutschland wegen Mordes oder Totschlags unter Anklage gestellt zu werden? Die Antwort lautete: Ja! Es lag ein Fall vor, in dem ein solcher ostdeutscher Posten, der in Ausführung seiner Dienstpflicht einen Flüchtling erschossen hatte, unter Anklage gestellt und verurteilt worden war.

Angenommen, ein Einwohner Ost-Berlins erschoß bei einem Fluchtversuch einen Ostberliner Posten, der sich ihm angeblich in den Weg gestellt hatte. Würde dieser deswegen vor ein westdeutsches Gericht kommen? Wenn er zum Verlassen Ostdeutschlands berechtigt war und wenn Grenzpolizisten Anstalten machten, ihn mit Waffengewalt daran zu hindern, hatte solch ein Flüchtling dann das Recht, als erster zu schießen? In Notwehr? Auch solche Fälle gab es, und wenn sie in Westdeutschland zur Verhandlung kamen, dann schlugen die Wogen der Erregung jedesmal hoch. Die deutsche Rechtsordnung bewertet Freiheit und Sicherheit als hohe Rechtsgüter, und die Menschen sehen täglich die MG-Posten an der Mauer. Dies ist der Grund, weshalb die Deutschen den Fall den Amerikanern aufbürdeten, die jetzt die gegensätzlichen Interessen auszugleichen hatten.

Angesichts all dieser komplizierten Abwägungen und Ausgleichungen konnte man des Verfahrensausgangs nicht völlig gewiß sein. Doch eins schien festzustehen: Die Anklagevertretung würde mit der Entscheidung eines Richters, der mit eiserner juristischer Logik an die Sache heranging, besser zurechtkommen als mit einer Jury von zwölf Laienrichtern, von denen einer vielleicht Mitgefühl für diese drei Menschen empfand, die in der Falle gesessen hatten und daraus entkommen waren – ohne irgend jemandem Schaden zuzufügen und indem sie gleichzeitig sieben anderen halfen. Nein, es war klar, daß ein amerikanischer Richter, der den Fall in West-Berlin entscheiden und dann wieder nach Hause fliegen würde, einer Jury aus Westberlinern vorzuziehen war, die Tag für Tag im Schatten der Mauer lebten – und nach dem Abschluß des Prozesses dort bleiben würden. Ein rasches Verfahren ohne Geschworene, gefolgt von einem maßvollen Urteilsspruch, der ausreichte, um die Russen zufriedenzustellen – aber nicht zu hart ausfiel –, war ohne Zweifel die beste Lösung.

Doch die Verfassung der Vereinigten Staaten verlangt, daß jedem, der vor einem amerikanischen Gericht wegen eines Verbrechens angeklagt wird, das Recht auf einen Geschworenenprozeß eingeräumt wird. Und dieser Fall in Berlin würde vor einem amerikanischen Gericht zur Verhandlung kommen!

Den Absichten der Anklagevertretung standen somit erhebliche Schwierigkeiten entgegen, wenn den soeben bestellten Strafverteidigern, die gerade im Begriff waren, nach Berlin zu fliegen, diese Tatsache auch noch völlig unbekannt war. Dennoch hatte sie jede mögliche Verletzung der deutschen Strafgesetze aufgeführt. Die Anklageschrift gegen Tiede enthielt fünf Punkte: gewaltsame Entführung eines Luftfahrzeugs, Geiselnahme (die Stewardeß), Freiheitsberaubung (die Fluggäste), Körperverletzung (abermals die Stewardeß) und Führen einer Schußwaffe ohne behördliche Erlaubnis. Die – separate – Anklageschrift gegen Ingrid Ruske enthielt vier dieser fünf Punkte. Nur das unbefugte Führen einer Schußwaffe war darin nicht aufgeführt.

Während die Verteidiger noch mit ihren deutschen Kollegen in Berlin telefonierten, um Besprechungen mit ihren Mandanten zu vereinbaren, Einzelheiten über deren »Flucht« zu erfahren und sich gleichzeitig von Herrmann und Biel über die Vorschriften des deutschen Strafgesetzbuches ins Bild setzen zu lassen, bereiteten die Anklagevertreter ihre eigene Verteidigung vor.

Sie mußten in gewissem Sinne eine Güterabwägung vornehmen. Sie konnten natürlich zugeben, daß man sich über Ingrid Ruskes Rechte hinweggesetzt hatte, und sich mit der Streichung ihrer Aussagen einverstanden erklären. Das erschien indes aus außenpolitischen Gründen nicht ratsam. Sie würden statt dessen also alles, was geschehen war, zu rechtfertigen suchen. Sie konnten Detlef Tiede dieselben Rechte einräumen, die ihm vor jedem amerikanischen Gericht zugestanden hätten – doch auch das erschien ihnen nachteilig für die Vereinigten Staaten. Das State Department entschied sich daher in Berlin – einer Stadt von historischer Bedeutung für solch eine Entscheidung – für die andere Lösung. Um des Schutzes wichtiger Interessen willen wählte es das kleinere Übel.

Goeller würde im Zeugenstand aussagen, daß Ingrid Ruske ihn etliche Wochen nach ihrer Freilassung »aus freien Stücken« aufgesucht habe, um Falschaussagen zu berichtigen, die sie während ihrer Haft gemacht hatte. Und das State Department würde sich, um die Anklagevertretung vor einem Geschworenenprozeß zu bewahren, gegen die Anwendung der US-Verfassung aussprechen.

Alles würde dann von dem Richter abhängen – einer Einzelperson. Dieser würde allein den Vorsitz innehaben. Eine Berufungsinstanz existierte im besetzten Berlin nicht. Würde er belastende

Aussagen streichen lassen, wenn das auf die Freilassung einer für ihre Tat voll verantwortlichen Luftpiratin hinauslief? Würde er entscheiden, daß jemand, der aus einem kommunistisch beherrschten Land fliehen wolle, ein Luftfahrzeug zur Kursänderung zwingen könne, falls ihm keine andere Fluchtmöglichkeit offenstehe? Und würde er schließlich entscheiden, daß die Verfassung der Vereinigten Staaten vor einem US-Gerichtshof nicht anwendbar sei, wenn eine solche Entscheidung für die Außenpolitik der USA von Wichtigkeit war?

Der Richter und Ristau saßen allein im Erster-Klasse-Teil ihrer Lufthansa-Maschine. Ristau reichte seinem Reisegefährten ein versiegeltes Päckchen hinüber.

»Was ist das?«

»Das ist das Schuldbekenntnis der Frau vor den Vernehmern der US-Streitkräfte. Richter Goodman hat es versiegeln lassen.«

Der Richter runzelte die Stirn. Ristau machte eine Geste der Erklärung.

»Wegen Goodmans Anordnung durfte ich es Ihnen nicht eher geben oder Ihnen davon erzählen. Doch da Sie jetzt der US-Richter für Berlin sind oder es gleich nach unserer Landung sein werden, sollten Sie es sich meiner Meinung nach ansehen.«

Der Richter betrachtete den Umschlag. »Warum hat Goodman es versiegeln lassen?«

Ristau sah den Richter unverwandt an. »Er hat es versiegeln lassen, um einen von den Kommunisten in Ost-Berlin inhaftierten Mann zu schützen.«

»Tatsächlich?«

»Ja«, nickte Ristau. »Vielleicht sehen Sie es sich mal an.«

Der Richter erbrach die Siegel und vertiefte sich in Oberst Goellers eidesstattliche Erklärung über seine Vernehmung der Ingrid Ruske.

Auf diese Weise erfuhr der Richter während des Flugs nach Berlin erstmalig Einzelheiten über Horst Fischer. Über den Fluchtversuch per Schiff, Fischers Verhaftung, den verzweifelten Verkauf der Kleidungsstücke, um Geld für eine Startpistole zu bekommen, wie auch über die anderen Passagiere, die in West-Berlin geblieben waren.

Der Richter schloß die Augen. Ein gewöhnlicher Kriminalfall. Er sah schon alles genau voraus. Als US-Richter für Berlin würde er diese Leute entweder für schuldig erklären und zu einer Freiheitsstrafe verurteilen oder entscheiden müssen, daß sie berechtigt gewesen waren, ein Flugzeug gewaltsam umzuleiten. Als Präzedenzfall würde er für viele Menschen wichtig werden — für Tausende jenseits der Mauer, die vielleicht auf diesem Wege wieder und wieder flüchten würden, wenn er entschied, daß sie, im freien Westen angelangt, straffrei ausgehen würden — aber auch für die Zivilluftfahrt in der freien Welt, die auf die Vertragstreue der Kommunisten angewiesen war. Wie würden sich die Kommunisten verhalten, wenn er diese Leute in Freiheit setzte? Und was waren das für Leute, dieser Detlef Tiede und diese Ingrid Ruske? Er hatte sie nie gesehen, aber er konnte sich gut vorstellen, daß sie keine gewöhnlichen Verbrecher waren, sondern einfache Menschen, die einem despotischen Regime hatten entfliehen wollen. Würde er sie schuldig sprechen und zu einer Gefängnisstrafe verurteilen müssen?

Er schüttelte ungläubig den Kopf. Worauf hatte er sich da eingelassen? War dies der Grund für Bonsals Abreise gewesen? Verglichen mit den Problemen, die ihn in Berlin erwarteten, erschienen ihm die heimischen leicht lösbar.

Seine Frau hatte recht. Es war katastrophal. Alle hatten die heiße Kartoffel weitergegeben, und jetzt hielt er sie in der Hand. Er mußte seine Frau anrufen und ihr sagen, daß sie recht gehabt habe. Nein, sie sollte sich selbst ein Urteil bilden. Er war sich jetzt ganz sicher, daß sie dazu bereit sein würde.

5.
Das gerichtliche Eröffnungsverfahren

12. Januar 1979

GERICHTSSCHREIBER: Das Amerikanische Gericht für Berlin tagt nunmehr unter dem Vorsitz des Ehrenwerten Herbert J. Stern.

GERICHT: Bitte Platz zu nehmen.

GERICHTSSCHREIBER: Euer Ehren, darf ich für das Protokoll die Identität der Vertreter der Anklage und der Verteidigung feststellen?

GERICHT: Ja.

GERICHTSSCHREIBER: Die Anklage wird vertreten durch den US-Staatsanwalt für Berlin, Mr. Andre Surena, den Sonderstaatsanwalt am amerikanischen Gericht für Berlin, Mr. Roger Adelman, und die Assistentin der Anklagevertretung, Frau Marianne Fischer.

Den Angeklagten Herrn Tiede vertritt Mr. Judah Best, Mitglied der Anwaltschaft des District of Columbia. Die Angeklagte Frau Ruske vertreten Mr. Bernard Hellring, Mitglied der Anwaltschaft des Staates New Jersey, und Mr. Richard Shapiro, gleichfalls Mitglied der Anwaltschaft des Staates New Jersey. Darüber hinaus möchte ich, Euer Ehren, daß für das Protokoll festgestellt wird, daß beide Angeklagten auch deutsche Pflichtverteidiger haben, die beide der Berliner Rechtsanwaltschaft angehören.

Dietrich Herrmann für Tiede und Dr. Ulrich E. Biel für Ruske. Diese sind heute morgen wegen terminlicher Schwierigkeiten nicht anwesend.

Verfahren vor dem Amerikanischen
Gericht für Berlin, 12. Januar 1979

Ein amerikanisches Strafverfahren ähnelt in mancher Weise einem Schauspiel in zwei oder drei Akten. Zuerst kommt das gerichtliche Eröffnungsverfahren, in dem entschieden wird, ob das Belastungsmaterial für die Anklageerhebung ausreicht und die Vorverfahrensanträge gestellt werden. Das ist der erste Akt. Dann folgt das Hauptverfahren: zweiter Akt. Schließlich erfolgt, wenn es ein Stück in drei Akten ist, die Urteilsverkündung.

Im Mittelpunkt eines jeden Aktes steht ein Anwalt. Dieser ist sowohl Regisseur als auch Intendant, Hauptverfasser sowohl wie Star. Wenn es sich um einen Geschworenenprozeß handelt, gibt am Ende ein ausgewähltes Publikum von zwölf Personen sein Votum ab. Es erklärt den Angeklagten für schuldig oder nicht schuldig – und entscheidet damit über seine Zukunft. Der Anwalt – Staatsanwalt oder Verteidiger – muß sämtliche zwölf Geschworenen überzeugen. Und es ist ein in der Verfassung der USA verankertes Grundprinzip des amerikanischen Strafrechts, daß jeder, der eines schweren Verbrechens beschuldigt wird, Anspruch darauf hat, von zwölf aufs Geratewohl aus dem Kreis seiner Mitbürger ausgewählten Geschworenen abgeurteilt zu werden. In einem amerikanischen Gericht können allein die Geschworenen jemanden schuldig sprechen, und zwar aufgrund der Tatsachen, die sie festgestellt haben, der Rechtsbelehrung durch den Richter, des gesunden Menschenverstandes und der ethischen Anschauungen, die sie aus dem Gemeinwesen, dem sie angehören, in den Gerichtssaal mitbringen.

Das Recht auf einen Geschworenenprozeß, das das Oberste Bundesgericht der Vereinigten Staaten als ein »Grundrecht« bezeichnet hat, zielt darauf, den Angeklagten vor dem Berufsrichter zu schützen. Das Geschworenensystem verkörpert somit die Demokratie im Gerichtswesen: die Judikatur durch das Volk für das Volk.

Am Freitag, dem 12. Januar 1979, führte der Richter zum erstenmal in Berlin den Vorsitz. Er sah sich einem Gerichtssaal gegenüber, der bis in den letzten Winkel hinein mit Zuhörern angefüllt war, darunter Pressevertreter, die eifrig mit ihren Notizbüchern und -blöcken hantierten.

Er blickte auf den abgetrennten Raum, wo die Anwälte der Anklage und der Verteidigung, der Gerichtsschreiber und die anderen saßen, die eine Rolle in dem Prozeß zu spielen hatten – von den Zuhörern durch eine hölzerne Schranke abgesondert.

Dieser eingefriedigte Raum war voller Menschen.

Der Tisch der Staatsanwälte stand rechts von der Richterbank. An seinem Ende erhob sich bei der Vorstellung durch Bruno Ristau der US-Staatsanwalt für Berlin, Andre Surena, und machte eine feierliche Verbeugung. Anschließend wurde Adelman vorgestellt.

Beide trugen korrekte Anzüge – adrette junge Männer, dachte der Richter, ganz so wie die jüngeren Staatsanwälte vor den Bundesgerichten daheim.

Dann kam Frau Marianne Fischer an die Reihe. Groß und schlank, attraktiv, mit kurzgeschnittenem glattem Blondhaar, hatte die 37jährige deutsche Juristin die Aufgabe, als Assistentin Adelmans diesen über die Vorschriften des westdeutschen Strafgesetzbuches zu belehren, nach dem der Fall verhandelt werden sollte. Der Richter nickte zustimmend mit dem Kopf, woraufhin sie lächelnd wieder am Tisch neben Adelman Platz nahm. Nette junge Leute, dachte der Richter, indem er das Lächeln zurückgab.

Dann stellte Ristau die Verteidiger vor. Ihr Tisch, der länger war als der der Anklagevertretung, stand links von der Richterbank. Die Vorstellung der Amerikaner war lediglich eine Formalität, hatte der Richter sie doch selbst zu Rechtsbeiständen der Beschuldigten ernannt oder, genauer gesagt, in Vorschlag gebracht, worauf Richter Goodman sie als seine letzte Amtshandlung als US-Richter für Berlin ernannt hatte.

»Judah Best«, rief Ristau.

Best stand auf und verbeugte sich. Er würde Detlef Tiedes Interessen wahrnehmen. Obwohl erst knapp fünfundvierzig, hatte Best sich bereits einen großen Ruf als Strafverteidiger erworben. Ehedem Stellvertretender Staatsanwalt im District of Columbia – Adelmans Amt –, war er in eins der führenden Washingtoner Anwaltsbüros eingetreten. Der einstige Vorsitzende eines Strafrechtsausschusses der Amerikanischen Anwaltsvereinigung gab sich betont sacht und leger. Mit seinen hinter einer Hornbrille funkelnden Augen und der in die Stirn fallenden Haarsträhne sah er eigentlich nicht wie ein Strafverteidiger aus eher wie ein junger College-Dekan –, doch unter seinen Mandanten hatten sich der ehemalige Vizepräsident der

USA, Spiro Agnew, und andere bekannte Persönlichkeiten befunden. Letzteren hatte Best aus einer äußerst mißlichen Lage herausgepaukt, die ihm um ein Haar eine Gefängnisstrafe eingetragen hätte. Best nahm wieder vor seinem Mandanten Platz.

»Bernard Hellring und Richard Shapiro von der Rechtsanwaltschaft New Jersey«, rief Ristau sodann. Der Richter konnte sich eines Lächelns nicht erwehren, als sich das sehr ungleiche Paar erhob, das Ingrid Ruske vertrat.

Der 62jährige Hellring war ein eleganter, silberhaariger Jurist, eine stattliche Erscheinung. Seine Praxis reichte von Kalifornien bis nach New York und erstreckte sich auf Rechtsfälle aus der Geschäftswelt, der Politik und der Vergnügungsindustrie. Er gab sich ein wenig altmodisch und verfügte über die Beredsamkeit einer Epoche, in der die Menschen in die Gerichtshöfe wie in Theatersäle geströmt waren.

Der gebürtige Österreicher war mit fünf Jahren nach Amerika gekommen und sprach genügend deutsch, um sich mit seiner Mandantin ohne Dolmetscher verständigen zu können.

Neben ihm hatte sich sein junger Partner, der sanfte Hüne Richard Shapiro, aufgepflanzt. Dieser war während seiner Studienzeit zeitweise Chefredakteur der Rechtszeitschrift seiner Universität und später Stellvertretender Staatsanwalt in New Jersey gewesen. Der Richter hatte ihn dort häufig als Anklagevertreter erlebt. Hellring und Shapiro verbeugten sich vor der Richterbank, um anschließend zu beiden Seiten von Ingrid Ruske Platz zu nehmen. Der Richter sah zu den Beschuldigten hinüber. Er wußte, daß Ristau sie nicht vorstellen würde. Sie waren ja nur die Beschuldigten; als solche waren sie nicht aus freien Stücken erschienen und wurden deshalb nicht vorgestellt.

Tiede saß hinter Best. Er befand sich seit dem 6. Dezember im Untersuchungsgefängnis Moabit. Ein deutscher Justizwachtmeister hatte ihn in den Gerichtssaal geführt – ein Hinweis auf seine Freiheitsbeschränkung. Dunkelhaarig und von roter Gesichtsfarbe, erschien er dem Richter als ein durchschnittlicher junger Mann. Er trug keine Gefängniskleidung, sondern einen dunklen Anzug. Mit seinem Schnurrbart wirkte er älter als vierunddreißig Jahre. Es war offenkundig, daß er kaum oder gar kein Englisch verstand, denn er lauschte angestrengt der deutschen Übersetzung der Vorstellung der Anwälte. Dem Richter fiel sein verschrecktes Aussehen auf.

Anschließend nahm der Richter Ingrid Ruske in Augenschein. Er sah eine Frau mit auffallend hellem Haar und matten Augen, die ihm sehr viel ungezwungener vorkam als ihr Mitangeklagter. Es war kein Zweifel, daß sie etwas Englisch konnte, unterhielt sie sich doch zwanglos, häufig – und lebhaft – sowohl mit Hellring wie mit Shapiro. Die drei lächelten wiederholt. Sie scheint die ganze Sache nicht sonderlich ernst zu nehmen, dachte der Richter bei sich. Tiede machte einen sehr viel besorgteren Eindruck.

Der Richter lehnte sich in seinen Sessel zurück. Gleich würde das Turnier beginnen. Er wußte indes, daß diese erste Sitzung nur der Frage gelten würde, ob die Staatsanwaltschaft hinreichende Gründe für die fortdauernde Freiheitsbeschränkung der beiden Angeklagten bis zum Beginn der Hauptverhandlung anführen konnte, und zwar des Mannes im Untersuchungsgefängnis und der Frau aus West-Berlin. Zumindest ist dies der Zweck einer Vorprüfung. Best und Hellring hatten indes andere Pläne.

Am Mittwochabend, am 10. Januar, hatten Ristau, der Richter und die Verteidiger auf dem New Yorker Kennedy-Airport eine Lufthansa-Maschine nach Frankfurt bestiegen, wo sie Donnerstag früh eintrafen. Da die Russen westdeutschen Maschinen den Flug nach dem besetzten Berlin nicht gestatten, mußten sie in Westdeutschland stundenlang auf eine PanAm-Maschine warten. Warum sie denn nicht direkt mit einem britischen, französischen oder amerikanischen Flugzeug nach Berlin flögen, wollte der Richter von Ristau wissen. Dieser erklärte es ihm: Die Deutschen trügen sämtliche Kosten für das US-Gericht für Berlin. Wenn die Vereinigten Staaten bezahlten, fliege man mit einer amerikanischen Maschine, und wenn die Deutschen es täten, mit einer Lufthansa-Maschine – auch wenn diese nicht bis zum Bestimmungsort fliege.

Die PanAm-Maschine landete am Donnerstagnachmittag in Berlin, wo eine stattliche Anzahl Wagen des State Department zum Empfang bereitstand.

Ristau und der Richter trennten sich von den Anwälten. Sie fuhren erst in ihr Hotel und anschließend zum Flughafen Tempelhof, um den Gerichtssaal in Augenschein zu nehmen, wo am nächsten Morgen die Verhandlung beginnen sollte. Das gesamte Personal hatte sich zur Begrüßung des Richters eingefunden.

Man hatte ein kleines Wunder vollbracht. Ein Teil des Flughafengebäudes war in einen Gerichtssaal umgewandelt worden. Was machte es schon aus, daß die Fenster der Gerichtszimmer auf das jetzt öde Rollfeld hinausgingen oder daß der Gerichtssaal selbst vor langer Zeit eine Wartehalle gewesen war? Diese war jetzt ein brauchbarer Verhandlungssaal mit einer Richterbank, Tischen für die Anklagevertretung und die Verteidigung und Plätzen für fast hundert Zuhörer.

Hinter dem Gerichtssaal lag ein Gang, der zu separaten Büros für den Richter, die Ankläger und die Verteidiger führte. Die amerikanischen Sicherheitsbeamten geleiteten den Richter durch die Anlage und stellten ihm den befehlführenden Offizier des Berliner Polizeikommandos vor sowie eine in Berlin wohnhafte Amerikanerin namens Doris Wilke, die ihm als Sekretärin zugeteilt worden war. Sämtliche Büros waren durch Telefonleitungen miteinander wie auch mit dem Stadtnetz verbunden. Zu den Räumlichkeiten des Richters gehörten auch ein separates Büro für Ristau, ein weiteres für Mrs. Wilke und ein Sitzungszimmer mit einem großen Konferenztisch. Es war ein unglaubliches Unterfangen – alles dies für nur einen Kriminalfall – und würde sicherlich ausreichen, schätzte der Richter, während er sich in sein Hotel begab – und zu Bett. Er hatte seit fast zwei Tagen nicht mehr geschlafen.

Dies war jedoch nichts im Vergleich zu dem, was die Verteidiger vor dem 12. Januar erlebten.

Diese hatten sich kurzfristig – nur zehn Tage vorher – bereit erklärt, zwei Beschuldigte zu verteidigen, die sie noch nie gesehen hatten, gegen Anklagepunkte, die noch nicht eingereicht waren, vor einem Gericht, das eben erst in einer 4.800 Kilometer weit entfernten Stadt ins Dasein getreten war.

Sie wußten buchstäblich nichts über die Tatumstände der Flugzeugentführung oder über ihre Gründe und nichts über Horst Fischer. Alle diese Dinge wurden auf Anweisung des Richters Goodman unter Verschluß gehalten. Kaum war ihre Maschine auf dem

Flugplatz Tempelhof gelandet, da begaben sie sich eiligst zu ihren Mandanten — Hellring zu Frau Ruske, die in der Kanzlei seines deutschen Kollegen, Rechtsanwalt Ulrich Biel, auf ihn wartete, und Best mit seinem deutschen Kollegen Dietrich Herrmann nach Moabit, um Herrn Tiede zu befragen.

Vierundzwanzig Stunden später waren sie bereit, einen Fall durchzufechten, der ihnen überraschenderweise keineswegs mehr hoffnungslos erschien. Sie legten sogar schon einen Feldzugsplan fest.

Hellring und Shapiro ging es darum, nachzuweisen, daß gegen Ingrid Ruske keinerlei Belastungsmaterial vorlag, ausgenommen ihre Aussagen vor Goeller — und dann deren Nichtberücksichtigung zu beantragen. Sie wollten damit beginnen, wenn Oberst Goeller im Verlauf der Vorprüfung durch den Richter in den Zeugenstand treten würde.

Sie wußten natürlich, daß bei der Vorprüfung lediglich festgestellt werden sollte, ob gegen Ingrid Ruske ein hinreichender Tatverdacht bestehe. Desgleichen war ihnen bekannt, daß sie später einen besonderen Antrag würden stellen müssen, ihre Aussage als ungesetzliches Ergebnis eines rechtswidrigen Verhörs nicht zu berücksichtigen. Doch Goeller würde am ersten Verhandlungstag als Zeuge aussagen müssen, und sie waren entschlossen, ihn dann sogleich zur Rede zu stellen und darzutun, daß er Ingrid Ruskes Rechte vorsätzlich verletzt hatte.

Best wollte die Vorprüfung außerdem noch zu einem besonderen Zweck benutzen. Und zwar wollte er die Regierung auf irgendeine Art und Weise zu dem Eingeständnis bewegen, daß die amerikanische Verfassung für das amerikanische Gericht Gültigkeit habe. Er beabsichtigte, einige andere Streitpunkte ausfindig zu machen, die Anklagevertreter in eine Debatte zu verwickeln und ihnen dann das Eingeständnis zu entlocken, daß die Verfassung zur Lösung der Streitfragen heranzuziehen sei. Sobald ihm das gelungen war, wollte er den Sack zuschnüren — nämlich den Sechsten Zusatzartikel zitieren und eine Jury aus Einwohnern von West-Berlin fordern. Nicht dem amerikanischen Richter, sondern einem repräsentativen Querschnitt der Berliner Bevölkerung wollte Best seinen Rechtfertigungsgrund des »rechtfertigenden Notstands« vortragen.

Als der Richter den Vorsitz übernahm, wußte er noch nichts von den Absichten der Verteidigung. Er rechnete mit einer kurzen Sitzung, auf der die Anklagevertretung ohne Schwierigkeit dartun würde, daß gegen die Beschuldigten ein hinreichender Tatverdacht bestehe. Anschließend waren die restlichen Sitzungstermine festzulegen. Er vermutete, daß zwei weitere Flüge ausreichen würden: einer im März für die Erledigung der Vorverfahrensanträge und der letzte zur Hauptverhandlung im Mai. Dann würde es kritisch werden. Dann mußte er entscheiden.

»Danke«, nickte der Richter Ristau zu, der nach der Vorstellung der Vertreter der Anklage und der Verteidigung wieder Platz nahm. »Das Gericht weiß die Bemühungen der Staatsanwälte und der Verteidiger, sowohl der aus den Vereinigten Staaten wie der aus Berlin, ihre Terminpläne entsprechend einzurichten, zu würdigen. Ich höre, daß das Verfahren sowohl auf deutsch wie auf englisch durchgeführt werden wird... Das Gericht ist also zweisprachig, was bedeutet, daß jeder, der hier das Wort ergreift, dies entweder auf deutsch oder auf englisch tun kann... Jeder Sprecher sollte häufig Pausen einlegen..., wie ich es jetzt tue, um genügend Zeit für die Übersetzung zu lassen, die notwendigerweise jeweils folgen muß.«

Der Richter wandte sich Adelman zu. »Nun, Mr. Adelman, ich höre, daß gegen jeden der beiden Beschuldigten eine Klage eingereicht worden ist.«

Adelman stand auf und begab sich zum Pult. »Das ist richtig, Euer Ehren.«

»Und Richter Goodman hat seinerzeit eine Anzahl Dokumente versiegeln lassen?«

»Das ist ebenfalls richtig, Euer Ehren«, bestätigte Adelman.

Judah Best sprang auf: Das war's! Er witterte die Möglichkeit, die Regierung dazu zu zwingen, sich auf die Anwendbarkeit der Verfassung auf das Verfahren festzulegen.

Da er es bis dahin noch nicht zu Gesicht bekommen hatte, wußte er nicht, daß das Belastungsmaterial gegen Ingrid Ruske versiegelt worden war, um Horst Fischer vor den ostdeutschen Behörden zu schützen, die ihn noch nicht vor Gericht gestellt hatten. Er erkannte jedoch, daß sich hier für ihn die Chance bot, festzustellen, ob die Anklagevertretung einzuräumen bereit war, daß das Recht auf ein öffentliches Verfahren gemäß dem Sechsten Zusatzartikel zur amerikanischen Verfassung vor diesem Gericht galt. Wenn sie das zugab, dann konnte sie nichts mehr dagegen einwenden, daß die Angeklagten nach dem Zusatzartikel Anspruch auf einen Geschworenenprozeß hatten.

Der Richter nickte dem Verteidiger zu, als dieser von »Grundfragen« sprach »in Hinsicht der Anwendbarkeit oder Nichtanwendbarkeit von Rechtsnormen auf das Verfahren vor diesem Gericht«. Er und Hellring, sagte Best, bäten um eine Pause, damit sie das unter Verschluß gehaltene Material studieren könnten. Er wolle dann anschließend die Frage der Anwendung der Verfassung der Vereinigten Staaten auf dieses Verfahren zur Sprache bringen. Er sprach langsam und legte nach jedem Satzteil eine Übersetzungspause ein. Der Richter bewilligte ihm die erbetene Verhandlungspause.

Genau eine halbe Stunde später trat das Gericht erneut zusammen. Doch nun, da Best und Hellring sich mit dem Inhalt des unter Verschluß gehaltenen Materials vertraut gemacht hatten, konnten sie seine Freigabe nicht mehr verlangen. Best mußte fürs erste klein beigeben. Er murmelte noch etwas über »den Sechsten Zusatzartikel zur Verfassung der Vereinigten Staaten«, wagte aber nicht, auf die Bekanntgabe von Horst Fischers Namen zu drängen. Er mußte sich einstweilen in Geduld fassen. Doch er wußte, daß dieser Punkt früher oder später zur Sprache kommen würde.

Adelman schritt zum Pult zurück und blickte auf den leeren Zeugenstand. Auf einen Wink des Richters rief er Oberstleutnant Arthur J. Goeller, Jr., auf.

Die Zeugentür befand sich unmittelbar hinter der Richterbank. Sie tat sich auf, und Goeller erschien. Der Richter wandte sich um und erblickte einen jung wirkenden, sicherlich noch nicht 50jährigen, in einen korrekten Zivilanzug gekleideten Mann mit sehr kurz geschnittenem Haar. Offenbar netter Kerl, dachte der Richter. Während Goeller die linke Hand zum Schwur erhob, fiel dem Richter auf, daß der Oberst nicht in Uniform erschienen war.

Der Eid wurde von Ristau auf englisch langsam und mit Pausen für die Übersetzung vorgesprochen. »Schwören Sie . . . , die Wahrheit zu sagen..., die ganze Wahrheit... und nichts als die Wahrheit..., so wahr Ihnen Gott helfe?« *»Yes«*, sagte Goeller. »Ja«, übersetzte ein Dolmetscher.

Während Goeller Platz nahm, fragte sich der Richter, ob es nicht einen anderen Weg als das Konsekutivdolmetschen mit all seinen ablenkenden Pausen gebe. Auf diese Weise dauerte alles fünfmal so lange. Doch Adelman wandte sich an den Zeugen, und der Richtet begann, sich Notizen zu machen.

Adelman hob langsam an. »Können Sie mich hören, Sir?«

»Ja«, antwortete Goeller.

»Wollen Sie bitte so freundlich sein, dem Gericht, den Vertretern der Anklage und der Verteidigung und den Beschuldigten Ihre Dienststellung zu nennen?«

»Ich bin Oberstleutnant der US-Luftwaffe. Ich befehlige die im Zentralflughafen Tempelhof stationierte Außenstelle des Nachrichtendienstes der Luftwaffe. Ich bin seit 17 Jahren Vernehmungs- und Spionageabwehroffizier und bin in diesem Kriminalfall als leitender Ermittlungsbeamter tätig gewesen.«

Der Ankläger lenkte seinen Zeugen sogleich auf den entscheidenden Punkt hin.

»Sind Sie bereit, heute als Zeuge vor dem Gericht über die Tatumstände jener Flugzeugentführung auszusagen, soweit der Angeklagte Tiede und die Angeklagte Ruske in Betracht kommen?« wollte Adelman von seinem Zeugen wissen.

»Ja, Sir.«

Und das tat er nun. Adelman ließ Goeller die Geschehnisse an Bord der LOT-Maschine 165 berichten: Wie Tiede die Pistole zog und nach vorn schritt, die Stewardeß als Geisel nahm und der Besatzung befahl, in Tempelhof zu landen. Der Pilot informierte daraufhin den Kontrollturm Schönefeld und anschließend die Luftsicherheitszentrale Berlin, die die Kontrolle des Flugzeugs übernahm und es per Funk nach Tempelhof, Landebahn 27, dirigierte. Als die Maschine 13 Kilometer vom Ende der Landebahn entfernt war, übernahm der Tower auf dem Zentralflughafen Tempelhof die Kontrolle. Das Flugzeug landete und kam um 10.55 Uhr zum Stehen. Der ganze Vorfall hatte von der Meldung bis zur Landung nur knapp zwanzig Minuten gedauert.

Mit ein paar Fragen und Antworten legte Adelman dar, daß ein hinreichender Tatverdacht gegen Detlef Tiede bestehe. Natürlich hatte Goeller den Vorfall nicht selbst beobachtet. Er gab nur wieder, was andere, nämlich die polnische Besatzung und amerikanische Offiziere, ihm berichtet hatten. Solche Zeugnisse vom Hörensagen werden gewöhnlich vor allen amerikanischen Bundesgerichten bei den gerichtlichen Eröffnungsverfahren verwandt.

Der Richter bemerkte, daß die Verteidiger während Goellers Zeugenaussage zeitweise eifrig mitschrieben. Als dieser zum Beispiel sagte, der Pilot sei »angewiesen« worden, die Motoren abzustellen, notierten sie jedes Wort. Der Richter verstand nicht, weshalb sie das taten.

Adelman kam dann ohne Umschweife auf Ingrid Ruske zu sprechen. Was diese betraf, so lagen lediglich ihre Aussagen vor Goeller vom 28. und 30. November vor.

»Zu der Beschuldigten Ingrid Ruske«, fuhr Adelman fort, wobei er nach jedem Satzteil eine Übersetzungspause machte, »gaben Sie an, daß Sie sie am 28. und 30. November verhörten. Ist das richtig?«

»Ja, Sir.«

»Machte Sie Aussagen über die Straftat?«

»Ja, Sir.«

Jetzt war der entscheidende Augenblick gekommen. Goeller war im Begriff, vor Gericht die Früchte seiner Arbeit an jenem Abend zu ernten, als er seine Freundin Ingrid Ruske verhört hatte. Über das Pult gebeugt, dessen Kanten er mit seinen großen Händen fest umfaßt hielt, fragte Adelman ihn, was sie damals gesagt habe.

Bei seiner Antwort unterlief Goeller ein Fehler. Ein Einspruch Bests hatte seine Aufmerksamkeit abgelenkt.

»Können Sie uns sagen, was sie aussagte?«

»Verzeihung, einen Augenblick bitte«, unterbrach Best ihn. »Wenn zwei Aussagen vorhanden sind, so möchte ich den Zeugen bitten, bei seiner Antwort zwischen der vom 28. November und der vom 30. November zu differenzieren.«

»Haben Sie etwas dagegen einzuwenden, daß er so verfährt?« Der Richter blickte zu Adelman hinüber.

»Nein, Sir«, erwiderte Adelman mit selbstgewissem Lächeln.

»Fahren Sie fort«, gebot der Richter.

Doch Goeller war jetzt aus dem Takt geraten. Sein Spruch war ihm entfallen, und er vergaß zu sagen, daß sie aus freien Stücken zu ihm gekommen sei, um die Falschaussage zu widerrufen, die sie Wochen zuvor gemacht hatte. Statt dessen antwortete er: »Ja, Sir. Das Verhör vom 28. November diente dem *Zweck,* sämtliche Tatumstände der Flugzeugentführung *in Erfahrung zu bringen.«*

Adelman überging diesen Punkt und wandte sich dem Kern ihrer Aussage zu. Vielleicht, daß er hoffte, Goellers Worte seien unbemerkt geblieben. Vielleicht entging ihre Bedeutung ihm aber auch – gleich -wie dem Richter. Aber Hellring horchte auf. Er blieb ruhig sitzen, nickte nur lächelnd und wartete, bis die Reihe an ihn kam.

Adelman befragte Goeller über ihr Schuldgeständnis vom 28. November, war dabei aber sorgfältig darauf bedacht, daß Horst Fischer mit keiner Silbe erwähnt wurde. Seine Vernehmung Goellers dauerte nur knapp zwanzig Minuten.

Adelman kam zum Schluß. Er wußte, daß Goeller ins Kreuzverhör genommen werden würde und daß Hellring schon darauf wartete. Um Goeller zu schützen, konnte Adelman aber eines tun: Er konnte zumindest darauf hinweisen, daß Ingrid Ruske *vor* ihrem Schuldgeständnis auf alle ihr zustehenden Rechte aufmerksam gemacht worden war.

»Nun, ehe wir das Thema der Aussagen der Frau Ruske vom 28. sowohl wie vom 30. November fallenlassen, wurde sie auf ihr Aussageverweigerungsrecht hingewiesen und auch auf die anderen Rechte, auf die Sie in der Regel aufmerksam machen?« lautete seine Frage.

»Ja.«

»Handelte es sich um die sogenannten *Miranda*-Rechte?«

»Ja, Sir.«

»Hat sie vor ihrer Aussage auf diese Rechte Verzicht geleistet?«

»Ja, Sir.« »Schriftlich?« »Ja, Sir.« Adelman nickte daraufhin zufrieden und begab sich mit schnellen Schritten vom Pult zu seinem Tisch zurück. Seine deutsche Assistentin Marianne Fischer lächelte ihm zu, als wollte sie ihm dazu gratulieren, daß er gute Arbeit geleistet habe.

Surena nickte zustimmend.

Der Richter stimmte ihrem Urteil zu. Adelman hatte in der Tat gute Arbeit geleistet. Der Richter wandte sich den Verteidigern zu. »Mr. Hellring, haben Sie Fragen?«

»Ja, Euer Ehren«. Der weißhaarige Anwalt stand langsam auf, schritt zum Pult und steckte die Hände in die Jackentaschen. Den Kopf in den Nacken gelegt, musterte er den Oberst. Nach einer langen Pause fing er an.

Bei seiner ersten Frage sprang Adelman auf.

»Haben Sie irgendwann von Ingrid Ruske eine von ihr unterzeichnete Verzichtserklärung zugunsten der Vereinigten Staaten erhalten?«

»Verzeihung, Euer Ehren, darf ich Einspruch erheben?«

»Ich habe die Frage noch nicht ganz gehört. Sind Sie fertig mit Ihrer Frage?« wollte der Richter von Hellring wissen.

»Ja.« Die gelassene Antwort des Verteidigers schwebte in der Luft. Hellring meinte die Freizeichnung von der Verantwortlichkeit, die Goeller von Frau Ruske entgegennahm, als er sie aus der Haft entließ, in der sie sich vom 30. August bis zum 3. November befunden hatte. Der Richter verstand die Frage nicht. Man hatte ihm nichts von ihrer zweimonatigen Haft gesagt, nichts von ihrer Freilassung am 3. November, nichts von der Verzichterklärung, die die Amerikaner ihr zuvor abgenommen hatten. »Ich verstehe die Frage nicht«, beklagte sich der Richter. »Was soll das heißen – Verzicht worauf?«

»Bitte sehr, Euer Ehren, ich habe die Verzichterklärung nicht gesehen«, gab Hellring zur Antwort und zog dabei mit einer bedauernden Geste die Hände aus den Taschen. »Von meiner Mandantin höre ich, es existiere eine Verzichturkunde, laut welcher sie aufgefordert wurde, den Vereinigten Staaten von Amerika gegenüber zu erklären: ›Liebe Vereinigte Staaten von Amerika, ich entbinde euch von jedweder Verantwortlichkeit für all das, was ihr mir zwischen dem 30. August und dem 3. November 1978 angetan haben mögt.‹ Der Zeuge soll diese Verzichterklärung von Ingrid Ruske erlangt haben.«

»Einspruch zurückgewiesen.« Der Richter sah zu Goeller hinüber: »Sie können die Frage beantworten, ob Sie eine Verzichterklärung von der Angeklagten erlangt haben.«

»Ja, Sir«, gab Goeller zur Antwort.

»Kann ich diese Verzichterklärung sehen?« fragte der Richter.

Adelman gefiel das gar nicht.

»Muß ich dem Gericht eine Abschrift zur Verfügung stellen?«

»Ja«, bedeutete ihm der Richter.

Adelman schien erregt. Er wollte die Sache erklären, wurde aber daran gehindert, sich in Hellrings Kreuzverhör einzuschalten. »Ich glaube, das hat noch Zeit«, bedeutete ihm der Richter.

»Kann ich zu Protokoll geben, was ich dem Gericht hier übergebe?« fragte der Ankläger den Richter.

»Ja, es sollte besonders gekennzeichnet werden.«

»Vielleicht als Beweisstück?«

»Das überlasse ich Ihnen.« Der Richter wollte endlich weiterkommen.

»Ich übergebe dem Gerichtsschreiber eine Verantwortlichkeits-Verzichterklärung, abgegeben von Ingrid Ruske und am 3. November von Oberst Goeller als Zeugen unterzeichnet.«

Mit diesen Worten übergab er Ristau die Urkunde.

»Es ist zu protokollieren, daß diese Urkunde als Beweisstück Nr. 1 gekennzeichnet wurde«, verkündete der Gerichtsschreiber.

»Nächste Frage«, drängte der Richter.

Hellring wandte sich jetzt vom Pult ab, schritt langsam zum Zeugenstand und pflanzte sich unmittelbar vor Goeller auf. Er sah auf die Urkunde, die er in der Hand hielt, studierte sie und lächelte dabei. Dann hob er den Kopf und lächelte Goeller an.

»Ich zeige Ihnen hier eine Abschrift des Beweisstücks Nr. 1 und frage Sie, ob dies eine Abschrift der Verzichterklärung ist, die Sie von Ingrid Ruske erlangten?«

»Ja, Sir, das ist richtig.«

»Ich möchte Ihre Aufmerksamkeit auf folgende Worte in dieser Erklärung lenken: ›Ich entbinde hiermit die Regierung der Vereinigten Staaten und alle ihre Amtsträger in meinem eigenen Namen und in dem meiner Tochter Sabine Ruske für immer von jedweden Handlungen, Veranlassungen, Ansprüchen und Forderungen, die ich oder meine Tochter aufgrund irgendwelcher Beeinträchtigungen, Schäden, Verluste oder sonstigen Nachteile geltend machen könnten, die wir infolge unseres freiwilligen Aufenthalts im Gewahrsam der US-Behörde in Berlin während der obengenannten Zeit möglicherweise erlitten haben oder noch erleiden werden.‹ Haben Sie diese Erklärung abgefaßt?«

»Einspruch!«

Adelman war aufgesprungen, ehe Hellring noch geendet hatte. Die Verzichterklärung, die Goeller Ingrid Ruske hatte unterschreiben lassen, enthielt eine Lüge – und zwar eine ganz offenkundige. Sie war keineswegs freiwillig in Tempelhof geblieben: sie hatte sich dort in Haft befunden.

Doch wer hatte die Erklärung abgefaßt? So lautete Hellrings Frage. Der Richter wies den Einspruch zurück. Hellring lächelte Goeller abermals an und wiederholte seine Frage.

»Haben Sie sie abgefaßt?«

»Nein, Sir.«

»Wer hat sie denn abgefaßt?«

»Der US-Staatsanwalt für Berlin«, antwortete der Oberst.

Alle blickten auf Surena – der mit unergründlichem Gesicht starr geradeaus blickte.

»Waren Sie an der Abfassung dieser Urkunde beteiligt?«

»Nein, Sir.«

Hellring vertiefte sich erneut in die Urkunde, die er in der Hand hielt. Dann blickte er Goeller wieder an und fragte ihn: »Die Verzichterklärung betrifft nicht nur die US-Regierung, sondern alle ihre Amtsträger. Waren Sie sich dessen bewußt, daß das auch Sie einschloß?«

»Ich möchte es so ausdrücken, ja.«

»War es nicht so, daß Sie Mr. Surena baten, eine solche Verzichterklärung auszuarbeiten, damit Sie sie von Ingrid Ruske unterzeichnen lassen konnten, ehe Sie sie aus der Haft entließen?«

»Nein, Sir.«

»Baten Sie ihn, es zu tun?«

»Nein, Sir.«

»Schlug Mr. Surena es Ihnen vor?«

»Wir haben darüber gesprochen. An die genauen Worte kann ich mich nicht mehr erinnern.«

Goeller schaute ein wenig betreten drein. Sein Gedächtnis hatte ihn bisher noch nie im Stich gelassen. Er konnte sich an jede Einzelheit erinnern, die ihm die polnischen Besatzungsmitglieder mitgeteilt hatten. Doch jetzt konnte er sich tatsächlich nicht mehr daran erinnern, auf welche Weise er die Urkunde von Hellrings Mandantin erlangt hatte.

Hellring wollte feststellen, ob auch Adelman etwas mit dieser Erklärung zu tun gehabt hatte. Er händigte sie dem Zeugen aus.

»Erinnern Sie sich nun an das Datum, an dem diese Verzichterklärung abgegeben wurde – ich zeige Ihnen die Kopie, die ich bei mir habe, damit Sie Ihr Gedächtnis auffrischen können.«

»Ja, Sir.« Bei seiner nächsten Frage wandte Hellring dem Zeugen den Rücken zu und sah Adelman an.

»War Mr. Adelman zu diesem Zeitpunkt bereits mit dem Fall befaßt?«

»Ja, Sir.«

»Nennen Sie mir das Datum«, wandte Hellring sich wieder dem Zeugen zu.

»Die Verzichterklärung ist vom 3. November 1978 datiert.«

»Ist das das Datum, an dem Sie sie von ihr bekamen?«

»Ja, Sir.«

»Ist das Ihre Unterschrift auf dem Beweisstück Nr. 1?«

»Ja, Sir.«

» ›Als Zeuge‹, wie hier auf deutsch steht?«

»Ja, Sir.«

Hellring hielt einen Augenblick inne. Er hatte Goeller gezeigt, daß er etwas Deutsch verstand. Jetzt wollte er die Urkunde vom 3. November dazu benutzen, Kritik an der Art und Weise zu üben, wie Goeller am 28. November mit seiner Mandantin verfahren war.

»Hatten Sie Frau Ingrid Ruske nicht schon vor dem 3. November mindestens zweimal verhört?«

»Ja, Sir.«

»Und stellten Sie dabei Fragen?«

»Ja, Sir.«

»Und betrafen diese Fragen –«

Adelman war aufgesprungen und erhob Einspruch, denn er wollte verhindern, daß Hellring in der Angelegenheit der Befragung der Frau während ihrer dreimonatigen Haft tiefer schürfte.

»Verzeihung«, unterbrach Adelman. »Darf ich Einspruch erheben und feststellen, daß ich dies nicht für belangvoll halte. Wir stützen uns hier auf Aussagen, die sie am 28. und 30. November vor Oberst Goeller machte, lange *nach* dem 3. November. Wir... tragen ihre früheren Aussagen dem Gericht nicht vor, und ich möchte eine Frage hinsichtlich der Rechtserheblichkeit jeder Nachfrage nach denselben stellen.«

Hellring zwang die Männer, die die Anklage zusammengebastelt hatten, die Maske fallenzulassen, und setzte sie auf die Anklagebank. Adelman wollte Hellring daran hindern: Was immer man mit Ingrid Ruske zwei Monate zuvor gemacht hätte, sei für ihr Schuldgeständnis vom Ende November ohne Belang. Warum also Zeit damit vergeuden?

Sein Einspruch wurde abermals zurückgewiesen. »Ich muß dem Verteidiger gestatten, sich danach zu erkundigen, warum solch eine Verzichterklärung begehrt wurde«, sagte der Richter, »denn die Regierung steht doch offensichtlich auf dem Standpunkt, daß an eben dem Tage, an dem dies geschah, ein hinreichender Tatverdacht gegen Frau Ruske bestand.«

»Darf ich dazu etwas sagen?« insistierte Adelman.

»Gewiß«, erwiderte der Richter.

»Was damals passiert ist, was das Rückverhör erweisen wird«, erklärte Adelman, »ist, daß Frau Ruske und ihre Tochter am 3. November aus der Haft entlassen wurden, und daß man von ihnen eine Verzichterklärung erlangte.«

»Entlassen«, »Haft«, dachte der Richter. Dann enthält diese Verzichterklärung also eine Lüge, wenn da steht, daß die Frau und das Kind freiwillig im Gewahrsam der Amerikaner blieben. Aus welchem Grund war man wohl auf den Gedanken gekommen, solch eine dubiose Urkunde abzufassen? Der Richter sah erst Hellring und dann Adelman an, wie sie beide nebeneinander vor ihm standen. Er beschloß, der Sache auf den Grund zu gehen.

»Sie wollen damit sagen«, blickte er Adelman fragend an, »daß sie bis zu diesem Zeitpunkt in Haft *waren*?«

»Ja, Sir«, mußte Adelman zugeben.

Der Richter machte ein bedenkliches Gesicht und sah dann zu Surena hinüber. Dieser ließ sich wiederum nichts anmerken, doch Adelman setzte seine Ausführungen eilig fort. Mit seinem »Ja, Sir« war seine Antwort noch nicht beendet gewesen.

»Ich möchte meinen, Euer Ehren«, erklärte Adelman und kam jetzt in Fahrt, »daß das Rückverhör auch erweisen wird, daß Frau Ruske mehrere Wochen später, nach ihrer Haftentlassung, *aus freien Stücken* an Oberst Goeller herantrat und dem Sinne nach sagte, sie habe ihm vorher nicht die Wahrheit gesagt und *wolle die Sache klarstellen*, und das sind ihre Aussagen vom 28. und 30. November.«

Nun gut, dachte der Richter, vielleicht hat Adelman recht. Wenn sie später aus freien Stücken kam, dann würde das, was mehrere Wochen früher geschehen sein mochte, natürlich keine Rolle spielen. Zumindest nicht, wenn Adelman nur ihre Aussagen vom 28. und 30. November vorlegte und nicht die, die sie während ihrer Haft gemacht hatte.

»Gut, ich verstehe Ihren Standpunkt. Sie können dann alles, was Sie für belangvoll halten, beim Rückverhör vorbringen.«

Auch Hellring zeigte Verständnis für Adelmans »Position«. Doch anders als der Richter war er im Besitz einer Kopie der Aussagen der Ingrid Ruske vor den Amerikanern, vor allem der Niederschrift von Goellers Verhör. Er hatte sie auch befragt. Die Ausführungen des amerikanischen Anklagevertreters versetzten ihn in Wut. Er wußte, daß seine Mandantin nicht »aus freien Stücken« an Goeller herangetreten war. Goeller hatte sie kommen lassen. Desgleichen wußte Hellring, daß sie »die Sache« nicht hatte »klarstellen« wollen. Vielmehr hatte Goeller sie mit Tricks und Täuschungsmanövern davon abzubringen versucht, auf ihrer Aussageverweigerung zu beharren. Hellring wußte auch, daß man vor diesem Gericht dabei war, den Richter zu täuschen.

Was Hellring nicht wußte – aber festzustellen beabsichtigte –, war, ob Adelman den Richter vorsätzlich täuschte, um die Anklage gegen die Frau nicht fallenlassen zu müssen, oder ob er sich lediglich irrte. Die Verteidiger hatten den hageren Ankläger genau beobachtet, als dieser seine Argumente vortrug. Nun wollte Hellring die Wahrheit wissen und wandte sich daher abermals an Goeller.

Er stellte alsbald fest, daß Ingrid Ruske sich nie an Goeller gewandt hatte, sondern vielmehr an dessen Beauftragten und Dolmetscher Hans Koester herangetreten war. Hellring wußte auch, warum sie das getan hatte: weil sie in »ihre« Wohnung in West-Berlin wollte.

Hellring wollte von Goeller wissen, wann sie an Koester herangetreten sei. Vor dem 28. November?

»Ja, Sir«, gab der Oberst zur Antwort, »das Datum 23. November taucht da in mir auf.«

Goeller wußte natürlich, daß Koester ihm an jenem Tag eine Aktennotiz über seine Unterhaltung mit Ingrid Ruske ausgehändigt hatte. Diese Aktennotiz vom 23. November hatte ihn dann veranlaßt, sie durch Koester holen zu lassen.

»Sie meinen, daß es wohl der 23. November war?«

»Ja, Sir.«

»Was hat er Ihnen gesagt?«

Goellers Gedächtnis war jetzt wieder intakt. Er wollte den Fehler wiedergutmachen, den er begangen hatte, als er dummerweise sagte, die Initiative zu der Unterredung sei von ihm ausgegangen, um Aussagen über die Flugzeugentführung zu bekommen. Er hatte in unmittelbarer Nähe von Adelman gesessen und gehört, daß dieser »Beweis angeboten« hatte. Dieser Wink war gerade noch rechtzeitig erfolgt. Als er gefragt wurde, was Koester ihm gesagt habe, gab er daher zur Antwort: »Ingrid Ruske hatte uns nicht alles erzählt und *äußerte den Wunsch,* uns jetzt alles zu berichten.«

Hellring glaubte, Goeller habe seine frühere Zeugenaussage lediglich »frisiert«, stellte indes keine weitere Frage. Er blieb vielmehr bewegungslos stehen und richtete unverwandt den Blick auf ihn.

Der schlanke Offizier schaute irritiert drein. Hellring fuhr fort: »Sind Sie sich dessen sicher und ist Ihnen bewußt, daß Sie *unter Eid* aussagen?«

Goeller senkte die Augen. »Ich verstehe Ihre Frage nicht«, murmelte er.

Hellring stand immer noch völlig bewegungslos da und fuhr fort, Goeller scharf zu fixieren. »Sind Sie sicher, daß das, was Sie soeben bekundet haben – das ist, was Herr Koester Ihnen als Zweck ihres Anrufs bezeichnete?«

»Ja, Sir«, erwiderte Goeller, fügte indes, indem er abermals den Kopf senkte, hinzu: »Es ging noch um mehr.«

Hellring nickte.

»Um was sonst noch?‹

»Sie wollte auch an ihre Habe in Berlin gelangen«, räumte Goeller ein.

Hellring wußte, daß ihm jetzt der Durchbruch geglückt war. Das war der Anfang vom Ende der Theorie Adelmans, wonach die Frau an die US-Behörden herangetreten war, weil sie »die Sache klarstellen wollte«. Nun galt es, zum letzten Schlage auszuholen.

»Übrigens: War dieses letztere nicht *der einzige Grund,* weshalb sie an Herrn Koester herantrat?«

»Verzeihung, Euer Ehren«, unterbrach Adelman ihn, indem er sich erhob und zu einem weitschweifigen Einspruch ansetzte.

Der Richter hatte jedoch genug gehört. Bei dieser ersten Reise blieb nur noch ein Gerichtstag übrig. In zwei Monaten, dachte er bei sich, im März, kommen dann die Anträge auf Nichtberücksichtigung der Aussagen der Ingrid Ruske zur Sprache. Dann muß ich anhand der Zeugenbekundungen entscheiden, ob ihre Aussagen vor Goeller zu berücksichtigen sind oder nicht. Ich muß die jetzt noch zur Verfügung stehende Zeit für die Untersuchung der Frage nutzen, ob ein hinreichender Tatverdacht besteht. »Wollen Sie Nichtberücksichtigung der Aussagen beantragen?«, fragte er Hellring. »Falls ja, möchte ich mich damit nicht zweimal befassen.«

»Ich beabsichtige, einen solchen Antrag zu stellen.«

»Dem Einspruch wird stattgegeben, und Sie erhalten gemäß amerikanischem Recht die Gelegenheit, einen solchen Antrag im Rahmen des Vorverfahrens zu stellen.«

Hellring stand unter Zeitdruck. Er hatte den Berliner Fall kurzfristig übernommen, bei seiner Bestellung aber darauf aufmerksam gemacht, daß er am zweiten Verhandlungstag wegen Terminschwierigkeiten nicht mehr zur Verfügung stehen könne. Das war der Grund, weshalb er Richard Shapiro mitgebracht hatte. Hellring war jedoch zufrieden. Er hatte sein Ziel erreicht. Der schwache Punkt der Anklage war offenbar geworden. Beim nächsten Mal würde er Ingrid Ruskes Schuldgeständnis streichen lassen.

Doch in den paar Minuten, die ihm noch verblieben, wollte er noch eins feststellen, da er mehr über seinen Gegner, Roger Adelman – dem er im März erneut gegenübertreten würde –, in Erfahrung bringen mußte. War Adelman persönlich für das Unrecht verantwortlich, das Goeller der Ingrid Ruske am Abend des 28. November angetan hatte?

»War Mr. Adelman in der Zeit vom 28. bis zum 30. November hier in Berlin?«, fragte Hellring mit leiser Stimme.

»Das weiß ich nicht«, antwortete Goeller mit einem Blick auf den hochgewachsenen Staatsanwalt.

Adelman, der sich durch diese Frage offensichtlich getroffen fühlte, beschloß, sie selbst zu beantworten. »Ich stelle fest, daß das der Fall war«, verkündete er, wütende Augen auf Hellring gerichtet.

Hellring lächelte den jungen Staatsanwalt an und wandte sich erneut an den Oberst.

»Sprachen Sie Ihre Vorgehensweise am 28. und 30. vorher mit Mr. Adelman ab?«

»Mr. Adelman wurde vor der Entgegennahme der Erklärung von unserer Absicht in Kenntnis gesetzt.«

»Wollen Sie damit sagen, daß Sie sie vor dem 30. mit Mr. Adelman besprachen?«

»Ja, Sir.«

»Aber nicht vor dem 28.?« Die letztere Frage brachte er mit Unschuldsmiene vor.

»Doch, doch«, antwortete Goeller, »auch vor dem 28. Das genaue Datum, an dem wir unser Vorgehen mit ihm erörterten, habe ich nicht mehr im Kopf.«

Hellring wandte sich daraufhin von dem Zeugen ab und richtete den Blick auf die Ankläger. Surena sah wie immer starr vor sich hin und zog nur etwas die Brauen hoch. Adelman erwiderte den Blick jedoch. Der erfahrene Rechtsanwalt und der hagere junge Staatsanwalt maßen einander von Kopf bis Fuß. Man spürte, wie es in ihnen vor Spannung knisterte. Dann wandte sich Hellring mit einem Ruck wieder dem Richter zu.

»Mit Ihrer Erlaubnis, Euer Ehren: Ich muß jetzt gehen, und mit Ihrer Erlaubnis wird mein Partner und Kollege, Mr. Richard Shapiro, an meine Stelle treten.«

Shapiro erhob sich. »Darf ich fortfahren, Euer Ehren?«

»Ja«, nickte der Richter.

Hellring verließ den Gerichtssaal, und Shapiro fuhr fort. Die Befragung über die Ruske-Aussage erschien dem Richter jedoch fürs erste weit genug gediehen. In den paar restlichen Minuten spießte Shapiro Goeller auf die zweite Zinke der Ruske-Verteidigung. Angenommen, die Nichtberücksichtigung der Aussagen vom 28. und 30. November ließ sich durchsetzen, verfügten Adelman und Surena dann noch über anderes Belastungsmaterial gegen Frau Ruske? Shapiro mußte sich dessen unbedingt vergewissern.

»Sie waren, wie Sie schon bemerkten«, fragte Shapiro, »der oberste Vernehmungsbeamte in dieser Angelegenheit, nicht wahr?«

»Ja, Sir«, bestätigte Goeller.

»Oberstleutnant Goeller«, fragte er weiter, »stimmt es nicht, daß kein Besatzungsangehöriger und kein Passagier an Bord des polnischen Luftfahrzeugs auch nur den geringsten Beweis dafür vorgebracht hat, daß Ingrid Ruske an der von Ihnen als solche bezeichneten gewaltsamen Flugzeugentführung beteiligt war?«

»Einspruch, Euer Ehren«, rief Adelman und brachte einen Grund nach dem anderen dafür vor, weshalb der Richte Shapiro Einhalt gebieten müsse.

»Ich habe *Ihnen* erlaubt, durch diesen Zeugen Beweis dafür anzutreten, daß Angehörige der Besatzung auf Befragen den Angeklagten Tiede beschuldigten, und muß nun fairerweise auch«, belehrte der Richter Adelman, »der Angeklagten Ruske gestatten, wenn sie kann, Beweis dafür anzutreten, daß die polnische Besatzung keinerlei solche Anschuldigungen gegen sie erhoben hat. Dies betrifft den hinreichenden Tatverdacht gegen sie.«

Der Richter wandte sich an Goeller: »Ich möchte den Zeugen bitten, diese Frage zu beantworten, und dann, glaube ich, sollten wir es für heute genug sein lassen. Die Dolmetscher sehen ziemlich müde aus. Mr. Adelman, Sie sind erst gestern abend eingetroffen und haben sich sicherlich noch nicht ganz auf die andere Zeitzone umgestellt.«

Goeller gab zu, daß niemand Ingrid Ruske irgendeiner strafbaren Handlung an Bord des Flugzeugs beschuldigt hatte.

Der Richter und Bruno Ristau gingen in das Richterzimmer zurück, das hinter dem Gerichtssaal auf der anderen Seite des Ganges lag. Ristau war vollauf damit beschäftigt, die Gerichtsakten in den Stahlschrank zu legen. Der Richter saß in sich gekehrt hinter seinem

Schreibtisch und blickte hin und wieder durch die Wand aus Glas auf den schneebedeckten Flugplatz. Seine Augen wanderten zum Rollfeld. Dort, nicht weit von ihm entfernt, dachte er, kam die LOT-Maschine 165 am 30. August um 10.55 Uhr zum Stehen. Sie sind längst wieder fort, die Besatzung und die Passagiere. Jetzt sind wir hier, auf demselben Berliner Flughafen, alle in Vorvernehmungen und später vielleicht in ein Hauptverfahren verwickelt. Falls es zu einem Hauptverfahren kommt, dachte er. Falls ja, so müssen wir alle den Flug der LOT 165 rekonstruieren. Einige der Fluggäste und Besatzungsmitglieder müssen dann noch einmal hierherkommen. Merkwürdige, sehr merkwürdige Sache, sinnierte er. Nie zuvor hatte er unmittelbar an der Stelle eines mutmaßlichen Verbrechens Gericht gehalten. Er riß sich aus seinen Träumereien und wandte sich wieder dem vorliegenden Fall zu. Er mußte sich eine Kopie der Aussagen der Ruske vor Goeller beschaffen, denn nach dem, was er heute gehört hatte, war sie im Falle, daß diese nicht als Beweismittel zu verwenden waren, möglicherweise unschuldig. Ich muß daran denken, daß Bruno mir eine Kopie beschaffen soll. Doch leider dachte er dann doch nicht daran.

6.
Hinreichender Tatverdacht

13. Januar 1979

Judah Best sah sich vor einige schwierige Probleme gestellt. Ehe sich das Gericht auf Mitte März vertagte, war der nächste Verhandlungstag für ihn die letzte Gelegenheit, die entscheidende Frage aufzuwerfen, ob Detlef Tiede vor dem US-Gericht für Berlin den Schutz der Verfassung der Vereinigten Staaten genieße.

Doch Best mußte sich nicht nur mit rechtlichen Problemen befassen. Er hatte einen Mandanten, der noch immer seine Kinder nicht hatte sehen können, die beiden kleinen Jungen, für die er sein Leben aufs Spiel gesetzt hatte. Tiede saß seit fünf Monaten in Untersuchungshaft, und es war ihm noch nicht einmal gelungen, die Westberliner Adresse seiner früheren Ehefrau, Maria, ausfindig zu machen, bei der die Kinder wohnten.

Tiede befand sich in einem Zustand tiefer Depression. Es schien, daß er seinem Ziel in West-Berlin nicht näher war als zuvor jenseits der Mauer. Er wollte von Best wissen, ob denn gar keine Möglichkeit bestehe, daß die Kinder ihn besuchten? Wenn er auch in Haft sitze und auf seinen Prozeß warte, könne er sie nicht wenigstens einmal sehen? Doch wo war Maria? Best mußte erst einmal ihre Adresse ausfindig machen.

Der Verteidiger eines Angeklagten, vor allem eines Untersuchungshäftlings, ist mehr als nur ein Anwalt. Er ist Beichtvater, Beschützer — bisweilen Tröster — und oft auch eine Art Zuchtmeister seines Mandanten. Doch wenn dieser nicht nur in Haft sitzt, sondern sich auch ohne Bekannte mutterseelenallein an einem fremden Ort befindet, dann ist sein Verteidiger sein einziger Halt. Und in West-Berlin hatte Detlef Tiede nur Judah Best und Dietrich Herrmann, Ingrid und Sabine Ruske natürlich ausgenommen. Doch die Frau und ihre kleine Tochter hatten genug mit sich selbst zu tun.

Also wandte Tiede sich an seinen Anwalt.

Best wollte ihm gern helfen. Natürlich, zuallererst mußte man Marias Adresse ausfindig machen. In einer Verhandlungspause wandte der Verteidiger sich an Adelman: Wo Maria sei, wie ihre Adresse laute, fragte er den Staatsanwalt und fügte hinzu, er müsse die Frau als mögliche Zeugin befragen. Doch Adelman gab sich zugeknöpft. Er erklärte sich lediglich bereit, Maria zu fragen, ob Best sie einmal sprechen könne. Wenn sie einwillige, dann, versprach Adelman, würde er ein Zusammentreffen arrangieren. Diese Vorsichtsmaßregel, erklärte er, sei im Interesse der »Sicherheit« der Maria Tiede erforderlich. Best war außer sich.

Best wußte also, was er zu tun hatte, wenn das Gericht am nächsten Morgen zusammentrat. Er mußte für seinen Mandanten eine Jury finden. Dafür mußte er eine Verfassung ausfindig machen. Außerdem mußte er feststellen, wo sich die Kinder seines Mandanten befanden. Und dafür mußte er Maria Tiede ausfindig machen.

Doch als das Gericht am Sonnabendmorgen zusammentrat, erhob Shapiro sich als erster. Er war mit Goellers Verhör noch nicht zu Ende. Er wollte den Richter davon überzeugen, daß Ingrid Ruske Angst bekommen und den Plan zur Umleitung des Flugzeugs aufgegeben hatte. Schließlich hatte sich bei ihrer Befragung durch Goeller herausgestellt, daß sie versucht hatte, Detlef Tiede davon abzubringen. Sie hatte ihm nämlich während des Flugs vorausgesagt, daß man ihn festnehmen werde, und ihn gebeten, von ihrem Plan Abstand zu nehmen. Folglich traf es doch wohl zu, daß Tiede die Tat allein begangen hatte. Sie war von dem angeblichen Verbrechen zurückgetreten, bevor es verübt wurde. Shapiro wußte, daß, wenn ihm dieser Beweis gelang, die Anklage gegen sie fallengelassen werden mußte.

Am Sonnabendmorgen meldeten sich sämtliche Prozeßbeteiligten in Tempelhof an dem für sie reservierten Sondereingang. Sie wurden an einem Polizeiaufgebot vorbei zu einem hinter dem Gerichtssaal befindlichen Gang dirigiert, der zu ihren Büros hinführte. Der für die Zuhörer und die Pressevertreter bestimmte Haupteingang sollte eine Stunde später, unmittelbar vor dem Zusammentreten des Gerichts, geöffnet werden.

»Aufstehen!«, rief Ristau in den Gerichtssaal hinein.

»Bitte Platz nehmen«, bat der Richter, indem er sich in seinen Sessel niederließ. Er fühlte sich immer noch müde. Wie lange dauert es eigentlich, fragte er sich, bis man sich auf die andere Zeitzone umgestellt hat? Sein Blick schweifte zum Hintergrund des Gerichtssaals, wo sich wiederum die Zuhörer drängten.

Dann wandte sich der Richter den Vertretern der Anklage und der Verteidigung zu. *Diese* fühlten sich anscheinend in ihrem Element, stellte er fest. Er nickte dem Verteidiger von Ingrid Ruske zu.

»Mr. Shapiro, wollen Sie bitte mit Ihrer Befragung fortfahren.«

Während Shapiro sich erhob und zum Pult schritt, ermahnte Bruno Ristau den Zeugen: »Oberst Goeller, Sie stehen nach wie vor unter Eid!« Goeller nickte nur kurz und wandte sich dann sogleich dem vor ihm stehenden Verteidiger zu.

»Herr Oberst, ich glaube, wir hörten gestern an dem Punkt auf, wo Sie sagten, Sie seien als leitender Ermittlungsbeamter zu dem Schluß gekommen, keiner der Passagiere oder Besatzungsmitglieder des polnischen Flugzeugs habe irgendeine Tätigkeit der Ingrid Ruske an Bord bemerkt. Ist das richtig?«

»Ja, Sir, außer, daß sie zusammen mit Herrn Tiede das Flugzeug verließ«, räumte Goeller ein.

Shapiro hielt einen Augenblick inne. Er war im Begriff, einen hochwichtigen Punkt zu berühren.

Auf eindringliches Befragen gab Goeller zu, Ingrid Ruske habe ihm gesagt, sie habe während des Flugs in großer Angst geschwebt. »Wegen der Durchsuchung auf dem Flugplatz befürchtete sie ..., der Flugkapitän könnte durch eine Anfrage feststellen, daß die Pistole, die man bei Sabine gefunden hatte, eine Imitation sei. Außerdem rechnete sie mit der Möglichkeit, daß die Stewards Sicherheitsbeamte seien.«

Shapiro ließ diesen Punkt abermals fallen. Vielleicht, daß er Goeller abzulenken hoffte. Doch plötzlich griff er ihn dann wieder auf. Blitzartig kam die Frage: »Oberstleutnant Goeller, es stimmt doch, daß Ingrid Ruske Ihnen berichtete, aufgrund ihrer Befürchtungen... *habe sie Tiede gebeten, den ganzen Plan fallenzulassen?«*

»Ja, Sir«, gab Goeller zur Antwort, »Sie sagte aus, sie habe versucht, ihm die Sache auszureden.«

Shapiro nickte zufrieden. Er sah den Richter an, um festzustellen, ob dieser mitbekommen hatte, was das bedeutete. Das war offensichtlich der Fall.

»Ich habe keine weiteren Fragen, Euer Ehren«, schloß Shapiro und nahm wieder neben seiner Mandantin Platz.

Der Richter war beunruhigt. Wenn die Frau versucht hatte, den Mann an der Ausführung der Tat zu hindern, so war sie, selbst wenn sie sie ursprünglich zusammen mit ihm geplant hatte, rechtlich nicht für das verantwortlich, was er entgegen ihren Einwendungen getan hatte. Wichtiger Punkt, dachte er bei sich, wenngleich wohl erst in der Hauptverhandlung darüber zu entscheiden sein würde.

Während sich Shapiro an seinen Tisch zurückbegab, erhob sich Ingrid Ruskes deutscher Anwalt, Dr. Ulrich Biel, um ein paar Fragen zu stellen. Die Fragen und Antworten mußten wiederum Satz für Satz vom Gerichtsdolmetscher übersetzt werden. Der Richter begann in diesem einen »Marktschreier« zu sehen, der sich mit einem dröhnenden Megaphon an die Fersen der Sprecher heftete.

Dr. Biel hatte aber nur ein paar Fragen. Den Löwenanteil an der restlichen Zeit nahm sich Best.

Judah Best ging mit schnellen Schritten zum Pult. Es war offenkundig, daß er voller Ungeduld auf die Gelegenheit gewartet hatte, Arthur Goeller zu befragen. Seine ersten Fragen fand der Richter indes etwas verwunderlich.

Aus irgendeinem Grund konzentrierte Best sich auf das, was die Polen bei der Landung des Flugzeugs zu dem amerikanischen Oberst Brymer gesagt hatten, insbesondere auf die Aussage des polnischen Kopiloten, wonach keinerlei »unmittelbare Gefahr« bestanden habe. Der Richter erinnerte sich der lebhaften Tätigkeit, die tags zuvor am Tisch der Verteidigung auf diese Bekundung hin wie auch bei dem Punkt entstanden war, wo sich herausstellte, daß der amerikanische Oberst den polnischen Piloten hatte »anweisen« müssen, die Motoren abzustellen.

Versuchte Best etwa, es so darzustellen, als ob keine Gefahr bestanden hätte, weil die Stewardeß in Wirklichkeit keine Geisel gewesen sei?

Doch wie konnte das sein, überlegte er; weshalb sollte die Maschine sonst ihren Kurs geändert haben? Und was bedeutete diese Sache mit den Flugzeugmotoren? Worauf wollte Best hinaus?

Doch Best verzichtete auf die Beantwortung seiner Fragen. Goeller konnte den Gerichtssaal verlassen. Weder die Anklagevertretung noch die Verteidigung wünschte die Ladung weiterer Zeugen.

Shapiro erhob sich. »Euer Ehren, ich möchte kurz zwei Punkte betreffend die Angeklagte Ruske vorbringen.« Shapiro wußte, daß seine abschließenden Ausführungen nur kurz sein würden. Er trug sie deshalb direkt von seinem Platz am Tisch der Verteidigung aus vor.

Er gab mit ein paar Worten eine Zusammenfassung. Das einzige Belastungsmaterial, das gegen seine Mandantin vorliege, seien ihre eigenen Worte, und diese ihre Aussage vor Goeller zeige, daß sie sich von jedwedem Plan zur gewaltsamen Umleitung des Flugzeugs distanziert hätte, bevor dieser ausgeführt worden sei.

»Aufgrund dieser Tatsache, Euer Ehren, vertreten wir den Standpunkt, daß das Gericht feststellen sollte, daß keinerlei hinreichender Tatverdacht gegen Ingrid Ruske besteht und daß die Anklage gegen sie daher zurückgewiesen werden sollte. Das ist alles, Euer Ehren.«

Während das Echo der letzten Worte des Dolmetschers langsam verhallte, nahm Shapiro wieder Platz.

Der Richter sah zu Best hinüber, der sich sogleich erhob und pro forma Klageabweisung beantragte. Er begründete dies damit, daß das Gericht nur für den amerikanischen Sektor von Berlin zuständig sei und daß viele der Verbrechen, die man seinem Mandanten zur Last lege, im Luftraum über Ost-Berlin verübt worden seien.

Best schien seine Begründung hauptsächlich »für das Protokoll« vorgebracht zu haben – wie es Anwälte zu tun pflegen, wenn sie nicht erwarten, mit einem Antrag durchzudringen, aber das Gefühl haben, daß sie nichts unterlassen dürfen und aus dem Protokoll hervorgehen muß, daß jeder nur mögliche Punkt zur Sprache gekommen ist. Wenn ein Anwalt sagt, seine Ausführungen seien »für das Protokoll«, so weiß jeder Richter instinktiv, daß er nur seiner Pflicht Genüge tut.

Best wußte, daß er mit diesem Argument nicht durchdringen würde. Es war dargelegt worden, daß die Verbrechen im amerikanischen Sektor verübt worden waren. Dort nämlich war das Flugzeug gelandet, wobei es sich in der Gewalt des mutmaßlichen Luftpiraten befunden hatte.

Shapiros Argument war stichhaltiger. Wenn sich der Ankläger nicht sogleich hier und jetzt damit auseinandersetzte, dann mußte das Verfahren gegen die Frau eingestellt werden. Sie konnte dann als freier Mensch den Gerichtssaal verlassen.

Adelman hatte sich bisher in der Hauptsache defensiv verhalten. Doch jetzt schritt er mit raschen, gebieterischen Schritten zum Pult.

»Um kurz auf das Argument der Frau Ruske einzugehen«, erklärte er mit energischer Stimme, »möchten wir darauf hinweisen, daß sie für die in der Anklageschrift aufgeführten Verbrechen mitverantwortlich ist, da sie, wie aus ihren eigenen Aussagen hervorgeht, einige Zeit vorher ihr gehörige Kleidungsstücke verkaufte, um in den Besitz der für den Kauf der Waffe benötigten Geldsumme zu gelangen.« Adelman machte eine Übersetzungspause.

»Sie bediente sich ihrer Tochter als Mittel, um die Waffe an Bord des Flugzeugs zu bringen, und übergab die Waffe im entscheidenden Augenblick an Herrn Tiede, indem sie ihm den Mantel reichte, und tat dann nichts weiter, ich wiederhole *nichts*, um die Besatzung, die Fluggäste oder irgend jemand sonst zu warnen, daß eine Flugzeugentführung bevorstehe.«

Mit drei Sätzen entkräftete Adelman Shapiros Argument.

Nachdem Adelman Ingrid Ruskes Versuch, ihre Distanzierung von Tiedes Handlungen geltend zu machen, abgewiesen hatte, richtete er sein schweres Geschütz auf diesen.

»Schließlich«, sagte Adelman und blickte dabei zu Best hinüber, »zu den Handlungen im US-Sektor von Berlin:... die Stewardeß wurde mit einer Pistole bedroht, während sich das Flugzeug im US-Sektor von West-Berlin befand, und insbesondere bei der Landung. Zweitens: Die Tatbestandsmerkmale des Delikts der gewaltsamen Flugzeugentführung, nämlich Freiheitsberaubung, der tätliche Angriff auf die Frau und die Geiselnahme, lagen sämtlich im US-Sektor von Berlin vor. Schließlich war Herr Tiede zweifellos im US-Sektor von Berlin widerrechtlich im Besitz der fraglichen Waffe. Damit schließe ich meine Ausführungen. Sollten Sie, Euer Ehren, noch irgendwelche Fragen haben, so wollen wir versuchen, sie zu beantworten.«

Der Richter hatte indes keine – zumindest nicht hierzu. Er stimmte zu, daß ein hinreichender Tatverdacht gegen den Mann und die Frau bestehe. Er teilte diese seine Entscheidung sogleich dem bis auf den letzten Winkel besetzten Gerichtssaal mit.

»Ich möchte betonen, daß diese Verhandlung nicht dem Zweck dient, endgültig über die Schuld oder Unschuld eines der beiden Angeklagten zu befinden«, führte der Richter aus, »sondern einzig und allein darauf abzielt, festzustellen, ob die Darlegungen der US-Regierung ausreichen, so daß das Gericht zu dem Schluß gelangen kann, daß die Wahrscheinlichkeit besteht, daß ein Angeklagter ein Verbrechen begangen hat und daher für eine spätere Hauptverhandlung in Haft gehalten werden kann ...«

»Was den Angeklagten Tiede betrifft« – der Richter sah zu ihm hinüber –, »so findet das Gericht hinreichenden Grund zu der Annahme, daß dieser die in der Anklageschrift aufgeführten Verbrechen begangen hat. Das Strafverfahren gegen ihn kann daher seinen Fortgang nehmen.«

Der Richter hielt einen Augenblick inne und wandte sich dann der Frau und ihren beiden Verteidigern zu. »Was die Angeklagte Ruske betrifft, so nimmt das Gericht die für sie vorgebrachten Argumente zur Kenntnis. Bei einigen davon kommt es auf die Glaubwürdigkeit der Angeklagten an.

Solche Entscheide, wie zum Beispiel darüber, ob die Beschuldigte Ruske sich tatsächlich von irgendeinem Plan zurückzuziehen versuchte oder nicht, können nicht bei der Vorprüfung durch den Richter getroffen werden, sondern nur im Zusammenhang der Hauptverhandlung. Für jetzt mag es genügen, daß das Gericht aufgrund des ihm vorgelegten Belastungsmaterials feststellt, daß dieses hinreichenden Anlaß zu der Annahme gibt, daß die Beschuldigte Ruske die ihr in der Anklageschrift zur Last gelegten Verbrechen begangen hat und daß die Anklage zur Hauptverhandlung gegen sie zugelassen wird. Demgemäß werden wir als nächstes die Beschuldigten aufgrund der abgeänderten Mitteilungen unter Anklage stellen und einen Zeitplan für alle Anträge, alle mögäge, alle möglicherweise erforderlichen Vernehmungen und den Termin der Hauptverhandlung festsetzen.«

Während die letzten Worte ins Deutsche übersetzt wurden, standen fast alle Pressevertreter auf und stürmten aus dem Saal. Sie hatten sich eifrig Notizen gemacht, als die Entscheidung über die Erhebung der Anklage fiel. Nun rannten sie weg.

Merkwürdig, dachte der Richter, was die für berichtenswert halten. Es war eigentlich kaum zweifelhaft gewesen, daß zumindest die Anklage zur Hauptverhandlung zugelassen werden würde. Jetzt rannten sie weg, um Berichte zu schreiben, in denen dann nicht mehr stand, als daß ein Prozeß stattfinden werde. Doch was demnächst kam, würde in die Rechtsgeschichte eingehen, wie immer auch die Sache ausging. Doch da verließen die letzten Zuhörer bereits den Saal.

Es war Mittagszeit. Der Richter wandte sich an die Anwälte der Anklage und der Verteidigung:

»Es ist möglich, daß ich nach der Mittagspause die Frage aufwerfe . . . , ob die Verfassung der Vereinigten Staaten vor dem US-Gericht für Berlin im gleichen Ausmaß gilt wie zum Beispiel vor dem US-Gericht des Distrikts New Jersey.«

Der Richter blickte dabei nach den Tischen der Anklagevertreter und der Verteidiger und bemerkte, daß die ersteren ernste Gesichter machten. Insbesondere Surena.

Dagegen war Best natürlich hocherfreut. Er hatte vorgehabt, eben diese Frage noch vor Schluß der Sitzung aufzuwerfen. Nun hatte es der Richter für ihn getan. Er blickte zu seinem Gegner hinüber.

Surena schien mürrisch, so mürrisch, daß der Richter, ehe er zum Mittagessen aufbrach, lächelnd zu ihm sagte: »Grämen Sie sich nicht zu sehr, Mr. US-Staatsanwalt. Ich kann Ihnen versichern, daß die Verfassung sich in New Jersey in nichts von der in den anderen 49 Einzelstaaten unterscheidet.«

Doch Surena war nicht nach Scherzen zumute. Er runzelte nur besorgt die Stirn und zuckte ein wenig die Achseln.

»Aufstehen«, rief Ristau. Der Richter verließ den Saal, und die Staatsanwälte und Verteidiger gingen zu Tisch.

Der Richter und Ristau saßen allein im Richterzimmer und verzehrten ihre belegten Brote.

In ganz Berlin war sonst niemand, mit dem der Richter beratschlagen konnte. Allein Ristau war neutral. Dieser war zwar in Washington für das Justizministerium tätig, gab aber jedermann zu verstehen, daß er in seiner Berliner Stellung ausschließlich als Beauftragter des Gerichts auftrete. Späterhin sollte der Richter noch andere Ratgeber finden, doch in der ersten Zeit war Ristau der einzige, dem er sich anvertrauen konnte.

Sie hatten am vorhergehenden Abend, nach dem ersten Verhandlungstag, zusammen gegessen und waren anschließend den Kurfürstendamm entlanggeschlendert. Bei ihrem Gang durch die schneebedeckten Straßen von Berlin sprachen sie über den Fall und darüber, wie es wohl weitergehen würde.

Der Richter begriff, worauf Best hinausgewollt hatte mit seinen Beanstandungen in bezug auf das verfassungsmäßige Recht auf Mitwirkung einer Jury und nichtgeheime eidesstattliche Erklärungen. Und nachdem er Goellers versiegelte eidesstattliche Erklärung gesehen hatte – mit dem Material über die Verhaftung des Horst Fischer –, war ihm durchaus klar, daß die Beschuldigten einen Rechtfertigungsgrund hatten. Er erriet auch, durch wen sie denselben bewertet haben wollten.

»Er wird eine Jury beantragen, Bruno.«

Ristau blieb stehen und nötigte dadurch den Richter, ebenfalls innezuhalten. »Mein Gott, wer sollen denn die Geschworenen sein?«

Während sie ihren Spaziergang fortsetzten, wurde den beiden klar, was für ein gewaltiges Problem sich hier vor ihnen auftürmte. Das Recht auf die Mitwirkung einer Jury war ein amerikanisches Verfassungsrecht. Wenn das State Department anerkannte, daß die Verfassung in Berlin galt, wie wollte es dann verhindern, daß der Prozeß vor Geschworenen stattfand, die aus einem repräsentativen Querschnitt der Bevölkerung auszuwählen sein würden? Oder würden die Vereinigten Staaten die Gültigkeit ihrer eigenen Verfassung vor ihrem eigenen Gericht verneinen? Falls ja, welche »Rechte« besaßen dann der Mann und die Frau? Darüber hinaus stellten sich auch praktische Probleme.

Ristau erklärte ihm, daß man in Europa, mit Ausnahme vielleicht von ein paar Schweizer Kantonen, keine Geschworenenprozesse kenne Und selbst in der Schweiz liefen solche anders ab als in Amerika. Die Beschuldigten würden den ersten Geschworenenprozeß amerikanischen Stils in der Geschichte des neuzeitlichen Europas fordern.

Sie waren an jenem frostklaren Januarabend durch die Straßen von Berlin gestapft und hatten sich über Jurys und Demokratie unterhalten und von Besatzungsgebieten gesprochen. Ihr Atem war im Laternenschein wie Rauch erschienen. Einer von ihnen hatte als Angehöriger eines besiegten Volkes in der zerstörten Hauptstadt eines einst unabhängigen Landes unter einem Besatzungsregime gelebt. Er hatte am eigenen Leib die Auswirkungen weltanschaulicher Doktrinen erfahren, die Legitimität nur aus dem Recht des Siegers ableiten und sich allein auf Bajonette stützen.

Der andere hatte mehr Glück gehabt. Er kannte solche Dinge nur vom Hörensagen. Der Richter betrachtete die Gebäude, an denen sie vorbeikamen.

Welche stammten wohl aus der Zeit vor 1945, fragte er sich. Sie nahmen plötzlich menschenähnliche Züge an. Welche von ihnen waren vor dem Krieg errichtet worden, welche hatten die Aufmärsche der Nazis, die Demütigungen der Juden, die siegestrunkenen Eroberer gesehen? An welchen hatte der Krieg seine Narben hinterlassen? Was könnten sie wohl erzählen, gesetzt den Fall, sie könnten sprechen?

Er dachte bei sich, daß vielleicht in einigen von diesen Bauten Bismarck und die Kaiser aus- und eingegangen sein mochten. Möglicherweise hatten Hindenburg und Hitler an ihren Fenstern gestanden. Was für phantastische Szenen hatten diese Fenster wohl in dieser Stadt mit angesehen, was für Stimmen und Laute diese Eingänge vernommen? Was bekamen sie jetzt, während dieser Besatzungszeit, alles zu sehen und zu hören?

Ein Gebäude lag an ihrem Weg, das zweifellos alles mit angesehen hatte: die total zerbombte Kaiser-Wilhelm-Gedächtniskirche am Kurfürstendamm. Die Einwohner haben sie in ihrem Ruinenzustand belassen, als letztes Überbleibsel der Trümmer des Zweiten Weltkriegs inmitten des modernen West-Berlins. Als Mahnung, daß die Geschehnisse jener Zeit sich nie wiederholen dürfen.

Auch Ristau schien in Gedanken versunken. Hatte der Richter die Jury-Frage aufgeworfen, um den Fall nicht selbst entscheiden zu müssen? Er warf einen verstohlenen Blick auf seinen Gefährten.

Ein Richter konnte eine Flugzeugentführung in der Welt von heute wohl kaum gutheißen, aus welchem Grund sie auch immer erfolgt sein mochte. Doch vor Berliner Geschworenen standen die Chancen des Mannes und der Frau vielleicht nicht ganz so schlecht, und der Richter wäre dann der Entscheidung enthoben – und die Deutschen, die eine stattliche Summe aufwandten, damit die Amerikaner das Problem lösten, hätten es dann wieder am Hals, als Geschworene.

Ristau wandte sich seinem Gefährten zu, um ihn danach zu fragen – verzichtete dann aber darauf. Es schien ihm besser, ihn in Ruhe zu lassen.

Als der Richter und Ristau tags darauf im Tempelhofer Gerichtsgebäude während der Mittagspause ihre belegten Brote verzehrten, stellten sie Spekulationen darüber an, was Surena wohl zu der Frage der Anwendbarkeit der Verfassungsrechte vor diesem Gericht sagen würde. Der Richter glaubte, es aufgrund der Miene, die Surena kurz vor dem Mittagessen aufgesetzt hatte, bereits zu wissen. Mit einem Achselzucken schlüpfte er wieder in seine Robe, bat Ristau, er möge Tiede in den Gerichtssaal zurückbringen lassen, und wartete darauf, daß die Vertreter der Anklage und der Verteidigung sich versammelten.

Nach der Mittagspause erklärten sich zuerst beide Angeklagten in aller Form für nichtschuldig.

Anschließend sprang Best auf. Er bat das Gericht, es möge ihm dabei behilflich sein, Tiedes frühere Ehefrau ausfindig zu machen. Er benötige »die Anschrift und den derzeitigen Aufenthaltsort der Maria Tiede«.

Der Richter hatte von der Existenz dieser Frau noch nichts gehört.

»Es handelt sich um die frühere Ehefrau des Angeklagten Tiede. Diese befindet sich, wie ich erfahren habe, derzeit in West-Berlin, und ihre Adresse ist den Vereinigten Staaten bekannt«, erläuterte Best, indem er zu Adelman hinübersah.

Der Richter wandte sich Adelman zu: »Irgendwelche Einwände, falls Sie es wissen?«

»Mr. Best hat diese Bitte schon einmal vorgetragen«, antwortete Adelman. »Ich habe ihm mitgeteilt, daß wir zu gegebener Zeit an einem geeigneten Ort eine Zusammenkunft zwischen ihm und Frau Tiede arrangieren werden.«

Anschließend wandte Adelman sich an Best: »Ist Ihnen das recht, sind Sie damit einverstanden?«

»Nein«, lautete die Antwort. Best hatte keineswegs die Absicht, sich über Roger Adelman mit Maria Tiede in Verbindung zu setzen, zumindest nicht, wenn es sich vermeiden ließ. Wenn er ihre Anschrift nicht bekommen könne, erklärte er dem Richter, werde er sich natürlich damit abzufinden haben.

Voller Entrüstung wandte er sich dann an Adelman: »Ich begreife nicht, warum ein Mitglied der Anwaltschaft, ein Amtsträger des Gerichts die Anschrift dieser möglicherweise als Zeugin in Frage kommenden Person nicht erfahren soll.«

Adelman wandte sich erneut an den Richter. »Wie ich Mr. Best bereits erklärt habe«, entgegnete er mit einer unwilligen Geste in Richtung seines Gegners, »ist die Sicherheit dieser Frau gefährdet, und es liegt daher in ihrem Interesse, daß ihre Adresse hier nicht bekanntgegeben wird.« Er sei nach wie vor bereit, eine Zusammenkunft zwischen ihr und Best »zu gegebener Zeit an einem geeigneten Ort zu arrangieren«.

»Sie ist davon in Kenntnis zu setzen, daß der Angeklagte ihre Anschrift erfahren möchte«, entschied daraufhin der Richter.

Er legte eine Übersetzungspause ein. »Ob Mr. Best davon Kenntnis bekommen soll«, bedeutete der Richter Adelman, »soll die Frau selbst entscheiden und nicht Sie.«

Adelman nickte fügsam.

Man hatte dem Richter nichts von dieser Frau gesagt, und er wußte auch immer noch nicht, daß Maria Tiede Detlefs Kinder bei sich hatte. Hätte er das gewußt, so hätte er die sofortige Bekanntgabe der Anschrift angeordnet. Tiede war jedoch alles in allem zufrieden. Sein Anwalt würde sich direkt mit seiner früheren Frau in Verbindung setzen können. Es war dies wenigstens ein Anfang.

Es war schon spät. Man kam an jenem Sonnabend überein, daß

alle Vorverfahrensanträge zu den Akten zu nehmen seien und daß das Gericht am 13. März erneut zusammentreten werde, um darüber zu entscheiden. Der Beginn der Hauptverhandlung wurde auf den 9. Mai festgesetzt.

Der Richter wandte sich an Adelman: »Ich möchte jetzt auf die Frage zu sprechen kommen, die ich aufgeworfen und dann in der Schwebe gelassen habe... Ich gehe wohl nicht fehl, wenn ich vermute, daß die Regierung anerkennt, daß zumindest bestimmte Teile der Verfassung auf dieses Verfahren anwendbar sind?«

»Mr. Surena wird diese Frage beantworten«, erwiderte Adelman rasch, der offensichtlich nicht darauf eingehen mochte.

Surena erhob sich und schritt sehr würdevoll und unbeweglichen Gesichts auf das Pult zu.

»Sie werden sicherlich verstehen, Euer Ehren, daß wir diese Frage nur sehr ungern mündlich erörtern«, begann er.

Er sprach von der »Zweckmäßigkeit«, »gewisse« Verfassungsrechte zu gewähren, ließ aber keinen Zweifel darüber aufkommen, daß das Gericht gesetzlich nicht einmal dazu verpflichtet sei. Die Angeklagten, schien es, hatten auf gar nichts Anspruch.

Der Richter hatte sich in seinen Sessel zurückgelehnt – soweit es nur ging.

Er war sprachlos. Am liebsten wäre er in den Boden versunken. Ein mit unbeschränkten Machtbefugnissen ausgestattetes Gericht, das rechtlose Angeklagte aburteilte, war kein »Gericht« – zumindest keins, in dem er den Vorsitz zu führen bereit war. Es wäre ungeheuerlich.

Er blickte den jungen Mann an und dachte bei sich, ob der Vertreter des State Department wohl von seinen Vorgesetzten zu dem außergewöhnlichen Standpunkt bevollmächtigt worden sei, den er hier – in Berlin! – im Namen der Vereinigten Staaten vertrat.

Der Richter fragte sich, wie kann ich diesem Juristen bloß die fürchterlichen Folgen seiner Erklärungen vor Augen führen?

»Mr. US-Staatsanwalt«, begann er – in der Hoffnung, daß dieser Titel Surena daran gemahnen würde, *wen* er hier vertrat –, »nichts liegt mir ferner, als Ihnen oder Ihrem Mandanten Schwierigkeiten zu bereiten und die Frage ist denn auch nicht darauf berechnet –«

Der Richter machte eine Pause für die Übersetzung, während der er festzustellen suchte, ob seine Worte wohl ihre Wirkung bei Surena getan hatten. Das war nicht der Fall.

»Doch wir alle«, fuhr er fort, »nicht bloß die Angeklagten, obwohl sie ohne jeden Zweifel einen Anspruch darauf haben, sondern wir alle – die Verteidiger, das Gericht, die Menschen hier... selbst die Anklagevertretung – haben einen Anspruch darauf, zu erfahren, wo die Grenzen der richterlichen Gewalt dieses Gerichts liegen.«

Surena saß regungslos da. Es war kein Zweifel, daß er auf seinem Standpunkt beharren würde.

Mag sein, daß er im Augenblick gar keine Kompetenzen hat, erkannte der Richter. Ich darf die Sache jetzt nicht zu weit treiben. Am besten, ich lasse sie bis März ruhen und gebe der Anklagevertretung Zeit, eingehende Überlegungen anzustellen, statt sie jetzt zu einer überstürzten Antwort zu zwingen. Ich muß ihr Gelegenheit geben, dachte er, hiervon abzurücken – wovon? Von dem Gedanken, daß hier Sieger zu Gericht sitzen und ich als Prokonsul amtiere.

»Ich muß von Ihnen wissen, ob die Regierung auf dem Standpunkt steht, daß die US-Verfassung hier gilt, und zwar voll und ganz oder etwas weniger«, erklärte der Richter. »Wenn Sie mir jedoch sagen, daß Sie sich heute noch nicht festlegen können, so will ich das zunächst als Antwort akzeptieren.«

»Nein«, lautete Surenas Antwort.

Der Richter seufzte erleichtert auf.

Doch plötzlich war Ulrich Biel, der deutsche Anwalt von Frau Ruske, aufgestanden und versuchte, auf sich aufmerksam zu machen. Surenas Worte hatten ihn offensichtlich zutiefst empört.

Der Richter versuchte, ihm Einhalt zu gebieten, in der Absicht, die Auseinandersetzung so lange zu vermeiden, bis das State Department seinen Standpunkt neu überdacht hatte.

»Ja, Dr. Biel«, nickte der Richter dem deutschen Anwalt zu, um dann dessen offensichtlich bevorstehenden Erguß mit den Worten abzuschneiden: »Wir führen darüber heute keine Auseinandersetzung.«

Ulrich Biel war ein Mann in den Siebzigern. In Deutschland geboren und aufgewachsen, wurde er Rechtsanwalt. Nach dem Machtantritt der Nationalsozialisten emigrierte er, um der ihm als Juden in seiner Heimat drohenden Vernichtung zu entgehen.

Er ging nach Amerika. Als die USA in den Krieg eintraten, meldete er sich freiwillig zum Heeresdienst. Nach Kriegsende diente er seinem Herkunfts- sowohl wie seinem Gastland als Angehöriger der Militärregierung der US-Besatzungszone. Nach der Beendigung der Besatzungsverwaltung in der Bundesrepublik Deutschland Mitte der 1950er Jahre kehrte Biel nach Berlin zurück und nahm dort seine Tätigkeit als Rechtsanwalt wieder auf.

Seine Praxis florierte. Er wurde ein einflußreiches Mitglied der CDU und als Mitglied des Westberliner Abgeordnetenhauses zum Vorsitzenden des Rechtsausschusses gewählt. Der deutsche Rechtsanwalt und einstige US-Soldat Ulrich Biel begriff sofort, welche Doktrin Adelman soeben zu verkünden begonnen hatte. Biel hörte sie in Berlin nicht zum ersten Mal.

Er war entschlossen, sie anzuprangern. Doch auf einen Wink des Richters sagte Biel, der augenscheinlich Mühe hatte, sich Zurückhaltung aufzuerlegen, nur: »Ich möchte darauf hinweisen, daß beide Angeklagten sich der Obhut der Vereinigten Staaten von Amerika anheimgegeben haben, weil sie nach bestem Wissen und Gewissen ganz darauf vertrauten, daß sie den vollen Schutz der Verfassung der Vereinigten Staaten genießen würden.« Danach begab er sich mit langsamen Schritten zu seinem Tisch zurück und nahm wieder Platz.

Der Richter blickte zum Tisch der Anklagevertretung hinüber, konnte dort aber keinerlei Reaktion feststellen, außer daß die deutsche Assistentin der Staatsanwälte Marianne Fischer ein nachdenkliches Gesicht machte.

Der Richter bemerkte, daß es schon spät war. Alle wollten das Januar-Verfahren gern zum Abschluß bringen. Nur ein wichtiges Problem war noch zu regeln – die weitere Haftverschonung für Ingrid Ruske.

Tiede befand sich im Untersuchungsgefängnis Moabit. Sein Anwalt beantragte seine Entlassung gegen Kaution, doch Adelman war dagegen, und der Richter wies den Antrag ab. Tiede sollte bis zur Hauptverhandlung in Untersuchungshaft bleiben.

Dann brachte Adelman das Thema der Sicherheitsleistung für Ingrid Ruske zur Sprache.

Adelman schritt zum Pult. Nach einem flüchtigen Blick auf die Frau wandte er sich an den Richter: »Ich höre, daß sie möglicherweise im Besitz von Papieren ist, die ihr die Ausreise aus West-Berlin ermöglichen.« Er verlangte, daß man sie anweise, diese Papiere dem Gerichtsschreiber, Bruno Ristau, auszuhändigen.

»Hat sie Papiere, die ihr die Ausreise aus West-Berlin ermöglichen?« wandte sich der Richter an Biel.

»Sie besitzt einen gewöhnlichen Westberliner Personalausweis«, antwortete dieser.

Der Richter wußte nicht, was er meinte. »Herr Doktor, ich muß Ihnen bekennen, daß ich nicht weiß, was darunter zu verstehen ist.«

»Sie kann damit West-Berlin verlassen, wann sie will«, räumte Biel ein.

»Braucht sie ihn noch für irgendeinen anderen Zweck?«

»Sie braucht diesen Personalausweis unbedingt«, erklärte Biel ihm. »Jeder Deutsche muß ihn stets bei sich haben... ohne einen solchen Ausweis würde das Leben in Berlin für sie sehr schwierig werden.«

»Warum, Dr. Biel?«

»Aufgrund der amerikanischen Vorschriften. Jeder Berliner muß einen solchen Ausweis besitzen.«

Was ist dies bloß für eine Stadt? dachte der Richter bei sich und wandte sich an Surena: »Verlangt unser Land von den Menschen hier tatsächlich, daß sie ›Papiere‹ bei sich tragen?«

Surena erklärte ihm, daß dies keine *amerikanische,* sondern eine von der Alliierten Kommandantur – von den Briten, Franzosen und Amerikanern – erlassene Vorschrift sei. Natürlich, versicherte Surena dem Gericht, werde er ihr für den Fall, daß sie ihren Personalausweis ablieferte, garantieren, daß man sie nicht wegen »Ausweislosigkeit« unter Anklage stellen würde.

»Euer Ehren«, erklärte Biel: »Zuallererst: Mr. Surena hat recht«, womit er die Tatsache meinte, daß die Berliner aufgrund einer Dreimächtevorschrift einen Personalausweis bei sich zu tragen haben. »Aber«, fuhr er fort, »der Kernpunkt ist für mich der, daß für Frau Ruske ohne irgendeine Art Ausweis alles sehr kompliziert werden würde. Beispielsweise wohnt sie jetzt vorübergehend in einem Heim des Roten Kreuzes und sucht eine Wohnung.«

»Nun muß ich aber irgendwie dafür sorgen, daß das Gericht seine Jurisdiktion nicht einbüßt«, begann der Richter ein wenig verdutzt -und ganz und gar nicht sicher, was hier zu tun sei. Doch da beugte sich Ristau zu ihm hin und flüsterte ihm etwas ins Ohr. Der Richter nickte.

»Mr, Ristau hat einen sehr guten Vorschlag gemacht, wie wir die Angelegenheit regeln können. Sie wird ihren Ausweis abliefern und bekommt von ihm dafür ein Ersatzpapier des Inhalts, daß sich ihr Ausweis nur deshalb im Besitz dieses Gerichts befindet, damit gewährleistet ist, daß sie im amerikanischen Sektor von Berlin bleibt. Ich gehe wohl nicht fehl in der Annahme, daß ein solches Behelfsdokument für alle sonstigen Zwecke außer dem des Verlassens des amerikanischen Sektors dann ausreicht. Sind Sie damit zufrieden?«

»Verzeihung, Euer Ehren, ich habe vielleicht nicht alles verstanden, was Sie sagten«, bemerkte Surena.

»Wenn ich es alles wiederholen muß, dauert es noch einmal eine Stunde«, gab ihm der Richter zur Antwort und wies dabei auf den »Marktschreier«.

»Es geht mir darum, daß die Anklagevertretung es nicht für erforderlich hält, Frau Ruske auf den US-Sektor von Berlin zu beschränken«, erklärte Surena. »Es würde unserer Meinung nach ausreichen -und ich glaube, Frau Ruske wird uns zustimmen –, es wäre unserer Meinung nach sinnvoller, sie auf die Westsektoren von Berlin zu beschränken. Das heißt auf das britische, amerikanische und französische Gebiet.«

»Wir wollen jetzt keine Zeit mehr vergeuden. Machen Sie die gerichtliche Verfügung fertig«, befahl der Richter mit scharfer Stimme. Er hatte allmählich genug von Gebieten, Sektoren und dergleichen gehört. »Ich unterschreibe sie dann. Ich nehme an, Sie haben nichts dagegen einzuwenden?»

»Nein, Euer Ehren«, antwortete Biel.

Der alte Anwalt wandte sich seiner Mandantin zu. Ich habe getan, was ich konnte, schien er ihr zu bedeuten und streckte ihr die Hand hin.

Ingrid Ruske öffnete ihre Handtasche und nahm ihren Ausweis heraus. Mit einem Achselzucken händigte sie ihn Biel aus. Dieser schritt vor die Richterbank zu Ristaus Tisch und deponierte ihn dort.

Dieserart büßte Ingrid Ruske gegen Ende des letzten Verhandlungstages der ersten Sitzungsperiode des US-Gerichts für Berlin ihren Ausweis zum zweitenmal ein. Er war ihr schon einmal abgenommen worden, und zwar von der ostdeutschen Volkspolizei. Diesmal mußte sie ihn den Westberliner Behörden aushändigen.

Als der Wagen des Richters vor der Berliner Residenz des US-Botschafters vorfuhr, setzte erneut Schneefall ein. Seit der Richter in Berlin war, schneite es fast täglich. Überall hörte man, dies sei der härteste Winter in Europa seit einem Jahrzehnt.

Im Innern der Botschafterresidenz war es jedoch behaglich warm. Botschafter Stoessel und seine Frau hießen den Richter und Ristau an der Eingangstür willkommen. Mrs. Stoessel stellte sie einigen der übrigen Gäste vor. Ein Diener wurde angewiesen, Getränke zu holen.

Walter Stoessel war ohne Zweifel ein hervorragender Repräsentant des Auswärtigen Dienstes der Vereinigten Staaten. Er war weder Politiker noch auch als freigiebiger Wahlkampfpromotor hervorgetreten, sondern hatte den Botschafterposten nach langjähriger rastloser Tätigkeit im Dienst des State Department erhalten.

Vor seiner Berufung nach Bonn war er in Moskau gewesen – und hatte damit den vielleicht wichtigsten US-Botschafterposten überhaupt bekleidet. Während seiner Tätigkeit dort machte man eines Tages die Entdeckung, daß die Russen insgeheim eine elektronische Abhöranlage in der US-Botschaft installiert hatten, die bei einigen Botschaftsangehörigen eine krankhafte Vermehrung der weißen Blutkörperchen hervorrief. Walter Stoessel mußte sich infolgedessen noch nach seiner Abberufung aus Moskau ständig medizinischen Untersuchungen unterziehen. Jetzt war er als Botschafter in Bonn der höchstrangige Amerikaner in Westdeutschland und für alle in Berlin lebenden Amerikaner verantwortlich. Es war dies eine seinem vorherigen Moskauer Posten gleichwertige Stellung.

Der Richter sah sich einem schlanken, weltgewandten, freundlichen Mann von etwa sechzig Jahren gegenüber. Man konnte nicht umhin, Botschafter Stoessel und seine Frau sympathisch zu finden.

Wenig später saßen alle auf Couches in dem hübsch ausgestatteten Wohnzimmer der Botschafterresidenz: das Ehepaar Stoessel nebst Tochter, Ristau und der Richter.

Der Botschafter wollte wissen, ob man sich dem Richter gegenüber auch genügend kooperationsbereit gezeigt habe, und war erfreut zu hören, daß dies der Fall sei.

Die Atmosphäre war so günstig, der Botschafter offensichtlich derart interessiert – und so eindeutig ein Mann von gesunder Urteilskraft –, daß der Richter die Gelegenheit ergriff, die Angelegenheit zur Sprache zu bringen, die wie ein Damoklesschwert über dem Gericht schwebte und die er fürs erste zurückgestellt hatte, nachdem er gehört hatte, worauf der US-Staatsanwalt offenbar hinauswollte.

»Ich muß Ihnen sagen, Walter«, begann der Richter, denn man war rasch übereingekommen, sich mit dem Vornamen anzureden, »daß Ihre Leute heute vor Gericht offensichtlich den Standpunkt vertreten haben, daß die Verfassung hier nicht gilt, die Angeklagten keinerlei Rechte haben und wir mit ihnen nach Gutdünken verfahren können.«

Stoessel schien erstaunt und stutzte kurz.

»Nun«, meinte er dann mit einem unterdrückten Kichern, »ich will ganz gewiß nicht versuchen, Sie zu beeinflussen, aber ich würde sicherlich die Verfassung anwenden.«

Ristau und der Richter blickten sich erleichtert an.

Später, kurz vor 20.00 Uhr, fuhr der Richter mit Ristau zur Philharmonie. In weiteren zwölf Stunden, Sonntagmorgen, würde er im Flugzeug sitzen und nach den Vereinigten Staaten zurückfliegen. Montag würde er dann wieder in seinem eigenen Gericht tätig sein.

Er lehnte sich in das Wagenpolster zurück. Ein Gefühl der Zufriedenheit überkam ihn. Nicht schlecht, dachte er: Montag und Dienstag Gerichtssitzungen in New Jersey, Dienstagabend abgeflogen. Dann ein nagelneues Gericht in Berlin errichtet. Dort an zwei Sitzungstagen einen vollständigen Terminplan für Anträge und Verfahren aufgestellt. Dann zurück nach Hause, Montag wieder im Gericht. Nicht schlecht, seufzte er.

Er fühlte sich in gehobener Stimmung. Das beste war der Empfang beim Botschafter gewesen, den sie soeben verlassen hatten, um rechtzeitig zum Konzert zu kommen. Nun, da sie im Fond ihres Wagens saßen – und hofften, nicht verspätet in der Philharmonie einzutreffen –, löste sich die Spannung der letzten Tage allmählich. Alles erschien in rosigem Licht.

Der Wagen hielt. Die beiden Männer sprangen heraus und strebten im Eilschritt zum Eingang. Ristau hatte die Karten bei sich. Sie stammten von einem Protokollbeamten des State Department, der erfahren hatte, der US-Richter für Berlin wünsche vor dem Verlassen der Stadt ein Konzert der Berliner Philharmoniker zu besuchen.

Ristau nahm den Umschlag aus dem Faltblatt. Darin lag eine Karte mit der Aufschrift: »Mit besten Empfehlungen / Der Senat von Berlin.«

»Donnerwetter«, entfuhr es Ristau. »Sie haben uns Plätze in der Ehrenloge gegeben.« Der Richter lachte.

Nur wenige Augenblicke vor Beginn des Konzerts ließen sie sich in ihrer Loge nieder. Als die Musik einsetzte, konnte sich der Richter zum erstenmal seit seiner Ankunft in Berlin richtig entspannen.

Er sah interessiert um sich und erblickte einen bis auf den letzten Platz mit gutgekleideten, offensichtlich nicht unbemittelten Zuhörern angefüllten, phantastischen Konzertsaal, wie er ihn noch nie gesehen hatte. Das Orchester war amphitheatralisch vom Publikum umgeben und die Parketts durch Brüstungen in kleine Bereiche gegliedert. Und die herrliche, rauschende Musik!

Das Orchester verstummte allzubald. Es war Pause. Bruno Ristau wandte sich seinem Gefährten zu – und mußte lachen. Der US-Richter war auf seinem Ehrenplatz in tiefen Schlaf gesunken.

Drittes Buch

Kraft Recht der Eroberung

7.
Aus Ehr- und Pflichtgefühl

11. – 12. März 1979

A. Die Völkerrechtlichen Machtbefugnisse der USA in Berlin folgen aus dem Recht der Eroberung nach Kriegsvölkerrecht

. . . Wie in unserem Memorandum wiederholt betont wurde, ist Berlin eine besetzte Stadt. Sie gehört nicht zum Territorium der Vereinigten Staaten. Die Anwesenheit der USA dort ergibt sich aus ihrer Eroberung und gründet sich nicht auf die Zustimmung der Regierten.

Der Kernpunkt ist folgender: Ein Angeklagter, gegen den vor dem US-Gericht für Berlin ein Prozeß geführt wird, genießt zwar bestimmte, in der Verfassung der Vereinigten Staaten garantierte Rechte, empfängt diese indes nicht kraft der Verfassung selbst . . . , sondern weil der US-Außenminister entschieden hat, daß ihm die in Rede stehenden Rechte gewährt werden sollten . . .

Alle in Deutschland errichteten US-Besatzungsgerichte, einschließlich des US-Gerichts für Berlin, sind von Anbeginn an Werkzeuge der Besatzungspolitik der Vereinigten Staaten gewesen . . .

Die Entscheidung, ob einem Ausländer vor einem Besatzungsgericht ein Geschworenenprozeß zugestanden werden soll, ist eine politische und keine rechtliche Frage.

Memorandum des US-Außenministeriums für den
US-Richter für Berlin, März 1979
(Hervorhebung vom Verf.)

Am Sonntagabend, am 11. März, fuhr der Richter zum Kennedy-Airport, um mit einer Lufthansa-Maschine nach Frankfurt und am folgenden Morgen von dort mit einer PanAm nach Berlin zu fliegen. Am Dienstag, dem 13. März, sollte das Gericht erneut zusammentreten.

Er hatte außer einem Koffer noch drei Aktentaschen mitgenommen. Den Koffer gab er nach Berlin auf, die drei Aktentaschen behielt er bei sich – in der Absicht, die Nacht durchzuarbeiten. Es gab noch viel zu tun.

Über die Vorverfahrensanträge mußte bis Sonnabend, den 17., entschieden werden, damit im Mai die Hauptverhandlung eröffnet werden konnte. Er warf einen Blick auf die Aktentaschen zu seinen Füßen und runzelte die Stirn. Wenn er ihren Inhalt bedachte, so war er sich nicht so sicher, daß es nach diesem Flug noch einen US-Gerichtshof für Berlin geben würde.

Der Richter schnallte sich an, denn die Maschine war im Begriff zu starten. Er dachte über diesen neuen Gerichtshof nach, der da für einen Rechtsfall aus der Asche des Zweiten Weltkriegs erstehen sollte. Sowohl Hellring wie Best hatten je einen Gehilfen angefordert. Dem ersteren würde Shapiro zur Seite stehen, während Best einen von seinen jüngeren Partnern, Kenneth Adams, mitzunehmen gedachte. Jeder Angeklagte hatte somit jetzt, Hellring und Best mitgezählt, drei Anwälte. Diese würden den vier Staatsanwälten gegenübertreten.

Außerdem waren da natürlich der Gerichtsschreiber, Ristau, sowie der Gerichtsmarschall, Steve Rabourn, und sein Polizeikommando. Noch einige andere traten jetzt hinzu.

Auf Bitten des State Department hatte sich der Protokollführer des Richters, Stanley B. Rizman, bereit erklärt, mit nach Berlin zu fliegen. Letzterer brachte als Schreibdame Marie Adubato mit, die täglich eine Stunde nach Schluß einer jeden Sitzung eine maschinenschriftliche Niederschrift der Verhandlung abliefern würde. Diese beiden befanden sich ebenfalls an Bord des Flugzeugs.

Als die riesige 747 aufstieg, durfte der Richter das vor ihm befindliche Tablett herunterklappen. Er griff nach einer seiner Aktentaschen. Diese enthielt u. a. die Schriftsätze der Verteidigung. Der Mann und die Frau machten ihr verfassungsmäßiges Recht auf die

Mitwirkung einer Jury geltend. Desgleichen beantragten sie die Streichung ihrer Aussagen. Nichts Besonderes also, dachte der Richter. Die üblichen Vorverfahrensanträge. Ungewöhnlich war nur, daß Ingrid Ruskes Anwälte dagegen Einspruch erhoben hatten, daß der Richter die Aussagen der Frau – das Verhör durch Goeller – zu sehen bekam, deren Streichung er doch anordnen sollte. Hellring hatte sie dem Richter erst nach einer Sitzung über den Fall in New Jersey geschickt, auf der dieser darauf bestanden hatte, er müsse die Fragen und Antworten sehen. Sie waren erst einen Tag vor dem Abflug eingetroffen. Da hatte der Richter keine Zeit mehr für ihre Lektüre gehabt. Jetzt mußte er sich aber zunächst mit dem vertraut machen, was in der Tasche lag, die er nunmehr öffnete, nämlich mit der Antwort der Regierung auf die Forderung der Angeklagten nach einem Geschworenenprozeß.

Er zog das »Memorandum« heraus und blätterte flüchtig die fast vierzig Seiten durch. Bei der ersten Lektüre vor einer Woche hatte er zunächst gemeint, er könne seinen Augen nicht trauen. Dann hatte ihn die Wut gepackt. Das Schriftstück verkündete als These der Anklagevertretung, daß die Beschuldigten kein Recht auf einen Geschworenenprozeß in Berlin geltend machen könnten, weil ihnen in Berlin *überhaupt keinerlei Rechte zuständen.*

Er war in höchstem Maße erstaunt. Nach der Theorie der Anklagevertretung – von den USA, schien es ihm, sprach man in diesem Fall wohl besser nicht – war er Vorsitzender eines Gerichts der Besatzungsmacht, das auf unterworfenem und kraft militärischer Eroberung regiertem Territorium tagte, auf einem Territorium, wo die besiegten Bewohner keinerlei Rechte besaßen und die Sieger keinerlei rechtlichen Beschränkungen unterlagen.

Eine solche Doktrin gemahnte ja an Adolf Hitler. So etwas hatte man seit dem »Volksgerichtshof« der Nazizeit vor einem Westberliner »Gerichtshof« nicht mehr vernommen. Jetzt sollte man es abermals hören. Diesmal vor *seinem* Gericht. Vielleicht hätte ich dieses Flugzeug nicht besteigen sollen, überlegte er. Vielleicht hätte ich mich weigern sollen.

Während sich der Jet zur Normalflughöhe erhob, erinnerte er sich, daß er zuallererst daran gedacht hatte, sein Amt niederzulegen.

Er rutschte auf seinem Sitz hin und her, durchblätterte die Denkschrift erneut und überflog den maschinengeschriebenen Text. Die Besetzung von Berlin, stand darin zu lesen, dauerte nach dem Ende der Besetzung Deutschlands fort, *um die Demokratie in Berlin zu bewahren.*

Dessenungeachtet, hieß es in dem Schriftstück des State Department, sei jedermann im besetzten West-Berlin, auf den Straßen und vor den Gerichtshöfen der Stadt, gänzlich dem Gutdünken der amerikanischen Besatzungsmacht, d. h. der Beauftragten des State Department, anheimgegeben.

Doch das war nur Punkt eins! Das Memorandum fuhr fort: Der Richter sei — in Berlin — kein unabhängiger Jurist, sondern vielmehr ein Angestellter des State Department. Der Gerichtshof und sein Vorsitzender Richter seien lediglich »Werkzeuge« der US-Außenpolitik: »Die Gerichtsordnung und die Verfahrensbestimmungen des Gerichtshofs erfüllen Aspekte der US-Außenpolitik, nicht aber.. Erfordernisse, die sich aus der Verfassung oder dem Recht der Vereinigten Staaten ergeben«, führte das State Department aus. Und er hatte diese Politik weisungsgemäß durchzuführen.

Es war unglaublich. Der Mann und die Frau, die der US-Gerichtshof für Berlin unter Anklage gestellt hatte, genossen keinerlei Rechte außer denen, die Außenminister Cyrus Vance ihnen zu gewähren für richtig hielt, und der US-Richter für Berlin war nicht befugt, entgegen dessen Weisungen zu entscheiden. Das State Department würde die Rechte der Angeklagten vor dem US-Gericht für Berlin festlegen und der Richter Washingtons Entscheidung bekanntgeben.

Der Richter legte seine Hand über die Augen. Der Gerichtshof, dessen Vorsitzender er war, wurde angewiesen, eine Verfahrensvorschrift zu verkünden, die eher zu einem NS-Gericht im besetzten Rußland gepaßt hätte als zu einem US-Tribunal, das mitten im Frieden über befreundete Alliierte in einer Stadt zu Gericht saß, die zu ihrem »Schutz« besetzt war.

Der erstaunlichste Aspekt dieser grotesken Situation war der, daß die Jurisdiktion des US-Gerichtshofes für Berlin eine territoriale war: seine Befugnisse erstreckten sich auf *jedermann* im amerikanischen Sektor von Berlin. Nicht nur auf die Deutschen, sondern auch auf Franzosen, Briten und Amerikaner; jedermann, der sich dort aufhielt, unterstand der Befehlsgewalt der Besatzungsbehörden und ihres Gerichtshofs. Touristen, Geschäftsleute, Durchreisende, ja sogar, falls ihr Kommandeur einwilligte, Angehörige der US-Streitkräfte – kurz, jedermann – würde, falls sich der US-Richter für Berlin dem Standpunkt des State Department anschloß, dem Außenminister ausgeliefert sein.

Auch im Flugzeug – fast eine Woche später – vermochte der Richtet nicht zu glauben, daß seine Regierung von ihm erwartete, er werde sich über die Verfassung, die Rechtsordnung hinwegsetzen und nur den Weisungen des State Department gehorchen.

Er blickte aus dem Fenster. Natürlich glaubte er nicht, daß das State Department *wirklich* beabsichtigte, völlig uneingeschränkt in Berlin zu regieren. Er war sogar bereit zu glauben, daß »die« diesen Standpunkt nur vertraten, damit es im Mai nicht zu einem Geschworenenprozeß käme. Doch welches auch immer »ihre« Gründe und wer auch immer »die« waren: die Doktrin, die *er* verkünden sollte, würde es *ihnen* ermöglichen, mit jedermann in Berlin nach Gutdünken zu verfahren. Ich kann nicht voll drauf vertrauen, daß sie sich dabei Beschränkungen auferlegen werden, überlegte er; ich kann unmöglich einen Entscheid unterzeichnen, der diese Doktrinen gutheißt. Wer wird später noch auf meine Erklärungen hören – wenn *»die«* später unter Berufung auf meinen Entscheid Übergriffe sanktionieren?

Zum erstenmal in seinem Leben begriff er, wie anständige Menschen – in jedem Land! –, die sich anfänglich vertrauensvoll zur Verfügung gestellt hatten, in blinder Loyalität Schritt für Schritt den Weg in die Schande mitzugehen gezwungen sein konnten.

Das war aber noch nicht alles!

Das State Department stellte abschließend folgendes fest: Falls der US-Richter für Berlin sich den Weisungen widersetzen sollte, falls er entscheiden sollte, daß die Verfassung der Vereinigten Staaten gelte und einen Geschworenenprozeß erfordere, dann könnten sich die Besatzungsbehörden dem widersetzen. Schließlich seien sie es, die in Berlin regierten, nicht er. Der Gerichtshof verfüge über keinerlei Machtbefugnisse, seinen Entscheidungen Anerkennung zu verschaffen. Falls der Richter über die ihm erteilten Weisungen hinausgriffe, so könne er, wenn es ihm beliebe, einen Geschworenenprozeß anordnen, doch das State Department könne sich dann einfach weigern, Geschworene bereitzustellen falls es dies für richtig halte:

> C. Ein Geschworenenprozeß kann allein im Wege der Ausübung der gesetzgebenden Gewalt geführt werden, über welche dieser Gerichtshof nicht verfügt.
>
> ... Diese Befugnis eignet den ordnungsgemäß ernannten Repräsentanten des Präsidenten der Vereinigten Staaten, die beauftragt sind, für die Vereinigten Staaten in Berlin Regierungsfunktionen wahrzunehmen, *und dieses Gericht kann sie nicht zwingen, von ihren Kompetenzen Gebrauch zu machen* ...
>
> Ergebenst vorgelegt,
>
> (gez.)
> ANDRE M. SURENA
> US-Staatsanwalt für Berlin
>
> (gez.)
> ROGER M. ADELMAN
> Stellvertretender US-Staatsanwalt für Berlin
>
> Juristische Berater:
>
> (gez.)
> GISELA WOLF
>
> (gez.)
> MARIANNE C. FISCHER

»Ergebenst vorgelegt«, jawohl. Der Richter mußte laut lachen. Dieser Schriftsatz war ein Befehl. Und wenn er sich ihm widersetzte und einen Geschworenenprozeß anordnete, dann würde man seinen Entscheid einfach ignorieren. Er wäre nicht mehr als ein Fetzen Papier. Die Besatzungsbehörden würden sich weigern, ihn durchzuführen. Er konnte ebensogut einem leeren Gerichtssaal Beschlüsse mitteilen. Man würde ihm keine Beachtung schenken. Wie erniedrigend!

Er staunte, daß amerikanische Juristen ein solches Schriftstück unterzeichnen konnten. Und die beiden Deutschen? Waren sie sich nicht darüber klar, was dies für Berlin und für die Berliner bedeuten würde?

Vielleicht war das Memorandum aber auch nur das Werk von vier jungen Juristen – keine »amtliche« Stellungnahme der US-Regierung?! Der Richter rief Ristau in Washington an. Leider nein. Ristau hatte festgestellt, daß Surena eigens nach Washington geflogen war, um den Schriftsatz unter der unmittelbaren Aufsicht von Vorgesetzten abzufassen.

Nun gut, vielleicht gründete sich die Stellungnahme des State Department auf irgendeinen Vorgang, der sie rechtfertigte. Ehe er sich auf die Reise begab, ließ der Richter alles andere liegen und zog sich für fast drei Tage in die Bibliothek seines Gerichts zurück.

Zwei Tage vor seinem Abflug wurde es ihm beim Nachschlagen in den Entscheidungssammlungen, die er um sich aufgetürmt hatte, zur Gewißheit: Die Behauptung des State Department, der Mann und die Frau seien völlig rechtlos, entbehrte jeder gesetzlichen Grundlage.

Während er seine Exzerpte zusammenpackte und die auf den Bibliothekstischen ausgebreiteten Bände zuklappte, wurde ihm plötzlich beklommen zumute. In zwei Tagen sollte er nach Berlin fliegen; die Plätze waren bereits gebucht. Er sollte in einer ausländischen Stadt eine Gerichtsverhandlung eröffnen, unter den Augen der Berliner, der Alliierten, der Kommunisten – von ganz Europa, soweit er wußte. Was würden die Kommunisten sagen, wenn die Amerikaner verkündeten, daß sie Berlin mit der unumschränkten Gewalt eines Diktators regierten, um es vor dem Kommunismus zu schützen? Was würden die Berliner denken, wenn die amerikanischen Behörden ihnen zu verstehen gaben, daß keiner von ihnen im besetzten Berlin irgendwelche Rechte habe – um der Bewahrung der Demokratie in Berlin willen?

Wer hätte es jemals für möglich gehalten, fragte er sich, daß amerikanische Juristen und Diplomaten solches verkündeten? Und das in Berlin!

Vor dreißig Jahren hatte dieselbe amerikanische Militärregierung – die sich jetzt anmaßte, unumschränkt über Berlin zu herrschen – deutsche Richter schuldig gesprochen, weil sie in dieser Stadt die gleiche Doktrin verkündet hatten.

Drei amerikanische Richter hatten über eine Anzahl deutscher Richter zu Gericht gesessen, denen die Einberufung von Scheingerichten zur Last gelegt wurde, vor denen die Angeklagten keinerlei Rechte genossen und die Richter nach Weisungen von oben entschieden hatten. Die deutschen Richter hatten sich zu ihrer Verteidigung auf den Grundsatz der richterlichen Immunität berufen – auf die alte Tradition, daß Richter nicht persönlich für ihre richterlichen Entscheidungen zur Verantwortung gezogen werden dürfen. Diese ihre Einrede war als nichtig verworfen worden. Die Immunität gelte nicht, hatten die Amerikaner entschieden, für Richter, die sich ihrer richterlichen Unabhängigkeit freiwillig begeben hätten.

> Wir können dem Hinweis, daß NS-Richter berechtigt seien, sich auf den anglo-amerikanischen Grundsatz der richterlichen Immunität zu berufen, nicht beipflichten. Dieser Grundsatz, wonach Richter für ihre richterlichen Entscheidungen nicht persönlich zur Verantwortung gezogen werden dürfen, fußt auf dem Gedanken einer unabhängigen Gerichtsbarkeit, die unparteiisch Justiz übt... Die NS-Gerichte hatten nur in beschränktem Maße Justizcharakter. Sie ähnelten vielmehr staatlichen Tribunalen, die auf Weisungen von oben eine Pseudojustiz übten.

Als Jurist und Richter hatte er nie begriffen, wie die zivilisierten Berliner dazu kamen, alle Normen der Gesittung mit Füßen zu treten, wie insbesondere die Richter des Dritten Reiches sich selbst so erniedrigen konnten, daß sie an Gerichten mitwirkten, die Urteile auf höheren Befehl fällten. Wie konnten sie nur Rechte gewähren oder verweigern, freisprechen oder verurteilen, um den Erfordernissen des Staates oder seiner Außenpolitik zu genügen? Jetzt begriff er. Die »anderen« Richter und Juristen hatten geglaubt, »sich zur

Verfügung stellen« zu müssen: sie taten den ersten Schritt im Namen des Vaterlandes, um einem Konflikt aus dem Wege zu gehen oder um sich eine einflußreiche Stellung zu sichern, und sie taten den nächsten Schritt, weil es zur Umkehr zu spät war.

Er beschloß, sein Berliner »Richter«-Amt niederzulegen. Mit solch einer Sache wollte er nichts zu tun haben. Er wollte auch nicht nach Europa gehen, um dort seine eigene Regierung in die Schranken zu fordern. Außerdem, überlegte er, könnten sie juristisch auch durchaus recht haben – vielleicht hatte er unrecht. Es war dies tatsächlich ein ganz neues Problem. Er war nur einer – mit einem Urteil. Sie vertraten das angehäufte Wissen von vielen. Schließlich war die Außenpolitik *ihr* Geschäft, nicht seins. Vielleicht sollte er sich besser heraushalten und sie jemand anderen bestimmen lassen, der dann ein Urteil fällen würde, nach dem die ostdeutschen Angeklagten dem State Department auf Gnade und Ungnade auszuliefern waren. Wenn jemand anders dazu bereit war, so war das dann dessen Sache.

Was blieb ihm unter den gegebenen Umständen denn anderes übrig, als dieses Amt niederzulegen? Er konnte die Weisungen unmöglich entgegennehmen, und die Aussicht, daß man sich über ihn hinwegsetzen oder ihn sogar entlassen würde, war ihm, gelinde gesagt, nicht gerade willkommen. Nein, er mußte dieses Amt niederlegen.

Das war die Lösung! Er würde ihnen sagen, er wolle mit dieser Sache nichts zu tun haben. Er griff nach dem Hörer der Wechselsprechanlage. Er würde seiner Sekretärin ein Entlassungsgesuch diktieren. Dann sollten sie sich jemanden suchen, der ihre Weisungen befolgte – wenn sie einen solchen finden konnten!

Wenn sie jemanden finden konnten? Nun, wahrscheinlich würden sie einen finden. Sie brauchten keinen amtierenden Richter zu berufen, sinnierte er. Es würde für sie nur jemand in Frage kommen, der sich bereit erklärte, ihre Weisungen zu befolgen. Dessen würden sie sich nächstes Mal vorher vergewissern.

Zögernd hielt er den Hörer in der Hand. Durfte er das Richteramt wirklich niederlegen, nachdem er seine Berufung angenommen hatte?

Er war dem State Department gegenüber nicht zur Loyalität verpflichtet. Ganz im Gegenteil. Er hatte es übernommen, zwischen ihm und den Angeklagten zu *richten.* Wenn ein Richter sein Amt niederlegt, um seine »Ehre« zu retten oder um sich nicht gegen seine Regierung stellen zu müssen, wer soll dann über die Rechte von Menschen wachen, die unter Anklage stehen? Er erkannte schließlich, daß es ihm gar nicht mehr freistand, von seinem Richteramt zurückzutreten und einfach zu Hause zu bleiben, daß es für einen Richter ehrenwerter sein kann, in Ungnade aus dem Amt gejagt zu werden, als es um seiner Ehre willen niederzulegen. Er packte also seinen Koffer und seine Aktentaschen und bestieg am Sonntagabend die Lufthansa-Maschine.

Es ist wirklich grotesk, dachte er, als die 747 durch die nächtliche Finsternis flog. Ich bin im Begriff, meiner eigenen Regierung entgegenzutreten – wobei ich zwangsläufig den kürzeren ziehen muß –, um die Unsrigen daran zu hindern, daß sie Deutschen eine Doktrin aufzwingen, die die Deutschen einst meinen eigenen Verwandten aufzwangen. Sie werden mich wahrscheinlich von meinem Amt entbinden und wieder nach Hause schicken. Dann werde ich das alles irgendwie meinen Familienangehörigen erklären müssen – von denen einige sich noch heute weigern, deutsche Erzeugnisse zu kaufen – und meiner Frau, die dann sagen wird: »Ich habe es dir ja gleich gesagt.« Und am Ende wird das State Department einfach irgend jemanden berufen, der seine Weisungen dann ausführt.

Er sah nur eine Möglichkeit, diese Folgen zu vermeiden, und diese erschien ihm nicht sehr verheißungsvoll.

Am Morgen des ersten Verhandlungstages würde als erstes ein Streit über das verfassungsrechtliche Problem ausbrechen. Er würde dann im Verlauf der Wortgefechte Surena und Adelman das Ungeheuerliche ihrer Position klarzumachen versuchen. Vielleicht konnte man sie dazu bringen, davon abzurücken – oder, wenn nicht, sie einschüchtern. Wenn nicht? Er würde über die Anträge so entscheiden, wie ein unabhängiger Richter entscheiden mußte. Und dann würde man ihm höchstwahrscheinlich den Laufpaß geben und ihn mit Schimpf und Schande nach Hause schicken.

In dreitausend Meter Höhe, mit Hilfe einer Wissenschaft, von der er nichts verstand, zu einem Treffpunkt unterwegs, den er lieber nicht aufgesucht hätte, fühlte sich der Richter sehr allein.

Von einem Richter verlangt man selbstverständlich, daß er bei seinen Entscheidungen alle persönlichen Gesichtspunkte außer acht läßt. Doch niemand betritt den Gerichtshof einer Siegermacht ohne Beklemmung. Nicht einmal der Richter selbst.

Unten auf der Erde, in Berlin, warteten die Angeklagten. Auch ihnen war beklommen zumute, dem Mann, der im Untersuchungsgefängnis Moabit saß, und der Frau, die im Restaurant »Kopenhagen« bediente. Ihre Ängste waren natürlich eher begreiflich. Das Gericht würde binnen kurzem erneut zusammentreten, und sie mußten erneut als Angeklagte vor ihm erscheinen. Doch letzthin war ihnen zu Bewußtsein gekommen, daß sie keine ganz gewöhnlichen Angeklagten waren. Sie hatten irgendwie, auf eine ihnen unverständliche Weise unabsichtlich Kräfte ins Dasein gerufen, die im Begriff standen, über Fragen und Prinzipien zu streiten, die sie nicht unmittelbar betrafen -weder ihre Schuld oder Nichtschuld noch auch ihre Freilassung oder ihren Freiheitsentzug.

Detlef Tiede und Ingrid Ruske, zwei Menschen, deren bisheriges Leben sich im Grunde durch nichts von dem von Millionen anderer unterschieden hatte, die man hinter eisernen Vorhängen und Tränenmauern eingesperrt hielt, waren drauf und dran, zu Figuren auf einem Kampfplatz zu werden. Wegen der einen wahrhaft außergewöhnlichen Tat in ihrem ganzen Leben, zu der sie auch nur durch Verzweiflung und Angst getrieben worden waren, sollte vor einem Gericht über Fragen gestritten werden, die diese beiden Menschen überhaupt nicht interessierten. Das Gericht war allein für sie geschaffen worden und mit Menschen besetzt, die jetzt gerade von einem anderen Kontinent eingeflogen wurden.

8.
Das Gericht der Eroberer

13. März 1979

Bruno Ristau durchschritt den Vorhang hinter der Richterbank. Er ließ den Blick durch den mit Zuhörern, Pressevertretern und den Prozeßbeteiligten gefüllten Saal schweifen. Nachdem er sich überzeugt hatte, daß alles in Ordnung war, begab er sich zu seinem Tisch. Dort nahm er einen Schluck Wasser und eröffnete anschließend in feierlicher Form die März-Verhandlung.

»Aufstehen«, rief er und nahm Haltung an. »Das US-Gericht für Berlin tagt nunmehr unter dem Vorsitz des Ehrenwerten Herbert J. Stern. Gott segne die Vereinigten Staaten und diesen ehrenwerten Gerichtshof.«

Die Anwesenden nahmen wieder Platz. Der Richter rückte sein Mikrophon zurecht und ließ seine Augen über den Saal gleiten. Er sah, daß alles bereit war. Sodann sah er zu dem Tisch der Dolmetscher hinüber, wo die »Marktschreier« vor ihren Mikrophonen saßen.

Letzter Flug oder nicht, ob dieses Gericht »gerettet« oder verdammt ist – ich werde mich bei dem Streit über diese verfassungsrechtlichen Fragen jedenfalls nicht von Dolmetschern unterbrechen lassen, dachte er bei sich.

Er beugte sich vornüber zum Mikrophon hin. »Bei den Fragen, die wir heute und morgen zu erörtern haben, geht es meiner Meinung nach um Dinge von größter Tragweite nicht nur für die Angeklagten« – hier machte er eine Übersetzungspause –, »sondern auch für die Rechte aller Personen, die in Berlin wohnen oder die Stadt besuchen oder sich hier vorübergehend aufhalten ... «

Er sah zu Adelman und Surena hinüber, die ruhig an ihrem Tisch saßen, und begann dann, ihnen die Absurdität ihres Anspruchs auf absolute Gewalt in Berlin vor Augen zu führen, und hoffte, daß sie ihn fallenlassen würden.

»Wenngleich wir im Laufe der Verhandlung zweifellos weitere Einzelheiten über die Positionen der Prozeßparteien erfahren werden, stellt sich die US-Regierung, wie ich ihren Schriftsätzen entnehme, nichtsdestoweniger auf den Standpunkt, daß sie dieses Gericht jederzeit einberufen und gegen jedermann, gleichviel ob Amerikaner oder Deutscher, hier verhandeln kann und daß, wenn sie das zu tun beschließt... die Verfassung der Vereinigten Staaten nicht gilt, ausgenommen, daß die amerikanischen Behörden ihre Anwendung gestatten.«

Das war eine drastische Feststellung. Als nächstes mußte er der Anklagevertretung die Möglichkeit geben, sich davon zu distanzieren.

»Mag sein, daß das, was ich soeben sagte, nicht den Standpunkt der US-Regierung wiedergibt. Es ist möglich, daß ich ihn bei der Lektüre ihrer Schriftsätze mißdeutet habe«, setzte er mit einem Kopfnicken zur Anklagevertretung hinzu.

Soweit schön und gut. Er bemerkte jedoch voll Sorge, daß sowohl Surena wie auch Adelman die Darstellung ihres Standpunkts mit stoischem Gleichmut hinnahmen.

»Wollen Sie bitte so freundlich sein, jetzt zu den Angeklagten hinüberzuwechseln«, wies er die Dolmetscher an. Diese tauschten überraschte Blicke aus, begaben sich indes sogleich zum Tisch der Verteidigung.

Von nun an saß neben jedem der beiden Angeklagten ein Dolmetscher und flüsterte ihm eine Simultanübersetzung zu, die sonst niemand hören konnte. Die mündliche Verhandlung konnte nun ohne Unterbrechung weitergehen.

Vor allen US-Gerichten kommt die antragstellende Partei als erste zu Wort. Zunächst erhob sich Hellring. Es ging um seinen Antrag auf Mitwirkung einer Jury. Als er zum Pult schritt, stießen sich etliche Zuhörer heimlich mit dem Ellbogen an. Manche erinnerten sich Hellrings noch vom Januar her. »Jetzt wird's interessant«, schienen sie einander zuzuflüstern. Und das wurde es in der Tat.

»Möge es dem Gericht belieben!« Hellring verbeugte sich in altherkömmlicher Weise vor der Richterbank.

Sein Antrag auf Mitwirkung einer Jury, erklärte er, sei ein ganz normaler Antrag, wie er »vor US-Gerichten an der Tagesordnung«

sei. Natürlich, räumte er ein, sei der Antrag aufgrund der Tatsache, daß er vor *diesem* Gericht gestellt werde, etwas anders abgefaßt worden.

»Es kommt aber« – er zuckte mißbilligend mit den Achseln – »auf dasselbe heraus.«

Es war ein Genuß, einem Anwalt zuzuhören, der nicht ständig Pausen einlegen mußte. Die »Marktschreier« waren verstummt. Der Richter beugte sich erwartungsvoll vornüber.

»Die Angeklagten haben um Schuldbestimmung durch eine Jury ersucht gemäß den Bestimmungen des Sechsten Zusatzes zur Verfassung der Vereinigten Staaten und des Artikels III der Verfassung der Vereinigten Staaten«, fuhr Hellring fort.

»Auf diesen Antrag hin hat die Regierung ihre *Position,* wie ich es zunächst einmal nennen möchte, definiert.«

Das Wort »Position« sprach er gedehnt, »Po-si-tion«, womit er diese ins Lächerliche zog. Hellring gab zu, daß er, gleich wie der Richter, diese »Po-si-tion« möglicherweise nicht ganz begreife, und bemerkte dann mit unverhüllter Ironie: »Ich habe mich darin vertieft und versucht, dahinterzukommen, und ich glaube, sie lautet wie folgt: Die Regierung weigert sich von vornherein, zu dem Ersuchen um einen Geschworenenprozeß gemäß der Verfassung der Vereinigten Staaten Stellung zu nehmen.«

Die Regierung sage, fuhr Hellring fort, »daß dies wohl ein US-Gericht sein mag« – er machte eine ausladende Geste –, »daß die Verfassung der Vereinigten Staaten aber hier überhaupt nicht gilt«.

Er holte tief Luft und ließ seine Worte wirken.

»Sie behauptet, ein rechtmäßiges Verfahren, wie es die Verfassung der Vereinigten Staaten verlangt, sei vor diesem Gericht... nicht erforderlich.«

Dann wandte Hellring sich um und machte mit den Armen eine ausladende Bewegung zu den Zuhörern hin.

»Sie behauptet, daß *alle* hier im amerikanischen Sektor von Berlin Anwesenden ausnahmslos keinerlei Anspruch auf ein rechtmäßiges Gerichtsverfahren gemäß der Verfassung der Vereinigten Staaten haben.

Sie behauptet, daß kein einziger Artikel der Verfassung der Vereinigten Staaten hier gilt.

Sie behauptet, daß dieses Gericht als ein lediglich temporäres Organ des Außenministers tagt, der durch seinen Bevollmächtigten, den Chef der US-Mission in Berlin, Tag für Tag entscheidet, ... « – Hellring hatte sich inzwischen umgedreht und zeigte auf den Richter –, »ob dieses Gericht tagt, ob dieser Richter den Vorsitz innehat, ob dieser Gerichtsschreiber« – er zeigte jetzt auf Ristau – »hier amtiert, welche Rechte« – er wandte sich nach rechts, den Angeklagten Detlef Tiede und Ingrid Ruske zu – »dieses Gericht den Angeklagten zubilligt, in der Tat, ob sie überhaupt Anspruch auf ein Verfahren haben.«

Dann wandte Hellring sich den Anklägern zu.

»Dies ist, wenn ich sie recht verstehe, die Po-si-tion dieser Staatsanwälte, die sich den Anschein geben, als sprächen sie diesbezüglich nicht nur für den Außenminister, sondern für die Vereinigten Staaten von Amerika.«

Die letzteren Worte richtete er lautstark an die beiden amerikanischen Ankläger und die deutschen Juristinnen, die sich seinen Spott zugezogen hatten. Diese starrten ihn nur schweigend an.

Dann wandte Hellring sich plötzlich um und lächelte den Richter freundlich an.

»Ich habe nur ein einziges Präzedens für diese Po-si-tion ausfindig machen können. Es handelt sich um eine ausländische Autorität und um einen ausländischen Präzedenzfall. Der in Rede stehende ausländische Gerichtsbezirk ist als ›Alice im Wunderland‹ bekannt. Darin kam ein Rechtsfall ›Katze gegen Maus‹ zur Verhandlung.«

Die Zuhörer fingen an zu kichern. Selbst der Richter wandte sich ab, um ein Lächeln zu verbergen. Um die Rechts-»Position« des State Department ins Lächerliche zu ziehen, folgte Hellring der Tradition des anglo-amerikanischen Rechts, Präzedenzfälle zu zitieren. Er zog eine kleine Karteikarte aus der Tasche und trug in singendem Tonfall sein Präzedens vor.:

»Die Katze Wut traf die Maus auf der Treppe im Haus
und sprach: ›Setz dich hin, ich mach dir den Prozeß.
Komm, ziere dich nicht, ich will halten Gericht,
und zwar schnell, weil ich es sonst wieder vergeß.‹
Sprach die Maus: ›Gut und schön, doch Ihr werdet schon sehn,

ohne Richter und Jury kommt dabei nichts heraus.‹
›Ich zeuge, ich richt‹, sprach der listige Wicht,
›erst mach ich das Urteil und dann dir den Garaus.‹ «*

»Das«, erklärte Hellring, indem er von seiner Karte aufblickte, zum Gerichtssaal in Berlin gewandt, »ist der einzige Präzedenzfall für den Staat, der Zustand, der nach Darstellung dieser Anklagevertreter in diesem Gericht und im amerikanischen Sektor von West-Berlin herrscht.«

Die Zuhörer brachen in lautes Gelächter aus. Sogar die gefrorenen Gesichter der polnischen und ostdeutschen Beobachter heiterten sich auf. So sehr ihn ihr Schriftsatz entsetzt hatte, konnte sich der Richter doch des Mitgefühls für die jungen Staatsanwälte nicht erwehren, die Hellring dem Gespött des Auditoriums preisgegeben hatte. Immerhin, dachte er, wenn er sie aus ihrer lächerlichen Position aufschreckt, hat es sich dann doch gelohnt. Position? Jetzt rede ich ja auch schon wie er!

Hellring hatte nur für einen Augenblick innegehalten. Nachdem er seiner Empörung über ihren Anspruch, über der Verfassung zu stehen, Luft gemacht hatte, ging er dazu über, ihnen die Befugnis zu bestreiten, einen derart absurden Anspruch überhaupt im Namen der Vereinigten Staaten zu erheben – *seines* sowohl wie *ihres* Landes.

»Ich würde durch das Gericht gern einmal folgendes von der Anklagevertretung erfahren: Weiß der Außenminister, daß sie diese *Position* im Namen *unseres* Landes einnimmt? Weiß der Präsident der Vereinigten Staaten, daß die Anklagevertreter in diesem Rechtsfall die Vereinigten Staaten und ihre Anwesenheit hier in Berlin so dargestellt hat?«

Er sah zu ihrem Tisch hinüber, als erwarte er von dort eine Antwort. Es war dies indes nur eine Geste, wußte er doch, daß sie noch nicht reagieren oder antworten konnten. Er fuhr daher rasch fort.

»Sie sagen, der Außenminister, dessen Sprachrohr sie, seine treuen Trabanten, sind, wolle den Angeklagten in seiner Großmut

*Übersetzung C. Enzensberger

derzeit bestimmte Rechte gewähren – nicht etwa«, fügte er rasch hinzu, »weil es eine hier anzuwendende Verfassung der Vereinigten Staaten gibt« – Hellring schüttelte feierlich verneinend den Kopf –, »sondern weil er das in seiner Großmut, aus seinem Anstandsgefühl heraus tun möchte, das allerdings« – Hellring hielt einen Moment inne – »dem Wandel unterworfen ist.«

»Und Sie versichern uns«, fuhr Hellring fort, »daß wir uns nicht den Kopf darüber zu zerbrechen brauchen, ob man ihnen ein rechtmäßiges Verfahren zubilligen wird oder nicht. Wir brauchen uns nicht den Kopf darüber zu zerbrechen, ob ein Gericht zusammentreten wird, weil der Außenminister derzeit die Ansicht vertritt, daß ihnen seiner Meinung nach eins zusteht.«

Hellring hielt erneut inne und schien jetzt, einen Finger an die Schläfe gepreßt, nachzusinnen, als ob er der Außenminister Vance wäre und die Lage überdächte.

»Indes, wenn er es sich morgen anders überlegt«, meinte Hellring, als wäre er bei seiner »Überprüfung« der Angelegenheit zu einem Entschluß gekommen, »dann sieht die Sache ganz anders aus. Wenn ihm die Art und Weise, wie der Richter entscheidet, nicht in den Kram paßt, dann entläßt er den Richter einfach, besorgt sich einen anderen oder vielleicht überhaupt keinen oder übernimmt selbst den Vorsitz oder entscheidet, daß der Fall nicht zur Verhandlung kommen soll.«

Hellring wandte sich erneut der Anklagevertretung zu und nahm Surena ins Visier.

»Ich wüßte durch das Gericht gern von Mr. Surena, ob er in sich selbst, in seiner Anwesenheit in West-Berlin die eines rechtlosen Mannes sieht, eines Mannes, der auf keine der Schutzgarantien der Verfassung der Vereinigten Staaten Anspruch erheben kann? Eine derart groteske *Position*, ist, wie mir scheint, derart widersinnig, daß sie uns alle zutiefst beleidigt und vor allem diejenigen unter uns, die als Bürger der Vereinigten Staaten hier anwesend sind.«

Hellring wandte sich dann erneut dem Richter zu und wechselte in eine andere, rein sachliche Tonart über. Die Sache, führte er aus, sei im Grunde ganz einfach. Die Staatsanwälte sagten ja selbst, daß die Feindseligkeiten zwischen den Vereinigten Staaten und Deutschland 1945 eingestellt und der Kriegszustand 1951 beendet worden sei. Die Besetzung Berlins dauere *ihnen zufolge* nur fort, um die Stadt vor dem Verlust ihrer Freiheit zu bewahren.

»Die Besetzung soll *ihnen zufolge* ein Musterbeispiel für das Wirken der amerikanischen Demokratie hier auf diesem Boden sein.«

»Nun«, rief er mit jetzt wieder lauter Stimme aus, »wollen Sie ein Musterbeispiel liefern, indem Sie die Verfassung der Vereinigten Staaten preisgeben und vollständig von diesem Grund und Boden eliminieren?«

»Es ist eine Schande, daß ich hier aufstehen muß, um zu einer derartigen *Position* eines Vertreters der Vereinigten Staaten von Amerika Stellung zu nehmen. Ich möchte Euer Ehren darauf aufmerksam machen, daß wir hier den Schutz der Verfassung der Vereinigten Staaten genießen, ungeachtet der Erklärungen von Leuten, die irgendwo in ihrer dumpfigen Niederung hocken und aus wirren Köpfen den Schriftsatz der Regierung über diese Frage hervorgebracht haben. Auch Mr. Surena genießt, während er hier sitzt, den Schutz der Verfassung der Vereinigten Staaten. Und unsere Mandanten haben auf nichts weniger Anspruch.«

Anschließend ließ er sich von seinem Kampfgefährten Judah Best ablösen. Dieser wollte die Frage zur Diskussion stellen, ob den Angeklagten nach der Verfassung ein Geschworenenverfahren zuzubilligen sei.

Hellring wandte sich um und begab sich an seinen Tisch zurück, wo ihn beifällige Blicke erwarteten. Shapiro tätschelte ihm den Arm, und Best flüsterte ihm ein Wort der Anerkennung zu.

Kaum hatte Hellring wieder Platz genommen,als Judah Best aufstand, um den zweiten Punkt vorzubringen. Die Verfassung gelte auch vor einem Besatzungsgericht, erklärte er, und die Verfassung verlange in Anbetracht der besonderen Umstände der Besetzung der Stadt Berlin einen Geschworenenprozeß.

»Die Beschuldigten sind Zivilisten. Das ist die erste Tatsache«, führte Best aus. »Die andere ist die, daß sie nicht Angehörige eines gegen die Vereinigten Staaten Krieg führenden Feindstaates sind. Ihnen werden angebliche Verbrechen zur Last gelegt, die man amerikanischen oder nichtamerikanischen Bürgern zur Last legen könnte.« Er umriß kurz die Befugnisse des Gerichts und wandte sich dann wieder seinem eigentlichen Gegenstand zu.

»Dieses US-Gericht für Berlin tagt nicht in einem Gebiet, in dem derzeit Kampfhandlungen stattfinden, und der früher hier herrschende Kriegszustand wurde längst beendet. Berlin ist meiner Meinung nach kein feindliches Territorium«, fuhr er fort. »Es amtiert hier eine Stadtregierung, und es existiert zur Regelung der in dieser großen Metropole täglich anfallenden Probleme eine völlig ausgebaute Verwaltungs- und Gerichtsorganisation.«

Er schloß, indem er es als ein Ding der Unmöglichkeit bezeichnete, daß man den Beschuldigten ihre Rechte einfach dadurch nehme, daß man sie dem deutschen Gerichtswesen entziehe und einem »Besatzungsgericht« überantworte, das in Friedenszeiten zusammentrete, um einen gewöhnlichen Kriminalfall zu verhandeln.

Als der Anwalt aus Washington wieder Platz nahm, erhob sich Ulrich Biel. Als deutschem Anwalt von Ingrid Ruske stand ihm gleichfalls das Recht zu, eine Ansprache an das Gericht zu halten, und er war nicht gesonnen, darauf zu verzichten.

Der deutsche Anwalt – er war der Älteste unter den Prozeßbeteiligten – näherte sich dem Pult in ehrerbietiger Haltung. Er sprach englisch, zwar mit fremdem Akzent und bisweilen nicht ganz fehlerfrei, aber dennoch klar und verständlich.

»Präsident Kennedy hat 1962 in Berlin gesagt: ›Ich bin ein Berliner.‹ Was heißt das?« Biel beantwortete die Frage selbst: »Das heißt, daß, was die Freiheit angeht, ... zwischen einem Menschen in Berlin und einem Einwohner von Washington D. C., nicht der geringste Unterschied besteht.«

Der Richter grinste: »Er gab diese Erklärung ja wohl nicht unter Verzicht auf seine verfassungsmäßigen Rechte ab, nicht wahr?«

Biel war jedoch nicht heiter aufgelegt. Die Angelegenheit war für ihn zu ernst. »Ich meine, Sir, daß er es für selbstverständlich ansah, daß jedermann in Berlin dieselben Freiheitsgarantien genießt wie jedermann in den Vereinigten Staaten... Mit anderen Worten, daß Berlin in der Theorie eine besetzte Stadt sein mag, politisch und praktisch gesprochen aber unter Schutzherrschaft steht – es genießt den Schutz der Vereinigten Staaten.«

Dann kam Biel, der einstige Flüchtling vor der Nazityrannei, der deutsche Anwalt einer Frau, die vor der Tyrannei der deutschen und russischen Kommunisten geflohen war, zum Schluß. Er sprach von dem Symbol Amerikas, der Freiheitsstatue, die ein europäisches Land ihm vor mehreren Generationen zum Geschenk gemacht habe – und die sich seit jener Zeit den Herzen von Flüchtlingen vor jeglicher Art von Unterdrückung als ein Sinnbild der Freiheit eingebrannt habe.

»Man sollte daher meiner Meinung nach auch bedenken, welche Erwartungen meine Mandantin in dieses Gericht setzt«, erklärte Biel. »Meine Mandantin kam aus einem Teil Deutschlands, der nicht nach Recht und Gesetz, sondern *gegen* Recht und Gesetz regiert wird. Und sie kam nach West-Berlin in der Erwartung, im amerikanischen Sektor aller Freiheitsgarantien teilhaftig zu werden, was bedeutet, ... daß meine Mandantin entweder vor ein deutsches Gericht gestellt wird und dort den vollen Schutz des Grundgesetzes genießt... oder vor ein amerikanisches Gericht, das ihr den vollen Schutz der Verfassung der Vereinigten Staaten gewährt. Ganz offen gesagt«, schloß Biel, »für meine Mandantin sind die sogenannten Westsektoren von Berlin nichts anderes als eine vom Hafeneingang von New York nach Mitteleuropa versetzte Freiheitsstatue.«

So ist es, dachte der Richter, der sich tief in seinen Sessel zurückgelehnt hatte. Die Freiheitsstatue im Zentrum von Europa. Ausgezeichnet. Er strahlte den alten Anwalt an. Dann blickte er zu Surena hinüber. Dieser war jetzt an der Reihe.

Surena stand auf und trat ans Mikrophon. Der Richter beobachtete ihn genau, in der Hoffnung, daß die Worte der Verteidiger – zumindest die Biels – ihren Eindruck nicht verfehlt hätten. Was würden die beiden jungen Männer – in New York und Philadelphia aufgewachsen – wohl dazu zu sagen haben? Was *konnten* sie dazu sagen?

Surena stand vor dem Mikrophon und hielt einen Augenblick inne. Dann begann er mit leiser Stimme:

»Es fällt uns nicht ganz leicht zu begreifen, warum sich die Verteidigung über die Ausführungen der Regierung betreffend die Kompetenz dieses Gerichts so überrascht zeigt oder anscheinend sogar in Verwirrung geraten ist«, hob er mit eisiger Miene an.

»Diese von uns definierte Kompetenz unterscheidet sich im Prinzip in keiner Weise von der der Vorgängerinnen des US-Gerichts für Berlin.«

Surena umriß dieselbe Theorie bzw. »Position«, die im Memorandum der Regierung enthalten war. Das Gericht tage auf von den Vereinigten Staaten erobertem Territorium. Es sei ein Besatzungsgericht. Das Gericht sei nichts weiter als ein Werkzeug der amerikanischen Außenpolitik. Es sei nicht befugt, über irgend etwas unabhängig zu entscheiden.

»Mit anderen Worten«, fragte der Richter, »das Gericht muß die Weisungen des Außenministers befolgen?«

»Das Gericht kann über die Kompetenzen, die ihm das State Department einräumt, nicht hinausgreifen«, erwiderte Surena, um sogleich hinzuzufügen: »Das heißt nicht, daß das State Department dem Gericht Weisungen für den Einzelfall erteilen wird.«

»Wie soll ich dann im Einzelfall wissen, ob Sie mir gerade Argumente vortragen oder mir sagen, was ich zu tun habe?« hielt ihm der Richter entgegen.

»Ich möchte meinen, daß die US-Regierung die auf das Verfahren anzuwendenden rechtlichen und politischen Gesichtspunkte hinreichend deutlich gemacht hat«, erwiderte Surena diplomatisch drechselnd. Mit anderen Worten: »Ich habe es dir doch schon gesagt.«

»Ich habe hier also nichts zu entscheiden, sondern nur zu gehorchen?« Das, dachte der Richeer, sollte ihn endlich zur Einsicht bringen.

»Sie haben meiner Meinung nach über die Frage eines Geschworenenverfahrens keinerlei Entscheidung zu fällen«, erwiderte der diplomatische Surena, offenbar ohne die geringste Schwierigkeit.

Der Richter sah den bärtigen jungen Mann aus New York prüfend an. Surena ließ keinerlei Zweifel aufkommen.

»Letztlich«, erklärte Surena, seine Worte sorgsam wägend, »steht die US-Regierung auf dem Standpunkt, daß die Frage der Anwendbarkeit der Verfassung keine ist, über die dieses Gericht zu entscheiden hat, es sei denn, es schlösse sich unserer Interpretation an, daß die Verfassung in diesem Verfahren nicht gilt.«

»Ich bin also nicht berechtigt«, unterbrach ihn der Richter, »Ihnen zu widersprechen?«

Der Staatsanwalt und der Richter maßen sich schweigend mit den Augen.

»Mr. Surena«, flehte ihn der Richter beinahe an, »die Fragen, die ich hier stelle, sind von Belang. Gern stelle ich sie nicht. Mir obliegt es, zu fragen. Ihnen – zu antworten... Normalerweise studiert ein Richter die Schriftsätze, hört sich die Argumente der Parteien an und entscheidet dann. Doch wenn ich Sie recht verstehe, haben Sie mir keinen Schriftsatz eingereicht und brauche ich nichts zu entscheiden.« Und dann machte er seinem Zorn Luft. »Wollen Sie mir wirklich erzählen, daß Sie Staatsanwalt, Richter und Jury in einer Person sind, daß Sie die Verfahrensbestimmungen nach Ihrem Gutdünken festlegen und abändern und daß wir alle Ihre Anweisungen zu befolgen haben?« fuhr er ihn an.

»Nein«, erwiderte der junge Mann rasch.

»Nun gut, dann wollen Sie mir bitte erklären, Mr. Surena, wieso Sie diese Befugnisse nicht haben, wo Sie doch in keiner Weise durch die Verfassung der Vereinigten Staaten gebunden sind!«

»Meiner Meinung nach besteht ein Unterschied zwischen dem Besitz dieser Befugnisse und der Absicht, von ihnen Gebrauch zu machen.«

»Nein, Sir. Entweder haben Sie sie oder Sie haben sie nicht. Und wenn Sie sie haben, dann können Sie auch nach Belieben schrankenlos davon Gebrauch machen. Das wollen Sie mir doch wohl sagen?!«

»Wenn wir sie haben«, stimmte Surena ihm zu, »dann können wir bei einem Verfahren vor dem US-Gericht für Berlin Gebrauch davon machen, ohne durch die Verfassung irgendwie gebunden zu sein.«

»Sie wollen mir also bedeuten« – der Richter war jetzt rot vor Zorn –, »daß Sie hier tun können, was Sie für richtig halten, und daß, wenn Sie hier Ungnade demonstrieren wollen, Sie das tun können, falls es Ihnen beliebt?«

»Wir sind –«, entgegnete der Staatsanwalt zögernd.

Doch der Richter fuhr dazwischen: »Sie wollen mit anderen Worten sagen, daß vor diesem Gericht niemand Anspruch auf ein rechtmäßiges Verfahren hat?«

»Ich möchte doch meinen, Euer Ehren, daß wir diese Frage hier absichtlich und ohne jede Doppelzüngigkeit umgehen ...«

Er umging sie ja aber gar nicht. Der Richter war entschlossen, sich nicht aus der Fassung bringen zu lassen.

»Sie behaupten doch, nicht wahr, daß vor diesem Gericht niemand Anspruch auf ein rechtmäßiges Verfahren hat?«

»Das ist richtig.«

Der Richter war zutiefst schockiert. Das Sternenbanner stand direkt hinter ihm. Der Gerichtssaal war mit deutschen Journalisten angefüllt. Und das State Department hatte soeben behauptet, über jedermann in Berlin ohne Rücksicht auf Recht und Gesetz zu herrschen.

Der Richter lenkte seinen Blick über Surenas Kopf hinweg auf die Zuhörerbänke. Begreift man dort wohl, fragte er sich, was dieser Mann hier vor diesem »Gericht« soeben verkündet hat? Und falls ja, ist man sich darüber klar, daß diese Erklärung nicht nur für diesen Mann und diese Frau dort, die Angeklagten Tiede und Ruske, von Bedeutung ist, sondern alle in diesem Saal betreffen kann, ihre Familien und ihre Freunde?

Der Richter wandte sich Surena wieder zu.

»Sprechen wir einen Augenblick über die Jurisdiktion dieses Gerichts«, schlug er ihm mit ruhiger Stimme vor. »Ihr ist doch wohl jedermann in Berlin unterworfen, nicht wahr?«

»Ja«, bestätigte Surena.

»So daß... niemand in Berlin irgendeinen verfassungsmäßig garantierten Anspruch auf ein rechtmäßiges Verfahren geltend machen kann. Ist das so? Oder, genauer gesagt, ist das im amerikanischen Sektor Berlins so?«

Surena zögerte einen Augenblick, um die Frage dann zu bejahen.

»Das heißt also, daß im amerikanischen Sektor Berlins keine Redefreiheit herrscht, keine Pressefreiheit, keine Versammlungsfreiheit, keine Eigentumsfreiheit, es sei denn, der Außenminister erteile seine Genehmigung. Ist das so?«

Das war zuviel für Surena.

»Dem kann ich nicht zustimmen, Richter Stern!«

Surena schreckte vor den Konsequenzen seiner Worte zurück, wollte aber immer noch nicht einlenken.

»Der Jurisdiktion dieses Gerichts unterstehen auch amerikanische Staatsbürger, nicht wahr?« wollte der Richter wissen.

»Das kann der Fall sein, ja.«

»In einem solchen Falle«, fragte der Richter weiter, »wären Sie möglicherweise genauso vorgegangen, hätten die gleichen Schriftsätze eingereicht, nicht wahr?«

»Im wesentlichen ja,« gab Surena zu.

Die Diskussion wurde lebhafter. Surena schlug zurück.

»Ihre Fragen sind zwar relevant«, räumte Surena ein, »doch glaube ich, daß Sie die Frage eines hier zu gewährenden rechtmäßigen Verfahrens vielleicht allzu einseitig betont haben.«

»Mr. Surena, lassen Sie mich ganz offen sein: Ich denke von Ihnen das Beste und sehe in Ihnen keinen Bösewicht, und genauso denke ich auch vom Außenminister. Darum geht es bei meinen Fragen aber nicht. Vielmehr darum, daß die Verfassung für gute Menschen ebenso geschaffen wurde wie für Bösewichter, und ich will wissen, ob *Sie* ihr unterstehen.«

»Die US-Regierung nimmt in diesem Fall die Position ein«, erwiderte Surena nach ein paar Minuten, »daß ein Besatzungssystem auf Grund seiner Eigenart die Anwendung der Verfassung der Vereinigten Staaten ausschließt.«

Doch worauf gründete sich dieser erstaunliche Standpunkt des State Department?

Surena mußte notgedrungen zugeben, daß kein einziger von irgendeinem amerikanischen Gericht jemals entschiedener Fall die vom Außenminister eingenommene Position rechtfertige.

»Nun, aus welcher Entscheidung geht hervor, daß vor einem Besatzungsgericht kein einziger verfassungsmäßiger Anspruch geltend gemacht werden kann?«

»Wir haben kein Gericht ausfindig gemacht, das so entschieden hat«, gab der Beauftragte des State Department zu.

Der Mann glich einem Automaten. Er stand kerzengerade da, mit fast ausdruckslosem Gesicht.

»Sagen Sie, können Sie mir irgendeinen Fall nennen, in dem die Vereinigten Staaten jemals einem Richter gegenüber *argumentiert* haben . . . , irgendeinem Richter gegenüber, daß die Verfassung auf ein Verfahren in keiner Weise Anwendung finden könne – ich meine jetzt nicht einen Geschworenenprozeß oder die eine oder andere Bestimmung, sondern in keiner Weise auf ein Verfahren vor einem solchen Richter anwendbar?«

»Nicht daß ich wüßte, Euer Ehren.«

Erstmalig schienen Surenas Augen jetzt zu blinzeln.

»Ich glaube, wir haben diesen Punkt schon berührt«, fuhr er, nach einem Ausweg suchend fort, »meine aber, daß wir um der Vereinigten Staaten willen noch einmal darauf zurückkommen sollten. Ihre Beschreibung war eine zutreffende Darstellung des Standpunkts der US-Regierung,« gab er mit düsterer Miene zu. »Die US-Regierung *sagt* jedoch *nicht*, daß dies Verfahren stattfinden wird, *als ob* die Verfassung nicht existierte. Wir sagen vielmehr, daß es nach der *Theorie*, dem *Grundsatz* stattfinden sollte, daß die Angeklagten keinerlei Anspruch darauf erheben können, verfassungsmäßiger Rechtswohltaten teilhaftig zu werden«, erklärte er.

»Es stört an Ihrer Position, Mr. Surena, daß Sie sich die Befugnis anmaßen, jederzeit eins der sogenannten Rechte vorzuenthalten... Wenn man Sie um Erlaubnis fragen muß, ist es kein Recht mehr, nicht wahr?«

»Das ist richtig.«

»Gibt es irgendeine Garantie, daß Sie morgen nicht irgend jemanden in Berlin einfach von der Straße weg verhaften, einer strafbaren Handlung bezichtigen und zum Beispiel, ebenfalls frei nach Lewis Carroll, glaube ich, sagen: ›Erst das Urteil, Prozeß später?‹ Was hindert Sie daran?«

»Die Geschichte und die Rechtsprechung des Gerichts.«

»Welches, wenn ich Sie recht verstehe, an die *Weisungen* des Außenministers gebunden ist. Das sagten Sie mir doch, nicht wahr?«

»Ja.«

»Aha!«

So geht's nicht, dachte der Richter bei sich, so geht's wirklich nicht. Wie extrem, wie ungeheuerlich auch all das klingt, was er hier vorbringt, er gibt nicht nach. Er befolgt offensichtlich eine Weisung von oben.

Der Richter hatte nur noch einen Trumpf in der Hand. Surena hatte zugegeben, daß das US-Gericht für Berlin jedermann ohne Rücksicht auf seine Staatsangehörigkeit, also auch Amerikaner, genauso behandeln könne, wie es die Deutschen Tiede und Ruske zu behandeln gedachte. Ob das State Department amerikanischen

Touristen wohl erzählen wollte, sie genössen, falls sie in Berlin mit ihm zusammenstoßen sollten, dort keinerlei Rechte?

»Nun, dies ist eine Großstadt. Wieviel Einwohner haben die Westsektoren von Berlin? Zwei Millionen?«

»Ja, etwa«, erwiderte Surena zögernd und rätselnd, worauf sein Peiniger als nächstes wohl hinauswollte.

»Ich höre, daß buchstäblich Hunderttausende von Touristen jedes Jahr die Stadt besuchen, nicht wahr?«

»Ja«, erwiderte Surena noch vorsichtiger. Er hatte inzwischen erkannt, daß der Richter ihn auf ein Gebiet hinlenkte, auf das er ihm lieber nicht folgen wollte – wenn er auch noch nicht wußte, auf welches.

»Glauben Sie, daß Amerikaner, die daheim ein Flugzeug nach Berlin besteigen, sich darüber im klaren sind, daß sie sich damit sämtlicher Rechte begeben? Nicht zwar gegenüber den Deutschen. Die Deutschen werden ihnen zumindest die Rechte einräumen müssen, die sie ihren eigenen Landsleuten gewähren, nicht wahr?«

»Ja«, gab Surena resigniert zur Antwort.

»Aber ihr eigenes Land könnte mit ihnen in Berlin vor Gericht völlig nach Gutdünken verfahren, nicht wahr?«

»Ich meine, daß das wieder eine Übertreibung ist«, entgegnete Surena trocken.

»Wieso?« wollte der Richter wissen. »Was hindert Sie denn?«

»Das Haupt-«, begann Surena zögernd, »das Haupthindernis, das dem entgegensteht, ist die tatsächliche Politik der Vereinigten Staaten.«

»Die Verfassung aber nicht!«

»Und die –«, zuckte Surena die Achseln, um mit dem Anflug eines Lächelns hinzuzufügen: »Darüber hinaus spielen auch noch praktische Erwägungen eine Rolle.«

»Sie meinen, das würden die daheim nicht zulassen? Meinen Sie das?«

»Ich wollte nur sagen –«, erwiderte Surena, behielt die Antwort aber für sich, falls er wirklich etwas dazu zu sagen hatte, und blickte nur kummervoll drein.

»Es tut mir leid, Mr. Surena, aber Sie müssen – wenn Sie so etwas verkünden, müssen Sie auch dazu stehen. Das ist nun einmal die Folgerung, die sich aus der Position ergibt, die Sie hier einnehmen, nicht wahr: Ein Amerikaner, der als Tourist hierher kommt ..., untersteht in Berlin der Jurisdiktion dieses Gerichts? Und genießt, wenn ich Sie recht verstehe, hier keinerlei verfassungsmäßigen Rechte? Ist das richtig?«

Surena runzelte die Stirn und schluckte die bittere Pille: »Er hat keinen Anspruch auf Anwendung der Verfassung, allerdings.«

Während die Mittagspause allmählich näherrückte, drang der Richter ein letztes Mal auf den US-Staatsanwalt für Berlin ein. Er sagte ihm, ehe die Vertreter der europäischen Presse im Saal erschienen, er, der Richter, wisse sehr wohl, daß Surena selbst so nicht mit Menschen umspringen werde und daß das natürlich auch für das State Department gelte.

»Ich weiß, daß Sie so etwas nicht tun würden. Offen gestanden, Mr. Surena, ich möchte nicht eher zu Tisch gehen, als bis ich Ihnen gesagt habe, daß ich persönlich davon überzeugt bin, daß Sie so etwas nicht tun würden. Ich glaube auch nicht, daß von den hier Anwesenden irgend jemand Ihnen so etwas zutraut.«

Und nun versuchte er zum letztenmal, auf die Folgen aufmerksam zu machen, die die Position nach sich ziehen mußte, die soeben nur verkündet worden war, um zwei Deutsche eines ihnen zustehenden Verfassungsrechts zu berauben. »Die Frage lautet in Wirklichkeit, ob Sie hier nicht mit zwei Menschen ein bißchen so umsprangen? Und die nächste Frage lautet: Wurde die Verfassung nicht geschaffen, um sicherzustellen, daß Sie in dieser Weise weder ein bißchen noch in hohem Grade mit irgend jemandem umspringen können?«

Die Mittagspause war herangerückt. Im Richterzimmer saßen zwei sehr niedergeschlagen blickende Männer einander in Hemdsärmeln an einem drei Meter langen Konferenztisch gegenüber. Der eine war ein hochgestellter Angehöriger des US-Justizministeriums und derzeit Gerichtsschreiber.

Er schüttelte ungläubig über das, was er soeben gehört hatte, den Kopf. Er vermochte nicht zu glauben, daß das Justizministerium, seine Behörde, das Rechtsdepartment der US-Regierung, jemals die seltsame Position billigen würde, die Surena hier eingenommen hatte.

Der Richter erinnerte ihn daran, daß Adelman, der Vertreter des Justizministeriums, den Schriftsatz unterzeichnet habe.

Ristau wollte es immer noch nicht glauben.

»Ich hätte nie für möglich gehalten, daß ein amerikanischer Jurist so etwas verkünden würde.« Ristau schüttelte abermals den Kopf: »Ich kann nicht glauben, daß das Justizministerium dies *jemals* billigen würde, dies --.«

»Nun gut«, meinte der Richter. »Nach der Mittagspause werden wir den Vertreter des Justizministeriums, Roger Adelman, einfach danach fragen.«

Ristau zog sich seine Jacke wieder an und der Richter seine Robe.

»Ja, Bruno, fragen wir ihn.«

Die beiden Männer verließen das Zimmer und traten auf den hinter der Richtertür zum Verhandlungssaal gelegenen Gang. Ristau schob sich vor den Richter und trat als erster ein.

»Bitte aufstehen!«

»Bitte Platz zu nehmen«, begann der Richter.

»Ich vermute – ich weiß nicht, wer für die US-Regierung mit der Darlegung der Argumente oder mit der Diskussion fortfahren möchte. Sie, Mr. Adelman?«

Adelman schüttelte entschieden verneinend den Kopf. »Mr. Surena«, lautete seine Antwort.

Adelman hatte damit nichts zu tun. Zumindest nicht freiwillig. Der Richter lächelte zu Ristau hinüber.

»Mr. Surena«, nickte der Richter ihm zu.

Surena ging langsamen Schrittes zum Pult und ließ eine ausführliche Erklärung vom Stapel. Auf den »Meinungsaustausch vor der Pause zurückkommend«, betonte er, die US-Regierung hätte »mit begreiflichem Widerstreben daran teilgenommen. . . in Hinsicht einiger Punkte, auf die ich jetzt eingehen möchte.«

Tatsache sei, legte Surena dar, daß die Vereinigten Staaten seit mehr als dreißig Jahren »in unterschiedlichem Ausmaß« rechtmäßige Verfahren zugebilligt und im Laufe der Zeit immer mehr Rechte eingeräumt hätten. Die hypothetischen Fragen des Richters seien somit »mehr als hypothetisch, sofern so etwas logisch möglich ist.«

Surena versuchte offensichtlich, den Rückzug anzutreten. Der Richter war hocherfreut, hatte er doch darauf gehofft.

Würde Surena zugeben, daß der Richter ermächtigt sei, über die ihm vorliegenden Fragen zu entscheiden, oder würde er darauf beharren, der Richter müsse die Weisungen des State Department befolgen?

»Euer Ehren, die US-Regierung meint, daß Ihre Darlegung unserer Position in dieser Angelegenheit übertrieben ist. Wir glauben vielmehr, daß das Gericht befugt ist, sehr viele Dinge gemäß der Gerichtsordnung, gemäß den in Berlin geltenden Gesetzen zu entscheiden.«

Viele Dinge? Was zum Teufel sollte das nun wieder heißen? fragte sich der Richter. Soll ich also bloß in »ein paar Punkten« Befehle entgegennehmen?

Augenscheinlich ja, denn Surena machte im folgenden deutlich, daß zu den vielen Dingen, über die das Gericht *nicht* entscheiden könne, die Frage der Mitwirkung einer Jury gehöre.

Best sprang auf und unterbrach ihn: »Ich fürchte, Euer Ehren, man legt Ihnen keine Argumente dar, sondern erteilt Ihnen Weisungen. Das ist etwas ganz anderes.«

»Ich auch«, fügte Hellring hinzu, indem er sich zur Hälfte aus seinem Stuhl erhob. Surena habe »nach der Mittagspause« einige Änderungen vorgenommen, doch das State Department beharre nach wie vor auf seiner »Keine-Rechte«-Theorie.

Das werden wir jetzt feststellen, dachte der Richter. Der Vertreter des Justizministeriums, Roger Adelman, soll uns jetzt auf die eine oder andere Weise ins Bild setzen. Er hat diesen Schriftsatz in Washington unterschrieben. Er muß jetzt aufstehen, hier in Berlin, mit dem Blick auf den historischen Hintergrund dieser Stadt, und diese Worte entweder wiederholen oder widerrufen.

Der Richter wandte sich an den Vertreter des Justizministeriums.

»Wollen Sie, daß ich Ihnen beipflichte?«

»Ja. Sir«, antwortete Adelman mit Entschiedenheit.

»Sie bedeuten mir aber, daß es unwichtig ist, ob ich es tue oder nicht tue.«

»Nein«, betonte Adelman.

»Weil Sie Ihrem Standpunkt notfalls mit Waffengewalt Geltung verschaffen werden.«

»Nein, Sir«, entgegnete Adelman.

»Ist das aber nicht das Wesen eines Gerichts eines Eroberers?« wollte der Richter wissen.

»Wir bitten Sie lediglich darum«, antwortete Adelman, »daß Sie... zu den Angeklagten sagen, wenn diese um ein Geschworenenverfahren ersuchen: Sie verlocken mich, über meine Kompetenzen hinauszugreifen. Mehr nicht. Mehr nicht«, wiederholte Adelman.

Der Richter begriff. Er sollte bloß den Angeklagten sagen, sie dürften nicht einmal den Richter um ein Geschworenenverfahren vor diesem Gericht bitten: »Verlockt mich nicht« durch die Bitte um ein verfassungsmäßig garantiertes Recht, über meine Kompetenzen hinauszugreifen.

Der Richter sah flüchtig zu Ristau hinüber, doch dieser mied seinen Blick.

Er wandte sich wieder Adelman zu. »Wenn ich nun nicht der Meinung bin, daß sie mich verlockt haben, über meine Kompetenzen hinauszugreifen, soll ich dann Ihrem Gewissen folgen oder meinem?«

»Offen gestanden, spielt das persönliche Gewissen hier keine Rolle, ob nun meins, Mr. Surenas oder –« »Sie handeln weisungsgemäß?«

»Bitte?«

»Sie handeln weisungsgemäß?«

»Bitte? Wir tun, was das Gesetz befiehlt.«

»Wessen Gewissen soll ich folgen? Wenn ich glaube, daß Sie unrecht haben, muß ich dann tun, was Sie mir sagen?« parierte der Richter. Dem jungen Staatsanwalt war offensichtlich nicht ganz wohl in seiner Haut, also suchte er weiter in ihn zu dringen.

»Ihnen ist unbehaglich dabei zumute, Mr. Adelman, da es allem widerstreitet, woran Sie als Amerikaner glauben. Das ist nun einmal so: Wenn Sie so etwas vorbringen, müssen Sie es schon mit dem gleichen Elan verfechten, mit dem Sie alles, woran Sie sonst noch glauben, verfechten.«

»Nun gut«, fügte Adelman sich ins Unvermeidliche. »Wie wir in unseren Schriftsätzen ausgeführt haben, sind dies die Vorschriften, die der Außenminister diesem Gericht *auferlegt* hat.«

Als das Wort »auferlegt« fiel, sah der Richter zu Ristau hinüber und lächelte. Ristau senkte den Kopf.

Der Richter wandte sich wieder dem Vertreter des Justizministeriums zu.

»Bin ich befugt, hier über Rechtsfragen zu entscheiden oder nicht«, fragte der Richter ihn erneut, »denn wenn das nicht der Fall ist, möchte ich von Ihnen wissen, was ich tun soll. Ich salutiere, und dann geht alles seinen Gang. Darauf läuft's doch hinaus?«

»Ja, Sir, so kann man es ausdrücken«, gab Adelman zu.

»Ich habe also lediglich zu salutieren und mich zu fügen?« fragte der Richter.

Doch Adelman hatte jetzt genug. Er zeigte auf seinen Kollegen: »Mr. Surena wird darauf antworten.«

»Okay! Haha!« Der Richter mußte laut lachen über die Abneigung des Staatsanwalts, zu seinen eigenen Worten zu stehen. Adelmans Gesicht rötete sich vor Scham und Zorn.

»Euer Ehren, er ist der Berlin-Experte und der Vertreter des State Department. Ich bedaure -« vermochte er nur zu stammeln.

Adelman fühlte sich offensichtlich schwer gekränkt, so daß der Richter sein spontanes Lachen sogleich bereute und plötzlich Mitgefühl für den jungen Staatsanwalt empfand, der hier nur den Standpunkt eines Mandanten vertrat.

Und doch, fragte sich der Richter, waren nicht auch einem Advokaten Grenzen gesetzt? Gab es nicht Dinge, die man, wenn überhaupt, nur mit äußerster Behutsamkeit vorbringen durfte?

»Schauen Sie. Mag sein, daß Sie in allem recht haben, was Sie sagen«, räumte der Richter ein. »Für amerikanische Ohren klingt es jedoch völlig fremd. Das werden Sie mir zugeben. Vielleicht, daß Sie recht haben. Wenn Sie recht haben, dann hat das, wie ich schon einmal gesagt habe, für Millionen Menschen unabsehbare Folgen. Oh, ich weiß« – der Richter hob die Hände, als Adelman ihn unterbrechen wollte –, »Sie sagen, Sie hätten nie von den in Rede stehenden Befugnissen Gebrauch gemacht, und ich glaube Ihnen das. Doch Sie *bitten* mich oder *befehlen* mir sogar, ich *müsse* sagen, daß Sie diese Befugnis haben. Zuallererst muß ich unbedingt wissen, ob Sie mich bitten oder mir einen Befehl erteilen. Und zweitens: Falls Sie mich bitten, werde ich *niemals* sagen, daß Sie solche Befugnis besitzen, einerlei, ob Sie davon Gebrauch machen werden oder nicht, es sei denn, ich wäre mir *ganz* sicher, daß Sie sie haben.«

Der Richter appellierte unmittelbar an Adelman. »Das ist hier kein Spaß. Es geht hier nicht um irgendeine Flugzeugentführung. Es geht hier um eine Erklärung der Vereinigten Staaten, daß niemand... irgendwelche verfassungsmäßig garantierten Rechte genießt – außer denen, die Sie jeweils einzuräumen bereit sind, wenn Sie dabei auch Großmut zeigen wollen... Ehe ich so etwas unterschreibe, werde ich Ihnen *alle* Fragen stellen und mit Ihnen darüber sprechen, um festzustellen, ob es Ihnen ernst damit ist und wie weit Ihre Großmut reichen soll, denn, sehen Sie«, fügte er hinzu, »mein Name wird darauf erscheinen, selbst wenn die Befehle von Ihnen kommen. Mein Name! Ich glaube, Sie würden auch zögern, Sie würden diese Fragen auch stellen, Mr. Adelman, ehe Sie ein solches Schriftstück unterzeichneten.«

»Zweifellos«, nickte Adelman.

»Ich will damit nicht endgültig sagen, daß Sie unrecht haben«, räumte der Richter ein. »Doch in dieser Frage muß jeder Amerikaner skeptische Zurückhaltung an den Tag legen. Andernfalls müssen Sie mir wirklich schon was vorweisen, wenn Sie mir diesen etwas saloppen Ausdruck gestatten wollen, ehe wir Ihnen, ja selbst Außenminister Vance oder sogar dem Präsidenten der Vereinigten Staaten diese Art Machtbefugnis einräumen. Sie amtieren hier vielleicht weitere vierunddreißig Jahre als Besatzungsbehörde, und die Vorschrift, die ich Ihrem Wunsch oder *Befehl* gemäß hier heute erlassen soll..., wird ein Präzedenzfall sein, mit dem die hiesige Bevölkerung dann wird leben müssen Das ist der Grund, weshalb ich –«

Doch da unterbrach Adelman ihn. »Ich weiß das zu würdigen. Vielen Dank. Und ich akzeptiere das«, fügte er rasch hinzu. »Wenn ich bemerken darf, der Fachmann für diese Fragen ist Mr. Surena. Ich bin gern bereit, jede Frage, die das Gericht an mich richten möchte, nach bestem Wissen zu beantworten.«

Nach diesen Worten begab sich der Vertreter des Justizministeriums fast im Laufschritt zum Tisch der Anklagevertretung zurück und nahm rasch wieder Platz. Er schien Surena ein paar Worte zuzuflüstern, der sich daraufhin langsam erhob und zu dem verlassenen Pult in der Mitte des Saales schritt.

Es schien dem Richter, als bemerke er in der Art und Weise, wie Surena sich jetzt gab, einen Unterschied zu früher.

Surena stand in einem Verhandlungssaal, der an ein zertrampeltes, von den Spuren des Kampfes übersätes Schlachtfeld erinnerte.

»Wollten Sie noch etwas sagen, Mr. Surena?« ermunterte er ihn.

»Danke, Euer Ehren. Ich möchte mich kurz fassen.« Der junge Mann hielt einen Moment inne.

»Die US-Regierung... ist der Meinung, daß die Angeklagten keinen Anspruch – keinen verfassungsmäßig garantierten Anspruch auf einen Geschworenenprozeß haben... Demgemäß kommen wir zu dem Schluß, daß das Gericht von Rechts wegen in diesem Punkt zu dem Ergebnis kommen muß, daß die Angeklagten keinen Anspruch auf einen Geschworenenprozeß haben. Sie fragten heute früh – Sie fragten mich heute früh, ob wir – ob die US-Regierung dem Gericht verbieten würde – ich weiß nicht mehr genau, was – jedenfalls irgendeine Handlungsweise verbieten würde. Meine Antwort darauf lautete, daß die US-Regierung bei diesem Verfahren dem Gericht *gar nichts* verbietet. Desgleichen steht es dem Gericht frei, sämtliche Erklärungen und Argumente, die von den Parteien vorgebracht worden sind, zu prüfen, um seine Schlüsse daraus zu ziehen. Wir, Mr. Adelman und ich, können das nicht verhindern und wollen das selbstverständlich auch gar nicht verhindern.«

Nach einigen Fragen des Richters legte Surena seinen Standpunkt in eindeutiger und offenbar endgültiger Form dar.

»Euer Ehren, ich möchte abschließend nur noch eines vorbringen -nämlich noch einmal wiederholen, daß wir in dieser Sache keinerlei Druck auf das Gericht ausüben noch ausüben wollen.«

Der Richter lehnte sich zufrieden zurück. So unwahrscheinlich es auch erschienen war: es war tatsächlich alles nach Plan gegangen. Die Anklagevertretung hatte ihre *Weisungen* an das Gericht zurückgenommen.

»Ich freue mich, daß Sie das ausdrücklich feststellen«, erklärte der Richter. »Offen gestanden, als ich Ihren Schriftsatz las, hatte ich das Empfinden, daß Sie mir gar keine Argumente vortragen wollten. Diese Bewertung war zweifellos falsch«, gab er lächelnd zu. »Ich freue mich, daß Sie mir das deutlich gemacht haben.«

Surena erwiderte, der Richter müsse ihn mißverstanden haben. »Es ist ein Gerichtshof geschaffen worden, und wir sind durchaus bereit – ja, wir bestehen darauf, die Verfahrensvorschriften desselben einzuhalten.«

»Dann wollen Sie also in Wirklichkeit gar nicht behaupten, daß der Richter nicht befugt ist, über diese Frage zu entscheiden?« wollte der Richter wissen.

»Ich glaube, die Antwort lautet nein«, räumte Surena zögernd ein. »Wir behaupten das keineswegs.«

»Ausgezeichnet!« rief der Richter aus.

»Wir behaupten aber in der Tat«, fügte Surena bedeutungsvoll hinzu, »daß das Geschworenenverfahren eine Angelegenheit ist, deren Durchführung der Mitwirkung der Exekutive bedarf.«

Der Richter begriff durchaus, was dieses »aber in der Tat« besagen sollte, nämlich: Wir werden nicht versuchen, Ihnen Befehle zu erteilen – das kommt jetzt nicht mehr in Frage. Aber – wenn Sie ein Geschworenenverfahren anordnen, dann werden wir Ihre Anordnung möglicherweise nicht durchführen.

Der Richter lachte. »Ich begreife«, erwiderte er. »Genauso wie im Fall des Tscherokesen. Wissen Sie, welchen Fall ich meine?« fügte er hinzu.

»Ja«, erwiderte der würdevolle junge Mann.

Es war dies der Fall *Worcester v. Georgia* aus dem Jahre 1832, bei dem der Präsident des Obersten Gerichtshofs der Vereinigten Staaten, John Marshall, ein Gesetz des Staates Georgia für verfassungswidrig erklärte. Der Präsident der Vereinigten Staaten, Andrew Jackson, soll sich damals geweigert haben, der Entscheidung des Obersten Gerichtshofs Geltung zu verschaffen.

»Der alte Marshall hat den Gerichtsbeschluß doch unterschrieben, nicht wahr? Dann soll *er* ihn durchführen«, zitierte der Richter dem Staatsanwalt die Jackson zugeschriebenen, legendären Worte.

Der Richter lachte erneut: »Nun, wir werden ja sehen, Mr. Surena.«

Best, der genau zugehört hatte, erfüllte das, was er soeben vernommen hatte, jedoch mit Sorge.

»Euer Ehren, lassen Sie mich dazu etwas sagen«, sprang er auf. »Ich gehe davon aus, daß die Anspielung auf den Fall *Worcester v. Georgia,* eines der unglückseligsten Geschehnisse in der Geschichte unseres Landes, keinerlei Nötigung beinhalten soll.«

Dann wandte Best sich Surena zu: »Ich gehe davon aus, daß, wenn das Gericht seine Entscheidung in bezug auf ein Geschworenenverfahren bekanntgibt, die Exekutive dieselbe zur Ausführung bringen wird.«

Und dann erklärte der Verteidiger, indem er sich abermals an den Richter wandte, wie um diesem das Rückgrat zu stärken: »Ich bin sicher, Euer Ehren, daß Sie sich bei Ihrer Entscheidung in keiner Weise – *in keiner Weise* durch die Andeutungen von Schwierigkeiten unter Druck setzen lassen werden.«

»Sehe ich so aus?«

»Nicht im mindesten«, entgegnete Best.

Best war indes voller Sorge. Was konnte der Mann in der schwarzen Robe schon tun, wenn die Vertreter der Besatzungsmacht, Diplomaten und Militärs, ihn einfach ignorierten? Und würde sich diese Realität auf seine Entscheidung auswirken? Richter pflegen gewöhnlich keine Entscheidungen zu fällen, von denen sie im voraus wissen, daß man sich darüber hinwegsetzen wird.

Der Richter verstand den Anwalt. Er entschloß sich, offen zu sagen, was er eigentlich hatte für sich behalten wollen.

»Mag sein, daß ich folgendes besser für mich behielte«, gestand er zu. »Mir kamen nach der Lektüre des Schriftsatzes der Regierung einige Bedenken hinsichtlich meiner Rolle hier in Berlin.«

Er habe sich gefragt, erklärte er, ob es sich für einen Bundesrichter »passe, hier den Vorsitz zu führen«.

»Ich kam dann zu dem Schluß«, fuhr er fort, »daß es sich nicht nur ›passe‹, sondern vielleicht sogar geboten sei«, daß ein Bundesrichter, den man – daheim – nicht entlassen könne, dem man – daheim – das Gehalt nicht kürzen könne, der am besten in der Lage sei, in solch einem Gericht den Vorsitz zu führen und solche Anordnungen zurückzuweisen, diesem Ruf Folge leiste.

»Ich fragte mich«, erklärte er, »was wohl jemand, der nicht auf Lebenszeit bestellt sei, dem man ohne weiteres das Gehalt kürzen könne ... was *der* wohl tun oder sagen würde, wenn der Boss ihn über die Lage ins Bild setzte oder Befehle erteilte?«

Er wisse es natürlich. Er kenne die Antwort aus der Geschichte. Er meine, er habe es auch eben erst wieder in diesem Gericht erfahren, nämlich in Gestalt der Antworten der beiden jungen US-Staatsanwälte.

Während der Richter den Blick den Angeklagten und ihren deutschen Anwälten und dann den Zuhörerbänken zuwandte, wo die Vertreter der europäischen Presse saßen, fragte er sich, ob man ihn wohl verstände. Wahrscheinlich nicht, dachte er bei sich.

Ich erfasse jetzt aber, dachte er, besser als je zuvor den ganzen Wert der richterlichen Unabhängigkeit und die Weisheit der amerikanischen Verfassung, die *dem Richter* Bestellung auf Lebenszeit garantiert, um *dem Volk* die Unbestechlichkeit seiner Richter zu garantieren. Und er wußte auch, daß der Wert dieser Einrichtung in der Hauptsache darin bestand, daß sie einen jeden Bundesrichter in den Stand setzte, über den Dingen zu stehen – selbst hier als einzelner im besetzten Berlin.

Der Tag neigte sich dem Ende zu. Er blickte zu Tiedes Anwälten hinunter, zu dem Amerikaner Best und dem Deutschen Dietrich Herrmann, die vor ihm standen.

Bests Frage war von Surena und Adelman immer noch nicht beantwortet worden: Würden die Besatzungsbehörden die Entscheidung des Richters durchführen, auch wenn sie nicht damit einverstanden waren? Und der Richter? Würde ihn die Befürchtung, daß man sich über seine Entscheidungen hinwegsetzen könnte, so einschüchtern, daß er sie den Wünschen des State Department anpaßte?

»Sie brauchen, glaube ich, nicht zu argwöhnen, daß ich mich unter Druck setzen lassen könnte«, beruhigte der Richter den amerikanischen und den deutschen Anwalt. »Ich habe nichts zu fürchten. Vorteile ergeben sich für mich weder auf die eine noch auf die andere Weise. Ich werde mein Bestes tun, und was andere dann später tun, das werden sie mit sich selbst abzumachen und zu verantworten habe.«

Er hielt inne. »Zufrieden?«

Best lächelte. »Danke, Euer Ehren.«

»Danke«, sprach Herrmann ihm nach.

Der Richter nickte: »In Ordnung.«

9. Die verfassungsmäßige Besetzung

13. – 14. März 1979

Adelman, Surena und die beiden deutschen Juristinnen berieten sich in ihrem Büro. Sie rechneten damit, daß der Richter am nächsten Morgen die Anwendbarkeit der amerikanischen Verfassung auf das Verfahren bejahen und höchstwahrscheinlich die Mitwirkung einer Jury verlangen würde. Ihnen blieben dann nur noch drei Möglichkeiten.

Sie konnten der Entscheidung zustimmen. Das würde jedoch einer diplomatischen Katastrophe gleichkommen. Polen und Ostdeutschland würden darin eine Begünstigung der »Luftpiraten« sehen. Westdeutschland, das, um den Fall nicht entscheiden zu müssen, bereits eine beträchtliche Geldsumme gezahlt hatte, würde Einwendungen dagegen erheben, daß man die Probleme einer aus Einwohnern von West-Berlin bestehenden Jury aufbürdete. Die Russen würden gegen die Mitwirkung deutscher »Laienrichter« an einem amerikanischen Besatzungsgericht protestieren, und für die Amerikaner würde die Entscheidung einen unerwünschten Präzendenzfall schaffen, der den Besatzungsbehörden Beschränkungen auferlegen würde.

Sie konnten sich aber auch aller Probleme einfach dadurch entledigen, daß sie die Anklage fallenließen. In diesem Fall würden die Amerikaner die Flüchtlinge jedoch an die Kommunisten ausliefern müssen. Eine solche Maßnahme würde in den Staaten Unwillen erregen und sich in Westdeutschland verheerend auswirken. Trotzdem würde es vielleicht dahin kommen.

Die dritte Möglichkeit bestand darin, den Richter zu entlassen und durch einen anderen zu ersetzen. Wenn es Washington mit den Machtbefugnissen, die es für sich in Berlin in Anspruch nahm, wirklich ernst war, dann würde es möglicherweise so verfahren, wenngleich der Prozeß dann zu einem Scheinverfahren entarten würde.

Vom Standpunkt der Anklagevertretung aus waren alle drei Möglichkeiten gleich schlecht. Die Entscheidung lag jedoch bei Washington. Die Staatsanwälte verließen ihr Büro, wiesen sich vor dem deutschen Polizisten aus, der den Seiteneingang bewachte, und fuhren weg. Surena hatte etliche Telegramme abzufassen.

Ein paar Zimmer davon entfernt bedachten die vier amerikanischen Verteidiger die Folgen ihres voraussichtlichen Sieges. Normalerweise freut sich ein Anwalt, wenn ihm ein Erfolg winkt. Diese waren jedoch eher bedenklich gestimmt. Sie wußten, daß sie sich in keinem normalen Gerichtshof befanden. Sie waren sich auch über die Möglichkeiten klar, die dem State Department offenstanden.

Am meisten fürchteten sie einen Entscheid, die Strafverfolgung einzustellen, alle Anklagepunkte fallenzulassen und Detlef Tiede, Ingrid Ruske und die kleine Sabine an die ostdeutsche Volkspolizei zu überstellen.

Wenn das geschah, dann gnade ihnen Gott.

Ein Gericht, das mit Sicherheit Weisungen von oben befolgte, würde sie dann routinemäßig für schuldig erklären und aburteilen. Anschließend würden sie dann ihre Strafe – natürlich mehrere Jahre Freiheitsentzug – absitzen. Und auch nach deren Verbüßung würden Ingrid Ruske und Detlef Tiede dazu verurteilt sein, in einer größeren Haftanstalt, nämlich in Ostdeutschland, aus dem sie geflüchtet waren, zu verbleiben.

In West-Berlin würden sie, selbst wenn man sie schuldig sprach, nach ihrer schließlichen Freilassung in Freiheit leben können. Ihr Einsatz hätte sich dann wenigstens gelohnt. Doch was war jetzt zu tun? Die Anwälte fürchteten, den Bogen überspannt und dadurch die Aussichten ihrer Mandanten, eines Tages freizukommen, zunichte gemacht zu haben. Es bestand die Möglichkeit, daß sie tags darauf triumphieren würden, um dann mit ansehen zu müssen, wie man ihre Mandanten in Kleinbusse lud und nach Ost-Berlin zurückbrachte. Wie konnten sie sie vor einem Pyrrhussieg ihrer Anwälte bewahren?

Best glaubte schließlich, einen Ausweg gefunden zu haben. Gesetzt den Fall, der Richter ordne einen Geschworenenprozeß an, so werde er ihn sofort bitten, die Verfahrensvorschriften dahin abzuändern, daß die Staatsanwaltschaft daran gehindert würde, das Verfahren ohne Zustimmung der Angeklagten einzustellen. Dann, so hoffte er, würde das State Department nicht imstande sein, die Anklage in West-Berlin zurückzunehmen und die Flüchtlinge an die Kommunisten auszuliefern.

Hellring war sich da nicht so sicher. Wenn das State Department entschlossen sei, an seiner Rolle als unumschränkter Sieger festzuhalten, so würde es sich über jedwede Entscheidung des Richters einfach hinwegsetzen. Da ihnen aber nichts anderes einfiel, stimmte Hellring schließlich zu. Sie würden tags darauf *verlangen*, daß man sie unter Anklage stelle – in West-Berlin. Und das, meinte Hellring, sei für einen Angeklagten der denkbar ungewöhnlichste Standpunkt, so ungewöhnlich auch der Gerichtshof sei.

Am Anfang des Gangs saß der Richter in seinem Amtszimmer und blickte durch die Glaswand auf das tote Rollfeld hinaus. Unheimlich, dieser riesige Flughafen, dachte er, mit seinen leeren Hangars, Pisten und Wartehallen, in denen die Geister von Generationen längst verblichener Passagiere zu hausen schienen. Vorkriegszeit, Zweiter Weltkrieg, Kapitulation, Luftbrücke, Wirtschaftswunder – Tempelhof hatte die ganze Zeit hindurch – dreiundvierzig Jahre – im Zentrum gestanden oder war ihm nahe gewesen. Und jetzt dieser verrückte Gerichtstag.

Sein Blick wandte sich den drei Aktentaschen zu, die da neben der Tür in der Ecke standen und auf ihn warteten. Er mußte am nächsten Morgen seine Entscheidung begründen.

Eigentlich unmöglich, dachte er. Keine Sekretäre und keine Schreibdame heute abend, kein Arbeitszimmer. Nicht einmal eine Woche für das Studium der Schriftsätze. Und jetzt knapp fünfzehn Stunden, um die Begründung zu formulieren, Essen und Schlafen nicht eingerechnet. Er schüttelte den Kopf. Er sah sich schon in seinem Hotelzimmer, das ganze Material über das Bett ausgebreitet. Er schüttelte abermals den Kopf.

Bruno Ristau klopfte an und trat ein. Der Wagen sei vorgefahren. Er wollte sich schon wieder entfernen, zögerte aber, als er den Richter noch einmal ansah, kam zurück und nahm neben dem Schreibtisch Platz.

Der Richter sei offensichtlich etwas in Unruhe, meinte er. Etwa wegen der Begründung der Entscheidung am nächsten Morgen?

Der Richter nickte, worauf Ristau ihm seine Hilfe anbot. Er würde sich am Abend mit ihm zusammensetzen, um die Angelegenheit zu besprechen, und er sei sicher, daß sie dann am nächsten Morgen geregelt sein würde.

»Wissen Sie, wie ich entscheiden werde?«

»Ich kann es mir ungefähr vorstellen.«

Der Richter lachte. Ich kann ihn unmöglich mit hineinziehen, dachte er. Der Mann hat eine Frau und zwei Kinder und muß ins Justizministerium zurück.

»Bedenke, Bruno«, erklärte er ihm, »mich kann daheim keiner feuern. Man kann mir nicht einmal Fragen stellen, oder wenn man es doch tut, kann ich dem Betreffenden immer sagen, er solle sich zum Teufel scheren. Sie sind dagegen schutzlos.«

»Das werden die nicht wagen –«.

»Es ist besser, wenn ich es allein mache«, flunkerte der Richter. »Ich habe keine Zeit, alles vorher aufzuschreiben. Ich stelle das ganze Material zusammen, schreibe mir Stichworte auf und entwickle meine Entscheidungsgründe mündlich von der Richterbank aus.«

»Der guten, alten englischen Tradition gemäß«, bemerkte Ristau und fügte hinzu, daß die englischen Richter in der Regel so verführen.

Am nächsten Morgen verspätete sich der Richter um dreiundzwanzig Minuten und entschuldigte sich deswegen.

»Ich muß noch eine weitere Entschuldigung vorbringen«, fuhr er fort. »Ich hatte keine Gelegenheit, meine Entscheidungsgründe von Anfang bis Ende schriftlich zu formulieren. Wie Mr. Ristau meinte« – der Richter lächelte Ristau zu –, »wollen wir nach der englischen Art verfahren, der guten, alten englischen Tradition der mündlichen Mitteilung von der Richterbank aus.«

Bruno Ristau strahlte. Der Richter nickte ihm abermals zu.

»Das Gericht hat zu entscheiden, ob die Angeklagten Anspruch auf die Mitwirkung einer Jury haben oder nicht. Nach ihrer Auffassung ist dies der Fall. Die Vereinigten Staaten bestreiten ihnen diesen Anspruch. Bei der Entscheidung über diese Frage stehen wir jedoch eingangs vor der Behauptung der US-Regierung, der Grund, weshalb die Angeklagten keinen Anspruch auf die Mitwirkung einer Jury hätten, sei der, daß sie überhaupt keine verfassungsmäßigen Rechte genössen.«

Der Richter faßte die entsprechenden Ausführungen des State Department kurz zusammen.

Als er damit fertig war, wandte er sich den Anklägern zu.

»Solch eine erstaunliche Feststellung bedarf einer Bestätigung durch Hinweis auf die Schriftsätze der US-Regierung . . . «

Der Richter nahm seine Lesebrille aus der schwarzen Aktentasche und setzte sie auf. Langsam und deutlich las er aus dem Schriftsatz der Anklagevertretung vor.

Dann nahm er die Brille wieder ab. Er blickte über die Ankläger und Verteidiger hinweg in den Saal, wo sich die Zuhörer drängten. Journalisten aus ganz Europa waren herbeigeströmt. Ich muß ihnen, dachte er, verständlich zu machen suchen, was dies alles bedeutet.

»Zuallererst«, fuhr er fort, »gilt es, die Bedeutung, die allgemeine Bedeutung der Darlegungen der Anklagevertretung zu erkennen. Wenn nämlich die Besatzungsbehörden vor diesem Gericht nicht der Verfassung unterliegen, so unterliegen sie ihr überhaupt nicht. Es folgt daraus, daß, wenn sie nach ihrem Gutdünken zwei Menschen festnehmen können, sie auch drei, fünf oder zehn festnehmen und wegen Übertretung von Gesetzen,. . . die sie selbst erlassen haben,. . . vor dieses Gericht bringen können. Sie können dann ebensogut auch fünfhundert, fünftausend oder fünfhunderttausend Menschen vor dieses Gericht stellen.«

Der Richter sah zu Adelman, dem Beauftragten des Justizministeriums, hinüber. Eigentlich sollten sie mir, dachte er, jetzt hilfreich zur Seite stehen. Warum haben *Sie* denn nicht irgend etwas getan? Doch Adelmans Gesicht blieb völlig bewegungslos.

Der Richter blickte erneut zu den Fenstern hin, die nach der Stadt hinausgingen. Er dachte an die Berliner in ihren Gaststätten, Geschäften und Wohnungen. Er erinnerte sich an den Januarabend in der Philharmonie und die Menge der adrett gekleideten Musikfreunde.

Für ihn waren sie jetzt keine Deutschen oder Berliner mehr, sondern Mitmenschen. Nachdem Ristau ihn zu Beginn der Pause aus seinem Dämmerschlaf geweckt hatte, hatten die beiden Männer die Ehrenloge verlassen und sich unter die Konzertbesucher gemischt, ohne sich irgendwie als Fremde zu fühlen. Es war dort nicht anders als in irgendeiner beliebigen amerikanischen Stadt gewesen. Und es spielte keine Rolle mehr, was irgend jemandes Vater oder Großvater vor fünfunddreißig Jahren getan hatte. Was die Angehörigen der älteren Generation betraf, so konnte der Richter es vielleicht nicht immer ganz vermeiden, sie etwas fragend anzusehen, doch das war die Vergangenheit. Dies ist das Heute. Was irgendeiner von ihnen vor ein paar Jahrzehnten Juden antat, mochte er jetzt mit sich selbst abmachen. Dafür, wie er, der Richter, jetzt mit Deutschen verfuhr, würde er die Verantwortung tragen.

»Wenn die Verfassung hier keinen Schutz verleiht«, fuhr er fort, »dann gilt weder der Erste Zusatzartikel (Religions- und Pressefreiheit) noch der vierte (Schutz gegen zu weitgehende Durchsuchungen und Beschlagnahmungen) noch der Fünfte (Anspruch auf ein ordentliches Gerichtsverfahren, Freiheit von dem Zwang, gegen sich selbst aussagen zu müssen) noch der Sechste (Recht auf ein öffentliches Verfahren und Anspruch auf Rechtsbeistand usw.). Dann gilt übrigens auch der Dreizehnte Zusatzartikel nicht (Verbot der Sklaverei). Nichts von alledem gilt, wenn wir dem Vorschlag der Anklagevertretung folgen. Man könnte dann jeden von der Straße weg verhaften und einsperren. Man könnte Gotteshäuser schließen und Zeitungen verbieten, ohne daß irgend jemand der Exekutive der Vereinigten Staaten in den Arm zu fallen vermöchte. Ganz sicherlich nicht die Gerichte... Denn wenn die Exekutive nicht bereit ist, die ihr von der Verfassung gezogenen Grenzen in allen Fällen anzuerkennen, so kann sie sich auch in allen Fällen über sie hinwegsetzen.«

Der Richter wandte sich sodann mit folgenden Worten an die Zuhörer, vor allem an die Vertreter der Auslandspresse:

»Das Gericht will damit keineswegs zu verstehen geben, daß irgendeine amerikanische Behörde auch nur im entferntesten daran denkt, so etwas zu tun... Ja, ich bezweifle, ob die amerikanischen Behörden, von denen diese Darlegungen stammen, sich selbst über deren Tragweite völlig im klaren sind. Und diejenigen, die diese ihre

Äußerungen vernehmen und die amerikanischen Traditionen der Fairneß und der Gerechtigkeit kennen, glauben nicht, daß es den amerikanischen Behörden damit wirklich ernst ist oder daß sie genau das tun werden, was sie nach ihren Rechten zu tun befugt wären.«

»Aber«, setzte er hinzu und dachte dabei an Berlin im Jahre von Hitlers Machtergreifung, »andere haben sich früher in ihrer Einschätzung der Absichten ihrer eigenen Führer und ihrer eigenen Regierung getäuscht... Deshalb ist es ein Grundprinzip der Vereinigten Staaten, nicht nur zu Hause, sondern auch im Ausland, daß alle Handlungen ihrer Beamten durch die Verfassung bestimmt und autorisiert sein und an ihrem Maßstab gemessen werden müssen. Und sie sind immer nur insoweit gerechtfertigt, wie sie sich auf die Verfassung stützen können. Kurz gesagt« – er machte eine ausladende Geste –, »das Gericht weist den Hinweis, daß die Anklagevertretung keinerlei verfassungsmäßigen Verpflichtungen unterliegt oder daß das Gericht nicht befugt ist, darüber Erkundigungen einzuziehen, entschieden zurück.«

Der Richter hatte einen dreißig Zentimeter hohen Stapel von photokopierten Entscheidungen vor sich liege.. Diese hatten sich in der dritten der drei Aktentaschen befunden, die er seit New Jersey mit sich führte. Er nahm sie der Reihe nach auf, las daraus vor und legte sie dann wieder ab. Schließlich hatte er nur noch einen sehr kleinen Stapel Präzedenzien vor sich liegen. Er schob ihn beiseite und blickte die vor ihm sitzenden Anwälte an.

»Ich glaube«, fuhr der Richter fort, »die Regierung oder die Anklagevertretung hat den Begriff eines Besatzungsgerichts und die Befugnis, aufgrund von Besatzungsgewalt Militärausschüsse einzusetzen, mit dem ganz andersartigen Rechtsbegriff des Kriegsrechts verwechselt... Aus den Präzedenzfällen geht nicht eindeutig hervor, was Kriegsrecht ist«, stellte der Richter fest.

»Aber«, fügte er hinzu, »Kriegsrecht meint *allermindestens,* daß der Militärbefehlshaber wegen *außergewöhnlicher* Umstände... außergewöhnliche Maßnahmen ergreift, um die Sicherheit der Truppen oder die er ihm unterstehenden Bevölkerung zu gewährleisten. Und ich glaube, daß aus den Präzedenzfällen eindeutig hervorgeht, daß von dieser Art von Machtbefugnis nur maßvoll und keinen Augenblick länger als unbedingt erforderlich Gebrauch gemacht werden darf.«

Er nahm die nächste der vor ihm liegenden Entscheidungsbegründungen auf – den im Jahre 1866, ein Jahr nach dem Ende des amerikanischen Bürgerkriegs, verhandelten wichtigen Fall *Ex parte Milligan.* Damals hatte ein Militärbefehlshaber im Besatzungsgebiet sein Recht auf Einberufung eines Sondergerichts geltend gemacht, das Zivilisten ohne Rücksicht auf ihre verfassungsmäßigen Rechte aburteilen sollte.

Der Oberste Gerichtshof verurteilte seine Handlungsweise mit überwältigender Mehrheit und beschloß einstimmig die Aufhebung des Urteils. Der Richter las aus dem vor hundert Jahren gefällten Urteil vor. Kriegsrecht, habe das Gericht entschieden, könne nur während eines Krieges ausgerufen werden, nur wenn die ordentlichen Gerichte nicht mehr tagten und nur im äußersten Notfall. Es könne daher keinem Zweifel unterliegen, daß die Angeklagten in Berlin Anspruch auf ein ordentliches Verfahren hätten.

Der Richter sah Surena an. »Ein ordentliches Verfahren erfordert meiner Meinung nach, daß, wenn die Vereinigten Staaten dieses Gericht einberufen, sie als Prozeßpartei und nicht als Befehlshaber vor diesem Gericht erscheinen müssen. Sie dürfen – und sollen sogar – ihren Standpunkt mit Eifer und Nachdruck verfechten. Sie dürfen ihn vortragen. Sie dürfen ihn, falls sie dazu berechtigt sind, zur Grundlage eines Revisionsbegehrens machen. Aber«, betonte er, »sie dürfen sich hier nicht als Sieger gerieren. Jedenfalls nicht, solange wie ihre Macht vor diesem Gericht keine unbeschränkte ist.«

Surena runzelte die Stirn, ließ sich aber sonst nichts anmerken.

»Nun, damit kommen wir auf den entscheidenden Punkt«, fuhr der Richter fort. »Meiner Meinung nach ist die Verfassung, wie ich schon vor zwei Monaten bemerkte, im US-Gericht für Berlin ebenso in Kraft, wie sie es im US-Distriktgericht für den Distrikt New Jersey ist. Und solange kein anderer US-Richter für Berlin hier den Vorsitz innehat« – er lächelte in Anbetracht der zweifelsfreien Befugnis des State Department, seine Entlassung zu verfügen –, »wird sie hier im US-Gericht für Berlin voll und ganz in Kraft bleiben.«

»Nun«, seufzte er, »damit ist unsere Frage aber noch nicht beantwortet.«

Der Richter hielt inne. Seine Stimme wurde heiser. »Die Frage stellt sich nach wie vor: Können diese Angeklagten, denen vor diesem Gericht, an diesem Ort, zu diesem Zeitpunkt, unter diesen Umständen – diese Verbrechen zur Last gelegt werden, Anspruch auf Schuldfeststellung durch eine Jury erheben? Und das ist eine keineswegs leicht zu lösende Frage!«

Es ging auf 13.30 Uhr, und er war sehr müde. Wie bringen es die guten alten englischen Richter fertig, fragte er sich, diese Tradition der mündlichen Entscheidungsbegründung aufrechtzuerhalten? Er verfügte eine Mittagspause und verließ mit raschen Schritten den Saal.‹P8

Hellring und Shapiro und Best und Adams grübelten hin und her. Wolle der Richter dem State Department nur zeigen, daß er sich nicht herumstoßen lasse? fragte Hellring. Werde er, nachdem er seinen Standpunkt dargelegt habe, irgendeinen Grund finden, weshalb ein Geschworenenverfahren nicht in Frage komme, und so seine Unabhängigkeit bewahren, ohne sich auf einen Streit mit dem State Department einlassen zu müssen?

Hellring zuckte ratlos mit den Schultern. In einer Dreiviertelstunde würde man es wissen. Vorher mußte er aber noch schnell einen Bissen zu sich nehmen.

Ristau begleitete den Richter in das Hinterzimmer, wo dieser seine Robe über eine Stuhllehne legte. Ristau tat dasselbe mit seinem Jackett.

Ristau war sichtlich nervös. Er warf verstohlene Blicke auf den Richter. Dieser blieb jedoch stumm.

Gut, der Richter hatte entschieden, daß die Verfassung gelte – nicht überraschenderweise, überlegte Ristau. Würde er aber entscheiden, daß die Verfassung vor einem Besatzungsgericht einen Geschworenenprozeß fordere? Was für eine Art Präzedenzfall würde damit für zukünftige Besetzungen anderer Territorien unter Umständen, die niemand auch nur im entferntesten voraussagen konnte, geschaffen?

Und was würde der Richter, fragte Ristau sich, zu dem Fall *Madsen v. Kinsella* sagen, der Anfang 1950 vom Obersten Gerichtshof der Vereinigten Staaten entschieden worden war?

Mrs. Madsen hatte 1950 ihren Mann, einen in der amerikanischen Besatzungszone Deutschlands stationierten US-Soldaten, ermordet. Sie wurde vor ein Besatzungsgericht gestellt und für schuldig erklärt. Sie legte gegen den Urteilsspruch Berufung ein, nicht aber, weil man ihr einen Geschworenenprozeß verweigert hatte, denn sie hatte nie gemeint, darauf Anspruch zu haben. Sie machte vielmehr geltend, daß sie als Frau eines Angehörigen der Streitkräfte vor ein reguläres Kriegsgericht hätte kommen müssen.

Der Oberste Gerichtshof verwarf ihre Berufung. Sie befinde sich, führte das Gericht aus, auf von den Vereinigten Staaten besetztem Territorium und unterstehe, solange sie sich dort aufhalte, den Besatzungsgerichten. In einer Anmerkung zu seiner Entscheidungsbegründung bemerkte das Gericht aber auch nebenbei und offensichtlich beifällig, daß etliche hunderttausend Fälle vor den Besatzungsgerichten verhandelt worden seien – und kein einziger der Angeklagten in den Genuß eines Geschworenenverfahrens gekommen sei!

»Hochgeschätzter Richter« – Ristau konnte nicht mehr an sich halten –, »Vergebung!«

Der Richter blickte auf. »Hochgeschätzter Richter« war wieder einer von Ristaus Europäismen. Der Richter grinste.

»Wie steht es mit dem Fall *Madsen v. Kinsella?«* fragte Ristau todernst.

»Wann kam Mrs. Madsen vor Gericht?« wollte der Richter wissen.

Ristau dachte nach: »1949 oder 1950.«

»Und in welchen Beziehungen standen die Vereinigten Staaten und das besetzte Deutschland im Jahre 1949 oder auch 1950 zueinander?« fragte der Richter.

»Nun« – Ristau hielt einen Augenblick inne –, »der Kriegszustand endete erst 1951, so daß -«

»So daß«, unterbrach ihn der Richter, »Mrs. Madsen vor ein Besatzungsgericht kam, das auf *feindlichem* Territorium zusammentrat, nicht wahr?«

Ristau nickte.

»Nun, erkennen Sie den Unterschied zwischen einem Gericht, das seine Geschworenen aus feindlichen Ausländern aussucht, und dem hier in Berlin, wo wir ›Besatzer‹ sind, um die Einwohner und ihre demokratischen Institutionen zu schützen?«

Während der »Gerichtsschreiber« überlegte, zog sich der Richter die Robe an. Die Mittagspause näherte sich dem Ende. Die beiden Männer gingen zusammen in den Gerichtssaal zurück.

Der Richter fuhr in der mündlichen Begründung der Entscheidung fort. Er wandte sich sogleich dem Fall *Madsen v. Kinsella* zu.

»Zur Zeit des Falles *Madsen v. Kinsella*«, legte der Richter dar, »befanden sich die Vereinigten Staaten zumindest formell noch mit den Bürgern Deutschlands im Kriegszustand. Es wäre daher eine Anomalie gewesen, zu entscheiden..., daß die Verfassung die Mitwirkung von Jurys fordere, bestehend aus Bürgern eines Landes, mit dem sie sich formell im Kriegszustand befanden.«

Der Richter hielt inne. Kaum zu glauben, dachte er, daß Mrs. Madsen vor fast dreißig Jahren vor ein Besatzungsgericht kam.

»Auf jeden Fall«, fuhr er fort, »gilt es auch zu bedenken, daß zur Zeit des Falles *Madsen v. Kinsella*... Geschworenenverfahren nicht als Verfassungsrecht galten. Man stritt sich damals sogar über die Frage, ob Einzelstaaten der USA Amerikanern Geschworenenverfahren zubilligen müßten. Diese und andere Fragen sind natürlich inzwischen entschieden worden.«

Der Richter wandte sich dann dem Fall *Duncan v. Louisiana* zu, einer Entscheidung des Obersten Gerichtshofs aus dem Jahre 1967, wonach ein Geschworenenprozeß ein Verfassungsrecht ist. Er las mit lauter Stimme daraus vor:

»Die Urheber unserer Verfassung wußten aus der Geschichte und aus Erfahrung, daß es notwendig sei, Schutzvorkehrungen gegen grundlose, zur Ausschaltung von Feinden erhobene Strafklagen wie auch gegen der Obrigkeit allzu willfährige Richter zu schaffen.«

Der Richter blickte auf und lächelte die am Tisch der Anklagevertretung sitzenden Männer und Frauen an.

> Die Schöpfer der Verfassung wollten eine unabhängige Justiz schaffen, drangen dabei aber auf zusätzliche Schutzvorkehrungen gegen Willkür. Indem sie einem Beschuldigten das Recht auf Schuldfeststellung durch eine Jury, bestehend aus ihm

gleichgestellten Personen, zubilligten, gaben sie ihm eine unschätzbare Garantie gegen korrupte oder übereifrige Staatsanwälte sowohl wie gegen willfährige, voreingenommene oder verstiegene Richter. Wenn der Angeklagte den auf gesundem Menschenverstand beruhenden Wahrspruch einer Jury dem rechtsgelehrten, aber vielleicht weniger einfühlsamen Urteil eines Einzelrichters vorzog, so sollte er ihn bekommen.

Der in seiner Ecke hockende Judah Best nickte zustimmend mit dem Kopf.

Der Richter legte den Fall beiseite. Er faltete die Hände, zog die Schultern hoch und beugte sich vornüber zum Mikrophon. »Ich glaube, daß diesen Sätzen hier große Bedeutung zukommt. Wie ich gestern am Schluß der Sitzung ausführte, würde jeder Richter, dem man bedeutet, daß er an die Weisungen der Anklagebehörde gebunden sei, ein Laienrichter, dem man zu verstehen gibt, daß seine Entscheidungen möglicherweise für die Nation von Bedeutung sind,. . . , wenn man ihn mit solchen Darlegungen konfrontiert . . . , versucht sein, ihnen Folge zu leisten.«

Der Richter zögerte einen Augenblick.

»Geschworene«, fuhr er fort, »interessieren sich im allgemeinen nicht für Fragen der Außenpolitik. Man kann ihnen daher nicht bedeuten, dieses oder jenes Beweisstück müsse zugelassen werden oder dieser oder jener Beschuldigte müsse aus außenpolitischen Erwägungen oder irgendwelchen politischen Gründen für schuldig erklärt werden. . . Betrachten wir nun«, setzte er seine Ausführungen fort, »vor diesem Hintergrund erneut die Bestimmung dieses Gerichts. . . Anders als im Fall *Madsen v. Kinsella* sind die potentiellen Geschworenen nicht Bürger eines mit den Vereinigten Staaten im Kriegszustand befindlichen Landes. Ja, dem Schriftsatz der Anklagevertretung zufolge ist diese Besetzung nicht *gegen* die Einwohner des besetzten Gebiets gerichtet, sondern vielmehr *für* sie da. . . Man kann nicht sagen, daß es entweder unmöglich oder unpraktisch wäre,. . . eine Jury zu berufen, weil wir dann in unserem eigenen Gericht eine aus feindlichen Ausländern bestehende Jury zusammentreten lassen würden. . . Dieses Gericht tagt in einer der großen Metropolen der Welt. . . Seiner Jurisdiktion unterstehen somit Hunderttausende von Einwohnern und weitere Hunderttausende von Besuchern und Touristen jeglicher Nationalität, Amerikaner eingeschlossen. Diese Stadt gehört heute zu den kosmopolitischen Zentren Europas. Sie ist ein bedeutendes kulturelles, künstlerisches und geistiges Zentrum.« Er sah kopfschüttelnd zu Surena und Adelman hinüber.

»Zu behaupten, daß hier Kriegsrecht herrsche, ist einfach grotesk«, fuhr er fort. »Zu meinen, diese Hunderttausende, wenn nicht Millionen von Bürgern, Einwohnern, Touristen und Besuchern seien, in den Worten des Herzogs von Wellington, ›dem Willen des Militärbefehlshabers‹ unterworfen, ist absurd. Das Gericht vermag nicht zu glauben, daß die Regierung der Vereinigten Staaten offiziell den Standpunkt vertritt, daß in Berlin derartige Verhältnisse herrschen. Doch«, fügte er mit Nachdruck hinzu, »welches auch immer der Standpunkt der Vereinigten Staaten als *Prozeßpartei* sein mag, das US-Gericht für Berlin *entscheidet,* daß in Berlin keinerlei solches Kriegsrecht oder ihm gleichkommendes Recht gilt und daß jeder Beamte der Vereinigten Staaten, der, gleichviel ob kraft Siegerrecht oder sonstwie, in irgendeiner Form in Berlin Machtbefugnisse besitzt, den ihm durch die Verfassung der Vereinigten Staaten auferlegten Beschränkungen unterliegt... In Anbetracht dieser Umstände halte ich dafür, daß die Beschuldigten ein Recht auf ein Geschworenenverfahren haben.«

Der Richter lehnte sich zurück. Nun, dachte er, wenn man mich daraufhin nicht feuert, dann ist das letzte Wort in dieser fremden Stadt, was diese Staatsanwälte hier auch immer vorgebracht haben, eins, dessen sich später kein Amerikaner jemals zu schämen braucht.

»Wir kommen jetzt«, fuhr der Richter nach einer kurzen Pause fort, »zu dem praktischen Problem, wie die Gerichtsentscheidung zur Ausführung gebracht werden soll.« Er lächelte und zuckte die Achseln.

»Ich weiß nicht, welchen Standpunkt die Anklagevertretung einnehmen wird... Sie hat in ihrem Schriftsatz durchblicken lassen, daß, auch wenn das Gericht den Anspruch der Beschuldigten auf Mitwirkung einer Jury bejahen sollte, es ohne die Unterstützung der

Besatzungsbehörden nicht in der Lage sein würde, seiner Entscheidung oder seinen Anordnungen Geltung zu verschaffen, und daß diese ihm ihre Unterstützung versagen oder auch nicht versagen könnten... Ich befasse mich hier nicht mit Politik«, erklärte er, »und habe nicht über politische Fragen zu entscheiden. Ich schreibe den Besatzungsbehörden nicht vor, welche Politik sie verfolgen sollen. Ich erteile ihnen keine Auflagen und sage ihnen nicht, was sie den deutschen Behörden mitteilen sollen.«

Der Richter hielt inne und lächelte. »Ich sage deshalb nur, daß die Beschuldigten Anspruch auf die Mitwirkung einer Jury haben und daß das Gericht bereit, willens und in der Lage ist, anzugeben, wie diese gebildet werden sollte, falls die Anklagevertretung ihre Bildung wünscht. Ich tue nur zweierlei. Ich reiche hiermit zu den Akten erstens einen Zusatz zu den Verfahrensbestimmungen des Gerichts, wonach die Beschuldigten Anspruch auf Mitwirkung einer Jury haben, es sei denn, daß sie darauf mit Zustimmung der Anklagevertretung und des Gerichts verzichten, sowie einige andere, zur Durchführung dieser Entscheidung notwendige Bestimmungen. Und zweitens entscheide ich, daß, falls die Vereinigten Staaten nicht die Voraussetzungen für einen Geschworenenprozeß vor diesem Gericht schaffen..., sie die Beschuldigten nicht vor diesem Gericht unter Anklage stellen dürfen.«

Sollte das State Department den Beschuldigten ihre Rechte vorenthalten, so würde er sie freilassen. Der Richter zog die Schultern hoch und beugte sich vornüber.

»Ich trete hier nicht als Gesetzgeber auf, aber ich bin entschlossen, die Befugnisse, über die ein US-Richter verfügt, auszuüben und die Verfassung der Vereinigten Staaten gegen alle Feinde im Ausland und zu Hause zu bewahren, zu schützen und zu verteidigen. Und falls die Besatzungsbehörden mir – mit den Worten Andrew Jacksons im Fall des Tscherokesen – bedeuten, daß ich entscheiden möge, wie es mir beliebt, daß ich aber nicht die Macht besitze, die Ausführung meiner Entscheidung durchzusetzen, so stimme ich ihnen zu... Doch wenn dieses Gericht nicht befugt ist, die Rechte eines Beschuldigten zu schützen, der in Haft genommen und vor ihm zur Anklage vernommen worden ist, wenn es nicht entscheiden kann, was Recht und Gesetz ist, und auch nicht von den

Vereinigten Staaten verlangen kann, daß sie als Siegermacht Gesetze einhalten, dann ist dies überhaupt kein Gericht.«

Anschließend wandte sich der Richter an Ristau und bat ihn, die Zusätze zu den Akten zu nehmen und Abschriften zu verteilen.

»Zwanzig Minuten Pause«, verfügte er dann und durchschritt den Vorhang hinter der Richterbank.

Während Ristau Abschriften der neuen Verfahrensbestimmungen verteilte, beratschlagten die Vertreter der Anklage und der Verteidigung. Einige Zuhörer verließen eilig den Saal, um ihre Berichte zu verfassen, andere vergewisserten sich gegenseitig durch Fragen, ob sie auch alles wirklich verstanden hätten.

Ein deutscher Kellner und eine Kellnerin hatten ein polnisches Flugzeug von einem Flughafen auf einen anderen umgeleitet. Sie waren vor der Unterdrückung geflohen, um in einer freien Gesellschaft ein neues Leben zu beginnen. Amerikanisch Soldaten hatten sie festgenommen, und man hatte sie vor ein amerikanisches Gericht gestellt — das vorher noch nie zusammengetreten war. Krimineller Verstöße gegen deutsche Strafgesetze beschuldigt, waren sie von Amerikanern und Deutschen unter Anklage gestellt worden und wurden von Amerikanern und Deutschen verteidigt, und zwar vor einem US-Richter, der kein Wort Deutsch verstand. Später waren sie dann zutiefst erstaunt, als überdies ein Streit darüber entbrannte, ob sie in die »Freiheit« geflogen waren oder statt dessen in ein von einer fremden Macht besetztes Gebiet, in dem Kriegsrecht herrschte.

Noch erstaunlicher aber mußte ihnen das erscheinen, was sich jetzt vor ihren Augen abspielte: Ein amerikanischer Richter erklärte — entgegen dem amerikanischen Außenministerium —, daß sie im besetzten Berlin Anspruch auf Mitwirkung einer Jury aus Berlinern hätten, andernfalls er ihre Freilassung anordnen würde. Ihre Lage war nicht minder bizarr als die des Horst Fischer, der in Ost-Berlin seinem Prozeß entgegensah. Was stand ihnen wohl als nächstes bevor?

Ihre Anwälte standen vor einem Dilemma, das eine Frucht ihres Erfolges war. Das State Department war in der Lage, sich einfach über alles hinwegzusetzen, indem es seine Befugnisse als Sieger- und Besatzungsmacht voll ausschöpfte. Würde es den Richter entlassen und einen anderen bestellen oder einfach das Gericht schließen und die Angeklagten nach Ost-Berlin abschieben?

Als das Gericht wieder zusammentrat, gingen Best und Hellring gemäß dem von ihnen vereinbarten Feldzugsplan vor.

Best stand auf und schritt zum Pult. Hellring stand neben ihm. Best bat den Richter, noch eine weitere Verfahrensvorschrift zu erlassen. Diese sollte den Vereinigten Staaten untersagen, die Anklage ohne Zustimmung des Angeklagten fallenzulassen.

Hellring fügte hinzu: »Wir wollen verhindern, daß sich unsere Mandanten morgen in einem anderen Land wiederfinden, aufgrund irgendeiner Handlung, die der Versuch, die Anklage fallenzulassen, im Gefolge hätte.«

»Ist das nicht etwas voreilig?« fragte der Richter die Anwälte. »Sie wissen doch gar nicht, ob man etwas Derartiges vorhat.«

»Bitte, Euer Ehren«, insistierte Hellring, »wir möchten verhindern, daß sie sich morgen in einem anderen Land wiederfinden. Wir möchten verhindern, daß man ihre Auslieferung verfügt. Angesichts Ihrer Entscheidung, Eurer Ehren, könnte man sich möglicherweise entschließen, die Anklage fallenzulassen und statt dessen auszuliefern. Das macht mir Sorge.«

»Ich glaube nicht, daß Sie Grund zu der Befürchtung haben, die US-Regierung könnte irgend etwas Unrechtes tun«, bedeutete ihm der Richter. »Sie hat allerhand Argumente vorgebracht, aber *getan* hat sie noch nichts.«

Der Richter blickte zu Surena hinüber, auf sein Einverständnis hoffend. Andre Surena hatte dazu nichts zu sagen. Er saß unbewegt da. Ausdruckslos.

Als Surena schließlich zum Pult schritt, verzog er wie gewöhnlich keine Miene. Mit eisigem Gesicht behauptete er, nicht zu verstehen, weshalb die Angeklagten sich ängstigten. Ganz Diplomat, deckte er seine Karten nicht auf.

Der Richter blickte den jungen Mann an, der da vor ihm stand.

Da ist nichts zu machen, dachte er bei sich. Entweder sie halten sich an die Spielregeln oder sie tun es nicht. Sie haben die Truppen.

Sie haben die Macht. Einer allein im schwarzen Talar kann da ohne fremde Hilfe nichts bewirken. Dieses Gericht kann sich hier nur kraft seines moralischen Gewichts durchsetzen, dachte er, oder gar nicht. Er beschloß, ihm dies zu sagen.

»Ich glaube, wir wissen alle ganz genau, was die Angeklagten sagen wollten«, wies der Richter Surena zurecht. »Ich glaube, ich verstehe sie. Ich kann nicht mehr tun, als was ich tun kann... Ich nehme keinerlei Weisungen darüber entgegen, welche Rechte ich einzuräumen oder vorzuenthalten oder welche Verfügungen ich zu treffen habe. Ebenso werde ich über meine Kompetenzen als Richter nicht hinausgreifen.«

Der Richter sah Best an, der noch immer stand und auf eine Entscheidung über seinen Antrag wartete, die Staatsanwaltschaft an der Zurückziehung der Anklage zu hindern.

»Selbst wenn ich die Verfahrensvorschriften in der von Ihnen gewünschten Weise abänderte«, nickte er Best zu, » wird Ihnen das auf lange Sicht doch nichts helfen. Jeder nachfolgende Richter könnte das wieder rückgängig machen.«

Der Richter nahm seinen Hammer auf, wendete ihn ein paarmal hin und her und legte ihn dann wieder weg. Dann wandte er sich wieder Surena und Adelman zu. »Ich lasse mich hier nicht auf einen Streit ein, bei dem ich Ihr Vorgehen zur Durchkreuzung meiner Anweisung vorauszusetzen versuche und dann Vorkehrungen dagegen treffe. Von einer solchen Annahme werde ich hier nicht ausgehen. Alles, was ich über die US-Regierung weiß, spricht dagegen. Doch«, setzte er rasch hinzu, »falls auf seiten der Besatzungsbehörde solch ein Wunsch letztlich doch bestehen sollte« – er zuckte die Achseln –, »dann würde alles, was ich dagegen tun könnte, wirkungslos bleiben. Wir vertrauen hier auf die moralische Kraft des Rechts und auf sonst nichts.«

Er konnte sich nicht enthalten, dem Vertreter des Justizministeriums, der den Fall verhandeln sollte, eine letzte Frage zu stellen. »Wird es im Mai zur Hauptverhandlung kommen?« wollte er von Adelman wissen.

»Das State Department sitzt dort«, antwortete Adelman rasch und wies auf Surena.

Der Richter lachte.

Doch Adelman schien nicht zum Lachen zumute.

»Darf ich, Euer Ehren?« fragte Surena und trat mit elastischen Bewegungen zwischen Adelman und die Richterbank.

»Ja.«

»Danke«, begann Surena. »Die US-Regierung tritt in diesem Verfahren als prozeßführende Partei auf. Als US-Staatsanwalt für Berlin bin ich nicht befugt, die zur Durchführung Ihrer Anordnung erforderlichen Maßnahmen einzuleiten«, teilte er dem Gericht mit feierlicher Miene mit.

»Ich werde jedoch«, fuhr er fort, »dafür Sorge tragen, daß die zuständigen US-Besatzungsbehörden sogleich von Ihrer Anordnung in Kenntnis gesetzt werden.«

»Wann werden Sie dem Gericht Ihren Standpunkt bezüglich dessen, was geschehen soll, darlegen – in welcher Eigenschaft auch immer?«

»Ich habe die Bemerkung des Gerichts über Ihre Wünsche zur Kenntnis genommen, und wenn ich sie recht verstanden habe, so sagten Sie, daß Sie noch vor Ihrem neuerlichen Abflug von Berlin Klarheit zu haben wünschten.«

»Ja, aber nicht zehn Minuten vorher.«

»Ich verstehe.«

»Heute ist – Mittwoch, glaube ich«, stellte der Richter fest. Müde, dachte er. Sehr müde. Immer noch von der Reise erschöpft, von der Zeitumstellung und den letzten beiden Tagen in Berlin, so daß ich nicht einmal mehr genau weiß, welcher Wochentag heute ist.

»Ja.« Surena bestätigte, daß es Mittwoch sei.

»Ich glaube«, meinte der Richter, »ich mute Ihnen nicht zuviel zu, wenn ich Sie bitte, uns morgen mitzuteilen, wann Sie es zu tun beabsichtigen, nicht wahr?«

»Darf ich mir erlauben, darauf hinzuweisen«, entgegnete Surena, »daß die letzte Entscheidung in dieser Angelegenheit, soweit ich weiß, in Washington getroffen werden dürfte und daß wir in Zeitnot sind.«

»Ja, da haben Sie recht«, stimmte ihm der Richter zu. »Aber Freitag morgen sollten Sie in der Lage sein, uns Mitteilung zu machen.«

»Wir wollen es versuchen – wir werden unser möglichstes tun, Euer Ehren.«

»Ich fliege Sonntag zurück.«

»Euer Ehren, noch einmal: Ich habe die Entscheidung nicht zu treffen. Ich werde das State Department von der Aufforderung des Gerichts in Kenntnis setzen.«

Viertes Buch

Ingrid Ruske

10.
Gesagt ist gesagt

14. – 15. März 1979

Ingrid Ruskes Entschluß stand jetzt fest. Was das State Department auch immer über seinen Richter und dessen Anordnungen oder über Verfassungen, Besetzung und Geschworenenverfahren entscheiden würde, war ihr jetzt einerlei. Für sie gab es etwas, was noch weit wichtiger war als alles dies – und sogar als ihre eigene Schuldigerklärung oder Freisprechung: Sie war in Verzweiflung wegen Horst Fischer.

Nach Schluß der Sitzung fuhren die Staatsanwälte weg, um ihre Fernschreiben nach Washington zu formulieren. Auch Best und sein Partner Ken Adams waren gleich danach aufgebrochen. Hellring und Shapiro waren mit ihrer Mandantin allein und versuchten, sie auf ihren zweiten Schritt vorzubereiten – die Streichung ihrer Aussagen vor Oberst Goeller. Bei dieser Gelegenheit teilte sie ihnen ihren Entschluß mit. Sie saßen an den Fenstern, die auf die im nächtlichen Dunkel kaum wahrnehmbaren Landebahnen hinausgingen, und berieten zu dritt ihren Feldzugsplan für den nächsten Tag.

Die beiden Anwälte schätzten die Gesamtsituation ihrer Mandantin ab. Kein einziger Zeuge hatte wahrgenommen, daß Ingrid Ruske an Bord des Flugzeugs irgendeine strafbare Handlung begangen hatte, ausgenommen Tiede – den die Anklagevertretung nicht in den Zeugenstand rufen konnte – und möglicherweise ihre zwölfjährige Tochter Sabine. Die Anklagevertretung, erklärten sie ihr, verfüge lediglich über ihre Aussagen vom November vor Goeller. Wenn diese gestrichen würden, müsse man die Anklage gegen sie fallenlassen.

Hellring formte die Hände zu einer Pyramide und beugte sich vornüber, um ihr das Vorgehen der Verteidiger zu erläutern. Als erstes würden sie beweisen, daß sie – entgegen Adelmans Darstellung vor dem Richter – Goeller nicht aus freien Stücken aufgesucht hatte, sondern auf dessen Aufforderung hin. Anschließend wollten sie dartun, und zwar anhand der Niederschrift selbst – Hellring öffnete hierbei die Hände –, daß Goeller sie durch Tricks und Täuschungsmanöver zum Reden gebracht hatte. Und dann – Hellring machte jetzt eine ausgreifende Bewegung – würde der Richter die Nichtberücksichtigung ihrer Aussagen anordnen und die Anklage gegen sie war erledigt. Schluß! Sie war dann frei!

Mit einem breiten Lächeln lehnte Hellring sich in seinen Stuhl zurück. Die Anwälte nahmen an, ihre Mandantin sei hocherfreut. Sie täuschten sich indes.

Ingrid Ruske saß straff aufgerichtet auf ihrem Stuhl, ihren Verteidigern gegenüber. Diese hatten es offenbar immer noch nicht begriffen. Sie hatte vor Goeller nur deswegen ausgepackt, weil der Oberst gesagt hatte, er müsse sie befragen, um ihr bei der Erlangung ihrer Sachen behilflich sein und sie gegen die ungeheuerlichen Anwürfe der früheren Ehefrau Fischers schützen zu können, die sie, Ingrid Ruske, beschuldigte, dessen Verhaftung betrieben zu haben.

Sie hatte monatelang jegliche Aussage verweigert. Das mußten die Anwälte doch einsehen! Sie hatte am 28. November vor Goeller nur deswegen ausgesagt, weil dieser ihr fest zugesichert hatte, daß sie damit weder Horst Fischer noch irgend jemandem sonst schaden würde. Sie hatte das Hellring doch wieder und wieder gesagt. Und nun schlug er ihr vor, ihre Worte am nächsten Morgen vor Gericht in alle Welt auszuposaunen. Unfaßbar.

Der in Ostdeutschland einsitzende Fischer sei an der Flugzeugentführung nicht beteiligt gewesen. Alles sei nach seiner Verhaftung passiert. Sie wisse genau, daß die Kommunisten alles Belastungsmaterial, das bei diesem Prozeß in Tempelhof zutage komme, verwenden würden. Warum der arme Mann denn sonst wohl seit Monaten im Gefängnis auf seinen Prozeß warten müsse?

Was wüßten die Ostdeutschen von ihm? Wenn er kein Geständnis ablege, meinte sie, wüßten sie eigentlich nur, daß er westdeutsche Papiere bei sich getragen hatte, die auf den Namen einer westdeutschen Frau ausgestellt waren. Vielleicht sei es ihm immer noch möglich, ihnen irgendeine Erklärung dafür zu geben. Aber selbst diese Möglichkeit, so gering sie sei, würde vertan sein, wenn sie in Anwesenheit der polnischen und sonstigen Prozeß-»Beobachter« seine Rolle bei dem Plan aufdecke, von Danzig aus per Schiff zu fliehen.

Schließlich, gab sie ihren Anwälten zu bedenken, hätten sogar Goeller, Surena und Adelman die Gefahr erkannt und die eidesstattliche Erklärung versiegelt, um Fischers Rolle geheimzuhalten.

Eine Frau, die einen Mann liebt, den Mann, für den sie überdies unendliche Dankbarkeit empfindet, überläßt diesen nicht einfach seinem Schicksal. Es gibt solche Dinge wie Pflicht, Ehre – und Liebe.

Und so blieb sie denn, als sie, die Hände im Schoß, in Hellrings Tempelhofer Behelfsbüro steif auf ihrem Stuhl saß, unbeirrt bei ihrem Vorsatz.

Nein, bedeutete sie Hellring und Shapiro mit eisiger Miene, sie würde keinesfalls die Nichtberücksichtigung ihrer Aussagen beantragen – keinesfalls, wenn ein solcher Antrag zur Folge hätte, daß Fischers Name vor Gericht erwähnt würde. Sie gab zu, daß man sie dann vielleicht schuldig sprechen werde, aber sie werde unter keinen Umständen weiteres Belastungsmaterial gegen Horst Fischer liefern.

Die Anwälte waren geduldig mit ihr. Der entscheidende Punkt sei, erklärten sie ihr, daß ihre Aussagen vor Goeller früher oder später vor Gericht zur Sprache kommen würden. Wenn sie sie jetzt, im Vorverfahren, nicht vorbringe – um ihre Nichtberücksichtigung zu beantragen –, dann würde Adelman dies ganz sicherlich im Hauptverfahren im Mai tun, um sie zu überführen.

Hellring hielt diese seine Argumente für unwiderleglich. Sie würde sich ihnen jetzt doch wohl nicht mehr widersetzen wollen?!

Sie schüttelte jedoch nur verneinend den Kopf. Es gebe eine Möglichkeit, die Bekanntgabe ihrer Aussagen zu verhindern: Sie würde sich schuldig bekennen. Sie umklammerte die Armlehnen ihres Stuhls jetzt derart fest, daß alle Farbe aus ihren Händen wich. Sie würde sich notfalls in allen Punkten schuldig bekennen. Ja, nickte sie. Damit würde sie den schweren Fehler wiedergutmachen, den sie im November begangen habe – als sie Goeller Vertrauen geschenkt und vor ihm ausgesagt habe.

Die Anwälte waren sprachlos. Sie versuchten, ruhig zu bleiben und ihrer Mandantin begreiflich zu machen, daß sie in großer Gefahr schwebe. Im Falle einer Schuldigsprechung in allen Punkten müsse sie mit einer Freiheitsstrafe von maximal fünfzehn Jahren, *mindestens* aber fünf Jahren rechnen, ohne Strafmilderung. Ohne die Fischer-Sache, seine Verhaftung und die ihr drohende Verhaftung könne sie natürlich keinerlei mildernde Umstände geltend machen. Dann könne ihr keiner mehr helfen. Die Ostregierungen würden die Höchststrafe fordern. Die wollten sie vernichten. Alle. Sie müsse bedenken, daß Tiedes und ihretwegen sieben andere hätten fliehen können. Die wollten sie in der gesamten osteuropäischen Presse als abschreckendes Beispiel hinstellen. Die würden ihr das Genick brechen, damit kein Mensch mehr wage, ein Flugzeug zu entführen. Sie suchten ihr klarzumachen, daß, falls sie so etwas Verrücktes tue, selbst Horst Fischer in dem ostdeutschen Gefängnis nicht in solcher Gefahr schwebe wie sie.

Nein, nein, nein, schüttelte sie, gegen alle Warnungen taub, immer wieder den Kopf. Sie habe diesen Fehler einmal gemacht vor Goeller. Nicht noch einmal. Ihre Mitteilung *müsse* wieder versiegelt werden.

Die Amerikaner waren fast außer sich. Sie wußten, daß ihre Mitteilung schon in den Vereinigten Staaten publik gemacht worden war, und zwar vor zwei Wochen in einer Gerichtsverhandlung. Sie mußten ihr begreiflich machen, daß das Geheimnis, das sie um jeden Preis bewahrt wissen wollte – gar keins mehr war.

Sie müsse wissen, teilte Hellring ihr mit, daß ihre Mitteilung bereits publik geworden sei: Man habe sie in den USA entsiegelt und sogar in einer Zeitung des Staates New Jersey veröffentlicht. Hellring schilderte ihr die Verhandlung, die vor zwei Wochen in Amerika stattgefunden hatte.

Der Richter hatte eine öffentliche Sitzung mit den Anwälten der Anklage und der Verteidigung vor ihrer Rückkehr nach Berlin verlangt und diese in Newark/New Jersey abgehalten. Adelman und Surena sowohl wie Hellring und Best hatten daran teilgenommen. Der Richter hatte beanstandet, daß man ihm immer noch nicht die Aussage der Frau gezeigt habe, deren Nichtberücksichtigung die Verteidiger beantragt hätten. Hellring hatte Einspruch dagegen erhoben, daß man sie ihm aushändigte.

Sie sehe also, erklärte Hellring ihr nun zwei Wochen später, daß man versucht habe, ihre Anweisungen zu befolgen und ihre Aussagen vor Goeller geheimzuhalten, um Horst Fischer nicht zu schaden. Man habe sogar dagegen Einspruch erhoben, daß der Richter sie zu sehen bekäme: »Wir . . . « Sie stellte sich jedoch taub.

Ingrid Ruske saß unbewegt da. Sie weigerte sich offenbar, ihren Anwälten Glauben zu schenken. Hellring nahm seine Aktentasche, zog die Akte heraus und legte die blau eingebundene Niederschrift der Verhandlung in New Jersey auf den Tisch. Seite für Seite rekapitulierte er ihr, was dort geschehen war, und erklärte ihr, warum sie Horst Fischer, was auch immer sie tue, jetzt in Berlin nicht mehr zu schützen vermöge.

Sie hätten Schriftsätze über die Zulässigkeit der Aussagen eingereicht, doch die Aussagen selbst habe der Richter nicht zu sehen bekommen. Er habe sie ihm, erklärte Hellring seiner Mandantin, um Fischers willen sogar abermals vorenthalten.

Der Nachteil dabei sei jedoch gewesen, erklärte Hellring ihr, daß der Richter ihre Schriftsätze ohne die Aussagen nicht habe verstehen können. Hellring zeigte ihr die Niederschrift.

»Mr. Hellring«, hatte der Richter ausgerufen, »Sie begründen Ihren Antrag auf Streichung . . . , wenn ich Sie recht verstehe, damit, daß man sie vorher nicht ausreichend informierte.«

»Nein. Wir beschränken uns keineswegs darauf«, entgegnete Hellring. »Wir stehen auf dem Standpunkt, daß Zwang ausgeübt wurde.«

Der Richter runzelte die Stirn. »Das geht aus den Akten nicht hervor, denn ich sehe zumindest nicht, daß das erörtert wurde –, ich habe sie erst zweimal gelesen. Ich habe das noch nicht gesehen. Mag sein, daß ich sie noch nicht sorgfältig genug gelesen habe. Wenn ich Sie recht verstehe, so betonen Sie vor allem, daß . . . sie vorher nicht ausreichend informiert wurde.«

Der Richter hatte offensichtlich alles derart durcheinandergebracht, daß sogar Adelman sich veranlaßt sah, ihm zu Hilfe zu kommen.

»Sie machen geltend, Euer Ehren, daß die Ereignisse von September und Oktober einen Makel auf die Vorgänge Ende November fallenlassen.«

»Nun gut. Ich habe keine — die Verteidiger haben ihren Schriftsätzen keine Kopien der Aussagen vom November beigefügt. Haben Sie welche?«

»Ja, Euer Ehren«, antwortete Best. »Wir haben welche. Wir haben Kopien der Aussagen vom November.«

»Ich habe sie nie zu sehen bekommen — ich habe nur die Schriftsätze hier, aber ich weiß nicht -«

»Wenn Sie wünschen, werden wir sie dem Gericht gern zur Verfügung stellen«, erklärte Best.

»Ich habe einige zusätzliche Kopien anfertigen lassen«, machte Adelman sich erbötig.

Doch da griff Hellring sogleich ein. »Ich war der Ansicht — wir waren der Ansicht, daß es nicht tunlich sei, sie dem Gericht zu diesem Zeitpunkt zu übergeben«, bemerkte er.

Er erklärte seiner Mandantin zwei Wochen später in Berlin, er habe dem Richter bedeutet, selbst er dürfe Ihre Aussagen vor Goeller nicht sehen. Nun solle Sie hören, was dann passierte:

»Ich möchte sie aber doch gerne sehen. Ich kann Ihre Ausführungen über die Frage der Freiwilligkeit nämlich sonst kaum verstehen«, bemerkte der Richter. »So legt zum Beispiel der Schriftsatz der Angeklagten Ruske den Gedanken nahe, daß sie möglicherweise am 23. November Oberst Goeller aufsuchte. Mir scheint, daß er sie vielleicht auf ihren eigenen Wunsch empfing. Aus irgendeiner Stelle in dem Schriftsatz geht das hervor.«

»Ich hoffe nicht«, bemerkte Hellring trocken.

Der Richter entnahm dieser Äußerung des Anwalts, daß er die schriftlichen Ausführungen offensichtlich mißverstanden hatte.

»Mir liegen diese Aussagen nicht vor, Mr. Hellring«, klagte er. »Ohne sie kann ich Ihre schriftlichen Darlegungen nicht verstehen.«

»Wir werden uns selbstverständlich sogleich nicht nur mit Ihren Ermahnungen befassen, Euer Ehren, sondern auch mit Ihren Beanstandungen er Unklarheiten in unseren Schriftsätzen . . ., aus denen offenbar nicht genügend hervorging, daß unsere Mandantin die ganze Zeit hindurch stärkstem Druck und Zwang von seiten der Regierung ausgesetzt war, vom 30. August bis zu dem

Tag, an dem sie der Regierung ihre letzte Mitteilung machte«, antwortete Hellring.

Hellring erkannte, daß der Richter Adelmans Behauptung vom Januar glaubte, wonach Ingrid Ruske aus freien Stücken zu Goeller gegangen war, um die Sache klarzustellen. Ihm war auch klar, daß er mit diesem Richter Probleme bekommen würde, weil er sich von der ganzen Sache ein falsches Bild machte. Er würde ihn dann später von der Wahrheit überzeugen müssen. Jetzt mußte er erst einmal seine Mandantin überreden, auf seine Vorschläge einzugehen, denn sonst würde er nie an den Richter herankommen.

Er erklärte ihr, sie hätten wirklich alles versucht. Der Richter habe ihnen aber *befohlen*, ihm ihre Aussagen auszuhändigen. Sie hätten ihn dann inständig gebeten, sie um alles in der Welt geheimzuhalten.

Der Richter habe sie angehört, dann aber den Staatsanwalt gefragt, und Adelman habe ihm gesagt, die Anklagevertretung habe nichts dagegen, wenn sie bekannt würden; laut Goeller könne Horst Fischer unmöglich daraus ein Schaden erwachsen. Er, Adelman, habe persönlich mit Goeller ebendiese Frage diskutiert. Hellring zeigte ihr dann abermals die Verhandlungsniederschrift.

Hellring sei kochend vor Wut aufgesprungen. »Ich bin entsetzt über die Position, die die Regierung hier einnimmt. Ich war des Glaubens, die Regierung sei entschlossen, diese Dinge absolut geheimzuhalten, und meinte, alles was sie in Berlin dazu sagte, sei darauf berechnet... Überdies teilt unsere Mandantin uns mit und ist auch bereit, dem Gericht dies mitzuteilen, daß dies die Abmachung war, die sie in feierlicher Form mit der Regierung traf, als sie ihr diese Mitteilung machte. Dies berichtete sie mir auf meine Frage, was für Zusicherungen man ihr gegeben habe. Sie sagte dann noch: ›Gesagt ist gesagt.‹ Und ich verlasse mich darauf, daß die amerikanische Regierung ihr Versprechen hält.«

Hellring sah von der Niederschrift auf.

» ›Gesagt ist gesagt‹, habe ich ihnen wiederholt. Daran hat man sich zu halten. Nicht wahr, Ingrid, mehr konnte ich nicht sagen?! Doch hören Sie, wie der Richter entschied: ›Ob zwischen der Beschuldigten Ruske und Oberst Goeller ein Vertrag besteht oder nicht und ob, falls ja, ein solcher erzwingbar ist, muß vor Gericht entschieden werden, Ein Gericht kann nur entscheiden, nachdem es festgestellt hat, worum es sich handelt‹, hat der Richter erklärt. Daraufhin, Ingrid, wurde die Sache in New Jersey zu den Akten genommen und in der Zeitung von Newark, *Star Ledger,* publik gemacht. Alles! Ihre gesamte Erklärung vor Goeller, der erste Fluchtversuch, der zweite Fluchtplan, die gefälschten Papiere und der westdeutsche Dampfer. Alles. Ausnahmslos. Es ist jetzt alles bekannt. Es hat deshalb keinen Zweck, daß Sie sich deswegen noch weiter sorgen. Lassen Sie mich jetzt bitte«, flehte er sie regelrecht an, »mit Ihrer Verteidigung fortfahren.«

Ihre Antwort lautete indes immer noch nein. Was in Amerika auch immer gedruckt worden sei, behauptete sie: keine westdeutsche Zeitung würde es bringen – außer wenn es unbedingt erforderlich sei. Sie machte ihn darauf aufmerksam, daß tatsächlich keine einzige Zeitung darüber berichtet habe. Die deutsche Presse werde einem im Osten eingekerkerten Landsmann so etwas nie antun.

Hellring, fuhr sie fort, könne alles tun, was er für richtig halte, niemals aber dürfe er vor diesem Gericht den Namen Horst Fischer erwähnen. Wenn das bedeute, daß man ihre Aussagen nicht streichen würde, nun gut! Wenn das bedeute, daß sie sich für schuldig erklären müsse, nun, auch gut!

Dann stand sie plötzlich auf, strich ihr Kleid glatt und verließ mit steifen Schritten das Zimmer. Ihre Anwälte waren sprachlos.

Auf einen Wink von Hellring lief Shapiro hinter ihr her, um sie an dem am Ausgang postierten Polizeibeamten vorbeizugeleiten.

Hellring stand stumm da und schüttelte kummervoll, aber auch voller Bewunderung den Kopf. Ich hatte ihren Prozeß schon gewonnen, dachte er. Das ganze State Department – und die Besatzungsbehörde – wie immer die sich nennen – kann ich vor ihr auf die Knie zwingen. Sie kann freikommen. Und jetzt? Jetzt ist sie im Begriff, alles zunichte zu machen. Ein völlig nutzloses Opfer. Horst Fischer ist verloren, dem kann keiner mehr helfen. Und jetzt kann ich sie auch nicht mehr retten.

Hellring seufzte. Mit einem Achselzucken wandte er sich um, packte langsam seine Akten ein, verließ dann sein Büro und schlenderte den langen Gang entlang in der Richtung auf den Polizeibeamten, der am Ausgang hinter seinem Tisch saß. Unterwegs fragte er sich, was in diesem merkwürdigen Fall wohl nächstens passieren würde. Nun, das State Department wird sich wundern, dachte er. Es wird erleben, daß Ingrid Ruske, die es heute glatt besiegte – sich morgen in allen Anklagepunkten für schuldig erklärt.

Am Donnerstagmorgen war das kleine Behelfsgericht, das im Innern des Flughafens Tempelhof tagte, zu mehr als einer bloßen Kuriosität geworden. Zu Beginn, im Januar, war es eine Merkwürdigkeit, für die sich die Öffentlichkeit wegen des Tatbestandes des Falles – Flugzeugentführung – interessierte wie auch wegen des offenkundigen Einsatzes von Besatzungsgewalt, um die Deutschen aus der Klemme zu ziehen. Als der amerikanische Richter dann aber dem State Department die Stirn bot, wurde das Gericht zu mehr als einer Kuriosität. In Berlin und Bonn begann man zu bemerken, daß in diesem Gericht etwas vor sich ging, das sich auf die gesamte Besetzung von Berlin auswirken könnte. Niemand konnte sicher sein, was das alles bedeutete, und in den Verantwortlichen stiegen schwere Bedenken auf. Die eingeschlossene und isolierte Insel West-Berlin war kein Ort für Experimente. Allein die Besetzung schützte die Stadt davor, zuerst von den Russen kassiert und dann in Ostdeutschland eingegliedert zu werden. Nein, danke: Auf solche Neuerungen konnte man ohne weiteres verzichten.

Donnerstagmorgen war der Gerichtssaal dementsprechend mit Berlinern und mit Vertretern der verschiedenen in Berlin amtierenden Besatzungsbehörden angefüllt. Man rechnete allgemein damit, daß sich das State Department energisch gegen den Aufstand innerhalb seines Besatzungsgerichts zur Wehr setzen würde.

Detlef Tiede hatte nach der Landung des Flugzeugs zwei Erklärungen abgegeben, die erste vor amerikanischen Vernehmungsbeamten, die zweite vor deutschen Behördenvertretern, die die Amerikaner nach Tempelhof gebracht hatten. Judah Best wollte beide streichen lassen. Darüber hinaus wollte er der Mitangeklagten bei ihrer Forderung nach Nichtberücksichtigung ihrer Aussagen behilflich sein.

Als das Gericht am Donnerstagmorgen zusammentrat, bat Best um das Wort. Er wolle, sagte er, eine Eröffnungsansprache halten, in der er in großen Zügen darzulegen beabsichtige, was die Beweisaufnahme voraussichtlich ergeben werde.

Er sprach anfänglich gezwungenermaßen langsam, denn die »Marktschreier« waren auf ihre Plätze zurückgekehrt, und er mußte nach jedem Satzteil eine Übersetzungspause einlegen. Best, dem eine Haarsträhne locker auf die Hornbrille fiel, holte sehr weit aus.

»Als die LOT-Maschine 165 am 30. August 1978 auf dem Tempelhofer Flughafen landete«, begann er, »waren dort folgende Männer verantwortlich: der amerikanische Stadtkommandant von Berlin, General Benedict, der politische Berater der US-Mission und Stellvertretende Gesandte, Mr. James Nelson, sowie der Rechtsberater der US-Mission, Mr. Andre Surena.

Best legte eine Übersetzungspause ein.

»Nachdem am 30. August alle Passagiere und Besatzungsmitglieder das Flugzeug verlassen hatten, wurde der Angeklagte Tiede als Haupttatverdächtiger in Einzelgewahrsam genommen. Da die US-Behörden den Eindruck hatten, daß die Angeklagte Ruske und ihre Tochter Sabine zusammen mit Herrn Tiede reisten, wurden sie gleichfalls als wichtige Personen isoliert. Oberst Goeller wurde beauftragt, die Ermittlungen durchzuführen. Er bat General Benedict, Mr. Nelson und Mr. Surena um Instruktionen für die Behandlung von Herrn Tiede, Frau Ruske und ihrer Tochter. Man wies ihn an, Herrn Tiede und Frau Ruske zu verhören, ohne sie auf ihr Recht, die Aussage zu verweigern und einen Rechtsbeistand zu bestellen, aufmerksam zu machen.«

»Wollen Sie damit sagen, daß er ausdrücklich angewiesen wurde, sie nicht auf ihre Rechte aufmerksam zu machen?« fragte der Richter.

»In der Tat!«

»Nun gut«, runzelte der Richter die Stirn. »Fahren Sie fort.«

Best hielt einen Augenblick inne. Er war zu dem Punkt gekommen, wo die Amtspersonen weittragende Entscheidungen hätten treffen müssen.

»Die Herren Benedict, Nelson und Surena hatten jetzt mehrere Entscheidungen zu fällen, die von einschneidender Bedeutung für die Rechte des Herrn Tiede und der Frau Ruske sein würden. Erstens mußten sie entscheiden, ob sie sie in Haft nehmen wollten. Und, falls ja, wohin sie zu verbringen seien und aufgrund welcher gesetzlichen Bestimmungen. Desgleichen standen sie vor der Frage, wer wegen der Flugzeugentführung Anklage erheben sollte, die US-Regierung oder die deutschen Strafverfolgungsbehörden.

Am 30. August wurden von diesen drei Männern also vier Entscheidungen gefällt.« Best hob die Finger, um sie daran abzuhaken.

»Erstens« – Best berührte den rechten Zeigefinger – »forderten sie die deutsche Polizei auf, im Auftrag der Vereinigten Staaten Verhöre durchzuführen. Zweitens beschlossen sie, Tiede, Frau Ruske und das Kind im Luftstützpunkt Tempelhof festzusetzen, und zwar ohne Erlaß eines formellen Haftbefehls nach deutschem oder amerikanischem Recht. Drittens« – Best faßte seinen Ringfinger – »gaben sie Weisung, Tiede, Frau Ruske und das Kind unter strengste Bewachung zu stellen und für den Fall, daß sie das Columbia House, in dem man sie in Gewahrsam hielt, verließen, offiziell in Haft zu nehmen. Viertens trafen sie eine Entscheidung, die gar keine war. Sie entschieden nicht, wer schließlich Anklage erheben sollte, sondern baten vielmehr das State Department in Washington um Weisungen.«

Best senkte den Arm und umfaßte das Pult. »Die Beweisaufnahme wird ergeben, daß die US-Behörden in Berlin, Bonn und Washington derart durch die Zuständigkeitsentscheidung in Anspruch genommen waren, daß sie sich drei Monate lang planvoll und vorsätzlich über die Rechte des Herrn Tiede, der Frau Ruske und sogar des Kindes, Sabine Ruske, hinwegsetzten. Die Beweisaufnahme wird ergeben, daß sich General Benedict und die Herren Nelson und Surena vom ersten Anbeginn dieser Angelegenheit an völlig bewußt waren –«

»Verzeihung?« unterbrach der Dolmetscher.

»Sich vom ersten Anbeginn – seit Beginn dieser Angelegenheit völlig bewußt waren, daß Frau Ruske und Herr Tiede Anspruch auf einen Rechtsbeistand hatten. Es war ihnen ja bekannt, daß die drei Personen im Columbia House im Gewahrsam der Vereinigten Staaten gehalten wurden.«

Best wartete, bis sein deutsches Echo verhallte.

»Die Beweisaufnahme wird weiterhin ergeben, daß mehr als drei Monate lang kein Rechtsbeistand ernannt und kein formelles Verfahren eingeleitet wurde... Herr Tiede und Frau Ruske wurden ohne Rechtsbeistand in amerikanischem Gewahrsam gehalten.«

Der Dolmetscher unterbrach: »amerikanischem —«

»Gewahrsam gehalten.« Best seufzte.

»Gewahrsam gehalten.« Der Richter starrte den Dolmetscher an.

»Die Beweisaufnahme wird unseres Erachtens ergeben, daß die Angeklagten unter anderem deshalb keinen Rechtsbeistand erhielten, weil die genannten Beamten befürchteten, daß dies Fragen auslösen würde, die sie nicht gern beantworten wollten, und daß kompetente Anwälte verlangen würden, daß ihre Mandanten entweder unter Anklage gestellt oder aber freigelassen würden... Ich möchte jetzt nicht«, fügte Best anschließend sogleich hinzu, »auf die rechtliche Bedeutung dieser Tatsachen eingehen, sondern das Gericht lediglich darauf hinweisen, daß wir uns hier möglicherweise nicht auf die Aussagen der Vernehmungsbeamten beschränken können. Zu den Beweismitteln, die unserer Meinung nach wichtig werden dürften, gehören die Mitteilungen, die zwischen der Stadt Berlin und der US-Mission und ihren jeweiligen vorgesetzten Stellen in Bonn und Washington, D. C., ausgetauscht wurden über die Inhaftierung von Herrn Tiede und Frau Ruske, die Nichtbeiziehung von Rechtsbeiständen für dieselben sowie über deren allgemeine Situation während der in Rede stehenden Zeit.« Best richtete sich empor und brachte hierzu folgende Forderung vor: »Wir ersuchen daher nunmehr in aller Form um die Bekanntgabe aller solcher Mitteilungen, einschließlich des Fernschreibverkehrs.«

Wenn die Zuhörer in der Erwartung gekommen waren, ein lenksames Gericht zu erleben, so war ihre Überraschung groß: Ein amerikanischer Anwalt hatte soeben die Besatzungsverwaltung angeklagt und um die Herausgabe geheimer Mitteilungen der in Berlin und Bonn mildem Fall befaßten Diplomaten nach Washington ersucht.

Der Richter ließ sich dadurch indes nicht beeindrucken. Was alles dies mit Ingrid Ruske zu tun habe, wollte er wissen. Sei sie nicht ungefähr drei Wochen nach ihrer Freilassung aus freien Stücken gekommen?

»Wie verhält es sich mit der Aussage der Angeklagten Ruske vom, ich glaube, 28. November, die sie«, fragte der Richter, indem er Adelman zunickte, »zumindest nach Darstellung der Anklagevertretung machte, als sie sich an Oberst Goeller in der Absicht wandte, ihm eine Mitteilung zu machen? Behauptet die Angeklagte Ruske, daß irgendein Teil der Fernschreiben in irgendeiner Weise für die Aussage, die sie, glaube ich, am 28. November machte, von Belang ist . . . ?«

Best wandte sich ab und blickte Hellring an. Für diese Frage war er, Best, nicht zuständig. Sie konnte nur von dem Anwalt der Frau beantwortet werden.

Der Augenblick, dem Hellring voller Bangen entgegengesehen hatte, war gekommen. Widerwillig stand er auf. Er war im Begriff, den ersten Schritt zu tun, der zur Festsetzung seiner Mandantin führen würde. Er tat das einzige, was er tun konnte, um sie abzuwenden: Er antwortete ausweichend.

Hellring ging um das Thema herum wie die Katze um den heißen Brei und erging sich in nichtssagenden Redensarten. Er wollte Zeit gewinnen. Wiederholt betonte er, ihre Aussagen vor Goeller hätten streng vertraulichen Charakter gehabt und dürften vor Gericht nicht bekanntgegeben werden – nicht einmal, um die Zusage der Vertraulichkeit zu erweisen. »Gesagt ist gesagt«, wiederholte er, wie schon in New Jersey.

»Liegt es nicht auf der Hand«, fragte der Richter, »daß ohne Heranziehung der Aussagen nicht über ihre Zulässigkeit entschieden werden kann?«

»Es ist ausgeschlossen«, begann Hellring und hielt verzweifelt inne.

»Es ist ausgeschlossen«, begann er von neuem, »daß die Frage der Zulässigkeit dieser Aussagen hier erörtert wird, solange die US-Regierung darauf besteht, diese Dinge im Verfahren bekanntzugeben, indem sie diese Aussagen benutzt. Meine Mandantin sieht darin nämlich einen eindeutigen Bruch der klaren und unmißverständlichen Zusagen, die Oberst Goeller ihr wiederholt gemacht hat.« Hellring sprach jetzt lauter. »Und aufgrund dieser *Zusagen,* und allein aufgrund dieser *Zusagen,* hat Frau Ruske dann gemäß den *Zusagen* die in ihren Aussagen vom 28. und 30. November enthaltenen Mitteilungen gemacht.«

»Wenn ich Sie recht verstehe«, wandte sich der Richter daraufhin an Adelman, »beabsichtigt die US-Regierung die Aussagen vom 28. und 30. November zu verwenden, nicht wahr?«

»Ja«, antwortete Adelman feierlich.

»Nun«, fuhr er Hellring an, »dann beantragen Sie entweder ihre Nichtberücksichtigung oder sehen davon ab. Wenn Sie ihre Nichtberücksichtigung beantragen, dann muß ich hören, was darinsteht, und der Inhalt wird bekannt. Ich habe jedenfalls schon in New Jersey darüber entschieden, und das ist der Grund, weshalb ich die Mitteilungen entsiegelt habe. Die Regierung hatte nämlich klargemacht, daß sich ihre Bekanntgabe nicht vermeiden lassen würde. Und die Presse hat den Inhalt ja auch berichtet, zumindest in den Vereinigten Staaten.« Der Richter zuckte die Achseln.

Hellring stand mit gesenktem Kopf vor dem Richter. Während der Dolmetscher fortfuhr, schien er zu einer Antwort anzusetzen, bemerkte dann jedoch, daß seine Mandantin sichtliche Zeichen von Erregung zeigte.

Sie zupfte ihn am Ärmel und flüsterte ihm aufgeregt etwas ins Ohr. Für Hellring war es nicht einfach, ihr und dem Richter gleichzeitig zuzuhören. Er schüttelte den Kopf, als hoffte er, dadurch Klarheit zu gewinnen. Auf ihre inständigen Bitten hin unternahm er einen abermaligen Versuch.

Hellring brachte vor, er habe gleich nach seiner Ankunft in Berlin feststellen müssen, daß Adelman unrecht habe. Selbst Goeller gebe jetzt zu, daß die Freigabe der Aussagen den »darin erwähnten Personen« schaden würde.

Hellring atmete schwer und pflanzte sich nach einem flüchtigen Blick auf seine Mandantin mit ausgebreiteten Armen vor dem Richter auf.

»Ich möchte jetzt folgende Bitte an Euer Ehren richten«, beschwor er den Richter, »weil diese Sache für meine Mandantin noch wichtiger ist als ihr eigenes Schicksal in diesem Prozeß. Sie möchte nicht, daß diese ihre Aussagen publik werden, und ist bereit, die ihr daraus in diesem Verfahren möglicherweise erwachsenden Nachteile in Kauf zu nehmen. Sie ist bereit, ihre eigene Freiheit zu opfern, um der in diesen Erklärungen erwähnten Person nicht noch mehr Schaden zuzufügen. Sie hat dies Oberst Goeller und Herrn Koester gegenüber im November unmißverständlich klargemacht.«

Der Richter beugte sich vornüber. Die Schlußfolgerung war klar. Ingrid Ruske würde sich schuldig bekennen.

»Wenn ich bitten darf, Euer Ehren«, drang der Anwalt in den Richter, »meine Mandantin möchte auf keinen Fall, daß ihre Aussagen publik werden... Es geht unserer Mandantin in allererster Linie mehr noch als um ihre eigene Freiheit darum, daß diese Aussagen nicht – nicht freigegeben werden.«

Hellring wartete die Übersetzung ins Deutsche ab.

»Wenn es sich«, fuhr er fort, »um dieses Zieles willen als erforderlich erweisen sollte, daß sie sich schuldig bekennt, so will ich das mit ihr überlegen. Doch bevor wir dies tun, war und ist es unsere Absicht, die Streichung dieser Aussagen anzustreben – die die Regierung schandbarer und hinterhältiger Weise freigeben möchte.«

Hellring nahm Surena und Adelman ins Visier. Sein Gesicht war zornesrot. *»Widerrufung«*, donnerte er sie an, *»Bruch* Ihrer feierlichen Versprechungen ihr gegenüber, aufgrund deren allein Sie diese Aussagen erlangten.« Er blickte sie böse an, um sich dann wieder an den Richter zu wenden: »Und ich versichere, Euer Ehren, daß es nicht nur Oberst Goeller und Herr Koester waren, die diese Aussagen erlangten, sondern daß der ebenfalls hier anwesende Mr. Adelman den beiden diesbezüglich Tag für Tag detaillierte Anweisungen erteilte.« Er zeigte dabei mit ausgestrecktem Arm direkt auf den Anklagevertreter.

Adelman sprang auf. Mit lauter Stimme versuchten er und Hellring, sich Gehör zu verschaffen. Der Richter gebot ihnen Einhalt. »Schon gut. Also, bitte –«

»Das hat er getan«, schloß Hellring seine Anklage.

»Darf ich zu gegebener Zeit darauf antworten«, dröhnte Adelman, »nachdem alles dies –«

Der Gerichtssaal war in Aufruhr. Hellring und Adelman suchten einander zu übertönen.

»Nachdem ich, wie wir in Amerika sagen, bis zehn gezählt habe, möchte ich folgendes vorbringen«, begann Adelman.

»Ich habe keinerlei Kenntnis von den Verhören, denen Frau Ruske unterzogen wurde«, protestierte er. »Ich war dabei nicht zugegen. Der Inhalt ihrer Aussagen war mir bis zum Zusammentritt des Gerichts am 6. Dezember unbekannt. Die *einzige* Mitteilung, die ich Oberst Goeller machte, bestand darin, daß ich ihm sagte, er müsse sie über alle ihre Rechte gemäß dem Fall Miranda und nach allen erdenklichen Luftwaffenvorschriften belehren. Und jegliche Andeutung, daß entweder ich selbst oder Mr. Surena irgend etwas Gegenteiliges taten, ist unverantwortlich.«

Der Richter sah die beiden einander so unähnlichen Anwälte an, wie sie sich mit wütenden Blicken musterten: der eine großgewachsen und jung, der andere fast dreißig Jahre älter und ein wenig zur Fülle neigend. Was macht es schon aus, dachte er bei sich, was Adelman wußte oder nicht wußte? Ihre Aussagen müssen offengelegt werden, es sei denn, sie bekennt sich schuldig. Ich kann nicht etwas streichen lassen, was hier nicht bekanntwerden darf. Es geht jetzt nur noch darum, ob, falls die Frau sich tatsächlich schuldig bekennt, sie damit wenigstens erreicht, daß dies Material nicht an die Öffentlichkeit kommt.

»Ich glaube, Sie können mir am besten dadurch helfen, daß Sie mir folgende Frage beantworten«, wandte sich der Richter an Adelman: »Beabsichtigen Sie, die Aussagen vom 23., 28. und 30. November im Prozeß zu verwenden?«

»Ja. Ja, Sir.«

»Beabsichtigen Sie im Falle, daß die Angeklagte Ruske sich schuldig bekennen bekennen sollte, dies Material im Verfahren gegen den Angeklagten Tiede zu verwenden?«

»Sollte die Angeklagte Ruske aus dem Verfahren ausscheiden«, formulierte Adelman vorsichtig, »so können wir Herrn Tiedes Schuld sicherlich durch Vorlage von Belastungsmaterial beweisen, das diese Dinge nicht zur Sprache bringen wird.«

Die Regierung würde Horst Fischer in einem nur gegen Detlef Tiede geführten Verfahren nicht erwähnen. Zuerst würde sich Ingrid Ruske schuldig bekennen müssen, doch war das nur die eine Seite der Angelegenheit. Was würde Tiede tun, wenn nur gegen ihn verhandelt würde? Würde er bereit sein, auf seinen Anspruch auf Rechtfertigung und Entschuldigung zu verzichten, indem er von Fischers Verhaftung mit ihren falschen Papieren in der Tasche und der sich daraus für sie ergebenden Notwendigkeit einer sofortigen Flucht keinen Gebrauch machte? Wenn Tiede sich bereit erklärte, zu schweigen, so würde das der Bereitschaft gleichkommen, für schuldig befunden zu werden. Er würde dann ohne Verteidigung dastehen. Der Richter wandte sich Best zu.

»Mr. Best sollte uns jetzt sagen, ob, falls Frau Ruske aus dem Verfahren ausscheidet, er zu keinem Zeitpunkt der Verhandlung ihre Erklärung zugunsten seines Mandanten bekanntmachen wird.«

Der Richter sah zu der Angeklagten Ruske hinüber, die in gerader Haltung auf ihrem Stuhl saß und angestrengt auf die Übersetzung lauschte.

»Sie muß das selbst entscheiden. Ich möchte nur sichergehen, daß... ihre Entscheidung ihr auch Vorteile bringt – und«, fuhr der Richter nach einer Pause fort, »nicht nur Nachteile.«

Bernard Hellring fuhr hoch, als er das Wort »Nachteile« hörte.

»Ich habe eine Frage«, sagte er in dem Bemühen, das Räderwerk zu stoppen, das seine Mandantin zu zermalmen drohte.

»Meine Frage lautet, ob wir hier davon ausgehen, daß die US-Regierung diese Dinge in keinem Stadium des Verfahrens und zu keinem Zweck bekanntmachen wird, es sei denn, die Vorgehensweise des Anwalts von Herrn Tiede nötige sie dazu?«

»Das möchte ich meinen«, antwortete der Richter, »und wir wollen Mr. Adelman bitten, sich ebenfalls dazu zu äußern.«

Der Richter wandte sich an Adelman: »Bloß ja oder nein«, bedeutete er ihm in dem Bemühen, die beiden Männer nicht erneut aneinandergeraten zu lassen.

»Ja, ja«, erwiderte Adelman unverzüglich.

Für einige spiegelte Adelmans »Ja, ja« einen Eifer, der nur schlecht zu der noblen Tradition der Amerikaner in Berlin passen wollte.

Eine in die Enge getriebene Frau war bereit, alles zu opfern, um den Mann zu schützen, den sie liebte. Diese Frau hatte nie etwas anderes begehrt als das Recht, in Freiheit zu leben. Was immer sie getan hatte, war nur geschehen, weil man ihr dieses Menschenrecht vorenthalten hatte. Doch jetzt war sie bereit, im Tausch gegen die bloße Möglichkeit, daß ein anderer vielleicht dadurch freikommen würde, auf jedwede Hoffnung für sich selbst zu verzichten. Über die Frage, ob ihre Beteiligung an der Entführung des polnischen Flugzeugs nach deutschem Recht gerechtfertigt oder entschuldbar war, würde eine Jury aus Berlinern zu entscheiden haben. Doch die Besatzungsbehörden waren durchaus bereit – ja, darauf erpicht –, Fischers Anonymität gegen ihr Schuldgeständnis und das des Angeklagten Tiede einzutauschen. Die Anklagevertretung würde mit einem Schlag das gesamte Terrain, das sie tags zuvor verloren hatte, wiedergewinnen. Ein Geschworenenverfahren ließ sich durch das Versprechen umgehen, man werde Horst Fischers Identität geheimhalten. Adelmans »Ja, ja« hatte deutlich gezeigt, wie sehr die Anklagevertretung diese Wendung begrüßte.

Die Verhandlung wurde unterbrochen. Es hing nun von Tiedes Entscheidung ab, ob der Fall ohne weiteres abgeschlossen werden konnte.

Der abgegrenzte Raum für die Prozeßbeteiligten hatte sich plötzlich geleert. Alle waren in ihre hinter dem Verhandlungssaal gelegenen Büros verschwunden. Die noch anwesenden Zuhörer wußten nicht, was sie von alledem halten sollten. Sie waren in der Erwartung gekommen, die Auseinandersetzung zwischen dem Richter und dem State Department oder zumindest die zwischen der Anklagevertretung und der Verteidigung werde jetzt weitergehen. Und nun sprachen alle von Schuldgeständnis – und zwar aus keinem ersichtlichen Grund. Es ergab einfach keinen Sinn.

Drei Stunden später kamen die Prozeßbeteiligten nach und nach in den Saal zurück. Zuerst die Anklagevertreter, dann Ingrid Ruske und ihre Anwälte. Die Frau hatte offensichtlich geweint und knüllte auch noch, nachdem sie Platz genommen hatte, fortwährend ihr Taschentuch.

Wenige Minuten später wurde Tiede von einem Gefängniswärter der US-Mission hereingeführt. Ihm folgten seine Anwälte.

Schließlich erschien Ristau und rief wie gewöhnlich: »Alle aufstehen.«

Der Richter nahm Platz und nestelte an dem vor ihm stehenden Mikrophon. Er musterte die Anwesenden und erklärte: »Im Richterzimmer hat eine Diskussion stattgefunden. Alle Anwälte haben daran teilgenommen.« Dann legte er eine Pause für die ewige Übersetzung ins Deutsche ein.

»Ich möchte den Kern dessen darlegen, worüber zwischen allen Parteien Einigkeit herrscht, zumindest soweit ich erkennen kann.«

Der Richter nahm seine Akten zur Hand. »In Anbetracht der Tatsache, daß die Angeklagte Ruske möglicherweise ein Schuldgeständnis erwägt, und angesichts dessen, daß... die Gerichtsordnung bestimmt, daß das Gericht vor der Entgegennahme eines Schuldgeständnisses einen Angeklagten über die möglichen Folgen desselben im Hinblick auf das Urteil... belehren muß -.« Der Richter hielt inne, um dann zu erklären, daß, da weder er noch die amerikanischen Anwälte über eine ausreichende Kenntnis der deutschen Strafbestimmungen verfügten, sie sich von den deutschen Anwälten hätten informieren lassen.

Der Richter legte anschließend in kurzen Worten die Vorschriften des deutschen Strafgesetzbuches dar. Punkt 1 der Anklage, die Flugzeugentführung: bis zu fünfzehn Jahre, mindestens fünf Jahre, in minder schweren Fällen nicht unter einem Jahr. Fazit: Punkt 1 bedeutete eine Freiheitsstrafe von mindestens einem oder fünf und maximal fünfzehn Jahren. Punkt 2, Geiselnahme: mindestens drei Jahre, maximal fünfzehn Jahre. Punkt 2 der Anklage war somit noch schwerwiegender als Punkt 1, war dieses Verbrechen doch selbst in minder schweren Fällen mit Freiheitsentzug nicht unter drei Jahren bedroht. Die restlichen drei Anklagepunkte hatten einen sehr viel geringeren Strafrahmen.

»Darüber hinaus«, fuhr der Richter, an alle Anwesenden gewandt, fort, »hat das Gericht die Vertreter der Anklage und der Verteidigung davon in Kenntnis gesetzt, daß es keine anklagebeschränkenden Vereinbarungen akzeptiert, d. h. daß das Gericht kein Schuldbekenntnis entgegennehmen wird..., das von einem zwischen ihnen vereinbarten Strafmaß abhängig gemacht wird.

Wenn sich ein Angeklagter schuldig bekennt, so wird das Gericht sein Schuldbekenntnis nur entgegennehmen, wenn es überzeugt ist, daß es sich auf einen entsprechenden Tatbestand gründet und wenn es ihm völlig freisteht, jedwedes gesetzlich vorgeschriebene Strafmaß festzusetzen. Es entspricht dies einer Gepflogenheit, von der der Vorsitzende dieses Gerichts in den letzten fünf Jahren als Bundesrichter niemals abgewichen ist und nach der sich dieses Gericht auch in dem vorliegenden Fall ausrichten wird.«

Die westeuropäische Öffentlichkeit und die Funktionäre aus Osteuropa sollten nicht das Schauspiel einer »Schiebung« geboten bekommen. In Berlin existierte keine randvolle Prozeßliste, die nur durch Handeln und Abreden zu bewältigen war. Hier würden keinerlei Anreize zugelassen werden.

Der Richter selbst hatte jedoch keine Vorstellung, wie sich die Angeklagten entschieden hatten. Er wandte sich an Best, um ihn danach zu fragen.

Best trat vor und erklärte, Tiede sei außerstande, irgend etwas zu versprechen.

»Ich möchte dem Gericht zur Kenntnis bringen, daß der Angeklagte Tiede nach meiner Überzeugung nicht in der Verfassung ist, eine wohlüberlegte Entscheidung zu treffen«, führte Best aus. »Die Sinnesänderungen, die sich bei ihm im Verlauf unserer langdauernden Besprechung mit ihm vollzogen haben«, berichtete der Anwalt, »veranlassen uns, dies dem Gericht zu bedenken zu geben.«

Nun, dachte der Richter bei sich, es ist, wie es ist. Selbst wenn die Frau sich schuldig bekennt, kann sie nicht sicher sein, daß Fischers Name in diesem Verfahren unerwähnt bleibt. Er sah zu ihr hinüber. Sie hatte ihr Gleichgewicht offensichtlich noch nicht wiedergefunden. Sie zupfte den neben ihr sitzenden Hellring am Ärmel, flüsterte ihm etwas ins Ohr und suchte ihn dann mit beiden Händen in Bewegung zu setzen.

Hellring schüttelte den Kopf, worauf sie abermals in ihn drang. Widerstrebend erhob sich der Anwalt.

»Alle Anwälte der Angeklagten Ruske – d. h. Mr. Shapiro, Dr. Biel und ich – haben ihr eindringlich und wiederholt vorgestellt, daß sie sich unserer Meinung nach in keinem einzigen Anklagepunkt für schuldig erklären sollte. Dieser Ratschlag basierte zumindest teilweise auf unserer Erkenntnis, daß unsere Mandantin sich in keiner Weise schuldig fühlt.«

Hellring hielt inne. »Ich muß jedoch«, fuhr er mit einem flüchtigen Blick auf sie fort, »dem Gericht in ihrem Namen eine Mitteilung machen, habe ich doch das Gefühl, daß sie uns vorwerfen würde, unsere Pflicht als ihre Rechtsbeistände versäumt zu haben, falls wir es unterließen, folgendes hinzuzufügen: Ungeachtet dessen, daß sie sich absolut unschuldig fühlt, ist sie bereit, sich in dem einen oder anderen Anklagepunkt oder sogar in allen für schuldig zu erklären, falls sie damit ihr Ziel erreicht, ihre Aussagen betreffend die andere Angelegenheit, auf die hier Bezug genommen wurde, geheimzuhalten. Das ist alles, was ich zu erklären und zu berichten habe.«

Während der Übersetzungspause nickte Ingrid Ruske wiederholt mit dem Kopf und knüllte dabei ihr Taschentuch. Der Richter war außer sich. Der ganze Morgen war bereits ungenutzt verstrichen.

»Erklärt sich die Angeklagte Ruske für schuldig oder nicht? Ja oder nein?«

Hellring wandte sich ihr erneut zu, ohne ihr eine Antwort entlocken zu können. Sie saß unbewegt da und sah starr vor sich hin.

»Ich kann Ihre Frage weder bejahen noch verneinen«, antwortete Hellring. »Euer Ehren, ich kann Ihnen nur sagen..., daß sie meiner Meinung nach die Alternativen, zwischen denen sie sich entscheiden muß, nicht erfaßt hat. Ich glaube außerdem, daß sie sich Illusionen über die Möglichkeit macht, die Dinge geheimzuhalten, die sie gern geheimhalten möchte.«

Mehr konnte Hellring nicht für sie tun. Ihr war einfach nicht beizukommen. Ihre Anwälte hatten offensichtlich keinerlei Einfluß mehr auf sie.

Dem Richter bot sich ein chaotisches Schauspiel dar. Die Frau ist von Sinnen, dachte er, zu allem imstande. Und der Mann, Tiede? Der ist offensichtlich derart verwirrt, daß er alles tun wird, was man ihm sagt. Man braucht jetzt eigentlich nicht mehr zu tun, dachte der Richter, als den beiden einen kleinen Stoß zu geben, daß sie sich für schuldig erklären, und dann ist dies Verfahren *zu Ende.* Keine weiteren Auseinandersetzungen mit den Besatzungsbehörden. Kein Warten auf die Abberufung mehr, keine Schwierigkeiten, kein Ärger mehr. Alle würden erleichtert aufatmen. Der Richter würde in dem Bewußtsein abreisen können, seine richterliche Unabhängigkeit bewahrt zu haben, und das State Department konnte ich zurückziehen, nachdem es weder kapituliert noch sich widersetzt hatte. Ein Schuldgeständnis beider Angeklagten war die perfekte Lösung. Und schließlich: Waren sie nicht wohl doch schuldig?

Dem steht entgegen, dachte er, daß sie fest von ihrer Unschuld überzeugt sind. Und ihr Fall ist ja auch keineswegs aussichtslos. Vielleicht wird man sie sogar freisprechen. Wer weiß, wie eine Jury aus Einwohnern von Berlin aufgrund der Notstandsparagraphen des deutschen Strafgesetzbuches entscheiden würde? Nein, es war unvorstellbar, daß man diese beiden Menschen vor einem amerikanischen Gericht durch Täuschung oder Irreführung dazu brachte, sich schuldig zu bekennen, um einen Mann zu schützen, den niemand schützen konnte, Wir, entschied er, nehmen keine Geiseln.

»Möglicherweise kann ich hier helfen«, erklärte der Richter und wandte sich damit zum ersten und letzten Mal der Angeklagten Ruske direkt zu.

»Gnädige Frau, meiner Meinung nach besteht faktisch keinerlei Möglichkeit, das geheimzuhalten, was Sie, wie Mr. Hellring sich ausgedrückt hat, gern geheimhalten möchten, einerlei, ob Sie sich schuldig bekennen oder nicht, ob ein Prozeß gegen Sie geführt wird oder nicht.« Der Richter machte eine Pause, um sicherzustellen, daß sie die gesamte Übersetzung mitbekam. »Was Ihre Antwort betrifft, so können Sie tun, was Ihnen beliebt. Sie können dem Gericht Glauben schenken oder auch nicht.« Abermals Pause. »Die Entscheidung liegt bei Ihnen. Es geht um Ihre Freiheit, um Ihre Rechte, und da müssen Sie selbst entscheiden.«

Die Frau hatte sich sogleich erhoben, als der Richter erstmalig das Wort an sie richtete. Sie stand jetzt allein vor dem Mann in Schwarz.

»Haben Sie alles verstanden, was ich Ihnen gesagt habe?«

»Ja.«

»Was wollen Sie nun tun? Sie können sich entweder schuldig bekennen oder Ihre Schuld weiterhin bestreiten. Aber es ist... vollkommen klar, daß Sie im einen wie im anderen Falle eines nicht tun können, nämlich sicherstellen, daß die Mitteilung, die Sie geheimzuhalten wünschen, nicht öffentlich wird. Darauf haben Sie keinerlei Einfluß mehr. Verstehen Sie mich?«

»Ja«, antwortete Frau Ruske und wandte sich hilfesuchend an Hellring.

Der Punkt sollte damit erledigt sein, dachte der Richter, als er sah, wie der weißhaarige Anwalt und seine blonde Mandantin daraufhin miteinander flüsterten. Das war indes keineswegs der Fall.

Ingrid Ruske löste sich von Hellring. Sie stand abermals vor dem Gericht, ihr kleines Taschentuch in den Händen knüllend, und war immer noch nicht bereit, die Chance, Fischers Fall geheimzuhalten, endgültig aus der Hand zu geben. Hellring schüttelte bedauernd den Kopf über seine Mandantin, die wie angewurzelt dastand, außerstande, zu irgendeinem Entschluß zu kommen.

»Ich will es Ihnen noch deutlicher machen«, fuhr der Richter fort. »Alle die Mitteilungen, deren Offenlegung Sie verhindern möchten, sind bereits offenbar geworden. Sie liegen in der US-Mission bei den Akten. Jeder beliebige Presseberichterstatter kann sie dort einsehen, und das wird so bleiben, einerlei, ob Sie sich schuldig bekennen oder nicht. Ich möchte Sie fairerweise eindringlich darauf aufmerksam machen, damit Sie die Entscheidung treffen können, die Ihnen vom Standpunkt Ihres eigenen Interesses am besten erscheint.«

Das sollte nun aber wirklich genügen, dachte er bei sich. Und tatsächlich war das auch der Fall!

»Ich möchte dazu nichts sagen«, erklärte die Frau schließlich und sank auf ihren Stuhl nieder.

»Sie brauchen dazu auch nichts zu sagen«, nickte der Richter. »Ich ziehe daraus das Fazit, daß die Beschuldigte aufgrund unserer verfassungsmäßig garantierten Rechte für unschuldig zu gelten hat«, erklärte der Richter den Anwälten.

»Diese Frage ist damit ein für allemal erledigt. Irgend jemand anderer Meinung?«

»Nein, Euer Ehren«, antwortete Hellring überschwenglich.

»*Gesagt ist gesagt*«, meinte der Richter. »Packen wir's an!«

11.
Im Kittchen

15. – 16. März 1979

»Packen wir's an«, wiederholte Hellring die Worte des Richters. Er war in Hochstimmung. So müde er war, konnte er doch kaum den nächsten Verhandlungstag abwarten. Packen wir's an: in der Tat.

Jetzt konnte er seine Mandantin ungehindert verteidigen. Er hüpfte fast vor Freude, als er den Verhandlungssaal verließ, um sich Shapiro, Biel und Ingrid Ruske anzuschließen, die draußen in der beginnenden Dämmerung auf ihn warteten. Feinschmekker, der er war, entschied er, er habe jetzt ein erstklassiges Abendessen verdient, und zwar bei Maitre, dem besten und teuersten Restaurant von Berlin. Ja, warum sollte er Biel und Shapiro nicht dazu einladen, dachte er, während er beschwingten Schrittes am Richterzimmer vorbei dem Ausgang zustrebte.

Drinnen beriet sich der Richter mit Ristau. »Heute haben wir nur Zeit vergeudet«, schimpfte er. »Dies war schon der dritte Verhandlungstag, und wir sind noch nicht einmal bei den Anträgen auf Streichung der Aussagen der Angeklagten angelangt. Morgen müssen wir unbedingt weiterkommen.«

»Und morgen ist Freitag, der Tag, an dem sie uns mitteilen wollen, ob sie Ihre Anordnung zu befolgen gedenken.« Ristau sah den Richter prüfend an. »Wollen Sie die Angeklagten wirklich in Freiheit setzen, wenn sich das State Department querlegt?«

Der Richter grinste. »Entweder fügen sie sich oder sie feuern mich. Keiner wird so lange warten, bis ich die Angeklagten in Freiheit gesetzt habe. Ich habe sie lediglich vor die Alternative gestellt: Befolgt die Anordnungen oder schickt euren Richter in die Wüste.«

Ristau wiegte zweifelnd den Kopf, nickte dann aber sofort.

»Es ist jetzt Donnerstagabend. Wenn ich Sonnabend abend immer noch US-Richter für Berlin bin, dann fügen sie sich. Wenn nicht –« Er zuckte die Achseln. Er brauchte den Satz nicht zu vollenden.

Während sich die beiden Männer die Mäntel überzogen, setzte er hinzu: »Wenn ich jetzt wetten müßte, Bruno, so würde ich wetten, daß sie mich davonjagen.«

Ristau wandte sich rasch um: »Das werden sie nicht *wagen*«, prophezeite er mit seinem leicht rollenden R.

»Trinken wir einen darauf«, erwidere sein Kollege lachend und verließ mit ihm den leeren Gebäudekomplex.

Am Freitagmorgen glitt der Wagen des Richters am Tempelhofer Flughafeneingang vorbei und fuhr dann vor dem Seiteneingang des Gerichts vor. Der graulivrierte deutsche Chauffeur sprang heraus, um seinem Fahrgast die Hintertür zu öffnen.

Der Richter mußte sich seinen Weg durch die Menge der Fotografen und Fernsehleute bahnen, die ihn mit der Kamera in der Hand erwarteten. Wie üblich bat man ihn, zu posieren und Interviews zu gewähren – vergeblich. Um keine Zirkusatmosphäre aufkommen zu lassen, hatte der Richter sich fest vorgenommen, keine Interviews zu geben. Seine tägliche Ankunft vor dem Flughafen-Gericht war daher für die Pressefotografen die einzige Gelegenheit, ihn zu Gesicht zu bekommen.

Kurz nach dem Zusammentreten des Gerichts führte Adelman Klage darüber, daß sich die Verteidiger der Presse gegenüber alles andere als schweigsam verhielten. Sie gäben Erklärungen ab, die die Geschworenen beeinflussen könnten.

»Mir kam soeben der Gedanke«, bemängelte er am Pult, »daß das Gericht jetzt ein Geschworenenverfahren angeordnet hat und wir noch keinerlei Anweisungen, Leitlinien oder was auch immer über Ausführungen gegenüber der Presse und ähnliche Dinge bekommen haben.«

Der Richter betrachtete den Vertreter des Justizministeriums.

Was, zum Teufel, sollte denn das heißen?

»Ich möchte *Sie* dazu etwas fragen. Bekommen wir einen Geschworenenprozeß?«

Mr. Surena wird gleich erscheinen, um sich darüber zu äußern, Euer Ehren.«

Der Richter blickte nach rechts und sah Surenas leeren Stuhl – der US-Staatsanwalt für Berlin war erstmalig abwesend.

Er wandte sich wieder Adelman zu. Es war empörend, wie dieser unablässig Surena die Verantwortung zuschob.

»Wenn *Sie* uns mitteilen wollen, daß wir einen Geschworenenprozeß bekommen«, erwiderte er scharf, »dann will ich dem Vorschlag nähertreten, den Anwälten Anweisungen bezüglich ihrer Äußerungen zu geben. Es würde mir jedoch nicht im Traum einfallen, das zu tun, wenn ich nicht wüßte, daß es sinnvoll wäre.«

»Sicherlich«, entgegnete Adelman.

»Ich glaube, es ist nicht zuviel verlangt, daß ich wenigstens davon Kenntnis bekomme.«

»Da haben Sie völlig recht«, erwiderte der Staatsanwalt lachend, während er sich mit raschen Schritten zu seinem Platz zurückbegab.

Kurz darauf betrat Surena den Gerichtssaal, begab sich gemessenen Schrittes zum Tisch der Anklagevertretung und nahm Platz. Er hatte eine ernste Miene aufgesetzt, sagte aber außer ein paar geflüsterten Worten zu Adelman nichts.

Der Richter konnte nicht länger warten.

»Nun, Mr. Surena, wollten Sie etwas sagen, bevor wir die Zeugen aufrufen?

»Darf ich?« antwortete Surena und stand auf, wohl wissend, daß er jetzt die Hauptperson war. »Ich bin heute ermächtigt worden, folgendes mitzuteilen«, erklärte er langsam und bedächtig. Dann zog er ein Blatt Papier aus der Brusttasche und las den Text vor.:

» ›Die Anordnung und die Stellungnahme des Gerichts hat eine Reihe schwieriger juristischer und praktischer Fragen aufgeworfen, deren zureichende Erwägung in der vom Gericht zugemessenen kurzen Zeit nicht möglich war. Die US-Besatzungsbehörden sind der Ansicht, daß die Anordnung und die Stellungnahme des Gerichts juristisch nicht haltbar sind. Die US-Regierung behält sich deshalb das Recht vor, zu einem späteren Zeitpunkt einen Antrag auf Nachprüfung zu stellen.‹ «

Der Richter beugte sich vornüber, unangenehm berührt durch die Worte aus Washington und den Ton, in dem sie vorgebracht wurden. Er bemerkte indes, daß Surena noch nicht geendet hatte, und lehnte sich deshalb wieder zurück.

» ›Dennoch‹ «, fuhr Surena fort, » ›werden sich die US-Besatzungsbehörden, um dieses Verfahren nicht unnötig zu verzögern, bemühen, der Anordnung des Gerichts Wirkung zu verleihen. Dies wird die Lösung einer Reihe von juristischen und praktischen Probleme erfordern. Die US-Besatzungsbehörden müssen mit den Berliner Behörden Mittel und Wege zur Bildung einer Geschworenenbank erörtern. Wir werden dem Gericht diesbezüglich sobald wie möglich Vorschläge unterbreiten.‹

Damit drehte sich Surena auf dem Absatz um und begab sich zu seinem Tisch zurück.

Der Richter sah den abtretenden Beauftragten des State Department verwundert an. Was zum Teufel hat er da eben gesagt, fragte er sich. Das war doch nichts weiter als ein diplomatischer Wortsalat.

Hellring konnte sich angesichts dieser Konfrontation eines Grinsens nicht erwehren. Der neben ihm sitzende Shapiro kicherte. Judah Best schüttelte den Kopf und stand auf.

»Ich verstehe nicht, was er meint. Er hat viele Worte gemacht, aber ich weiß nicht, was er gesagt hat«, wiederholte Best. »Ich hoffe, das Gericht wird Mr. Surena fragen und ihn *veranlassen, sich klar und deutlich* darüber zu äußern, welche Position die US-Regierung in dieser Frage einnimmt.«

Surena befand sich in einem Dilemma. Washington hatte ihm mitgeteilt, was er sagen sollte, doch in diesem Gerichtssaal wirkten seine Worte wie Kauderwelsch.

Der Richter winkte den Diplomaten zurück. »Besagt diese Ansprache, daß Sie sich der Anordnung des Gerichts fügen?« fragte er ihn.

»Aufrichtig gesagt, Euer Ehren, ich lege die Erklärung, die ich von meinem Mandanten bekommen habe, so aus.«

Doch Surena hatte sich immer noch nicht festgelegt, und der Richter hatte seine Zweifel. Die Geschworenen mußten mindestens vier bis sechs Wochen vor dem Verfahren Bescheid bekommen. Wann würde eine eindeutige Antwort erfolgen? Surena wußte es nicht.

»Nun gut. Meinen Sie, daß Sie erst mit Washington sprechen müssen?«

»Ja, in der Tat.«

»Würden Sie mir bitte spätestens bis morgen vormittag Bescheid geben?«

»Ja«, antwortete Surena resigniert.

Die Verteidiger sagten zu alledem nichts. Hellring sah die Auseinandersetzung nicht ungern. Er wollte unbedingt weiterkommen. Er zweifelte nicht, daß eine Beweisaufnahme ergeben würde, daß man sich über die Rechte seiner Mandantin hinweggesetzt hatte. Man würde dann ihre Aussagen streichen und die Anklage gegen sie fallenlassen. Er zog dies einer Zurückweisung wegen Nichtbefolgung der Anordnungen des Gerichts durch die Anklagevertretung vor, die Ingrid Ruske der Gefahr der Auslieferung aussetzen würde. Außerdem brannte er darauf, es den Männern heimzuzahlen, die Ingrid und Sabine Ruske eingesperrt, wiederholt ausgefragt und dann – seiner Meinung nach – verraten hatten: dem US-Stadtkommandanten von Berlin, General Benedict, dem politischen Berater der US-Mission, James Nelson, der am 30. August in Berlin als stellvertretender Gesandter amtiert hatte, und natürlich Adelman. Dies waren die Männer, denen Hellring ans Leder wollte. Aus seiner Sicht hatten sie die Frau und das Mädchen von dem Augenblick an, wo das Flugzeug gelandet war, so behandelt, als ob sie noch in Ostdeutschland wären.

Doch als General Benedict, der Mann, der Befehl gegeben hatte, sie in Gewahrsam zu nehmen, in den Zeugenstand gerufen wurde, bekamen Hellring und Shapiro Schwierigkeiten. Der Richter ließ nicht zu, daß Ingrid Ruskes Anwälte ihm auch nur eine einzige Frage vorlegten.

Es gelang Adelman, ihn davon zu überzeugen, daß das, was mit Ingrid Ruske zwischen dem 30. August und dem 3. November, dem Tag ihrer Freilassung, geschehen war, nichts mit der Erklärung zu tun habe, die sie am 28. November vor Goeller abgegeben hatte. Laut Adelmans wiederholten Bekundungen hatte sie Goellers Büro lange nach ihrer Entlassung aus freien Stücken aufgesucht, um ihm eine Mitteilung zu machen.

Der Richter schenkte Adelman Glauben. Was immer während ihrer Haft oder Gefangenhaltung geschehen sei, entschied er, sei für die Vernehmung, die drei Wochen später stattgefunden habe, ohne Belang. Diese beiden Geschehnisse hätten nichts miteinander zu tun — dachte er.

General Benedict trat in den Zeugenstand, und Shapiro schritt zum Pult, um ihn zu befragen. Doch da stellte sich Adelman ihm in den Weg.

»Ich möchte ein paar Fragen stellen, Euer Ehren«, erklärte Shapiro.

Doch Adelman war dagegen: »Ich erhebe Einspruch«, begann er »Was immer der General am 30. August bei der Landung des Flugzeugs auch befahl, war für ihre Aussagen vom Ende November ohne Belang.«

Shapiro protestierte sofort: »Wir stehen auf dem Standpunkt, daß die Bekundungen von General Benedict, Mr. Nelson, Mr. Surena und Oberst Goeller sowie von allen übrigen für die Frage der Zulässigkeit der Aussagen der Frau Ruske vom Ende November... von Belang sind«, parierte er.

»General Benedict?« fragte der Richter in skeptischem Tonfall. »Aus den Schriftsätzen, die ich vor Antritt meiner Reise hierher gelesen habe«, bemerkte er, »geht nicht hervor, daß General Benedict über den 30. August hinaus persönlich irgend etwas mit irgendeinem dieser Angeklagten zu tun hatte.«

Der Richter nahm die Schriftsätze des Vorverfahrens und legte sie vor sich hin.

»Soweit ich unterrichtet bin, behauptet die Regierung, Fräulein Ruske sei an sie herangetreten, um ihr eine Mitteilung über Herrn Horst Fischer zu machen, der zu diesem Zeitpunkt in Ostdeutschland in Haft saß, weil sie dies zuvor unterlassen hatte...«

Der Richter schob die Schriftsätze beiseite. »Nichts von alledem hat irgend etwas mit General Benedict oder seinen Entscheidungen als US-Stadtkommandant vom 30. August zu tun.«

Er wandte sich an Adelman. »Haben Sie etwas dagegen einzuwenden, daß der General über irgendwelche Weisungen aussagt, die er bezüglich der Angeklagten Ruske erteilte?«

»O ja, und zwar aus vielerlei Gründen«, erwiderte Adelman sofort und hinderte Shapiro mit einem Schwall von Einwänden daran, den General in die Zange zu nehmen. »Wie ich schon sagte«, schloß Adelman, »ist, was diesen Zeugen betrifft, alles, was nach dem 30. August geschah, belanglos, und Ihre Feststellung bezüglich seiner Zeugenaussage, Euer Ehren, gibt im Grunde auch unsere Position wieder. Sie ist für den Fall der Angeklagten Ruske schlicht ohne jede Bedeutung.«

»Wenn es zutrifft, daß, wie Sie vorbringen, die Regierung ursprünglich nicht beabsichtigte, gerichtlich gegen sie vorzugehen, und dies erst tat, als sie aus Sorge um Fischer an Sie herantrat und gewisse Aussagen machte ...«, begann der Richter, offensichtlich im Begriff, für Adelman zu entscheiden. Er konnte seinen Satz indes nicht zu Ende bringen, denn Hellring fuhr ihm dazwischen.

Der ältere Rechtsbeistand von Ingrid Ruske hatte angenommen, daß der Rest der Verhandlung mehr oder weniger ein Kinderspiel sein würde, mit dem er seinen Partner Shapiro betrauen könne. Doch Frau Ruskes Forderung nach Geheimhaltung hatte zur Folge gehabt, daß man den Richter vor der Abreise nicht hatte ins Bild setzen können. Und das erwies sich immer mehr als fatal. Der Richter begriff nicht. Sie war nicht aus freien Stükken erschienen. Man hatte sie vorgeladen. Sie hatte zu keiner Zeit ihre Bereitschaft bekundet, über Fischer auszusagen; Goeller hatte ihre Erklärung vielmehr erschlichen. Die Gegenpartei führte den Richter unablässig in die Irre, und das Beharren seiner Mandantin auf Geheimhaltung hinderte ihn daran, dem entgegenzuwirken. Hellring konnte jetzt nicht mehr an sich halten. Er trat vor und ließ sich von Shapiro das Mikrophon geben.

»Darf ich bitte einen Beweisantrag stellen, Euer Ehren!«

»Nur je ein Antrag von den Vertretern der Anklage und der Verteidigung.«

Der Richter weigerte sich, ihm Gehör zu schenken. Nach den

Bestimmungen durfte zu jedem Punkt für jeden Mandanten nur ein Anwalt das Wort ergreifen, und Shapiro hatte schon für Frau Ruske gesprochen. Der Richter wollte endlich weiterkommen. Es hatte schon allzu viele Verzögerungen gegeben. Der Vortag war mit den endlosen Manövern »Schuldbekenntnis – kein Schuldbekenntnis« vertan worden. Das Verfahren mußte unbedingt beschleunigt werden.

Hellring gab nicht nach. »Dies ist für die Frage der Nichtberücksichtigung von Frau Ruskes Erklärungen gegenüber Oberst Goeller von kaum zu überschätzender Bedeutung. Wir benötigen die Zeugenaussage des Generals dringendst«, begann er. »Wir werden *beweisen,* daß Frau Ruske *nicht* an die US-Mission herantrat, um irgendeine Mitteilung mit Bezug auf Horst Fischer zu machen. Wir werden *beweisen,* daß *man sie aufsuchte,* um sie zu befragen, nachdem man endgültig zu dem Entschluß gekommen war, sie unter Anklage zu stellen.« Er fuhr fort, mußte aber feststellen, daß der Richter unbeeindruckt blieb.

»Dieser Zeuge«, erklärte Hellring und wies dabei auf den Stadtkommandanten, der auf dem Zeugenstuhl saß und den KampZeuge«, erklärte Hellring und wies dabei auf den Stadtkommandanten, der auf dem Zeugenstuhl saß und den Kampf der Anwälte verfolgte, »dieser Zeuge wußte am 30. August . . . , daß sie einen Rechtsbeistand benötigte und daß ihr ein solcher zustand . . . , und man entschied an diesem Tage, daß sie ohne Rechtsbeistand zu verhören sei. . . und daß Oberst Goeller sie statt dessen unter Verwendung aller – ich zitiere den Zeugen – ihm zur Verfügung stehenden Techniken befragen sollte und daß man sie am 31. August und am 1. September und am 2. September und die ganze Zeit bis zum 1. Oktober hindurch Tag für Tag in Haft hielt und daran hinderte, einen Rechtsbeistand zu bestellen.«

»Sind Sie fertig?« Der Richter wurde ungeduldig.

Hellring erkannte, daß er gescheitert war. Sein Verstand erkannte die Ungerechtigkeit, doch sein Gefühl sträubte sich, sich damit abzufinden. Jetzt aufhören, hieß, seine Niederlage einzugestehen, und er wußte, daß seine Mandantin das nicht verdient hatte. Also fuhr er fort, mit vor Erregung erhobener Stimme.

»Die Kuchen, die man ihr gab, das war nicht die menschliche Behandlung, die sie brauchte«, belferte Hellring.

»Hören Sie –«, unterbrach ihn der Richter.

»Sie benötigte einen Rechtsbeistand. Das ist unser Beweisantrag«, brauste Hellring auf.

»Sind Sie endlich fertig?«

»Ja, in bezug auf den Beweisantrag – *diesen* Beweisantrag.«

»Kommen noch mehr?«

»Ja, allerdings.

»Nach meiner Entscheidung über diesen?« Der Richter war jetzt in erregter Stimmung.

»Wenn Sie gegen mich entscheiden, *ganz bestimmt.*« »Warum stellen Sie nicht alle ... «

»Es hängt davon ab, wie Sie entscheiden, Euer Ehren!«

»Ich will Ihnen etwas sagen, Mr. Hellring. Ich möchte alles hören. Nicht stückchenweise«, wies ihn der Richter zurecht, der sich die Starrsinnigkeit des Anwalts nicht erklären konnte.

»Gut, ich will gern alles vorbringen. Weil Sie mich darum ersuchen.«

Mit diesem »weil Sie mich darum ersuchen« hatte Hellring in den Augen des Richters nun aber wirklich die Grenzen des Erlaubten überschritten. Er beugte sich vornüber und betrachtete den Anwalt mit halbgeschlossenen Augen. Noch ein solches Wort, dachte er, und ich belange ihn wegen Nichtachtung des Gerichts.

Vier Tage lang hatte er sich mit dem State Department herumgeschlagen. Dann war es ihm schließlich gelungen zu verhindern, daß eine Frau, die offensichtlich einer Täuschung unterlag, das Opfer einer Rechtsbeugung wurde. Und nun war bereits Freitag; er wollte die Beweisaufnahme spätestens Sonnabend abend – dem letzten Verhandlungstag – abschließen, und da hielt dieser Hellring langatmige Reden. Wenn dies alles so furchtbar wichtig ist, dachte er, warum steht es dann nicht in Hellrings Schriftsatz? Und das »weil Sie darum ersuchen« hatte nun wirklich geradezu unverschämt geklungen.

Hellring redete immer weiter. Seine Ausführungen waren wegen der häufigen Übersetzungspausen doppelt zeitraubend. Der Mann fand einfach kein Ende.

»Kommen Sie endlich zur Sache«, unterbrach ihn der Richter.

»Bitte sehr, Euer Ehren, dies alles hat sehr viel mit der angeblichen Freiwilligkeit ihres Erscheinens zu tun.«

»Davon habe ich bisher nichts gehört.«

»Ich komme gleich darauf.«

»Ich muß mir hier ständig Ihre langen Reden anhören.«

»Verzeihung, Euer Ehren, aber ich kann jeweils immer nur ein Wort sagen.«

»Weiter«, forderte ihn der Richter auf, der unbedingt weiterkommen wollte.

»Ich versuche, mich kurz zu fassen, doch wenn Sie, Euer Ehren, der Anklagevertretung gestatten, hier lange Reden zu halten, dann sollten Sie der Verteidigung das gleiche Recht zugestehen«, erwiderte Hellring in scharfem Ton. »Jetzt sind wir an der Reihe, und wir beabsichtigen, die Gelegenheit zu nützen, *es sei denn, Sie, Euer Ehren, hindern uns daran«*, schimpfte er.

Der Richter hatte Mühe, nicht die Beherrschung zu verlieren. »Wenn Sie mich anbrüllen, erreichen Sie gar nichts.«

»Ich habe nicht die Absicht, Sie anzubrüllen.«

»Sie kennen mich gut genug, um zu wissen, daß, wenn Sie mich mit erhobener Stimme anreden, ich Ihnen das Wort entziehen werde.«

»Bitte, Euer Ehren --

»Sie können hier zu Wort kommen, wenn Sie es wünschen – gewiß jeweils immer nur ein Wort –, doch sollten Sie sich den anderen gegenüber fair verhalten und sich dabei bitte etwas mehr beeilen.« Mit eisigem Gesicht setzte er hinzu: »Es ist eine Unverschämtheit zu behaupten, die Regierung habe mehr Redezeit bekommen als Sie-« Der Richter war in höchstem Maße erstaunt über den Verteidiger, der, nachdem er mit allen wichtigen Anträgen durchgedrungen war, ihm jetzt vorwarf, die Anklagevertretung zu begünstigen.

»Darf ich wohl, Euer Ehren, auf dieses Instrument verzichten, denn ich benötige es nicht.« Hellring schob das Mikrophon beiseite. »Das ist wahrscheinlich der Grund, weshalb meine Stimme so laut klang.«

Zum erstenmal seit langem sah man jetzt am Tisch der Anklagevertretung lächelnde und gelöste Mienen. Die Atmosphäre im

Gerichtssaal hatte sich gewandelt. Die Verteidigung war in die Defensive geraten. Die Gesichter an ihrem Tisch blickten düster drein. Die der Anklagevertretung strahlten.

Hellring stellte erneut einen Beweisantrag, drang damit indes nicht durch.

»Schon gut. Ich habe Ihren Beweisantrag gehört... Nichts darin betrifft, soweit ich sehe, General Benedict.« Der Richter tat alles mit einer Handbewegung ab.»Meine ihn betreffende Entscheidung bleibt daher dieselbe. Was Oberst Goeller betrifft, so können Sie ihn befragen. Wenn sich im Verlauf der Befragung herausstellen sollte, daß Sie General Benedicts oder sonst jemandes Bekundung benötigen, dann kann dem natürlich entsprochen werden. Aufgrund dessen, was ich gehört habe, bleibt es aber bei meiner Entscheidung.«

Hellring hatte in der ersten Runde verloren. Der Richter begriff immer noch nicht. Der Anwalt ging langsamen Schrittes zum Tisch der Verteidigung zurück und nahm wieder neben Shapiro und Biel Platz. Die drei verbissen ihre Enttäuschung, als General Benedict trotz allem, was er Ingrid Ruske durch seine Befehle angetan hatte, unbehelligt den Zeugenstand verließ.

Ingrid Ruske dagegen fand keinerlei Veranlassung, die Gefühle ihrer Anwälte zu teilen noch auch in Zorn zu geraten, als General Benedict abtrat. Anspruch auf einen Rechtsbeistand? Anspruch auf Haftverschonung gegen Sicherheitsleistung Befand sie sich nicht in einem öffentlichen Verhandlungssaal, von Anwälten beschützt? Hatte sie nicht gerade gehört, wie der Richter die Anklagevertretung zurechtwies und entschied, daß sie auf ein Geschworenenverfahren Anspruch habe? Wie anders erging es dagegen Horst Fischer, dessen Haft Staatsgeheimnis war. Dieser würde einen Prozeß bekommen, wenn es den dortigen Machthabern paßte, und zwar einen Geheimprozeß vor einem Richter, der ihn befehlsgemäß schuldig sprechen mußte. Nach den Rechtsnormen, die sie kannte, erschienen ihr die Bedingungen vor dem US-Gericht für Berlin geradezu ideal.

Sie beugte sich zu Hellring hinüber und flüsterte ihm etwas ins Ohr. Warum er denn den Richter so schlecht behandele? Das könne sie keinesfalls billigen. Hellring fühlte sich versucht, sie zu ignorieren. Indes, sie war schließlich seine Mandantin.

Der Richter habe unrecht in diesem Punkt, flüsterte er zurück. Und spätestens morgen nachmittag werde er das auch einsehen. Hellring wandte dann seine Aufmerksamkeit dem nächsten Zeugen zu — in der Hoffnung, daß sich seine Prophezeiung bewahrheiten werde. Andernfalls mußte man damit rechnen, daß die unwissende Frau Ruske im Gefängnis landen würde.

Ken Adams, Bests junger Partner, rief als nächsten Zeugen James Nelson auf. Nelson war der höchstrangige Vertreter des State Department, der bei der Landung der LOT 165 zugegen gewesen war.

Den Gerichtssaal betrat ein groß und schlank gewachsener Mann mit einer auffallend hohen Stirn und einem rotwangigen Gesicht. Er schritt zum Zeugenstand, hob die rechte Hand und ließ sich vom Gerichtsschreiber Ristau den Eid abnehmen.

»Waren Sie am 30. August 1978 der politische Berater der US-Mission?«

»Ja. Gleichzeitig war ich stellvertretender Gesandter, da damals kein Gesandter amtierte.«

An der Spitze der Berliner US-Mission stand der US-Botschafter. Ihm nachgeordnet waren der Stadtkommandant und der Gesandte.

»Dann rangieren Sie also unmittelbar hinter General Benedict?«

»Das ist richtig. Das war am 30. August der Fall.«

Adams fragte den Zeugen, wann und wo er erstmalig von der Flugzeugentführung gehört habe.

»Nun«, antwortete Nelson und runzelte nachdenklich die Stirn, »ungefähr um halb zehn Uhr, soweit ich mich erinnere, vielleicht auch etwas früher, erschien General Benedict in meinem Büro und teilte mir mit, er habe soeben eine Meldung bekommen, wonach ein Flugzeug entführt worden sei und zum Flughafen Tempelhof umgeleitet werde. Wir müßten sofort zum Flughafen fahren und dort die erforderlichen Anordnungen treffen.

»Sie und der General fuhren also zusammen von der US-Mission zum Flughafen?«

»Das ist richtig.«

»Fuhr noch jemand mit Ihnen? Fuhr Mr. Surena mit?«

»Ja, Mr. Surena war glücklicherweise sofort erreichbar und fuhr mit uns im Auto zum Flughafen.«

Bei ihrem Eintreffen in Tempelhof erfuhren sie, daß der Flugzeugentführer bereits seine Waffe abgegeben und zusammen mit mehreren anderen, die sich offenbar in den Westen absetzen wollten, die Maschine verlassen habe.

»Wissen Sie ungefähr, wieviel Personen damals die Maschine zu verlassen wünschten?« Adams hob auf die Passagiere ab, die wegen der Tat seines Mandanten in den Westen entkommen waren.

Nelson meinte, es seien sechs oder acht gewesen.

»Entschlossen sich diejenigen, die das Flugzeug verlassen wollten, dazu, im Westen zu bleiben?«

»Verzeihung, Mr. Nelson«, fuhr Adelman dazwischen. »Euer Ehren, ich glaube, das ist unerheblich.« Der Staatsanwalt wollte dieses Thema nicht vertieft sehen.

»Anerkannt.

Adams ließ Nelson den Hergang der Ereignisse am 30. August genau rekapitulieren. Nelson wußte an jenem Tag noch nicht, ob die Gerichtsbarkeit in dieser Sache bei den Amerikanern oder bei den Deutschen liegen würde. Die Amerikaner trafen deshalb vorerst keinerlei Entscheidungen und warteten auf Anweisungen aus Washington. Und in der Zwischenzeit, solange diese noch nicht eingetroffen waren, sollten Tiede und Frau Ruske keinen Rechtsbeistand erhalten und ihr Fall in der Schwebe bleiben.

»Haben Sie die Angelegenheit nicht mit Mr. Surena erörtert und entschieden, daß Sie sie bis zu dem Zeitpunkt in der Schwebe lassen wollten, wo die endgültige Entscheidung darüber getroffen werden würde, wer in diesem Fall Justiz üben sollte?«

»Ich warte auf Ihren Einspruch«, warf der Zeuge mit einem Blick auf Adelman ein.

Adelman stand sogleich auf.

»Einspruch.« »Befolgen Sie lieber seine Anweisungen«, warnte der Richter Adelman mit einem unterdrückten Kichern über die Art und Weise, wie der Zeuge den Staatsanwalt belehrte.

»Bedaure sehr«, erwiderte Nelson. »Ich habe mit Mr. Surena

darüber gesprochen, aber ich kann nicht mit Sicherheit sagen, daß dies am 30. August geschah.

»Warum«, wollte Adams dann wissen, »beschlossen Sie, diese Entscheidung in der Schwebe zu lassen?«

Doch jetzt brach Adelman mit einer Flut von Einsprüchen los. Der Zeuge antwortete nicht. Adelman wurde abgewiesen. Eine weitere Frage, ein weiterer Einspruch, wieder wurde Adelman abgewiesen, doch der Zeuge blieb stumm. Er könne, sagte er, sich nicht mehr an die Frage erinnern. Der gegen die Konsekutivdolmetscher, die ihn nötigten, nach jedem Satzteil eine Pause einzulegen, ankämpfende Adams mußte noch einmal von vorn beginnen. Der junge Verteidiger kam ins Schwitzen. Er setzte zu einer lange, vielfach verschlungenen Frage an.

»Die Entscheidung, die von Ihnen und Mr. Surena getroffen wurde, lautete dahin – und dies sind, glaube ich, die Worte, die Sie bei unserem Zusammentreffen letzte Woche gebrauchten –, daß Sie sie ›schmoren‹ und die Angelegenheit so lange auf sich beruhen lassen wollten, wie sie nicht auf eine Lösung drängten.« Adams machte eine Übersetzungspause.

»Nun, was wollten Sie – was beschlossen Sie, auf sich beruhen zu lassen?«

Adelman erhob erneut Einspruch, und Nelson verweigerte die Antwort auch auf diese Frage.

Adams war der Verzweiflung nahe. Noch schlimmer für die Angeklagten war, daß der Richter nicht mehr klar sah. Adams, der dartun wollte, daß die Angeklagten vorsätzlich monatelang in Isolierhaft gehalten worden waren, mußte von neuem beginnen.

»War am 30. August irgendeine Entscheidung darüber getroffen worden, ob Herr Tiede letztlich von den amerikanischen oder den deutschen Strafverfolgungsbehörden unter Anklage gestellt werden sollte?«

»Am 30. August war darüber keine Entscheidung getroffen worden.«

»Und warteten Sie diesbezüglich auf Weisungen des State Department?«

»Einspruch, Euer Ehren«, fuhr Adelman dazwischen. »Das Gericht hat diese Frage ebenfalls für unzulässig erklärt.«

»Euer Ehren, ich versuche, das Datum zu eruieren.«

Adelman ließ erneut eine Flut von Einsprüchen los. Alle waren wiederum völlig desorientiert, einschließlich des Richters. Er begriff nicht, was Adams eigentlich beweisen wollte. Er wies Adelmans Einspruch jedoch zurück.

»Einspruch zurückgewiesen. Sie können die Frage beantworten.«

»Wollen Sie die Frage bitte wiederholen?« fragte Nelson und brachte Adams damit völlig aus dem Konzept.

»Aufgrund dessen, daß das Gericht die Frage zugelassen hat, will ich sie eingrenzen auf das besondere –«, begann Adams, gefolgt vom »Marktschreier«.

Dem Richter schwindelte der Kopf. »Ja, ich habe den Einspruch für begründet erklärt – zurückgewiesen. Sie haben soeben eine Frage gestellt.« Er wandte sich erst dem einen und dann dem anderen zu, völlig desorientiert.

»Könnte der Protokollführer meine Frage bitte vorlesen?« bat Adams.

Und so ging es weiter. Es herrschte allgemeine Verwirrung. Mit Adelmans rechtzeitigen Einsprüchen machte Nelson die Absichten des jungen Partners von Judah Best völlig zunichte. Entmutigt erklärte dieser die Befragung des Zeugen schließlich für beendet. Nun kam die Reihe an Hellring.

Adams begab sich an seinen Platz zurück. Hellring blieb, wo er war, und starrte Nelson abschätzend an. Schließlich erhob er sich. »Boten Sie oder irgend jemand sonst im amerikanischen Hauptquartier in Berlin Frau Ruske am 30. August einen Rechtsbeistand an?«

»Nein.

»Warum nicht?«

»Wie ich schon zuvor – bei der Beantwortung früherer Fragen erwähnte, gingen wir damals davon aus, daß nicht wir, sondern die deutschen Strafverfolgungsbehörden Anklage erheben würden.«

»Und das ist der Grund, weshalb Sie ihr keinen Rechtsbeistand anboten?« höhnte Hellring. Was für eine schäbige Ausrede, konnte man dabei als Unterton heraushören. Sie bekommt erst dann einen Rechtsbeistand, wenn Sie entscheiden, *wer* sie unter Anklage stellen soll!?

Hellring begann, den Zeugen in die Enge zu treiben.

Nelson, dem offensichtlich unbehaglich zumute wurde, blickte erneut hilfesuchend zu Adelman hinüber. Adelman sprang auf, um einen Einspruch vorzubringen, der dem Zeugen die Beantwortung von Hellrings Frage erleichtern sollte. »Euer Ehren, ich möchte Einspruch erheben, denn diese Frage ist unerheblich. Sie galt nicht als tatverdächtig. Es liegt keinerlei Beweis dafür vor, daß er jemals von dem Namen oder der Existenz —«

»Woher weiß der Herr Staatsanwalt das?« fuhr Hellring ihm wütend in die Parade. »Warum darf der Herr Staatsanwalt dem Zeugen sagen, was er seiner Meinung nach antworten sollte? Die US-Staatsanwälte wollen vertuschen -«

»Bitte —«, unterbrach ihn der Richter.

» — indem sie sich weigern, die Beantwortung dieser Frage zuzulassen... Sie sind so stolz auf das, was damals geschah, daß es unter keinen Umständen bekannt werden soll.«

Hellring war zornrot geworden und wies mit ausgestrecktem arm auf Adelman. Er wußte, was man seiner Mandantin angetan hatte, war aber außerstande, es dem Richter begreiflich zu machen. Und Adelmans Einsprüche, die sich gegen Adams als so wirkungsvoll erwiesen hatten, steigerten seine Enttäuschung noch. Bei seinen letzten Bemerkungen dröhnte seine Stimme derart aus dem Lautsprecher, daß der ganze Saal davon widerhallte.

Der Haken dabei war, daß seine Worte wohl auf Adelman zielten, aber unmittelbar vor dem Richter fielen. Genauer gesagt, er schleuderte sie gegen die Richterbank.

»Sind Sie endlich fertig?« fragte der Richter frostig.

»Einstweilen ja.«

»Wollen Sie bitte Ihr Mikrophon wegsetzen?«

»Nun, wenn Euer Ehren wünschen — «

»Hier wird nicht gebrüllt... Hören Sie, das Schreien und Lärmen hier im Gerichtssaal muß aufhören, desgleichen diese Art von Erklärungen. Über die Einsprüche entscheide ich, nicht Sie und nicht er, sondern ich«, erklärte der Richter mit einem flüchtigen Blick zu Adelman hinüber, der jetzt sehr viel zufriedener dreinschaute als letzthin.

»Aber ich – «

»Keine Aber, Mr. Hellring; er hat Einspruch erhoben, und ich entscheide jetzt darüber.

Und natürlich erklärte der Richter Adelmans Einspruch für begründet. Dieser stolzierte daraufhin zu seinem Tisch zurück und nahm dort, von Surena und der deutschen Juristin Marianne Fischer mit einem Lächeln bewillkommnet, wieder Platz.

Hellring war sich natürlich völlig darüber klar, daß er sich dem Richter entfremdete, entschloß sich aber trotzdem, ihn abermals herauszufordern.

»Dieser Mann, der jetzt in den Zeugenstand getreten ist, und dessen Vorgänger im Zeugenstand haben beide meiner Mandantin Unrecht angetan, und zwar nach Rücksprache und auf den Rat des US-Staatsanwalts, der damals als Rechtsberater, als *ihr* Rechtsberater, amtierte. Die Tatsache, daß man ihr zu jenem Zeitpunkt einen Rechtsbeistand verweigerte, steht in unmittelbarer Beziehung zu der Zulässigkeit oder Nichtberücksichtigung der Aussagen meiner Mandantin vom 28 . . . . und 30. November, die sie zu verwenden versuchen und die die Taten eines *heldenhaften Mannes* betreffen«, rief Hellring mit drohend erhobener Faust aus, offenkundig an die Zuhörer appellierend – und zweifellos seinen Auftritt genießend.

»Jetzt ist's aber genug«, unterbrach ihn der Richter. »Ich will Ihnen mal was sagen. Es liegt keinerlei Beweis dafür vor, daß ihr irgend jemand am 30. August einen Rechtsbeistand verweigerte, ausgenommen Ihre Angabe. Es hat auch niemand Beweis dafür erbracht, daß sie um einen solchen ersuchte. Und nichts von dem, was am 30. August geschah, wird gegen sie geltend gemacht.« Der Richter war jetzt sichtlich erzürnt.

Der neben dem leeren Platz seines Partners am Tisch der Verteidigung sitzende Richard Shapiro stieß einen bekümmerten Seufzer aus. O weh, dachte er, jetzt ist Bernie aber zu weit gegangen. Der Richter wird ihn fertigmachen. Was denkt er sich dabei? Man hat fast den Eindruck, daß er ihn absichtlich reizen will. Warum wohl? Mein Gott, es existiert ja nicht einmal ein Revisionsgericht, an das wir uns wenden können, falls Ingrid Ruske für schuldig erklärt wird.

Der Richter hat hier absolute Gewalt. Und in diesem sonderbaren Gericht im besetzten Berlin ist er der einzige, der die Anklagevertretung — die Eroberer — daran hindern kann, uns alle matt zu setzen. Und nun verhält Bernie sich wie ein Matador, der mitten in der Arena einen friedfertigen, wohlwollenden Stier dazu anreizt, anzugreifen und ihm den Garaus zu machen.

Hellring hielt einen Augenblick inne, überdachte die Bemerkung des Richters über das fehlende Beweismaterial und feuerte dann eine Breitseite auf ihn ab: »Wenn kein Beweis dafür vorliegt, daß man ihr einen Rechtsbeistand verweigerte, so liegt das daran, daß Sie, Euer Ehren, mir nicht gestatten wollten, den letzten Zeugen darüber zu befragen«, erklärte er hochgestimmt.

Shapiro stieß einen hörbaren Seufzer aus und bedeckte seine Augen mit beiden Händen.

»Hören Sie, Mr. Hellring«, fuhr der Richter hoch. »Wenn die« — er wies auf Surena und Adelman — »mir hier keine Weisungen erteilen können, so können Sie das gleichfalls nicht!«

»Bitte sehr, Euer Ehren --

»Nehmen Sie bitte zur Kenntnis --

»Ich bitte um Entschuldigung.«

» — daß es mir völlig ernst damit ist.«

»Ich bitte um Entschuldigung. Falls Sie, Euer Ehren, irgendein von mir gebrauchtes Wort dahin auslegen, daß ich Ihnen hier Weisungen zu erteilen mich erkühne, so möchte ich feststellen, daß mir nichts ferner liegt«, erklärte Hellring sichtlich zerknirscht. »Diese Leute haben ihr einen Rechtsbeistand verweigert. Ich möchte Ihnen das beweisen. Geben Sie mir bitte eine Chance. Um mehr geht es mir nicht. Nur darum geht es mir«, bat er inständig. »Sie haben darüber gesprochen und gesagt — und ich biete Ihnen Beweis dafür an —, sie haben zueinander gesagt: ›Wir wollen ihr jetzt keinen Rechtsbeistand geben, denn der stellt dann lauter komische Fragen.‹ Unter anderem wird er uns darüber belehren, daß wir nicht berechtigt sind, sie in Haft zu nehmen, so daß wir sie freilassen müssen. Ich möchte Ihnen da beweisen«, fuhr Hellring in etwas ruhigerem Tonfall fort. »Diese Leute waren zugegen. Sie haben so miteinander gesprochen. Dieser Mann wird Ihnen das bestätigen, wenn Sie es gestatten.«

Des Richters Zorn verflog. Vielleicht, daß er der Verteidigung Unrecht getan, sie übermäßig behindert hatte. Das kam dann aber daher, daß man unter Zeitdruck stand.

»Ich möchte über meine Entscheidung keine Zweifel aufkommen lassen, Mr. Hellring. Ich hatte nicht gesagt, daß Sie diesen Zeugen nicht über diesen Bereich mit Blick auf einen späteren Zeitpunkt befragen dürften, zumal es für die Umstände von Bedeutung ist, unter denen die Aussagen... vom November oder danach zustande kamen. Sie erleichtern mir meine Aufgabe, wenn Sie sich dabei so verhalten, wie Sie es jetzt tun«, bedeutete ihm der Richter mit Bezug auf Hellrings nunmehr gemäßigten Ton.

Hellring begab sich daraufhin rasch zu seinem Tisch zurück, um ein Glas Wasser zu trinken. Shapiro faßte ihn am Arm. Was denn los sei, wollte er wissen.

Hellring zwinkerte ihm zu. Es wird jetzt alles glattgehen, versprach er ihm. Der Richter, fügte er rasch hinzu, hatte die Sache nicht durchschaut. Wegen Adelmans Schriftsatz und Parteibehauptungen und weil Ingrid Ruske sich querlegte, war der Richter überzeugt, daß sie im November aus freien Stücken erschien. Er wollte einzig und allein anhören, was im November geschah.

Wir mußten etwas tun, damit er merkte, was wir ihm sagen wollen. Ich habe ihn zweifellos gegen mich aufgebracht, aber du wirst sehen, Dick, daß von jetzt an alles glattgeht. Noch etwas anderes: Bis jetzt hat er immer zu unseren Gunsten entschieden. Er hat der Anklagevertretung hart zugesetzt. Richter lassen gern jeder Seite etwas zukommen, deshalb habe ich mich dafür zur Verfügung gestellt. Die freuen sich wie Schneekönige. Sieh dir Surena und Adelman an. Aber paß auf, was jetzt passiert.

Hellring stellte, offensichtlich erfrischt, das Glas wieder hin und fuhr mit seiner Befragung fort, während der nach wie vor zweifelnde Shapiro ihn nervös anblickte. Wenig später lagen Hellring und Adelman sich in den Haaren.

Frage. Einspruch. Frage. Einspruch.

»Haben Sie irgendwann nach dem 30. August, im August oder im September 1978, mit Mr. Surena oder mit General Benedict die Frage eines Rechtsbeistandes für Frau Ruske erörtert?«

»Verzeihung«, fuhr Adelman hoch, wartete aber mit seinem Einspruch, bis Hellring seine lange Frage beendet hatte: »Ich glaube, jetzt ist erst mal Schluß. Man weiß das nie. Einspruch, möge es dem Gericht belieben.« Adelman machte sich über Hellrings Redeweise lustig.

»Bitte, Euer Ehren«, – Hellring blickte böse zurück –, »diese höhnische Bemerkung scheint mir äußerst unangebracht.«

Adelman begründete seinen Einspruch. Was während ihrer Haft geschehen sei, sei unerheblich. Man habe sie freigelassen. Sie sei dann mehrere Wochen später aus freien Stücke erschienen, »und das ist der Kardinalpunkt... Es war dies ein auf ihren persönlichen Entschluß zurückgehender Willensakt, es geschah *aus freien Stücken.«*

Adelman erwartete offensichtlich, daß seinem Einspruch wie zuvor stattgegeben würde. Der Richter dachte jedoch an Hellrings Verwahrungen. Sollte da wohl etwas vertuscht werden? Verschleierte er mit seinen eigenen Entscheidungen die Wahrheit? Er spürte plötzlich Gewissensbisse. Indes, es blieb ihm noch Zeit. Schließlich, warum sollte er die Beweisaufnahme begrenzen? Wenn die Anklagevertretung nichts Unrechtes tat, hatte sie nichts zu verbergen.

Der Richter schüttelte ebenso nachdenklich wie verneinend den Kopf.

»Ich weiß nicht, was besprochen wurde. Und wenn ich dem Zeugen nicht gestatte zu antworten, dann kann ich es nie feststellen.« Er nickte Hellring zu: »Einspruch zurückgewiesen.«

Nun brach die Sonne durch. Shapiro hätte vor Freude am liebsten einen Luftsprung gemacht. Er stieß Biel mit dem Ellbogen an. Er sah zum Tisch der Anklagevertretung hinüber. Dort schien man nicht so erfreut.

Der Zeuge mußte zugeben, daß er die Verweigerung eines Rechtsbeistandes für seine Häftlinge mit Andre Surena besprochen hatte: »Ich kann nicht sagen, an welchen Tagen wir darüber sprachen, aber ich kann mich deutlich daran erinnern, daß ich diesbezüglich und wegen anderer, die Angeklagten betreffender Dinge, meiner Sorge Ausdruck gab.

Nelson war offensichtlich nicht ganz wohl zumute. Er schien

unangenehm davon berührt, daß man den Beschuldigten, während man auf die Reaktion des State Department gewartet hatte, ihre Rechte vorenthalten hatte. Er gab zu, daß man den Mann und die Frau »im Kittchen« festgehalten hatte.

»Darf ich noch eine weitere Bemerkung in bezug auf den Zeitraum machen? Am 30. August gingen wir, wie ich schon erwähnte, davon aus ..., daß die Entscheidung über den Fortgang der Fälle in einem sehr viel kürzeren Zeitraum getroffen würde, als es dann tatsächlich geschah. Wir meinten, daß innerhalb von vierundzwanzig Stunden damit zu rechnen sei.«

Der Richter beugte sich hinab, um die Befragung zu unterbrechen. Wieoft hatte der Stellvertretende Gesandte diese Dinge mit Surena erörtert?

»Beinahe täglich«, antwortete der Zeuge.

Alle Anwesenden konnten bemerken, wie der Richter die Stirn runzelte, während er sich auf dem vor ihm liegenden Notizblock etwas notierte. Hellring stieß sogleich nach.

»Und wie löste sich diese Sorge, die *Tag für Tag* bestand, schließlich?«

Nelson dachte einen Augenblick nach. »Daß sie sich löste, würde ich wohl nicht sagen wollen. Ich legte jedoch dem Rechtsberater, der in unserer Mission damals dafür zuständig war, nahe, Washington dazu zu bringen, die Entscheidungen so schnell wie möglich zu treffen.«

»Wissen Sie, wann Mr. Surena zum US-Staatsanwalt für Berlin ernannt wurde?« fragte Hellring sanft.

Adelman sprang auf und rief: »Einspruch! Ich glaube nicht, daß dies für die Befragung dieses Zeugen von Belang ist.«

»Oh, oh, Mr. Adelman«, entgegnete der Richter lachend, »Mr. Hellring wird Ihnen sogleich sagen, daß, wenn die US-Regierung am 1. September einen Anwalt hinzuzog, dies für das Datum belangvoll sein kann, an dem die Angeklagte Ruske einen Rechtsbeistand bekam. Einspruch zurückgewiesen.«

Jetzt strahlte die Sonne, und die Verteidigung genoß sie. Sie hatte nun freie Bahn.

»Die Frage lautete: Wissen Sie, wann Mr. Surena zum US-Staatsanwalt für Berlin bestellt wurde?«

»Ich glaube ja«, antwortete Nelson und setzte nach einem Dialog mit Hellring hinzu: »Es war sehr bald nach dem Zwischenfall.«

»Wenn ich meine, daß es am 1. September geschah, erscheint Ihnen das dann wohl richtig – oder ungefähr am 1. September?«

»Es geschah unmittelbar nach dem Zwischenfall. Der 1. September war unmittelbar nach dem Zwischenfall.«

»Nun«, fuhr Hellring mit weicher Stimme fort, »fragten Sie oder fragte General Benedict oder Mr. Surena oder irgend jemand im Auftrag irgendeines von Ihnen, soweit Ihnen bekannt, Frau Ruske nach der Bestellung von Mr. Surena zum US-Staatsanwalt, ob sie einen Rechtsbeistand wünsche?«

»Nicht, daß ich wüßte«, gab Nelson zu.

Einige Anwälte vertreten die Ansicht, man solle einem gegnerischen Zeugen niemals eine »Warum«-Frage vorlegen. Gebe sie ihm doch Gelegenheit, seine Überlegungen auszubreiten und sich in langatmigen Ausführungen zu ergeben. Doch manchmal richtet eine »Warum«-Frage, wie Hellring demonstrierte, keinerlei Schaden an, so zum Beispiel wenn es keinerlei zureichende Erklärung oder Entschuldigung für die Handlungsweise des Zeugen gibt.

»Warum nicht?«

»Sie meinen, warum sie nicht gefragt wurde?«

»Hm!

»Wie ich schon sagte, waren wir – war dies ein ungewöhnlicher Fall, und es ab keinen gesetzlichen Rahmen für unser Vorgehen. Und solange ein solcher noch nicht geschaffen war, hatten wir – oder zumindest in meinem Fall – dies war jedenfalls meine Ansicht –, solange kein solcher Rahmen existierte, konnten wir unmöglich wissen, wie wir vorgehen sollten.«

Aber selbstverständlich, betonte Hellring, wußte dasselbe State Department, das monatelang im unklaren darüber war, ob es der Frau einen Rechtsbeistand zur Verfügung stellen sollte, bereits zwei Tage nach der Landung des Flugzeugs, für sich selbst einen Ankläger zu bestellen.

»War Frau Ruske im September und Oktober 1978 Ihres Wissens in – ständig in Haft?«

Jetzt ging es der Anklagevertretung an die Gurgel. Adelman

sprang auf und häufte Einspruch auf Einspruch. »Verzeihung, Euer Ehren, dies ist eine Rechtsfrage... Mr. Nelson ist, glaube ich, als Zeuge nicht befähigt, über Rechtsfragen zu entscheiden.«

»Einspruch zurückgewiesen«, entschied der Richter. »Sie können fragen, ob es ihr freistand, West-Berlin zu verlassen.«

»Stand es Frau Ruske bei ihrer Ankunft oder zu irgendeinem Zeitpunkt zwischen dem 30. August und Ende Oktober 1978 frei, West-Berlin zu verlassen?«

»Ich bin mir nicht sicher, ob ich derjenige bin, der diese Frage beantworten sollte«, erwiderte Nelson, des Einspruchs Adelmans eingedenk. Der Richter erkannte jedoch, worum es ging.

»War sie irgendwann irgendwo eingesperrt?«

»Ich ging davon aus, daß sie sich in einer Art Gewahrsam befand. ›Eingesperrt‹ ist ein Wort, das wir mit Bezug auf diesen Zustand nicht verwendeten«, gab der Zeuge dem Richter zur Antwort.

»In wessen Art von Gewahrsam befand sie sich?« Der Richter wollte sich nicht ohne weiteres abspeisen lassen.

»US-Luftwaffenpersonal«, gab Nelson schließlich zu. Der Richter machte sich eine Notiz und wandte sich dann erneut dem Zeugen zu. Sein Interesse für Mr. Nelson wuchs immer mehr.

»Traf die US-Regierug irgendwelche Maßnahmen, um sie nach ihrer Entlassung aus dem Gewahrsam auf dem Gelände der Luftwaffenbasis, oder was immer es war, daran zu hindern, West-Berlin zu verlassen?«

»Ja.«

»Was veranlaßten Sie oder Vertreter Ihrer Dienststelle diesbezüglich?«

»Vertreter unserer Dienststelle übermittelten den Berliner Behörden Informationen über die Angeklagten und stellten ihnen vielleicht auch Fotos für Überprüfungszwecke an den Kontrollpunkten zur Verfügung – an den Flugsteigen auf dem Flughafen – auf dem Flughafen Tegel, dem zivilen Flughafen«, gab Nelson zur Antwort.

»Also, mit anderen Worten«, fragte der Richter weiter, »die amerikanischen Behörden hatten beschlossen, die Angeklagte Ruske im Gebiet von West-Berlin festzuhalten. Ist das richtig?«

»Das ist richtig.«

Die Mittagspause war erreicht. Die Anwälte strebten gruppenweise ihren hinter dem Gerichtssaal gelegenen Büros und die Zuhörer dem von Polizeiposten bewachten Ausgang zu.

Der Richter hatte mit Ristau und Steve Rabourn, dem Gerichtsmarschall, an seinem Konferenztisch Platz genommen. Der Gerichtsmarschall war für die Sicherheit des Gerichts verantwortlich.

Er war aus gutem Grund für diese Stellung ausgewählt worden. Als Polizeichef bei der US-Mission befehligte Rabourn die gesamte deutsche Polizei des amerikanischen Sektors von Berlin. Ihm sowohl wie seinem britischen und seinem französischen Amtskollegen unterstanden die achtzehntausend Polizisten im »besetzten« West-Berlin. Er konnte buchstäblich ganze Polizeibataillone nach Gutdünken in Bewegung setzen. Er hatte dem Gericht das Polizeikommando zugeteilt, und er konnte jederzeit weitere hundert oder fünfhundert Polizeibeamte dort einsetzen. Er war nicht nur für die Sicherheit des Gerichts verantwortlich, sondern *auch* für *die Durchführung der Anordnungen des Gerichts!*

Rabourn machte die scheinbare Unfähigkeit des Gerichts Sorge, seine Anordnung eines Geschworenenverfahrens in Berlin durchzusetzen. Er konnte sie sich nicht recht erklären. Der einfachste Weg, diesem Mißstand abzuhelfen, war ihm ohne weiteres klar, doch fragte ihn niemand danach. Zwei Tage lang hatte er sich ausgeschwiegen. Sein Problem bestand darin, daß er sowohl der US-Mission, die in dem Verfahren als Anklagebehörde auftrat, diente wie auch dem Gericht, das es durchführte. Der einstige Feldwebel – und jetzige Polizeichef und Spionageabwehroffizier – grübelte über diese Pflichtenkollision nach. Wem war er zur Loyalität verpflichtet?

Dann fiel ihm etwas ein. Als er im Dezember zum Gerichtsmarschall bestellt worden war, hatte man ihm gesagt, daß er in diesem Amt einzig und allein dem Gericht zur Loyalität verpflichtet sei. Er habe sich nicht als Angehöriger der Anklagebehörde zu betrachten.

Damit war die Lage für ihn wieder klar: Im Fall von Meinungsverschiedenheiten zwischen der Anklagevertretung und dem Gericht hatte er als Gerichtsmarschall für das Gericht einzutreten – obwohl die Anklagevertretung mit der Mission identisch war. Nachdem er dies Problem gelöst hatte, beschloß Rabourn, das Thema beim Mittagessen zur Sprache zu bringen.

Er erklärte dem Richter, ihm unterstände das Polizeiwesen im amerikanischen Sektor, und wies ihn auch noch auf etwas anderes hin. In Berlin unterlägen alle Einwohner der polizeilichen Meldepflicht. Das bedeute, fuhr er fort, daß die Polizei, anders als das Fernmeldeamt oder das Wahlamt von Berlin oder New York oder irgendeiner anderen Stadt der Welt, über ein fast vollständiges Einwohnerverzeichnis verfüge. Nicht jeder besitze einen Telefonanschluß und ganz bestimmt gehe nicht jeder zur Wahl. Doch in Berlin müsse sich jedermann bei der Polizeibehörde melden.

Der Richter fand das erstaunlich. Ein nahezu vollständiger Querschnitt. Was für eine wunderbare Einrichtung für die Bildung einer Geschworenenbank. Der Richter sicherte ihm zu, er werde sich das merken.

Rabourn bemerkte, daß der Richter noch nicht ganz begriffen hatte, was er meinte. Er erklärte ihm daher, er brauche nichts weiter zu tun als seinen Gerichtsmarschall anzuweisen, sich zu den Einwohnermeldestellen zu begeben, die Namen der Geschworenen herauszuziehen, der Polizei Befehl zu geben, sie von dem Mai-Termin in Kenntnis zu setzen, und dann hätte das Gericht seine Geschworenenbank. Das Gericht sei in der Lage, erklärte ihm Rabourn, seine Anordnung jederzeit in Wirkung zu setzen, denn der Gerichtsmarschall – Steve Rabourn – und der Polizeichef seien ein und dieselbe Person.

Der Richter war sprachlos, doch Ristau lachte: »Hochgeschätzter Richter, Steve hat recht. Wenn er der Polizei einen Befehl erteilt, dann muß sie ihn ausführen.«

Der Richter sah Ristau an. Weiß er nicht, daß, wenn wir das versuchen, man ihn wahrscheinlich aus dem Amt jagen wird? Die US-Mission wird ihn seiner Befugnisse entkleiden. Doch dann wurde ihm klar, daß Rabourn das sicherlich wußte. Ich kann von Glück sagen, dachte er bei sich, daß ich hier Leute wie Ristau und Rabourn habe.

Es klopfte an der Tür. Andre Surena trat ein.

Er bat um Entschuldigung, daß er den Richter beim Mittagessen störe, aber er komme nicht als US-Staatsanwalt, sondern in seiner Eigenschaft als Rechtsberater der Mission. Er überbringe eine Mitteilung des amerikanischen Gesandten, David Anderson. Ob der Richter sich mit dem Gesandten Anderson in dessen Residenz bei einem Essen treffen könne? Der Gesandte würde gern noch vor dem letzten Verhandlungstag mit ihm zusammentreffen, um mögliche Vorkehrungen zur Durchführung eines Geschworenenverfahrens in Berlin mit ihm zu besprechen.

Der Richter sah den bärtigen jungen Mann durchdringend an, konnte seinem Gesichtsausdruck aber nichts weiter entnehmen.

Er blickte zu Ristau hinüber, der nur kurz Zustimmung nickte.

»Nun gut«, antwortete der Richter, »einverstanden. Unter zwei Voraussetzungen. Erstens müssen alle Anwälte der Verteidigung davon in Kenntnis gesetzt werden, und keiner darf etwas dagegen haben. Zweitens muß Bruno ebenfalls dazu eingeladen werden.«

»Natürlich«, erwiderte Surena mit einer leichten Verbeugung und verschwand dann sogleich wieder, um Adelman Bericht zu erstatten. Rabourn stand auf, um das Gericht zur Nachmittagssitzung einzuberufen.

Der Richter und der Gerichtsschreiber blickten sich an: »Bruno, sollen wir Steve um eine Polizeieskorte bitten?«

12.
Der Gesandte und der Richter

16. – 17. März 1979

Um acht Uhr hielt der Wagen des Richters vor dem Eingang des Berliner Amtssitzes des US-Gesandten David Anderson.

Anderson war in Abwesenheit von Botschafter Stoessel der höchstrangige Repräsentant des US-Außenministeriums in Berlin. Strenggenommen war er General Benedict unterstellt, doch in der Praxis war es so, daß dieser – als Repräsentant des Verteidigungsministeriums – das letzte Wort in allen militärischen Angelegenheiten hatte und Anderson die politischen Entscheidungen fällte. Die Strafverfolgung gegen Tiede und Ruske war eine politische Angelegenheit, für die allein das State Department zuständig war; sie oblag daher David Anderson.

Der Gesandte stand wartend in der Vorhalle, wo zwei Hausangestellte seinen Gästen aus den Mänteln halfen.

Anderson, ein sympathisch und verbindlich wirkender Junggeselle, war eben erst nach Berlin versetzt worden, als die LOT-Maschine 165 in Tempelhof landete. Er hatte seinen Posten noch nicht angetreten und von Washington aus an leitender Stelle die Aburteilung des Falles durch die USA abzuwenden versucht. Er war der Ansicht gewesen, daß die Einberufung des US-Gerichts für Berlin unter allen Umständen vermieden werden müsse.

Das State Department fügte sich aber schließlich doch den Wünschen Bonns. Die siegreiche Besatzungsmacht willfahrte den Besiegten. Die Amerikaner erklärten sich bereit, den Deutschen die Peinlichkeit, den Fall aburteilen zu müssen, zu ersparen, und die Deutschen wollten dafür sämtliche Kosten des Verfahrens tragen. Anderson, der sich in dieser Frage nicht hatte durchsetzen können, traf unter für ihn nicht gerade günstigen Umständen in Berlin ein. Der

Repräsentant des State Department sah sich dort jetzt mit der Entscheidung des Richters konfrontiert, daß der Fall von einer Jury aus Einwohnern Berlins abzuurteilen sei..

Der Versuch, den Schaden in Grenzen zu halten, war keine geringe Aufgabe. Das unglückselige Besatzungsgericht hatte den Amerikanern bereits eine verfassungsrechtliche Entscheidung eingetragen, die eine Einschränkung ihrer Machtbefugnisse in Berlin nach sich ziehen konnte. Das war jedoch ein Zukunftsproblem.

Was den Berliner US-Behörden derzeit vor allem Kopfzerbrechen bereitete, war die Tatsache, daß der Richter soeben den ganzen Zweck des Verfahrens zunichte gemacht hatte. Ein Prozeß vor ortsansässigen Geschworenen würde den Fall den Deutschen wieder aufbürden. Und das entsprach ganz und gar nicht den Wünschen der Bonner Regierung, die sich bereit erklärt hatte, für die Kosten aufzukommen. David Anderson war beauftragt, dieses Problem zu lösen.

Der Richter fuhr in seinem Dienstwagen zum Amtssitz des Gesandten nach Dahlem. Er verfügte über einen Wagen samt Chauffeur, für den die Deutschen ebenso aufkamen wie sie auch die Kosten der Villa, die der Gesandte Anderson in Dahlem bewohnte, und des dazugehörigen Personals bestritten. Tatsächlich hatten alle Angehörigen des State Department Häuser, bei denen es sich in der Mehrzahl um beschlagnahmte Villen ehemaliger Nazis handelte. Desgleichen waren sie berechtigt, auf Besatzungskosten die zum Wagenpark der Mission gehörigen, von Chauffeuren gefahrenen Dienstwagen zu benutzen. So bewohnte beispielsweise James Nelson eine Villa in Dahlem, beabsichtigte aber, mit seiner Familie in ein anderes Domizil umzuziehen, das derzeit für etwa 750000 DM für ihn renoviert wurde. Anderwärts, wo die US-Regierung für die Kosten aufkommt, leben amerikanische Beamte nicht so gut. Der Richter begann sich zu fragen, ob diese Sondervergünstigungen amerikanische Diplomaten wohl veranlaßten, sich für die Wünsche Bonns besonders aufgeschlossen zu zeigen.

Anderson empfing seine Gäste mit freundlichen Worten und führte sie an seinem Dienstpersonal vorbei durch mehrere Wohnräume in eine Glasveranda, von der aus man einen Tennisplatz überblickte. Eine kleine Gruppe wartete dort auf sie, darunter auch Andre Surena.

Ein Diener servierte auf einem Tablett Cocktails, und man sprach über alles mögliche außer über den Gegenstand der Zusammenkunft.

Nach einer halben Stunde geleitete Anderson den Richter in das Eßzimmer. Die anderen trotteten hinterher. An einer reichgedeckten Tafel war dem Richter der Ehrenplatz zugedacht. Dieser zeigte sich entzückt und lächelte den wie stets properen, mit vollständig unbeteiligtem Gesicht dasitzenden Ristau vielsagend an.

Bedienstete trugen das Essen auf. Nach jedem Gericht läutete Anderson ein Glöckchen, das neben seinem Teller stand, worauf der Tisch für den nächsten Gang abgeräumt wurde. Wunderbar, dachte der Richter. Die verstehen zu leben. Er wartete jedoch auf die Rechnung. Wenn das Mittagessen hier nicht kostenlos ist, sinnierte er, dann das Abendessen ganz bestimmt nicht.

Anderson begann, ihm sein Dilemma zu erklären. Der Fall war dem US-Gericht zur Verhandlung übergeben worden, und deutsche Geschworene würden den Zweck, zu dem das Gericht einberufen worden war, verwässern, wenn nicht zunichte machen. Die Alliierten, die Briten und die Franzosen, schienen ebenfalls beunruhigt.

Surena sprang ihm bei. Er bemerkte, der Gesandte würde gern hören, wie der Richter sich die Auswahl der Geschworenen vorstelle, und wolle dann entscheiden, ob er die erforderlichen Anordnungen treffen würde. Von dem Gesandten war immer nur in der dritten Person die Rede, als ob er nicht mit am Tisch säße und es sich wie alle anderen schmecken ließe.

Der Richter legte demonstrativ die Gabel weg. Für ihn war das Essen beendet. Er erklärte, er sei nicht gekommen, um irgend jemanden zu überreden oder mit sich handeln zu lassen. Politische Gesichtspunkte oder die Wünsche von Alliierten interessierten ihn nicht. Er sei der Einladung zum Essen gefolgt, weil es geheißen habe, man benötige seine Hilfe für die Durchführung des Geschworenenverfahrens. Er sei nicht gekommen, um darüber zu sprechen, *ob* es durchgeführt werden sollte. Es sei unter diesen Umständen sicherlich besser, wenn er wieder gehe.

Wenn überdies Surena, erklärte er, die Arme auf die Lehnen seines Stuhls stützend, am nächsten Morgen vor Gericht nicht in eindeutigen und unmißverständlichen Worten zu Protokoll gebe, daß die Anklagevertretung den Beschuldigten einen Geschworenenprozeß zusichere, dann würde er, der Richter, das Verfahren einstellen und sie unverzüglich in Freiheit setzen. Er blickte zu Ristau hinüber und stellte mit Befriedigung fest, daß dieser seine Serviette zusammenfaltete und ebenfalls Anstalten machte, sich hinwegzubegeben.

Keiner der Anwesenden aß mehr. Ristau und der Richter schienen schon aufzubrechen. Doch Anderson wollte sie so ohne weiteres nicht ziehen lassen.

Es gelang dem Gesandten, die erhitzten Gemüter wieder zu besänftigen. Er verstehe selbstverständlich, daß ein Geschworenenverfahren erforderlich sei. Er stimme völlig mit Surena überein, der ja vor Gericht die Stellungnahme des State Department als Zusage interpretiert habe. Er versprach, daß Surena am nächsten Morgen eine unzweideutige Erklärung abgeben werde. Es gelte nur noch, versicherte er dem Richter, über die Mittel und Wege zu entscheiden. Sollten die Geschworenen aufgrund eines Sondergesetzes der Besatzungsbehörden geladen werden oder aufgrund eines Bescheids des Gerichts gemäß dem Gesetz von 1955, das es zum Erlaß von Vorladungen ermächtige? Und aus welchen Listen sollten die Geschworenen ausgewählt werden? Das seien in etwa die einzigen Fragen, über die noch entschieden werden müsse.

Ristau und der Richter legten die Hände wieder auf den Tisch, und das Essen und die Diskussion nahmen ihren Fortgang. Später wechselte man dann auf die Glasveranda zu Kaffee und Kognak hinüber. Anderson versicherte dem Richter, daß man die Anordnungen des Gerichts befolgen werde, und dieser betonte seinerseits, daß, wenn das der Fall sei und ein repräsentativer Ouerschnitt der Bevölkerung erscheine, ihm jedes Jury-Auswahlverfahren recht sei. Und, setzte der Richter hinzu, solange sich die Besatzungsbehörden an die Verfassung hielten, sei es ihm einerlei, ob sie sich öffentlich von ihm distanzierten, behaupteten, er habe unrecht, oder ihre Alliierten dadurch beschwichtigten, daß sie ihm öffentlich die Folgen zur Last legten, die sich ergeben hätten. Anderson nickte zustimmend.

Und dann erinnerte sich der Richter an das, was Steve Rabourn ihm gesagt hatte. Es gebe einen vernünftigen Weg. Man brauche die Geschworenen nur aufs Geratewohl aus den Melderegistern der Polizei auszuwählen. Anderson war damit einverstanden.

Die Ladungen könne man entweder namens der Besatzungsmacht nach Erlaß eines entsprechenden Gesetzes oder aber namens des Gerichts verschicken, ganz wie Anderson es wünsche. Dem Gesandten war das recht. Es gelte, zunächst die Namen auszuwählen und dann zu entscheiden, ob die Ladungen namens des Gerichts oder des Stadtkommandanten erfolgen sollten. Alle stimmten dem zu.

Ristau sollte nach dem Rückflug des Richters nach New Jersey noch einige Zeit in Berlin bleiben. Er und Rabourn würden 2000 deutsche Namen aus den Karteien der Einwohnermeldeämter des US-Sektors ziehen; davon sollten dann 500 ausgewählt werden. Das State Department würde bestimmen, in wessen Namen die Geschworenenladungen erfolgen sollten – namens der Besatzungsbehörden oder des Gerichts. Dann würde man sie versenden, und die Angelegenheit wäre damit erledigt.

Ristau und der Richter hatten mehrere Stunden in Andersons Residenz verbracht. Als dieser wieder in seinen Wagen stieg, blickte er noch einmal zurück. Er konnte nicht umhin, sich zu fragen, welchem ehemaligen Nazi diese schöne Villa wohl einst gehört haben mochte -oder welchem Juden vor 1933.

Am nächsten Morgen, Sonnabend, dem letzten Verhandlungstag, geleitete ein müder Ristau einen erschöpften Richter in den bis auf den letzten Winkel besetzten Gerichtssaal.

»Aufstehen, bitte.«

»Bitte Platz zu nehmen. Guten Morgen.«»Guten Morgen«, antworteten die Anwälte im Chor.

»Wie Sie wissen, bin ich gestern abend gemäß der von allen Anwälten getroffenen Vereinbarung mit Mr. Surena, Mr. Anderson und anderen zuständigen Beamten zusammengetroffen, um mit ihnen die Frage des Geschworenenverfahrens usw. zu erörtern. Mr. Surena möchte, glaube ich, dazu eine Erklärung abgeben, nicht wahr?«

Surena trat ans Mikrophon und ließ einen seiner langatmigenund schwer verständlichen Ergüsse vom Stapel. Der Richter schüttelte energisch den Kopf.

»Nun«, bedeutete ihm der Richter mit aller Entschiedenheit, »wollen Sie bitte so klar und unzweideutig, wie Sie es nur irgend vermögen, sagen, ob Sie meine Anordnung in Wirkung setzen werden oder nicht? Werden Sie alles daransetzen, zu erreichen, daß diese Angeklagten ein Geschworenenverfahren bekommen oder werden Sie es nicht?«

Surena zog die Schultern hoch. »Die amerikanischen Besatzungsbehörden werden dies tun.«

Endlich! Der Streit war beendet. Das US-Gericht für Berlin würde nun doch ein richtiges Gericht sein. Jedenfalls schien es damals so. Daß das State Department nach wie vor andere Pläne hegte, war zu jenem Zeitpunkt niemandem bekannt. Weder den Journalisten, die hinauseilten, um ihre Berichte durchzugeben, noch den Verteidigern, die einander beglückwünschten, und ganz gewiß nicht dem Richter, der das ganze Schauspiel mit beifälligem Nicken verfolgte.

Der Richter rief zur Ordnung.

»Ich wende mich nunmehr einem angenehmeren Gegenstand zu«, erklärte er. »Seit dem heutigen Tag, an dem die US-Regierung erklärt hat, daß sie die Anordnungen des Gerichts vollstrecken wird, wissen wir, daß wir hier nicht nur Sitzungen abhalten, sondern so amtieren können, wie ein Gericht amtiert« – er lächelte –, »und kein Gericht kann amtieren ohne Anwaltschaft.«

Dann entnahm er den vor ihm liegenden Akten eine Anzahl Urkunden, die er hatte drucken lassen. Eine jede trug die Aufschrift »US-Gericht für Berlin«, zeigte eine Abbildung des Brandenburger Tors und war auf den Namen eines der Vertreter der Anklage und der Verteidigung ausgestellt.

»Dank der Freundlichkeit von Mr. Anderson und all den Angehörigen der US-Mission... haben wir hier Urkunden für jeden von Ihnen, die Ihre Zulassung zur Anwaltschaft des US-Gerichts für Berlin bescheinigen.«

Alle Anwälte strahlten.

Der Richter schritt dann zur Unterzeichnung der Urkunden.

Während Bruno Ristau sie den Anwälten zu überreichen begann, blickte der Richter in die Runde.

»Als Wahlspruch hatte uns, Geisait ist geisait, vorgeschwebt«, erklärte der Richter, »doch Mr. Ristau war dagegen.«

»Gesagt, Euer Ehren«, korrigierte Ristau behutsam die fehlerhafte Aussprache des Richters.

»Ich wußte, daß ich es nicht richtig aussprechen könnte«, seufzte der Richter.

Die deutschen Pressevertreter kicherten, und am nächsten Morgen witzelten deutsche Zeitungen über das gebrochene Deutsch des US-Richters für Berlin. Den Richter berührte das indes nicht, konnte er doch kein Wort Deutsch lesen oder sprechen. Er erfuhr daher erst sehr viel später, daß er einen unfreiwilligen Witz gemacht hatte.

Eines Tages nahm Ristau ihn beiseite.

»Heißgeliebter Richter«, lächelte er, »soll ich Ihnen erzählen, warum der Ausdruck ›gesagt ist gesagt‹ in Berlin zum geflügelten Wort geworden ist?«

»Ja«, erwiderte der Richter – vorsichtig in Anbetracht des Gesichtsausdrucks seines Gerichtsschreibers.

»Der Grund ist ein Witz«, erklärte Ristau ihm, »der vor etwa einem Jahr in Berlin die Runde machte:

Eine Schar Beduinen überfällt ein feindliches Lager. Anschließend sagt der Anführer: ›Und jetzt vergewaltigen wir die Männer und nehmen den Frauen das Geld weg.‹ Daraufhin betretenes Schweigen. Der Anführer merkt, daß er sich versprochen hat: »Ich meine natürlich, jetzt vergewaltigen wir die Frauen und nehmen den Männern das Geld weg.«»O nein« widerspricht ihm ein Krieger mit Piepsstimme, ›keine Änderung. Gesagt ist gesagt!‹

13.
Goeller

17. März 1979

Bis zu der zweimonatigen Unterbrechung blieben nur noch knapp sechs Stunden, doch es war auch nur noch ein Zeuge da: Arthur J. Goeller, Jr.

Adelman rief Goeller in den Zeugenstand, um Beweis dafür zu erbringen, daß Ingrid Ruskes Aussagen vom November vor Gericht gesetzlich zulässig seien. Goellers Zeugenaussage erwies sich größtenteils als Wiederholung seiner Bekundungen vom Januar.

Adelman hob sorgfältig darauf ab, daß sich Ingrid Ruske seit dem 3. November in Freiheit befunden habe. Am 23. November habe sie sich hilfesuchend an Goellers Beauftragten, Hans Koester, gewandt. Dieser habe Goeller von ihrem Anliegen in Kenntnis gesetzt.

»Können Sie uns sagen, welche Weisungen Sie Mr. Koester erteilten?« fragte Adelman.

»Ich wies Mr. Koester an, persönlich mit Ingrid Ruske Verbindung aufzunehmen und festzustellen, worum es sich handelte.«

»Hat er Ihnen darüber Meldung gemacht?«

»Ja.«

»Wie lautete die Meldung?«

»Nach seiner Rückkehr meldete er mir, Fräulein Ruske habe ihn davon in Kenntnis gesetzt, daß ein gewisser Horst Fischer einen Teil ihrer Habe nach West-Berlin gebracht habe und daß sie, wie ich mich erinnere, auch einen Hund besitze, den dieser Mann vor der Flugzeugentführung nach West-Berlin gebracht hätte«, gab Goeller zur Antwort. »Das war mir neu. Ich ersah daraus, daß sie uns vorher nicht die volle Wahrheit gesagt hatte. Ich wies meinen Polizeioffizier deshalb an, soviel wie möglich über Herrn Fischer und seinen Arbeitgeber festzustellen und mir anschließend Meldung zu machen.«

»Was haben Sie diesbezüglich sonst noch unternommen?« wollte Adelman wissen.

»Ich – setzte damals, ich setzte Mr. Surena von dieser Mitteilung in Kenntnis.«

»Das war am 23. November?«

»Ja, Sir.«

Mit fachmännischer Routine ging Adelman daran, seine Behauptung zu untermauern, daß die Initiative zu der Kontaktaufnahme mit Goeller von Ingrid Ruske ausgegangen sei.

Er nahm seine Akten zur Hand. Es war jetzt an der Zeit, dem Gericht auch die Mitteilung zur Kenntnis zu bringen, die Goeller von der früheren Frau Fischer erhalten hatte. Diese hatte sich brieflich an die Berliner Behörden und an die US-Mission gewandt. Adelman, der damals in Berlin war, hatte diese Briefe an Goeller weitergeleitet mit der Weisung, Ingrid Ruske zu befragen. Diese Befragung hatte laut Goeller am 28. November stattgefunden.

Adelman hatte Hellrings scharfes Kreuzverhör vom Januar noch frisch im Gedächtnis wie auch Hellrings Behauptung, er, Adelman, sei selbst in Berlin gewesen und trage persönlich für Goellers ungesetzliches Verhalten gegenüber der Frau die Verantwortung. Adelman wußte außerdem, daß Hellring den Oberst binnen kurzem erneut verhören würde. Er beschloß daher, das Material selbst vorzubringen, jedoch in anderer Beleuchtung.

»Entschied man am 28. November, ob sie über ihre Rechte zu belehren sei?« fragte Adelman.

»Ja, Sir.«

»Was für Weisungen erhielten Sie diesbezüglich?«

»Wir«, erwiderte Goeller – womit er sich selbst und Adelman meinte – »erörterten, was für eine Art von Belehrung ihr zu erteilen sei, Außerdem sprachen wir darüber, wie ich ihr mitteilen wollte, daß alle Aussagen, die sie vorher gegenüber deutschen oder US-Beamten ohne Belehrung über ihre Rechte gemacht hätte, nicht gegen sie verwendet werden dürften. Sie wiesen mich an, dabei wie üblich – wie bei Rechtsbelehrungen üblich zu verfahren.«

Das war's. Was immer Goeller der Frau angetan hatte, war nun einmal geschehen, und es lag eine vollständige Niederschrift vor. Adelman hatte für Goeller und für sich selbst getan, was er konnte.

Adelman mußte aber auch noch ein weiteres Problem lösen, dem er ziemlich ratlos gegenüberstand. Wieder und immer wieder hatte er vor Gericht – behauptet, die Frau sei am 28. November aus freien Stücken zu Goeller gegangen, um die Sache klarzustellen. In Wahrheit hatte Goeller sie jedoch durch Koester holen lassen – auf Weisung von Adelman und Surena. Sie war keineswegs aus freien Stücken gekommen, und Adelman konnte diese Tatsache nicht aus der Welt schaffen Er brachte sie deshalb selbst vor: Besser frühzeitig und freimütig im Verhör durch ihn selbst als später im Kreuzverhör durch einen triumphierenden Hellring.

»Nun, wie gelangte sie Ihres Wissens in Ihr Büro?«

Goeller senkte den Kopf und murmelte etwas Unverständliches.

»Das kann keiner hören, Oberst«, konstatierte der Richter. Bücher mußten unter das Mikrophon geschoben werden, um es näher an seine Lippen heranzubringen, damit es seine Worte aufnehmen konnte.

»Ich glaube, Sie sprachen von Mr. Koester«, ermunterte Adelman ihn.

»Ich wies Mr. Koester an, Fräulein Ruske anzurufen und ihr zu sagen, ich wünschte sie über die neue Mitteilung zu befragen, die sie ihm gemacht hatte . . . «

Der Richter blickte verwundert auf. Was sollte das heißen? Adelman hatte doch wiederholt behauptet, die Frau habe Goeller um eine Unterredung gebeten.

»Ist er am 28. November zu ihr gegangen und hat er sie anschließend in Ihr Büro gebracht?« wollte der Staatsanwalt wissen.

»Ja, Sir.«

»Gut. Sprechen Sie bitte etwas lauter«, bat Adelman seinen Zeugen, der den Kopf eingezogen hatte und derart nuschelte, daß man ihn kaum verstehen konnte.

»Ja, Sir«, erwiderte Oberst Goeller und schilderte jetzt die Befragung, die an jenem Abend wortgetreu protokolliert worden war.

Sie habe sich bereit erklärt, auszusagen, berichtete Goeller, und zwar aus freien Stücken. Ob sie sich unwohl gefühlt und über ihren Gesundheitszustand Klage geführt habe? Nein, antwortete Goeller. Ob sie gebeten habe, sie zu entlassen? Nein.

»Könnten Sie dem Gericht die Atmosphäre schildern, in der die

Befragung stattfand?« fragte Adelman. Und dabei unterlief Goeller nun ein Fehler.

»Die Befragung fand statt in — es herrschte keinerlei Feindseligkeit. Es war eine gemütliche Atmosphäre ohne jede Gereiztheit.« Goellers »gemütliche Atmosphäre« war ein falscher Zungenschlag.

»Was — was ich nicht —«, begann Adelman.

»Was?« fragte Hellring scharf.

»Ich wußte das auch nicht«, antwortete Adelman mit gerunzelter Stirn.

»Vielleicht habe ich mich etwas ungeschickt ausgedrückt«, setzte Goeller rasch hinzu. » Es herrschte eine weder feindselige noch freundschaftliche Atmosphäre. Die Vernehmung wurde meiner Meinung nach fachmännisch durchgeführt.«

Adelman war fast fertig. Er stellte klar, daß, als die Frau um eine Unterbrechung der Vernehmung nachgesucht hatte, um sich mit Tiede zu bereden, Goeller ihr dies gestattet hatte.

»Können Sie uns nun bitte sagen, wie die Befragung endete und was Sie Fräulein Ruske zum Schluß sagten?«

»Am Ende der Befragung sagte ich — setzte ich Fräulein Ruske davon in Kenntnis, daß... eine auf ihren Mitteilungen basierende schriftliche Aussage ausgearbeitet würde und daß ich sie bäte, mich noch einmal aufzusuchen, um diese Aussage zu unterzeichnen. Sie würde vorher Gelegenheit bekommen, sie durchzulesen und ganz nach ihrem Belieben Berichtigungen oder Änderungen vorzunehmen.«

Adelman raffte seine Akten zusammen und schickte sich an, das Pult zu verlassen.

›Hatte sie«, wollte er zum Schluß noch wissen, »irgend etwas gegen Ihren Vorschlag einzuwenden, Sie noch einmal aufzusuchen und ihre Aussage nach deren Zusammenfassung zu einer formellen Urkunde zu unterzeichnen?«

»Nein, Sir«, antwortete Goeller.

Adelman befragte ihn dann noch über den Besuch der Frau, der zwei Tage später erfolgt war und in der Unterzeichnung eines Schuldgeständnisses gegipfelt hatte.

Und das war im Grunde alles. Adelman war fertig. Nach amerikanischem Recht oblag es ihm — oblag es der Staatsanwaltschaft —, zu beweisen, daß die Aussagen der Frau freiwillig nach ausführlicher und vollständiger Aufklärung über ihre Rechte zustande gekommen waren. Adelman preßte alle möglichen Folgerungen und Vermutungen aus dem ihm vorliegenden Material heraus. Wenn er nicht alle Tatsachen aus dem Zeugen herausgefragt hatte, nun, so meinte er vielleicht, daß das nicht seine Aufgabe sei. An Hellring war es jetzt, den Zeugen ins Kreuzverhör zu nehmen.

Hellring erhob sich und schritt auf den Zeugen zu. Es war kein Zweifel, daß Goeller sich des Anwalts vom Januar her erinnerte, verfiel er doch offensichtlich in plötzliche Nervosität.

Hellring kam jedoch nicht sogleich auf den 28. November zu sprechen, sondern hob zunächst auf den Beginn des Falles ab.

Hellring stellte zuerst klar, daß Goeller bei der Landung des Flugzeuges von General Benedict Befehl bekommen hatte, Tiede und die Ruske ohne jede Hinweise oder Rechtsbelehrung zu verhören. Ob Goeller in ihr eine »Tatverdächtige« gesehen habe, wollte Hellring wissen.

»Nein, Sir«, antwortete Goeller.

»Verdächtigten Sie sie der Mittäterschaft bei der Flugzeugentführung?«

»Ich hatte mir darüber noch kein Urteil gebildet, Sir.«

»Sie hatten sich also noch keine Meinung darüber gebildet, ob sie an dem Verbrechen beteiligt war? Ist das richtig?«

Goeller stimmte dem zu.

Der Richter starrte Goeller an. Nicht einmal tatverdächtig? Das war ja unglaublich. Schließlich hatte man die Frau sofort festgenommen -und dann vierundsechzig Tage in Haft gehalten. Der Richter fragte Goeller noch einmal eindringlich, ob Ingrid Ruske seinerzeit unter Tatverdacht gestanden habe. Goeller warf Adelman einen raschen Blick zu und änderte daraufhin seine Aussage dahin, daß das doch der Fall gewesen sei.

Hellring setzte die Befragung fort. Ob Goeller sie und ihre Tochter Sabine am 30. August in Gewahrsam genommen habe?

Goeller wollte nicht zugeben, daß sie sich damals in Gewahrsam befand. Er wich der Frage aus. Daraufhin griff der Richter erneut ein.

»Was er wissen möchte, Oberst«, erklärte der Richter, »und was *ich wissen möchte,* ist ganz einfach, ob sie sich in Gewahrsam befand oder nicht?«

»Als sie vom Sitzungsraum in den Klub verlegt wurde, ging ich davon aus, daß sie sich in *Schutz*haft befände und daß wir sie und Herrn Tiede so lange *schützen* sollten, bis wir Anweisung von der US-Mission empfingen. Am nächsten Tag bekam ich weitere Anweisungen von Mr. Surena – zu dem Zeitpunkt ging ich davon aus, daß sie sich in Gewahrsam befänden, obwohl keine formelle Inhaftnahme, wie ich sie kenne, erfolgt war«, antwortete Goeller betreten.

Goeller sollte alsbald erneut darauf abheben, daß Detlef Tiede und Ingrid Ruske nur zu ihrem Schutz in Gewahrsam gehalten worden seien.

»Nun«, fuhr Hellring fort, »blieb sie von diesem Tage an bis zum 3. November in demselben Gewahrsam?«

»Ja, Sir.«

»Suchten Sie sie von Zeit zu Zeit auf?«

»Ja, Sir.«

Hellring erfuhr dann von Goeller, daß dieser Ingrid Ruske und ihre Tochter wiederholt aufgesucht hatte, und zwar stets in Begleitung des Deutsch sprechenden Polizeioffiziers Koester, da Goeller kein Deutsch konnte und für die Verhöre einen Dolmetscher benötigte.

»Weshalb kamen Sie zu zweit?«

»Weshalb wir zu zweit kamen?«

»Hm, hm?!« brummte Hellring, der sehr wohl wußte, daß, wenn ein Zeuge eine Frage wiederholt, er häufig die richtige Antwort nicht geben und Zeit gewinnen möchte, um sich eine andere zurechtzulegen.

»Weil wir«, sagte Goeller, »mit den beiden Personen nach draußen gingen, um ihnen auf täglichen Spaziergängen Bewegung zu verschaffen.«

»Sie wollten sicherstellen, daß sie dabei hinreichend bewacht wurden und nicht *entfliehen* konnten?« fragte Hellring mit unverhüllter Ironie.

»Ja, Sir. Deshalb gingen wir zu zweit.«

Es war natürlich absurd, daß Goeller Hilfe benötigt haben sollte, um die hilflose Frau und ihre Tochter auf dem Gelände einer Militärbasis zu bewachen.

Goeller wollte nicht zugeben, daß er sie wiederholt vernommen hatte. Er bestand darauf, es sei bei seinen Besuchen lediglich darum gegangen, ihr »Bewegung« zu verschaffen. Das konnte der Richter dem Chef des Berliner Militärischen Geheimdienstes indes nun wirklich nicht abnehmen.

»Sie–« fuhr Hellring fort.

»Oberst –« unterbrach ihn der Richter.

»Ja, Sir.«

»Ich möchte nur feststellen, ob ich Sie richtig verstanden habe. Haben Sie sich dorthin begeben, ich meine als Oberstleutnant, haben Sie sich einzig und allein dorthin begeben, um diesen beiden Personen *Bewegung zu verschaffen?«*

»Ja, Sir.«

»Fahren Sie fort«, forderte der Richter Hellring auf.

Der Richter wandte das Gesicht ab. Er begriff plötzlich alles, was Hellring ihm hatte darlegen wollen.

»Begaben Sie sich auch in der Absicht dorthin, mit ihnen zu sprechen?« fragte Hellring scharf.

»Nein, Sir.«

»Begaben Sie sich dorthin, um sie anzuhören?«

»Nein, Sir.«

»Nun«, wechselte Hellring plötzlich zu einem anderen Thema über, »haben Sie Sportspiele mit ihnen durchgeführt? Das heißt, mit den Häftlingen?«

»Was meinen Sie damit?« wollte der Richter von Hellring wissen.

»Tischtennis«, antwortete Hellring. »Haben Sie Tischtennis mit ihnen gespielt?«

Adelman brachte einen Schwall von Einsprüchen vor, um den in Bedrängnis geratenen Goeller zu entlasten, der sich vor Verlegenheit wand. Der Richter blickte den bedauernswerten Oberst an. »Wie oft haben Sie diese Leute aufgesucht, Oberst?«

»Wir hatten uns einen Plan gemacht, Euer Ehren, aber, weil meine Dienststelle klein war, konnte ich nicht alle ihre Angehörigen die ganze Zeit entbehren. Es war daher erforderlich, daß ich die beiden Personen auch selbst mit aufsuchte. Ich hielt es im Interesse ihrer

Gesundheit und ihres Wohlergehens für notwendig, daß sie mindestens einmal täglich ihren Raum erließen, um frische Luft zu schnappen und sich Bewegung zu verschaffen.«

Der Richter hob die Stimme: »Meinen Sie, meine Frage damit beantwortet zu haben?«

»Verzeihung, Sir.«

»Ich fragte Sie, wie oft Sie sie im Columbia House aufsuchten.«

»Es geschah mindestens zweimal wöchentlich«, antwortete Goeller hastig. »Ich selbst ging zwei- bis dreimal wöchentlich hin.«

»Und sie begaben sich, wenn ich Sie recht verstehe, selbst dorthin«, fuhr der Richter mit einem geringschätzigen Lächeln fort, »um ihnen Bewegung zu verschaffen, wie Sie sich ausdrückten, weil Ihnen nicht genügend Personal zur Verfügung stand?«

»Im Grunde ja, Sir.«

Im Grunde ja, dachte der Richter. Was für ein Unsinn.

»Nun gut«, wandte er sich an Hellring, »fahren Sie bitte fort.«

»Ja«, erwiderte Hellring lächelnd.

»Spielten Sie Tischtennis mit ihnen?«

»Ich habe einmal mit Herrn Tiede Tischtennis gespielt, sonst taten das aber meine Leute. Er ist ein sehr guter Tischtennisspieler.«

»Und wer spielte mit Frau Ruske?«

»Ich kann mich nicht daran erinnern, mit Frau Ruske Tischtennis gespielt zu haben.«

»Bitte sagen Sie mir, ob Sie mit Frau Ruske andere Sportspiele durchführten, und, falls ja, was für welche?«

»Federball, ich habe mit Sabine Ruske Federball gespielt. Wir hatten auch einen Fußball, den wir ab und zu kickten.«

»Und sie taten das nur, weil sonst niemand dafür verfügbar war?« fragte der Richter, der seinen Ohren nicht traute, erneut.

»Richtig, Sir.«

»Nun gut«, sagte der Richter mit vielsagender Miene.

»Brachten sie dem Kind Sabine Geschenke mit?« fragte Hellring augenzwinkernd.

»Verzeihung, Oberst«, stand Adelman auf. »Euer Ehren, ich möchte feststellen, daß dies nicht das geringste mit der in der Rede stehenden Frage zu tun hat. Ich meine, er könnte jetzt wohl zum Beispiel nach dem Spielstand fragen«, wandte Adelman unter Bezugnahme auf das Tischtennisspiel ein. »Ob es sich um Schokolade oder Marzipan oder so etwas handelte« – womit er auf die Geschenke Bezug nahm, von denen noch keiner etwas vernommen hatte –, »das ist für diese Frage ohne Belang. . . Einspruch.«

»Vielleicht gebe ich Ihrem Antrag statt«, bedeutete ihm der Richter mit kaltem Blick, »aber erst möchte ich alle Tatsachen und Umstände anhören, die zu den Schuldgeständnissen geführt haben. Es kann Ihnen unmöglich schaden, wenn alles herauskommt.«

»Brachten Sie dem Mädchen irgendwelche Geschenke mit?« fragte der Richter Goeller.

Doch Goeller konnte sich an keinerlei Geschenke erinnern, weder an Schokolade noch an Marzipan.

Hellring brachte aus dem Zeugen heraus, daß vom 30. August bis zum 3. November ständig ein Posten vor ihrer Tür gestanden hatte. Ob sie um Erlaubnis gebeten habe, ihr Zimmer verlassen zu dürfen? Nun, sie habe den Wunsch geäußert, ihre Tochter zum Schulbesuch anzumelden. Goeller verneinte aber, daß sie das Zimmer verlassen wollte.

Hellring wandte sich daraufhin einem anderen Gebiet zu. Ob es nicht richtig sei, daß, während Goeller Tiede und die Ruske in Haft gehalten habe, ein Anwalt ihnen brieflich angeboten habe, ihre Interessen zu vertreten? Goeller mußte zugeben, daß solch ein Schreiben eingetroffen war. Ob Goeller Tiede und der Ruske davon abgeraten habe, auf das Anerbieten des Anwalts einzugehen? O nein, keineswegs, versicherte Goeller. Die Häftlinge hätten ihn nicht haben wollen, habe Tiede doch vermutet, der Anwalt habe es nur auf sein Geld abgesehen.

Der Richter rückte deutlich hörbar mit dem Stuhl ein weiteres Stück von dem Zeugen ab. Man stelle sich einen Anwalt vor, dachte er, der es auf das Geld eines mittellosen Flüchtlings abgesehen hat.

In diesem Zusammenhang tauchte eine weitere Frage auf. Wieso Goeller wisse, was in dem Brief des Anwalts an Tiede stand? Ob er ihre Post zensiert habe? Goeller gab zuerst zu verstehen, Tiede habe ihm von dem Brief berichtet, mußte dann aber zugeben, daß sein »Dolmetscher«; Mr. Koester, die gesamte Post der Häftlinge geöffnet und gelesen hatte.

Der Oberst hatte also die eingehende Post zensiert. Und die ausgehende Post? Hatte der Chef des Militärischen Geheimdienstes der USA in Berlin auch ihre ausgehende Briefpost gelesen? Ja, allerdings. Goeller hatte den gesamten Briefverkehr insgeheim fotokopieren lassen.

»Als sie diese Briefe schrieb, machten Sie da Fotokopien?« fragte Hellring.

»Ja, Sir.«

»Haben Sie sie noch?«

»Ja, Sir.«

»Können Sie sie nötigenfalls hier vorlegen?«

Adelman sprang abermals auf. »Was soll denn das nun wieder bezwecken, möchte ich, wenn es dem Gericht beliebt, respektvollst fragen?«

»Einen Augenblick«, bedeutete der Richter Adelman und fragte Goeller, ob er Fotokopien angefertigt habe.

»Ja, Sir.«

»Geschah das mit ihrer Einwilligung?« wollte er von dem Oberst wissen.

»Ich sagte ihr, daß wir sie lesen würden«, antwortete Goeller, »aber ich habe sie nicht davon in Kenntnis gesetzt, daß ich Kopien anfertigte.«

»War sie berechtigt, einen Brief abzusenden, ohne daß Sie ihn vorher gelesen hatten?« fragte der Richter.

»Nein, Sir«, murmelte Goeller.

»Machten *Sie* ihr klar, daß, wenn Sie Ihnen die Post nicht zu lesen gäbe, sie sie nicht absenden könne?« fragte der Richter mit bedenklicher Miene.

»Nein«, antwortete Goeller. »Mr. Surena wies mich an, die Post vor der Absendung zu prüfen, und ich teilte dies Herrn Tiede und Fräulein Ruske mit.«

»Mit anderen Worten, Sie lasen die ausgehende Post?«

»Ja, Sir«, murmelte Goeller zögernd, Goeller bestritt indes nach wie vor, daß er ihre Briefe zensiert habe. Nein, keineswegs. Er hatte lediglich ihre Post öffnen müssen, um dartun zu können, daß sie Briefe empfangen und absenden konnte!

»Ich leitete ihre Bitte an Mr. Surena weiter, und dieser sagte mir, er habe nichts dagegen einzuwenden, daß Briefe abgesandt würden.

Ich fragte ihn, ob es angezeigt sei, Kopien der ausgehenden Briefe abzulegen, und legte in großen Zügen unsere Vorgehensweise für ausgehende Briefpost fest.«

»Was meinen Sie mit dem Ablegen von Kopien?«

»Mit dem Ablegen von Kopien der ausgehenden Briefpost beabsichtigte ich, Sir, daß, falls später der Vorwurf auftauchen sollte, die Beschuldigten seien in Isolierhaft gehalten worden oder man habe ihnen jeden Verkehr mit der Außenwelt untersagt, die Kopien als Beweis gelten sollten, daß sie die Briefe abgeschickt hatten.«

»Sie meinen, die Kopie dessen, was sich *in* dem Umschlag befand, sollte als Beweis dienen?«

»Nein. Ich – sie gab mir manchmal nur den Brief, und ich machte dann den Umschlag fertig. Bisweilen gab sie mir einen Umschlag und einen Brief, der war dann aber unverschlossen, Sir.« Goeller war ins Stottern geraten.

Der Richter fixierte Goeller scharf: »Hören Sie, Oberst, während diese Dame sich in Ihrem Gewahrsam befand – konnte sie da durch Briefe, die Sie nicht zu lesen bekamen, mit der Außenwelt in Verbindung treten?«

»Nein«, gab Goeller gelassen zur Antwort.

»Mit anderen Worten, Sie wollten erst erfahren, *was* sie mitteilte, ist das richtig?«

»Ja, Sir«, widersprach der unglückselige Goeller sich selbst und blickte dabei hilfesuchend zu Adelman hinüber – erfolglos.

Was konnte Adelman schon für ihn tun? Dies war kein Prozeßgegner wie Best oder Hellring, der von der anderen Seite des Kampfplatzes her auf ihn losstürmte. Dies war der Schiedsmann, der Mann, der in der Mitte thronte, der Richter, der nicht nur »schön« oder »häßlich« rufen, sondern schließlich entscheiden würde, wer recht hatte und wer unrecht, wer der Sieger und wer der Verlierer sein sollte. Adelman wagte nicht, Fragen des Mannes in Schwarz mit einem Schwall von Einsprüchen zu konterkarieren.

Es gibt in Amerika Staats- und Rechtsanwälte wie auch Richter, die die Meinung vertreten, daß Richter ihre Stellung kennen sollten – will sagen über den Prozeßparteien schweben sollten. Stell keine Fragen, raten diese Juristen, es sei denn du bist im unsicheren oder unklaren. Überlaß es den Anwälten, Tatsachen zu eruieren, denn die werden dafür bezahlt. Entscheide den Fall, ja, aber entscheide ihn nur auf der Grundlage dessen, was die Vertreter der Anklage und der Verteidigung dir vortragen. Das »System der Gegner« funktioniert am besten, sagen sie, wenn die Anwälte den Fall untersuchen und der Richter sich damit begnügt, dem Sieger den Pokal zu überreichen.

Der US-Richter für Berlin dachte anders – zumindest in allen Fällen, in denen kein Geschworenenprozeß stattfindet und der Richter selbst über den Ausgang entscheiden muß. Wenn es sich um ein Geschworenenverfahren handelt, dann sollte der Richter überlegen, ob seine Frage die Geschworenen nicht einfach deswegen in unzulässiger Weise zu beeinflussen vermag, weil er es ist, der sie stellt. Er muß es unbedingt vermeiden, durch die Art und Weise, wie er fragt, durchblicken zu lassen, daß er die eine oder die andere Seite begünstigt. Geschworene haben ein feines Ohr für solche richterlichen Hilfen, die ihnen die Urteilsfindung erleichtern. Gleichwohl darf der Richter nicht dulden, daß ein Geschworenenverfahren zu einer Travestie entartet. Er darf nicht wortlos mitansehen, wie Unrecht einfach deswegen über Recht triumphiert, weil das Unrecht über den besseren Anwalt verfügt, oder sich gänzlich passiv verhalten, wenn beide Parteien durch derart schlechte Juristen vertreten sind, daß am Ende niemand – weder die Geschworenen noch der Richter – weiß, wer im Recht ist. Solange er die Rolle der Geschworenen als derjenigen, die über die Tatfragen zu entscheiden haben, nicht aus den Augen verliert, darf er und soll er gelegentlich durch Fragen zur Feststellung des wirklichen Sachverhalts beitragen.

Doch wenn ein Verfahren ohne Mitwirkung einer Jury stattfindet, wenn der Richter allein über die Tat- sowohl wie die Rechtsfragen zu entscheiden hat, dann liegt seine Pflicht noch klarer zutage. Der Richter entscheidet dann über den Ausgang des Verfahrens. Ihm obliegt es, Gerechtigkeit zu üben – nicht dem besten Anwalt den Siegespreis zuzuerkennen. Seine Ehre gebietet ihm, der Sache auf den Grund zu gehen, ehe er das Urteil fällt. Er kann sich dabei nicht auf eine passive Rolle beschränken.

Goeller gab schließlich zu, was sich nicht mehr verheimlichen ließ: Er hatte Ingrid Ruskes Post geöffnet, weil er wissen wollte, was sie schrieb. Die nächste Frage lag nahe: Warum hatte Goeller wissen wollen, was sein Häftling schrieb? Die Antwort, die darauf erfolgte, war in höchstem Maße erstaunlich.

»Warum?« fragte der Richter.

»Ich hatte ihr vor allem verboten, in den Briefen ihren derzeitigen Aufenthaltsort bekanntzugeben.«

Der Richter glaubte, nicht richtig gehört zu haben. »Sie meinen, sie durfte niemandem mitteilen, wo sie in Gewahrsam gehalten wurde?«

»Nein«, murmelte Goeller.

»Das heißt also, daß meine Vermutung zutrifft?«

»Ja, Sir.«

»Stellen wir fest, ob ich Sie richtig verstehe. Vom 30. August bis zum 3. November —« »Ja, Sir.«

» — hielten Sie die Beschuldigte Ruske in Gewahrsam, ohne daß dieselbe förmlich unter Anklage gestellt wurde, und Sie verboten ihr, irgend jemand mitzuteilen, wo sie sich befand?«

»Ich sagte ihr, wir würden auf ihren Briefen als Absenderangabe die US-Mission benutzen.«

»Haben Sie meine Frage gehört?«

»Ja, Sir.«

»Wie lautet die Antwort auf meine Frage?«

»Ja, Sir. Das ist richtig.«

Der Richter war sprachlos: Amerikanische Beamte hatten die Frau und ihr Kind mehr als zwei Monate lang in Isolierhaft gehalten.

Wenige Tage zuvor hatten die Besatzungsbehörden ihm gegenüber argumentiert, niemand in Berlin genieße irgendwelche Rechte, und sie könnten tun, was ihnen beliebe, da sie dort kraft Siegerrecht herrschten. Der Richter hatte diese ihre Argumente als extrem, aber rein theoretisch angesehen — als überspannte Träumereien, die sie nur vorbrachten, um einem Geschworenenprozeß entgegenzuwirken. Er hatte keinen Augenblick geglaubt, daß es ihnen damit ernst sei.

Doch Oberst Goeller hatte dem Gericht noch mehr mitzuteilen. Er konnte ihm erklären, weshalb das State Department die Häftlinge in Isolierhaft gehalten hatte: Man hatte Ingrid Ruskes Gewahrsam in einer militärischen Anlage — wo sie von bewaffneten Soldaten umgeben war — im Interesse ihrer Sicherheit geheimgehalten, um sie vor den Ostdeutschen zu schützen.

»Einen Augenblick«, fragte ihn der Richter: »Wessen Sicherheit?«

»Ihrer Sicherheit, Sir.«

»Wollen Sie damit sagen, daß ihnen Ihrem Empfinden nach hier auf dem Flughafen Tempelhof Gefahr drohte?«

»Ja, Sir, in der Tat.«

»Von wem?«

»Den Ostdeutschen, Sir.«

»Mit anderen Worten, Sie gingen davon aus, daß, wenn sie irgend jemand enthüllte, daß sie sich hier befand — ist dies hier eine Basis der USA?«

»Ja, Sir.«

»Ist dies hier eine Militärbasis?«

»Ja, Sir.«

»Ich möchte feststellen, ob ich ihre Bekundung richtig verstanden habe, Oberst«, rekapitulierte der Richter: »Wollen Sie sagen, Sie hätten gemeint, daß, falls sie ihren Aufenthaltsort enthüllte, ihr auf dem Gelände dieser Militärbasis Gefahr drohe?«

»Ja, Sir.«

»Nun gut«, sagte der Richter mit angewiderter Miene und forderte Hellring auf, fortzufahren.

Hellring wandte sich Goeller erneut zu. Roger Adelman war am 21. Oktober in Berlin und trug damals bereits den Titel eines Stellvertretenden US-Staatsanwalts für Berlin. Adelman beabsichtigte, Detlef Tiede unter Anklage zu stellen, war sich hinsichtlich Ingrid Ruskes aber noch nicht schlüssig geworden. Er wünschte, daß sie erneut befragt werde — wiederum ohne Belehrung über ihre Rechte.

»Ja, Sir. Das ist richtig«, murmelte Goeller.

Der Richter blickte von seinen Akten auf. »Sagten Sie Mr. Adelman, daß sich die Angeklagte Ruske in Gewahrsam befindet?« fragte er.

»Ja, Sir«, gab Goeller zu.

Der Richter warf dem Vertreter des Justizministeriums einen frostigen Blick zu. Doch Adelman war in seine Akten vertieft. »Nun gut«, forderte der Richter Hellring auf, »fahren Sie fort.«

Hellring setzte das Kreuzverhör des Mannes, der seine Mandantin eingesperrt hatte, unnachsichtig fort.

Goeller hatte Adelmans Weisung befolgt. Er hatte Koester mitgebracht und Ingrid Ruske erneut vernommen, doch wiederum ergebnislos. Die Frau war weiterhin bestrebt gewesen, Horst Fischer zu schützen.

Goeller hatte Adelman und Surena über die ergebnislose Vernehmung Meldung gemacht. Trotzdem behielt man sie in Haft. Die Posten blieben noch zwei weitere Wochen vor ihrer Tür.

Am 2. November mußte Goeller feststellen, daß er nicht mehr Belastungsmaterial gegen sie hatte als bei ihrer Inhaftnahme am 30. August – all den Spaziergängen, Sportspielen, Zensurmaßnahmen und Verhören zum Trotz.

Am 2. November hatte Adelman dann Goeller schließlich und endlich mitgeteilt, das State Department habe beschlossen, sie in Freiheit zu setzen. Er sollte ihr jedoch zuvor eine Verzichterklärung abverlangen, des Inhalts, daß sie weder die Vereinigten Staaten noch irgendeinen ihrer Beauftragten wegen ihrer und ihres Kindes Inhaftierung verklagen werde. Goeller hatte ihr diese Erklärung weisungsgemäß vorgelegt. Sie hatte si sogleich freudig unterschrieben und war daraufhin am 3. November in Freiheit gesetzt worden.

Der Richter konnte sich nicht enthalten, dem Oberst die boshafte Frage vorzulegen, ob sich die ihr von seiten der Ostdeutschen drohende Gefahr am 3. November plötzlich in ein Nichts aufgelöst habe.

»Meiner Meinung nach nein«, antwortete Goeller mit düsterer Miene.

Aber man ließ sie natürlich frei, und den Zuhörern im Gerichtssaal war inzwischen selbstverständlich klargeworden, daß man sie nicht in »Schutz«-Haft genommen hatte. Das war eine glatte Unwahrheit, die man sich ausgedacht hatte, um ein durch nichts zu rechtfertigendes Verhalten nachträglich zu rechtfertigen, und zu der Goellers weitere Bekundung über ihre Freilassung in eindeutigem Widerspruch stand.

»Nun, Oberst«, fuhr der Richter fort, »ich möchte Sie fragen« -er hielt inne und sprach dann betont langsam –, »warum sie in dieser Luftwaffenbasis in Gewahrsam gehalten wurde?«

Die beiden Männer maßen einander schweigend. Arthur J. Goeller entschloß sich zu einer unumwundenen Antwort.

»Es war dies eine Entscheidung des US-Kommandanten«, erklärte er und setzte dann hinzu: »Ich weiß nicht, warum der General so entschied.«

In diesem »Augenblick der Wahrheit« schämte sich der Richter. Er erinnerte sich, wie er Adelmans Einsprüchen stattgegeben und Hellrings Versuche, General Benedict ins Kreuzverhör zu nehmen, vereitelt hatte.

Er entschuldigte sich deshalb bei dem weißhaarigen Anwalt. Der Richter gab seinen Irrtum vor dem vollbesetzten Gerichtssaal unverzüglich zu. Und als sich der Anwalt beim Klang seines Namens mit strahlendem Mondgesicht der Richterbank zuwandte, versicherte er ihm, daß General Benedict, sowie er, Hellring, es wünsche, in den Zeugenstand zurückgerufen und gründlich befragt werden würde.

Schuld und Sühne, dachte der Richter. Schuld und Sühne. Hier stehen zwei Menschen vor Gericht, die ohne jeden Zweifel ein Flugzeug zur Kursänderung gebracht haben. Und wir wissen, warum sie das taten. Sie taten es, um ihre Haut zu retten. Und wir werden einen repräsentativen Querschnitt der Bevölkerung hier in dieser Stadt darüber entscheiden lassen, ob man so etwas tun darf, um seinen Kopf zu retten.

Doch warum um Himmels willen verhielten Surena und Adelman – und Goeller – sich so, wie es hier offenbar geworden ist? Ihr Leben war doch nicht in Gefahr! Und wie, wie soll man sich ihr jetziges Verhalten erklären? Was für Zeugenaussagen sind dies? Warum macht man sie, warum bietet man sie an, warum mutet man anderen zu, ihnen Glauben zu schenken? Und wer wird sie zur Rechenschaft ziehen? Wenn der Mann und die Frau schuldig gesprochen werden, werde ich sie aburteilen. Aber was kann ich gegen diese – diese Ungesetzlichkeiten tun?

Er wandte sich Adelman zu, dem Vertreter des Justizministeriums, der den Schriftsatz unterzeichnet hatte, wonach niemand in Berlin irgendwelche Rechte genoß, außer denjenigen, die die Besatzungsbehörden zu gewähren geruhten.

»Mr. Adelman, darf ich Sie etwas fragen?« Adelman erhob sich. »Stellte sich die US-Regierung vom 30. August bis zum 3. November auf den Standpunkt, die Angeklagte Ruske genieße keinerlei verfassungsmäßige Rechte?«

»Ich war damit nicht befaßt und nicht dafür verantwortlich«, beteuerte Adelman und wandte sich ab.

»In der fraglichen Zeit waren Sie, glaube ich, damit befaßt, Mr. Adelman«, entgegnete ihm der Richter mit ruhig klingender Stimme.

»Ja«, gab Adelman zu. »Ich glaube nicht --.«

»Ich frage Sie«, beharrte der Richter.

»Nein.« Adelman überlegte. »Ich glaube nicht, daß wir uns auf den Standpunkt stellten, daß sie keine verfassungsmäßigen Rechte genösse.«

»Ich meine, Rechte aus der Verfassung?«

»Das ist richtig.«

»Sie standen also damals auf dem Standpunkt, daß sie in der Tat Verfassungsrechte habe?«

»Ja.«

»Ich habe jetzt nicht die politische, sondern die rechtliche Frage im Auge, ich meine kraft der Verfassung?«

»Ja.«

»Mit anderen Worten, es waren dem Grenzen gesetzt, wie man mit ihr verfahren konnte, und zwar diejenigen Grenzen, die in der Verfassung der Vereinigten Staaten niedergelegt sind?«

»Jawohl. Das stimmt.«

»Vielen Dank«, sagte der Richter. »Sie reichten einen Schriftsatz ein, nicht wahr, in dem es hieß, niemand besitze irgendwelche verfassungsmäßigen Rechte . . . «

Der Richter mußte über alles dies noch einmal gründlich nachdenken. Doch nicht jetzt. Jetzt nahm der unnachsichtige Hellring Goeller erneut in die Zange.

Ingrid Ruske war am 3. November freigekommen, doch nicht für lange. Die Mitteilung von Horst Fischers früherer Frau traf ein. Dann hatte Ingrid Ruske sich an Koester mit der Bitte gewandt, ihr bei der Erlangung der in ihrer Westberliner Wohnung befindlichen Sachen behilflich zu sein.

Adelman hatte daraufhin Goeller zu sich gebeten. Diese neue Mitteilung lasse die Angelegenheit in einem anderen Licht erscheinen, hatte Adelman ihm gesagt. Ingrid Ruske sei möglicherweise stärker an der Sache beteiligt, als sie wüßten. Adelman hatte Goeller angewiesen, die Frau zu sich zu bestellen und sie zu vernehmen. Goeller hatte sie daraufhin durch Koester holen lassen.

»Führte Ihres Wissens Mr. Koester die Weisungen, die Sie ihm erteilt hatten, aus?«

»Ja, Sir. Soweit ich weiß, ja.«

»Damit war Adelmans These, sie sei *aus freien Stücken* gekommen, weil sie »die Sache klarstellen« *wollte,* in sich zusammengefallen. Als nächstes wandte Hellring sich der Behauptung der Anklagevertretung zu, sie sei durchaus bereit gewesen, auszusagen.

Hellring zeigte auf die Niederschrift der Fragen und Antworten, die Goeller angefertigt hatte. »Wie wollten Sie fliehen?« hatte Goeller sie gefragt.

»Sehen Sie diese Frage?« fragte Hellring ihn.

»Ja, Sir«, antwortete Goeller.

Hellring ließ ihn dann Ingrid Ruskes Antwort vorlesen: »Das weiß ich nicht, da müssen Sie Horst Fischer fragen«, hatte sie am 28. November gesagt.

Goeller hatte nicht lockergelassen. »Über die gefälschten Papiere wissen wir bereits Bescheid«, hatte er zu ihr gesagt, und Hellring las es jetzt in aller Öffentlichkeit vor.

»Lesen Sie jetzt«, fuhr Hellring fort, »ihre Antwort vor!«

»Ich möchte das jetzt nicht sagen«, sprach der Oberst nach, was die Frau ihm am Abend des 28. zur Antwort gegeben hatte.

»Gab Frau Ruske Ihnen durch diese Antwort oder auf irgendeine andere Weise zu verstehen, daß sie gegen die Fortsetzung der Vernehmung sei und diese Frage nicht zu beantworten wünsche?«

»Einspruch«, rief Adelman. »Betrifft ihren Gemütszustand.«

Der Einspruch wurde zurückgewiesen.

»Haben Sie sie so verstanden?«

»Nein, Sir«, antwortete Goeller.

Hellring ließ sich durch Goellers verneinende Antwort jedoch keineswegs aus dem Konzept bringen: Zwecklos, zu streiten. Weiter im Text!

»Nun, die nächste Frage beginnt, wie ich hier lese«, fuhr Hellring fort, indem er Goeller mitzulesen bat, »folgendermaßen: ›Was können Sie denn schon falsch machen? Herr Fischer sitzt bereits in Ost-Berlin im Gefängnis, und wir führen keine Ermittlungen für den Osten durch. Wir wollen bloß hinter die Wahrheit kommen, und Sie haben uns zuerst nicht die Wahrheit gesagt. Wir wollen wissen, wie alles vor sich gegangen ist. Wir können aber Herrn Fischer nicht schützen und ihm auch nicht helfen. Sie haben ihn geschnappt, er sitzt im Gefängnis, und wir können daran nichts ändern.‹ Nun,« fragte Hellring, indem er die Niederschrift wieder weglegte, »als Sie ihr diese Frage stellten oder als Sie ihr dies erklärten, versuchten Sie da, sie durch die Benutzung dieser Argumente und Einflüsterungen zu bewegen, Ihre Fragen zu beantworten?«

»Es war mir damals darum zu tun, Sir, sie von dem in Kenntnis zu setzen, was wir über Herrn Fischer wußten«, antwortete Goeller und bestritt damit, daß er versucht habe, sie zum Reden zu bringen.

»Oberst –« mahnte der Richter ihn mit unheilsverkündender Miene.

»Wollten Sie -« begann Hellring.

»Oberst«, erklärte der Richter streng, »ich lasse Ihnen diese Frage noch einmal vorlesen.«

»Okay, Sir.«

»Hören Sie genau zu.«

Die Frage wurde Goeller noch einmal vorgelesen. Hatte er diese Dinge gesagt, um sie, wie die Frage lautete, zum Reden zubringen, oder lediglich, wie er in seiner früheren Antwort zum Ausdruck gebracht hatte, in der Absicht, sie ins Bild zu setzten?

Jetzt war Goeller mit dem Richter aneinandergeraten. Der Richter war wütend. Wenn dieser Mann noch eine, nur noch eine derart unglaubliche Aussage macht, dann gebe ich Steve Rabourn Befehl, ihn wegen Mißachtung des Gerichts unverzüglich in Haft zu nehmen, dachte er bei sich. Dann lasse ich ihn abführen und festsetzen.

Mag sein, daß Goeller Unrat witterte, oder vielleicht auch, daß er die Frage beim ersten Mal nicht richtig verstanden hatte. Er beeilte sich jedenfalls, sie nunmehr zu bejahen: ja, er habe in der Tat versucht, sie zum Reden zu bringen.

Der enthusiastische Hellring wollte mit Goellers Vernehmung fortfahren, doch jetzt war sein eigentlicher Feind die Uhr. Der Sonnabend, der letzte Gerichtstag in Berlin, neigte sich dem Ende zu. Einen oder zwei harte Stöße konnte er dem Mann, der seine Mandantin eingesperrt – oder, in anderer Sicht, beschützt – hatte, aber noch versetzen.

Er las Goeller die Worte vor, die dieser zu Ingrid Ruske geäußert hatte, die lange Erklärung, die er Monate zuvor ausgetüftelt und mit der er sie schließlich zum Reden gebracht hatte. In dem Bemühen, ihre Zunge zu lösen, hatte Goeller wider Willen ein Urteil abgegeben, das die Jury würde fällen müssen: Man war im Begriff, Sie festzusetzen; Sie wollten sich nur vor der ihnen drohenden Gefahr retten: »und dann erfolgte die Flugzeugentführung. Das ist nichts besonders Schlimmes.«

Goeller hatte indes kein ehrliches Urteil abgegeben. Er hatte das nur gesagt, um sie aus ihrer Reserve herauszulocken. Er hatte sie glauben gemacht, was immer sie getan habe, sei kein Unrecht gewesen, aber gleichzeitig gewußt, daß er sie unter Anklage stellen würde, sobald sie ja sagte.

Und so kam es, daß Goeller Monate später in einem vollbesetzten Gerichtssaal alles das vorgehalten wurde, was er an jenem Abend getan hatte. Jetzt wurde er ins Verhör genommen. Und als der Oberst auf dem Zeugenstuhl saß, vor dem sich der weißhaarige Hellring aufgepflanzt hatte, da saß die Frau unmittelbar hinter ihrem Anwalt. Sie war jetzt Zuschauerin, wie Hellring Goellers Worte vom Abend des 28. November verlas.

> Horst Fischer besorgte also gefälschte Papiere für Sie alle drei, und Sie wollten alle per Schiff flüchten. Detlef fuhr als erster, um festzustellen, ob es klappen würde, und dann Sie und Sabine. Dann machten Sie sich auf den Weg, und die Papiere kamen nicht, und sie dachten, Horst Fischer wäre festgenommen, und *dann erfolgte die Flugzeugentführung. Das ist nichts besonders Schlimmes, denn Sie taten es damals, weil Sie dachten, daß die Ostdeutschen Sie festnehmen würden.*

»Nun«, fragte Hellring, »versuchten Sie mit diesen Worten Frau Ruske dazu zu bringen, Ihre Fragen zu beantworten und Ihnen die Informationen zu liefern, die sie Ihnen anscheinend lieber nicht geben wollte?«

»Ja, Sir«, antwortete Goeller. »Doch ehe ich diese Frage beantworte, möchte ich mich entschuldigen.«

»Meiner Ansicht nach haben Sie sie beantwortet«, entgegnete Hellring, der nicht gewillt war, Goeller Gelegenheit zu zusätzlichen Äußerungen zu geben.

Doch Adelman wollte sie hören. »Verzeihung, Euer Ehren«, unterbrach er. »Darf er seine Antwort vervollständigen?«

»Ja«, entschied der Richter.

»Ich möchte mich bei Mr. Shapiro entschuldigen, denn er hat mich seinerzeit gefragt, ob ich jemals zu Frau Ruske gesagt hätte: ›Die Flugzeugentführung war nichts besonders Schlimmes.‹ Ich habe es damals verneint, weil mir bewußt war, daß dies eine gesetzwidrige Verleitung zur Aussage darstellte. Später wurde mir klar, daß ich während dieser Unterredung die Worte ›das ist nichts besonders Schlimmes‹ tatsächlich gebraucht hatte. Ich wollte damit sagen, daß ich ihre Handlungsweise verständlich fände. Ich möchte lediglich klarstellen, daß ich Mr. Shapiro nicht bewußt angelogen habe«, schloß Goeller, sichtlich froh, sein Gewissen entlastet zu haben.

»Ich freue mich sehr, daß Sie das gesagt haben, Oberst«, sagte der Richter. »Und ich erkenne den Unterschied zwischen dem, was Sie sagen wollten –« »Ja, Sir.«

»- und dem, was Sie, wie Sie eben feststellen mußten, beim Verlesen tatsächlich sagten.«

»Ja, Sir.«

»Sehen Sie jetzt darin eine Verleitung?«

»Ja, Sir, in der Tat. Ich hätte mich so nicht ausdrücken dürfen. Es war ein falscher Zungenschlag meinerseits.«

Daß ein Zeuge in der Box zusammenbricht und ein Unrecht eingesteht, kommt nur in einem Perry-Mason-Film vor. Doch ebendies tat Goeller. In der Regel verfechten die meisten Zeugen die Position, die sie einmal eingenommen haben, wie extrem oder unglaubhaft ihre Aussage auch klingen mag. Man nehme beispielsweise Goellers Bekundung, man habe Ingrid Ruske im Inneren einer Militärbasis in Isolierhaft gehalten, um sie vor einer Entführung durch die Kommunisten zu schützen. In den meisten Fällen muß sich derjenige, der in dem betreffenden Fall zu entscheiden hat – Richter oder Jury – lediglich darüber klarwerden, welcher von zwei Versionen desselben Sachverhalts Glaubwürdigkeit zukommt. Doch Oberst Goeller gab im Zeugenstand zu, Ingrid Ruske am 28. November auf unzulässige Weise zum Reden gebracht zu haben. Der Antrag auf Nichtberücksichtigung ihrer Aussagen war damit so gut wie gebilligt. Doch die Verhandlung nahte jetzt ihrem Ende. Dem US-Gericht für Berlin wurde die Zeit knapp – diesmal.

Fünftes Buch

Hans Detlef Alexander Tiede

14.
Im nationalen Interesse

17. März — 9. Mai 1979

US-Mission Berlin an Außenminister, Washington . . .
(28. März 1979)

Zusammenfassung: Sowjet-Beamte suchten Montag, 26. März, US-Beamte in Berlin auf, um Informationen über Verfahren vor dem US-Gericht für Berlin zu erhalten. Sie gaben an, sie kämen auf Weisung von Moskau. Sie interessierten sich besonders für die Bedeutung und die Folgen der Gerichtsentscheidung über ein Geschworenenverfahren. Sitzung endete mit sanftem Hinweis der Sowjets auf die Notwendigkeit, Personen, die das abscheuliche Verbrechen der Flugzeugentführung verüben, angemessen zu bestrafen. Ende der Zusammenfassung . . .

Kommentar: Der Meinungsaustausch war durchweg geschäftsmäßig und friedlich. Die Sowjets verfolgten nach unserer Auffassung zwei Ziele: 1. Möglichst viele Informationen über dieses Verfahren zu bekommen, und 2. uns erstmalig zur Kenntnis zu bringen (wir glauben, daß sie es noch öfter tun werden), das sie an einer wirksamen Strafverfolgung der Flugzeugentführer interessiert sind. Es ist möglich, daß Abrassimow das Thema des Prozesses beim Lunch mit Botschafter Stoessel am 2. April in allgemeiner Form zur Sprache bringen wird. Ende des Kommentars. Anderson

Der Richter flog am Sonntagmorgen, am 17. März, von Berlin in die Vereinigten Staaten zurück. Ristau begleitete ihn zum Flughafen.

Auf dem Weg nach Tempelhof überdachten sie im Fond ihres

Dienstwagens noch einmal ihren Plan. Ristau sollte zusammen mit Steve Rabourn, dem amerikanischen Oberherrn über die Polizei, sämtliche für die Einwohner des US-Sektors von Berlin zuständigen Polizeireviere – insgesamt 22 – aufsuchen. Die beiden würden dort kraft Rabourns Amtes die Karteikarten von insgesamt 2000 Einwohnern herausziehen, wobei jedes Revier den seiner Einwohnerzahl entsprechenden Prozentsatz zu stellen hatte. Die deutsche Polizei würde ihre Akten nur äußerst ungern herausgeben, konnte sich im besetzten Berlin aber nicht dagegen wehren.

Unter den insgesamt 2000 Namen würde Ristau aufs Geratewohl 500 auswählen. Diese würden aufgefordert werden, sich am Montag dem 14. Mai, dem ersten Verhandlungstag, im Flughafen Tempelhof zu melden. Die Anwälte und der Richter würden am vorhergehenden Mittwoch, dem 9. Mai, erneut zusammenkommen, um die Vorverfahrensanträge zu erledigen. Anklagevertretung und Verteidigung hatten diesem Plan zugestimmt. Alles war bis ins einzelne vorbereitet.

Der Richter und Ristau harrten im Warteraum auf den Aufruf.

»Denken Sie daran«, meinte Ristau ein wenig sorgenvoll, »daß sich am Wochenende vor dem Hauptverfahren die Berliner Luftbrücke zum dreißigsten Mal jährt – die Brechung der sowjetischen Blockade von 1949. Aus der ganzen Welt treffen dann Würdenträger hier ein -und die Hauptfeierlichkeiten finden im Flughafen Tempelhof statt, sozusagen mitten in unserem Gericht. Einen Tag bevor die 500 Berliner zum Geschworenendienst eintreffen.«

Der Richter zuckte die Achseln. »Da ist nichts zu machen. Ich kann die Daten jetzt nicht mehr ändern. Zu viele Termine sind inzwischen festgelegt.«

Die Abflugzeit nahte. Die beiden Männer verabschiedeten sich mit einem Händedruck. Der Richter verschwand hinter dem Passagiereinlaß.

Jetzt muß nur noch das State Department entscheiden, sinnierte er, indem er es sich auf seinem Platz bequem machte, ob die Ladung der Geschworenen kraft einer neuen, vom Gesandten

Anderson zu erlassenden Verordnung für den US-Sektor oder aufgrund einer von mir zu erlassenden gerichtlichen Anordnung erfolgen soll: Wir müssen das bald wissen. Die Anwärter auf das Geschworenenamt müssen mindestens vier Wochen vorher Bescheid bekommen.

Unten wartete Ristau, bis sich das Flugzeug von der Rollbahn erhob. Er schüttelte den Kopf. Da gibt's noch viel zu tun, dachte er. Und er war sich nicht so sicher, daß das State Department tatsächlich 500 Berliner in ein Besatzungsgericht abordnen würde, noch dazu mitten in die Feierlichkeiten zum Gedenken an die Berliner Luftbrücke hinein. Ristau schüttelte abermals den Kopf. Ihm war bei alledem nicht ganz wohl zumute.

Bernard Hellring schickte sich an, West-Berlin zu verlassen. Sein Partner Richard Shapiro sollte dagegen noch dort bleiben.

Die beiden jüngsten Verteidiger, Shapiro und Adams, sollten die polnische Besatzung befragen, die in der nächsten Woche nach Berlin kommen wollte. Die polnische Regierung hatte sich auf Ersuchen der US-Mission bereit erklärt, die gesamte Besatzung der LOT-Maschine 165 nach Berlin zurückzuschicken, damit die Verteidiger sie dort vor Beginn der Hauptverhandlung vernehmen konnten.

Es war dies eine großartige Gelegenheit für die Verteidigung, sich vorab über die Bekundungen der Besatzungsmitglieder zu orientieren. Es war aber auch für die Anklagevertretung vorteilhaft. Die Amerikaner konnten nicht fest damit rechnen, daß Warschau die Besatzung zur Hauptverhandlung noch einmal nach Berlin schicken würde. Wenn Sie im März erschien und von allen Anwälten befragt wurde, dann konnte man aber zumindest – für der Fall, daß Warschau es sich im Mai dann anders überlegen sollte – die stenographische Niederschrift ihrer Aussagen bei der Hauptverhandlung ins Protokoll aufnehmen. Beide Seiten waren daher hocherfreut über die Aussicht, die polnische Besatzung vor Prozeßbeginn vernehmen zu können.

Der einzige, der dies nicht begrüßte, war der im Aufbruch begriffene Bernard Hellring. Dieser interessierte sich nur mäßig für das, was die Polen über Detlef Tiede aussagen würden. Hellring beabsichtigte nicht, an einer Hauptverhandlung in Berlin teilzunehmen. Er ging davon aus, daß das Gericht die Streichung der Aussagen Ingrid Ruskes anordnen würde, und damit, dachte er, würde der Fall für sie und für ihn dann abgeschlossen sein.

Doch ein Zweifel nagte an ihm. Angenommen, Adelman entschloß sich, Sabine Ruske, Ingrids Tochter, in den Zeugenstand zu rufen? Wenn das kleine Mädchen aussagte, konnte dabei genügend Belastungsmaterial gegen seine Mutter zutage kommen. Es hatte die Pistole in Danzig entdeckt, sie an Bord des Flugzeugs gebracht – und es hatte neben seiner Mutter gesessen, als diese Tiede den Mantel und die Pistole übergab. Würde Adelman das tun? Hellring überlegte hin und her. Er war sich nicht sicher. War Adelman überhaupt dazu berechtigt – konnte das Mädchen die Aussage verweigern?

Hellring hielt mit dem Packen inne. Das Mädchen benötige einen Anwalt, erkannte er, irgend jemanden, der sie vertritt, wenn man sie auffordert, gegen ihre Mutter auszusagen. Er selbst konnte das nicht tun. Aufgrund der Gerichtsordnung konnte er nicht gleichzeitig die Angeklagte und die Zeugin der Staatsanwaltschaft vertreten.

Er fuhr fort zu packen, denn er wußte jetzt, was hier zu tun war. Bei seiner Rückkehr nach Newark würde er den Richter schriftlich um die Bestellung eines Prozeßpflegers für das Kind ersuchen.

Überzeugt, daß es ihm gelungen sei, die letzte Lücke in seinem Feldzugsplan zu schließen, schloß Bernard Hellring seinen Koffer ab und verließ das Hotel, um nach Amerika zurückzufliegen.

Judah Best erteilte Kenneth Adams abschließende Weisungen. Er wußte, daß dieser Adelman im Mai wahrscheinlich allein gegenübertreten würde. Er und Adams hatten alle Hände voll zu tun.

Zuerst war da die Auswahl der Geschworenen. Die Verteidigung konnte dazu einen Beobachter entsenden. Als Berliner Anwalt sollte Dietrich Herrmann diese Aufgabe übernehmen. Das war indes nur ein sekundäres Problem. Was ihm Sorge machte, war die polnische Besatzung. Diese konnte den Ausgang des Verfahrens gegen Tiede entscheiden. Alles würde davon abhängen, ob Adams sie dazu bringen konnte, Tiedes Schilderung der Geschehnisse an Bord des Flugzeugs zu bestätigen.

Detlef Tiede behauptete, er habe das polnische Flugzeug nicht »gewaltsam entführt«. Er sei natürlich, berichtete er Best, mit der Pistole in der Hand in den Vorderteil der Maschine vorgedrungen und habe die Stewardeß gepackt, doch hätten sich alle im Nu wieder beruhigt. Er habe der Besatzung sein Vorhaben erklärt. Er habe ihr von seinen Kindern erzählt, die er verloren habe und nie wiedersehen könne. Die Besatzungsmitglieder hätten volles Verständnis für seine Lage gehabt. Er habe ihnen Fotos der kleinen Jungen, Rafael und John, gezeigt, und damit ihr lebhaftes Mitgefühl gewonnen. Der »Luftpirat« und seine Opfer hätten dann Familienbilder herumgereicht, Zigaretten geraucht und geplaudert, während der Pilot dem Kontrollturm Schönefeld von der »Entführung« und dem Mann mit der »Pistole« Meldung gemacht habe.

Was die *Waffe* anbetreffe, so habe, wie Tiede Best berichtete, die polnische Zollbeamtin sie Sabine doch nur zurückgegeben, weil sie gesehen habe, daß es sich um eine Imitation handelte. Tiede sei sich sicher, daß dies auch der Besatzung bekannt gewesen sei. Sie habe ihr einen willkommenen Vorwand dafür geliefert, ihm eine Fluchtchance zu geben. Sie seien in dem winzigen Vorderteil alle auf engem Raum zusammengepfercht gewesen, hätten einander Feuer gegeben und die Fotos herumgereicht. Wenn sie gewollt hätte, hätte die Stewardeß ihm die Pistole abnehmen können – sogar wenn es eine richtige Waffe und keine Spielzeugpistole gewesen wäre.

Er habe natürlich nicht offen mit der Besatzung über seine Flucht gesprochen und sie auch nicht mit ihm. Es sei dies eine stillschweigende Übereinkunft gewesen. Alle hätten so getan als ob. Um dem verzweifelten Vater zu helfen und um zu verhindern, daß die Ostdeutschen und die Polen sie wegen bereitwilliger Unterstützung des Flugzeugentführers zur Rechenschaft zögen, hätten sie aber natürlich Zwang vortäuschen müssen. Alle, der »Luftpirat« und seine »Opfer«, hätten so getan, als ob es sich um eine wirkliche Flugzeugentführung handelte.

Als das Flugzeug dann in Tempelhof gelandet sei, erklärte Tiede weiter, habe der Pilot deshalb nicht einmal die Motoren abstellen wollen. Der Pole habe dem amerikanischen Oberst gesagt, er solle einfach den Mann nehmen und sie dann weiterfliegen lassen. Er habe den »Luftpiraten« überhaupt nicht verklagen, sondern nur wieder weg wollen. Der Pilot eines »gewaltsam entführten« Flugzeugs, erklärte Tiede seinen Anwälten, reagiere doch wohl anders.

Die Amerikaner hätten das Flugzeug aber nicht weiterfliegen lassen wollen. Sie hätten dem Piloten befohlen, die Motoren abzustellen. Best erinnerte sich, daß Goeller das bei seiner Vernehmung im Januar zugegeben hatte.

Goellers Leute hätten dann die Besatzung befragt. Da hätten die Polen natürlich, um daheim keine Schwierigkeiten zu bekommen, entsprechend ausgesagt: Gewaltsame Entführung. Pistole. Angst. Verbrechen. Er, Tiede, habe dazu geschwiegen. Er habe ihnen nicht schaden wollen. Er habe sein Ziel erreicht gehabt. Er sei jetzt in West-Berlin gewesen. Beim Verlassen der Maschine habe ihm der polnische Flugkapitän sogar mit dem abgespreizten Daumen seine Sympathie bezeigt. Er habe ihn angegrinst – aber den Mund gehalten. Nach Bests Ankunft im Januar habe er diesem natürlich alles berichtet, aber den amerikanischen Militärbehörden gegenüber niemals ein Wort davon verlauten lassen.

Doch jetzt kam die Besatzung zurück. Was würde sie sagen? Würde sie es wagen, Tiedes Schilderung zu bestätigen? Falls nicht – und Best hielt es für eher unwahrscheinlich –, so beabsichtigte er, sie durch Ken Adams energisch über das Herumgeben der Fotos, das Zigarettenrauchen und die kameradschaftliche Atmosphäre, die während der sogenannten Entführung im Vorderteil der Maschine geherrscht hatte, ins Kreuzverhör nehmen zu lassen. Vielleicht würde es ihm gelingen, ihre Aussagen zu erschüttern. Wenn nicht – nun, so konnte man immer noch rechtfertigenden Notstand nach deutschem Recht – Tiedes Güterabwägung – geltend machen.

In der US-Mission entwarf Surena eine Verordung – ein Gesetz – über ein Geschworenenverfahren im Fall *United States v. Tiede.*

Wenn die Amerikaner in Berlin ein Gesetz erlassen wollen, wenden sie ein einfaches Verfahren an. Sie schreiben es auf ein Blatt Papier und übergeben dies dem Regierenden Bürgermeister. Damit ist die Angelegenheit abgeschlossen. Was auf dem Papier steht, ist dann Gesetz und für alle, die im US-Sektor wohnen oder sich darin aufhalten, bindend.

Binnen einer Woche trat jedoch ein Ereignis ein, das Surenas Entwurf überflüssig machte. Am 26. März entsandten die Russen eine Delegation in die US-Mission, und das State Department hielt daraufhin mit der Weiterverfolgung der Angelegenheit ein.

Der Erste Sekretär Nikotin und der Protokolloffizier Bogomolow ließen sich bei dem Rechtsberater Andre Surena und dem Politischen Berater Peter Semmler melden. Sie kämen auf Weisung von Moskau, erklärten sie. Sie sollten ermitteln, was dies für ein »neuartiges Gebilde« sei, das die Amerikaner da errichtet hätten, um den Flugzeugentführungsfall zu verhandeln – und feststellen, ob es ihnen mit der Strafverfolgung ernst sei.

Semmler und Surena versicherten den Russen, daß die Amerikaner die von ihnen unterzeichneten internationalen Abkommen einzuhalten gedächten.

Bogomolow wollte wissen, was für eine Strafe dieses Gericht für das Verbrechen der gewaltsamen Flugzeugentführung verhängen würde. Surena versicherte ihm, daß die Höchststrafe fünfzehn Jahre Freiheitsentzug betrage.

Was es mit diesem Geschworenenverfahren auf sich habe? Nikotin fragte, ob sich das denn nicht irgendwie umgehen lasse.

Surena erwiderte, das sei leider nicht möglich. Sie hätten es versucht, aber der Richter habe gegen sie entschieden. Es existiere offenbar keinerlei »unmittelbare Möglichkeit, die richterliche Entscheidung zu umgehen«.

Nun, dann liege es doch nahe, bei einem höheren Gericht Revision gegen die Entscheidung dieses Richters einzulegen, meinten die Russen.

Ein höheres Gericht existiere nicht, gab Surena den erstaunten

Russen zur Antwort. Die Möglichkeit, Revision einzulegen, bestehe nur für die Angeklagten im Falle ihrer Verurteilung, und auch dann nur, falls Botschafter Stoessel ein Revisionsgericht errichte.

Die Russen schienen begriffsstutzig, und Surena mußte ihnen alles mehrmals wiederholen.

Nach etwas über einer Stunde gingen die Russen wieder. Bogomolow erteilte seinen Gesprächspartnern abschließend noch eine kurze, aber scharfe Lektion über die Notwendigkeit, diejenigen, die sich des verabscheuungswürdigen Verbrechens der Flugzeugentführung schuldig machten, der verdienten Strafe zuzuführen. Die Amerikaner begriffen und berichteten darüber nach Washington.

Die Mitteilung der Russen war unmißverständlich. Sollten Tiede und Ruske straffrei ausgehen, so würden die Ostblockländer in künftigen Fällen unter Umständen genauso verfahren. Das mit der richterlichen Anordnung auf der einen und der russischen Beschwerde auf der anderen Seite konfrontierte State Department stand vor einem unlösbaren Problem. Es tat daher, was es in einer solchen Lage oft tut: Es »mauerte« zunächst einmal. Es tat gar nichts. Es wurde keine Verordnung erlassen. Der Entwurf wurde zu den Akten gelegt. Das State Department in Washington stellte die ganze Berliner Angelegenheit einfach zurück.

Während Ristau und Rabourn die zweiundzwanzig Einwohnermeldestellen aufsuchten, wartete der Richter in seinem Amtszimmer in New Jersey weitere Anweisungen ab. Hohe Polizeibeamte mußten ohnmächtig zusehen, wie Rabourn sich ihrer Karteien bemächtigte. Binnen einer Woche hatte Bruno Ristau seine 2000 Namen und wählte darunter die 500 Anwärter auf das Geschworenenamt aus. Doch das State Department blieb stumm.

Ristau konnte nicht länger bleiben. Doch vor seinem Abflug nach Washington wies er Rabourn an, 500 Umschläge mit Adressen zu versehen und versandfertig zu machen sowie 1000 Geschworenenladungen schreiben zu lassen, von denen 500 aufgrund einer US-Verordnung für den US-Sektor ergehen sollten – im Fall, daß das State Department eine solche erlasse – und 500 aufgrund einer richterlichen Anordnung — im Fall, daß es davon absehe. Ristau wollte nichts dem Zufall überlassen.

Drei Wochen später hatte der Richter noch immer nichts vom State Department gehört. Am 4. April kam er zu dem Schluß, daß ein weiteres Hinausschieben der Angelegenheit eine rechtzeitige Benachrichtigung der Anwärter auf das Geschworenenamt unmöglich machen würde.

Der Richter rief Ristau in Washington an. »Schicken Sie bitte folgendes Telegramm nach Berlin, Bruno: »Morgen, 5. April, Geschworenenladungen absenden. Absendung aufgrund einer Verordnung für den US-Sektor, falls eine erlassen wurde; falls nicht, auf Anordnung des Gerichts. Keine weitere Verzögerung.«

Ristau gab die Anordnung des Richters sofort telefonisch an Rabourn nach Berlin weiter. Rabourn sagte umgehende Durchführung zu.

Als die Nachricht in Berlin eintraf, wurde es dort Abend. Noch nicht Mittag war es dagegen in Washington, wo Mark B. Feldman, der Stellvertretende Rechtsberater des State Department, an seinem Schreibtisch saß. Feldman war derjenige, der im November des vergangenen Jahres mit Richter Bonsal nach Berlin gereist war und später den jetzigen Richter aufgefordert hatte, dort zu amtieren. Doch Feldman war schon früher mit dem Fall befaßt gewesen — unmittelbar nach der Landung der LOT 165.

Feldman hatte an der Universität Harvard Rechtswissenschaft studiert und nach mehrjähriger Tätigkeit in einem angesehenen New Yorker Anwaltsbüro ein Amt im State Department angetreten. In der Zeit vom 30. August bis zum 21. September hatten Feldman und sein Vorgesetzer, Lee R. Marks, als juristische Vertreter des State Department an den Verhandlungen teilgenommen, die damit endeten, daß die Amerikaner sich den Wünschen ihrer Verbündeten fügten und sich bereit erklärten, den Berliner Fall abzuurteilen.

Die ganze Angelegenheit hatte von Anbeginn einen katastrophalen Verlauf genommen. Wochenlang hatte man die beiden Ostdeutschen im Ungewissen lassen müssen, bis Feldman endlich einen Richter fand. Dann die unglückselige Reise nach Berlin, bei der Bonsal Feldman einfach im Stich gelassen hatte. Dann die Sache mit der Frau, die erst in Gewahrsam genommen und dann freigelassen worden war, worauf man sich abermals anders besonnen hatte. Was für ein Durcheinander!

Doch dann war eine Zeitlang alles glattgegangen. Feldman hatte einen »Law and order«-Richter gefunden. Man hatte feste Termine für die Vorprüfung durch den Richter, die Vorverfahrensanträge und die Hauptverhandlung anberaumt. Aber plötzlich war eine noch schlimmere Katastrophe eingetreten. Mit seiner Anordnung eines Geschworenenverfahrens hatte dieser neue Richter das ganze Interessengleichgewicht in diesem Gebiet erschüttert. Wenn sie ihnen kein Geschworenenverfahren zubilligen, setze ich sie in Freiheit, hatte der Richter gesagt. So ein Wahnsinn!

Feldman hatte daraufhin versucht, einen Ausweg zu finden, doch die Zeit war zu kurz gewesen. Entscheidungen brauchen Zeit. Man hatte Herb Hansell, den Rechtsberater, und Warren Christopher, den Stellvertretenden Außenminister, konsultiert. Eigentlich hätte man die Sache Außenminister Vance vorlegen müssen. Man hatte sich dann schließlich notgedrungen der Anordnung des Richters gefügt. Was hätte man sonst tun sollen?

Jetzt waren die Russen in Geschrei ausgebrochen und Feldman brauchte wiederum Zeit. Doch der Richter hatte in Berlin angerufen und schickte jetzt die Geschworenenladungen auf eigene Faust ab. Das war unmöglich. Man brauchte Zeit, um die Sache gründlich zu überlegen, sie zu erörtern und sich mit den Alliierten zu beraten. Dies war alles viel zu ungestüm. Feldtan mußte dem einen Riegel vorschieben. Doch wie?

Er konnte sich nicht länger Surenas oder Adelmans bedienen. Er nahm den Telefonhörer in die Hand und ließ sich mit den Amtsräumen des Richters in New Jersey verbinden.

Der Richter war nicht überrascht, als er hörte, Feldman sei am Apparat. Er war sich durchaus bewußt gewesen, daß jedesmal, wenn Surena sich Bedenkzeit erbeten hatte, um in Washington nachzufragen, der Schatten Feldmans hinter dem Staatsanwalt aufgetaucht war.

Feldman machte einen gehetzten Eindruck. Er brauche Zeit, sagte er. Er könne dem Richter nicht alle Überlegungen mitteilen, die dabei anzustellen seien, doch möge er bitte glauben, daß der Prozeß unbedingt vertagt werden müsse. Das nationale Interesse der Vereinigten Staaten erfordere dies. Er erwähnte die gemeinsame alliierte Besetzung, die Russen, die Befürchtungen Bonns. Er möge bitte glauben, daß das nationale Interesse eine Vertagung erfordere.

Vor dem Gedächtnis des Richters tauchte plötzlich James Nelson auf, wie er im Zeugenstand zu erklären versucht hatte, warum man drei Menschen monatelang »im Kittchen« hatte schmoren lassen. Jetzt glaubte der Richter, alles zu verstehen.

Ich habe da einen Mann im Gefängnis, der auf seinen Prozeß wartet und schon seit Monaten einsitzt, und eine Frau, die Berlin nicht verlassen darf, antwortete er Feldman. Ich kann nicht unsere ganze Terminplanung über den Haufen werfen.

Aber Tiede habe niemals um Haftverschonung nachgesucht, entgegnete Feldman, und weder er noch die Ruske hätten nach der Landung des Flugzeugs jemals Einwendungen gegen ihren Aufenthalt bei den Amerikanern erhoben. Sie seien nicht einmal festgesetzt worden, meinte Feldman. Sie hätten sich in freiwilligem Gewahrsam befunden.

Der Richter bedeutete Feldman, seines Wissen sei es so nicht gewesen. Man habe diese Leute eingesperrt, das stehe eindeutig fest. Und was Tiede betreffe, so habe sein Anwalt in der Tat Haftentlassung gegen Sicherheitsleistung beantragt und der Richter habe sie ihm auf Ersuchen des State Department verweigert. Nein, entgegnete ihm der Richter: keine weiteren Verzögerungen. In sechs Wochen, am 14. Mai, beginne die Hauptverhandlung.

Feldman sprach erneut vom nationalen Interesse der USA. Am nächsten Tag werde man auf »hoher Ebene« eine Entscheidung treffen. Auf Kabinettsebene. Man werde möglicherweise beschließen, das Verfahren einzustellen, bedeutete er dem Richter.

Noch einen Tag also, sagte der Richter. Am 6. April, Freitag, würden die Geschworenenladungen aber abgesandt. Eine weitere Verzögerung würde den Termin zur Hauptverhandlung unmöglich machen. Die Hauptverhandlung werde am 14. Mai beginnen.

»Und was geschieht, wenn wir beschließen, das Verfahren einzustellen?« fragte Feldman.

UNITED STATES COURT FOR BERLIN

RECEIVED
APR 17 1979
OFFICE OF FOREIGN LITIGATION

AN:

Sie werden aufgefordert am 14. Mai 1979 um 9 Uhr in Berlin 42, Tempelhofer Damm 1-7 (alter Flughafeneingang) zu erscheinen. An dem genannten Tag und Ort werden Sie über die Pflichten eines Geschworenen belehrt, und es wird ein Geschworenenauswahlverfahren stattfinden. In diesem Verfahren können Sie ausgewählt werden, als Geschworene(r) im Amerikanischen Gericht für Berlin in der Strafsache United States, as the United States Element, Allied Kommandatura, Berlin gegen Tiede und Ruske, Strafsache Nr. 78-001, tätig zu werden.

Sie dürfen diesen Fall mit niemandem erörtern und müssen vermeiden, irgendwelche diesen Fall betreffenden Nachrichten zu hören oder zu lesen.

Ihr Name, zusammen mit Namen anderer in Aussicht stehender Geschworenen, wurde nach dem Zufallsprinzip aus den Karteien der Einwohnermeldestellen im Amerikanischen Sektor von Berlin ausgewählt. An dem oben angegebenen Zeitpunkt und Ort wird das Gericht Ihre Befähigung, als Geschworene(r) zu amtieren, untersuchen. Es werden Ihnen ausführliche und klare Anweisungen vom Gericht bezüglich Ihrer Aufgaben und Verantwortlichkeiten als eine(r) von 12 Mitgliedern der Geschworenenliste gegeben. Sie werden für Ihre Dienste entschädigt. Sie können wählen, entweder (a) DM 40 pro Tag für die tatsächliche Anwesenheit vor Gericht zu erhalten oder (b) eine Vergütung in Uebereinstimmung mit dem Gesetz über die Entschädigung der ehrenamtlichen Richter (GVBl. 1969, Seite 2080) zu empfangen.

Eine Nichtbefolgung dieser Aufforderung ohne entschuldbaren Grund ist eine Verletzung der Anordnung dieses Gerichts und bedeutet eine unzulässige Nichtachtung des Gerichts.

Herbert J. Stern

Richter - Amerikanisches
Gericht für Berlin

Bitte zeichnen Sie eine Kopie dieses Schreibens gegen und senden Sie diese in dem anliegenden Freiumschlag innerhalb 48 Stunden nach Erhalt dieses Schreibens zurück. Porto ist nicht erforderlich. Bitte bringen Sie die zweite Kopie der Aufforderung und Ihre Kennkarte am 14. Mai 1979 mit.

»Das ist Ihre Sache und Ihr Vorrecht«, erwiderte der Richter.

»Und was geschieht, wenn die Angeklagten auf schuldig plädieren wollen?« fragte Feldman.

»Das ist ihre Sache und ihr Vorrecht«, erwiderte der Richter. »Ich lasse aber nicht mit mir handeln.«

Die beiden Männer legten die Telefonhörer auf. Feldman hatte noch einen anderen Plan. Er wandte sich an Roger Adelman – und an Judah Best.

Am Freitag, dem 6. April, wartete Rabourn in Berlin. Die beiden Fassungen der Geschworenenladungen waren fertig geschrieben, kopiert und kuvertiert. Erst Freitagnachmittag, fast im letzten Augenblick, kam dann per Blitztelegramm die Anweisung aus Washington. Um die Präjudizwirkung zu begrenzen, werde man die Verordnung nicht erlassen. Die Geschworenenladungen seien nur namens des Richters zu versenden.

Judah Best wunderte sich keineswegs, als Feldman und Adelman an ihn herantraten. Die meisten seiner Straffälle – genauer gesagt, die überwiegende Mehrzahl – pflegte er nämlich durch Verhandlungen mit den Vertretern der Anklage zu erledigen. Wenn es sich als erforderlich erwies, ließ er den Fall natürlich gerichtlich entscheiden – wenn die Anklagebehörde unvernünftige Forderungen stellte oder sein Mandant sich nicht davon abbringen ließ, seine Unschuld zu beteuern. Doch alles in allem führte Best gewöhnlich einen Kompromiß herbei. Er pflegte unermüdlich wieder und immer wieder zu verhandeln, bis er – wie er sich häufig ausdrückte – von der Anklagebehörde das »niedrigste und zugleich beste Angebot« bekam. Hatte er dann ein hinreichend niedriges und gutes Angebot in der Tasche – was meistens der Fall war –, dann wurde der Handel durch ein Schuldbekenntnis seines Mandanten perfekt gemacht, unter der Bedingung, daß der Richter dem von Best und der Staatsanwaltschaft vorgeschlagenen Urteil zustimmte. Diese Art von anklagebeschränkender Vereinbarung wird von der amerikanischen Bundes-Strafprozeßordnung gebilligt und figuriert dort als »bedingtes Schuldbekenntnis« – ein Schuldbekenntnis, das unter der Bedingung abgelegt wird, daß der zuständige Richter darin einwilligt, das von den Anklagevertretern und den Verteidigern vorab vereinbarte Strafmaß festzusetzen.

Best hatte diese Technik mit Erfolg im Fall des seinerzeitigen Vizepräsidenten der USA, Spiro Agnew, angewandt, dessen sich das Justizministerium so rasch wie möglich hatte entledigen wollen — ehe nämlich der Angeklagte in dem — nicht unwahrscheinlichen — Fall einer Staatsanklage gegen Nixon Präsident der USA wurde.

Nach Bests Urteil bot auch der Berliner Fall ausgezeichnete Möglichkeiten. Die Regierung war hier ebenfalls in höchstem Maße daran interessiert, einen Prozeß zu vermeiden — diesmal aus außenpolitischen Erwägungen. Best begriff durchaus, daß die Entscheidung für ein Geschworenenverfahren das State Department einem ungeheuren Druck aussetzte und ihm selbst ein wertvolles Tauschobjekt in die Hände spielte. Alles in allem hatte Best mit solch einem Angebot nicht nur gerechnet, sondern es war ihm auch höchst willkommen.

Vielleicht wäre er weniger darauf erpicht gewesen, auf ein Schuldbekenntnis hinzuwirken, wenn die Bekundungen der polnischen Besatzung etwas ergiebiger gewesen wären. Doch Adams war diesbezüglich mit Hiobsnachrichten aus Berlin zurückgekehrt. Die polnische Besatzung lechzte nach Blut. Sie stellte Tiede als einen ungewöhnlich brutalen Menschen hin. Möglicherweise erklärte sich dies daraus, daß sie in Begleitung eines gewissen Roland Aleksandrowicz, des Warschauer Generalstaatsanwalts, in Berlin erschienen war. In Anwesenheit desselben wetteiferten die polnischen Besatzungsmitglieder darum, Tiede das Genick zu brechen. Ihre Bekundungen gingen weit über all das hinaus, was sie Goellers Beauftragten am 30. August mitgeteilt hatten. Die Aussagen, die sie soeben in Berlin gemacht hatten, würden sich im Prozeß verheerend auswirken, selbst vor Berliner Geschworenen. Nein, Best war der Überzeugung, daß Tiede gut daran tue, im Tausch gegen das niedrigste und zugleich beste Angebot, das man von der Regierung erlangen konnte, ein Schuldbekenntnis abzulegen.

Nur eines machte Best Sorge, und das war der Richter. Dieser Richter ließ über das Strafmaß nicht mit sich handeln und akzeptierte keine bedingten Schuldbekenntnisse. Best wußte das aufgrund seiner Erkundigungen in den Vereinigten Staaten wie auch der Erklärung, die der Richter in Berlin abgegeben hatte, als Ingrid Ruske ein Schuldbekenntnis erwogen hatte. Überdies steht es jedem amerikanischen Richter völlig frei, ob er ein bedingtes Schuldbekenntnis akzeptieren will oder nicht. Wenn er sich weigert, kann man nichts dagegen unternehmen. Worüber konnte man also verhandeln? Was konnte das State Department Tiede garantieren?

Die Verhandlungen begannen. Adams und Best standen Feldman, Adelman und einigen anderen gegenüber. Hellring nahm nicht daran teil. Seine Anwesenheit war nicht erforderlich. Bekannte Detlef Tiede sich schuldig, so würde man die Anklage gegen Ingrid Ruske zurückziehen. Es war dies ein Teil des Angebots an Tiede. Alle waren sich jedoch darüber klar, daß Feldman damit nichts Besonderes offerierte, denn es war damit zu rechnen, daß man die Anklage gegen die Frau beim Abschluß der Verhandlung über die Nichtberücksichtigung ihrer Aussagen sowieso fallenlassen würde.

Feldman wünschte, daß Tiede sich in dem Hauptanklagepunkt der gewaltsamen Flugzeugentführung schuldig bekenne. Im Tausch dagegen würde Feldman in Tiedes Haftentlassung zum 1. Januar 1980, also in weniger als neun Monaten, einwilligen.

Best wollte indes wissen, wie das State Department angesichts der Weigerung des Richters, solche Vereinbarungen zu akzeptieren, Tiedes Freilassung zu garantieren vermöge. Wie könne er, selbst wenn Tiede sich schuldig bekenne, sichergehen, daß der Richter ihn nicht zu fünfzehn oder zwölf oder zehn Jahren verurteile?

Feldman gab zu, daß dieser Richter »unregierbar« sei, doch in Berlin regierten sie. Sie würden einfach ein Gesetz erlassen, ein Gesetz über bedingte Strafaussetzung. Dieses Gesetz werde den Gesandten Anderson ermächtigen, Tiede nach seiner Verurteilung jederzeit bedingt aus der Haft zu entlassen. Im Rahmen ihrer Vereinbarung werde man das Versprechen abgeben, daß Anderson von dieser seiner Machtbefugnis dahingehend Gebrauch machen würde, daß er Tiedes Strafe spätestens zum 1. Januar 1980 bedingt aussetzen würde, gleichviel ob ihn der Richter zu fünfzehn, zwölf oder zehn Jahren verurteile. Das spiele dann überhaupt keine Rolle mehr. Was der Richter tue, sei völlig bedeutungslos.

Best war fasziniert. Ob er diese besondere Zusage schriftlich haben könne? Feldman zögerte. Best bestand jedoch darauf. Die Verhandlungen zogen sich hin. Best war sich nicht sicher, was der Richter tun würde. Ob das State Department bereit sei, dem Richter die Annahme des Schuldbekenntnisses zu befehlen, falls er sich weigere? Feldman erklärte sich auch dazu bereit. Schließlich und endlich war Feldman sogar damit einverstanden, daß die Zusage schriftlich erfolgen sollte. Best sollte diese handschriftliche Garantie in Empfang nehmen, sobald er seinen Mandanten in Berlin von der Abmachung in Kenntnis gesetzt und dessen Einverständnis erwirkt hatte. Der Handel lag damit in großen Zügen fest.

Anschließend gingen die Vertreter der Anklage und der Verteidigung daran, das neue Gesetz für Berlin zu entwerfen, und zwar gemeinsam, indem sie ihre Entwürfe und Kommentare austauschten. Als es beiden Seiten druckreif erschien, stand der Verwirklichung ihres Planes nichts mehr entgegen. Das neue Gesetz wurde an Anderson weitergeleitet, der es wiederum dem Regierenden Bürgermeister von Berlin aushändigen sollte. Damit würde es dann in Kraft treten.

Nur noch eins blieb zu tun übrig: Detlef Tiede mußte von der Abmachung in Kenntnis gesetzt werden – und sich damit einverstanden erklären. Niemand bezweifelte indes, daß er das tun würde. Er wäre ein Narr, wenn er es nicht täte. Kein Risiko mehr für ihn, keinerlei Ungewißheit. In acht Monaten würde man ihn in Freiheit setzen. Mehr konnte er wirklich nicht erwarten.

Man vereinbarte dann folgendes: Das Gericht würde am Mittwoch, dem 9. Mai, zusammentreten, doch Best würde schon früher abfliegen, als ursprünglich geplant. Er und Adams würden am Sonnabend, dem 5. Mai, nach Berlin fliegen. Nach ihrer Landung am Sonntag würden sie sich dann sogleich nach Tempelhof begeben. Tiede würde dorthin gebracht werden. Bisher waren sie immer gezwungen gewesen, ihn im Untersuchungsgefängnis Moabit aufzusuchen. Jetzt aber würden sich ungeachtet der Sonntagsruhe auf Befehl der US-Behörden die Gufängnistore für Tiede öffnen und er zu Best gebracht werden. Der Anwalt würde seinen Mandanten drei Tage lang auf die Verhandlung vorbereiten können.

Am darauffolgenden Montag würde das State Department das seinige tun. Der Gesandte Anderson würde dem Regierenden Bürgermeister von Berlin das neue Gesetz über bedingte Haftentlassung überreichen und es dadurch in Kraft setzen. Beim Zusammentreten des Gerichts am Mittwoch sollte Tiede dann eigentlich hinreichend vorbereitet sein. Er würde sich schuldig bekennen, die Anklage gegen die Frau würde man fallenlassen und die ganze vertrackte Sache dann endlich erledigt sein. Die in Washington damit befaßten Amerikaner atmeten auf.

In Berlin wurden die Anwärter auf das Geschworenenamt von dem ihnen bevorstehenden Dienst in Kenntnis gesetzt. 500 Ladungen wurden im amerikanischen Sektor verteilt. Die Reaktionen der Empfänger waren die gleichen wie gewöhnlich in den Vereinigten Staaten auch. Aus den verschiedensten Gründen wurde Freistellung vom Geschworenendienst beantragt.

Einige waren krank. Andere gaben an, sie seien am 14. Mai verreist. Einer teilte mit, an dem vom Gericht festgesetzten Tag werde in Athen die Weltmeisterschaft im Basketball ausgetragen und er müsse als Mitglied der Mannschaft der Bundesrepublik Deutschland daran teilnehmen. Ein anderer war von Beruf Journalist und empfand die in der Ladung enthaltene Aufforderung, keine den Fall betreffenden Nachrichten zu hören oder zu lesen, als hinderlich für seine berufliche Tätigkeit.

Alles in allem bat aber nur eine Minderheit um Freistellung, und die meisten Anträge wurden vom Richter, dem die Namen und Gründe übermittelt wurden, genehmigt. Am 4. Mai stand fest, daß sich nach Streichung der Freigestellten 400 Anwärter auf das Geschworenenamt am 14. Mai im Flughafen Tempelhof zum Dienst melden würden.

Der Gerichtssaal wurde umgestaltet. Nunmehr stand im rechten

Winkel zur Richterbank eine Geschworenenbank. Darüber hinaus wurde am Ende der neuen Geschworenenbank eine Glaskabine für die Dolmetscher errichtet. Die Anwälte und die Zeugen würden nun nicht mehr nach jedem Satzteil eine Übersetzungspause einlegen müssen. Von jetzt an würde die Verhandlung fortlaufend gleichzeitig auf englisch und auf deutsch durch schnurlose Kopfhörer übertragen werden, die jedermann – den Prozeßbeteiligten, den Geschworenen und sogar den Zuhörern – zur Verfügung stehen würden.

Am Freitag, dem 4. Mai, waren somit in Berlin alle Vorbereitungen für die Hauptverhandlung getroffen, für eine Hauptverhandlung, die, wie Best und die Anklagevertreter überzeugt waren, nun nicht mehr stattfinden würde. Tags darauf wollte Best nach Berlin fliegen und in zwei, spätestens in drei Tagen würde der ganze Fall so gut wie abgeschlossen sein. Dieses Ergebnis war so gewiß, daß irgend jemand im State Department die Berliner Tageszeitung *Der Tagesspiegel* von der Abrede in Kenntnis setzte.

Dort stand am 4. Mai unter der Überschrift »Vor Wende im US-Verfahren gegen Flugzeugentführer in Berlin« zu lesen:

> BERLIN. In dem Verfahren um die Entführung eines polnischen Verkehrsflugzeugs nach Tempelhof gegen die Ostberliner Detlef Tiede und Ingrid Ruske gibt es eine neue Entwicklung hinter den Kulissen. Wenige Tage vor dem beabsichtigten Beginn des Hauptprozesses hat das US-Außenministerium mit Tiedes amerikanischen Verteidigern Verhandlungen darüber aufgenommen, ob der Fall durch eine anklagebeschränkende Vereinbarung beigelegt werden kann.

Der gesamte Handel war dort abgedruckt – der Verzicht auf Strafverfolgung gegen die Frau, das Schuldbekenntnis des Mannes – sogar das Sondergesetz über Strafaussetzung zur Bewährung, durch das der Richter überlistet und der Angeklagte gegen Ende des Jahres freigelassen werden sollte.

Best und Adams bestiegen ein Flugzeug nach Berlin. Das Erscheinen des Artikels kam ihnen ungelegen. Sie wollten Tiede den Handel selber vortragen und wünschten nicht, daß er schon vorher durch die Zeitung davon erführe. Auch machte ihnen der Umstand Sorge, daß der Artikel, falls der Handel doch irgendwie scheitern sollte, die Geschworenen, die ihn lasen, möglicherweise hoffnungslos gegen ihren Mandanten einnehmen würde. Ein Geschworener mochte wohl glauben, daß ein Mann, der ein Schulbekenntnis ablegte, auch tatsächlich schuldig sei. Übermäßige Bedeutung wollte Best alledem aber nicht beimessen. Die maßgeblichen Stellen wollten den Handel verwirklicht sehen und würden ihn auch durchsetzen.

Best und Adams trafen am Sonntagmorgen in Berlin ein. Best begab sich sofort in sein Tempelhofer Büro, um dort mit seinem Mandanten zusammenzutreffen. Dieser war indes entgegen der Abrede noch nicht eingetroffen, und der erschöpfte Best mußte stundenlang auf ihn warten. Er war wütend über die Verzögerung. Außerdem gab es ständig Schwierigkeiten mit der Übersetzung. Für die diffizilen Besprechungen mit Tiede benötigte Best einen Dolmetscher. Als solcher fungierte Dietrich Herrmann. Der vielbeschäftigte Anwalt wurde jedoch wieder und wieder abgerufen.

Stundenlang redete Best am Sonntag, Montag und Dienstag auf Tiede ein, erklärte ihm alles, suchte ihn zu beruhigen und zum Ergreifen der so überaus günstigen Gelegenheit, die sich ihm hier bot, zu bewegen. Die Verzögerungen und Übersetzungsschwierigkeiten wirkten usich dabei oftmals hinderlich aus, doch das größte Hindernis bestand darin, daß Hans Detlef Alexander Tiede sich nicht schuldig bekennen wollte. Er fühlte sich nicht schuldig. Er glaubte, daß seine Handlungsweise unter den gegebenen Umständen voll und ganz gerechtfertigt gewesen sei.

Nicht, daß er angesichts des Vorschlags des State Department, er solle sich im Tausch gegen möglicherweise fünfzehn Jahre Freiheitsentzug für die Gewährleistung seiner Haftentlassung zum 1. Januar entscheiden, nicht hin und her überlegt und immer wieder geschwankt hätte. Tiede verschloß sich den Argumenten der Anklagevertretung keineswegs. Doch wem würde wohl, selbst als Unschuldigem, in einer Lage wie der Detlef Tiedes in Berlin angesichts einer ihm zugesicherten Gefängnisstrafe von acht Monaten und einer möglichen von fünfzehn Jahren die Entscheidung nicht schwerfallen?

In den Vereinigten Staaten machen sich Tag für Tag Tausende höchstrichterliche Entscheidungen zunutze, die die Ablegung von Schuldbekenntnissen selbst in Fällen gestattet, in denen der Angeklagte seine Schuld nicht zugibt! Er braucht dann nur zu sagen: »Ich akzeptiere den Handel und bekenne mich infolgedessen schuldig, obwohl ich in Wirklichkeit unschuldig bin.«

Mit diesem Rechtssystem sah sich Detlef Tiede konfrontiert – einem System, das so bemüht ist, seine unerledigten Kriminalfälle loszuwerden, daß es »Verbrechern« unumwunden nahelegt, sich im Tausch gegen bindende Zusagen schuldig zu bekennen und dabei gleichzeitig ihre Unschuld zu beteuern. Doch zumindest in Amerika wird dieses Verfahren vom Richter genau überwacht. Er braucht das Schuldbekenntnis nicht entgegenzunehmen, wenn er das zugesagte Strafmaß für ungerecht hält. Er kann das Schuldbekenntnis eines Angeklagten, der gleichzeitig seine Unschuld beteuert, akzeptieren, braucht es aber nicht. In Berlin war das State Department noch über das Übliche hinausgegangen. In Ausübung seiner unbeschränkten Vollmacht, nach Gutdünken Gesetze zu erlassen, hatte es dort aus dem Verfahren der anklagebeschränkenden Vereinbarung die richterliche Oberaufsicht entfernt. Der Handel, der Detlef Tiede angeboten wurde, war nicht an richterliche Zustimmung gebunden. Wenn dieser darauf einging, war er perfekt.

Detlef Tiede konnte sich wie gesagt, zu keinem Entschluß durchringen. Glaubte er manchmal, auf das Anerbieten eingehen zu sollen, so kamen ihm anschließend gleich wieder Bedenken. Er begann dann, seine eigenen Bedingungen zu stellen.

Er wollte endlich seine Kinder wiedersehen. Diese Bitte wurde ihm gewährt. Das Erforderliche wurde veranlaßt und die beiden Jungen zu ihm in daspBüro seiner Anwälte im Flugzeuggebäude gebracht.

Nach all den Jahren der Einschließung jenseits der Mauer in Ost-Berlin und der darauffolgenden siebenmonatigen Haft in West-Berlin sollte Detlef Tiede jetzt endlich seine kleinen Jungen wiedersehen. In Bests Büro auf sie wartend, hörte er plötzlich draußen auf dem Gang ihre kurzen Trippelschritte und ihre dünnen Kinderstimmchen. Er warf Best einen scheuen Blick zu und rückte seine Krawatte zurecht. Dann ging die Tür auf. Voll ängstlicher und zugleich freudiger Spannung fragte er sich, ob die Jungen sich ihm gegenüber wohl aufgeschlossen zeigen — ja, ihn überhaupt wiedererkenne würden? Er blickte erneut zu Best hinüber, der ihm aufmunternd zunickte.

Die Jungen kamen auf ihn zugestürzt. Er ging auf die Knie, schloß sie in die Arme und küßte sie wortlos, wobei ihm die Tränen über das Gesicht rannen. Die Kinder drückten sich an ihn wie junge Hunde. Er hatte Mühe, das Schluchzen zurückzuhalten.

Der in der Ecke stehende Bewacher Tiedes, ein Westberliner Polizist, wandte sich ab und wischte sich mit dem Ärmel seines Uniformrocks über die Augen.

Die Gegenwart seiner Kinder flößte Tiede neuen Mut ein. Er schlug vor, daß man ihm im Tausch gegen ein Schuldbekenntnis bei seiner Haftentlassung die Erlaubnis erteile, mit seiner Familie nach Amerika auszuwandern. Eine solche Zusage konnte man ihm indes nicht machen.

Dann forderte er seine Entlassung aus der Haft noch vor dem 1. Januar, vor Weihnachten, damit er das Fest mit seinen Kindern feiern könne. Best begab sich im Eiltempo zu Adelman und Surena. Diese fragten bei Feldman an. Ja, lautete dessen Antwort, gute Führung des Häftlings vorausgesetzt, würden die Behörden ihm die Entlassung zum 15. Dezember zusichern. Best verlavgte, daß auch diese Zusage schriftlich erfolgen müsse, was gleichfalls zugestanden wurde.

Best erhob dann noch von sich aus zusätzliche Forderungen. Für den Fall, daß der Richter sich widersetze und das Schuldbekenntnis nicht akzeptiere und das State Department nicht imstande sei, ihn dazu zu zwingen, wünsche er, Best, vom State Department die Zusicherung, daß es das Verfahren dann einstellen würde. Adelman und Surena wollten Feldman empfehlen, eine solche Zusicherung zu geben.

Und so ging es weiter, Tag für Tag, doch Tiede konnte sich nicht entschließen, endgültig mit einem Ja zu antworten. Dann kam Mittwoch, der 9. Mai, heran, an dem das Gericht zusammentreten sollte. Die Anwälte mußten dorthin zurück, doch Detlef Tiede hatte immer noch nicht ja gesagt. Der halsstarrige Mann zögerte unglaublicherweise nach wie vor, sich schuldig zu bekennen. Doch Best war trotzdem zuversichtlich. Er war sich sicher, daß er ihn in den nächsten vierundzwanzig Stunden herumkriegen würde.

15.
Nichtberücksichtigung

9. Mai 1979

Am Mittwoch begann die letzte Sitzungsperiode des US-Gerichts für Berlin.

Es war in der Zwischenzeit gewachsen. Rizman, der Protokollführer, verfügte jetzt über drei Schreibkräfte für die täglichen Niederschriften der Verhandlungen. Auf einen Brief von Hellring hin, der ihn auf einen möglichen Interessenkonflikt aufmerksam gemacht hatte, hatte der Richter einen Rechtsbeistand für Sabine Ruske bestellt. Er entschied sich für einen erstklassigen New Yorker Rechtsanwalt, Jesse Climenko von der angesehenen Anwaltsfirma Shea, Gould, Climenko Casey. Und schließlich brauchte der Richter noch einen deutschen Juristen als Rechtsberater – sollte das deutsche Strafrecht doch im Prozeß Anwendung finden. Professor Gerhard Casper, der noch junge Dekan der Juristischen Fakultät der Universität Chicago, hatte ihm den als wissenschaftlicher Mitarbeiter an der Universität Freiburg im Breisgau tätigen Dr. Thomas Weigend empfohlen. Damit war alles für die Hauptverhandlung bereit.

Hellring, Shapiro und Biel saßen neben ihrer Mandantin. Diese wirkte sehr gesammelt – heute würde das Gericht über den Antrag auf Nichtberücksichtigung ihrer Aussagen entscheiden.

Judah Best saß neben seinem Mandanten. Er hatte dem Richter kurz vor dem Wiederzusammentritt des Gerichts einen Brief geschrieben, in dem er unter Hinweis darauf, daß der Antrag Detlef Tiede nicht betreffe, für sich und seinen Mandanten um Befreiung von der Teilnahme an der Verhandlung bat, um sich besprechen zu können. Best ging es vor allem darum, einen vierten Tag für die Besprechung des Schuldgeständnisses mit Tiede zu gewinnen. Dieser hatte ihm am Abend zuvor endlich zu verstehen gegeben, daß er zu einem solchen bereit sei. Best brauchte jedoch Zeit, um den Ostdeutschen auf die Verhandlung darüber vorzubereiten.

Der Richter gab ihm jedoch einen abschlägigen Bescheid. Er wünsche, daß alle anwesend seien. Best war verstimmt — beschloß aber, sich am gleichen Abend mit Tiede solange zusammenzusetzen, wie es erforderlich war, damit er dann tags darauf sein Schuldbekenntnis ablegen konnte. Schließlich würden die Geschworenen erst in fünf Tagen, am Montag, erscheinen. Best lehnte sich zurück und harrte der Dinge, die da kommen sollten.

Steve Rabourn trat mit einem Paar Kopfhörern und einem dazugehörigen Empfangsgerät in die Mitte des Saals. Der Kopfteil war mit dem Empfänger verbunden; er endete in zwei Kopfhörern wie das Stethoskop eines Arztes. Das Ganze sah aus wie die Kopfhörer, die in Flugzeugen ausgegeben werden.

»Darf ich Sie einen Augenblick um Aufmerksamkeit bitten?« sagte er. »Ich möchte Ihnen die Benutzung dieses Gerätes erklären. Jeder von Ihnen hat ein paar Kopfhörer und einen Empfänger. Wenn sie die Kopfhörer in den Boden des Empfängers einstöpseln, können Sie mit diesem kleinen roten Drehknopf die Lautstärke regeln.« Rabourn demonstrierte dann die Arbeitsweise des Geräts.

»Auf Kanal 6 können sie die englische Fassung der heutigen Verhandlung hören, auf Kanal 7 die deutsche und auf Kanal 8 das, was jeweils gesagt wird, in der Originalsprache, also entweder deutsch oder englisch. Noch Fragen?«

»Sehr gut«, meinte der Richter. »Jetzt wird, wenn ich richtig unterrichtet bin, Oberst Goeller als unser erster Zeuge aussagen, das heißt mit seiner Aussage fortfahren, und zwar, wie ich annehme, auf englisch Fragen beantworten, die ihm auf englisch gestellt werden. Zunächst möchte ich aber einige organisatorische Einzelheiten besprechen.«

Judah Best erhob sich von seinem Platz. Er wollte abermals den Versuch machen, eine Befreiung zu erreichen, um Tiede auf dessen Schuldgeständnis vorbereiten zu können. »Euer Ehren, darf ich einen Augenblick um Gehör bitten?«

»Können Sie nicht eine Minute warten, bis alle Platz genommen und wir die organisatorischen Einzelheiten geklärt haben, denn es herrscht ja immer noch ein ziemliches Durcheinander?«

Best mußte sich wieder hinsetzn — abermals abgewiesen.

Wenig später war der Richter fertig.

»Bitte führen Sie Oberst Goeller herein«, forderte er Ristau unvermittelt auf.

Best war im Begriff, sich abermals zu erheben, doch es war schon zu spät. Goeller war bereits im Gerichtssaal und näherte sich dem Zeugenstand.

Goeller faßte sich diesmal kurz. Hellring hatte kaum noch Fragen an den Oberst. Er hatte endlich erreicht, was er wollte, und sah keinen Sinn darin, noch weiter darauf herumzureiten. Jeder erfahrene Strafverteidiger kennt den Leitspruch: »Stehst du gut, so setz dich hin!« Der Boden, auf dem die Anwälte der Anklage und der Verteidigung stehen, ist trügerisch, die Winde, die sie dort umwehen, sind immer unvorhersehbar, so daß ein erfahrener Prozeßanwalt sich hüten wird, übers Ziel hinauszuschießen.

Hellring beschränkte sich deshalb darauf, klarzustellen, daß Goeller nach der Entgegennahme der Aussage der Ingrid Ruske vom 28. November alle Überredungsversuche von seiner Seite aus dem Protokoll entfernt habe. Übriggeblieben sei dann nur eine Erklärung der Beschuldigten, in der sie ihre Beteiligung an der Umleitung des polnischen Flugzeugs eingestanden habe. Von Goellers Einflüsterungen sei darin nicht die Rede gewesen. Diese Erklärung habe er sie am 30. November unterschreiben lassen.

Als Goeller den Zeugenstand verließ, verzichtete Hellring darauf, General Benedict noch einmal zu zitieren oder irgendwelche weiteren Zeugen aufzurufen. Die Zeugenvernehmung war abgeschlossen. Es sollten nur noch die Rechtsausführungen der Anwälte folgen.

Hellring stand am Pult. Er schien entspannt und gab sich maßvoll und lässig: Ihm sei jetzt nur noch an einer möglichst baldigen Entscheidung gelegen.

Adelman sah sich dagegen vor allerlei Probleme gestellt. Als der Anklagevertreter zum Pult schritt, war ihm bewußt, daß er sich zu einigem äußern mußte: zu einer Inhaftierung — mit wiederholten Befragungen ohne Rechtsbelehrungen — vom 30. August bis zum 3. November und zu einer weiteren Vernehmung wenige Wochen später am 28. November. Es gab einen einschlägigen Fall — *Brown v. Illinois* —, wo der Oberste Gerichtshof der Vereinigten Staaten entschieden hatte, daß ein Schuldgeständnis, das durch eine gesetzwidrige Inhaftierung zustande gekommen ist, *selbst dann* nicht berücksichtigt werden darf, *wenn* der Beschuldigte vorher über alle seine *Miranda*-Rechte belehrt wurde. Als außerplanmäßiger Professor, der solche Fälle mit seinen Studenten besprochen hatte, wußte Adelman natürlich genau über den Fall *Brown v. Illinois* Bescheid und war auf die diesbezügliche Frage des Richters vorbereitet.

»Ist der Fall *Brown kontra Illinois* nicht einschlägig?«

»Ich glaube nicht — ich kann Ihnen, Euer Ehren, zweifelsfrei darlegen, daß hier keinerlei gesetzwidrige Inhaftierung vorliegt, denn die Offiziere oder Beauftragten, Mr. Koester und Goeller, haben beide gesagt, daß sie berechtigt war, jederzeit wegzugehen.«

Der Richter schüttelte den Kopf: »Ich spreche nicht... vom 28. oder 30. November. Gab es zwischen dem 30. August und dem 3. November eine gesetzwidrige Inhaftierung?«

»Wir haben Ihnen, Euer Ehren, dargelegt, daß das nicht der Fall war«, erwiderte Adelman. Der Staatsanwalt war indes kein Dummkopf. Er hatte sich den Rückzug offengehalten.

»Nehmen wir einmal an, daß irgendeine Art von Ungesetzlichkeit vorliegt, die das, was während jener Zeit geschah, beeinträchtigen würde... — wir können das«, setzte Adelman rasch hinzu, »keineswegs zugeben, doch denke ich, daß Sie, Euer Ehren, gerade diesen Punkt meinen. Euer Ehren, wir behaupten und haben überzeugend dargelegt, daß eine beträchtliche Zeitspanne zwischen dem 3. und dem 23. oder 28. November liegt, als sie erschien, um diese Aussage zu machen. Mit anderen Worten, es handelte sich um einen selbständigen Willensakt.«

Der Richter war jetzt aber mit dem Sachverhalt vertraut. Er lächelte über Adelmans abermalige Behauptung, die Frau sei aus freien Stücken erschienen, um auszusagen. Willensakt — in der Tat, dachte er bei sich.

»Sie ist am 28. November nicht so ohne weiteres erschienen«, stellte der Richter Adelmans Behauptung richtig. »Man hat sie kommen lassen, sie gebeten, zu erscheinen, und sie *geholt*, nicht wahr?«

»Ja, das stimmt.«

»Das stimmt.« Der Richter nickte. Ebendies hatte Adelman monatelang abgestritten.

Doch Adelman hatte noch nicht geendet: Ich kann noch ein anderes Argument vorbringen, erklärte er. Und das lautet: Wie auch immer man mit Ingrid Ruske in der Zeit vom 30. August bis zum 3. November verfahren sein mag, und selbst wenn man sie vorlud, so war ihre Aussage an jenem Abend doch freiwillig.

Im März war Goeller im Zeugenstand sein Verhalten an jenem Abend vorgehalten und er war gezwungen worden, eine Erklärung dafür zu liefern. Jetzt stand hier der Staatsanwalt aus Washington. Und wenn es auch zutraf, daß Adelman die Inhaftierung ursprünglich nicht angeordnet hatte, o stand doch fest, daß er lange vor ihrer Beendigung voll und ganz daran beteiligt gewesen war. Damals hatte er indes als Ankläger, nicht als Gefängnischef amtiert. Jetzt trat er als Anwalt auf. Und ein amerikanischer Anwalt darf falsche Behauptungen aufstellen, an die er selbst nicht glaubt, um ungerechte Urteile durchzusetzen, solange seine Argumente in einigen Tatsachen gründen, die sie nicht völlig absurd erscheinen lassen. Und Adelman sagte niemals, dies oder das sei so, sondern immer nur: Wir *»argumentieren«*, daß dies oder das so ist.

Doch wenn ein Anwalt die Form zwar wahrt, aber doch bis an die Grenzen des Erlaubten geht, dann müssen er und sein Mandant diese Leichtfertigkeit mit einer Einbuße an Glaubwürdigkeit bezahlen. Wenn Adelman behauptete, daß sich die vorherige monatelange Inhaftierung der Ingrid Ruske am 28. November auf ihre Entscheidung, zu erscheinen und auszusagen, nicht ausgewirkt habe, so wahrte er vielleicht die Form, wurde aber ohne jeden Zweifel unglaubwürdig.

»Untersuchen wir das einmal zusammen, Mr. Adelman. Sie wurde vom 30. August bis zum 3. November in Gewahrsam gehalten, ohne daß ihr irgend etwas vorgehalten wurde, ohne formelle Anklageerhebung, und sie durfte das Gewahrsam nicht verlassen. Ist das richtig?«

»Ja, das stimmt. So lautete die Zeugenaussage.«

»Man hat während dieser Zeit versucht, sie zu verhören, nicht wahr?«

»Nein.«

Der Richter runzelte erstaunt die Stirn. Wie konnte Adelman leugnen, daß Goeller sie während ihrer Haft wiederholt befragt hatte? Dann fiel ihm plötzlich ein, daß Goeller gesagt hatte, er habe ihr lediglich Bewegung verschaffen wollen.

»Ja, das stimmt.« Der Richter grinste: »Oberst Goeller hat ausgesagt, er habe nicht die Absicht gehabt, während der Bewegungsstunden und Ähnlichem irgend etwas aus ihr herauszufragen.« Der Richter lächelte verschmitzt.

»Das ist richtig.« Adelman blieb ganz ernst.

»Will die Regierung behaupten, daß durch ihre Inhaftierung ihre Rechte in keiner Weise verletzt wurden?«

»So haben wir allerdings argumentiert. Wir haben so argumentiert«, wiederholte Adelman.

»Sie behaupten, dazu berechtigt zu sein?«

»Ja.«

»Aufgrund welchen Rechtsgrundsatzes?«

Adelman zog sich nunmehr auf Goellers ursprüngliche Bekundung zurück, sie habe sich in »freiwilligem Gewahrsam« befunden, fügte aber sogleich hinzu: »Wir räumen alle ein, daß sie bewacht wurden und den Gewahrsam nicht verlassen durften.«

»Er sagte, sie hätte sich in Haft befunden, nicht wahr?«

»Nun, ja. Ich glaube, er sagte das.«

»Nehmen wir ihn diesbezüglich beim Wort. Wenn sie sich, wie er sagt, in Haft befand, wurden dann dadurch irgendwelche ihr zustehenden Rechte verletzt?«

»Wir haben argumentiert, daß das nicht der Fall war.«

»Warum?«

»Wir haben argumentiert, daß aufgrund dieses Beweismaterials eine vernünftige Basis gegeben war . . . , damit entschieden werden konnte, welche gerichtliche Instanz Anklage erheben sollte und in welcher Form.«

»Sie sagten mir, daß sie zu diesem Zeitpunkt verfassungsmäßige Rechte besaß«, erinnerte der Richter Adelman. »Ich habe Ihnen diese Frage vorgelegt.«

»Das stimmt.«

»Konnte man sie im Einklang mit dem Vierten Zusatzartikel oder dem Anspruch auf ein gehöriges Rechtsverfahren unter diesen Umständen einfach inhaftieren und ihrer Bewegungsfreiheit berauben?«

»Ich argumentiere namens der Regierung, Euer Ehren, dahingehend, daß sie keinerlei verfassungsmäßige Rechte verletzt hat. Das Gericht mag das anders sehen.« Adelman gab sich steif und verärgert: »Ich lege den Standpunkt der Regierung dar.«

Der Richter konnte seinen Ärger nun aber auch nicht mehr verbergen. Wir »argumentieren«, wir »haben argumentiert« – niemals: Das ist so oder ist nicht so. Er erhob seine Stimme: »Ich verstehe, was Sie sagen. Ich möchte nur wissen, warum Sie es sagen.«

»Aus dem einfachen Grunde, weil wir Ihnen, Euer Ehren, deutlich machen möchten, daß die mit der Angelegenheit befaßten Beamten von der Luftwaffe und die anderen, die damit befaßt waren, in Anbetracht der sehr ungewöhnlichen Umstände durchaus vernünftige Entscheidungen getroffen haben.«

»Mr. Hellring sagt, Sie hätten sogleich Schritte unternommen, um für sich einen Anwalt zu bestellen. Ich glaube, er hat bewiesen, daß Mr. Surena innerhalb von 48 Stunden zum US-Staatsanwalt ernannt wurde... Das stimmt doch, nicht wahr?«

»Ja, das stimmt. Ich glaube aber nicht, daß man die beiden Seiten gleichsetzen kann. Ich habe eingehend darüber nachgedacht..., und ich glaube, man kann nicht sagen, die eine Seite habe sich mit einem Anwalt gewappnet und die andere sei ohne Rechtsbeistand geblieben, denn man hat die Leute nie als Gegner der Vereinigten Staaten angesehen, vor allem nicht während der Monate September und Oktober.«

»Ihre Stellung war also nicht die von Gegnern?«

»Nicht in dem Sinn, in dem das Gericht betont, daß eine jede Seite Anwälte braucht.«

»Meinen Sie, daß nur die eine Seite einen Anwalt benötigte?«

»Ich möchte meinen, daß es hier gar keine Seiten gab. Das möchte ich deutlich machen. Ich meine, daß –«

»Nun«, unterbrach ihn der Richter, »wenn Mr. Surena die Vereinigten Staaten vertrat, wer vertrat dann Herrn Tiede und Frau Ruske?«

»Man kam ganz offensichtlich zu dem Schluß, Euer Ehren, daß es in diesem Fall keine Seiten gebe. Daß er die Vereinigten Staaten vertrat, beruhte zweifellos auf andersartigen Überlegungen für ein Strafverfahren. Es hätte sich sehr wohl herausstellen können, daß die Vereinigten Staaten nicht als Ankläger auftreten konnten und daß ein Verfahren vor einem amerikanischen Gericht niedergeschlagen worden wäre.«

»Es ist aber nicht von einem Tag oder einer Woche oder auch einem Monat die Rede, nicht wahr? Es ist im Fall der Frau Ruske die Rede von einem Zeitraum vom 30. August bis zum 3. November Stimmt das nicht?«

»Das stimmt.«

»Wollen Sie wirklich behaupten, daß die Regierung der Vereinigten Staaten berechtigt war, sie die ganze Zeit hindurch in Haft zu halten, und daß keinerlei verfassungswidriger Eingriff in ihre Rechtssphäre erfolgte?«

Jetzt wurde Adelman aber wirklich ärgerlich und machte daraus auch kein Hehl.

»Sie haben diese Frage schon mehrmals gestellt, Euer Ehren. Bei allem Respekt: Ich sollte, glaube ich, konstatieren, daß wir uns auf den Standpunkt stellen, daß sich die Regierung unserer Meinung nach unter den gegebenen Umständen richtig verhalten hat.«

Adelman zog sich schließlich in seine Igelstellung zurück: Was immer vor dem 3. November geschah, spielte keine Rolle, denn an jenem Tag war sie zweifellos wieder in Freiheit. Drei Wochen später erschien sie dann aus freien Stücken und gab eine einwandfreie Aussage zu Protokoll.

Der Richter sah Adelman ungläubig an: »Der 28. stellt einen Willensakt dar«, fragte er, »ihr *Erscheinen?*«

»Ja«, gab Roger Adelman zur Antwort, und daraufhin erkannte der Richter, daß er mehr nicht zu hören brauchte – mehr nicht zu hören wünschte. Er würde die Sache mündlich erledigen, wiederum nach der »guten alten englischen Tradition«.

»Es hat sich eindeutig erwiesen, daß Fräulein Ruske unter Verletzung ihrer Rechte und entgegen dem Vierten Zusatzartikel zur Verfassung unverhältnismäßig lange in Gewahrsam gehalten wurde, so unverhältnismäßig lange, daß dafür keinerlei *Argument* ins Feld geführt werden kann«, entschied der Richter.

Er kam auf Adelmans »Argumente« und »Positionen« zu sprechen.

»Es wird argumentiert, die Inhaftierung, Festsetzung oder der Gewahrsam sei geboten gewesen, weil niemand gewußt hätte, wer sie unter Anklage stellen würde. Dieses Argument taugt nicht einmal für zehn Minuten Haft, geschweige denn für zwei Monate und mehrere Tage.« Der Richter sprach die Anklagevertretung direkt an.

»Niemand machte es der Regierung unmöglich, zu entscheiden, wer sie unter Anklage stellen sollte. Niemand machte es der deutschen Regierung unmöglich, zu entscheiden, wer sie unter Anklage stellen sollte. Und wenn in dieser Zeit keinerlei Entscheidung getroffen wurde«, fuhr der Richter fort und sah dabei Surena scharf an, »dann doch wohl nur aus dem einfachen Grunde, weil es denjenigen, die sie in Gewahrsam hielten, unbequem war, die fällige Entscheidung zu treffen, und sie sie auf einen späteren Zeitpunkt verschieben wollten. Nach Auffassung des Gerichts ist keinerlei Beweis für die Notwendigkeit dieser Inhaftierung erbracht worden. Doch selbst wenn sie erforderlich gewesen sein sollte, was meiner Meinung nach nicht der Fall war . . . , so lag nach Auffassung des Gerichts nicht der geringste Grund vor, die zur Bestellung eines Rechtsbeistands für diese Angeklagte notwendigen Schritte nicht zu ergreifen. Wenn gesagt wird, daß sie und die Regierung sich nicht als Gegner gegenüberstanden, so muß ich feststellen, daß das nicht zutrifft. Wer in Haft sitzt, befindet sich gegenüber der Gewahrsamsmacht immer in der Position eines Gegners. Und wenn es zutrifft, was unserer Meinung nach der Fall ist, daß die Regierung noch nicht entschieden hatte, wer sie unter Anklage stellen sollte oder wer Tiede unter Anklage stellen sollte, so steht doch ebenso eindeutig fest, daß es dabei nur um die Frage ging, *wer* es tun sollte, nicht ob das zu geschehen habe.«

Der Richter nahm seine Notizen zur Hand.

»Ich komme nun zu der Zeugenaussage von Oberst Goeller. Oberst Goeller hat ausgesagt, er habe wiederholt mit Sabine Ruske und mit ihrer Mutter, Frau Ruske, Kontakt aufgenommen, und der Zweck dieser Kontakte, die einmal oder zweimal pro Woche erfolgten, habe im Grunde darin bestanden, der Angeklagten Bewegung zu verschaffen, und er habe das getan, weil diejenigen Angehörigen seines Stabes, die eigentlich dafür in Frage gekommen wären, anderwärts eingespannt gewesen seien.«

Der Richter hielt einen Augenblick inne. »Das Gericht bezweifelt seine Aussage.«

Im Saal wurde es totenstill. Der Richter hatte Goeller soeben, wenn auch mit verblümten Worten, einen Lügner genannt. Vorsitzende von Besatzungsgerichten bezichtigen hochrangige Offiziere, die gegen die »Besiegten« aussagen, im allgemeinen nicht der Unwahrhaftigkeit.

»Ich sehe es als erwiesen an, daß die Regierung die Angeklagte Ruske in Haft hielt, weil sie sie verdächtigte, mit dem Angeklagten Tiede im Bunde zu sein. Ich sehe es außerdem als erwiesen an, daß sie vor dem 3. November zu keiner Zeit, nicht einmal ihrer eigenen Aussage nach, über Belastungsmaterial verfügte, das zu einer Anklageerhebung gegen Frau Ruske ausgereicht hätte. Ich sehe es als erwiesen an, daß dies zumindest einer der Gründe ist, weshalb man nicht in aller Form Anklage gegen sie erhob. Und ich sehe es überdies als erwiesen an, daß sie während dieser Zeit gesetzwidrig in Haft gehalten wurde und daß Oberst Goeller wiederholt Kontakt mit ihr aufnahm, in der Absicht und zu dem Zweck, ihr nach Möglichkeit Schuldbekenntnisse zu entlocken. Das Gericht bezweifelt nicht, daß auch noch andere Gründe vorgelegen haben mögen, sieht es aber als erwiesen an, daß dies zumindest einer der Gründe war. Das Gericht sieht es als erwiesen an, daß ihre Inhaftierung während dieses Zeitraums eine Verletzung der der Angeklagten gemäß dem Vierten, Fünften und Sechsten Zusatzartikel zur Verfassung der Vereinigten Staaten zustehenden Rechte darstellte!«

Als die Entscheidungen der Reihe nach ergingen, sah Hellring seine Mandantin vielsagend zwinkernd an. Sehen Sie, sagten seine Augen, ich habe es Ihnen ja gesagt. Sie strahlte ihn dankbar an. Als sie sich dem Richter wieder zuwandten, entschied dieser gerade über das, was Goeller ihr am Abend des 28. November angetan hatte.

Der Richter verwarf Adelmans »Argument«, Ingrid Ruske habe Goellers Dienststelle aufgesucht, in der Absicht, »die Sache klarzustellen«.

»Sie ging dorthin«, entschied der Richter, »weil sie *vorgeladen* wurde. Ich stelle fest, daß sie dorthin ging, weil sie glaubte, aus einem anderen Grunde vorgeladen worden zu sein, nämlich weil man versuchen wollte, ihr bei der Erlangung ihrer Habe behilflich zu sein. Ich stelle jedoch fest, daß man ihr keineswegs helfen, sondern sie vielmehr befragen wollte, in der Absicht, eine Aussage von ihr zu erlangen, die die These der Anklagevertretung zusätzlich abstützen sollte.«

Der Richter nahm erneut seine Notizen zur Hand: »Ich bin überzeugt, daß, wenn diese Angeklagte ohne Anspruch auf Haftverschonung gegen Sicherheitsleistung, ohne Anwalt, ohne irgendeinen Rechtsbeistand, einer strengen Postkontrolle unterworfen, vom 30. August bis zum 3. November im Staat Illinois in Haft gehalten worden wäre und dies einzig und allein damit begründet worden wäre, daß der Staat Illinois nicht entscheiden könne, ob er oder aber der Staat Indiana sie unter Anklage stellen solle – daß man dann in diesem Land – in *unserem* Land – weder ein Bundesgericht noch ein einzelstaatliches Gericht finden würde, das darin nicht eine grobe Verletzung der verfassungsmäßigen Rechte der Beschuldigten sehen würde.«

Der Richter stellte fest, daß auch die Hinweise, die Goeller ihr gegeben habe, nichts an der Tatsache änderten, daß er sich ihr gegenüber unfair verhalten habe, und schloß seine Ausführungen wie folgt:

»Zweitens stelle ich fest, daß die Angeklagte auf gesetz- und verfassungswidrige Weise von Oberst Goeller dazu überredet wurde, eine Aussage zu machen, von der sie ihm ausdrücklich gesagt hatte, sie wünsche sie nicht zu machen. Ich stelle fest, daß sie diese ernsten Dinge am 28. November nicht mit ihm zu erörtern wünschte. In der Absicht, ihr eine Aussage zu entlocken, gab er ihr zu verstehen, sie könne sich dadurch unmöglich selbst belasten, denn das, was sie getan habe, sei kein Verbrechen. Oberst Goeller hat im Zeugenstand die Ausdrucksweise in seinen Feststellungen gegenüber der Angeklagten – nicht Fragen, sondern Feststellungen – selbst als unglücklich, inkorrekt oder unangebracht bezeichnet... Einerlei, ob sie auf Gedankenlosigkeit oder Gleichgültigkeit beruhte oder mit Absicht gewählt wurde, war sie unberechtigt. Sie stellte eine unzulässige Überredung zur Aussage dar... eine Verletzung der Rechte der Angeklagten gemäß dem Fünften Zusatzartikel... Ob dies geschah, weil die gewählte Ausdrucksweise aus Nachlässigkeit oder aber absichtlich nicht ganz die richtige war, spielt dabei keine Rolle. Es geht hier nicht um Oberst Goellers Rechte, sondern um die der Angeklagten. Demgemäß entscheidet das Gericht aus den erwähnten Gründen, daß die Aussage vom 28. November nicht als Beweismaterial gegen die Angeklagte verwendet werden darf. Bei ihrer Aussage vom 30. November brauchen wir uns nicht lange aufzuhalten... Das Gericht stellt fest, daß die Aussage vom 30. November unmittelbar aus der Aussage vom 28. November resultiert und, da die erstere nicht zu berücksichtigen ist, gleichfalls nicht berücksichtigt werden darf.«

Ingrid Ruskes Aussagen gegenüber Oberst Goeller wurden somit gestrichen. Ob sie, ob überhaupt jemand von den im Saal Anwesenden – die Amerikaner natürlich ausgenommen – völlig begriff, was da vor sich ging, ist zu bezweifeln. In keinem anderen Land ist ein Beschuldigter gegen belastendes Material, das auf verfassungswidrige Weise zustande gekommen ist, in so hohem Maße geschützt wie in den Vereinigten Staaten. Selbst dort ist das Verbot seiner Verwendung allerdings umstritten. Viele sind der Ansicht, es sei unrecht, schuldige Verbrecher in Freiheit zu setzen, weil ein Oberst Goeller »einen Bock geschossen« habe. Viele meinen, statt die Nichtberücksichtigung von Belastungsmaterial zu verfügen, täte man besser daran, beide Übeltäter unter Anklage zu stellen. Die Möglichkeit, die Obersten und Generale, die die Kellner und Serviererinnen ihrer Rechte berauben, zur Verantwortung zu ziehen, scheint indes gering, gleich, ob in Berlin oder Houston, London oder New York. Und wenn es auch zutrifft, daß sich selbst diejenigen, die am entschiedensten für das Prinzip der Nichtberücksichtigung eintreten, nicht ganz sicher sind, weshalb sie das tun – ob unter anderem in der Hoffnung, daß es Beamte von gesetzwidrigem Tun abhalten oder die Integrität der Gerichte schützen kann, so steht doch fest, daß ohne dieses Prinzip häufig keinerlei Gegenmittel vorhanden wäre.

Wie dem auch sei, die am 9. Mai im Gerichtssaal Anwesenden begriffen: Ingrid Ruske war das Opfer einer groben Rechtsverletzung seitens derjenigen geworden, die sie unter Anklage gestellt hatten, und es wurde diesen nicht gestattet, daraus Vorteile zu ziehen. Wenn sie ohne die Aussage, die sie auf gesetzwidrige Weise von ihr erlangt hatten, ein Verfahren gegen sie einzuleiten in der Lage waren, nun gut. Falls nicht, so standen sie nicht schlechter da, wie wenn sie sich von Anbeginn an korrekt verhalten hätten. Ingrid Ruske würde ohne das auf illegale Weise zustande gekommene Belastungsmaterial unter Anklage gestellt werden oder aber überhaupt nicht. Und an diesem Ergebnis schien niemand – gleichgültig, ob Europäer oder Amerikaner – Anstoß zu nehmen. Das hatten Oberst Goellers Zeugenaussage und Adelmans Argumente bewirkt.

Doch was auch immer andere Europäer alledem entnehmen mochten – Detlef Tiede erfuhr etwas, das er als sehr wichtig für sich empfand.

Dieser hatte den Ausführungen des Richters mit an seine Kopfhörer gepreßten Händen regungslos und begierig gelauscht. Es war mit das Erstaunlichste, was er je gehört hatte. Es überstieg das Vorstellungsvermögen dieses jungen Mannes aus dem Osten. Wer hatte jemals gehört, daß ein Richter einem Oberst nicht glaubte, die Argumente des Staatsanwaltes zurückwies, Beweismaterial streichen ließ, das der Staat gegen einen Durchschnittsbürger zu verwenden gedachte?

Und in diesem Augenblick büßte das State Department nicht nur sein Belastungsmaterial gegen Ingrid Ruske ein. Es konnte nun auch nicht mehr auf die Furcht und den Respekt des Detlef Tiede zählen. Dieser wußte jetzt, was er zu tun hatte. Er würde auf seinem Anspruch – seinem aus der amerikanischen Verfassung begründeten Anspruch – auf ein Geschworenenverfahren bestehen. Er entschloß sich, sein Vertrauen in das Rechtssystem der Nation zu setzen, in deren Schutz er geflüchtet war, und sein Schicksal in die Hände einer Jury aus deutschen Landsleuten zu legen. Es würde nun doch zu einem Geschworenenverfahren vor dem US-Gericht für Berlin kommen, wenn das auch noch niemand, nicht einmal sein Anwalt wußte. Detlef Tiede wollte sich auf keinen Handel mehr einlassen.

16.
Irreführung des Gerichts

10. Mai 1979

MISSION DER VEREINIGTEN STAATEN, BERLIN
(U. S.-Sektor)
USCOB(79)

8. Mai 1979

BETR.: Amerikanisches Gericht für Berlin –
Bedingte Strafaussetzung

AN: Den Regierenden Bürgermeister von Berlin

In der Anlage übersende ich ein Exemplar einer Verordnung für den U. S.-Sektor mit dem Titel:»Amerikanisches Gericht für Berlin – Bedingte Strafaussetzung,« Diese Verordnung tritt mit dem Tag ihrer Unterzeichnung, dem 8. Mai 1979, in Kraft und wird in der nächsten Ausgabe des Amtsblatts der alliierten Kommandantur Berlin veröffentlicht werden.

FÜR DEN U. S.-KOMMANDANTEN

JAMES W. SWIHART, JR.

Geschäftsführender U. S.-Sekretär

Die amerikanischen Anklagevertreter waren bereit. Das Sondergesetz über bedingte Strafaussetzung »ging durch«. Das heißt, der Gesandte Anderson schrieb es auf und händigte es dem Regierenden Bürgermeister von Berlin aus. Es war jetzt »Gesetz«.

Sogar die Entscheidung über die Streichung ihres Belastungsmaterials gegen Ingrid Ruske kam Surena und Adelman zustatten, konnten sie das Verfahren gegen sie doch daraufhin statt aufgrund des Handels mit Tiede einstellen – um dann Tiedes Schuldgeständnis entgegenzunehmen und den 400 Berlinern mitzuteilen, sie könnten zu Hause bleiben. Sie glaubten zu wissen, wie es nun weitergehen würde – sollten sich indes in Detlef Tiede getäuscht haben.

Surena stand am Pult. Er brauchte sich jetzt nicht mehr mehrdeutig und weitschweifig auszudrücken. Er kam sogleich zur Sache: Er beantragte, das Verfahren gegen die Frau einzustellen, und überreichte dem Gericht einen Brief mit der Zusage, daß sie niemand mehr unter Anklage stellen würde.

»Wollen Sie das begründen?« fragte ihn der Richter.

»Nein, Euer Ehren.«

»Sie wollen dem Gericht also *keinen einzigen* Grund nennen?«

»Die Regierung ist, wie das Gericht wohl weiß, nicht verpflichtet, den Grund für die Einstellung des Verfahrens, für ihren Antrag auf Einstellung des Verfahrens, anzugeben, und die Regierung möchte das in diesem Fall nicht tun«, lautete seine unmißverständliche Antwort.

Da Surena ihm den Grund nicht nennen wollte, wandte sich der Richter an Adelman. Im Unterschied zu Surena wollte Adelman die Antwort auf diese Frage nicht glattweg verweigern. Seine Worte sorgfältig wägend, erklärte der Anklagevertreter, infolge des Antrags auf Nichtberüksichtigung der Aussagen der Ingrid Ruske »glauben wir nicht, über genügend Beweismaterial zu verfügen, wie es für eine Verurteilung erforderlich wäre«. Adelman fügte indes hinzu, es spielten auch noch andere Überlegungen eine Rolle.

»Hängen irgendwelche von diesen anderen Gründen mit meiner Entscheidung zusammen, in dem vorliegenden Fall Geschworene zu berufen?« Der Richter hatte schließlich eine Übersetzung des deutschen Zeitungsberichts über den bevorstehenden »Handel« gelesen.

»Ich glaube nicht«, entgegnete Adelman, um rasch hinzuzufügen: »Ich möchte darauf hinweisen, daß ich für diese Frage nicht zuständig bin.«

Es ist ein Grundprinzip des amerikanischen Strafrechts, daß eine Anklageerhebung völlig im Ermessen des zuständigen Staatsanwalts liegt. Niemand kann ihn dazu zwingen. Wenn die Anklagevertretung diesen Fall nicht weiter verfolgen wollte und der Angeklagten aus ihrer Entscheidung keinerlei Schaden erwachsen konnte, dann mußte dem Antrag, das Verfahren einzustellen, stattgegeben werden.

Nach dem mit sehnsüchtigem Warten verbrachten Jahren in Ost-Berlin und den qualvollen Monaten in West-Berlin schien es jetzt, daß die leidgeprüfte Frau zum erstenmal in ihrem Leben in Freiheit – in wirklicher Freiheit – würde leben können. Da sich Bernard Hellring dessen aber nicht ganz sicher war, bat er um eine kurze Unterbrechung.

Hellring wußte, daß Detlef Tiede es sich anders überlegt hatte. Dieser wollte kein Schuldgeständnis ablegen und sich auf keinen Handel einlassen. Hellring wollte verhindern, daß die Anklagevertretung, wenn sie dies erfuhr, es sich-bezüglich der Frau anders überlegte. Nach Rücksprache mit Shapiro und Best kam Hellring zu dem Schluß, daß er am besten daran täte, den ganzen Handel aufzudecken, die Anklagevertretung zu demaskieren und sie derart in Verlegenheit zu setzen, daß sie dann nicht mehr anders konnte, als die Zusage, die sie der Frau gemacht hatte, einzuhalten, auch nachdem der Mann sich von der Sache distanziert hatte.

Nach Wiedereröffnung der Verhandlung richtete Hellring einen scharfen Angriff gegen das State Department. Er warf ihm vor, es habe versucht, von Tiede ein Schuldgeständnis zu erpressen, es habe ein Sondergesetz ausgearbeitet – und zwar zusammen mit dem Anwalt des Mannes, den es wegen Flugzeugentführung unter Anklage gestellt habe – und dieses Gesetz dann in Berlin in Kraft gesetzt, um das Gericht seiner Entscheidungsgewalt zu berauben. Er sei außerstande, dem Angebot und denjenigen, die es unterbreiteten, Vertrauen zu schenken. Eine beklemmende Stille folgte seiner Erklärung.

»Ich möchte erreichen, daß meine Mandantin endlich einmal zur Ruhe kommt... und in die Lage versetzt wird, ihr Leben und das ihrer zwölfjährigen Tochter auf eine sichere Basis zu stellen.

Ich hoffe, daß das Geschenk, das ich heute morgen für sie entgegengenommen habe, dieses Ende wirklich ankündigt, weiß aber nicht, ob das der Fall ist oder nicht.«

Hellring wandte sich um und blickt Andre Surena an: »Mr. Surena ist außerstande, uns die Gründe für die von der Anklagevertretung getroffene Entscheidung mitzuteilen. Er sagt nur, die Regierung sei nicht gewillt, ihre Gründe bekanntzugeben.« Hellring beschuldigte Surena und dessen Vorgesetzten in Washington, Mark Feldman, der Doppelzüngigkeit und Unglaubwürdigkeit. Die Zusicherungen und Garantien dieser Männer seien völlig wertlos.

Schließlich hätten diese Männer seine Mandantin bereits widerrechtlich inhaftiert und seien dann wortbrüchig an ihr geworden.

»Ich weiß, daß ein Mann, der ein großes Wagnis auf sich genommen hat, um es ihr und Herrn Tiede zu ermöglichen, hierher zu gelangen, in einem ostdeutschen Gefängnis schmachtet. Und er befindet sich dort einzig und allein wegen dieser beiden Angeklagten und wegen der Hilfe, die er ihnen leisten wollte... Und ich weiß, daß sie Oberst Goeller und Mr. Surena und die Angehörigen der Berliner US-Mission inständig baten, die Geheimnisse, die sie ihnen anvertrauten, für sich zu behalten, und darauf vertrauten, daß sie das *Versprechen* halten würden, das sie ihr gegenüber machten, von diesen Mitteilungen keinerlei Gebrauch zu machen, der diesem Mann schaden und ihm Nachteile bringen würde.«

Aber sie mißbrauchten ihr Vertrauen und wurden wortbrüchig. Jetzt verpfändeten sie erneut ihr Wort. Waren diese Männer glaubwürdig? Sollte Hellring als Anwalt von Ingrid Ruske Surena und Feldman vertrauen?

Sie hätten seine Mandantin verfolgt, erklärte er mit Donnerstimme. Unermüdlich. Unnachsichtig. Doch eines Tages hätten sie es sich anders überlegt. Wann? Warum? Sie hätten so lange fortgefahren, sie zu beschleichen, »bis der ›unregierbare Richter‹ dieses Gerichts« – Hellring zitierte Feldmans Bemerkung gegenüber Best – »am 14. März« entschieden hätte, daß die Angeklagten Anspruch auf ein Geschworenenverfahren hätten.

Nach dem Scheitern ihres Versuchs, sich das Gericht gefügig zu machen und den Angeklagten ihre verfassungsmäßigen Rechte vorzuenthalten, »von diesem Datum an setzte eine ganze weitere Reihe neuer, bis jetzt sinnloser Aktivitäten ein. Eine Verordnung, die plötzlich auf wundersame Weise vor zwei Tagen verkündet wurde.«

»Meinen Sie die Verordnung über bedingte Strafaussetzung?«

»In der Tat«, erwiderte Hellring. »Und ich möchte Ihnen, Euer Ehren, zur Kenntnis bringen, daß der Inhalt und alle Einzelheiten dieser Verordnung zwischen der Anklagevertretung und dem State Department oder Vertretern desselben auf der einen Seite und Herrn Tiedes Anwalt auf der anderen Seite ausgehandelt wurden.«

Der Richter glaubte, nicht richtig gehört zu haben: »Sie sagen mir, daß... dieses Gesetz erlassen wurde und seine Bestimmungen formuliert wurden – mit dem Einverständnis der Anwälte des Angeklagten Tiede? Ist das so?«

Das übersteigt nun aber wirklich jedes Maß, dachte er bei sich. Der Angeklagte und die Anklagevertretung setzen sich zusammen, um ein Gesetz zu erlassen.

Hellring holte abschließend noch einmal aus: Tiede, teilte er dem Gericht mit, habe es sich anders überlegt. Er wolle das Anerbieten zurückweisen: »Herr Tiede hat sich entschlossen, auf den ihm aufgrund der Verfassung der Vereinigten Staaten zustehenden Rechten zu bestehen und keine der ihm von den Vereinigten Staaten von Amerika angebotenen anklagebeschränkenden Vereinbarungen zu akzeptieren«, verkündete Hellring.

Im Rückblick erscheinen die Entschlossenheit des Detlef Tiede und der Mut, den er an den Tag legte, erstaunlich. Man schrieb damals den 10. Mai. Er saß nun schon fast neun Monate in Haft. Er hatte die außerordentliche Macht derjenigen, die ihn unter Anklage gestellt hatten, ausgiebig zu spüren bekommen. Und diese Leute legten großen Wert darauf, daß er sich schuldig bekenne. Er fürchtete, daß ihm, falls er ihre Zusicherungen zurückwies, möglicherweise eine Freiheitsstrafe von maximal fünfzehn Jahren drohte. Das State Department bestimmte in Berlin. Es war mächtiger als der Richter. Welche Chancen hatte er da als einzelner, wo doch selbst sein Anwalt meinte, er solle, um sich Schlimmeres zu ersparen, ihnen das Schuldgeständnis liefern, das sie brauchten, um das Verfahren abschließen zu können?

Detlef Tiede schwankte daher lange und hätte um ein Haar nachgegeben. Das war nur natürlich. Selbst Horst Fischer in Ost-Berlin konnte kaum einem stärkeren Druck, sich schuldig zu bekennen, unterliegen. Tiede war indes immer noch derselbe, der die anklägerischen Briefe an die DDR-Regierung gerichtet hatte, als er noch deren Gefangener gewesen war. Und er fühlte sich immer noch als ganzer Mann – nicht als Esel, der sich antreiben und leiten ließ – jetzt in West-Berlin genauso wie seinerzeit in Ost-Berlin. Er war überzeugt, daß er kein Verbrechen begangen hatte und ganz gewiß kein Luftpirat war. Welche Versprechungen man ihm auch machte, welche Gefahren ihm auch drohten, er würde das niemals wider besseres Wissen sagen. Er würde kein falsches Geständnis ablegen.

Doch nun, wo Tiede seine Entscheidung getroffen hatte, wollte Bernard Hellring wissen, ob man die Zusage, die Strafverfolgung gegen Ingrid Ruske einzustellen, einhalten werde.

»Dieses Schreiben, das die Anklagevertretung mir heute morgen zum Geschenk gemacht hat, wurde schon vor langer Zeit abgefaßt. Ausgerechnet den heutigen Morgen für seine Überreichung zu wählen, nur um glauben zu machen, es hätte etwas mit der – mit der durch Sie, Euer Ehren, verfügten Nichtberücksichtigung von zwei der vielen Aussagen zu tun, die sie von meiner Mandantin entgegengenommen haben, das ist würdelos. Es ist würdelos, den sie waren sich doch bewußt, daß sie schon lange vorher beschlossen hatten, dies zu tun, und daß sie mit meiner Mandantin Fangball spielten... Es geht mir darum, festzustellen, was diese Entscheidung bedeutet und ob sie von Dauer sein wird«, erklärte Hellring.

Würden sie auch im Fall einer Einstellung des Verfahrens versuchen, die Frau bei der Hauptverhandlung als Zeugin gegen Tiede zu zitieren? Sie hatten sie schon einmal dazu überredet, Aussagen zu machen, die dem im Osten im Gefängnis sitzenden Mann geschadet hätten. Würden sie sie, fragte Hellring, nunmehr zwingen, gegen Tiede auszusagen?

Ehe man ihm diese Frage nicht beantworte, wisse er nicht, welche Position er einnehmen solle.

»Anders ausgedrückt«, fragte der Richter, »Sie wollen jetzt nicht Stellung nehmen, nicht wahr?«

»Genau!«

Dr Richter wandte sich abermals dem Vertreter des Justizministeriums zu. Adelman zufolge gab es noch »andere Gründe«. Welches diese anderen Gründe seien, wollte der Richter wissen.

Doch Adelman fühlte sich unzuständig: »Der Kernpunkt ist, daß das State Department, in Gestalt von Mr. Surena, offensichtlich andere Faktoren im Auge hat. Und ich bin nicht in der Lage, mich darüber zu äußern.«

»Übersteigt das Ihre Kompetenz?«

»Ja, das übersteigt meine Kompetenz«, erwiderte Adelman.

»Nahmen Sie an irgendwelchen Besprechungen über die Abfassung von gesetzlichen Bestimmungen für Berlin teil?«

»Ja.«

Adelman wollte sich jedoch nicht weiter dazu äußern und bat abermals, die Frage Surena vorzulegen.

Der Richter schaute Adelman ungläubig an: »Ist es wirklich so überaus wichtig, die von mir geltend gemachten verfassungsrechtlichen Erfordernisse zu umgehen?« hob er an, nach Worten ringend. »Offen gestanden, wie ich hier sitze, weiß ich nicht, was ich dazu sagen soll, und wenn ich es wüßte, würden mir vorerst die Worte fehlen. Anders ausgedrückt, ich bin im Augenblick sprachlos.«

Er wandte sich dem regungslos dasitzenden Repräsentanten des State Department zu: »Wollen Sie zu Mr. Hellrings Ausführungen Stellung nehmen, Mr. Surena?« Adelman ließ sich auf seinen Stuhl zurückfallen.

»Wenn ich darf, Euer Ehren, ja, gewiß.« Surena nahm eine herausfordernde Haltung ein.

»Ich habe heute als US-Staatsanwalt für Berlin einen Antrag auf vorbehaltlose Einstellung des Verfahrens gegen Ingrid Ruske eingereicht. Gleichzeitig habe ich als — in meiner Eigenschaft als Vertreter der US-Regierung in diesem Prozeß — ein von einem US-Beamten, der ich zufällig ebenfalls in anderer Eigenschaft bin, unterzeichnetes Dokument überreicht... Wenn ich Mr. Hellring recht verstehe, so behauptet er, nicht zu wissen, von wem die Ermächtigung zu diesem Brief stamme.«

»Ich glaube, das stimmt« bemerkte der Richter trocken. »Er hat das unter anderem gesagt.«

»Ich möchte darauf hinweisen, daß in dem Brief ausdrücklich festgestellt wird, woher die Ermächtigung dazu stammt.« Es sei darin festgestellt, betonte Surena, daß sie vom State Department in Washington stamme.

Surena rang nach Worten. Der Richter dachte bei sich, daß man ihm fairerweise etwas Zeit lassen müsse.

»Sie möchten vermutlich etwas Zeit bekommen, um Ihre Gedanken zu sammeln?«

»Ich glaube, es wäre wahrscheinlich besser, wenn man mir etwas Zeit ließe, damit ich nichts Unausgegorenes vorbringen muß, ganz sicherlich, Euer Ehren.«

Die Zuhörer verfolgten voller Neugierde die hitzige Diskussion zwischen dem Verteidiger und dem Vertreter seiner eigenen Regierung. Unmittelbar vor der Mittagspause wandte sich der Richter an alle Anwesenden.

»Lassen Sie mich bitte ein paar erklärende Worte an alle diejenigen richten, die nicht mit den amerikanischen Rechtsbräuchen und dem amerikanischen Verfahrensrecht vertraut sind. Wer aus einer anderen Weltgegend, einem anderen Kulturkreis oder einem anderen Rechtssystem kommt, die ohne Zweifel ebenso achtbar sind wie die unsrigen, ist vielleicht erstaunt, daß ein amerikanischer Anwalt einem amerikanischen Beamten entgegentritt oder sich weigert, eine Vorhaltung desselben zu akzeptieren... Das amerikanische Recht fordert, ob zu Recht oder Unrecht, von jedem amerikanischen Anwalt, dies zu tun, wenn er einen Mandanten vertritt, dessen Interessen dies verlangen, und es spielt dabei keine Rolle, ob dieser Mandant Amerikaner, Deutscher oder Russe ist. Das ist völlig belanglos. Der Anwalt hat die unbedingte Pflicht, seiner eigenen Regierung entgegenzutreten. Er ist dazu nicht berechtigt. Er ist dazu verpflichtet. Genügt er dieser Pflicht nicht, so muß er nach amerikanischem Recht damit rechnen, gemaßregelt zu werden. Gleichermaßen besagt die Tatsache, daß ein Anwalt der Regierung entgegentritt, natürlich nicht, daß die Regierung schuldig ist. Die Regierung wird dann angehört. Sie läßt ihre Position durch ihre Anwälte darlegen. Deren Pflichten unterscheiden sich nach amerikanischem Recht ein wenig von denjenigen, die der Verteidiger seinem Mandanten oder seiner Mandantin gegenüber hat. Nach amerikanischem Recht hat der US-Staatsanwalt nicht nur gegenüber der Regierung Pflichten, sondern auch demjenigen gegenüber, den er namens dieser Regierung unter Anklage stellt. Er hat die Pflicht, sich ehrenhaft zu verhalten, fair und gerecht zu sein... Der Anwalt der Regierung darf, ja sollte, nach den berühmten Worten des Richters Sutherland, harte Schläge austeilen, aber immer nur gerechte. Nun ein Wort zu den Pflichten des Richters. Der Richter ist ein Staatsbediensteter und wird vom Staat besoldet... Mag sein, daß in einem anderen Rechtssystem und bei anderen Rechtsbräuchen ein Richter manchmal an Weisungen gebunden ist. Es ist jedoch ein Hauptprinzip des amerikanischen Rechts, das sich in den Grundsätzen eines ordentlichen Rechtsverfahrens verkörpert, daß es Regierungsbehörden, die als prozeßführende Parteien vor einem Richter erscheinen, absolut untersagt ist, diesem Befehle zu erteilen. Und es ist einem Richter absolut verboten, irgendwelchen Befehlen, die man ihm vielleicht erteilt, Folge zu leisten. Ein Richter darf bei der Wahrnehmung der ihm als solchem übertragenen Aufgaben in keinem Fall ›regiert‹ werden... Es ging mir bei dieser Überschau darum, Ihnen einen Eindruck von den Prinzipien des amerikanischen Rechts zu vermitteln, denn ich bin mir durchaus darüber im klaren, daß diese nicht überall gelten, ... und ich möchte alle Unklarheiten ausräumen, damit jedermann weiß, was in diesem Gerichtssaal vor sich geht.«

Er erhob sich zur Mittagspause: »Würde Ihnen dreizehn Uhr genügen, Mr. Surena? Ungefähr eine Stunde?«

»Ja«, erwiderte Surena, »vielen Dank.«

Für Surena und Adelman gab es in der Mittagspause eine Vielzahl von Problemen zu lösen.

Sie standen vor einem Scherbenhaufen, und jetzt waren sogar ihre heimlichen Machenschaften ans Licht gekommen.

Was sollten sie tun? Sie wollten das einzige tun, was sie konnten: Hellring alle Zusicherungen geben, um die er bat. Alle. Keine weitere Strafverfolgung gegen die Frau, nirgendwo. Keine Auslieferung, nirgendwohin. Und absolut sichere Garantien, daß sie nicht als Zeugin gegen Tiede würde aussagen müssen. Vielleicht, daß sie dieser öffentlichen Befragung damit ein Ende machen konnten und ihr Peiniger Bernard Hellring so gnädig sein würde, die Freilassung seiner Mandantin zu akzeptieren und nach Hause zu fahren.

Als die Verhandlung fortgesetzt wurde, stand Andre Surena vor der Richterbank, entschlossen, der Qual ein Ende zu machen. Wir stellen das Verfahren ein, erklärte er. Wir werden bei keiner Strafverfolgung durch irgend jemand anders mitwirken. Wir werden kraft unserer Okkupationsgewalt über die deutschen Gerichte Berlins diesen untersagen, sie unter Anklage zu stellen.

Der Richter vermochte kaum zu glauben, daß sie eine derartige Gewalt über die deutschen Gerichte hatten.

»Mit anderen Worten, Sie werden kraft Ihrer Okkupationsgewalt den Berliner Gerichten untersagen, sie unter Anklage zu stellen?«

»Richtig«, gab Surena zur Antwort. Er kam zum Schluß: Die Vereinigten Staaten sähen ihre völkerrechtliche Verpflichtung, Luftpiraten vor Gericht zu stellen, im Falle der Ingrid Ruske als erfüllt an. Nachdem man sie unter Anklage gestellt habe, werde man sie nun nicht mehr ausliefern.

Er blieb erwartungsvoll stehen. Hellring hatte nun nichts mehr zu melden. Der Verteidiger würde die Einstellung des Verfahrens akzeptieren und sich dann verabschieden müssen.

Hellring stand auf, lächelte Ingrid Ruske pfiffig an und schritt zum Pult. Seine Mandantin war frei. Er konnte sie jetzt aus dem Gerichtssaal geleiten und selber wieder nach Hause fliegen. Und das wollte er auch tun. Doch vorerst noch nicht.

Er wollte sich natürlich mit der Einstellung des Verfahrens letztlich einverstanden erklären und in seine Anwaltskanzlei zurückkehren, wo er bereits sehnsüchtig erwartet wurde – nicht jedoch ohne sich Adelman und Surena erst noch einmal vorgenommen zu haben. Schließlich waren sie nicht bloß die Anwälte der Behörden, die seine Mandantin auf gesetzwidrige Weise in Gewahrsam gehalten hatten, sondern vielmehr diese Behörden selbst. Wenn sie dachten, er werde jetzt den Mund halten, so kannten sie ihn immer noch nicht.

Und so behauptete er denn also von sich, er sei »ein wenig entnervt und immer noch etwas mitgenommen«. Und was war es, das den Anwalt aus New Jersey so enerviert hatte? Die plötzliche Bekanntmachung einer Verordnung, eines Gesetzes, mittels dessen die Entscheidung des Gerichts konterkariert und ein Angeklagter dazu verleitet werden sollte, sich schuldig zu bekennen!

Vom Tisch der Anklagevertretung her war ein unterdrücktes Murren zu hören. Hellring gab dem Richter einen unmißverständlichen Wink. Warum gab er sich nicht mit seinem Sieg zufrieden und fuhr nach Hause?

Er war indes noch nicht fertig. Surena und Adelman hatten auf seinen Vorwurf nicht reagiert, sie hätten, um ein Schuldbekenntnis zu erlangen und den Richter zu überlisten, ein Sondergesetz erlassen. Jetzt forderte er sie offen heraus: »Wenn es irgend jemand gibt«, erklärte er mit Donnerstimme, »wenn irgend jemand im Umkreis des Gerichts imstande ist, das, was ich gesagt habe, zu widerlegen, so fordere ich ihn auf, hervorzutreten.«

Surena blieb keine andere Wahl mehr. Das konnte er unmöglich ignorieren. Er erhob sich, um Hellring zu antworten.

Wurde das Gesetz erlassen, um Tiede zu einem Schuldgeständnis zu bewegen? So lautete die Frage.

»Ich gehe davon aus, daß die Ausarbeitung dieser Verordnung für den US-Sektor nicht darauf berechnet war, jemand zum Verzicht auf sein Recht auf ein Geschworenenverfahren zu bewegen. Nun, Richter Stern, ich war in Berlin, als die Besprechung –«

»Sie waren nicht dabei«, unterbrach der Richter den jungen Mann in dem Bemühen, ihm aus der Klemme zu helfen.

»Ja,« Surena bestätigte, daß er nicht in Washington dabeigewesen sei.

»Sie teilen mir also lediglich mit, was Sie vermuten!«

»Und es ist dies eine Vermutung«, begann Surena, »die –« Der Richter fiel ihm erneut ins Wort: »Sie vermuten möglicherweise durchaus zu Recht« – und betonte noch einmal: »Sie *waren aber nicht dabei!*«

»Genau«, bestätigte Surena erleichtert.

Er trug jedoch offenbar Scheuklappen. Als er Hellrings Anwürfe zu bestreiten begann, sah der Richter, wie Judah Best den

Kopf schüttelte und aufstand. Der Richter wußte, daß Bests Lage schwierig genug war und ihm wenig daran gelegen sein konnte, daß sich der junge Diplomat zum Esel machte oder gar eine Unwahrheit vorbrachte. Doch Surena war schon zu weit gegangen. Er hatte behauptet, die Verordnung sei nicht darauf berechnet gewesen, Tiede ein Schuldgeständnis zu entlocken – und das stimmte nicht.

Judah Best hatte den ganzen Morgen noch nichts gesagt. Nun, wo der Handel mißglückt war, hatte er nur noch gehofft, daß er in Vergessenheit geraten werde. Er hatte als Anwalt schon eine Vielzahl von anklagebeschränkenden Vereinbarungen abgeschlossen und beabsichtigte, noch mehr abzuschließen. Gleichviel, ob es schließlich zu einer solchen Abrede kommt, ist es doch ein ungeschriebenes Gesetz, daß alle Angebote und Gegenangebote, die im Verlauf der Verhandlungen gemacht werden, vertraulich zu behandeln sind. Und jeder Strafverteidiger, der mit einem Ankläger Vereinbarungen treffen möchte, behält vertrauliche Mitteilungen für sich.

Obwohl Hellrings Ausführungen Best mit großer Besorgnis erfüllt hatten, hatte er selbst deshalb geschwiegen. Doch nun hatte Andre Surena sich von Hellring zum Reden verleiten lassen und die Unwahrheit gesagt.

Surena hatte die Grenze des Erlaubten überschritten. Er hatte sich nicht mehr damit begnügt, Argumente vorzutragen und Teilwahrheiten zu verdrehen, sondern war dazu übergegangen, das Gericht regelrecht zu täuschen. Die in Rede stehende Verordnung war erlassen worden, um Tiede zu einem Schuldgeständnis zu bewegen. Judah Best war jetzt, wollte er nicht durch sein Schweigen eine Unwahrheit im Raum stehen lassen, moralisch verpflichtet, aus seiner Reserve herauszutreten. Und Best war ein seriöser Anwalt. Surena hatte noch nicht geendet, als Best bereits halb aufgesprungen war.

»Euer Ehren«, erklärte er, indem er bedenklich mit dem Kopf schüttelte, »ich muß Ihnen folgendes sagen: Das State Department trat an mich heran, in der Absicht, in Besprechungen mit mir einzutreten, im Blick auf die Möglichkeit, daß der Angeklagte vielleicht eine Verfügung treffen wollte. Ich möchte darauf nicht weiter eingehen, eingedenk –«

»Sie haben sie abgewiesen, nicht wahr?«

»Ja, Sir. Auf der anderen Seite *kann ich hier nicht sitzen und ruhig mit ansehen, wie das Gericht getäuscht wird.*«

Der Richter begriff alles. Sie haben das Gericht zum Narren gehalten, dachte er bei sich, Fangball mit ihm gespielt. Nun wollte er sie erst einmal ein bißchen im eigenen Saft schmoren lassen. Alle.

»Sie meinen, daß Mr. Hellring das Gericht täuscht?«

»Nein, Sir. Mr. Hellring täuscht das Gericht nicht.«

»Wer denn?«

Jede Andeutung, daß die Verordnung zu irgendeinem anderen Zweck erlassen wurde als dem, den Angeklagten zu einem Schuldgeständnis zu bewegen, stelle eine Irreführung des Gerichts dar, erklärte Best. »Und ich kann als Angehöriger des Gerichts nicht einfach dabeisitzen, ohne dem zu wehren.«

Die Blicke aller Anwesenden wandten sich Surena zu. Er, nicht Detlef Tiede und nicht Ingrid Ruske, wurde zum Angeklagten. Der Richter wollte noch mehr von Best wissen.

»Gab man Ihnen... im Tausch gegen den Verzicht auf ein Geschworenenverfahren... die Zusage, daß die Anklagevertretung mittels der Verordnung die Haftzeit des Angeklagten begrenzen würde, ohne Rücksicht auf das vom Gericht festgesetzte Strafmaß?«

»Ja, Sir, das ist in der Tat der Fall.«

»Wer gab Ihnen eine solche Zusage?«

»Ich glaube, es war Mr. Feldman.«

»Mr. Feldman?«

»Ja, Sir.«

»War Mr. Surena dabei?«

»Er war bei den Verhandlungen nicht zugegen.«

»Gut. Wenn er nicht zugegen war, dann war er nicht – einen Augenblick, bitte.« Surena war aufgesprungen und wollte etwas sagen. »Einen Augenblick. Ich verspreche Ihnen, daß Sie ausgiebig zu Wort kommen werden, Mr. Surena. Ausgiebig. War außer Ihnen noch irgend jemand von den hier Anwesenden dabei?« wollte der Richter von Best wissen.

»Ja, Mr. Adams war immer dabei, da ich wie die Nonnen immer zu zweit komme, und Mr. Adelman war dabei. Sonst war niemand von den hier Anwesenden zugegen. Es gab eine Anzahl von – «

»Mr. Adelman war dabei anwesend?«

»Er war dabei anwesend, hat aber an den Besprechungen nicht teilgenommen. Mr. Adelman –«, begann Best, wollte aber dann doch nicht fortfahren. Er hatte seine Richtigstellung vorgebracht, fühlte sich in Hinsicht weiterer Mitteilungen aber an seine Schweigepflicht gebunden.

»Mein Problem«, erklärte Best, »besteht darin, daß die in Rede stehenden Verhandlungen vertraulichen Charakter hatten.«

»Mit anderen Worten, Sie wollen mir nicht sagen oder mir die Antwort verweigern, wenn ich Ihnen die Frage vorlege, welche Zusage . . . ?«

»Nein, Euer Ehren«, setzte Best eilig hinzu, »ich werde eine direkte Frage, die Sie mir vorlegen, beantworten, da ich mir meiner Pflicht gegenüber dem Gericht und gegenüber meinem Mandanten bewußt bin. Ich möchte Sie jedoch bitten, dringlich und inständig bitten, mir nicht zuzumuten, Einzelheiten über vertrauliche Verhandlungen mitzuteilen.«

»Sie sagten, Sie hätten mit Staatsanwälten verhandelt, nicht wahr?«

»Ja, Sir.«

»Wer waren diese?«

»Es waren Mr. Feldman, der Stellvertretende Rechtsberater des State Department, und zwei andere Herren, glaube ich, deren Namen mir entfallen sind. . . Die Verhandlungen wurden in Berlin mit Mr. Adelman und Mr. Surena fortgesetzt und abgeschlossen, doch entschied sich mein Mandant dann, sie abzubrechen und nicht auf seinen Anspruch auf ein Geschworenenverfahren zu verzichten. . . Da das alles aber folgenlos geblieben ist, so sehe ich darin ein Nichts.«

»Es war aber nicht folgenlos«, bemerkte der Richter.

»Es war zwar nicht folgenlos, aber was geschehen ist, ist ohne rechtliche Bedeutung.«

»Für Sie«, entgegnete der Richter sogleich, »*mir* ist aber im Gerichtssaal etwas widerfahren, denn Mr. Hellring hat gesagt, daß das der Fall gewesen sei, und die Regierung *bestritt das,* und Sie standen auf und sagten, Sie könnten die Bestreitung nicht billigen, denn *ich* würde getäuscht. Ich weiß nicht, wie Sie darüber denken, aber ich habe es nicht gern, wenn man mich täuscht und dann irgend etwas passiert.«

»Ich stimme Ihnen völlig zu«, beeilte Best sich hinzuzufügen. »Das hat mich natürlich zu meiner Feststellung veranlaßt.«

Es war nicht zu übersehen, wie Surena verzweifelte Versuche machte, sich zu Wort zu melden.

»Wollten Sie etwas sagen, Mr. Surena?«

»Ja, bitte, Euer Ehren.«

»Bitte.«

Surena gab sich plötzlich demütig. Dieser Mann, der einst mit kalter Miene verkündet hatte, niemand genieße in Berlin irgendwelche Rechte, schlug jetzt eine ganz andere Tonart an.

»Ich muß sehr um Entschuldigung bitten: Ich glaube, Mr. Best hat auf meine Bemerkungen angespielt«, erklärte Surena. »Nachdem ich meine Bemerkungen vorgebracht hatte, sprach ich mit meinem Kollegen Mr. Adelman und teilte ihm mit, was meiner Meinung nach in Washington durchgesickert sei, was eben das war, was Mr. Best hier mitgeteilt hat. Mein Kollege belehrte mich, daß sie in der Tat eine Überredung darstellten, wie vom Gericht zum Ausdruck gebracht. Ich möchte das Gericht und Mr. Best wegen meiner Unerfahrenheit und meines Irrtums in dieser ernsten Angelegenheit um Entschuldigung bitten.«

So entsprach offensichtlich alles der Wahrheit. Nach allem, was im März zur Schaffung eines wirklichen Gerichtshofs und zur Berufung eines unabhängigen Richters unternommen worden war, hatte das State Department – außerstande, den Richter anzuweisen, er solle entscheiden, daß niemand in Berlin irgendwelche Rechte genieße – dies getan, um Tiede seines Anspruchs auf die Mitwirkung einer Jury zu berauben.

Mittels eines »Gesetzes«, das sie kraft ihrer außerordentlichen Vollmachten in Berlin erlassen hatten, hatten die Besatzungsbehörden ihre Schlappe wettzumachen versucht. Sie wollten die ganze Sache auf einen Schlag bereinigen. Tiede durfte um keinen Preis sein Geschworenenverfahren bekommen, selbst wenn das bedeutete, daß das State Department, um ihn zum Verzicht darauf zu veranlassen, versprechen mußte, das Strafurteil seines eigenen Gerichts zu negieren.

Als alle diese Machenschaften dann schließlich ans Licht gekommen waren, hatte Surena sie schlichtweg abgestritten. Der Richter war sprachlos. Einzig und allein eine Überlegung hinderte ihn daran, sogleich alles Erforderliche zu tun.

»Ich will jetzt nicht auf Mitteilung aller Einzelheiten der Vorgänge in Washington und in Berlin drängen, aber nicht, weil ich möchte, daß sie nicht publik werden, denn das werden sie doch«, versicherte der Richter den Anwesenden.

Er lehnte sich weit über den Tisch und wandte sich unmittelbar an die Anklagevertretung: »Ich habe diese Position nicht begehrt. Ich habe mich nicht darum beworben. Sie wurde nirgendwo ausgeschrieben. Ich wurde gebeten, sie zu übernehmen. Ich wurde gebeten, bei einem Prozeß den Vorsitz zu führen. Man hat mir gesagt, ich würde der Richter sein, und das werde ich auch sein. Ich werde hier als Richter so entscheiden, wie es mein Land nach meiner Meinung von mir erwartet, und wenn Mr. Feldman vom State Department oder sonst irgend jemand, der meint, im Namen der Regierung zu sprechen, andere Vorstellungen darüber hat, so möge er sich sagen lassen, daß er alle diejenigen Aufgaben wahrnehmen mag, die die Verfassung ihm überträgt, mir aber nicht zu sagen hat, was ich als Richter tun muß.«

Der Richter hielt inne, als ob er darauf wartete, daß ihm einer der Vertreter des State Department entgegenträte.

»Der einzige Grund, weshalb die Einzelheiten jetzt unerörtert bleiben sollen, ist der, daß ich meine frühere Anordnung nicht annullieren will. Es wird hier in diesem Gerichtssaal ein Geschworenenverfahren stattfinden. Ich will nicht, daß es zu einer Voreingenommenheit der Geschworenen gegen die Vereinigten Staaten auf der einen Seite oder gegen den Angeklagten Tiede auf der anderen Seite kommt. Ich hege keinen Zweifel, daß diese Dinge, solange ich hier den Vorsitz führe, noch zur Sprache kommen werden, doch nicht jetzt... Ich muß jetzt das tun, was ein Richter zu tun hat, um ein Verfahren in Gang zu setzen.«

Der Antrag auf Einstellung des Verfahrens harrte noch der Erledigung. Was sollte aus der Strafverfolgung gegen Ingrid Ruske werden?

»Mr. Hellring, Sie haben diese Frage geschickt umgangen. Wollen Sie, daß das Verfahren eingestellt wird, oder wollen Sie das nicht?«

»Haben Sie etwas gegen die Einstellung einzuwenden oder nicht?«

Hellring bat um ein oder zwei Tage Bedenkzeit. Der Richter stimmte zu. Hellring müsse seine Stellungnahme aber noch vor Ende der Woche dem Gericht und der Anklagevertretung zuleiten, entschied er, denn am Montag müßten sich 400 Einwohner von West-Berlin zum Geschworenendienst melden.

17.
O mein Heimatland! O mein Vaterland!

10. – 13. Mai 1979

An jenem Wochenende bereiteten sich die Vertreter der Anklage und der Verteidigung auf das Erscheinen der Jury vor, das für Montag anberaumt war.

Doch zunächst wollte man in Tempelhof des dreißigsten Jahrestages der Beendigung der Berliner Blockade gedenken. Längs der Pisten erblickte man, wenn man am Donnerstagnachmittag das Gerichtsgebäude verließ, mit roten, weißen und blauen Tüchern, den Farben der USA, drapiert Musikpodien. Außerdem hatten die Veranstalter alte Flugzeuge aus dem Zweiten Weltkrieg, darunter auch einige, die West-Berlin während der Blockade versorgt hatten, entmottet und direkt vor den Fenstern des Gerichts aufgestellt.

500 000 Berliner kamen an diesem Wochenende nach Tempelhof, um den fremden Fliegern zu huldigen, die ihre Stadt 1948/49 vor dem Verlust ihrer Freiheit bewahrt hatten. Sie wollten die vorbildliche Haltung ihrer Verbündeten würdigen, die der Bevölkerung von Berlin die Treue gehalten hatten.

Die Prozeßbeteiligten gingen an jenem Wochenende ihre eigenen Wege. Die Anklagevertreter – Surena, Adelman und die beiden deutschen Juristinnen – bereiteten ihre Sache vor. Sie wollten als erstes ihr Belastungsmaterial vorlegen. Die polnische Besatzung war noch nicht eingetroffen. Würden die Polen sie wohl herschicken? Warschau hatte ihr Kommen fest zugesagt, doch Surena und Adelman wollten nicht eher daran glauben, als bis sie in Berlin eingetroffen war. Für den Fall, daß sie nicht kam, wollte Adelman einfach die Niederschrift ihrer Aussagen verlesen.

Die Angeklagten und ihre Anwälte hatten andere Probleme. Ingrid Ruske würde Montag aus dem Verfahren ausscheiden. Desgleichen Hellring und Shapiro. Hellrings bevorstehende Abreise traf

Tiede hart. Best, Adams und Dietrich Herrmann hatten sein volles Vertrauen – aber auch Hellring würde er nur ungern missen.

Ingrid Ruske war bisher völlig außerstande gewesen, irgend jemandem zu helfen – nicht einmal sich selbst. Sie hatte ihr möglichstes für Fischer getan, ihn aber trotzdem nicht schützen können. Nun sollte der andere Mann, der ihr und ihrer Tochter geholfen hatte, in West-Berlin in Haft bleiben und sich der Anklage allein stellen. In drei Tagen würde die Hauptverhandlung gegen Detlef Tiede beginnen. Sie wollte ihn dabei nicht im Stich lassen.

Sie wollte in Berlin bleiben und für Detlefs Freiheit in die Schranken treten. Sie wollte für ihn aussagen. Vielleicht würde das weltweite Aufsehen, das der Fall erregte, auch Horst nützen. Doch darauf hatte sie natürlich keinerlei Einfluß. Sie wußte nur, daß sie bei der Hauptverhandlung alles für Tiede tun würde, was in ihren Kräften stand. Durch ihre Zeugenaussage würde sie den Berliner Geschworenen den furchtbaren Druck verständlich machen, unter dem er angesichts einer hoffnungslosen Situation gestanden hatte, in der ihm die Flugzeugentführung schließlich als einziger Ausweg erschienen war. Sie würde die Berliner dazu bringen, ihn auf freien Fuß zu setzen.

Ihr war jedoch bewußt, daß sie das nicht allein tun konnte. Gewiß, sie konnte etwas Englisch, aber nicht genug. Best und Adams konnten kein Deutsch. Wer würde sie befragen, wenn sie in den Zeugenstand trat? Sie hatte den Fall mit Hellring wieder und wieder besprochen. Sie vertraute ihm. Sie kam zu dem Schluß, daß er ebenfalls bleiben müsse. Sie wollte ihn überreden zu bleiben, damit die Mannschaft der Verteidigung zusammen bliebe.

Als sie an Hellring herantrat, stellte sie zu ihrer großen Erleichterung fest, daß er und Shapiro bereit waren zu bleiben; wenn Tiede und Best es wünschten, würden sie bei Tiedes Verteidigung mitwirken.

Sie gaben ihr aber zu bedenken, daß der Richter wahrscheinlich nicht bereit sein werde, zwei weitere Anwälte für Tiede zu bestellen und zu bezahlen. Sie war bestürzt. Nun, versicherten sie ihr, wenn Best ihre Hilfe wünsche, würden sie auch ohne Honorar bleiben und auch auf die Erstattung ihrer Hotel- und sonstigen Spesen verzichten.

Doch was würde Best dazu sagen? Würde er Hellring als Mitverteidiger von Detlef haben wollen? Zürnte er ihm, weil dieser dem Richter all das berichtet hatte, was in Washington passiert war?

Best war im Gegenteil entzückt. Er wollte den Richter selbst bitten, Hellring zum Mitverteidiger Tiedes zu bestellen, bestand aber darauf, daß man Hellring unmöglich umsonst arbeiten lassen könne. Er solle das Adams zustehende Honorar bekommen. Adams und Shapiro sollten beide ihren Partnern ohne Honorar und Spesenerstattung assistieren. Man würde der deutschen Regierung keine zusätzlichen Kosten in Rechnung stellen. Jede Anwaltsfirma würde einen Anwalt stellen, Detlef Tiede also vier bekommen, und die Verteidigung mit unveränderter Namensliste fortfahren. Adelman und Surena würden am Montag nach wie vor ihnen allen gegenübertreten müssen.

Für den Richter wurde es ein arbeitsreiches Wochenende. Er unterzeichnete die Anordnung über die Einstellung des Verfahrens gegen Ingrid Ruske und auf Bests Ersuchen eine weitere, durch die Hellring und Shapiro zu Mitverteidigern von Tiede bestellt wurden. Anschließend überprüfte er die in deutscher und englischer Sprache abgefaßte einleitende Rechtsbelehrung, die am Montag den in der Abfertigungshalle des Tempelhofer Flughafens versammelten Hunderten von Berlinern vorgelesen werden sollte.

Die Prozeßvorbereitungen wurden durch eine zeremonielle Feierlichkeit unterbrochen: Anläßlich des Gedenktages sollte das Gebäude der US-Mission nach General Lucius D. Clay benannt werden. Clays Witwe, seine Kinder und Enkel weilten als Gäste des Senats in Berlin.

An der Feier in Tempelhof nahmen Zehntausende teil, an der Benennungszeremonie auf dem Gelände der US-Mission dagegen nur ein sehr exklusiver Kreis: die alte Mrs. Clay natürlich mit ihrer Familie, darunter ihre Söhne, beide Generale außer Dienst; die Spitzen der Stadt Berlin, darunter der Regierende Bürgermeister, sowie die drei höchstrangigen alliierten Kommandeure Berlins — der britische, französische und amerikanische Stadtkommandant mit ihren Stäben.

Vier Sitzreihen waren aufgestellt, vor denen ausgewählte Angehörige der verschiedenen Einheiten der amerikanischen »Berliner Brigade«, festlich herausgeputzt, paradieren würden. Der Richter war dazu eingeladen worden. Als US-Richter für Berlin verkörperte er zur Zeit die gesamte Judikative der Besatzungsverwaltung. Man wies ihm einen Ehrenplatz mitten unter den alliierten Generalen, unmittelbar hinter Mrs. Clay an.

In der ersten Reihe saß Botschafter Stoessel. Die beiden Männer begrüßten einander mit einem Kopfnicken und einem frostigen Lächeln. Kein Geplauder, keine Anrede mit dem Vornamen mehr.

Während die Würdenträger sich versammelten, entdeckte der Richter Dr. Ulrich Biel, Ingrid Ruskes deutschen Anwalt. Dieser wohnte der Parade als Mitglied des Berliner Abgeordnetenhauses bei. Biel stellte den Richter den anderen dort anwesenden Vertretern der Stadt Berlin vor, darunter auch dem noch relativ jung wirkenden Regierenden Bürgermeister. »Wir haben das Verfahren vor Ihrem Gericht sehr genau verfolgt«, lachte dieser. »Was Sie auch tun, wir werden uns die größte Mühe geben, zu glauben, daß Sie recht haben.« Einige der in der Nähe stehenden Militärs kicherten.

»Das ist mir eine große Beruhigung, Bürgermeister. Es genügt mir aber, wenn ich glaube, daß ich recht habe.« Der Richter erwiderte das Lächeln des Regierenden Bürgermeisters, nicht indes seine Verbeugung.

Die Parade und das ganze Drum und Dran waren vorbei. Der US-Stadtkommandant von Berlin, General Benedict, schritt zum Mikrophon. Er sprach von der Nachkriegsgeschichte Berlins ,von der gemeinsamen Verpflichtung der Amerikaner und der Deutschen zur Erhaltung der demokratischen Institutionen der Stadt und insbesondere von dem Beispiel, das General Clay ihr gegeben habe. Die Demokratie lebe und blühe in Berlin. Dann wandte er sich der alten Mrs. Clay zu und sprach von der »unbestechlichen Lauterkeit« ihres verstorbenen Mannes. Die alte Dame stand stolzerfüllt vor ihm und wurde anschließend von ihren beiden Söhnen zu ihrem Platz zurückgeleitet. Als sie sich wieder niedersetzte, hörte der Richter, wie sie vor sich hin murmelte: »Unbestechliche Lauterkeit – wunderbar.«

Der Richter konnte nicht umhin, sich zu fragen, was General

Clay wohl zu dem US-Gericht für Berlin gesagt haben würde.

Zur gleichen Zeit strömten die Berliner in Massen nach Tempelhof. Das ganze Wochenende stand im Zeichen ihrer Dankesbezeigungen für die jungen amerikanischen, britischen und französischen Flieger, deren imposante Luftbrücke die Stadt am Leben erhalten hatte. Fast ein Jahr lang waren die Flugzeuge Tag für Tag ununterbrochen im 24Stunden-Betrieb in Tempelhof gelandet und wieder aufgestiegen, um unablässig Nahrungsmittel, Kleidung, Kohle und Güter aller Art einzufliegen. Von Feinden blockiert, war diese Weltstadt durch die Anstrengungen junger Männer aus fremden Ländern gerettet worden.

Die Berliner vergaßen das nie. Vor dem Flughafen Tempelhof errichteten sie ein Mahnmal zum Gedenken an die alliierten Flieger, die während der Blockade ums Leben gekommen waren, meißelten in den Sockel die Namen, Dienstgrade und Heimatländer der Toten und legten ringsherum Blumenbeete an.

Einige der Flieger waren auf Einladung der Stadt zur Gedenkfeier nach Berlin gekommen – darunter auch der amerikanische »Rosinenbomberschütze«. Dieser hatte selbstgebastelte Miniaturfallschirme mit Süßigkeiten und Rosinen für die Berliner Kinder über der Stadt herabregnen lassen. Dietrich Herrmann erinnerte sich, daß er 1948 als Kind solche aufgefangen hatte. An diesem Wochenende schwelgte ganz Berlin in proamerikanischen Gefühlen.

Das soll nicht heißen, daß die deutsch-amerikanischen Beziehungen in den vorhergehenden drei Jahrzehnten nie Spannungen ausgesetzt gewesen waren. Manche Deutsche vertreten die Meinung, die Amerikaner hätten die Berliner Mauer im August 1961 sogleich niederreißen sollen, obwohl sie damit unter Umständen einen dritten Weltkrieg riskiert hätten.

Am gespanntesten waren die Beziehungen jedoch gewesen, als die Berliner mit ansehen mußten, wie hilf- und wehrlose Flüchtlinge an der Mauer von DDR-Grenzwachen niedergeschossen wurden, während amerikanische Soldaten untätig zuschauten. Der erschütterndste Fall war der des jungen Peter Fechter, der sie am 17. August 1962 zu überklettern versuchte. Ein Journalist gab darüber folgenden Bericht:

Peter stand wie gelähmt, einem hypnotisierten Tier gleich, am Fuße der Mauer, unfähig, sich von der Stelle zu bewegen. Ein Stück von ihm entfernt stand ein Grenzposten. Schüsse knallten... Ein kurzer Feuerstoß – vielleicht fünfundzwanzig Schüsse aus seinem Kalaschnikow-Maschinenkarabiner. Peter wurde am Bauch und am Rücken getroffen. Er schrie auf, nahm sich aber zusammen. Während sein Blut auf den schmutzigen Beton tropfte, griff er nach dem Draht, packte ihn und zog sich an der Mauer hoch. Oben angelangt, kauerte er sich nieder, doch den Draht konnte er nicht überklettern und den Grenzpolizisten am Fuße der Mauer, die ihn wie eine lechzende Meute gestellt hatten, nicht entkommen. Dann fiel er kopfüber zurück – auf der falschen Seite der Mauer. Nur fünfzig Zentimeter trennten ihn von der Freiheit. Er lag auf der rechten Seite; seine rechte Hand war ausgestreckt, mit der Innenfläche nach oben, die sich allmählich mit Blut füllte. Er stöhnte.

Westberliner, die gesehen hatten, wie er oben auf der Mauer kauerte und dann zurückfiel, strömten von allen Seiten zu Hunderten herbei, drängten sich am Tatort zusammen und hörten ihn stöhnen und röcheln. Sie konnten ihm nicht helfen. Aus einiger Entfernung konnten ihn auch Ostberliner sehen. Auch sie waren machtlos. Reporter und Fotografen erschienen. Einige kletterten an der Mauer ein Stück hoch. Die Grenzpolizisten waren noch immer da. Amerikanische Militärpolizei erschien, und die Grenzwachen warfen Tränengasbomben in die Menge: Die Militärpolizisten fuhren zum Ausländerübergang »Checkpoint Charlie« zurück. Fünfzig Minuten lang hörte man Peter Fechter stöhnen. Dann gingen die Grenzposten zu ihm hin, packten ihn und trugen ihn weg...

Peter Fechter, achtzehn Jahre alt, war das fünfzigste Opfer der Berliner Mauer.

Am Nachmittag sammelten sich Hunderte von Westberlinern am »Checkpoint Charlie«. Dann Tausende... Um 18.45 Uhr erschien in einem Eckhausfenster ein Zettel: »Er ist tot.« Und der Tumult begann... Jeeps mit alliierter Militärpolizei fuhren auf. Die Menge erinnerte sich, daß die Amerikaner dem niedergeschossenen Peter Fechter nicht zu Hilfe gekommen waren. Sie rief: »Amis, Feiglinge! Verräter! Ami go home!«

Peter Fechter gelangte nicht über die Mauer. Es war ihm nicht vergönnt, seinen Fuß auf freien Boden zu setzen. Er liegt für immer in Ost-Berlin begraben. Wenige Tage nach seinem Tode schrieb seine Mutter an ihre Tochter:

> Er ist an der großen Mauer begraben, an einer ruhigen Ecke. Sein Sarg ist aus Mahagoniholz, und ich habe weiße und rote Rosen auf den Deckel gelegt. Da du nicht die Erlaubnis bekommen hast, zum Begräbnis zu kommen, habe ich einen Kranz in deinem Namen gekauft. Jeden Tag bringen Fremde Blumen auf sein Grab. Das Begräbnis hat mich 1000 Mark gekostet, es war mein ganzes Vermögen. Nun hoffe ich, die Kraft zu haben, so lange zu arbeiten, bis ich 800 Mark für den Grabstein habe.*

Doch am Samstag, dem 13., und Sonntag, dem 14. Mai 1979, strömten Tausende von Berlinern zum Flughafen Tempelhof und legten Blumen an dem Mahnmal nieder, das die Namen der toten alliierten Flieger verzeichnet – der jungen Amerikaner, Briten und Franzosen, die dreißig Jahre zuvor fern der Heimat im Dienst der Berliner Luftbrücke den Tod gefunden hatten. Die Berliner hatten sie nicht vergessen.

Vierundzwanzig Stunden später sollten einige von diesen Berlinern abermals nach Tempelhof kommen, um im Fall *Vereinigte Staaten gegen Hans Detlef Alexander Tiede* als Geschworene einen Wahrspruch zu fällen.

---

* Pierre Galante, Jack Miller: *The Berlin Wall.* Doubleday, New York 1965.

Sechstes Buch

Die Hauptverhandlung

18.
Die Geschworenen

14. Mai 1979

Am Montagmorgen erinnerte nichts mehr an die Gedenkveranstaltungen. Gegen 9.00 Uhr erschien eine neue Menschenmenge vor dem alten Flughafeneingang am Tempelhofer Damm – um sich zum Geschworenendienst zu melden.

Vierhundert Meter davon entfernt konferierte der Richter im Gerichtssaal mit den Anwälten der Anklage und der Verteidigung.

»Mr. Rabourn«, fragte er den Gerichtsmarschall und Polizeichef, »wie sieht es in der Abfertigungshalle aus?« Rabourn führte ein tragbares Funksprechgerät bei sich und nahm die Meldungen des Ordnungsdienstes entgegen.

»Am Eingang wartet eine Menschenmenge und wird einzeln hereingelassen«, meldete Rabourn.

»Wie lange wird es Ihrer Meinung nach dauern, bis sie alle versammelt sind und ihre Fragebogen ausfüllen können?«

»Ich möchte meinen zwanzig Minuten, Sir.«

»Gut. Vielen Dank.«

Die Vorgehensweise war am vorausgegangenen Donnerstag vereinbart worden.

»Sie sollen sich, denke ich, um neun Uhr versammeln«, hatte der Richter den Anwälten erklärt. Die deutschen Polizisten dirigieren sie dorthin, direkt dorthin, nicht hierher... Wenn sie alle versammelt sind und alles in Ordnung ist, gehe ich hin und spreche einige einführende Worte zu ihnen. Wenn die Anwälte wollen, können sie mitkommen. Wir gehen anschließend wieder hierher zurück. Der Gerichtsschreiber zieht dann achtundsechzig Namen heraus – richtig?« Der Richter blickte in die Runde. »Auf diese Zahl haben wir uns doch geeinigt, nicht wahr?« Alle nickten zustimmend. »Aufs Geratewohl von den präsumtiven Geschworenen, die erschienen sind. Diese achtundsechzig werden dann in diesen Raum geführt... Anschließend beginnt die Befragung der Geschworenen. Ich beabsichtige, die Befragung selbst durchzuführen... Wie Sie wissen – ich sage dies für unsere deutschen Freunde –, gibt es zweierlei Einwendungen gegen einen Geschworenen. Die eine muß begründet werden, das heißt der Betreffende wird aus rechtlichen Gründen abgelehnt. Die andere geschieht ohne Angabe von Gründen, das heißt der Betreffende kann einfach deswegen abgelehnt werden, weil er einer der beiden Prozeßparteien unerwünscht ist... Nun«, fuhr der Richter fort, »zu der Zahl der Ablehnungen. Die Bestimmungen sehen, glaube ich, zehn für die Verteidigung vor. Weitere Ablehnungen bekommt die Verteidigung nicht zugestanden, einerlei, ob auch gegen Ingrid Ruske verhandelt wird oder nicht. Meines Wissens hat sie auch um keine weiteren ersucht. Der Anklage werden sechs eingeräumt. Einverstanden, meine Herren?«

Der Richter blickte erneut in die Runde. »Offenbar ja. Ich möchte meinen, daß die Ablehnungen aus rechtlichen Gründen keine großen Schwierigkeiten machen sollten. Sind alle Anwälte damit einverstanden, daß ein Vorbestrafter aus rechtlichen Gründen abgelehnt werden kann?«

Alle nickten zustimmend.

»Euer Ehren«, unterbrach Best, der vor die Richterbank getreten war, »man hat mich auf ein mögliches Problem aufmerksam gemacht. Es besteht darin, ob Geschworene ordnungsgemäß befragt und aus rechtlichen Gründen abgelehnt werden können, wenn sie Mitglieder der Westberliner Kommunistischen Partei sind. Ich bin darüber nicht genau im Bilde. Man sagt mir, es sei wahrscheinlich, daß sie im Falle ihrer Parteizugehörigkeit Anweisungen bekämen,... wie sie sich bei den Beratungen zu verhalten hätten. Wenn dem so ist, dann können sie nicht ordnungsgemäß mit beraten.«

»Sie sind dagegen, daß Mitglieder der Kommunistischen Partei zu Geschworenen berufen werden?«

»Kurz gesagt, ja.«

Der Richter wandte sich an Surena. »Sind Sie ebenfalls dagegen?«

»Ja.«

»Wenn beide keine Mitglieder der Kommunistischen Partei wünschen, dann erledigt sich die Sache von selbst. Sie bleiben ausgeschlossen.«

Biel war sich da indes nicht so sicher: »Euer Ehren, mir ist nicht ganz wohl bei dieser Frage nach der Mitgliedschaft in der Kommunistischen Partei.« Die Kommunistische Partei sei am Gerichtsort zugelassen; man könne ihre Mitglieder daher eigentlich nicht ausschließen. Ja, wenn jetzt die US-Verfassung in Berlin gelte, dann stände der Erste Zusatzartikel einer Diskriminierung aus politischen Gründen entgegen.«

»Die Verteidigung hat dies vorgebracht«, erwiderte der Richter.

»Dann stimme ich nicht mit der Verteidigung überein«, entgegnete Biel.

Surena pflichtete ihm unerwarteterweise bei.

»Wenn ich es mir recht überlege«, räumte der junge Mann ein, »dann hat Dr. Biel vielleicht nicht ganz unrecht.«

»Wollen wir hier also Kommunisten haben?« Der Richter lachte, Surena beeilte sich, das zu verneinen.

»Ich muß mich berichtigen«, fügte der Richter rasch hinzu. »Ich meine, daß wir niemand wegen seiner Mitgliedschaft in der Kommunistischen Partei für ungeeignet erklären werden.«

Adelman und Surena wollten alle Geschworenen ausschließen, die nach der Errichtung der Mauer aus Ost-Berlin geflüchtet waren.

»Wir schlagen vor«, erklärte Adelman, »daß den präsumtiven Geschworenen folgende zwei Fragen vorgelegt werden. Erstens: ›Hat irgendeiner der Anwärter auf das Geschworenenamt in Ost-Berlin, der DDR oder in Osteuropa gelebt oder Verwandte oder enge Freunde, die dort derzeit leben oder früher gelebt haben?‹ Frage Nummer eins. Die zweite Frage lautet: ›Hat irgendeiner der Anwärter auf das Geschworenenamt nach dem 13. August 1961 in Ost-Berlin oder der DDR gelebt?«‹

Der Richter runzelte die Stirn: »13. August – ist dies Datum irgendwie belangvoll?«

»Ja, ich glaube, das ist das Datum, an dem die Mauer errichtet wurde.«

»Ich verstehe.«

Adelman bestand darauf, er benötige diese Angaben von den Geschworenen: »Unser Hauptgrund ist einfach dieser: Es ist kein Geheimnis, daß sich die Verteidigung in diesem Fall um rechtfertigenden Notstand oder etwas Derartiges zentrieren wird, und zwar aufgrund der Behauptung, die Lage, in der Herr Tiede und Fräulein Ruske sich befanden, sei so beschaffen gewesen, daß dieselben die ihnen zur Last gelegten Verbrechen begehen mußten. Ich glaube, daß die Verteidigung zweifellos im großen und ganzen so argumentieren wird.«

Adelman wollte Geschworene, die selber auf illegale Weise geflohen waren, automatisch vom Jurydienst ausgeschlossen wissen. Dieser Antrag wurde abgelehnt, doch kam man überein, die beiden Fragen in die Geschworenen-Fragebogen mit aufzunehmen. Das Gericht vertagte sich dann auf den nächsten Montag.

Während am nächsten Montagmorgen die Prozeßbeteiligten warteten, bis der letzte Geschworene seine Fragebogen ausgefüllt hatte, wurde Ingrid Ruske plötzlich namentlich aufgerufen.

»Ich habe ein Schreiben von Mr. Hellring bekommen«, verkündete der Richter. »Auf dessen Empfang hin habe ich dem Antrag der Regierung stattgegeben... und eine Anordnung unterzeichnet, wonach das Strafverfahren gegen sie ohne Vorbehalt eingestellt wird.«

Der Richter beugte sich nach vorn und richtete den Blick auf den Tisch der Verteidigung, wo die Frau stand.

»Kraft dieser Anordnung... werden alle Beschränkungen ihrer... Bewegungsfreiheit aufgehoben. Ihre Identitätskarte oder wie immer das Papier heißt, das das Gericht einbehalten hat, wird ihr zurückgegeben.« Der Richter lächelte: »Und von jetzt an hat nur sie allein zu bestimmen, wohin sie gehen will, und unterliegt ihre Freiheit keinerlei Beschränkungen mehr.«

Bei den letzten Worten des Richters wendete sich die Frau überglücklich, mit tränennassem Gesicht und ausgebreiteten Armen, zu ihren Anwälten um. Ingrid Ruske war nun zum erstenmal in ihrem Leben wirklich frei. Sie lächelte und weinte, während ihre Anwälte sich um sie drängten. Zahlreiche Zuhörer beugten sich über das Geländer, um ihr auf die Schulter zu klopfen oder die Hand zu drücken.

Der Richter sah dabei schweigend zu. Es lag für ihn kein Grund zum Einschreiten vor. Die Kandidaten auf das Geschworenenamt waren noch vierhundert Meter weit weg, und bis sie bereitstanden, gab es weiter nichts zu tun, als zu warten.

Plötzlich bemerkte der Richter, daß Rabourn ihm ein Zeichen machte. Er winkte ihn heran und beugte sich nach vorn zu ihm hin.

Vor dem Gerichtssaal ständen fünf russische Offiziere in voller Uniform, flüsterte Rabourn ihm ins Ohr. Sie fotografierten die Berliner, die sich zum Geschworenendienst meldeten.

»Was können wir dagegen unternehmen?« fragte der Richter.

»Nichts.«

Rußland ist eine der vier Besatzungsmächte. Seine Soldaten nehmen für sich das Recht in Anspruch, sich in West-Berlin frei zu bewegen, genauso wie die Alliierten freien Zugang nach Ost-Berlin beanspruchen.

Warum sie denn aber die Berliner fotografierten, die in die Halle gingen? Rabourn wußte es nicht.

Es waren ihrer fünf in Heeresuniformen. Die Art und Weise, wie sie die vor dem Gebäude auf Einlaß wartenden Berliner fotografierten, war darauf berechnet, Aufsehen zu erregen. Die deutschen Pressevertreter stürzten sich auf sie und umringten sie: »Weshalb sind Sie hierher gekommen?«

»Schöner Tag heute, nicht wahr?« erwiderte einer der russischen Offiziere.

»Sind Sie hier auf Befehl?«

»Dies ist ein imposanter Flughafen«, erklärte ein anderer lachend.

Sie gaben sich umgänglich, ja humorvoll, waren aber offenkundig nicht bereit, Fragen zu beantworten.

Paradoxerweise waren die einzigen Soldaten, die während des Prozesses in der Nähe des Gerichtsgebäudes auftauchten, Russen. Die amerikanischen Streitkräfte bekamen ausdrücklich Befehl, den öffentlichen Sitzungen des US-Gerichts für Berlin fernzubleiben.

Im Gerichtssaal packte Biel seine Aktentasche und schickte sich an, aus dem Verfahren auszuscheiden und den Raum zu verlassen. Der Richter wandte sich dem weißhaarigen Anwalt zu und dankte ihm für seine Tätigkeit.

Der älteste der Verteidiger strahlte und hielt kurz inne.

»Ich bin Ihnen sehr dankbar, Euer Ehren, nicht nur für die Würdigung meiner Tätigkeit, sondern besonders für Ihre Entscheidung, das Verfahren einzustellen. Sie gehört zu der richtigen Entscheidung, die amerikanische Verfassung hier voll anzuwenden. Ich glaube, die ganze Bedeutung Ihrer Entscheidung wird sich erst in Zukunft erweisen, nämlich: Die Vereinigten Staaten stehen hier als Schutzmacht, und im amerikanischen Sektor Berlins gilt jetzt und in Zukunft die Verfassung der Vereinigten Staaten.«

Der Berliner Rechtsanwalt machte vor der Richterbank, wie in Deutschland üblich, eine stumme Verbeugung.

»Vielen Dank, Doktor«, erwiderte der Richter sie freundlich.

Die Anklagevertreter schüttelten Biel zum Abschied die Hand. Sie rechneten damit, daß auch Hellring und Shapiro nun ausscheiden würden. Zu ihrem beträchtlichen Ärger verkündete der Richter jedoch, Hellring und Shapiro würden als Mitverteidiger von Tiede fungieren.

Adelman wollte wissen, wie diese Bestellung zustande gekommen sei.

»Mr. Best hat mich aufgesucht und mir mitgeteilt, er wünsche, daß Mr. Hellring als Mitverteidiger des Angeklagten Tiede fungiere«, erklärte ihm der Richter. »Noch wichtiger war seine Mitteilung, Herr Tiede wünsche, daß Mr. Hellring ihn in dieser Eigenschaft vertrete... Als Mr. Best und Mr. Hellring mir sagten, daß dies keine Erhöhung der Anwaltshonorare nach sich ziehen werde, weil Mr. Best und Mr. Hellring mit einer Zusammenarbeit ihrer Firmen ohne Kostenerhöhung einverstanden seien, erschien mir dies unter den gegebenen Umständen durchaus ratsam und vernünftig.«

Adelman war wütend: »Ich möchte feststellen – daß die Regierung hiermit erstmalig Gelegenheit erhält, sich zu dieser Angelegenheit offiziell zu äußern, ja sogar erstmalig offiziell davon Kenntnis bekommt... Ich stelle außerdem hier und jetzt offiziell fest, daß wir dagegen Einspruch erheben. Und zwar aus folgendem Grunde, hohes Gericht: Der ganze Grund, weshalb Fräulein Ruske in den darauffolgenden und vorhergehenden Monaten einen eigenen Rechtsbeistand hatte, war offenkundig der, daß ihre Interessen und die von

Herrn Tiede divergierten, was auf der Hand liegt, weil sie Mitangeklagte sind. Das Verfahren gegen sie ist eingestellt worden, doch steht ihr Name auf der Zeugenliste als mögliche Zeugin der Verteidigung Nummer neun. Sie wissen, Euer Ehren, daß wir sie nicht aufrufen werden. Das hindurt aber die Verteidigung nicht daran, dies zu tun. Sie beabsichtigt es. Wir meinen, daß es der Anklagevertretung und dem Gericht gegenüber nicht angängig ist, daß Mr. Hellring als Mitverteidiger von Herrn Tiede auftritt, insbesondere im Blick darauf, daß Fräulein Ruske offenbar als Zeugin für Herrn Tiede aussagen wird. Es wären noch andere Umstände zu nennen, Euer Ehren. Ich will das jetzt nicht vertiefen. Es ist dies jedoch höchst ungewöhnlich in den Vereinigten Staaten, und wir, will sagen diejenigen, die an diesem Tisch sitzen, das State Department und das amerikanische Justizministerium, die wir vorher alle konsultiert haben – wir finden dies nicht in Ordnung!«

Nach diesen Worten begab Adelman sich mit stampfenden Schritten zu seinem Platz zurück.

»Eine Sekunde!« unterbrach ihn der Richter. Adelman hielt inne. »Würden Sie wohl einen Augenblick stehenbleiben?« Der Richter hatte Mühe, sich zu beherrschen.

»Zuallererst: Ganz abgesehen von dem Ton, in dem Sie diese Bemerkung vorbrachten, den ich einstweilen beiseite lassen will – wenn Sie Einspruch erheben wollen, so höre ich Sie an, wenn Sie recht haben, entscheide ich in Ihrem Sinne. Das kann ich aber nur tun, wenn Sie mir Ihre Gründe vortragen. Sie können mir einen Präzedenzfall nennen. Sie können mir aber nicht Gedanken des Justizministeriums oder des State Department vortragen... Ich bin ebenfalls im Justizministerium tätig gewesen, vor Ihrer Zeit. Ich habe genauso wie Sie oder sonst jemand eine ungefähre Vorstellung von den ethischen und sonstigen Überlegungen. Wenn ich über irgend etwas nachdenken sollte, worüber ich noch nicht nachgedacht habe, so will ich das gern tun. Sie müssen mir aber sagen, was das ist, wogegen Sie Einspruch erheben. Ist das wohl unfair?«

Adelman senkte die Stimme: »Nein, natürlich nicht, Euer Ehren. Wenn ich das Gericht, Mr. Hellring oder Mr. Best irgendwie persönlich gekränkt haben sollte, so war das so nicht gemeint.«

»Ich kann verstehen, daß Sie gern dabeigewesen wären, als die

Anträge gestellt wurden«, bedeutete ihm der Richter. »Ich glaube aber nicht, daß Ihre Anwesenheit erforderlich gewesen wäre, als es um den Antrag eines Angeklagten auf Bestellung eines Rechtsbeistandes ging... Ich habe, wie Sie sehr wohl wissen, in dem vorliegenden Fall keine wesentliche Entscheidung getroffen, die Ihre Rechte oder die Rechte Ihres Mandanten tangierte. Und wenn Sie vor mir erscheinen, um über Interessenkonflikte zu sprechen, so treten Sie im Grunde als Freund des Gerichts auf.«

»Ja«, gab Adelman zu.

Hellring schritt auf die Stelle zu, wo Adelman stand: »Ich sollte dem Gericht jetzt mitteilen, daß, als die Bitte an mich erging, zuerst von seiten Mr. Bests und dann in Gegenwart von Mr. Best von seiten des Angeklagten Tiede, als Mitverteidiger von Herrn Tiede aufzutreten, Ingrid Ruske anwesend war und neben mir stand. Und da bat sie mich inständig, unter Tränen, jetzt nicht nach Amerika zurückzufliegen, sondern auf ihr sowohl wie auf Herrn Tiedes Ersuchen hin als Mitverteidiger von Mr. Best zu bleiben.«

Als Ingrid Ruske den für die Prozeßbeteiligten abgegrenzten Raum verließ, um im Zuhörerraum Platz zu nehmen, hatte sie ihren Willen bekommen. Ihr Anwalt und sie selbst als Zeugin würden Detlef Tiede nun nach besten Kräften zur Seite stehen.

Rabourn teilte endlich mit, daß die präsumtiven Geschworenen sich versammelt hätten und warteten.

Daraufhin verließen die Anwälte, der Angeklagte, die Zuhörer und die Pressevertreter den Saal. Unter Anführung eines Schwarms von Sicherheitsbeamten mit tragbaren Sende- und Empfangsgeräten bewegte sich der Zug die marmorgetäfelten und mit Säulen gezierten Korridore hinunter, durch schmale Durchgänge und an verlassenen Eingängen vorbei. Er durchschritt leere Aufenthaltsräume und seit langem nicht mehr benutzte Abfertigungsanlagen und gelangte schließlich in die riesige Abfertigungshalle. Riesig in der Tat: rund 150 Meter lang und 90 Meter breit mit einem in der Mitte der 15 Meter hohen, mit Säulen gezierten Wände umlaufenden Balkon. In der Mitte der Halle sah man alte, unbenutzte Gepäcktransportbänder, an den Seiten und oben auf den Balkonen leere und verlassene Büros von Luftverkehrsgesellschaften, Autoverleihfirmen und Versicherungsunternehmen. Einst eine Stätte emsiger Geschäftigkeit, herrschte hier jetzt eine gespenstische Stille.

In einem kleinen Teil der Halle, gleich vorn, saßen 400 Berliner auf Klappstühlen vor einer Treppe, die zu einem Podium führte, auf dem nichts weiter als ein Stuhl, ein Tisch und ein Mikrophon standen. Beim Eintreten des Richters erhoben sich die präsumtiven Geschworenen von ihren Plätzen. Der Richter stieg auf das Podium. Alle setzten sich gleichzeitig wieder, was einen starken Widerhall auslöste.

»Ist dies eingeschaltet?« Der Richter klopfte auf das vor ihm stehende Mikrophon und beugte sich nach vorn.

»Meine Damen und meine Herren, ich heiße Sie im Amerikanischen Gericht für Berlin willkommen. Ich bitte Sie, dies Provisorium hier zu entschuldigen. Wir hatten sonst keinen Raum zur Verfügung, der groß genug für Sie alle gewesen wäre. Mir ist bekannt, daß Sie alle eine Broschüre mit Informationen über ein Geschworenenverfahren bekommen haben. Ich hoffe, daß Sie sie durchgelesen haben. Sie enthält eine kurze Darstellung eines amerikanischen Geschworenenprozesses. Wir werden anschließend die Männer und Frauen bestimmen, die in dem in Kürze beginnenden Verfahren als Geschworene amtieren werden. Wie Sie den Instruktionen entnehmen können, entscheiden nach amerikanischem Verfahrensrecht die Männer und Frauen, die in einem Strafverfahren als Geschworene amtieren, über die Tatfragen. In unserem System sind die Geschworenen – und zwar sie allein – bevollmächtigt, zu entscheiden, was bewiesen und was nicht bewiesen ist. Mir als gesetzlichem Richter obliegt es, über die Rechtsfragen zu entscheiden, ich bin aber nicht befugt, über irgendeine Tatsachenfrage zu entscheiden. Einzig und allein die Männer und Frauen, die zu Geschworenen berufen, aufs Geratewohl aus dem Gemeinwesen ausgewählt werden, sind berechtigt, über die Tatfragen des Falles zu entscheiden. Ich möchte Ihnen jetzt nicht alles das vortragen, was Ihnen in der Broschüre zur Kenntnisnahme unterbreitet worden ist... Ich bitte Sie jedoch, sich zu merken, daß ich Ihnen niemals Hinweise oder Belehrungen über den Tathergang, die Beweislage oder über den von Ihnen zu fällenden Wahrspruch erteilen werde. Dafür sind allein die Männer und Frauen zuständig, die zu Geschworenen berufen werden.«

Die Vorbesprechung nahm nur kurze Zeit in Anspruch. Noch vor Mittag wurden achtzig von den vierhundert Anwärtern durch das Los bestimmt und in den Gerichtssaal geführt.

Nych der Mittagspause begann ihre Vorvernehmung. Solch eine Vorvernehmung dient der Feststellung, ob ein Kandidat vielleicht aus rechtlichen Gründen vom Geschworenendienst auszuschließen ist, und soll, wenn das nicht der Fall ist, den Anwälten auch Gelegenheit geben, festzustellen, ob sie ihn ohne Angabe von Gründen abzulehnen wünschen.

Der Richter befragte die Anwärter auf die bei den meisten amerikanischen Bundesgerichten in Strafverfahren übliche Weise. Der gesamte Vorgang nahm einschließlich der Mittagspause nicht mehr als fünf Stunden in Anspruch.

Von großer Bedeutung war die Frage, ob irgendeiner der präsumtiven Geschworenen aufgrund der großen Publizität, die der Fall schon vor der Hauptverhandlung bekommen hatte, voreingenommen sei. Die Befragung der ersten beiden Anwärter zeigte bereits, daß diese Besorgnis unbegründet war.

»Ich heiße Dieter Setzchen«, erklärte der Geschworene Nummer eins, indem er sich erhob und den Richter anblickte. »Ich bin von Beruf kirchlicher Verwaltungsangestellter. Meine Frau ist von Beruf Hausfrau.«

»Haben Sie jemals etwas über diesen Fall gehört oder gelesen?«

»Ja, im Rundfunk und im Fernsehen. Ich habe auch etwas in der Zeitung darüber gelesen.«

»Sagen Sie, glauben Sie alles, was Sie in der Zeitung lesen?«

»Nein, bestimmt nicht!«

»Angenommen, Sie ständen vor Gericht, würden Sie dann wünschen, daß Ihr Fall aufgrund der Berichte abgeurteilt würde, die die Zeitungen darüber veröffentlichen?« »Nein.«

»Fällt es Ihnen schwer – fällt es Ihnen schwer zu begreifen, daß sowohl die Anklagevertretung als auch der Angeklagte Anspruch darauf haben, daß ihr Fall einzig und allein aufgrund der im Gerichtssaal erbrachten Beweise abgeurteilt wird und auf keiner anderen Basis?«

»Das ist richtig.«

Ein echtes Vergnügen, dachte der Richter: Diese Leute sind

großartig.

»Falls Sie hier zum Geschworenen bestimmt werden, so wäre es Ihre Pflicht, diesen Fall einzig und allein aufgrund dessen abzuurteilen, was Sie im Verhandlungssaal hören, und nicht aufgrund dessen, was irgend jemand sonst meint und in einer Zeitung veröffentlicht oder im Rundfunk oder im Fernsehen verbreitet. Haben Sie das verstanden?«

»Ja.«

»Wären Sie dazu in der Lage? Wären Sie imstande, diese Anordnung zu befolgun?«

»Ja.«

Der Richter wandte sich dem nächsten Anwärter zu.

»Geschworener Nummer zwei, würden Sie uns bitte Ihren Namen nennen, Ihren Beruf und Ihren – aber Sie sind wohl nicht verheiratet. Nennen Sie uns also bitte Ihren Namen und Beruf.«

»Ich bin verheiratet.«

»Aha. Gut, dann nennen Sie uns Ihren Beruf und den Ihrer Frau.«

»Mein Name ist Hankel. Ich bin technischer Angestellter. Meine Frau ist Lehrerin.«

»Was heißt das, ›technischer Angestellter‹?«

»Ich bin Diplomingenieur im Industrieforschungsinstitut.«

»Wie heißt das Institut?«

»Forschungsinstitut der Robert Bosch GmbH.«

»Und Ihre Frau ist, wie Sie sagen, Lehrerin?«

»Ja, meine Frau ist Grundschullehrerin.«

Der Richter hob erneut auf die große Publizität ab, die der Fall schon vor der Hauptverhandlung gewonnen hatte.

»Haben Sie jemals etwas über diesen Fall in der Zeitung gelesen oder im Rundfunk oder Fernsehen gehört?«

»Ja, sicher. Die Presse hat darüber berichtet, und man hat auch durch die anderen Medien davon gehört.«

»Haben Sie zugehört, wie ich Ihren Kollegen hier, den Geschworenen Nummer eins, danach fragte, ob er durch die Medienberichte voreingenommen sei?«

»Ja, ich habe Ihre Fragen gehört, selbstverständlich. Ich meine, daß man das nicht vergessen kann. Man kann nur versuchen, die

Tatsachen, die im Gerichtssaal ans Licht kommen, zu erfassen, um sie dann nach Möglichkeit als Tatsachen zu beurteilen.«

»Nun gut. Begreifen Sie, daß, was immer Sie gelesen haben, vielleicht nicht den Tatsachen entspricht?«

»Das ist durchaus möglich.«

»Begreifen Sie auch, daß, was immer Sie lesen, höchstwahrscheinlich nicht einmal einen Teil des wahren Sachverhalts wiedergibt?«

»Gewiß. Das beste Beispiel ist der Pressebericht über die Eröffnung des Verfahrens, der ebenfalls Fehlinformationen enthielt.«

Der Geschworene spielte offensichtlich auf den Zeitungsbericht an, wonach Detlef Tiede aufgrund einer »anklagebeschränkenden Vereinbarung« ein Schuldgeständnis ablegen würde. Er war sich augenscheinlich darüber klar, daß es sich um eine Falschinformation gehandelt hatte. Die Verteidigung lehnte ihn trotzdem yus irgendeinem Grunde ab.

Und so ging es weiter. Ein Anwärter nach dem anderen wurde ins Verhör genommen. Einige wurden von der Anklage abgelehnt, einige v·n der Verteidigung. Etliche, die Verwandte im Osten hatten, wurden auf ihre Bitten hin vom Geschworenendienst dispensiert. Die ganze Befragungsprozedur dauerte jedoch nur bis kurz vor 17.00 Uhr. Dann saßen achtzehn Berliner auf der Geschworenenbank – zwölf Geschworene und sechs Ersatzleute –, und keine der beiden Prozeßparteien hatte sich veranlaßt gesehen, alle ihr zustehenden Ablehnungen ohne Angabe von Gründen zu beantragen.

Die Berliner saßen dem Richter gegenüber und fragten sich, wie es nun wohl weitergehen würde.

»Würden Sie bitte, meine Damen und Herren, so freundlich sein, aufzustehen.« Der Richter nickte Ristau zu, worauf dieser vor die Geschworenenbank trat.

»Bitte heben Sie die rechte Hand!«

Achtzehn Hände schnellten auf Ristaus Aufforderung hin in die Höhe.

»Schwören Sie, ein jeder von Ihnen, den zwischen den Vereinigten Staaten als dem Amerikanischen Element der Alliierten Kommandantura Berlin und Hans Detlef Alexander Tiede zur Entscheidung anstehenden Fall nach bestem Können und wahrhaftig abzuurteilen und einen Wahrspruch zu fällen, so wahr Ihnen Gott helfe? Antworten alle mit Ja?«

Achtzehn Geschworene antworteten mit Ja.

»Ich danke Ihnen. Nehmen Sie bitte wieder Platz.«

»Meine Damen und meine Herren, wir haben ein Juryzimmer für Sie eingerichtet, das Sie jetzt bitte für ein paar Augenblicke aufsuchen wollen, und zwar aus mehreren Gründen. Vor allem sollen Sie sehen, wo es sich befindet. Sie sollen sich nämlich morgen früh dort melden und von da an stets, solange wie der Prozeß dauert. Halten Sie sich bitte von allen hier fern. Sie sollen über die Tatfragen dieses Falles entscheiden und zu niemandem hier Kontakt aufnehmen... Sie dürfen auch nichts über diesen Fall lesen. Sie sollen nichts darüber im Rundfunk oder Fernsehen hören und dürfen unter keinen Umständen irgend jemandem gestatten, mit Ihnen über den Fall zu sprechen, einerlei, ob es sich um Ihre Bekannten, um Ihren Mann oder um Ihre Frau oder um sonstwen handelt. Denn Sie haben mir versprochen, jeder von Ihnen, daß Sie über diesen Fall einzig und allein aufgrund dessen entscheiden werden, was Sie hier im Gerichtssaal gehört haben. Und Sie müssen sich stets vor Augen halten, daß, wenn dies Ihr Prozeß wäre, daß, wenn er Sie in irgendeiner Weise beträfe, Sie bestimmt von Ihren Richtern erwarten und verlangen würden, sich durch keinerlei Geschehnisse außerhalb des Gerichtssaals beeinflussen zu lassen.«

Nachdem der Richter seine einleitende Rechtsbelehrung beendet hatte, hielt er inne und lächelte die versammelten Geschworenen freundlich an: »Es versteht sich von selbst, daß ich Ihre Mitarbeit wohl zu würdigen weiß.« Er sprach mit Rücksicht auf die Dolmetscher besonders langsam. »Sie haben alle gewußt, daß man Sie sofort entlassen hätte, wenn Sie weiter nichts gesagt hätten, als daß Sie kein gerechter Geschworener sein könnten. Doch ich bin überzeugt, daß Sie alle aufrichtig und wahrhaftig geantwortet haben, weil Sie sich trotz der möglichen Unbequemlichkeiten für Sie darüber im klaren waren, daß es zu Ihren Pflichten gehört, wollen wir doch in einer demokratischen Gesellschaft leben, das heißt in einer Gesellschaft, in der wir an der Regierung nur teilnehmen, wenn wir bereit sind, sie zu verteidigen und Opfer für sie zu bringen.«

Es war jetzt an der Zeit, daß die Geschworenen den Gerichtssal verließen.

»Nochmals vielen Dank, und wollen Sie jetzt bitte so freundlich sein, sich in Ihr Juryzimmer zu begeben.«

»Alle aufstehen!« befahl der Richter sämtlichen Anwesenden, um sich dann, als sich die Anwälte und die Zuhörer von ihren Plätzen erhoben hatten, noch einmal den Geschworenen zuzuwenden.

»Sie sind vor Ihnen aufgestanden, weil Sie jetzt über die Tatsachenfragen des vorliegenden Falles zu richten haben.«

Er wandte sich Rabourn zu: »Führen Sie sie bitte in das Juryzimmer!«

»Hier entlang, bitte«, bedeutete Rabourn ihnen.

Während die Geschworenen den Saal verließen, schickten sich die Anwälte und die Zuhörer an, wieder Platz zu nehmen, genauso wie es in vielen amerikanischen Gerichtssälen geschieht. Und so kam es, daß im besetzten Berlin die Vertreter der Besatzungsbehörden ehrerbietig vor den Besiegten aufstanden, die jetzt den Fall abzuurteilen hatten.

19.
Die Eröffnungsvorträge

15. Mai 1979

Am nächsten Morgen betraten die achtzehn Geschworenen einer hinter dem anderen den Gerichtssaal, und die Hauptverhandlung begann.

In den Vereinigten Staaten beginnt jeder Strafprozeß mit der »Eröffnungsansprache«. Der Vertreter der Anklage ist gesetzlich verpflichtet, den Geschworenen die Anklagepunkte zu erläutern und ihnen darzulegen, wie er sie zu beweisen gedenkt. Die Verteidigung kann eine »Eröffnungsansprache« halten, wenn sie es wünscht, ist dazu aber nicht verpflichtet – braucht ein Beschuldigter doch gar nichts zu beweisen. Wenn er will, kann er sich während des ganzen Verfahrens völlig passiv verhalten – und statt dessen darauf beharren, daß er unschuldig ist. Der Anklagevertretung obliegt es, seine Schuld über jeglichen vernünftigen Zweifel hinaus zu beweisen.

Adelman konnte also nicht sicher sein, ob Best oder Hellring eine Eröffnungsansprache halten würden. Er rechnete aber damit – und war entschlossen, zu verhindern, daß die Jury irgend etwas über die Gründe erfuhr, die Tiede dazu bewogen hatten, das Flugzeug zu entführen.

Ehe noch die Jury den Saal betreten hatte, war Adelman bereits zum Pult geschritten. Er hatte alles darangesetzt, um ein Geschworenenverfahren zu verhindern – doch das ließ sich nun nicht mehr umgehen. Vielleicht konnte er aber wenigstens noch verhindern, daß die Jury Tiedes Rechtfertigungsgrund hörte.

Er bat den Richter, er möge entscheiden, »daß dieser Rechtfertigungsgrund im Falle einer Flugzeugentführung... aus rechtlichen Gründen... nicht geltend gemacht werden kann«. Der

Richter müsse entscheiden, erklärte er, daß eine Flugzeugentführung durch nichts zu entschuldigen oder zu rechtfertigen sei und daß die von Tiede geltend gemachten Gründe – die Verhaftung Fischers und so weiter – unerheblich seien und der Jury nicht vorgetragen werden dürften.

Adelman stand kurz vor dem Ziel. Wenn der Richter zustimmte, dann würde die Jury nur die Einzelheiten der Flugzeugentführung erfahren – nichts darüber, warum sie erfolgte – und Tiede seines Rechtfertigungsgrundes beraubt sein.

Der Richter blickte den Anklagevertreter an: »Ich möchte Sie etwas fragen.«

Adelman nickte.

»Angenommen, dies sei nicht im Jahre 1979 geschehen, sondern vor vierzig oder fünfzig Jahren... angenommen, jemand mußte befürchten, daß man ihn einkerkern würde, vielleicht sogar einzig und allein wegen seiner Religionszugehörigkeit.«

Der Richter spielte offensichtlich auf die Lage eines Juden unter der Hitlerdiktatur an

»Angenommen, ihm blieb kein anderer Ausweg. Konnte er da nach Paragraph 34 oder 35... ein Flugzeug zur Kursänderung zwingen? Wissen Sie, wie die Antwort lautet, Mr. Adelman?«

»Sicherlich«, lächelte Adelman.

Der Richter lachte und bat ihn, mit seinem Referat fortzufahren.

Die Geschworenen nahmen ihre Plätze ein. Adelman drehte das Pult herum, so daß er ihnen direkt ins Gesicht sehen konnte. Es blieb ihm nun keine andere Wahl mehr: Wenn er Detlef Tiedes Schuldigsprechung und Verurteilung wünschte – was offensichtlich der Fall war –, dann mußte er zwölf Berliner von dessen Schuld überzeugen. Adelman stellte sich also in Positur und setzte zu einem eindringlichen Eröffnungsvortrag an.

»Guten Morgen, guten Morgen, hohes Gericht, meine Damen und meine Herren«, erschallte seine Stimme. »Ich wünsche Ihnen einen guten Morgen. Ich möchte Ihnen zunächst sagen, wer ich bin, warum ich hier bin und wer diese Damen und Herren sind, die neben mir sitzen. Seine Ehren, der Herr Vorsitzende, hat meinen Namen schon genannt: Ich heiße Roger Adelman und bin Stellvertretender US-Staatsanwalt an diesem Amerikanischen Gericht für Berlin. Mir stehen heute und während des ganzen Prozesses drei weitere Staatsanwälte zur Seite, die ich Ihnen jetzt vorstellen möchte.«

Adelman wendete sich nach links und wies der Reihe nach auf seine Kollegen.

»Der Herr am Tisch rechts von Ihnen ist Mr. Andre Surena. Er ist der US-Staatsanwalt für Berlin. Die ganz links am Tisch sitzende Dame ist Frau Marianne Fischer aus Berlin. Sie amtiert in diesem Prozeß als Gehilfin der Anklagevertretung zusammen mit Frau Gisela Wolf, die rechts am Tisch sitzt und ebenfalls als Gehilfin der Anklagevertretung amtiert.«

Dann wandte er seine Aufmerksamkeit wieder ganz den Berliner Geschworenen zu: »Erlauben Sie mir zuallererst die persönliche Bemerkung, daß ich hier aufgrund unserer Prozeßordnung als erster spreche und somit die Ehre habe, als erster amerikanischer Staatsanwalt eine Ansprache an eine deutsche Jury zu halten.«

Hellring, Shapiro, Best und Adams sahen einander verdutzt an. Dies war der Mann, der alle Hebel in Bewegung gesetzt hatte, um zu verhindern, daß es so weit käme. Und jetzt erzählte er den Geschworenen mit lächelndem Gesicht, wie stolz er sei, als erster amerikanischer Staatsanwalt – in der Geschichte – eine Ansprache an eine deutsche Jury zu halten.

Der Richter zog den Kopf ein, um ein unfreiwilliges Grinsen zu verbergen. Den Geschworenen entging natürlich die Ironie, die in Adelmans Worten lag. Doch Adelman fuhr mit Verve in seiner Ansprache fort, und der Richter richtete sich auf, um sich Notizen zu machen. Adelman faßte die fünf Anklagepunkte kurz zusammen.

Erstens: gewaltsame Flugzeugentführung. Zweitens: Geiselnahme – der Stewardeß Ewa Przybysz – durch Bedrohung mit einer Pistole. Drittens: Freiheitsberaubung der Passagiere und der Besatzung durch gewaltsame Umleitung des Flugzeugs nach West-Berlin. Viertens: körperliche Mißhandlung der Stewardeß und fünftens: unerlaubter Besitz einer Schußwaffe.

Adelman sprach dann von seinen Zeugen.

»Nun, was werden diese Leute aussagen? Sie werden im wesentlichen aussagen, daß der Mann, der dort sitzt« – Adelman wies mit dem Finger auf Detlef Tiede –, »am 30. August 1978 das Leben von zweiundsechzig Passagieren und sieben Besatzungsmitgliedern eines Luftfahrzeugs, der polnischen Maschine LOT 165, dadurch in Gefahr brachte, daß er die Stewardeß Ewa Przybysz packte, sie zu Boden schleuderte, ihr eine Pistole an den Kopf drückte und schrie, man solle ihn nach West-Berlin fliegen. Wie kam es dazu? Nun, die Beweisaufnahme wird ergeben, daß sich dieses Flugzeug, dieses polnische LOT-Flugzeug, am Morgen des 30. August auf dem planmäßigen Flug von Danzig nach dem ostdeutschen Flughafen Schönefeld befand.«

Die Dolmetscher in ihrer Glaskabine hatten Mühe, mit Adelmans mit Donnerstimme vorgetragenen Ausführungen Schritt zu halten.

»Die Beweisaufnahme wird ergeben, daß, als das Flugzeug etwa fünf Kilometer von Fürstenwalde entfernt war, Herr Tiede zum Vorderteil der Maschine rannte, mit vorgehaltener Pistole – Sie werden die Waffe noch sehen – in den Bordküchen- und Cockpitbereich eindrang, die Stewardeß Ewa Przybysz packte, sie wie einen Mehlsack zu Boden schleuderte, ihr die besagte Pistole an den Kopf drückte und schrie: ›Fliegt mich nach West-Berlin!‹ «

Die Geschworenen lauschten reglos Adelmans Worten.

»Und Sie werden bei der Vernehmung der Zeugen Ewa Przybysz, Flugkapitän Lukomski, Adam Wasik und von anderen, die sich an Bord des Flugzeugs befanden, hören, daß sie einen Todesschrecken bekamen, als sie sahen, wie dieser Mann die Stewardeß zu erschießen drohte. Und sie werden Ihnen berichten, daß er sie zu Boden schleuderte, auf den Boden des Flugzeugs, ihr die Pistole vorhielt und sie ihr die ganze Zeit über an den Kopf drückte, die ganze Zeit über, bis das Flugzeug hier in Tempelhof, wo wir heute sind, landete. Die Beweisaufnahme wird ergeben, daß er, nachdem er Fräulein Przybysz gepackt hatte, schrie und brüllte: ›Ich will nach West-Berlin!‹ Und der Pilot wurde zur Kursänderung gezwungen, während er sich bereits im Anflug auf Schönefeld befand. Wir werden auch hören, was das bedeutete, daß er in dieser Situation den Kurs ändern mußte. Er tat das und mußte den hiesigen Flugplatz Tempelhof anfliegen, weil Herr Tiede es von ihm verlangte. Sie werden noch hören, was das in bezug auf die Sicherheit der Fluggäste bedeutete. Der Pilot wird Ihnen zuallererst berichten, daß er Tempelhof noch nie zuvor angeflogen hatte, daß er nicht einmal das dafür erforderliche Kartenmaterial besaß. Er kann Englisch und war in begrenztem Ausmaß in der Lage, sich mit dem hiesigen Tempelhofer Kontrollturm zu verständigen. Sie werden hören, daß der Pilot mit den hiesigen Tempelhofer Anflugwegen aber nicht vertraut war und daß es ihm nicht möglich war, zu erfahren, wie er die Landung durchführen mußte. Sie werden hören, daß sie ihm dann glücklicherweise trotzdem gelang. Sie werden weiter hören, daß Herr Tiede während dieser qualvollen zirka vierzig Minuten – so lange dauerte das alles – Fräulein Przybysz wiederholt mit Erschießen für den Fall drohte, daß das Flugzeug nicht in West-Berlin lande. Und sie glaubte ihm das. Sie zitterte an allen Gliedern und glaubte das. Denn obwohl einer ihrer Kollegen mit ihr tauschen wollte, hatte sie zuviel Angst, um darin einzuwilligen.«

Eine Atmosphäre der Angst breitete sich im Saal aus. Das polnische Flugzeug in der Gewalt des Banditen stand allen deutlich vor Augen.

»Flugkapitän Lukomski tat aus Furcht vor einer Katastrophe an Bord des Flugzeugs das einzige, was er seiner Meinung nach tun konnte, d. h. er änderte den Kurs und landete auf dem Flughafen Tempelhof. Sämtliche Augenzeugen an Bord der Maschine nahmen an, daß Herr Tiede eine Waffe hätte und daß er diese gegebenenfalls gegen Fräulein Przybysz einsetzen würde. Ich möchte Ihnen mitteilen, daß wir Ihnen die Waffe vorführen werden. Später stellte sich dann heraus, daß es sich um eine Gaspistole handelte, d. h. um eine Pistole, die Tränengasgeschosse abfeuert. Der Besitz einer solchen Waffe ist jedoch gesetzwidrig. Noch wichtiger ist aber, daß Sie erfahren werden, warum alle Passagiere an Bord des Flugzeugs und die polnische Besatzung glaubten, es handele sich um eine richtige Waffe, und warum alle sich so verhielten, als ob es eine richtige Waffe wäre.«

Adelman sprach mit großer Verve, jetzt aber langsamer, so daß die Dolmetscher jedes seiner Worte übersetzen konnten. Die Geschworenen lauschten ihm mit gespannter Aufmerksamkeit. Doch als Adelman wiederholt Tiedes Brutalität erwähnte und behauptete, die Besatzung habe die ganze Zeit über in Angst geschwebt, bemerkten einige, daß um Hellrings Mund ein flüchtiges Läheln spielte. Und als Adelman erklärte, die Pistole »feuere« Tränengas-»Geschosse ab«, warfen sich die Anwälte der Verteidigung vielsagende Blicke zu.

Adelman kam zum Schluß.

»Zweiundsechzig Menschen, die sich auf einer Flugreise befanden. Zweiundsechzig Menschen, die mit ansehen mußten, wie Herr Tiede der Stewardeß im Vorderteil der Maschine eine Pistole an den Kopf drückte. Zweiundsechzig Menschen an Bord eines Flugzeugs, das die außerordentlich komplizierten Luftverkehrsrouten hier in Berlin auf fast beispiellose Weise zu durchqueren gezwungen war. Zweiundsechzig Menschen, deren Leben durch Herrn Tiedes Taten in Gefahr gebracht wurde.«

Adelman hob auf die zweiundsechzig ab — und ließ unerwähnt, daß sich sieben von ihnen bei der Landung des Flugzeugs entschlossen hatten, im Westen zu bleiben. In diesem Augenblick konnte der Richter erkennen, daß Adelman die Geschworenen gepackt hatte. Zur vollen Länge aufgerichet, stand er vor ihnen und ließ mit leidenschaftlichen Worten vor ihrem geistigen Auge eine unheilschwangere Szenerie entstehen.

»Wenn Sie sich dann also nach Kenntnisnahme des gesamten Beweismaterials, des gesamten, zur Beratung zurückziehen, dann bittet die US-Regierung Sie, die Gerechtigkeit zu üben, die dieser Fall erfordert, das heißt, den Angeklagten der gewaltsamen Flugzeugentführung schuldig zu befinden, der Geiselnahme schuldig, der Freiheitsberaubung schuldig, der Körperverletzung der Stewardeß, Fräulein Przybysz, schuldig und schuldig des unbefugten Waffenbesitzes. Das gefährlichste Verbrechen, das jemand gegen andere begehen kann, wird Ihnen in diesem Gerichtssaal hier vor Augen geführt werden. Eine Tat von erschreckender Brutalität, begangen von Herrn Tiede, der die Frau zu Boden schleuderte und sie aus eigensüchtigen Motiven zwanzig oder dreißig Minuten lang festhielt und Todesangst ausstehen ließ, Todesangst bis zur Landung des Flugzeugs. Das wird Ihnen hier in diesem Gerichtssaal demonstriert werden. Ihnen allen ist eine Pflicht auferlegt. Die Regierung der Vereinigten Staaten ist überzeugt, daß Sie sie erfüllen werden. Die Regierung der Vereinigten Staaten ist überzeugt, daß das Belastungsmaterial, das ich Ihnen dargelegt habe, Sie zu dem Schluß kommen lassen wird, daß dieser Mann in allen fünf Anklagepunkten schuldig ist.«

Er hielt inne, lächelte und sagte im Weggehen: »Ich danke Ihnen.« Adelman schritt zu seinem Tisch zurück und nahm wieder Platz. Mit den letzten Worten seiner Eröffnungsansprache hatte er sich hinter der Regierung der Vereinigten Staaten verschanzt. Als ihr Repräsentant war er berechtigt, sich solcher Ausdrücke zu bedienen, wenngleich die Berliner Geschworenen wohl nicht wußten, daß es sich dabei lediglich um eine Floskel handelte.

Als Adelman wieder Platz nahm, wußten die Geschworenen über den Fall nur das, was dieser ihnen erzählt hatte: eine gewaltsame Flugzeugentführung; zweiundsechzig Menschen durch einen Luftpiraten mit einer Waffe, die »Tränengasgeschosse abfeuerte«, in Lebensgefahr gebracht; die Stewardeß von einem brutalen Verbrecher – dem Angeklagten – in Todesangst versetzt, zu Boden geschleudert und verletzt.

Es war dies eine in jeder Beziehung glänzende Eröffnungsansprache. Alle Anklagepunkte waren mit klaren und eindringlichen Worten dargelegt worden. Mehr noch: Alle Punkte waren geschickt von einem wortgewaltigen Prozeßanwalt vorgetragen worden, der über jahrelange Erfahrungen im Umgang mit Geschworenen verfügte.

Der Eröffnungsvortrag der Anklagevertretung hatte den Geschworenen natürlich keineswegs ein vollständiges Bild der Geschehnisse an Bord der LOT-Maschine 165 vermittelt. Nach amerikanischem Recht war Adelman indes nicht verpflichtet, ihnen eine vollständige Darstellung zu liefern. Tatsächlich war er sogar entschlossen, nach Kräften zu verhindern, daß die Geschworenen die restlichen Einzelheiten erfuhren.

Der Richter nickte Best zu: »Bitte!«

Best erhob sich und schritt zu dem vor den Geschworenen stehenden Pult.

»Hohes Gericht, meine Damen und Herren Geschworenen, meine Damen und Herren Ersatzgeschworenen, guten Morgen! Ich heiße Judah Best. Ich habe als zweiter amerikanischer Anwalt die Ehre, in diesem Gerichtssaal vor einer Jury zu sprechen, bin aber der erste Verteidiger, der Gelegenheit hat, zu Ihnen zu sprechen, und es ist mir dies eine große Ehre, die ich gebührend zu würdigen weiß.«

Best stellte seine Kollegen vor und begann, den Fall vom Standpunkt der Verteidigung aus darzustellen.

»Wir werden Ihnen darlegen, daß zwei Menschen, ein Mann, Detlef Tiede, der Angeklagte in diesem Verfahren, und die Frau, Ingrid Ruske, sowie Ingrid Ruskes Kind, ihre zwölfjährige Tochter Sabine, sich an einem tollkühnen Vorhaben beteiligten, um der ihnen drohenden Verhaftung zu entgehen. Wir werden Ihnen schildern, wie sie, um der ihnen drohenden Verhaftung zu entgehen, ein Verkehrsflugzeug dazu brachten, statt auf dem Ostberliner Flughafen Schönefeld hier im Luftwaffenstützpunkt Tempelhof zu landen... Wir werden nachweisen, daß Detlef Tiede floh, weil er um seine Freiheit und um seine körperliche Unversehrtheit fürchtete. Und, was ebenso wichtig ist, er floh, weil er um die Freiheit und die körperliche Unversehrtheit von Ingrid und Sabine Ruske fürchtete.«

Best schilderte dann die verzweifelte Situation, in der sich die drei Flüchtlinge in Danzig befunden hatten und die sie zu dem Entschluß veranlaßt hatte, das Flugzeug zu entführen.

»Sobald Ihnen all dies Beweismaterial vorliegt, werden wir Sie bitten, Detlef Tiede des ihm vorgeworfenen Verbrechens nicht schuldig zu befinden, da sein Verhalten gerechtfertigt und entschuldbar war. Wir werden Ihnen die Frage vorlegen: Was ist Recht? Sodann werden wir Sie weiter fragen: Was war Detlef Tiede zumutbar? Und wenn Sie diese Fragen beantwortet haben..., dann werden wir Sie bitten, Detlef Tiede nicht schuldig zu finden.«

Damit war das Referat der Verteidigung beendet – allem Anschein nach. Doch Best fügte noch etwas hinzu: »Ich habe Ihnen kurz dargelegt, was wir in diesem Falle geltend machen werden. Die Details der Darstellung der Verteidigung wird mein illustrer

Kollege, Mr. Hellring, nunmehr im einzelnen vortragen.«

Adelman sprang auf.

»Euer Ehren, ich muß dieser Feststellung von Mr. Best entnehmen, daß Mr. Hellring eine Eröffnungsansprache halten wird. Stimmt das?«

»Ja«, dröhnte Hellrings Stimme vom anderen Tisch her.

»Ich möchte mich energisch dagegen verwahren. Ich habe so etwas in den Vereinigten Staaten noch nicht gehört, und es ist mir ganz gewiß in meiner bisherigen Praxis noch nicht vorgekommen.« Adelman war wütend.

»Ich habe noch nie von einem Prozeß gehört, in dem Anwälte der Verteidigung – zwei Anwälte – den Angeklagten vertraten. Das ist noch nie dagewesen.«

»Sie haben durchaus recht«, bemerkte der Richter, »doch die Schwierigkeit, vor der ich stehe, liegt darin, daß sie – anscheinend ohne irgend jemand um Erlaubnis zu fragen – Ihre Prozeßtaktik darauf abgestellt haben.«

»Allerdings«, zischte Adelman wütend.

»Lassen Sie mich ausreden. Die Verteidiger sind im Unrecht. Wenn Sie Mr. Bests Bestrafung beantragen wollen, so will ich das ernsthaft in Erwägung ziehen. Sie müssen aber wissen, daß ich eines nicht tun werde: Herrn Tiede werde ich deswegen nicht bestrafen.«

»Lassen Sie mich folgenden Vorschlag machen«, lenkte Adelman ein: »Das beste wäre, Mr. Best zu gestatten, seine Ausführungen zu vervollständigen. Dagegen hätte ich natürlich nichts einzuwenden. Es ist aber nicht fair gegen die Regierung, sie zu einem Zweifrontenkrieg zu nötigen.«

Adelman wollte nicht, daß Hellring das Wort ergriff.

»Ich werde Sie zu einer Erwiderung ermächtigen, was ebenfalls noch nicht dagewesen ist«, entschied der Richter.

Der weißhaarige Hellring schritt am Pult vorbei vor die Geschworenenbank und strahlte die Jury an.

»Meine Damen und Herren Geschworenen, wir sind hier, damit Sie über die Schuld oder Unschuld eines Menschen befinden können. Was für ein Mensch ist das? Ist das ein Mensch mit kriminellen Absichten? Ist das ein Mensch, der imstande ist, solch eine Tat aus Machtgier, Übermut oder Leidenschaft zu begehen? Aus Geldgier? Aus Lust am Töten? Ist das ein Mensch, der solch eine Tat begehen würde, um jemanden zu bestehlen? Was für ein Mensch ist Hans Detlef Alexander Tiede?«

Hellring ließ seine Fragen zunächst im Raum stehen, um sie dann, vor der Geschworenenbank auf und ab schreitend, eine nach der anderen zu beantworten.

»Er ist 33 Jahre alt. Er wurde in Berlin geboren, kurz nach Kriegsende, und zwar in jenem Teil Berlins, der seit jenem ominösen 13. August jenseits der Mauer liegt. Er ist in Ost-Berlin zur Schule gegangen. Im Alter von 17 Jahren erhielt er eine Berufsausbildung. Er ist ein Durchschnittsmensch. Er hat einen guten Beruf erlernt: Er wurde Kellner. Er wuchs bei seinen Eltern auf, die noch heute drüben jenseits der Mauer wohnen.«

Hellring hatte jetzt die volle Aufmerksamkeit der Geschworenen. Schließlich verdienten die Lebensumstände des üblen Verbrechers, als den Adelman den Angeklagten hingestellt hatte, ihr Interesse.

»Als junger Mensch, als er noch in der Ausbildung stand, sehnte er sich nach Freiheit. Freiheit. Nach der Freiheit, in den Westen überzusiedeln. Nach der Freiheit, unter Bedingungen und in einer Atmosphäre zu leben, die im Zukunftshoffnungen gestatteten. Und in diesen jungen Jahren, mit vierundzwanzig, begegnete er Ingrid Ruske, einer anderen, einer anderen Seele, die bisher immer an ein- und demselben Ort, in Berlin, jenseits der Mauer gelebt hatte. Sie übte einen ähnlichen Beruf aus wie er, sie war Serviererin.«

Hellring gab eine ausführliche Schilderung: Tiedes gescheiterte Ehe, die Trennung von seinen Söhnen. Ingrid Ruskes Verlobung mit einem Westberliner – Quint. Ihr Ausreiseantrag und der Verlust ihres Ausweises als Vergeltung dafür. Dann Horst Fischer. Der gescheiterte Fluchtversuch per Bahn. Und immer wieder die Mauer, die Tiede von seinen Söhnen und Ingrid von ihrem Verlobten trennte. Und Bernard Hellring trug den Berliner Geschworenen vor, was ihnen als Bürgern der Stadt bereits sattsam bekannt war.

»Sie kennen alle diese Dinge. Alle. Und ich weiß, daß Sie sie alle kennen. Ich muß Zeugen vor die Schranken des Gerichts rufen, um es Ihnen erneut vor Augen zu führen, damit hier protokollarisch festgestellt werden kann, was für Bedingungen dort herrschen... Die Zeugen werden Ihnen berichten, daß dies unmöglich war, daß das Menschenrecht, von Berlin nach Berlin zu gehen, auf diesem Stückchen Erde, das da ›Berlin‹ heißt und in der Welt von heute ein so großes Symbol darstellt, nicht existiert.«

Er hatte sie jetzt gepackt. Sie fingen allmählich an, Adelman zu vergessen. Die Dramatik und Tragik von Tiedes Leben – und des Lebens ihrer Stadt – wühlte sie heftig auf.

»Wenn jemand aus Ost-Berlin die Mauer zu überklettern versucht, so wird er, wie Sie gleich hören werden, totgeschossen wie ein Karnickel vor seinem Bau. Sie werden das hören, obwohl Sie es wissen, Sie alle, jede Faser Ihres Herzens, Ihres Hirns, Ihres Leibes darum weiß. Sie werden es hören, weil es ein Tatbestand in diesem Prozeß ist. Es ist dies eine Tatsache, die Sie ein wenig erkennen lassen wird, was für ein Mann das ist, der das getan hat, worüber hier verhandelt wird, und wie er das getan hat.«

Hellring kam jedoch nicht auf Tiedes Version der Geschehnisse an Bord des Flugzeugs zu sprechen – auf die Hilfsbereitschaft, die die polnische Besatzung ihm gegenüber an den Tag gelegt hatte, nachdem er ihr die Bilder seiner Kinder gezeigt hatte. Hellring war sich immer noch nicht sicher, was die Besatzungsmitglieder im Zeugenstand aussagen würden. Der Anwalt sprach daher nur von der »geschehenen Weise« – der Entführung –, ohne zu sagen, wie sie vor sich gegangen war.

Er sprach von dem Plan, per Schiff zu fliehen, der damit geendet hatte, daß Horst Fischer in Ostdeutschland verhaftet wurde und drei ratlose Flüchtlinge in Polen festsaßen.

»Und das war der Tag, der 28. August, an dem sie an Bord des Schiffes gehen wollten. Sie gingen daher noch einmal zum Bahnhof zurück, in der Hoffnung, daß er vielleicht dort wäre oder auf irgendeine wundersame Weise plötzlich erscheinen würde, so daß sie dann an Bord des Schiffes gehen könnten. Doch er kam nicht. Und er war nicht da, und die drei standen auf dem Bahnhof und sie sahen, wie das Schiff abfuhr in die Freiheit, ohne sie, und sie waren nun mit der Spielzeugpistole sich selbst überlassen.«

»Gut«, unterbrach ihn der Richter. Es war an der Zeit, eine Verhandlungpause einzulegen.

»Meine Damen und Herren Geschworenen, wollen Sie sich bitte in Ihr Juryzimmer zurückbegeben.«

Als die Geschworenen den Gerichtssaal verlassen hatten, stand Adelman auf. Er hatte Sorge, daß Hellring die langdauernde Inhaftierung der drei Flüchtlinge durch die Amerikaner erwähnen könnte, und beantragte deshalb, er möge daran gehindert werden, den Geschworenen diese Dinge vorzutragen. Hellring bestand indes auf der Erlaubnis, sie über die Verzögerung der Anklageerhebung ins Bild zu setzen.

Adelman wandte sich an den Richter: »Das ist alles unerheblich, Euer Ehren. Es geschah nach der Tat. Die tatsächliche Seite des Falles endete am 30. August. Insbesondere geht die Entscheidung der Regierung, Anklage gegen den oder jenen zu erheben, die Geschworenen nichts an.«

Best schaltete sich ein: »Darf ich dazu etwas sagen?«

Der Richter wandte sich um: »Ja.«

»Ich möchte meinen, daß, wenn verspätet Anklage erhoben wurde, man daraus mit Recht Folgerungen ableiten könnte, und daß die Geschworenen davon in Kenntnis zu setzen sind.«

»Was für Folgerungen?« fuhr Adelman Best an. »Das beweist nicht einmal, ob er das Flugzeug gewaltsam entführt hat oder nicht oder ob er sich auf rechtfertigenden Notstand berufen kann. Das hat selbst nach Ihrer These nichts damit zu tun.« Adelman wandte sich wieder dem Richter zu.

»Werden Euer Ehren entscheiden, daß jede Bezugnahme auf das, was nach dem 30. August geschah, zu unterbleiben hat?«

»Ich werde zweifellos entscheiden, daß jegliche Bezugnahme auf irgendeine Verzögerung bei der Entscheidung, ob Anklage erhoben werden sollte, zu unterbleiben hat ...«

»Verzeihung«, sagte Hellring, »ich möchte sichergehen. Darf ich Ihnen nicht mitteilen, wann Anklage gegen sie erhoben wurde?«

Adelman erhob erneut Einspruch. Das sei nicht relevant und hätte mit dem Verfahren vor dieser Jury nichts zu tun.

»Und wie wär's, wenn ich ihnen erzählte, daß sie auf Anweisung von Surena dreieinhalb Monate im Gefängnis schmachten mußten?« lachte Hellring. »Was meinen Sie dazu?«

»Unzulässig und unrichtig«, ließ Surena sich erstmalig vernehmen.

»Unzulässig?« starrte Hellring ihn an.

»Einspruch stattgegeben.«

Die Verhandlungspause war zu Ende, und die Geschworenen kehrten in den Gerichtssaal zurück. Hellring stand bereits vor ihrer Bank und schickte sich an, mit seinem Referat fortzufahren.

»Als das Schiff abgefahren war und Detlef und Ingrid und Sabine in den Straßen von Danzig umherirrten, da nahm der Gedanke, der Gedanke, der diesem Mann und Ingrid kam, auf welche Weise, auf welche Weise auch immer in die Freiheit zu fliegen, allmählich Gestalt an... Ingrid behauptet, sie sei sich nie sicher gewesen. Manchmal dachte sie, er werde es tun, und dann zweifelte sie wieder. Manchmal hatte sie Angst, und dann wußte sie nicht, wovor sie am meisten Angst haben sollte. Und dann kamen sie dorthin, wo man durchsucht wird, ob man etwas Verbotenes bei sich führt... Und in Sabines Mantel fand sie (die Zollbeamtin) dann dieses Spielzeug, diese Startpistole. Und die Beamtin, die die Durchsuchung vornahm, sah sich die Pistole an und sagte zu dem Kind Sabine: ›Schieß aber keinen tot damit!‹ Sie gab ihm die Pistole zurück, da es sich eindeutig und ganz offensichtlich um ein Spielzeug handelte, das diesem zwölfjährigen Mädchen gehörte. Und dies tat eine Frau, die in solchen Dingen sehr erfahren ist. Sie gab Sabine die Pistole zurück und sagte zu ihr: ›Schieß aber keinen tot damit!‹ Sabine bestieg daraufhin das Flugzeug, und alles verlief während des ganzen Fluges völlig normal, von Danzig bis eine Viertelstunde vor der Ankunft in Schönefeld. Da wurde bekanntgegeben, daß das Flugzeug niederginge und daß sich alle anschnallen sollten. Und alle Besatzungsmitglieder gingen hinter den Vorhang in den Vorderteil der Maschine und danach sahen sie die Fluggäste nicht mehr und die Fluggäste sie nicht. Und dann geschah es, daß Detlef zu Ingrid sagte: ›Gib mir den Mantel!‹ Und sie gab ihm den Mantel und nahm die kleine Pistole 'raus. Er nahm sie an sich und ging hinter den Vorhang. Ingrid war in großer Angst, was dort nun passieren würde. Sie wußte es nicht. Sie saß in der fünften Reihe. Im Flugzeug herrschte vollkommene Ruhe. Keiner der Passagiere war beunruhigt, keiner wußte etwas von der Kursänderung. Sie ging zum Vorhang und blickte mit vor Erregung klopfendem Herzen dahinter. Sie sah Detlef und sie sah eine Stewardeß und zwei andere Stewards, die alle dort herumstanden und Zigaretten rauchten. Vier von ihnen rauchten. Die Zigaretten stammten von Detlef Tiede. Tiede hatte ihnen von seinen Zigaretten angeboten, und sie hatten sie genommen, und die Stewardeß Ewa Przybysz kniete gerade und wirkte durchaus gesammelt. Sie hob ein paar Papiere auf, einige Gegenstände, und was waren das für Papiere? Es war Detlef Tiedes Brieftasche, die er hervorgeholt hatte, um der Besatzung die Bilder von seiner Familie in West-Berlin zu zeigen. Und sie hatten die Bilder betrachtet, die dann plötzlich auf den Boden gefallen waren. Und die Stewardeß Ewa Przybysz war niedergekniet, um sie aufzuheben. Als Detlef Tiede Ingrid Ruskes Gesicht vor dem Vorhang sah, sagte er zu ihr: ›Geh zurück!‹, was sie auch tat. Und dann landete das Flugzeug. Und dann ging die Tür auf, die Fluggasttür, und Herr Tiede trat durch den Vorhang und kam zurück und sagte zu den Fluggästen: ›Herrschaften, wir sind in West-Berlin, wir sind in Tempelhof! Wer von euch mitkommen will, hat jetzt eine einmalige Chance!‹ Und acht von ihnen, acht von ihnen, standen auf und flogen mit den beiden in die Freiheit. Einer von den acht überlegte es sich dann anders wegen seiner Angehörigen, die er –«

»Einspruch, Euer Ehren, das ist kein einschlägiger Beweis«, rief Adelman mit lauter Stimme von seinem Platz aus.

»Und –«, versuchte Hellring fortzufahren.

»Einspruch. Der Anwalt weiß das.«

»Und –« »Einen Augenblick, bitte!« Der Richter hatte Mühe, die Ordnung wiederherzustellen.

»Euer Ehren, ich werde es beweisen. Jedes Wort, das ich gesagt habe, wird bewiesen werden«, rief Hellring mit gellender Stimme.

»Angesichts der wiederholten Bezugnahmen des US-Staatsanwalts auf die zweiundsechzig Passagiere gestatte ich den Kommentar. Fahren Sie jetzt aber bitte fort.« Der Richter hatte den Einspruch zurückgewiesen, doch durfte Hellring nicht länger bei dem Überwechseln der anderen Passagiere in den Westen verweilen.

Hellring fuhr fort: »Dann kam der Zeitpunkt, wo Herr Tiede sich anschickte, das Flugzeug zu verlassen. Und als er ausstieg, wandte er sich dem Piloten zu, und der Pilot zwinkerte ihm zu und machte ihm dies Zeichen.«

Hellring hielt die Hand hoch und formte mit Daumen und Zeigefinger einen Kreis – das allgemeinverständliche Zeichen für »bravo«.

»Und als Herr Tiede dann in der Tür stand, da rief Oberst Brymer, den die Anklage demnächst als Zeugen vor die Schranken des Gerichts rufen wird, ihm von unten aus zu, er solle seine Pistole runterwerfen. Und er warf sie 'runter, und dann verließen Herr Tiede und Frau Ruske und Sabine das Flugzeug über eine Leiter. Und als sie unten waren, sagte Oberst Brymer zu ihnen: ›Welcome, willkommen im freien West-Berlin!‹ Und ein anderer Offizier, Oberst Oberst, nahm Ingrid Ruske in die Arme und umarmte sie und gab ihr einen Kuß. Das ist die Regierung, die jetzt hier sitzt und behauptet, Detlef Tiede sei ein Verbrecher, er habe die Absicht gehabt, ein Verbrechen zu begehen. Dabei hätte nur er allein zu Schaden kommen können, wenn man ihn nämlich verhaftet hätte. Denn als er sich entschloß, es zu tun, tat er es auf eine Weise, bei der niemand Schaden nehmen konnte... Wenn Sie die Tatsachen des Flugs zusammen mit den anderen Tatsachen gerecht abwägen und nicht nur über einige, sondern über alle Tatfragen entscheiden müssen, dann fragen Sie sich, wer ist schuldig, wer ist schuldig? Ist es nicht die Verweigerung von Menschenrechten, die diesen Mann dazu brachte, auf den einzigen Ausweg zu verfallen? Ist er deshalb schuldig? Ich bitte Sie aber auch, wenn Sie die Rechtsbelehrung durch den Richter entgegennehmen, bitte, wenn Sie dann irgendwie im Zweifel sind, wie Sie sich zu verhalten haben, dann wägen Sie gerecht ab. Wenn Sie irgendwelche Zweifel, irgendeinen vernünftigen Zweifel hegen, so wird er Ihnen sagen — wenn Sie einen vernünftigen Zweifel hegen, dann tun Sie bitte, was er Ihnen sagt. Erklären Sie Herrn Tiede für nicht schuldig. Ich danke Ihnen.«

Hellring stand mit ausgebreiteten Armen da. Er ließ sie langsam fallen und begab sich dorthin zurück, wo Tiede saß, um neben ihm Platz zu nehmen.

Der Richter wandte sich dem Staatsanwalt zu: »Mr. Adelman, wollen Sie darauf antworten?«

»Ja, kurz, vielen Dank.« Adelman begab sich fast im Laufschritt zu dem nunmehr leeren Pult

»Meine Damen und Herren Geschworenen, ich bin, wenn ich Sie ansehe, sicher, daß ich mich zu dieser vorgeschrittenen Stunde kurz fassen kann. Ich bin sicher, denn ich möchte über den Zweck Ihres Hierseins sprechen. Dies ist kein rhetorischer Wettstreit. Dies ist keine Debatte. Dies ist ein Prozeß.«

Adelman schleuderte seine Worte mit äußerster Heftigkeit heraus.

»Und ich schaue jedem von Ihnen ins Auge und ich weiß, wenn Sie mich wieder anschauen, daß Sie Ihre Pflicht erfüllen werden. Ich brauche mich deshalb hier nicht drei Stunden lang hinzustellen, zu brüllen und zu schreien und wie ein Tanzmeister herumzuspringen und ähnliche Dinge zu tun. Ich möchte nämlich über das Beweismaterial sprechen«, dröhnte er. »Sprechen wir über das Beweismaterial. Sprechen wir über die bemerkenswerte Tatsache, daß die Verteidigung schon eingeräumt hat, was Sie zu tun haben, und sich damit einverstanden erklärt hat. Sie haben nicht bestritten, keiner von diesen Herren, daß Herr Tiede diese fünf Verbrechen begangen hat, nicht wahr? Sie haben nicht im mindesten bestritten, daß Herr Tiede das polnische Flugzeug gewaltsam entführt hat. Sie haben nicht bestritten, daß er Geiseln nahm. Sie haben nicht bestritten, daß er diese arme Stewardeß tätlich bedrohte. Sie haben nicht bestritten, daß er eine Geisel nahm. Sie haben nicht bestritten, daß er eine Waffe bei sich führte. Warum äußern sie sich nicht zu diesen Tatsachen? Warum antworten sie mir nicht, wenn ich ihnen, wie heute morgen geschehen, an die vierzig Minuten lang schildere, was sich am 30.

August ereignete? Warum nicht? Sie können es nämlich nicht. Weil, wie Sie bereits erkennen können, seine Schuld sonnenklar bewiesen ist. Man sagt uns, Detlef Tiede habe niemand töten wollen. Diese Frage ist falsch gestellt. Fragen Sie Ewa Przybysz, wenn sie in den Zeugenstand tritt, wie sie darüber dachte. Die Dame, der vierzig Minuten lang die Pistole an den Kopf gedrückt wurde. Fragen wir sie! Wollen Sie mir das versprechen? Man sagt uns wieder und immer wieder, Detlef Tiede habe nicht die Absicht gehabt, irgend etwas zu stehlen. Nun, legen wir die Frage den richtigen Leuten vor. Legen wir sie diesen armen Polen vor, der Besatzung. Was dachten die wohl da oben in dem Flugzeug, als plötzlich ein Mann mit einer Pistole herumrannte, sie einer Stewardeß vorhielt und diese zu Boden schleuderte. Stellen wir das einmal fest, wenn sie hier aussagen. Das sind die Fragen, um die es hier in Wirklichkeit geht und die wir zu untersuchen haben. Oh, und dann heißt es, wir sollten doch Herrn Tiedes Lebensumstände berücksichtigen: daß er einen Vater und eine Mutter hat und Kinder, eine von ihm geschiedene Frau. Bedenken Sie bitte, daß die junge Frau Przybysz und Kapitän Lukomski und die übrigen Mitglieder der polnischen Besatzung hier nachher ebenfalls geltend machen werden, daß sie Mütter und Väter und Kinder haben. Bedenken Sie das bitte!«

Es war derart empörend, daß der Richter sich zum Einschreiten gezwungen sah: »Einen Augenblick, bitte!«

»Sachliche Kritik, Euer Ehren. Dies ist genau das – ich bitte das Gericht um Verzeihung.«

Der Richter würdigte ihn keines Blickes: »Kommen Sie bitte zur Seitenschranke! Bitte!«

Während sich die Anwälte um den Richtertisch drängten, außer Hörweite der Geschworenen, wandte sich der Richter dem Staatsanwalt zu.

»Bitte, Mr. Adelman, ich habe versucht, die Dinge ein wenig zu glätten, hauptsächlich weil es mir gegen den Strich ging, daß die Verteidigung hier von sich aus beschloß, ihre Vorgehensweise zu ändern. Ich ermächtigte Sie, zu antworten, mit der Begründung, daß ihr zwei Eröffnungsvorträge zugestanden worden seien. Das war in Wirklichkeit ja aber gar nicht der Fall. Sie hatten zwei

Anwälte, die *eine* Eröffnungsansprache gehalten haben. Zweifellos ist Mr. Hellring teilweise zu weit gegangen, aber doch längst nicht so weit wie Sie. Und die Verteidigung hat auch nicht an die Geschworenen appelliert, an Herrn Tiedes Vater und Mutter zu denken. Ich habe keinen Hinweis auf Herrn Tiedes Eltern gehört außer dem, daß sie ihn einst in die Welt setzten.«

»Und er weist darauf hin –« wollte Adelman erwidern.

Doch der Richter war noch nicht fertig: »Und Sie können sich hier nicht hinstellen und an die Geschworenen appellieren, sie sollten an die Eltern der polnischen Besatzung denken. Ganz gewiß nicht in einer Eröffnungsansprache. Und ich möchte sehr bezweifeln, daß ich es Ihnen im Schlußplädoyer gestatten werde. Bitte tun Sie das nicht. Das ist doch unmöglich!«

»Euer Ehren haben entschieden. Ich werde Ihnen nicht widersprechen.«

» Gut.«

»Ich bin berechtigt, mich kritisch zu seinen Einlassungen zu äußern.«

»Das weiß ich«, stimmte der Richter zu. »Er war jedoch berechtigt, falls seine Rechtsauffassung richtig ist, Tiedes Tat als gerechtfertigt oder entschuldigt zu bezeichnen. Wenn das nach deutschem Recht anerkannt werden muß, dann darf er sich auf diesen Rechtfertigungsgrund berufen, und die Geschworenen sind berechtigt, auf der einen Seite den Schaden, der Tiede drohte, zu beurteilen, und auf der anderen Seite die Mittel, deren er sich bediente, und die Art und Weise, wie er das tat. Doch auf keinen Fall werden wir, wie mir scheint, weder jetzt noch jemals von den Vätern und Müttern der polnischen Besatzung hören. Das sieht kein Rechtssystem vor.«

Nach dieser vertraulichen Unterredung begab Adelman sich zu den Geschworenen zurück. Er lächelte sie an.

»Man sagt mir, bei meinem Sprechtempo könnten die Dolmetscher nicht mitkommen. Ich werde also etwas langsamer sprechen. Ich hoffe auf Ihr Verständnis. Vielen Dank«, erklärte er den Geschworenen, Der Richter fuhr ärgerlich auf. Der junge Staatsanwalt hatte die Geschworenen soeben falsch unterrichtet – ihnen gesagt, man habe ihn gebeten, langsamer zu sprechen, wo die Aufforderung doch gelautet hatte, er solle seine unzulässigen Bemerkungen unterlassen.

»Wir sprachen von Herrn Tiede«, fuhr Adelman eilig fort, »und es war von seiner früheren Ehefrau, Maria, die Rede und davon, daß er Kinder hätte. Und ich sage Ihnen: Warten Sie ab, ob Detlef Tiede wirklich ein guter Ehemann war. Wollen Sie mir das versprechen? Warten wir ab!«

Detlef Tiede blickte den Washingtoner Staatsanwalt wütend an, als dessen Worte ins Deutsche übersetzt wurden. Best legte ihm begütigend die Hand auf den Arm.

»Warum hören wir übrigens gar nichts«, beugte Adelman sich plötzlich vor, »über das, was vierzig Minuten lang in Wirklichkeit in diesem Flugzeug vor sich ging? Und warten wir ab, meine Damen und Herren Geschworenen – wollen Sie mir versprechen, daß Sie feststellen werden, ob sie, während die Flugzeugentführung stattfand, alle beieinander saßen und Zigaretten rauchten, wie dieser Anwalt hier behauptet hat, oder aber, wie sich herausstellen wird, ob Herr Tiede ihr die ganze Zeit eine Pistole an den Kopf drückte... Schließlich möchte ich Sie an zwei Dinge erinnern: Sie haben, wie Seine Ehren sagten, über die Tatsachenfragen zu entscheiden und lediglich festzustellen, ob der Angeklagte die ihm vorgeworfenen Verbrechen begangen hat. Es haben, wie ich bereits bemerkt habe, schon zwei Rechtsbeistände dieses Mannes Ihnen am Ende gesagt, daß er in der Tat die ihm vorgeworfenen Verbrechen begangen hat. Sie haben hier über weiter nichts zu entscheiden als darüber, ob diese Verbrechen begangen wurden.«

Best war aufgesprungen, um Einspruch zu erheben, doch Adelman richtete sich empor und setzte zum Schlußpunkt an.

»Ich zweifle nicht, ich zweifle wirklich nicht, *als Vertreter der Vereinigten Staaten vor diesem Gericht,* daß Sie Ihre Pflicht erfüllen werden. Und ich bitte Sie jetzt und wenn ich das nächste Mal – nach Schluß der Beweisaufnahme – zu Ihnen spreche, diesen Mann in allen Anklagepunkten schuldig zu befinden. Ich hege keinerlei Zweifel. Ich danke Ihnen. Ich danke Ihnen.«

»Dürfen wir Euer Ehren um eine vertrauliche Unterredung bitten?« fragte Best.

Die Anwälte traten an den Richtertisch. Best war wütend: »Euer Ehren, ich muß feststellen, daß das eine völlig falsche Darstellung war.«

Der Richter blickte zu den Geschworenen hin. Sie durften nichts von dem hören, was — wie er wußte — jetzt kommen würde. Er schickte sie deshalb ins Juryzimmer zurück.

»Euer Ehren«, hub Best an, »die Regierung hat rundheraus und fälschlicherweise erklärt, die Verteidigung des Angeklagten Tiede habe eingeräumt, daß er die ihm zur Last gelegten Verbrechen begangen habe. Wir haben das keineswegs eingeräumt. Der Eindruck, den ein Repräsentant der Vereinigten Staaten — und als solchen hat er sich bezeichnet — bei den Geschworenen hinterlassen hat, wird haften bleiben. Ich weiß nicht, wie unter diesen Umständen dieses Vorurteil, insbesondere jetzt, am Schluß der Eröffnungsansprachen, wieder ausgeräumt werden kann. Ich sehe mich infolgedessen zu dem Antrag verpflichtet, daß festgestellt wird, daß ein fehlerhaftes Verfahren vorliegt.«

Dieser Einspruch war sehr geschickt. Best und Hellring räumten ein, daß ihr Mandant das Flugzeug entführt hatte, aber nicht, daß er ein Verbrechen begangen hatte. Keineswegs. Wenn sie die Flugzeugentführung auch zugaben, so machten sie doch geltend, daß ein rechtfertigender oder entschuldigender Notstand vorgelegen habe. Doch Adelman belehrte demgegenüber die Geschworenen, daß diese »beiden Anwälte, die den Mann vertreten, Ihnen am Ende gesagt haben, daß er das ihm vorgeworfene Delikt tatsächlich begangen hat. Ihre Aufgabe hier besteht einzig und allein darin, zu entscheiden, ob diese Verbrechen begangen wurden.« Das war eine gefährlich falsche Darstellung von Seiten des Anklagevertreters, der den Geschworenen einreden wollte, die Verteidigung habe die Schuld des Angeklagten eingestanden und sie hätten daher nichts mehr zu entscheiden. Der Richter zuckte zusammen. Best hatte recht — aber ein fehlerhaftes Verfahren? Wie sollte er eine neue Geschworenenbank bilden?

Adelman wußte, daß er zu weit gegangen war, versuchte jedoch eine positive Entscheidung über Bests Antrag zu verhindern, da diese einem Freispruch gleichkommen würde. Er räumte ein, daß er sich ungeschickt ausgedrückt habe. Er habe lediglich argumentieren wollen, erklärte er, daß die Grundtatsachen nicht strittig seien, nicht, daß die Verteidiger Tiedes Schuld eingestanden hätten. Er habe das allerdings gesagt, räumte er eein und fügte hinzu: »Ich glaube aber, offengestanden, nicht, daß man wegen dieses Irrtums von meiner Seite von einem fehlerhaften Verfahren sprechen kann.«

»Wie soll ich diesen Irrtum aus der Welt schaffen? Was soll ich ihnen sagen?« Der Richter deutete mit einer fragenden Geste auf die Geschworenen.

»Ich möchte Euer Ehren bitten, die Geschworenen anzuweisen, meine letzte Feststellung über Eingeständnisse der Verteidigung zu ignorieren. Bedeuten Sie ihnen bitte, daß ich ihnen damit lediglich mitteilen wollte, daß, wie ich schon vorher sagte, die Verteidigung die Beweise, die die Geschworenen in Kürze hören werden, nicht in Zweifel zieht. Das heißt, daß er die Taten beging, die eine gewaltsame Flugzeugentführung darstellen. Ich bitte um Entschuldigung.«

»Ehe ich darüber entscheide, möchte ich Ihnen eine Frage vorlegen: Warum sagten Sie, daß Sie diese Dinge *als Vertreter der Vereinigten Staaten* vorbrächten?«

»Das war bloß eine Redensart. Ich muß sagen, daß ich das früher in anderen Fällen schon unzählige Male, glaube ich, gesagt habe.«

Alle Prozeßbeteiligten waren sich – nach den Gedenkveranstaltungen am Wochenende – der besonderen Wirkung derartiger Bemerkungen auf eine Berliner Jury bewußt.

Adelman hatte nichts dagegen, daß auch diesbezüglich eine Klarstellung erfolgte: »Ich bedaure das«, schloß er.

»Ich weiß.« Der Richter nickte dem scheinbar zerknirschten Staatsanwalt zu.

»Eine Schwierigkeit liegt darin, daß ihr Anwälte euch hier in die Haare geraten seid und daß der Streit immer heftiger wird. Nun, wir haben eine Jury. Beide Seiten haben ihre Zufriedenheit mit der Jury zum Ausdruck gebracht. Tatsache ist, daß Sie beide« – der Richter blickte Adelman und Best an – »sich hier beflissen hingestellt haben, die Leute angelächelt, sie Ihrer Hochschätzung versichert und ihnen zu verstehen gegeben haben, wie sehr Sie auf ihr Urteil bauten... Ungeachtet alles dessen, was bis jetzt vor sich gegangen ist, haben sich alle Anwälte dort hingestellt und gesagt, was für ein großes Vergnügen es ihnen bereite, als erster oder zweiter oder dritter Anwalt das Wort an eine Berliner Geschworenenbank richten zu können. Sie müssen sich aber so aufführen, daß sie eine faire Verhandlung vor diesem Gericht möglich machen. Es wäre wirklich schrecklich, wenn in dem ersten Fall, der nach dem amerikanischen Rechtssystem in Berlin vor einer Jury zur Verhandlung kommt, alle Verfahrensregeln und unsere üblichen Vorstellungen von dem, was sich in einem Gerichtssaal gehört, glatt mißachtet würden. Es stehen hier wichtige Dinge zur Verhandlung, und wenn Sie sich gegenseitig schurigeln und einer dem anderen ein Bein stellt, dann kommen wir nicht weiter. Sie haben vielmehr die Aufgabe, die Geschworenen davon zu überzeugen, daß die Tatsachenbehauptungen, die Sie vorbringen, zutreffen, und daß Sie nach dem Gesetz obsiegen sollten... Mr. Adelman, welches auch immer Ihre persönlichen Gefühle sind, Sie werden sich zurückhalten müssen!«

Adelman senkte den Kopf. »Ich stimme Ihnen zu, vielen Dank, und bitte um Verzeihung.«

»Die Geschworenen sollen jetzt wieder hereinkommen. Ich möchte ihnen eine Rechtsbelehrung erteilen«, nickte der Richter Ristau zu.

Während Ristau den Saal verließ, trat Hellring vor: »Euer Ehren darf ich wohl etwas zu dieser Belehrung bemerken, die Sie den Geschworenen erteilen wollen?«

»Ja.«

»Es ist für den Staatsanwalt nicht ganz dasselbe, ob er *hier* sagt, daß er als der Vertreter der Vereinigten Staaten von Amerika auftritt oder ob er das in New Jersey oder im District of Columbia tut.«

»Ich weiß«, stimmte ihm der Richter zu.

»Wir sprechen hier zu Geschworenen, die eine große Dankbarkeit für die Vereinigten Staaten von Amerika empfinden, besonders nach dem letzten Wochenende«, fuhr Hellring fort.

Der Richter nickte: »Aufgrund meiner persönlichen Beobachtungen hier in Berlin – kann ich sagen..., daß, wenn ein Vertreter der Vereinigten Staaten hier in Berlin auftritt und sagt, daß er die Vereinigten Staaten repräsentiert, er damit möglicherweise noch mehr Eindruck macht, als wenn er das in den Vereinigten Staaten tut. -Bitte nehmen Sie Platz«, wandte sich der Richter den den Saal betretenden Geschworenen zu.

»Meine Damen und meine Herren, von den Bemerkungen, die Mr. Adelman am Schluß seiner letzten Ansprache an Sie machte, mögen einige – sicherlich von ihm ganz unbeabsichtigt – eine falsche Vorstellung in Ihnen geweckt haben... Vor allen Dingen: Wenn die Anwälte der Verteidigung Ihnen sagten, der Angeklagte habe sich an der Umleitung des polnischen Flugzeugs beteiligt oder sie verursacht, so wollten sie damit nicht sagen, daß er der ihm zur Last gelegten Tat schuldig sei. Ich wollte Sie eigentlich in diesem frühen Stadium des Verfahrens noch nicht belehren, weil die Anwälte und ich immer noch über die Ihnen zu erteilende Rechtsbelehrung beraten. Ich kann Ihnen deshalb jetzt noch nicht genau sagen, wie die Bestimmungen des deutschen Strafgesetzbuches lauten... Nach dem deutschen Strafgesetzbuch kann eine Tat, die sonst verbrecherisch und gesetzwidrig wäre, je nach den Umständen als gerechtfertigt oder entschuldigt anerkannt werden. Ich kann im Augenblick noch nicht sagen, ob diese Bestimmungen auf den vorliegenden Fall anwendbar sind. Die Verteidigung behauptet das. Die Regierung bestreitet es... Ich komme auf diesen Punkt jetzt nur deshalb zu sprechen, weil Sie bitte begreifen wollen, daß, als die Verteidiger Ihnen sagten, ihr Mandant sei an der erzwungenen Landung der polnischen Maschine auf dem Flughafen Tempelhof beteiligt gewesen oder habe sie verursacht,... sie damit nicht zugegeben haben, daß ihr Mandant der ihm zur Last gelegten Verbrechen schuldig befunden werden müsse. Ich möchte Ihnen noch etwas anderes sagen: Mr. Adelman hat im Verlauf seines Eröffnungsreferats auf sein Vertrauen zu den Geschworenen abgehoben und auf die Tatsache, daß er hier als Repräsentant der Vereinigten Staaten auftritt. Sie werden sich sicherlich daran erinnern, daß ich Sie vor dem Beginn dieser Einleitungsvorträge darauf hinwies, daß die Anwälte der Anklage und der Verteidigung Ihnen lediglich Argumente vortragen würden, aber keine Beweise. Ich möchte ausdrücklich bemerken, daß das, was die Anwälte glauben oder nicht glauben, hier keinerlei Rolle spielt. Was sie wirklich glauben, werden wir übrigens nie erfahren, denn sie haben die Aufgabe, ihre Mandanten zu vertreten... Zweitens: Diese Sache mit den Vereinigten Staaten... Die Tatsache, daß die Vereinigten Staaten hier als Partei auftreten, weil sie nämlich die Strafverfolgungsbehörde sind, muß man ganz nüchtern sehen. Das ist so in jedem Strafverfahren vor jedem amerikanischen Gericht, in jeder Stadt der Vereinigten Staaten von Amerika und wo immer die Vereinigten Staaten Strafjustiz üben. Das ist immer so. Das bedeutet nicht, daß der Angeklagte schuldig ist. Und es bedeutet auch nicht, daß die Anklagevertretung unbedingt recht haben muß, weil der Anwalt der Regierung Staatsangestellter ist, oder daß mit den Verteidigern etwas nicht stimmt, weil sie das nicht sind. Sie sind alle Anwälte, Sie sind alle Mitglieder der Anwaltschaft. Übrigens habe ich sie alle zu Mitgliedern der Anwaltschaft des US-Gerichts für Berlin ernannt. Vor mir sind sie alle gleich, und sie müssen auch vor Ihnen alle gleich sein... Verstehen Sie mich, meine Damen und Herren? Alle Anwälte, alle Parteien sind vor diesem Gericht gleich. Versteht irgendeiner der Geschworenen mich nicht?«

Von der Jury kam keine Antwort.

Am nächsten Morgen trat die polnische Besatzung in den Zeugenstand. Das Verfahren war in vollem Gange.

20.
Der Flug LOT 165

16. Mai 1979

Die Polen bestanden darauf, in ihrer Muttersprache auszusagen. Die elektronische Anlage hatte jedoch nur einen deutschen und einen englischen Kanal. Die auf englisch gestellten Fragen der Anwälte sollten daher für die Geschworenen über ihre Kopfhörer simultan ins Deutsche, ins Polnische aber von einem neben dem Zeugenstand sitzenden englisch-polnischen Dolmetscher konsekutiv übersetzt werden. Bei den polnischen Antworten sollte umgekehrt verfahren werden. Damit war jedoch jeglicher Versuch, die Besatzung ins Kreuzverhör zu nehmen, zum Scheitern verurteilt, brauchten die Antworten doch immer erst nach der doppelten Übersetzung einer jeden Frage zu erfolgen.

Den Anwälten der Verteidigung war das jedoch einerlei; sie hatten beschlossen, die Besatzung nicht ins Kreuzverhör zu nehmen. Sie erwarteten von ihr keinerlei Hilfe und wünschten, daß sie rasch wieder aus dem Zeugenstand verschwände – je eher desto besser, denn sie wollten sogleich weiter zum Rechtfertigungsgrund. Die Verteidiger hatten die Absichten der Polen jedoch falsch eingeschätzt. Die Besatzungsmitglieder waren aus einem bestimmten Grunde darauf aus, Tiede das Genick zu brechen.

»Gut.« Der Richter blickte zu Adelman hinüber: »Bitte rufen Sie Ihren ersten Zeugen auf.«

»Mit Ihrer Erlaubnis, Euer Ehren, ruft die Regierung Flugkapitän Ryszard Lukomski auf, bitte.«

Ein untersetzter, ernst blickender Mann mittleren Alters betrat den Gerichtssaal. Obwohl er mit der Bahn nach Berlin gekommen war, trug er Uniform. Er blieb vor Ristau stehen.

»Heben Sie bitte die rechte Hand, Kapitän!«

Der Kapitän tat, wie ihm geheißen – schwor aber nicht, sondern versicherte nur feierlich, daß er die Wahrheit sagen werde.

Die Fluggesellschaft LOT gehört dem polnischen Staat. Die Besatzungsmitglieder waren Staatsangestellte. Und der Warschauer Generalstaatsanwalt, Roland Aleksandrowicz, saß im Zuhörerraum, was Best und Hellring damals allerdings noch nicht wußten. Er verfolgte die Zeugenvernehmung aufmerksam mit zusammengekniffenen Augen. Generalstaatsanwalt Aleksandrowicz hatte alle polnischen Zeugen persönlich nach Berlin begleitet.

Obwohl die Polen zu 90 Prozent fromme Katholiken sind, weigerten sich deshalb alle Besatzungsmitglieder, auf die Bibel zu schwören, und gaben statt dessen lediglich eine feierliche Versicherung ab. Für Atheisten – und die Kommunistische Partei vertritt den Atheismus – gibt es keine heiligen Schriften. Die Bejahung der Frage »So wahr Ihnen Gott helfe?« widerstreitet ihren Grundanschauungen.

»Kapitän Lukomski, waren Sie am 30. August 1978 der Pilot der polnischen LOT-Maschine 165?«

»Ja.«

Adelman kam ohne Umschweife auf das Ende des seinerzeitigen Fluges zu sprechen.

»Befand sich die Besatzung unmittelbar vor der Landung im Vorderteil des Flugzeugs und war da der Vorhang zwischen ihrem Bereich und dem Fluggastraum zugezogen?«

»Ja, der Vorhang war zugezogen. Wir gingen langsam nieder«, fuhr Lukomski fort, »wollten landen, da trat die Besatzung – der Bordmechaniker an mich heran und teilte mir mit, wir hätten einen Luftpiraten an Bord, einen Luftpiraten, der der Stewardeß Ewa Przybysz eine Pistole vorhielte und verlangte, wir sollten in West-Berlin landen, sonst, wenn wir seine Forderung nicht erfüllten, würde er schießen – würde er Ewa Przybysz totschießen.«

Im Gerichtssaal herrschte Totenstille. Die Geschworenen hefteten den Blick unverwandt auf den uniformierten Zeugen und lauschten seinem Bericht über das schreckliche Geschehen an Bord der LOT 165.

»Um mir ein Bild von der Situation zu machen, mußte ich den Mechaniker zur Seite schieben, mich zurücklehnen und umsehen, weil die Gepäckraumwand mir die Sicht versperrte. Als ich das tat, sah ich, daß Ewa Przybysz auf dem Boden saß. Neben ihr stand ein Mann, der mit einer Hand ihre Haare gepackt hatte und in der anderen Hand eine Pistole hielt, die er ihr an den Hinterkopf drückte.«

Adelman unterbrach ihn: »Kapitän, erkennen Sie im Gerichtssaal den Mann wieder, der Ewa Przybysz die Pistole an den Kopf drückte?«

»Da sitzt er!« Der Flugkapitän zeigte auf den Angeklagten.

Detlef Tiede stand auf. Die beiden Männer musterten einander. Als der Angeklagte lächelte, wandte sich der Zeuge ab. Tiede zuckte die Achseln und nahm wieder Platz.

Adelman trat vor: »Kapitän, würden Sie bitte fortfahren und uns berichten, was dann geschah?«

Lukomski sagte aus, Tiede habe ihn aufgefordert, in West-Berlin zu landen.

»Nun, welche Handlungen – was taten Sie daraufhin?«

»Ich fing an, die Lage zu überdenken. Und als ich sie überdacht hatte, entschloß ich mich, die *Bitte – nein, die Forderung* des Luftpiraten zu erfüllen und in Berlin-Tempelhof zu landen.«

In dem Durcheinander von englischen, polnischen, deutschen und dann wieder englischen Satzfetzen blieb Lukomskis Versprecher fast unbemerkt: Aus Tiedes »Bitte« wurde eine »Forderung«. Laut Tiede war natürlich, nachdem die Besatzung seine Erklärung gehört und die Bilder seiner Kinder gesehen hatte, aus der »gewaltsamen Flugzeugentführung« nichts weiter als eine außerplanmäßige Unterbrechung geworden – nur um ihn aussteigen zu lassen –, die der polnischen Regierung dann als erzwungene Landung dargestellt wurde.

Nachdem Kapitän Lukomski sich berichtigt hatte, setzte Adelman sein Verhör fort.

»Ich möchte meine Frage anders formulieren: Warum sind Sie nicht, wie vorgesehen, in Schönefeld gelandet?«

»Ich durfte das Leben und die Gesundheit eines Menschen – eines Menschen und vielleicht sogar aller Fluggäste nicht gefährden. Bis jetzt hat mir niemand das moralische Recht oder ein geschriebenes Gesetz gegeben, das mir gestattet, die Gesundheit und das Leben der mir anvertrauten Passagiere aufs Spiel zu setzen. Das kann mir auch niemand geben.«

»Zweifellos, Sir. Was haben Sie unternommen?«

»Ich setzte den Flughafen Schönefeld davon in Kenntnis, daß wir einen Luftpiraten an Bord hätten, der von mir verlange, in Tempelhof zu landen, und bat – ersuchte um die Genehmigung, dort zu landen. Wir flogen solange, ehe die Genehmigung kam, eine Warteschleife.«

»Baten Sie den Flughafen Schönefeld oder Tempelhof um Landeerlaubnis?«

»Ich mußte erst Schönefeld fragen, weil alle Landeangelegenheiten telefonisch geregelt werden – telefonisch mit den Verkehrskontrolldienststellen.«

»Aha. Bitte fahren Sie fort!«

Lukomski schwindelte. Er hatte den Ostberliner Kontrollturm Schönefeld um Erlaubnis bitten müssen, weil auf eine erzwungene Kursänderung von Osten nach Westen hin sofort russische Jäger aufsteigen. Er wollte jedoch nicht zugeben, daß die Ausreise in den Westen nicht gestattet ist.

»Verzeihung«, unterbrach ihn der Richter. »Die letzte Frage und die Antwort darauf erscheinen mir etwas unklar. Kapitän, wenn ich Sie richtig verstanden habe, dann baten Sie, als der Angeklagte Sie aufforderte, in Tempelhof zu landen, den Flughafen Schönefeld um Erlaubnis zur Landung in Tempelhof. Wollten Sie das sagen?«

»Ja, Sir.«

»Können sie uns sagen, aus welchem Grunde Sie das taten?«

»Der Grund war, daß – daß ich der Forderung des Luftpiraten nachkommen mußte.«

Kapitän Lukomski wich abermals aus. Adelman setzte seine Befragung fort. Nach zwanzig Minuten hatte der Kontrollturm Schönefeld die erbetene Genehmigung erteilt.

»Waren Sie zuvor schon einmal in Tempelhof gelandet, Kapitän?« »Nein, noch nie.«

Adelman blickte zu den Geschworenen hin.

»Hatten Sie an Bord Ihres Flugzeugs denn wenigstens eine Karte des Flughafens Tempelhof?«

»Nein. Ich hatte weder eine Karte noch einen Flugplan für Tempelhof und auch keinerlei Daten über diesen Flughafen, das heißt über die Länge der Landebahn und über weitere Navigationshilfsmittel. Solche Daten sind für eine sichere Landung von erheblicher Bedeutung. Erst nachdem wir die Wolken durchbrochen hatten, bat ich den Kontrollturm Tempelhof um Angabe der Landebahnlänge. Ich stellte dabei fest, daß der Flughafen für diesen Flugzeugtyp etwa 600 Meter zu kurz ist. Das benötigte – erforderte die Anwendung einer besonderen Landetechnik, um sicher zu landen.«

»Könnten Sie uns jetzt bitte Ihre Landung in Tempelhof schildern?«

»Der Flughafen Tempelhof ist – kurz, es ist ein schon ziemlich alter Flughafen, und die Flugzeuge, die dort landen können, sind anders beschaffen als unser Flugzeug, denn die Wohngebiete haben sich fast bis in die Flughafenzone ausgedehnt. Ich war dadurch gezwungen, beim Landeanflug Wohngebäude zu umfliegen.«

»Warum mußten Sie Wohngebäude umfliegen?«

»Um nicht daran zu zerschellen.«

Die Gesichter der Geschworenen versteinerten sich zusehends. Der Angeklagte war in eine ungemütliche Lage geraten.

Das war eine vernichtende Aussage. Jeder Flugzeugentführer bringt die Passagiere und die Besatzung in Gefahr, doch Kapitän Lukomski zufolge hatte Tiede auch das Leben von *Einwohnern West-Berlins* dadurch gefährdet, daß er ihn zwang, einen veralteten, für ein Düsenflugzeug ungeeigneten Flughafen anzufliegen. Welche Gründe Tiede auch immer geltend machen mochte – das konnte kein West-Berliner gutheißen.

Am Tisch der Verteidigung sah man besorgte Gesichter. Dem Richter erschien diese Aussage jedoch merkwürdig – irgendwie nicht recht stimmig. Adelman war indes schon bei der nächsten Frage.

»Können Sie uns sagen, was geschah, als das Flugzeug hier in Tempelhof landete?«

»Nach der Landung – nach dem Aufsetzen auf der Landebahn und Vollbremsung kamen wir ungefähr zwölf Meter vor dem Ende der Landebahn zum Stehen.«

Alle sahen die qualmenden Räder vor sich, das die Landebahn hinunter rasende Flugzeug, wie es schleudernd zum Stehen kam und mit knapper Not einer Katastrophe entging.

Best und Hellring hatten Mühe, sich bei der Übersetzung nichts anmerken zu lassen, während Tiede den Kapitän verwundert anblickte. Unterdessen fuhr Lukomski mit leiernder Stimme in seiner Aussage fort.

»Das Flugzeug wurde von Soldaten der amerikanischen Luftstreitkräfte, Feuerwehrwagen und Sanitätswagen umringt. Ich wurde über Funk gefragt, wie die Lage an Bord des Flugzeugs wäre, ob irgend jemand krank wäre oder ärztliche Hilfe benötige, ob es Schwierigkeiten mit dem Luftpiraten gäbe. Dann wurde mir gesagt, ich solle die Motoren abstellen und stehenbleiben. Ich befolgte diese Anweisung, und dann fuhren Kraftwagen mit dem Zeichen der amerikanischen Streitkräfte an das Flugzeug heran und US-Heeresoffiziere stiegen aus.«

»Würden Sie uns bitte sagen«, fragte Adelman, »was für einen Flugzeugtyp Sie an jenem Tag flogen?«

»TU-134.«

»Und würden Sie uns bitte schildern, welche Gefahren Ihnen, der Besatzung und den Fluggästen in dieser Situation drohten?«

»Bitte, Euer Ehren –« unterbrach Hellring.

»Einen Augenblick, Kapitän«, wies der Richter Lukomski an.

Adelman wünschte, daß der Kapitän seine Aussage wiederholte und erneut all die Gefahren schilderte, in denen die Fluggäste, die Besatzung und die Einwohner von West-Berlin geschwebt hatten. Hellring wollte das verhindern.

Der Richter wandte sich Adelman zu: »Sie meinen, einmal war nicht genug?«

»Ich glaube, er will noch mehr sagen.«

»Kapitän«, fragte der Richter Lukomski langsam und bedächtig, »haben Sie uns die Probleme, denen Sie sich gegenübersahen, schon geschildert oder möchten Sie Ihre Aussage noch ergänzen?«

»Im Augenblick nicht, nein, ich habe nichts hinzuzufügen.«

Adelman schritt dann zur Identifizierung der Pistole. Er führte einen durchsichtigen Plastikbehälter vor und hob ihn in die

Höhe. Alle konnten sehen, daß er einen einer Selbstladepistole ähnlichen Gegenstand enthielt.

»Regierungs-Asservat Nr. 1 zur Identifizierung«, verkündete Ristau.

»Euer Ehren, ich lege der Verteidigung das Regierungs-Asservat Nr. 1 zur Prüfung vor.« Adelman übergab es Hellring und Best.

Diese nickten, worauf er seine Befragung fortsetzte:

»Kapitän, ich möchte Ihnen das Regierungs-Asservat Nr. 1 und seinen Inhalt vorführen. Erkennen Sie diesen Gegenstand wieder?«

»Ja.«

»Als was erkennen Sie ihn wieder?«

»Als eine Pistole.«

»Wo haben Sie ihn schon einmal gesehen?«

»Ich habe ihn zur Gänze gesehen, als er aus dem Flugzeug geworfen wurde und auf der Landebahn lag.«

Nach ein paar weiteren Fragen kam Adelman zum Schluß.

»Noch ein Nebenpunkt: Sie sagten, Sie seien gegen zehn Uhr von Danzig abgeflogen. Ist das richtig?«

»Ja.«

«Das war Danziger Zeit, die dortige Zeit, Ortszeit?«

»Ja.«

»Danke, Kapitän, vielen Dank!«

Hellring erhob sich. Alle warteten auf den entscheidenden Schlag.

»Wir haben keine Fragen, Euer Ehren.« Der Richter sah den Anwalt fragend an und zuckte dann die Achseln.

»Gut, Kapitän, Sie sind entlassen.«

Gerichtssäle sind voller Leben, man fühlt das. Jeder erfahrene Prozeßanwalt oder Richter wittert, wie die Sache läuft. Und als Lukomski seine Pilotenmütze unter den Arm nahm und unangefochten den Saal verließ, verdüsterte sich dort die Atmosphäre.

Die Berliner Geschworenen waren nach Hellrings Eröffnungsansprache tags zuvor Tiede offenbar günstig gesinnt gewesen. Einige Frauen hatten geweint, als Hellring die verzweifelte Lage seines Mandanten schilderte. Doch kein Geschworener konnte, soviel Mitgefühl er auch mit dem von seinen Kindern getrennten Tiede empfand, das gutheißen, was er soeben gehört hatte. Die Geschworenen vermieden es jetzt, Detlef Tiede anzublicken.

Der erste Zeuge der Anklage schien den Fall eindeutig zu ihren Gunsten entschieden zu haben. Doch Adelman hatte noch nicht geendet. Er rief jetzt die Stewardeß Ewa Przybysz in den Zeugenstand.

Eine hübsche junge Frau, dunkelhäutig, mit pechschwarzem Haar und hellblauen Augen, betrat den Saal. Sie trug gleichfalls Uniform, hob gleichfalls die Hand und versicherte feierlich, daß sie die Wahrheit sagen werde.

Adelman ieß sie erst Platz nehmen, ehe er mit ihrer Befragung begann. Nach einer kurzen – sehr behutsamen – Einleitung kam der Staatsanwalt auf den 30. August und den Flug LOT 165 zu sprechen.

»Ich möchte Ihre Aufmerksamkeit auf den 30. August 1978 lenken und Sie fragen, ob Sie die Stewardeß an Bord der LOT-Maschine 165 waren?«

»Ja, das stimmt.«

»Und trifft es zu, daß dieses Flugzeug vom polnischen Danzig zum Flugplatz Schönefeld in Ostdeutschland fliegen sollte?«

»Ja, das ist richtig. Der Flug begann in Warschau.«

»Können Sie mir den Flug bis zu dem Zeitpunkt schildern, wo Sie von der bevorstehenden Landung in Schönefeld in Kenntnis gesetzt wurden?«

»Der Flug verlief planmäßig. Wir haben den Passagieren, wie üblich, Speisen und heiße Getränke serviert und uns dann zur Landung in Berlin fertig gemacht.«

»Wurde dann noch irgend etwas über die Landung verlautbart?«

»Die Besatzung hat die Positionslichter eingeschaltet und den Passagieren mitgeteilt, sie müßten sich jetzt anschnallen und ihre Zigaretten ausmachen.«

»Und wo gingen Sie hin?«

»Als die Positionslichter eingeschaltet wurden, teilte ich den Passagieren über ein Mikrophon mit, sie müßten sich jetzt anschnallen und ihre Zigaretten ausmachen.«

»Setzten Sie sich dann hin?«

»Ja. Ich saß in der Bordküche auf einem Metallbehälter unmittelbar neben dem Büfett.«

Adelman ließ sie dann schildern, wie Tiede in die der Besatzung vorbehaltene Bordküche eindrang.

»Ich bekam plötzlich einen kräftigen Stoß. Irgend je

»Ich bekam plötzlich einen kräftigen Stoß. Irgend jemand packte mich an den Haaren, stieß mich von dem Metallbehälter, auf dem ich saß, und schleuderte mich zu Boden. Ich fühlte, wie irgendein Gegenstand sehr fest an meinen Hinterkopf gedrückt wurde, so daß ich mich nicht bewegen konnte. Ich hörte dann, daß wir – daß die Maschine zur Kursänderung gezwungen würde und daß der Luftpirat forderte, wir sollten nach West-Berlin fliegen. Der Luftpirat sagte auch, ich sollte mich nicht von der Stelle rühren; wenn ich das täte, würde er schießen, und wenn die Besatzung seine Forderungen nicht erfüllte, würde er mich ebenfalls erschießen.«

»Gut. Fahren Sie bitte fort und schildern Sie uns genau, was dann geschah, von Anfang bis zu Ende.«

»Als er seine Forderung vorbrachte, versuchten meine Freunde, meine Kollegen, mir zu Hilfe zu kommen, der Mechaniker Podbielski und der Steward Wasik, die sich beide unmittelbar hinter der Pilotenkanzel befanden. Doch der Luftpirat schrie, niemand sollte in unsere Nähe kommen, sonst würde er schießen.«

»Gut. Fahren Sie bitte fort und schildern Sie genau, was dann geschah, in allen Einzelheiten.«

»Der Mechaniker ging daraufhin zur Pilotenkanzel zurück, und Herr Wasik fungierte als Verbindungsmann zwischen dem Kapitän und dem Luftpiraten. Der Luftpirat war die ganze Zeit hindurch so nervös, daß ich Angst hatte, irgendeine Bewegung zu machen. Er bedrängte mich die ganze Zeit hindurch heftig und war überaus nervös. Ich konnte deshalb feststellen, daß er am ganzen Körper zitterte. Der Kapitän fügte sich der Forderung des Luftpiraten und sagte ihm, daß er in West-Berlin landen würde... Der Luftpirat sagte, wenn der Kapitän versuchte, nicht in West-Berlin zu landen, sondern ihn irgendwie zu täuschen, dann würde er seine Drohung wahr machen und mich totschießen.«

Adelman unterbrach sie: »Wie wirkten die Drohung, Sie zu erschießen, und die anderen gleichlautenden Drohungen und die an Ihren Kopf gedrückte Pistole auf Sie?« Adelman beugte sich erwartungsvoll vornüber.

»Ich hatte die ganze Zeit hindurch das Gefühl, daß der Luftpirat seine Drohung wahr machen würde, falls die Besatzung seine Forderung zu umgehen versuchte.«

Adelman schüttelte mitfühlend den Kopf.

»Bitte fahren Sie fort, uns genau zu schildern, was passierte, alles.«

»Als Kapitän Lukomski sagte, daß wir in West-Berlin landen würden, bat ich den Luftpiraten, er möchte mich aufstehen lassen und an meinen früheren Platz zurückkehren lassen. Ich wollte ihn nicht noch nervöser machen, und er sollte meine Bewegungen nicht falsch auslegen, deshalb sagte ich ihm, ich würde versuchen, mich ganz langsam zu bewegen, damit er nicht noch unruhiger würde. Er war damit einverstanden, und ich konnte mich wieder auf den Metallbehälter setzen, auf dem ich vorher gesessen hatte.«

»Wo war die Pistole?«

»Der Luftpirat drückte mir die Pistole die ganze Zeit über – bis zur Landung in Tempelhof an den Kopf.«

Sie hatte sogar noch größere Kaltblütigkeit bewiesen als der Pilot. Dieser hatte auf die furchtbaren Gefahren hingewiesen, weil die Maschine für Tempelhof nicht geeignet sei. Es waren dies jedoch nur Befürchtungen gewesen, die sich dann doch nicht bewahrheiteten. Doch diese hübsche junge Frau beschrieb mit unbewegter Miene einen Akt der Brutalität, der wirklich an ihr verübt worden war: Wie Tiede sie auf den Boden geschleudert, sie verletzt, während der ganzen Zeit der Flugzeugentführung ihr eine Pistole an den Kopf gedrückt und mit gellender Stimme geschrien hatte, er werde sie töten.

Best, Hellring, Shapiro und Adams sahen sich gezwungen, ihren vor der Hauptverhandlung ausgearbeiteten Feldzugsplan umzustoßen. Die vier Verteidiger waren sich bewußt, daß, wenn Ewa Przybysz den Zeugenstand genauso wie Kapitän Lukomski verließ – unerschüttert und unbehindert –, Detlef Tiede verloren war.

»Miss Przybysz«, fuhr Adelman fort, »darf ich Sie bitten, uns zu schildern, was bei der Landung des Flugzeugs in Tempelhof geschah?«

»Als das Flugzeug in Tempelhof landete, kam es auf der Landebahn oder auf dem Roll- dem Rollstreifen zum Stehen. Sofort kamen Feuerwehrwagen und umringten die Maschine. Die Männer, die neben dem Flugzeug standen, sagten dem Luftpiraten, er sollte die Tür aufmachen, seine Pistole auf das Rollfeld werfen und die Hände hochheben. Der Luftpirat kam der Aufforderung nach und stand mit erhobenen Händen in der offenen Tür. Einen Augenblick später wurde die Leiter angelegt, und der Luftpirat ging in den Fluggastraum zurück. Nach einer Weile kam er wieder in Begleitung einer Frau und eines Kindes. Übrigens hatte er im Fluggastraum auf deutsch gefragt, ob einer von den Passagieren aussteigen wollte, weil wir auf einem Westberliner Flugplatz gelandet waren. Da keiner von den Passagieren das Flugzeug verlassen wollte, stieg der Luftpirat mit seiner Familie die Leiter 'runter und in den dort bereitstehenden Wagen.«

Das war nun aber eine hochinteressante Bekundung. Hellring lehnte sich zurück und musterte die Zeugin. Der Richter machte eine ruckartige Bewegung mit dem Kopf und sah die jugne Frau erstaunt an. Bis dahin hatten alle gewußt, daß sieben Passagiere nach West-Berlin übergewechselt waren, doch die Stewardeß hatte das soeben bestritten.

Adelman schien überrascht. Er wechselte abschließend sofort zu einem ganz anderen Thema über.

»Darf ich Sie folgendes fragen: Als das Flugzeug in Tempelhof zum Stehen kam, sahen Sie in seiner Hand da die Pistole?«

»Ich habe die Pistole während des ganzen Geschehens nicht gesehen, da er sie *die ganze Zeit über* an meinen Hinterkopf drückte. Und nach der Landung in Tempelhof ging ich ins Cockpit zum Kopiloten.«

Fräulein Przybysz' Befragung durch Adelman war damit beendet.

»Wollen Sie die Zeugin ins Kreuzverhör nehmen?« Der Richter blickte zum Tisch der Verteidigung hin.

»Ja«, antwortete Hellring emphatisch.

Der rundgesichtige Anwalt wandte sich der hübschen jungen Stewardeß zu und setzte sie schon mit seiner ersten Frage in Verlegenheit.

»Haben Sie von dem Zeitpunkt an, wo er zu Ihnen in die Küche kam, bis zur Landung der Maschine eine Zigarette geraucht?«

»Ja.«

»War das eine von Herrn Tiedes Zigaretten?«

»Ja, denn Herr Tiede gestattete uns nicht, unsere eigenen Zigaretten zu rauchen.«

»Er gestattete Ihnen also nicht, Ihre eigenen Zigaretten zu rauchen, und bot Ihnen statt dessen von seinen an?«

»Er sagte uns – er sagte, wir sollten nicht nach Zigaretten suchen und ein paar von seinen rauchen.«

»Und wer hat außer Ihnen noch von seinen Zigaretten geraucht?«

»Zwei Stewards.«

»Und Herr Tiede? Hat er auch eine Zigarette geraucht?«

»Ja. Er bat uns, ihm eine anzuzünden.«

»Und taten Sie das?«

»Ja.«

Sie begann, auf ihrem Stuhl hin und her zu rutschen. Adelman gegenüber hatte sie angegeben, Tiede habe hinter ihr gestanden, sie an den Haaren gepackt und ihr die Pistole an den Hinterkopf gedrückt – *die ganze Zeit über.* Man konnte sich nur schwer vorstellen, wie das Zigarettenanzünden vor sich gegangen sein sollte.

Hellring sah die Zeugin forschend an: »Stimmt es, daß, als Mr. Wasik Herrn Tiede fragte, warum er das täte, Herr Tiede sagte, er tue es für seine Familie? Hat er das gesagt?«

»Ja, das hat er gesagt.«

»Nun, als er das sagte, zeigte er Ihnen da auch ein Foto von seinen Familienangehörigen?«

»Er konnte uns das Foto nicht zeigen, denn er war ja die ganze Zeit lang damit beschäftigt, mir seine Pistole an den Kopf zu drücken. Er bat einen von meinen Kollegen, das Foto aus seiner Brieftasche zu ziehen. Und während Herr Osak in der Brieftasche nach dem Foto suchte, hielt der Kidnapper mich an den Haaren fest und drückte mir seine Pistole an den Kopf.«

»Fand Herr Osak die Brieftasche und das Foto?«

»Herr Osak fand das Foto in der Brieftasche. Der Luftpirat gab sie ihm. « Die Frau sagte aus, Tiede habe sie mit einer Hand an den Haaren festgehalten, ihr mit der anderen seine Pistole an den Kopf gedrückt, aber einem Steward auch Zigaretten und dann die Brieftasche ausgehändigt, scheinbar mit einer weiteren Hand. Hellring lächelte.

In dem gegen Tiede vorgebrachten Belastungsmaterial wurden erstmalig kleine Risse und Sprünge sichtbar. Fräulein Przyysz, nach der jetzt ein Steward in den Sachen des »Luftpiraten« herumgekramt haben sollte, wurde allmählich unglaubwürdig.

»Stand Herr Tiede zu diesem Zeitpunkt neben Ihnen?«

»Zu welchem Zeitpunkt? Ich verstehe nicht.«

»Zu dem Zeitpunkt, als entweder Herr Tiede Herrn Osak die Brieftasche aushändigte oder aber Herr Osak in Herrn Tiedes Kleidern nach der Brieftasche suchte. Stand Herr Tiede da neben Ihnen?«

»Der Luftpirat stand die ganze Zeit über hinter mir.«

Der Richter fragte sich, ob die Geschworenen wohl begriffen, was hier vor sich ging. Er blickte flüchtig zu ihnen hin, doch war ihnen nichts anzumerken.

Vier Personen befanden sich in der kleinen Küche, und ein Steward durchsuchte der Stewardeß zufolge Tiedes Sachen. Sie blieb natürlich an derselben Stelle, denn Tiede hielt sie ja angeblich die ganze Zeit über an den Haaren fest und drückte ihr eine Pistole an den Hinterkopf, während der Steward hin und her ging und allen die Fotos zeigte. Hellring setzte seine Befragung fort.

»Wer zündete die Zigarette für den Luftpiraten an?«

»Ich.«

»Ach, Sie – wirklich?«

»Äh –« Der Richter blickte verwundert auf: »Stand er da hinter Ihnen?«

»Ja. Er stand die ganze Zeit über hinter mir. Ich tat das auf die ausdrückliche Bitte, die ausdrückliche Aufforderung des Luftpiraten hin. Der Luftpirat forderte mich auf, für jeden von uns und für ihn eine Zigarette anzuzünden, und das habe ich getan.«

»Aha«, sagte der Richter.

Und nun hellte sich die Atmosphäre im Sitzungssaal etwas auf. Einige der Geschworenen blickten nun wieder zu Tiede hin.

Mit einer Fotografie in der Hand schritt Hellring zu der Zeugin hin.

»Ich zeige Ihnen das Beweisstück Nr. 1 des Angeklagten zwecks Identiflzierung. Ist dies das Bild, das Sie damals sahen?«

»Ja, das ist es.«

»Als Sie das Bild sahen, erklärte Herr Tiede Ihnen da, wer die darauf abgebildeten Personen seien?«

»Er sagte mir, das seien seine Kinder.«

»Hat er Ihnen außer dem, daß er Ihnen das Bild zeigte, noch irgend etwas von seiner Familie erzählt?«

»Er sagte, seine erste Frau sei Polin und das sei der Grund, weshalb er polnisch spreche.«

»Und hat er Ihnen erzählt, daß sich seine Kinder in West-Berlin befänden?«

»Nein, das hat er nicht gesagt.«

»Hat er noch mehr gesagt, um zu erklären, was er meinte, als er sagte, er tue das für seine Familie?«

»Nein. Er hat nichts dergleichen gesagt.«

Ihr zufolge hatte er der Besatzung Fotos von John und Rafael, den beiden Jungen, die er unbedingt wiedersehen wollte, gezeigt, aber nicht erwähnt, daß er von den beiden getrennt sei.

Hellring war fertig. Er war zufrieden. Die Geschworenen begriffen jetzt vielleicht noch nicht, worum es ihm ging, würden das aber seiner Meinung nach nach Abschluß der Beweisaufnahme bestimmt tun. Er entledigte sich des Mikrophons, stellte es auf das Pult und begab sich zu seinem Platz zurück.

Adelman bemächtigte sich des leeren Pults zum Rückverhör. Er hatte nur eine Frage.

»Miss Przybysz, als Sie die Zigaretten rauchten, wo war da die Pistole?«

»Die Pistole wurde mir die ganze Zeit über an den Hinterkopf gedrückt.«

»Danke. Keine weiteren Fragen.«

»Keine weiteren Fragen«, rief Hellring nach Rücksprache mit Best von seinem Tisch aus.

Die Anwälte der Anklage und der Verteidigung hatten ihre Befragung beendet. Die Stewardeß schickte sich an, den Zeugenstand zu verlassen. Der Richter überlegte hin und her: Sollte er der Zeugin noch ein paar Fragen vorlegen oder nicht?

»Ich habe diese Sache mit den Fotografien, der Herausnahme der Brieftasche, den Zigaretten noch nicht ganz verstanden. Wer die Zigaretten angezündet hat und so weiter. Wie groß ist diese Bordküche?«

»Die Bordküche ist ziemlich klein. Ich kann Ihnen die Maße nicht genau angeben. Sie können aber nachgeprüft werden.«

»Also eine typische Bordküche?«

»Ja, eine typische Bordküche, aber ziemlich klein.«

»Nun, sagen Sie mir: Was kam zuerst, die Zigaretten oder das Foto?«

»Das weiß ich nicht mehr.«

»Ich gehe davon aus, daß sowohl die Zigaretten als auch das Foto Herrn Tiedes Kleidung entnommen wurden?«

»Ja.«

»Sie wurden zu verschiedenen Zeiten entnommen, nicht wahr?«

»Ja. Sie wurden Herrn Tiedes Kleidung zu verschiedenen Zeiten entnommen, weil Herr Osak den Kidnap – den Luftpiraten fragte, ob er sich eine Zigarette anzünden könne. Herr Osak fragte Herrn Tiede, ob er sich eine Zigarette anzünden könnte.«

»Ja. Von wem kam das Feuer?«

»Das weiß ich nicht mehr.«

»Wer gab Ihnen Feuer – in welcher Form auch immer – zum Anzünden der Zigarette des Angeklagten Tiede?«

»*Mir hat keiner Feuer gegeben, weil ich meine eigenen Zigaretten herausnahm und mir selbst eine ansteckte.* Mir hat also niemand ein Feuerzeug oder Streichhölzer gegeben.«

Es gab anscheinend noch eine weitere Version. Sie hatte nun nicht mehr die Zigarette des »Luftpiraten« geraucht, sondern ihre eigene, die sie ihrer eigenen Tasche entnommen hatte.

Ein Punkt bedurfte abschließend noch der Klärung. Im Blick auf die Aussage des Kapitäns über die Schwierigkeiten bei der Landung der LOT-Maschine in Tempelhof wollte der Richter wissen, wie groß dieses Düsenflugzeug eigentlich sei. Er erinnerte sich, daß Tempelhof bis vor einigen Jahren der Zentralflughafen für Berlin gewesen war.

»Eine letzte Frage noch: Wieviel Passagiere haben in diesem Flugzeug Platz?«

»Im Flugzeug befanaben in diesem Flugzeug Platz?«

»Im Flugzeug befanden sich zweiundsechzig Passagiere.«

»Ist das seine Kapazität?«

»Nein. Es kann zweiundsiebzig Fluggäste befördern.«

»Zweiundsiebzig ist die höchstzulässige Zahl?«

»Ja.«

Nach ein paar weiteren Fragen der Anwälte der Anklage und der Verteidigung konnte die Dame den Zeugenstand wieder verlassen.

Adelman hatte sich erhoben. Er rief als nächsten Zeugen den Steward vor die Schranken des Gerichts.

»Rufen Sie bitte Mr. Wasik, Adam Wasik.«

Ein noch ziemlich junger Mann, klein, braunhaarig und von außerordentlich blasser Gesichtsfarbe, trat durch den Vorhang und blieb vor Ristau stehen.

»Bitte nehmen Sie Platz und nennen Sie uns Ihren Namen fürs Protokoll.«

»Ich heiße Adam Wasik.«

Der Zeuge setzte sich nieder, und Adelman begann, ihn zu befragen.

»Können Sie uns sagen, wo Sie beschäftigt sind?«

»Ich bin Angestellter der polnischen Fluggesellschaft LOT.«

»Worin besteht Ihre Tätigkeit?« »Ich bin Steward, Bordsteward.«

»Erinnern Sie sich an den 30. August 1978?«

»Ja, ich erinnere mich.«

»Gut.« Adelman lächelte: »Befanden Sie sich an jenem Tag an Bord der polnischen LOT-Maschine 165, die von Danzig nach dem ostdeutschen Flughafen Schönefeld fliegen sollte?«

»Ja. Ich war an Bord der Maschine.«

»Ich möchte Ihnen einige Fragen dazu vorlegen.«

»Bitte.«

Adelman kam sogleich auf den Hauptpunkt.

»Was sahen Sie, das außergewöhnlich war?«

»Zuerst sah ich – hörte ich ein lautes Geräusch. Ich wendete den Kopf um und sah – ich sah, wie meine Freundin längelang auf dem Boden lag, und ein Fremder, ein fremder Mann neben ihr stand.«

»Ihre Freundin – das ist Miss Ewa Przybysz?«

»Ja.«

»Gut. Was – sagen Sie uns, was dann geschah.«

»Ich wollte aufstehen und da hörte ich, wie der Mann – da hörte ich, wie er brüllte: ›Nicht bewegen, sonst schieße ich sie tot!‹ Er sprach polnisch mit ausländischem Akzent. Ich sagte ihm, ich würde mich nicht bewegen. Daraufhin sagte er, wir würden zum Flughafen Tempelhof fliegen, nach West-Berlin, und ich sollte zum Kapitän gehen und dem das sagen. Wenn ich das nicht täte, würde er mich erschießen.« Wasik hielt inne und schüttelte den Kopf. »Nein, das heißt, er würde Ewa Przybysz erschießen.« Er nickte und fuhr fort.

Wasik setzte den Kapitän von Tiedes Forderung in Kenntnis. Dieser zwang die Stewardeß, weiterhin liegenzubleiben.

»Ich durfte mich nur bis zu dem Punkt nähern, wo der Küchenbereich beginnt, und er befahl mir, diese Linie nicht zu überschreiten – sonst würde er sie erschießen. Er würde sie töten. Herr Osak stand währenddessen in der Nähe des Einstiegs und erhielt von dem Luftpiraten Befehl, sich niederzusetzen und sich nicht zu bewegen. Er sagte mir dann, ich sollte zum Kapitän gehen und der Kapitän sollte nur englisch sprechen.«

Wasik mußte als Bote zwischen dem Luftpiraten und dem Kapitän fungieren. Die Stewardeß blieb auf dem Boden liegen.

»Ich bat den Mann dann, er möchte Ewa Przybysz erlauben, sich hinzusetzen, und wenn er nichts dagegen hätte, würde ich sie ablösen. Ewa Przybysz war aber so verstört, daß sie nicht aufstand – sie wollte sich gar nicht bewegen und lieber bleiben, wo sie war. Etwas später faßte der Mann dann plötzlich mit der Hand in seine linke Jackettasche und zog eine Schachtel Zigaretten heraus, wobei er die andere Hand aber die ganze Zeit an Miss Przybysz' Kopf hielt. Er reichte Herrn Osak die Zigaretten.

Der saß in der Nähe und durfte sich ebenfalls nicht bewegen. Er befahl ihm, die Zigaretten anzuzünden. Herr Osak zündete seine Zigarette an, gab mir eine Zigarette und dann Ewa Przybysz eine. Er zündete sie für uns alle an, für jeden von uns.«

Das war ein Monolog und nun schon die dritte Version der Sache mit den Zigaretten. Wasik wollte dann auf etwas anderes zu sprechen kommen, doch der Richter unterbrach ihn.

»Verzeihung. Hat der Angeklagte ebenfalls eine Zigarette geraucht?«

»Ja.«

»Woher bekam er die?«

»Von Herrn Osak.«

»Wer gab Herrn Tiede Feuer?«

»Herr Osak.«

»Ging Mr. Osak zu ihm hin und steckte sie ihm an?«

»Der Bereich ist so klein, daß es nicht nötig ist – daß man nicht zu jemand hinzugehen braucht, der sich dort befindet, um ihm Feuer zu geben. Man braucht sich nur vorzubeugen und Feuer zu geben.«

»Wie viele Personen befanden sich in der Küche?«

»Fräulein Przybysz, der Herr da« – er zeigte mit dem Finger auf Detlef Tiede – »und Herr Osak.«

»Haben Sie auch eine Zigarette geraucht?«

»Ja.«

»Wer gab Ihnen die?«

»Herr Osak.«

»Sind Sie zusammen in die Küche gegangen?«

»Ich stand in dem Gang, der zur Küche führt, weil der Luftpirat uns verboten hatte, näher heranzutreten, aber die Entfernung war so gering, daß es möglich war – daß ich mich bloß vorzulehnen brauchte, um die Zigarette zu empfangen.«

»Wer hat Ihnen Ihre Zigarette angezündet?«

»Herr Osak.«

Adelman faßte zusammen – um die Befragung dann sogleich abzuschließen: Die Maschine landete, der Angeklagte warf seine Pistole auf die Rollbahn. Wasik sah sie dort liegen.

»Wir haben keine weiteren Fragen«, verkündete Adelman.

Die Mittagspause nahte. Das Kreuzverhör sollte erst danach stattfinden. Der Zeuge wollte abtreten, doch der Richter hielt ihn zurück, um noch einen Punkt klarzustellen.

»Ich habe noch ein Frage an Sie. Bitte hören Sie genau zu!« Wasik nahm wieder Platz.

»Hat der Flugkapitän – bitte übersetzen Sie simultan – irgendwann zu Ihnen gesagt, daß es für die Passagiere gefährlich wäre, wenn er mit einem derart großen Flugzeug in Tempelhof landete, oder hat er Sie angewiesen, dem Angeklagten Tiede zu sagen, es wäre gefährlich, mit einem derart großen Flugzeug in Tempelhof zu landen?«

»Darüber wurde nicht gesprochen.«

»Wurde denn darüber gesprochen, daß die Landung eines derart großen Flugzeugs für die Einwohner des Bezirks Tempelhof gefährlich sein würde?«

»Darüber weiß ich nichts, von solchen Dingen verstehe ich nichts.«

An der Aussage des Kapitäns stimmte einfach irgend etwas nicht. Und der Richter wollte dem auf den Grund gehen.

»Haben Sie nach der Festnahme des Angeklagten durch die amerikanischen Behörden den Flughafen Tempelhof mit diesem Flugzeug wieder verlassen?«

»Ja.«

»Wurde vorher bekanntgegeben, daß wegen der Startbahnlänge beim Start irgendeine Gefahr drohe? Ja oder nein?«

»Nein.«

»Schön.« Der Richter hatte geendet. Nicht jedoch Adam Wasik. Er erkannte, worum es ging – und entschloß sich, eine Erklärung zu liefern.

»Selbst wenn eine derartige Gefahr existierte – die Passagiere werden über solche Gefahren nie informiert. Ich habe die Passagiere persönlich gefragt, ob sie lieber fliegen oder mit einem Bus fahren wollten, und sie mußten selbst entscheiden.«

»Möchten Sie außerdem noch etwas hinzufügen?« Der Richter lächelte.

»Nein«, murmelte Wasik.

»Gut, dann machen wir jetzt Mittagspause. Die Geschworenen

wollen sich bitte in das Juryzimmer zurückbegeben.«

»Alle aufstehen!«

Alle standen auf, während die Geschworenen den Saal verließen. Einer von ihnen, ein älterer Mann aus der ersten Reihe, blieb stehen, als er sich dem Richtertisch näherte. Er hielt einen Augenblick inne, zwinkerte dem Richter mit seinen blauen Augen zu und lächelte kurz. Es dauerte dies nur einen Augenblick, dann war er schon weitergegangen, um mit den anderen im Juryzimmer zu verschwinden. Interessant, dachte der Richter, und verkündete die Mittagspause.

Die Anwälte der Verteidigung hatten ein gemeinsames Büro. Als sie zwei einzelne Angeklagte vertreten hatten, war jede Gruppe für sich tätig gewesen. Jetzt arbeiteten sie zusammen.

Der Tag hatte sich nicht günstig angelassen, und alle waren sich einig, daß man die Polen nicht länger mit Samthandschuhen anfassen durfte. Die Besatzung trug bestenfalls entschieden zu dick auf, und wenn ihr Mandant die Wahrheit sagte, dann log sie sogar unverschämt. Sie sagte aus, wie wenn sie einen Auftrag befolgte und entschlossen wäre, einen Schuldspruch herbeizuführen.

Doch warum tat sie das? Die Anwälte wußten natürlich, daß die Besatzung kaum zugeben konnte, daß sie aus Gefälligkeit in Tempelhof gelandet war, um dem sich nach seinen Kindern sehnenden Vater aus seiner Not zu helfen — doch weshalb war sie so offenkundig darauf aus, ihn zu vernichten?

Da war zum Beispiel die Landung der Düsenmaschine auf dem »antiquierten« Flughafen. Darüber konnten die Anwälte nur lachen. Die Verteidiger wußten, daß es Unsinn war, zu behaupten, die Landung des kleinen Flugzeugs — das maximal nur 72 Passagiere befördern konnte — sei auf Schwierigkeiten gestoßen. In ein bis zwei Stunden würden sie beweisen, daß Präsident Carter selber mit der Air Force One — einer riesigen 707 — ebenso wie sein Gefolge und der Pressetroß routinemäßig in Tempelhof gelandet waren.

Die Anwälte vermochten jedoch nicht zu begreifen, weshalb diese Leute, die seinerzeit so anständig gewesen waren, Tiede zu helfen, jetzt darauf aus waren, ihn zu vernichten — selbst um den Preis der Unwahrhaftigkeit.

Es gab nur eine mögliche Antwort: Die Besatzung hatte Angst.

Shapiro erinnerte seine Kollegen daran, daß, als es während der Aussage der Stewardeß kritisch geworden sei, die fünf Männer auf der vordersten Zuhörerbank auf polnisch dazwischengeredet hätten, und zwar so laut, daß der Richter sein Mißfallen geäußert und Adelmans deutsche Gehilfin Gisela Wolf einen der polnischen Beobachter als den »polnischen Staatsanwalt« identifiziert habe. Er sei, vermutete Shapiro, wahrscheinlich hier, um der Besatzung den Marsch zu blasen.

Hellring nickte zustimmend und bat Shapiro, er möge unverzüglich festzustellen versuchen, wie der Mann heiße. Er brauche seinen Namen und Titel, ehe er Wasik ins Kreuzverhör nehmen müsse. Während Shapiro eiligst den Raum verließ, beendete Hellring sein Frühstück und begann, sich rasch Notizen zu machen.

Fünfunddreißig Minuten später stand Hellring vor dem Richter – zwecks einer vertraulichen Unterredung. In der Hand hielt er eine Visitenkarte mit der Aufschrift »Roland Aleksandrowicz, Generalstaatsanwalt, Warschau«. Shapiro hatte gute Arbeit geleistet.

»Wenn ich aufstehe«, erklärte Hellring, »werde ich als erstes die Tatsache erwähnen, daß er heute morgen hier im Gerichtssaal mit vier anderen Leuten von der polnischen Regierung anwesend war, als die Zeugen ihre Aussagen machten... in Gegenwart von Staatsfunktionären, denen sie meiner Meinung nach auf Gnade und Ungnade ausgeliefert sind. Und nach meinem Dafürhalten hat die Anwesenheit dieser Funktionäre in starkem Maß auf ihre Aussagen eingewirkt.«

»Wir werden selbstverständlich Einspruch erheben«, ließ Surena sich vernehmen, denn hier tauchte ein diplomatisches Problem auf.

»Wir werden dagegen Einspruch erheben, daß die Verteidigung auf die Anwesenheit dieses Individuums im Gerichtssaal abhebt. Dazu besteht unserer Meinung nach keinerlei Anlaß.«

»Ich habe meine Gründe bereits genannt und eine Erklärung geliefert.« Hellring zuckte die Achseln: »Wenn der Staatsanwalt das nicht begreift, dann ist ihm nicht zu helfen.«

»Wir sind entschieden der Meinung, daß sich die Anwesenheit

dieses Individuums im Gerichtssaal unmöglich auf die Aussagen dieser Zeugen ausgewirkt haben kann«, erwiderte Surena.

»Ich möchte meinen, daß darüber die Geschworenen zu befinden haben«, parierte Hellring kühl.

»Das ist reine Spekulation«, schaltete Adelman sich ein.

»Keine Spekulation, Euer Ehren«, drang Hellring in den Richter. »Diese Leute saßen in der ersten Reihe und starrten unablässig auf die Zeugen.«

»Dafür haben Sie keine Beweise«, behauptete Adelman.

Der Richter versuchte, einen Überblick über diese neueste Entwicklung zu gewinnen. »Jeder Anwalt, sowohl der Anklage wie der Verteidigung«, sagte er, »ist berechtigt, alle Beweggründe für Lügen und für das Verschweigen der vollen Wahrheit ans Licht zu bringen.«

Er suchte Zeit zu gewinnen, um sich über die richtige Entscheidung klarzuwerden. Er wollte keine weiteren diplomatischen Verwicklungen verursachen, fuhr aber dennoch fort: »Die Verteidigung behauptet, wenn ich ihre Eröffnungsansprache richtig verstehe ..., daß sich diese Szene nach der ersten Schrecksekunde etwas anders gestaltete, als sie von der Regierung in ihrer Eröffnungsansprache dargestellt wurde. Mit anderen Worten, wenn ich den Eröffnungsvortrag der Verteidigung richtig verstehe ..., dann ermöglichte der Angeklagte es der polnischen Besatzung, hierher zu fliegen, ohne ihrem Land Unehre zu machen... Nun, die Verteidigung hat das Recht, ein Kreuzverhör darüber anzustellen, und die Geschworenen haben das Recht, sich ein Urteil darüber zu bilden. Und sie sind berechtigt, dabei jedwedes Motiv zu ergründen, das irgendein Zeuge haben könnte, nicht ganz die Wahrheit zu sagen. Kann ich nun, wie ich jetzt hier sitze, sagen, daß diese Zeugen... sich keine Sorgen im Blick auf die Folgen zu machen brauchen, die ihre Aussage für sie persönlich bei der Rückkehr nach Polen haben könnte?«

Surena beharrte indes auf seinem Einspruch. Er fürchtete, daß Hellring die Zeugen mit beißenden Sarkasmen aus dem Gleichgewicht bringen würde. Ihm mache, sagte er, die »Art und Weise« Sorge, in der Hellring die Vernehmung durchführen würde.

Der Richter suchte Surenas Befürchtungen zu zerstreuen.

»Ich werde ihm sagen, daß er keinen antikommunistischen Kreuzzug führen soll. Ich will, daß dies auf eine würdige Art und Weise geschieht und die Fragen auf die Glaubwürdigkeit der Zeugen abzielen!«

Hellring nickte und lächelte.

»Also, los. Wir müssen endlich weiterkommen.« Der Richter wollte die vertrauliche Unterredung rasch beenden.

Adelman hatte jedoch noch etwas vorzubringen. Er war in Sorge, daß eine Untersuchung durch Hellring eine Maßregelung von seiten der polnischen Regierung zur Folge haben könnte.

»Sie meinen eine Maßregelung der Besatzung?« fragte der Richter.

»Dieser Zeugen«, räumte Adelman ein.

Der Richter war sprachlos über Adelmans Eingeständnis: »Wollen Sie damit sagen, daß die Möglichkeit besteht, daß diese Leute, je nachdem, was hier passiert, zu Hause Schwierigkeiten bekommen könnten?«

»Ganz bestimmt«, mischte Hellring sich ein.

»Ich habe Sie nicht gefragt.«

»Um es ganz allgemein auszusprechen: Man muß natürlich mit dieser Möglichkeit rechnen«, räumte Surena ein.

»Ich möchte darauf hinweisen«, bemerkte Adelman, »daß wir als Anwälte... ebenso wie das Gericht die Pflicht haben, den Zeugen vor Nachteilen zu bewahren.« Adelman gab zu bedenken, daß die persönliche Sicherheit der Besatzung auf dem Spiel stehe. »Ich kann mich des Eindrucks nicht erwehren, daß die Leute, diese Zeugen, wie jedermann sieht, alles gute Menschen, Schwierigkeiten bekommen werden. Irre ich mich da, meine Herren?« Adelman appellierte jetzt an das Gewissen der Verteidiger. »Irre ich mich da, Mr. Hellring?«

»Schluß der Diskussion jetzt«, unterbrach ihn der Richter: »Ich weiß nicht, wen Sie meinen, wenn sie von ›guten Menschen‹ sprechen.«

»Die Besatzung«, erwiderte Adelman.

»Soll ich entscheiden, daß das gute Menschen sind, denen man keine Fragen stellen darf?« Der Richter sah Adelman und Surena an. Geben sie stillschweigend zu, fragte er sich, daß es sich bei der Besatzung um anständige Leute handelte, die Tiede helfen wollten?

»Meine Herren, ich habe genug gehört!« Damit schloß er die Debatte. »Sie«, bedeutete er Surena, »sagen mir, daß die Besatzung daheim möglicherweise Nachteile haben könnte, je nachdem... welche Fragen man ihr stellt oder welche Antworten sie gibt. Was Sie dabei anscheinend nicht bemerken, ist, daß das... eine wichtige Tatsache im Blick auf die Glaubwürdigkeit ihrer Aussagen ist. Sehen Sie, Mr. Surena« – er hielt einen Augenblick inne und blickte den jungen Diplomaten durchdringend an –, »wenn es zutrifft, daß man Sie, je nachdem, was Sie hier sagen, unter Umständen feuern könnte, so ist das nicht ganz ohne Einfluß auf die Glaubwürdigkeit dessen, was Sie hier sagen. Wenn es zutrifft, daß man mich aufgrund dessen, was ich hier entscheide, unter Umständen feuern könnte, so ist das nicht ganz ohne Einfluß auf die Glaubwürdigkeit meiner Entscheidungen. Und wenn es schließlich zutrifft, daß diese Leute aufgrund ihrer Aussagen hier daheim möglicherweise Nachteile haben könnten, dann ist das ebenfalls ein Faktor, der bei der Beurteilung ihrer Glaubwürdigkeit berücksichtigt werden muß.«

Die vertrauliche Unterredung am Richtertisch war damit beendet. Die Anwälte begaben sich zu ihren Tischen zurück, mit Ausnahme von Hellring, der nunmehr den Zeugen ins Kreuzverhör zu nehmen begann.

Jedweder Zweifel, ob die polnische Besatzung wirklich Angst vor dem als Zuhörer im Gerichtssaal befindlichen Generalstaatsanwalt habe, wurde sogleich ausgeräumt.

»Kennen Sie Roland Aleksandrowicz?«

»Einspruch, Euer Ehren«, rief Adelman mit lauter Stimme.

»Zurückgewiesen!«

»Nein, kenne ich nicht.«

Adam Wasik bestritt, zornig mit den Augen rollend, den Mann in der ersten Reihe zu kennen das Individuum, das ihn, Adam Wasik, nach Berlin gebracht hatte, damit er dort als Zeuge aussage, das ihn schon einmal dorthin gebracht hatte, damit er eine eidliche Aussage zu dem Fall zu Protokoll gebe, und das sich eben erst im Gerichtssaal mit lauter Stimme hatte vernehmen lassen.

Hellring wandte sich um und zeigte mit dem Finger auf die vorderste Zuhörerbank – direkt auf Aleksandrowicz.

»Kennen Sie irgendeinen von den Männern, die hinter der Schranke sitzen?«

»Ja« – Wasik schluckte –, »kenne ich.«

»Welchen kennen Sie?«

»Ich meine den Mann, der Repräsentant unserer Firma ist, unseres Unternehmens, und den Mann, der neben ihm sitzt, aber wie der heißt, weiß ich nicht.«

»Wie heißt der Mann, der Repräsentant Ihrer Gesellschaft ist?«

»Kolenda oder Kommoda, aber genau weiß ich es nicht.«

»Und Sie sagen, daß Sie den Herrn kennen, der neben ihm sitzt, aber nicht wissen, wie er heißt?«

»Höchstwahrscheinlich Aleksandrowicz.«

»Einen Augenblick!« Der Richter starrte den armen Wasik an: »Sagten Sie nicht soeben, einen Mann namens Aleksandrowicz kennten Sie nicht?«

»Ich weiß tatsächlich nicht, wie der Herr heißt.« Wasik wandte sich wieder Hellring zu.

»Welcher Herr ist Mr. Aleksandrowicz?«

»Der Herr, der neben Herrn Kamiola sitzt.«

»Und Sie wissen, daß das Aleksandrowicz ist?«

»Ich erinnere mich jetzt.«

»Ich verstehe. Sie meinen, daß, als ich Ihnen diese Frage zuerst vorlegte, Sie sich nicht erinnerten?«

»In dem Augenblick konnte ich mich nicht erinnern.«

»Aber jetzt erinnern Sie sich!« Hellring lächelte, um sich plötzlich umzudrehen und an die Zuhörer zu wenden.

»Würde Mr. Aleksandrowicz wohl bitte aufstehen!«

In der vordersten Reihe erhob sich ein Mann zögernd von seinem Platz.

»Ist dies der Herr, den Sie als Mr. Aleksandrowicz kennen?« Hellring wandte sich wieder Wasik zu, der jäh erblaßte.

»Ja.«

»Wissen sie, daß er der Generalstaatsanwalt aus Warschau in Polen ist?«

»Ja«, nickte Wasik, »das weiß ich.«

»Als Sie heute morgen vor der Mittagspause hier aussagten, sahen Sie sie da dort sitzen?«

»Einspruch, Euer Ehren«, rief Adelman. »Dürfen wir an den Richtertisch treten?«

»Ja.«

Im Verlauf einer langwierigen vertraulichen Unterredung versuchte Adelman, Hellring abzuwehren, drang damit jedoch nicht durch. Hellring begab sich zu seinem Pult zurück.

»Als Sie heute morgen vor der Mittagspause hier aussagten, sahen Sie da Mr. Aleksandrowicz und die anderen Herren dort sitzen, wo sie jetzt sind?«

»Ja«, gab Wasik zu. »Ich erkannte Herrn Aleksandrowicz und Herrn Kamiola.«

Hellring blickte zu den Geschworenen hin und nickte, denn der Zeuge hatte sich soeben erneut widersprochen. Dann legte ihm der Anwalt die entscheidende Frage vor.

»Hat Mr.Aleksandrowicz die Aussage, die Sie heute hier vor Gericht machen sollten, mit Ihnen abgesprochen?«

»Nein.«

»Zu keinem Zeitpunkt?«

»Nein.«

»Nirgendwo?«

»Nein.«

Wasik beharrte auf seiner Behauptung, der polnische Generalstaatsanwalt habe ihm seine Aussage nicht einsouffliert. Davon ließ er sich nicht abbringen. Doch Hellring war das einerlei. Ihm ging es darum, daß die Geschworenen die Fragen hörten und den Zeugen sahen, der jetzt in Schweiß gebadet schien und nervös auf seinem Stuhl hin und her rutschte. Hellring wandte sich dann dem Flug der LOT-Maschine 165 zu.

»Von Danzig nach Schönefeld. Wann sollte die Maschine Schönefeld anfliegen?«

»Etwa um ein Uhr.«

»Wann flogen Sie von Danzig ab?«

»Kurz vor zehn Uhr.«

Hellring blickte den Steward an. Der Anwalt wußte, daß der

Flug nur eine Stunde dauerte, doch der Steward hatte ihn auf über drei Stunden ausgedehnt.

»Wann, sagten Sie, sollte das Flugzeug Schönefeld anfliegen?«

»Ich sagte: um eins.«

»Wünschen Sie eine Unterbrechung, um sich zu sammeln?«

»Lassen Sie mich nachdenken!« Wasik wand sich vor Verlegenheit. »Ich kann mich an den Flugplan nicht mehr genau erinnern.«

»Hat irgend etwas Sie hier bei Ihrer Zeugenaussage nervös gemacht?«

Ehe Wasik antworten konnte, war Adelman aufgesprungen, um einen Schwall von Einsprüchen vorzubringen. Es war nämlich inzwischen jedermann klargeworden, daß Wasiks Lügengebäude zusammengebrochen war. Die Sache mit Aleksandrowicz hatte ihn völlig aus dem Gleichgewicht gebracht. Er konnte sich an nichts mehr erinnern. Er widersprach sich wiederholt und gab das auch ganz offen zu.

»Ich frage Sie noch einmal, wann sollten Sie den Flugplatz Schönefeld anfliegen?« Hellring blieb ihm auf den Fersen.

»Der Flug von Danzig nach Berlin dauert ungefähr eine Stunde. Wir sind wohl um etwa 10.40 Uhr gestartet, und nach etwa einer Stunde – nun, wir waren kurz vor zwölf dort, mehr oder weniger, mittags.«

»Haben Sie nicht soeben ausgesagt, daß Sie kurz vor zehn oder um zehn herum starteten?«

»Ja, das habe ich gesagt.«

Nach Hellrings Dafürhalten hatte die Jury nun genug gehört. Er hoffte, daß der entscheidende Punkt in der deutschen Übersetzung der – englischen Fragen und der polnischen Antworten deutlich geworden war. Falls ja – nun gut. Falls nicht, dann, so wußte er, konnte er daran nicht mehr viel ändern. Er wandte sich daher den Einzelheiten des Fluges selbst zu.

Die Stewardeß hatte bestritten, daß Tiede von seinen in West-Berlin lebenden Kindern gesprochen habe. Sie wollte mit keinem Wort auch nur andeuten, daß man ihm gefällig gewesen war. Hellring wollte jetzt beweisen, daß sie gelogen hatte.

»Hat Herr Tiede Ihnen von seiner Frau und seinen Kindern

erzählt, daß sie der Grund gewesen seien, weshalb er in den Westen gehen müsse?«

»Er hat von seiner Frau und seinen Kindern gesprochen«, gab Wasik zu.

»Und hat er gesagt, daß sie sich in West-Berlin befänden?«

»Ja.«

Wasiks Aussage stand im Widerspruch zu der der Stewardeß – doch wollte er sie nicht gänzlich Lügen strafen.

»Hat Herr Tiede Ihnen gesagt, er wolle nach West-Berlin, um dort seine Frau und seine Kinder wiederzusehen?«

»Nein.«

»Hat er Ihnen gesagt, wo sie sich befänden?«

»Ja.«

»Wo sollten sie sich ihm zufolge befinden?«

»In West-Berlin.«

»Hat er gesagt, daß er sie in West-Berlin besuchen möchte?«

»Nein.«

»Hat er Ihnen ein Bild von seinen Kindern gezeigt?«

»Ja.«

»Wo hatte er das Bild?«

»In seiner Jackettasche.«

»Hat er es 'rausgenommen und Ihnen gezeigt?«

»Ja.«

»Haben Sie ihn eine Zigarette rauchen sehen?«

»Ja.«

»War das, ehe er Ihnen das Bild zeigte, oder danach? Falls Sie sich noch daran erinnern.«

»Er steckte das Bild wieder ein und rauchte dann eine Zigarette.«

»Bot er Ihnen eine Zigarette an?«

»Er hat nichts gesagt. Er zog die Zigarette 'raus und gab sie mir.« »Haben Sie sie genommen?«

»Ja.«

»Haben Sie sie geraucht?«

»Ja.«

»Wer hat die Zigarette für Sie angezündet?«

»Herr Osak.«

»Hat sonst noch jemand irgendwelche Zigaretten geraucht?«

»Alle haben geraucht.«

Dieser Bericht lautete natürlich völlig anders als der der Stewardeß. Adam Wasik war jedoch von ihrem Verhör ausgeschlossen gewesen, und das war der Grund, weshalb Hellring ihm genau die gleichen Fragen stellte, die der Frau vorgelegt worden waren.

Hellring kam schließlich zu dem Punkt, wo das Flugzeug gelandet und Tiede von den amerikanischen Obersten in Empfang genommen worden war.

»Hörten Sie Herrn Tiede sagen: ›Gott sei Dank, ich bin frei‹?«

»Er sagte: ›Ich bin frei‹, aber ›Gott sei Dank‹ hat er nicht gesagt.«

»Hat er jemand anderem als Gott gedankt?« Hellring lächelte.

»Hab' ich nicht gehört«, gab Wasik unwirsch zur Antwort.

Und dann war Wasiks Vernehmung nach ein paar weiteren Fragen beendet. Adelman verzichtete auf ein Rückverhör. Der Zeuge erhob sich langsam von seinem Platz und verließ den Saal. Der Kapitän erschien nun nicht mehr ganz so glaubwürdig und die Stewardeß größtenteils unglaubwürdig. Der Fall lag jetzt nicht mehr so klar wie bisher. Die Atmosphäre im Gerichtssaal hatte sich gewandelt. Detlef Tiede hatte, große Anstrengungen seiner Verteidiger vorausgesetzt, durchaus eine Erfolgschance.

21.
Zwei Piloten – Zwei Versionen

16. Mai 1979

Die Anklagevertretung rief ihren letzten Zeugen, den Westberliner Schußwaffensachverständigen Joachim Kressner, vor die Schranken des Gerichts. Punkt 5 der Anklage beschuldigte Tiede des unerlaubten Besitzes einer »Schußwaffe unter Verletzung des Waffengesetzes von 1938«, eines Nazigesetzes, von dem einige Vorschriften in West-Berlin noch in Kraft waren.

Adelman stand jedoch vor einem Problem. Das Waffengesetz von 1938 definierte eine Schußwaffe als »eine Waffe, bei der ein fester Körper durch einen Lauf getrieben werden kann.« Bei Tiedes »Waffe« – dem Regierungs-Asservat Nr. 1 – war das jedoch nicht möglich. Man konnte damit lediglich Schreckschüsse abgeben, aber niemand verletzen. Adelman hatte indes erst tags zuvor den Geschworenen versprochen, er werde beweisen, daß Tiede sich einer Waffe bedient habe, »die Tränengas-*Projektile* abfeuert«. Und das sollte jetzt geschehen.Nachdem der bärtige Kressner auf dem Zeugenstuhl Platz genommen hatte, stellte Adelman ihn den Geschworenen vor.

»Herr Kressner, was sind Sie von Beruf?«

»Ich arbeite für die Kriminalpolizei.«

»Sind Sie bei der Kriminalpolizei auf irgendeinem Fachgebiet tätig?«

»Mein Fachgebiet ist die Kriminaltechnik.«

»Nebenbei, sind Sie hier in Berlin tätig?«

»Ja.«

»Nun, worin besteht Ihre Tätigkeit als Waffenexperte?«

»Ich bin Leiter einer Gruppe für Waffenuntersuchungen, insbesondere für die Identifizierung von Waffen . . . «

Dies war der erste Zeuge, der auf deutsch aussagte. Der Richter blickte zu den Geschworenen hin. Waren sie diesem Berliner Mitbürger gegenüber aufgeschlossener als gegenüber der polnischen Besatzung?

Den Geschworenen war jedoch nichts anzumerken. Geschworene – wo immer sie Dienst tun – lassen sich selten etwas anmerken. Sie wissen, daß man sie genau beobachtet. Sie hören gewöhnlich mit undurchdringlichem Gesicht zu und bemühen sich, den unparteiischen Zuschauer zu spielen. Doch bisweilen können sie nicht umhin, etwas durchblicken zu lassen. Das war bereits zweimal geschehen – zuerst während Hellrings Eröffnungsvortrag und dann während der Aussage des Kapitäns Lukomski. Dabei waren ihre Gefühle ganz offensichtlich hin- und hergeschwungen, vor und zurück, wie Pendel.

»Gut, Sir.« Adelman zeigte Kressner das Regierungs-Asservat Nr. 1: »Können sie uns sagen, was das für eine Waffe ist?«

»Das ist eine Gas- und Startpistole zum Abschießen von Gas- und Platzpatronen.‹

Das war eine interessante Antwort. Der Richter blickte kurz auf. War das eine Waffe? Konnte man durch ihren Lauf irgend etwas »abfeuern«?

Der Richter bemerkte, daß Adelman dartun wollte, daß das der Fall sei.

»Gut«, fuhr Adelman fort. »Können Sie uns sagen, um was für ein Modell es sich bei dieser Waffe handelt?«

»Es handelt sich um eine Gas- und Startpistole der italienischen Firma Mondial, Modell 1900. Sie hat ein Kaliber von sechs Millimetern. Man kann mit der Waffe in einem – einem Ladestreifen sechs Patronen verschießen. «

»Können Sie den Geschworenen sagen, ob Sie die Waffe getestet haben, um festzustellen, ob sie einwandfrei funktioniert?«

»Ja, Sir. Ich habe damit – mit dieser Waffe Platzpatronen abgeschossen, einen Ladestreifen, und festgestellt, daß sie einwandfrei funktioniert.«

»Wie gelangen die Patronen vom Ladestreifen in die Waffe? Mit anderen Worten, wie funktioniert sie?«

Adelman ging sehr geschickt zu Werke. Seine Frage holte aus dem Sachverständigen alle einschlägigen Wörter heraus: »Waffe«, »Kaliber«, »Patronen«.

Die Folgerung lag auf der Hand: Mit der Waffe – wie Adelman sie wiederholt nannte – konnte man Pistolenkugeln abfeuern, und die Geschworenen sollten annehmen, daß Tiede in der Lage gewesen sei, die Stewardeß zu erschießen. Zumindest, daß er dazu imstande gewesen wäre, wenn er Munition dafür gehabt hätte, einmal vorausgesetzt, daß es so etwas wie Munition dafür gab. Adelman überließ es der Gegenpartei, alles das herauszubringen. Der Richter hörte jedoch genau zu. Er war vor Jahren als Gehilfe des Distriktanwalts von Manhattan in der für Mordfälle zuständigen Abteilung tätig gewesen. Er erkannte, worum es sich bei dem Regierungs-Asservat Nr. 1 handelte – und daß dies keine Waffe war.

»Kommt aus dem Lauf ein Geschoß?« unterbrach er die Vernehmung.

»Man kann nicht von einem Geschoß sprechen«, gab der Sachverständige zur Antwort. »Es handelt sich nur um Platzpatronen, bei denen nur Teilchen des Treibsatzes den Lauf verlassen.«

Schließlich fragte der Richter Kressner rundheraus: »Kann man mit dem Regierungs-Asservat Nr. 1, wenn man es zu dem Zweck benutzt, für den es fabriziert wurde, ein Geschoß abfeuern?«

»Nein.«

Die Geschworenen hatten natürlich keine Ahnung, was diese Aussage zu bedeuten hatte. Sie saßen brav auf ihrer Bank und wendeten die Köpfe zwischen dem Fragesteller und dem Antwortenden hin und her – wie Zuschauer bei einem Tennismatch –, waren aber über die gesetzlichen Voraussetzungen für eine Schuldigsprechung in Punkt 5 der Anklage noch nicht belehrt worden. Und jetzt schien es, als würde das auch nicht mehr erforderlich sein, denn der Richter war nahe daran, diesen Anklagepunkt aus rechtlichen Gründen zu streichen.

Nach der Befragung des Schußwaffensachverständigen erklärte Adelman seine eigene Beweisführung für abgeschlossen. Er wollte nun keine weiteren Zeugen mehr aufrufen. Im Warteraum hielten sich noch andere Mitglieder der polnischen Besatzung bereit, doch wollte Adelman sich ihrer nicht bedienen. Er hatte seine Anklage genügend begründet. Nun würde die Verteidigung zu Wort kommen und er deren Zeugen ins Kreuzverhör nehmen.

Die Geschworenen begaben sich ins Juryzimmer zurück. Es war bereits nach sechzehn Uhr, und der Richter erwog, sie nach Hause zu entlassen, um nach dem Schluß der Beweisaufnahme der Anklagevertretung in ihrer Abwesenheit die Rechtsausführungen zu hören. Normalerweise werden die Geschworenen, wen die Anklagevertretung ihre Beweisaufnahme abschließt, entlassen, damit der Richter entscheiden kann, ob die Beweise, mit denen die Anklage die einzelnen Anklagepunkte untermauert hat, ausreichen, um sie der Jury zu unterbreiten. Ist der Anklagevertretung dies nicht gelungen, so muß der Richter den betreffenden Anklagepunkt sogleich streichen. Es ist ihm dabei aber nicht gestattet, über die Glaubwürdigkeit – die Wahrhaftigkeit – der Zeugen zu befinden. Das ist allein den Geschworenen vorbehalten. Der Richter darf lediglich darüber entscheiden, ob die Zeugen der Anklage ihr so viel Belastungsmaterial geliefert haben, daß ein Schuldspruch gerechtfertigt erscheint – angenommen, die Geschworenen schenken ihnen Glauben. Die Juristen drücken dies folgendermaßen aus: Könnte, wenn man der Anklagevertretung sämtliche Folgerungen zubilligt, die sie aus den Zeugenaussagen zieht, eine Jury den Angeklagten mit Recht für schuldig befinden? Falls ja, so nimmt die Hauptverhandlung ihren Fortgang.

Die Frage war hier, Punkt 5 der Anklage (unerlaubter Waffenbesitz) ausgenommen, offensichtlich zu bejahen. Den Geschworenen oblag es zu sagen, ob sie der Besatzung Glauben schenkten. Wenn man die Bekundungen der Besatzung für bare Münze nahm, dann stand es nicht günstig für Tiede. Was die Berufung auf rechtfertigenden oder entschuldigenden Notstand anlangte, so lag diesbezüglich – noch – keinerlei Beweismaterial vor.

Die vier amerikanischen Verteidiger begriffen, daß eine Zurücknahme sämtlicher Anklagepunkte nicht durchzusetzen war, und wollten die letzte Minuten dieses Verhandlungstages nicht mit nutzlosen Anträgen vergeuden. Die Geschworenen hatten die polnische Besatzung am Morgen gehört. Best und Hellring wollten deren Aussagen wenigstens zum Teil entkräften, ehe sie sich bis zum nächsten Verhandlungstag in den Köpfen der Geschworenen festgesetzt hatten.

Hellring erhob sich, um die Erlaubnis zu erbitten, die Anträge des Angeklagten zu einem späteren Zeitpunkt vorbringen zu dürfen. Er wollte zunächst mit der Verteidigung weiterkommen.

»Haben Sie etwas dagegen?« fragte der Richter Adelman.

»Nein.«

Der Richter gab Ristau einen Wink, die Geschworenen wieder in den Saal zu führen.

Als sie hereinkamen, sahen sie Judah Best am Anwaltspult stehen.

»Die Verteidigung ruft nunmehr Oberstleutnant Gordon J. Brymer in den Zeugenstand«, verkündete Best.

»Nehmen Sie ihm den Eid ab«, sagte der Richter.

Ein sympathisch aussehender Mann in der blauen Uniform der US-Luftwaffe hob daraufhin die rechte Hand und legte den Zeugeneid ab.

»Welche Tätigkeit üben Sie aus?«

»Ich bin Chef der Logistik. Diese umfaßt die Flugzeugwartung, die Beschaffung von Versorgungsgütern und die Bodenorganisation.«

»Ich darf wohl annehmen, daß Sie aufgrund Ihrer Tätigkeit mit den Landebahnen des US-Luftwaffenstützpunkts Tempelhof genau vertraut sind?«

»Ja, Sir.« Brymer lächelte.

Best knüpfte an die Aussage des Flugkapitäns Lukomski an.

»Dürfen DC-9-Maschinen in Tempelhof landen?«

»Ja.« »Boeing 727 ebenfalls?«

»Ja.‹

»Wird der Luftwaffenstützpunkt Tempelhof von irgendeiner Fluggesellschaft zu Übungszwecken benutzt?«

»Ja, in der Tat... Im Winter landen hier bei schlechtem Wetter oft Passagierflugzeuge vom Typ Trident, Linienflugzeuge von PanAm, Air France und britische Militärmaschinen.«

Die Aussage erfolgte auf englisch, und der Richter fragte sich, ob die deutsche Übersetzung den Geschworenen wohl begreiflich mache, wie sehr sie die Bekundung des polnischen Flugkapitäns erschütterte.

»Ist Ihnen bekannt, daß Tempelhof noch bis vor etwa drei Jahren durchgehend als Zivilflughafen benutzt wurde?«

»Ja.«

»Ich möchte Sie jetzt über die Militärflugzeuge befragen, die derzeit den Flughafen Tempelhof benutzen. Zum Beispiel die DC-9 –«

»Einspruch, Euer Ehren. Das gehört nicht zur Sache«, fuhr Adelman dazwischen.

»Zurückgewiesen.«

»Landen zum Beispiel Luftwaffenmaschinen vom Typ DC-9 im Luftwaffenstützpunkt Tempelhof« wiederholte Best seine Frage.

»Ja, Sir.«

Best grinste. »Und wie steht es mit der Boeing 707? Ebenfalls?«

»Die letzte Boeing 707, die in Tempelhof landete, war die militärische Version, und zwar handelte es sich dabei um die Maschine des Präsidenten der Vereinigten Staaten.«

»Air Force One?«

»Air Force One.«

»Wann war das?«

»Während des letzten Besuches eines Präsidenten der Vereinigten Staaten in Berlin im Jahre 1978. Ich glaube übrigens, daß damals auch das Gefolge des Präsidenten und die Presseberichterstatter mit der Boeing 707 nach Berlin kamen.«

»Wie viele Plätze hat die Boeing 707, ungefähr?« wollte der Richter wissen.

»In der Verkehrsmaschine haben bis zu zweihundert Passagiere und mehr bequem Platz.«

Lukomskis Tupolew 134 konnte der polnischen Besatzung zufolge knapp achtzig Passagiere befördern. Trotzdem behaupteten die Polen, Tempelhof sei für sie nicht groß genug. Best hakte hier ein.

»Ist die Boeing 727 größer als die Tupolew 134?«

»Ja. Die Boeing 727 hat, wiederum grob gesprochen – wiegt, glaube ich, um 72 Tonnen herum. Die Tupolew 134 wiegt nur zirka 40 Tonnen. Die Boeing 727 kann ungefähr 179 Passagiere befördern. Die Tupolew 134 ist für ungefähr 70, 72 Passagiere konstruiert.«

Am Tisch der Verteidigung beugte Shapiro sich zu Hellring hinüber: »Das kann sich Adelman mit seinem Lukomski hinter den Spiegel stecken!« Die beiden Anwälte lehnten sich zurück, um zu hören, wie Best den amerikanischen Oberst den Hergang der Geschehnisse vom 30. August und die Landung des polnischen Flugzeugs rekapitulieren ließ.

»Beobachteten Sie, wie es zur Landung ansetzte?«

»Ja. Durchs Fernglas.‹

»Schien – war die Landung mit Schwierigkeiten verbunden?«

»Nein.«

»Hatte es, als es ausgerollt war, die ganze Landebahn hinter sich gebracht?«

»Nein.«

Der amerikanische Oberst hatte den polnischen Kapitän soeben als Lügner entlarvt. Doch Best war noch längst nicht fertig.

»Sprachen Sie mit dem Kommandanten, als Sie an das Flugzeug herantraten?«

»Ja, Sir.‹

»Was sagten Sie zu ihm?«

»Ich fragte ihn, wie die Lage sei.«

»Und was hat er Ihnen darauf geantwortet?«

»Er teilte mir mit, es sei ein Luftpirat an Bord, der unbedingt aussteigen wolle.«

»Und was sagten Sie ihm daraufhin?«

»Ich sagte ihm, er solle seine Motoren abstellen.«

»Befolgte er diese Aufforderung?«

»Nein.«

Brymer sagte aus, die Polen hätten die Motoren zunächst nicht abstellen wollen. Sie hätten gesagt, sie wollten den Mann laufen lassen und dann gleich weiterfliegen.

Brymer berichtete, was er den Polen gesagt habe: »Ich glaube, ich habe ihnen klargemacht, daß das nicht in Frage käme.«

»Und stellte er dann die Motoren ab oder sagte er zu Ihnen: »Nein, lassen Sie mich wenden!« oder etwas Ähnliches?«

»Ich hatte das Gefühl, daß er sehr enttäuscht war. Er hat die Motoren dann aber abgestellt.«

Oberst Brymer hatte der Verteidigung soeben einen starken Auftrieb gegeben. Verhielt sich so ein Flugzeugkapitän, dessen Maschine soeben gewaltsam entführt worden war? Best hoffte, daß die Geschworenen diese Frage stellen würden.

»Was geschah dann? Was geschah dann?«

»Als er die Motoren abstellte, öffnete sich rechts von mir, vom Flugzeug aus gesehen links, die Fluggasttür. Ich ging dann dorthin.«

»Was sahen Sie da?«

»Was ich sah? Ich sah den angeblichen Luftpiraten in der Passagiertür stehen. Hinter ihm stand ein Mann, wie sich später herausstellte, ein Steward. Der angebliche Luftpirat hatte eine Pistole, und ich sagte zu ihm: ›Willkommen im freien West-Berlin!«‹

»Und wie reagierte er darauf?«

»Er lächelte.«

»Und was geschah dann?«

»Ich bat ihn um seine Pistole, seine Waffe, und er warf sie mir zu.« »Fingen Sie sie auf?«

»Ja, Sir.«

Brymer schilderte dann abschließend, wie sein Offizierskollege – Oberst Oberst – Ingrid Ruske im »freien West-Berlin« bewillkommnete, indem er sie, als sie das Flugzeug verließ, in die Arme schloß und ihr einen Kuß gab.

Best lächelte dem Luftwaffenoberst dankbar zu.

»Ich habe keine weiteren Fragen an den Zeugen.«

»Kreuzverhör, bitte!« Der Richter blickte zu Adelman hin.

Der Staatsanwalt erhob sich, schritt zum Pult und sah den Zeugen prüfend an.

»Guten Tag, Oberst Brymer!« begann Adelman.

»Guten Tag«, erwiderte Brymer.

»Wenn ich richtig unterrichtet bin, hatten Sie am 30. August als Oberstleutnant der Luftwaffe Dienst? Stimmt das?«

»Ja, Sir, das ist richtig.«

»Wie lautet Ihr Titel, Sir?«

»Chef der Logistik in Tempelhof.«

»Und dann übernahmen Sie einen Sonderauftrag wegen der Ereignisse, die an jenem Tag eintraten, nicht wahr?«

»Das ist richtig. Ja.«

»Kann man sagen, daß Sie zu einem Sonderkommando gehörten?«

»Ja, Sir.«

Adelman begann mit der Ausmalung einer unmittelbar bevorstehenden, in letzter Minute verhüteten Katastrophe.

»Sie erwähnten ein Bergungsfahrzeug?«

»Ja, Sir. Das ist richtig.«

»War das das Fahrzeug, in dem sie sich befanden?«

»Das ist ein allgemeiner Ausdruck für ein Fahrzeug, das bei uns für Notfälle bereitsteht Ja, Sir.«

»Wie viele Bergungsfahrzeuge befanden sich an jenem Tag an der Landebahn 27?«

»Nun, da war eins vom Brandschutz. Und dann das Fahrzeug von meiner Abteilung.«

Sehr geschickt, dachte der Richter bei sich. Notfall. Gefahr. Bergungsfahrzeuge. Es war dies eine sehr sorgfältige, fachmännische Arbeit. Die Aufmerksamkeit der Geschworenen wurde auf die jeder gewaltsamen Flugzeugentführung innewohnenden Gefahren gelenkt. Und Adelman hatte den Oberst nicht direkt angegriffen. Zumindest noch nicht. Brymer hatte jedoch zu günstig für Tiede ausgesagt. Adelman wußte, daß er ihn angehen mußte.

»Nun, was Ihre Aussage über verschiedene Flugzeuge betrifft, sind Sie Pilot, Sir?«

»Nein.«

»Sie sind nicht Pilot?«

»Nein.«

»Haben Sie schon einmal ein Luftfahrzeug geflogen?«

»Ja, schon oft.«

»Haben Sie schon Maschinen der Luftwaffe geflogen?«

»Inoffiziell, ja.«

Adelman runzelte die Brauen: »Offiziell noch nicht?« Der Richter bemerkte, daß Adelman den Zeugen in Verlegenheit setzte.

»Nehmen Sie ihn persönlich ins Verhör?«

»Nein. Das ist eine sachdienliche Frage«, gab Adelman zur Antwort.

»Die letzte nicht, nur die vorherigen. Es liegt kein Grund vor, ihm Verlegenheiten zu bereiten. Weiter.«

»Gut, Sir. Wir können also davon ausgehen, daß Sie noch nie einen Pilotenschein besessen haben?«

»Das ist richtig.«

»Sie sagten, Sie hätten am 30. August die TU-134, um die es in diesem Prozeß geht, beobachtet. Stimmt das?«

»Ja.«

»Waren Sie schon einmal mit einer TU-134 geflogen?«

»Nein.«

»Sind Sie mit den technischen Daten des Herstellers der TU-134 über die zulässige Motordrehzahl vertraut?«

»Nein.«

»Kennen Sie die Betriebsanleitung für dieses Flugzeug?«

»Nein.«

»Wer, glauben Sie, verfügt wohl über eine eingehendere Kenntnis der Funktionsweise dieses Luftfahrzeugs, Sie oder der polnische Kapitän?«

Best ging das zu weit: »Ich möchte dagegen Einspruch erheben.« Er stand auf.

»Ich gestatte diese Frage«, erwiderte der Richter.

»Danke«, sagte Adelman.

»Zweifellos der polnische Kapitän«, gab Brymer zur Antwort.

»Sie beobachteten, wie das Flugzeug landete, nicht wahr?«

»Ja, von einem fahrenden Kraftwagen aus.«

»Aha.« Adelman focht Brymers Aussage an, die polnische Maschine sei gut innerhalb der verfügbaren Landebahn gelandet. »Sahen Sie die Maschine starten?«

»Ja, Sir.«

»Nun, was den Start der Maschine betrifft, wer, glauben Sie, wäre besser in der Lage, die Art und Weise des Starts zu beurteilen und zu sagen, wie er vonstatten ging, Sie oder der polnische Kapitän?«

Adelman war jetzt jedoch ein wenig übers Ziel hinausgeschossen.

»Von unten aus und vom Cockpit aus gesehen, sind das zwei verschiedene Perspektiven«, antwortete Brymer. Der Richter blickte von seinen Notizen auf: »Jeder hat gewissermaßen seinen eigenen Blickpunkt«, bemerkte er.

Adelman war jedoch nicht nach Witzen zumute. Er attackierte den Oberst erneut: »Sie geben doch wohl zu, daß die Sicht vom Cockpit aus besser ist, nicht wahr?«

»Nein, das hängt davon ab, was Sie bestimmen wollen.«

Der Richter senkte den Kopf, um ein Lächeln zu verbergen.

»Um zu bestimmen, ob die Maschine funktioniert, wie sie funktioniert, wie sie gemanagt wird«, drang Adelman in Brymer. Doch das war zuviel. Der Oberst hatte allmählich genug.

»Ich sah einen perfekten Start.«

Das hatte gesessen: »Ich frage Sie, ich will mich nicht mit Ihnen streiten, Sir.« Adelman lenkte ein, doch es war schon zu spät.

»Einen Augenblick«, bat der Richter. »Oberst, Sie sagten, Sie hätten einen perfekten Start gesehen? Was wollen Sie damit sagen:«

»Ich sah einen sehr glatten Start. Wir folgten der Maschine bis zum Ende der Startbahn. Wir blieben hinter ihr, Feldwebel Decker und ich. Mein Transportbereitschafts-Unteroffizier. Wir konnten sehr gut beobachten, wie sie abflog. Von uns aus gesehen, gab es da keinerlei Probleme.«

Brymer hatte indes allzuviel Schaden angerichtet. Adelman konnte es sich nicht leisten, jetzt aufzuhören: »Ich möchte lediglich wissen, ob Sie mir darin zustimmen, daß der Flugkapitän von seiner Führerkanzel aus die Funktionsweise des Flugzeugs in jeder Beziehung besser beurteilen konnte als Sie.«

»Die technische Funktionsweise sicherlich, ja, Sir.«

»Schön.« Adelman hatte ein Stück Boden gutgemacht. Er schloß dann die Befragung sogleich ab.

Detlef Tiede blickte ihm nach, Tränen der Dankbarkeit in den Augen für den amerikanischen Oberst, der einem deutschen Flüchtling geholfen hatte, den die US-Regierung unbedingt als Verbrecher behandelt wissen wollte.

Der Richter blickte auf die Uhr. Es war schon spät, und die Verteidiger wollten noch ihre Anträge auf Einsteilung des Verfahrens vorbringen.

Er wandte sich den Geschworenen zu und entließ sie bis zum nächsten Morgen.

Als die Geschworenen den Saal verlassen hatten, beantragte die Verteidigung, das Verfahren einzustellen. Es war dies für sie lediglich eine Formalität, erwartete sie doch nicht, damit durchzudringen.

Der Richter gab für alle eine kurze Zusammenfassung. »Wie Sie alle wissen ... « muß ich jede Folgerung in einem für die Regierung möglichst günstigen Sinne ziehen. Jeder Streit über Tatsachenfragen muß bei diesem Antrag zu ihren Gunsten entschieden werden... Ehe ich irgendeinen Anklagepunkt... fallenlassen kann, muß ich befinden, daß aufgrund des vorgelegten Beweismaterials kein vernünftiger Geschworener für einen Schuldspruch stimmen würde. Das ist doch die Norm, nicht wahr?«

Best und Hellring stimmten ihm zu.

»Ich möchte nun vorschlagen, daß Sie, meine Herren, jetzt keine Zeit mit dem Vorbringen von Argumenten vergeuden, die der Tribüne einleuchten, aber letzten Endes, wie Sie, glaube ich, als erfahrene Anwälte alle wissen, in diesem Stadium des Verfahrens von mir zurückgewiesen werden müssen... Die einzige Frage, die mich beschäftigt, ist der Anklagepunkt des unerlaubten Waffenbesitzes... Ist dieses Regierungs-Asservat Nr. 1 — handelt es sich dabei um eine Waffe im Sinne des deutschen Gesetzes über Schußwaffen und Munition? Was den Rest betrifft, so gehe ich davon aus, falls Sie, meine Herren, dem nicht energisch widersprechen, daß Sie beantragt haben, alle anderen Anklagepunkte wegen des Fehlens schlüssiger Beweise — in diesem Verfahrensstadium — fallenzulassen, und weise Ihre Anträge ab.«

Als das Gericht sich vertagte, war es 18.30 Uhr. Die Anwälte der Verteidigung begaben sich mit Detlef Tiede in ihre Büros. Ingrid Ruske wartete dort auf sie. Die Zeugen durften den Sitzungen nicht beiwohnen, und sie beabsichtigte, für Tiede auszusagen. Sie konnte daher nur abends mit ihren Freunden zusammentreffen.

Best hatte diesmal jedoch keine Zeit für sie. Er hatte sich mit einem amerikanischen Rechtslehrer verabredet. Am nächsten Morgen wollte der Richter die Verteidigung über ihr Recht, sich vor den Geschworenen auf die Paragraphen 34 und 35 zu berufen, anhören und dann darüber entscheiden. Zu ihrer Unterstützung hatte Best einen der namhaftesten amerikanischen Strafrechtsexperten engagiert und nach Berlin kommen lassen: Professor George Fletcher von der Juristischen Fakultät der University of California. Fletcher wollte für die Verteidigung auftreten. Er würde einem Sachverständigen der Anklagevertretung gegenübertreten — Professor Weber von der Freien Universität Berlin. Die beiden Professoren sollten am nächsten Morgen die Klingen miteinander kreuzen.

Adelman und Surena waren ebenfalls nicht untätig. Sie wollten ein letztes Mal zu verhindern versuchen, daß eine Jury aus Berlinern darüber befand, ob ein Angehöriger eines totalitären Staates ein Flugzeug entführen durfte, um sich einer menschenrechtswidrigen Verhaftung zu entziehen. Ihr erster Versuch war gescheitert, als der Richter ein Geschworenenverfahren angeordnet hatte, und ihr zweiter, als Tiede sich geweigert hatte, auf die Mitwirkung einer Jury Verzicht zu leisten und sich schuldig zu bekennen. Dies würde der dritte Versuch sein. Am nächsten Morgen würde die Anklagevertretung argumentieren, daß es sich um eine Rechtsfrage handele – über die der Richter zu entscheiden habe, nicht um eine Tatfrage, für die die Geschworenen zuständig wären.

Für sie sollte der beste Experte argumentieren, den sie hatte ausfindig machen können.

Es würde auf einen geistigen Kampf hinauslaufen: Ein amerikanischer Professor würde für einen deutschen Angeklagten antreten – gegen einen deutschen Professor, der die Sache des US-State Department verfocht.

22.
Richter oder Jury

17. Mai 1979

Die Berliner Geschworenen nahmen mit stoischer Miene ihre Plätze ein. Alle hatten sich pünktlich um 9.00 Uhr zum Dienst gemeldet, aber anderthalb Stunden im Juryzimmer warten müssen, während die Anwälte miteinander stritten. Es war ihnen jedoch keinerlei Unmut anzumerken. Sie waren bereits Veteranen des Geschworenendienstes.

»Schön. Sind alle fertig?« Der Richter blickte in die Runde. Ristau und Rabourn nahmen wieder Platz, nachdem sie die Geschworenen in den Saal geführt hatten.

»Gut«, nickte der Richter und wandte sich den Geschworenen zu.

»Guten Morgen, meine Damen und Herren. Ich freue mich, Sie begrüßen zu können. Vielen Dank, daß Sie wiederum so pünktlich erschienen sind. Ich wünschte, die Geschworenen in den Vereinigten Staaten wären ebenso pünktlich wie Sie.«

Rabourn und Ristau lächelten sich an. Die Pünktlichkeit der deutschen Geschworenen war einmalig.

»Heute morgen habe ich der Anklagevertretung auf ihren Antrag hin gestattet, den Schußwaffensachverständigen noch einmal für einige Zusatzfragen vor Gericht zu rufen, und ich glaube, Frau Wolf wird die Befragung durchführen. Sie werden deshalb wahrscheinlich keine Übersetzung brauchen, da die Fragen auf deutsch gestellt werden und die Antworten ebenfalls auf deutsch erfolgen. Es ist aber wohl trotzdem besser, wenn Sie die Kopfhörer aufbehalten, für den Fall, daß ein Einspruch vorgebracht wird, der auf englisch oder auf deutsch kommen kann.«

Gisela Wolf erhob sich vom Tisch der Anklagevertretung und schritt zum Pult. Die Geschworenen betrachteten sie mit Interesse, war doch bisher noch kein deutscher Anwalt zu Wort gekommen. Adelman hatte die mit den in Berlin geltenden waffenrechtlichen Bestimmungen völlig vertraute deutsche Juristin dazu ausersehen, die Aussage des Schußwaffensachverständigen wieder zu beleben und den Anklagepunkt des unerlaubten Waffenbesitzes zu erneuern. Best beabsichtigte, diesen Plan der Anklage zu durchkreuzen. Es war ein im Grunde ungleicher Kampf. Die Frau war mit der amerikanischen Strafprozeßordnung nicht vertraut, während Best sie mit Meisterschaft beherrschte. Da ihr bei fast jeder Frage, die sie dem Sachverständigen vorlegte, ein Formfehler unterlief, konnte Best ihr ständig mit Einsprüchen in die Parade fahren. Frau Wolf, die ständig um vertrauliche Unterredungen am Richtertisch nachsuchen mußte, kam mit ihrem Versuch, Kressners Aussage vom 16. Mai abzuwandeln, nicht weiter.

Zu guter Letzt wollte Best auch noch wissen, was die Reichstagsabgeordneten unter einer »Schußwaffe« verstanden hatten, als sie das Gesetz im Jahre 1938 beschlossen. Es war dies ein beißender Sarkasmus von seiten Bests. Die amerikanischen Gerichte pflegen nämlich, wenn es um die Interpretation eines von der Legislative beschlossenen Gesetzes geht, zu prüfen, wie es zustande kam. Das heißt, wenn der Sinn eines amerikanischen Gesetzes unklar ist, dann untersucht das amerikanische Gericht seine Entstehungsgeschichte – die Ausführungen, die die Senatoren und Kongreßabgeordneten in den Ausschußsitzungen und im Sitzungssaal machten, als sie das Gesetz seinerzeit debattierten und darüber abstimmten. Doch wer den Zweck des deutschen Waffengesetzes von 1938 herausfinden wollte, mußte sich mit der finsteren Zeit der Naziherrschaft befassen und sich mit der nationalsozialistischen Gesetzgebungsmaschinerie vertraut machen. Was war es, das diese »Gesetzgeber« damals verbieten wollten?

»Ich wüßte gern, welchen Zweck der damalige Gesetzgeber mit dem Waffengesetz von 1938 verfolgte«, erklärte Best mit einem Seitenblick auf Adelman.

Der Richter lächelte: »Dieser Gesetzgeber dürfte wohl nicht mehr vorhanden sein.«

»Ich möchte alle einschlägigen Protokolle einsehen!« Best gab nicht nach. Er konnte noch immer nicht glauben, daß sich die amerikanischen Staatsanwälte vor ihrem eigenen Gericht auch nur auf einen Teil eines Nazigesetzes berufen würden.

Hellring zog eine Grimasse: »Nach diesem Gesetz dürfen für Juden keine Waffenscheine ausgestellt werden.«

Ristau trat neben den Richter und flüsterte ihm etwas ins Ohr, »Steve Rabourn hat mir soeben mitgeteilt, daß die Berliner Polizei eine Bombendrohung bekommen hat. Irgend jemand hat angerufen und gesagt, Terroristen hätten hier eine Bombe gelegt.«

»Was?«

»Mehr weiß ich auch nicht.« Ristau zuckte die Achseln. Der Richter wandte sich den Geschworenen zu: »Meine Damen und Herren Geschworenen, ich muß Sie leider bitten, sich für ein paar Minuten ins Juryzimmer zurückzubegeben.« Während die Geschworenen seiner Aufforderung nachkamen, wandte sich der Richter rasch einem kleinen Tisch zu, der rechts von ihm stand. Dort saß vor einem Stoß juristischer Fachbücher Thomas Weigend, der junge Assistent von der Universität Freiburg, der dem Richter als deutscher Rechtsberater zugeteilt war.

»Ich muß Mr. Rabourn sprechen... Mr. Weigend, würden Sie bitte Mr. Rabourn holen?«

Weigend blickte ihn fragend an.

»Würden Sie ihn bitte sofort herbringen? Bitte, Mr. Weigend!«

Das plötzliche Verschwinden der Geschworenen und der dringliche Ton des Richters versetzten die Anwälte in Erstaunen. Der Richter winkte sie herbei.

»Ich habe den Anwälten eine vertrauliche Mitteilung zu machen!«

Außer Hörweite aller im Saal Anwesenden flüsterte ihnen der Richterzu: »Ich habe die Verhandlung unterbrochen, weil die Polizei eine Bombendrohung erhalten hat... Ich höre aber, daß die Polizei die Drohung nicht ernst nimmt... Ich habe aber dennoch die Pflicht, wie mir scheint, Sie davon in Kenntnis zu setzen, und möglicherweise genauso auch alle anderen. Ich möchte jedoch erst Ihre Ansicht dazu hören.«

Der Richter blickte die Anwälte der Reihe nach an.

»Natürlich stellt sich«, fuhr er fort, »ebenso die Frage, ob die Geschworenen informiert werden müssen. Denn auch sie sind Menschen.«

»Ich hoffe, ja«, bemerkte Hellring trocken, mit Anspielung darauf, daß sein Mandant rechtfertigenden Notstand geltend machte.

Alle wandten sich dem Gerichtsmarschall zu, der soeben den Saal betreten hatte und schnurstracks auf den Richtertisch zuschritt. »Der Anrufer hat gesagt, in fünf Minuten werde im Warteraum eine Bombe hochgehen. Der Anruf ist vor etwa neunzehn Minuten erfolgt«, meldete Rabourn.

»Welches ist der Warteraum?« wollte Best wissen.

Rabourn zuckte die Achseln: »Theoretisch jeder Raum.«

»Das hier ist nicht der Warteraum«, meinte Best.

»Der Warteraum ist wahrscheinlich die Halle«, vermutete Hellring.

Rabourn zuckte abermals die Achseln: »Die Polizei hat sämtliche Räume durchsucht.«

Surena trat vor: »Mr. Gerichtsmarschall, Sie sagen, die Polizei habe eine Durchsuchung vorgenommen?«

»Ja.«

»Mir« meinte Best »macht das keine Besorgnis. Ich bin bereit, fortzufahren.«

Hellring war sich nicht so sicher. »Ich kann nicht sagen, daß mir das keine Besorgnis macht. Es macht mir sogar große Besorgnis. Auf der anderen Seite glaube ich, daß, wenn der Anrufer uns bloß einen Schrecken einjagen wollte, eine allgemeine Bekanntmachung möglicherweise einen wirklichen Bombenleger anreizen könnte. Ich glaube deshalb, daß eine Bekanntgabe unklug wäre, und – und ich möchte davon abraten. Das soll aber nicht heißen, daß die Sache mir keine Besorgnis macht. Sie macht mir ernste Besorgnis.«

»Sagen Sie mir, was ich Ihrer Meinung nach tun sollte.« Der Richter wandte sich ihnen der Reihe nach zu.

Rabourn trat vor: »Aufgrund meiner bisherigen Erfahrungen mit vielen solchen Fällen hier in Berlin möchte ich sagen, daß jedesmal, wenn wir auf eine Drohung reagierten, eine neue erfolgte. Und dann noch eine und noch eine. Wenn wir gar nicht reagieren, hören sie von selber auf.«

Hellring stimmte ihm zu. Man solle von einer Bekanntmachung absehen. Sie würde, meinte er, nur weitere Drohungen hervorrufen.

Der Richter sah zu Surena hin: »Welchen Standpunkt nimmt die Regierung ein?«

»Es erhebt sich die Frage, welches unsere Pflicht gegenüber den übrigen hier Anwesenden ist«, gab Surena zu bedenken.

»Genau«, stimmte ihm der Richter zu. »Und wie lautet die Antwort?«

»Wenn man es recht bedenkt, haben wir wohl die Pflicht, sie davon in Kenntnis zu setzen.«

Interessant, dachte der Richter. In diesem Punkt hat Surena recht und nur Surena. Wir sind nicht berechtigt, diese Mitteilung für uns zu behalten. Wir könnten hier nicht Gott spielen.

»Meinen Sie die Geschworenen?« wollte Hellring von Surena wissen. »Meint der Herr Staatsanwalt die Jury oder meinen Sie die Allgemeinheit, das Publikum?«

»Ich meine alle Betroffenen«, betonte Surena.

Sehr gut, dachte der Richter. Doch dann wandte sich auch Dietrich Herrmann gegen Surenas Vorschlag.

»Ich stimme Mr. Rabourn zu.«

Der Richter blickte Hellring an: »Sagen Sie mir, war ich verpflichtet, Sie von der Drohung in Kenntnis zu setzen?«

»Ja.«

»Ich bin aber nicht verpflichtet, irgend jemand sonst davon in Kenntnis zu setzen?«

Hellring schüttelte den Kopf: »Das will ich nicht sagen. Ich meine, wenn eine allgemeine öffentliche Verlautbarung erfolgt, die dann in der Presse erscheint und im Rundfunk, dann, glaube ich, würde das die Gefahr nur vergrößern, nicht nur dieser Bombe, sondern weiterer.«

Best bemerkte abschließend: »Ich möchte so sagen: Ich glaube, daß Euer Ehren den Geschworenen gegenüber verantwortlich sind. Es handelt sich also nicht darum, ob Sie ihnen Mitteilung davon machen wollen, sondern daß Sie entscheiden, ob Sie die Verhandlung unterbrechen wollen oder nicht. Was die Zuhörer betrifft, so wäre es wohl, wenn ich so sagen darf, Ihre Pflicht, sie von der Bombendrohung in Kenntnis zu setzen, so daß sie selbst entscheiden können, ob sie hier sitzen bleiben wollen oder nicht.«

Es ist beinahe grotesk, dachte der Richter. Angesichts einer möglicherweise hier vorhandenen Bombe, die uns alle jede Minute in die Hölle jagen kann, debattieren wir Juristen bereits seit einer halben Stunde. »Ich weiß, was ich zu tun habe«, erklärte er, »wollte aber auch Ihre Meinung hören, weil ich mich nicht für unfehlbar halte. Ich muß die Anwesenden informieren, weil ich hier nicht der liebe Gott bin.«

Während sich die Anwälte zu ihren Plätzen zurückbegaben, setzte der Richter die Zuhörer von der Bombendrohung in Kenntnis. Kein einziger verließ jedoch daraufhin den Saal.

Der Richter machte dann Ristau ein Zeichen, er möge die Geschworenen hereinführen. Im Vorbeigehen flüsterte dieser ihm zu, Hellring habe recht, wenn er sich Sorgen mache. Er müsse bedenken, daß dies das Land der Baader-Meinhof-Bande und anderer Extremisten sei.

Der Richter gab ihm zur Antwort, sie würden den Saal so bald wie möglich verlassen und die Jury sogleich wegschicken, nachdem Best und Hellring die eidliche mündliche Aussage der polnischen Zollbeamtin verlesen hätten – der Beamtin, die die Pistole bei dem Mädchen entdeckt und sie für eine Spielzeugwaffe gehalten habe.

Als sich die verwirrten Geschworenen wieder niedergesetzt hatten, setzte der Richter sie von der mysteriösen Bombendrohung in Kenntnis und sagte ihnen, nach der Verlesung der eidlichen mündlichen Aussage der polnischen Zollbeamtin, die Ingrid Ruske und ihre Tochter durchsucht habe, würde die Verhandlung auf den 21. vertagt werden.

Judah Best erhob sich und trat in den Zeugenstand. Er sollte die Rolle der Zollbeamtin spielen.

Mit den Worten »Möge es dem Gericht und der Jury belieben« stellte Hellring Best als die Zeugin Maria Piotrowicz vor: »Maria Piotrowicz ist Zollinspektorin. Ich werde ihr die Fragen vorlegen, die Maria Piotrowicz zu beantworten hatte, als sie im März, vor zwei Monaten, hier in Berlin war.« Hellring strahlte die Geschworenen an: »Und mein Kollege, Mr. Best – er wird die Rolle der Maria Piotrowicz spielen und an ihrer Stelle mit denselben Worten antworten, die sie bei ihrer Befragung hier in Berlin im März gebrauchte. Mr. Adelman, der Staatsanwalt, hat ihr im März einige Fragen vorgelegt, und wenn wir zu diesen Fragen kommen, dann wird Mr. Adelman sie stellen und Maria Piotrowicz antworten.«

Hellring wandte sich zu dem im Zeugenstand befindlichen Best um.

»Madame Piotrowicz, wollen Sie uns bitte sagen, welche Tätigkeit Sie ausüben.«

»Ich bin von Beruf Zollbeamtin. Das ist meine derzeitige Tätigkeit.«

»Und wo üben Sie diese Tätigkeit aus?«

»Im Zollamt Danzig.«

Hellring und Best hielten beide eine Kopie der Niederschrift von Frau Piotrowicz' Zeugenaussage in der Hand und lasen die Fragen und Antworten wie aus einem Textbuch ab.

»Gingen Sie am 30. August 1978 Ihrer gewohnten Tätigkeit nach?«

»Ja. Ich ging meiner Tätigkeit nach wie immer – wie üblich.«

Adelman saß an seinem Tisch und las mit.

»Bekamen Sie Anweisung, eine Leibesvisitation vorzunehmen?«

»Ich bekam Befehl von meinem Chef, bei zwei Personen eine Leibesvisitation durchzuführen.«

»Bei welchen zwei Personen?«

»Bei Frau Ruske und ihrer Tochter.«

Die Geschworenen waren sichtlich erheitert, desgleichen alle übrigen Anwesenden. Da saß Best auf dem Zeugenstand und wiederholte die Worte, die die polnische Zollbeamtin zwei Monate vorher von sich gegeben hatte, während Hellring und Adelman in ihre Textbücher blickten – alle drei wie Schauspieler bei einer öffentlichen Probe. Für die Verteidiger war diese Zeugenaussage jedoch keineswegs bedeutungslos, sondern vielmehr außerordentlich wichtig. Sie hofften nämlich, mit Hilfe der Aussage der Polin Beweis dafür zu führen, daß Tiedes »Waffe« nichts weiter als ein offenkundiges Spielzeug gewesen war, mit dem man niemand einschüchtern konnte. Die selbstverständliche Folgerung lautete, daß die polnische Besatzung gar nicht eingeschüchtert worden war. Und wenn sie nicht eingeschüchtert worden war, dann war auch das Flugzeug nicht gewaltsam entführt worden.

Und so setzte Hellring die Befragung Bests in der Rolle der polnischen Zollbeamtin fort. Als sie zu dem entscheidenden Teil ihrer Aussage kamen, setzten beide eine todernste Miene auf.

»Forderten Sie Frau Ruske, nachdem Sie die Leibesvisitation beendet und nichts gefunden hatten, auf, sich in die Abfertigungshalle zu begeben?«

»Ja, in den Abfertigungsraum. Das ist nämlich nur ein anderer Raum.«

»Unterzogen Sie anschließend Sabine Ruske einer Leibesvisitation?«

»Ja.«

»Können Sie uns wiederum schildern, wie Sie dabei vorgingen?«

»Ja. Ich machte – wandte dasselbe Verfahren an. Ich zog dann ihre Hosen aus und nahm die Leibesvisitation auf die übliche Weise vor. Sabine Ruske zog die Hosen aus, und dann entdeckte ich in ihrer Hosentasche – fand ich in der Hosentasche des Mädchens das Spielzeug.«

»Wie sah dieses Spielzeug aus?«

»Es war eine kleine Spielzeugpistole.«

»Was taten Sie, als Sie dieses Spielzeug fanden?«

»Ich nahm es in die Hand, und da ich es für ein Spielzeug hielt, gab ich es dem Mädchen zurück.«

»Spielzeug«, sagte die Zollbeamtin. »Spielzeug«, sagte der Anwalt. Bereits fünfmal. Spielzeug. Spielzeug. Spielzeug. Spielzeug. Spielzeug. Bisher hatten die Geschworenen Adelman immer wieder von einer »Waffe« sprechen hören. Jetzt hörten sie wieder und immer wieder das Wort »Spielzeug«.

»Können Sie sich erinnern, wie das Spielzeug aussah?«

»Es sah genau wie eine Pistole aus. Es war nicht besonders schwer. Man hat mir vorgestern ein ähnliches Spielzeug gezeigt, und das Ding, das das Mädchen hatte, könnte dem sehr ähnlich gewesen sein – Verzeihung, einen Moment: Und das Spielzeug, das das Kind bei sich führte – könnte dem sehr ähnlich gewesen sein, das mir vor zwei Tagen gezeigt wurde.«

Nach Beendigung der Vernehmung durch Hellring blieb Best im Zeugenstand, um sich von Adelman in das protokollierte Kreuzverhör nehmen zu lassen. Dieses erbrachte keine zusätzlichen Erkenntnisse, und nach ein paar weiteren Fragen und Antworten legte Best seine Rolle ab, verließ den Zeugenstand und begab sich zum Anwaltstisch zurück.

Der Richter richtete seinen Blick auf die Geschworenen. Waffe oder Spielzeug – ihnen oblag es, darüber zu entscheiden. Und was noch wichtiger war: Die Jury würde darüber entscheiden, ob die polnische Besatzung des Glaubens gewesen war, es handele sich um eine Waffe. Wie die Geschworenen überall dieses Hin und Her, wie es das amerikanische System des Zweikampfes um die Gerechtigkeit mit sich bringt, wohl dachten?

Für sie ist jetzt Dienstschluß, dachte er, und ich muß jetzt noch diese Rechts-Professoren über die Rechtsfrage anhören, die da lautet: Darf Detlef Tiede sich gegenüber den Geschworenen auf den Rechtfertigungsgrund des rechtfertigenden und entschuldigenden Notstands berufen?

Der Richter schickte die Geschworenen nach Hause.

»Die Tür ist zu«, verkündete Weigend, nachdem Ristau die Geschworenen hinausgeführt hatte.

»Danke.« Der Richter nickte den Anwälten zu. »Wir werden jetzt zwei juristische Sachverständige darüber hören, ob die Verteidigung gemäß den Paragraphen 34 und 35 des deutschen Strafgesetzbuches Beweis anbieten darf oder nicht,... ob der in diesen Paragraphen geregelte Rechtfertigungsgrund des rechtfertigenden und/oder der Schuldausschließungsgrund des entschuldigenden Notstands auf dieses Verfahren anwendbar sind... Wer wird diese Rechtsfragen namens des Angeklagten erörtern?«

»Wenn es dem Gericht beliebt«, erhob sich Best, »wird namens der Verteidigung Professor George Fletcher diese Fragen erörtern.«

»Wer wird sie namens der Regierung erörtern?«

Marianne Fischer, die große, blonde deutsche Juristin, trat vor: »Darf ich um das Wort bitten, Euer Ehren?«

»Bitte!«

»Ich habe die Ehre, Ihnen einen hochangesehenen Kollegen von der deutschen Anwaltschaft vorzustellen: Professor Dr. Ulrich Weber lehrt Straf- und Prozeßrecht an der Freien Universität... Professor Weber hat eine Anzahl Kommentare verfaßt und erst kürzlich ein Buch über die hier in Rede stehenden Fragen veröffentlicht. Er ist bereit, sich zu den rechtlichen Problemen zu äußern und im Zusammenhang damit auftauchende Fragen zu beantworten.

»Gut.« Der Richter lehnte sich zurück, um den beiden juristischen Sachverständigen zuzuhören. Er wußte, daß dies auf eine Art Zweikampf zwischen von beiden Seiten sorgsam ausgewählten Meistern hinauslaufen würde. Nicht Streitkolben oder Degen würden die Waffen sein, sondern statt dessen Wissen und Beredsamkeit. Jeder Kämpfer war Fachmann auf dem Gebiet des Strafrechts. Der eine lehrte an einer großen Universität in Kalifornien, der andere an einer berühmten Universität in Berlin. Beide hatten Bücher und wissenschaftliche Abhandlungen veröffentlicht. Die Siegespalme würde in der Entscheidung bestehen, ob Tiede sich gegenüber der Jury auf einen Rechtfertigungsgrund berufen durfte.

Professor Fletcher trat ans Pult.

»Hohes Gericht, es ist mir eine große Ehre, dem Gericht über diese schwierigen Fragen des deutschen Rechts Vortrag halten zu dürfen, und ich betrachte es als eine besondere Ehre, zusammen mit meinem Kollegen, Professor Weber von der Freien Universität Berlin, hier zu erscheinen.«

Er hatte kaum mit seinen fachlichen Ausführungen über die deutschen strafrechtlichen Bestimmungen begonnen, da unterbrach ihn der Richter.

Traf es zu, daß — wie Adelman wiederholt gesagt hatte — die deutschen Gerichte diese Art von Rechtfertigungsgrund für eine gewaltsame Flugzeugentführung bereits erwogen und verworfen hatten, so daß es für die Geschworenen nichts zu entscheiden gab?

»Sie sagen nämlich« — der Richter nickte zu Adelmans Tisch hinüber —, »diese Frage sei von deutschen Gerichten erwogen und endgültig entschieden worden, und zwar dahin, daß für das Verbrechen der gewaltsamen Flugzeugentführung keinerlei Rechtfertigungsgrund oder Schuldausschließungsgrund geltend gemacht werden könne.«

Fletcher lächelte: »Nun, das ist schlichtweg unzutreffend.«

Überraschenderweise wurde Fletchers Feststellung von Professor Weber, Adelmans eigenem Sachverständigen, bestätigt.

»Worum es mir geht, ist folgendes«, wandte sich der Richter an Weber: »Mr. Adelman wird sich in Kürze hier hinstellen und erklären, eine gewaltsame Flugzeugentführung sei ein derart schreckliches Verbrechen, daß Paragraph 34 oder Paragraph 35 unter keinen Umständen Anwendung finden könnten.«

Weber schüttelte den Kopf und stimmte Fletcher zu: Auf den Rechtfertigungsgrund des rechtfertigenden und den Schuldausschließungsgrund des entschuldigenden Notstands könne sich jede Angeklagte berufen, auch ein Flugzeugentführer. Nach den Paragraphen 34 und 35 müsse eine Güterabwägung vorgenommen werden. Diese Güterabwägung, betonte Weber, sei indes Sache des Richters und dürfe nicht von den Geschworenen vorgenommen werden.

Das Fazit war: Weber stimmte Fletcher zu, daß der Rechtfertigungsgrund des rechtfertigenden und der Schuldausschließungsgrund des entschuldigenden Notstands nach öffentlichem Recht auf dem vorliegenden Fall anwendbar seien. Überdies hatte Tiede das vom Grundgesetz der Bundesrepublik Deutschland geschützte Recht zugestanden, Ostdeutschland zu verlassen, und beide Sachverständigen stimmten darin überein, daß die Verhaftung Fischers und die Strafandrohung wegen Tiedes Versuch, die DDR per Schiff zu verlassen, gegen das Recht der Bundesrepublik Deutschland verstießen. Tiedes Rechtsgut, aus der DDR auszureisen und nicht wegen eines Ausreiseversuchs in Haft genommen zu werden, mußte somit gegen das Rechtsgut der Gesetze, gegen die er verstoßen hatte, um zu fliehen, abgewogen werden. Durfte er ein Auto stehlen und versuchen, damit eine Sperre zu durchbrechen? Durfte er auf einen Grenzposten schießen, der bewaffnet war und Befehl hatte, im Falle eines Fluchtversuchs auf ihn zu schießen? Durfte er zurückschießen, falls der Posten zuerst schoß? Durfte er ein Flugzeug gewaltsam entführen? Und, was besonders wichtig war, wer hatte darüber zu entscheiden, ein Richter oder Geschworene?

Weber nahm dazu eine dezidierte Haltung ein. Solch ein »ethisches« Urteil sollte allein der Richter fällen. Die Geschworenen, erklärte er, seien nicht imstande, eine solche Abwägung zwischen den widerstreitenden Interessen vorzunehmen. Hier wurde ein Stück von Professor Webers Weltanschauung sichtbar. Den Geschworenen, betonte er, könne man keine heiklen ethischen Urteile oder Entscheidungen anvertrauen.

Der Richter konnte seinen Ärger über Professor Weber nicht verhehlen. Denn die meisten Amerikaner sehen sich – ungerührt von deutschen Traditionen – außerstande, der These zuzustimmen, daß der Durchschnittsbürger nicht fähig ist, ethische Urteile zu fällen oder in der Frage der Anerkennung einer Tat als gerechtfertigt oder entschuldigt eine Güterabwägung vorzunehmen, daß vielmehr allein ein Berufsrichter das könne. Der Richter starrte den Anklagevertreter an. Hatte das State Department diesen Sachverständigen wirklich engagiert, damit er in seinem Namen in Berlin solche Erklärungen abgab?

»Wenn ich Sie recht verstanden habe« – der Richter wandte sich Professor Weber wieder zu –, »dann bestreiten Sie den Geschworenen die Fähigkeit hierzu unter anderem deshalb, weil sie als Laien nicht qualifiziert seien, über diese Frage zu votieren?«

Der Professor nickte: »Das ist mein Standpunkt.«

Professor Weber wollte keinen Zweifel über seine Ansichten oder über die Voraussetzungen, auf denen sie beruhten, aufkommen lassen.

»Ich neige der Auffassung zu«, erklärte er, »daß vor allem die schwierigen Abwägungsfragen der Paragraphen 34 und 35 gründlich vorgebildeten Berufsrichtern überlassen bleiben sollten, besonders wegen der Gefahr des Risikos, daß Laienrichter im Fall einer solchen Abwägung die Dinge im allgemeinen mehr oder weniger gefühlsmäßig betrachten und entsprechend entscheiden –«

Der Richter unterbrach ihn mit erregter Stimme: »Wissen Sie das? Wirklich? Sagten Sie nicht, es handele sich bei diesen Güterabwägungen und Bewertungen um ethische Alternativen und Entscheidungen? Erinnern Sie sich?«

»Sicherlich sind sie das. Doch im Falle einer Güterabwägung –«

»Einen Augenblick. Ich möchte Sie etwas fragen. Können sie mir irgendeinen Grund sagen, weshalb diejenigen, die die Beamten wählen, in ethischen Dingen weniger urteilsfähig sind als die Beamten in Ausübung ihres Amtes?«

Weber lenkte ein: »Ich spreche nicht von einer ethischen Bewertung. Da mache ich keinen Unterschied. Ich spreche von den Gefahren, von dem Risiko, daß bei Laien eine größere Gefahr besteht, daß diese Dinge gefühlsmäßig entschieden werden als im Fall von Berufsrichtern.«

Der Richter wurde zornrot: »Wollen Sie damit sagen, daß Geschworene Ihrer Meinung nach nicht zu begreifen vermögen, daß die Sicherheit der Zivilluftfahrt des Schutzes bedarf, und außerstande sind, zu verstehen, daß der Sicherheit der Besatzung und der Passagiere in den Flugzeugen, mit denen sie selber fliegen, ein hoher Wert beizumessen ist?« Der Richter beugte sich weit vor und fuhr fort.

»Da Sie die Frage aufwerfen und schon mehrfach aufgeworfen haben, wüßte ich gern von Ihnen, aufgrund welcher Eigenschaften Richter, Anwälte oder Professoren diese Fragen besser zu entscheiden vermögen, bei denen es, wie Sie mir, glaube ich, sagten, um ethische Überlegungen über die Werte einer Gesellschaft geht?«

»Sie können das natürlich«, antwortete Weber rasch, »und können natürlich auch zur Abschätzung des Grades einer in einem Flugzeug drohenden Gefahr mit herangezogen werden. Die Frage erhebt sich dann aber, ob sie diese Dinge im letzten genauso sorgfältig abwägen wie ein Berufsrichter. Übrigens ist man in Deutschland von der Zuziehung von Laien immer mehr abgekommen.«

»In den Vereinigten Staaten ist das noch nicht geschehen«, sagte der Richter, »und wir befinden uns hier im US-Gericht... Jede weitere Diskussion erübrigt sich. Haben Sie mir die Gründe für Ihren Standpunkt dargelegt? Ja?«

»Ja.«

»Danke.« Damit wandte sich der Richter von Professor Weber ab. Dieser hatte indes noch nicht geendet.

»Ich habe aber den Eindruck, daß Sie die Frage des amerikanischen Jurysystems unerörtert lassen möchten?«

»Ich möchte die Frage unerörtert lassen, sagen Sie?« Das Gesicht des Richters rötete sich erneut.

Weber richtete sich auf: »Ich möchte mich gegen dies System aussprechen. Sie haben mich ausdrücklich gefragt, wie ich dies nach deutschem Recht beurteile, und mich gebeten, Ihnen die Gründe dafür darzulegen, daß die Laienrichter oder das laienrichterliche Element in Deutschland nach und nach eliminiert worden ist. Das hat sich im deutschen Rechtssystem so vollzogen. Das ist nicht meine private Meinung. Ich möchte dies nicht auf das amerikanische Rechtssystem übertragen. Ich habe über diese Dinge nicht zu befinden, aber wir Deutschen – wie haben diese Gefahr erkannt, die von dem System der Laienrichter ausgeht, und das hat dazu geführt, das Laienelement mehr und mehr zu eliminieren. Auch aus der Strafgerichtsbarkeit –«

Der Richter gebot ihm Einhalt. Er hatte genug: »Vielen Dank, Professor! Ich bin müde und möchte das Thema jetzt fallenlassen.« Er wollte jetzt seine Entscheidung bekanntgeben.

»Ich glaube, aufgrund dessen, was ich hier gehört habe, aufgrund meiner eigenen Analyse, daß man die gemäß diesen beiden Paragraphen zu treffende Entscheidung nach dem amerikanischen System der Verteilung der Aufgaben auf den Richter und die Geschworenen keinesfalls einem Richter anheimgeben würde. Die Frage ist aufgetaucht« – er nickte Weber zu –, »ob sie einer Jury anheimgegeben werden kann. Die Antwort lautet ganz einfach, daß man sie in den Vereinigten Staaten von Amerika nur für den Fall, daß der Angeklagte auf die Mitwirkung einer Jury Verzicht leistet, einem Richter anvertrauen würde. Jeder der hier im Saal anwesenden amerikanischen Anwälte weiß genau, was ich meine. Unsere Richterschaft ist unabhängig... Niemand kann einem Bundesrichter vorschreiben, wie er einen Fall entscheiden soll... Doch trotz alledem vertraut man ihm nicht die Entscheidung über Schuld oder Unschuld an.«

Sein Blick schweifte über den Gerichtssaal hinweg, über den Flughafen hinaus zurück in die dunkle Zeit der Tyrannei, die vor vierzig Jahren in der Stadt geherrscht hatte.

»Solange ein Staat Jurys hat..., kann ihnen niemand befehlen, wie sie entschieden sollen. Niemand kann sie herumkommandieren. Niemand kann auf Befehl eines Vorgesetzten schuldig befunden werden, oder weil es vorteilhaft ist oder vielleicht dem Lande nützt. Richter denken bisweilen über solche Dinge nach. Darum ging es den Begründern des amerikanischen Rechtssystems. Ich habe die Aufgabe, dem Rechnung zu tragen.«

Die Szene war hergerichtet. Die Verteidigung des Angeklagten würde vor der Jury erfolgen. Die zwölf Berliner Geschworenen würden ihr ethisches Urteil abgeben. Ihre Entscheidung konnte sich auf alle Nationen auswirken – im Osten wie im Westen. Wenn die Geschworenen entschieden, daß Tiedes Tat als gerechtfertigt oder entschuldigt anzuerkennen sei, dann würde derselbe Weg anderen offenstehen, die unter Verletzung internationaler Abkommen von ihrer eigenen Regierung als Geiseln festgehalten wurden. Jedes Ostblockflugzeug würde dann ein potentielles Ziel darstellen. Und wie würden die Kommunisten reagieren? Wenn Tiede von einem amerikanischen Gericht – und von deutschen Geschworenen – freigesprochen wurde, würde dann irgendein Ostblockstaat jemals einen Hijacker eines amerikanischen oder deutschen Flugzeugs vor Gericht stellen?

War es aber ethisch einwandfrei, Tiede, der sicherlich kein Terrorist war, zu bestrafen, nur um zu gewährleisten, daß wirkliche Terroristen strafrechtlich zur Verantwortung gezogen wurden?

Die deutsche Regierung hatte allen diesen Problemen dadurch aus dem Wege zu gehen versucht, daß sie den Fall den Amerikanern aufbürdete. Das State Department hatte seinerseits alle Hebel in Bewegung gesetzt, um einen Geschworenenprozeß zu hintertreiben. Vergebens. Zwölf Berliner Geschworene würden in Kürze einen Wahrspruch fällen.

23.
Die Zeugen X, Y und Z

21. Mai 1979

Best wollte dem Gericht Zeugen präsentieren, die bereit waren, über die Gefahren auszusagen, die Tiede gedroht hätten, wenn er auf eine andere Art und Weise zu fliehen versucht hätte, doch Adelman hatte noch einen Pfeil im Köcher. Ehe die Geschworenen den Saal betraten, machte der Anwalt des State Department noch einen weiteren Grund geltend, weshalb sie Bests Zeugen nicht hören sollten.

»Sie sollen überhaupt nicht zu Wort kommen?«Der Richter blickte Adelman an.

»Nein.« Adelman unternahm einen letzten energischen Versuch. »Diese Zeugen wollen offensichtlich über ihre eigenen – und anscheinend erfolgreichen – Versuche aussagen, die Deutsche Demokratische Republik zu verlassen.«

»Erfolglosen Versuche«, unterbrach ihn Best.

»Erfolglosen Versuche.« Adelman akzeptierte die Berichtigung. »Es liegt aber keinerlei Beweis dafür vor, daß Herr Tiede irgend etwas davon wußte oder seine Handlungsweise danach ausrichtete.«

Best war sichtlich aufgebracht: »Diese Bekundungen sollen die Geschworenen befähigen, die Berechtigung der Befürchtungen abzuwägen, die Herr Tiede am oder um den 30. August 1978 herum hatte.«

Adelman schüttelte den Kopf. »Bitte, Euer Ehren, sie könnten nur unter der Voraussetzung angehört werden, daß Herr Tiede selbst, als der Hauptakteur hier, von diesen Leuten und ihren Erlebnissen wußte.«

Der Richter unterdrückte ein Lächeln. Adelman lockte Detlef Tiede in den Zeugenstand.

Und so ging es hin und her zwischen Best und Adelman. Schließlich machte der Richter dem Streit ein Ende: »Wenn ich den Angeklagten richtig verstehe, dann war jedermann in ganz Ostdeutschland über das Ausreiseverbot im Bilde. Wer das Land zu verlassen versuchte, wußte, daß man versuchen würde, ihn zu schnappen. Und wer geschnappt wurde, kam ins Gefängnis«, entschied er. Dies sei für die Alternativen relevant, vor denen Tiede am 30. August gestanden habe, sagte er und wies Adelmans Einspruch damit zurück.

Adelman zuckte die Achseln und ging zu seinem Tisch zurück. Auf ein Zeichen des Richters wurden die Geschworenen hereingeführt.

»Rufen Sie bitte Ihren nächsten Zeugen auf«, wies der Richter Best an.

»Professor Roggemann, bitte.«

»Sagt er auf englisch oder auf deutsch aus?«

»Auf deutsch, Euer Ehren«, antwortete Best mit einem Blick auf die Geschworenen.

Ein schlanker, dunkelhaariger Wissenschaftler betrat den Saal und schritt auf Ristau zu, der mit der Bibel in der Hand bereitstand, ihm den Eid abzunehmen.

»Bitte nehmen Sie Platz und nennen Sie uns Ihren Namen für das Protokoll«, forderte Ristau ihn auf.

»Ich heiße Herwig Roggemann.«

Best stand schweigend am Pult und wartete, bis Ristau wieder abtrat.

»Sind Sie Mitglied der Universität?«

»Ich bin Professor für Rechtsvergleichung und Strafrecht an der Freien Universität.«

Der Richter schielte verstohlen nach den Geschworenen hin. Diesen war jedoch nichts anzumerken.

»Professor«, fuhr Best fort, »haben Sie kürzlich auf meine Bitte hin das Strafgesetzbuch der Deutschen Demokratischen Republik durchgesehen?«

»Ja.«

»Stellt nach diesem Gesetzbuch jeder Versuch eines Einwohners der DDR, das Land ohne Genehmigung zu verlassen, eine strafbare Handlung dar?«

»Ja, in der Tat.«

Der Professor sagte aus, das Verlassen der DDR »ohne staatliche Genehmigung« werde mit Freiheitsstrafe bis zu zwei Jahren, in »schweren« Fällen bis zu fünf Jahren bestraft. Ein schwerer Fall liege vor, wenn die Tat durch Fälschung von Ausweisen oder von einer Gruppe begangen werde. Tiedes Fall sei in beiden Punkten ein »schwerer«.

Best lenkte sodann die Aufmerksamkeit der Geschworenen auf die Lage, in der Detlef Tiede sich in Polen befunden hatte. Hätten die Polen ihn nach Ostdeutschland zurückgeschickt, wo ihm eine Freiheitsstrafe von möglicherweise fünf Jahren erwartete?

»Ja, in der Tat.« Der Professor hegte keinen Zweifel, daß das kommunistische Polen den Flüchtling nach Ostdeutschland zurückgeschickt hätte.

Best wies dann die Verfassungswidrigkeit des ostdeutschen Gesetzes in Westdeutschland nach. Das war ein schwieriger Punkt. Der Richter wollte ihn unbedingt klarstellen.

»Professor«, fragte er, »trifft es zu, daß der Paragraph 213 des Strafgesetzbuches der DDR, der DDR-Bewohnern die Einreise in die Bundesrepublik verbietet, in der Bundesrepublik als verfassungswidrig gilt? Stimmt das?«

»Ja«, antwortete Professor Roggemann, »das stimmt.«

Best verließ das Pult und nahm wieder Platz. Die Aussage seines juristischen Sachverständigen hatte vollauf seinen Erwartungen entsprochen und war damit abgeschlossen. Er konnte nun zu seinen entscheidenden Schlägen ausholen – den Befragungen der Zeugen X, Y und Z.

Um ihre in Ostdeutschland lebenden Angehörigen nicht zu gefährden, sollten sie unter Decknamen aussagen. Adelman und Surena stimmten zu, daß dies eine notwendige Vorsichtsmaßnahme sei. Die Anklagevertreter waren sogar damit einverstanden, daß man die Zeichner der deutschen Fernsehanstalten aufforderte, die Gesichter dieser Zeugen nicht für die Nachrichtensendungen zu porträtieren.

Der Richter dachte bei sich, dies Eingeständnis müsse der Anklagevertretung schwergefallen sein, gab sie damit doch zu, daß die Befürchtungen des in Polen festsitzenden Tiede durchaus berechtigt gewesen waren. Die Geschworenen waren aber natürlich nicht im Sitzungssaal anwesend und erfuhren nichts davon.

Als die Geschworenen ihre Plätze wieder eingenommen hatten, richtete der Richter folgende Worte an sie: »Meine Damen und Herren, der Zeuge, der als nächster vor Ihnen aussagen wird, wird dies unter dem Namen ›X‹ tun, was natürlich ein Deckname ist, nicht sein richtiger Name.«

Er wandte sich Best zu: »Ist es ein Mann oder eine Frau?«

Best erhob sich: »Ein Mann, Euer Ehren.«

»Tritt noch ein weiterer, ähnlicher Zeuge auf?«

»Ja, Euer Ehren, sogleich nach diesem Zeugen wird eine weitere Zeugin aussagen, Fräulein Y.«

»Führen Sie den Zeugen bitte herein. Antwortet er auf deutsch oder auf englisch?«

»Auf deutsch, Euer Ehren.«

Ein junger Mann in den Zwanzigern, bärtig und von kräftiger Statur, betrat den Gerichtssaal. Er leistete in aufrechter Haltung den Eid und begab sich dann in den Zeugenstand. Er wirkte sehr gesammelt und beantwortete mit ruhiger, fester Stimme die Frage„ die Best ihm vorzulegen begann. Dieser Zeuge machte auch auf diejenigen, die kein Deutsch verstanden, einen hervorragenden Eindruck.

Best fing langsam an und ging sehr umsichtig vor: »Können Sie mich hören? Verstehen Sie, was ich sage?«

»Ja.«

»Wir werden Sie während dieser Befragung ›Herr X‹ nennen. Sind Sie damit einverstanden?«

»Ja.«

»Sie leben derzeit in der Bundesrepublik Deutschland, Sir?«

»Ja.«

Best hielt das Pult umklammert und verharrte dort regungslos. Der Zeuge sollte durch nichts abgelenkt werden: »Wo wohnten Sie vor Ihrer Übersiedlung in die Bundesrepublik Deutschland?«

»In Ost-Berlin.«

Der Anwalt kam auf den Kernpunkt: »Berichten Sie uns, wie Sie aus der DDR in den Westen überwechselten.«

»Ein enger Freund von mir half mir dabei. Dieser ist Angehöriger des diplomatischen Corps in der DDR, und ich war eng mit ihm befreundet. Ich kannte ihn seit mehreren Jahren, und er bot mir an, er würde mich aus der DDR herausbringen. Das gelang dann auch gleich beim ersten Mal. Ich habe mich im Kofferraum eines Wagens mit CD-Nummernschild versteckt.«

»Als Sie aus der Deutschen Demokratischen Republik flohen, war Ihnen da bekannt, Sir, daß eine solche Handlung gegen deren Gesetze verstieß?«

»Ja.«

Die Geschworenen hatten ihren jungen Landsmann lebhaft vor Augen, wie er, eine drakonische Strafe für seine Freiheit riskierend, in der gräßlichen Stickluft und Finsternis des Kofferraums zu der schrecklichen Fahrt über die Grenze aufbrach.

»Sind Sie schon einmal Zeuge eines Fluchtversuchs aus der Deutschen Demokratischen Republik über die Mauer gewesen?«

»Ja. Das war – ich kann mich an das Datum nicht mehr genau erinnern. Zwischen 70 und 72 in einem Ostberliner Bezirk, der an die Mauer angrenzt. Ich war dort einige Tage bei Verwandten, und... die Fenster in meinem Zimmer gingen direkt auf die Mauer hinaus. Es war Nacht. Wir schliefen alle.«

Während der junge Mann zu sprechen begann, stürzten ihm die Tränen aus den Augen. Mit leiser Stimme fuhr er in seinem Bericht fort. Er schluchzte nicht, doch unaufhörlich rannen ihm dabei die Tränen über die Wangen und in den Bart.

»Einen Augenblick, bitte«, unterbrach ihn der Richter. Dies durfte die Geschworenen nicht gegen die Anklage voreinnehmen: »Ich glaube, meine Damen und Herren, wir legen jetzt eine kleine Pause ein. Würden Sie bitte so freundlich sein, sich in das Juryzimmer zu begeben.«

Nach einer fünfzehnminütigen Unterbrechung wurden die Geschworenen wieder in den Saal geführt.

»Können Sie mit Ihrer Antwort fortfahren?« fragte der Richter den Zeugen.

»Ja.« Der junge Mann setzte seinen Bericht fort.

»In der Nacht wurden wir durch Schüsse geweckt. Ich rannte zum Fenster, und wir konnten sehen, daß jemand versucht hatte, über die Mauer zu gelangen, und daß er schon fast drüben war, als er von mehreren Schüssen getroffen wurde. Es war MG-Feuer. Man konnte die Einschüsse in der Mauer sehen. Es wurden mehrere Schüsse auf ihn abgegeben, bis er schließlich hinfiel. Man ließ ihn dann über eine Stunde lang auf dem Boden liegen. Die Bewohner des angrenzenden Hauses waren alle an die Fenster getreten, und man hörte Rufe wie ›Schweine‹ und ähnliche Ausdrücke. Nach etwa einer Stunde kam ein Kübelwagen. Zwei Mann, glaube ich, stiegen aus, und einer packte ihn an den Füßen und warf ihn auf die Rücksitze wie einen Sack Kartoffeln. Man konnte sehen, daß er noch nicht ganz tot war. Ich kann es nicht genau sagen, aber er war noch nicht ganz tot, man konnte sehen, daß er sich bewegte. Dann brach er erneut zusammen. Was dann geschah, weiß kein Mensch.«

Als der junge Mann geendet hatte, befiel lähmendes Entsetzen den Gerichtssaal. In der drückenden Stille konnte man die Maschinengewehre tacken hören, die Einschläge der Kugeln an der Mauer sehen, bis sie schließlich ihr Ziel erreichten und in den Menschenleib schlugen, ein Leben zerstörten – ein Mord, begangen von Kommunisten, für die Freiheitssehnsucht ein Verbrechen ist.

In den Deutschen stiegen Erinnerungen an die Jahre 1961 und 1962 auf, an erschütternde Szenen entlang der Mauer. Die Amerikaner sahen sich direkt mit der Despotie und ihrer Vernichtungsmaschinerie konfrontiert, die ihnen gewöhnlich nur in Nachrichtensendungen aus fernen Ländern nahegebracht wurde. Die Möglichkeiten, die Tiede zur Wahl gestanden hatten, wurden im Gerichtssaal plastisch veranschaulicht. Die deutschen Geschworenen waren sichtlich beeindruckt. Einige rutschten unruhig auf ihren Plätzen hin und her. Etlichen liefen die Tränen übers Gesicht. Tiedes Fall, der nach Adelmans Eröffnungsvortrag völlig eindeutig erschienen war, nahm sich jetzt ganz anders aus. Ihnen wurde klar, daß sie am Schluß der Verhandlung selber vor schweren Entscheidungen stehen würden, die für alle diesseits und jenseits der Mauer lebenden Menschen Folgen haben würden. Es war ihren Mienen anzusehen, daß der Zwang, entscheiden zu müssen, was Recht und was Unrecht sei, angesichts des hier waltenden Dilemmas sie bedrückte.

Der Richter sah zu Adelman hinüber. Der Staatsanwalt erhob sich. »Keine Fragen.«

»Danke.« Der Richter nickte dem jungen Mann zu: »Sie können gehen.« Dieser stand auf und verließ in aufrechter Haltung mit langsamen Schritten den Saal.

Der Richter machte Best ein Zeichen: »Bitte rufen Sie Ihren nächsten Zeugen auf!«

»Fräulein Y, bitte!« rief Best.

Eine schlanke, blonde junge Frau betrat den abgegrenzten Raum für die Prozeßbeteiligten und leistete den Zeugeneid.

»Sie können deutsch sprechen«, bedeutete Best ihr. »Wir werden Sie für die Zwecke dieses Verfahrens ›Fräulein Y‹ nennen. Sind Sie damit einverstanden?«

»Ja.«

Nachdem Best sie der Jury vorgestellt hatte, begann er, sie zu befragen. Die Zeugin hatte früher in Ost-Berlin gelebt.

»Sind Sie aus der Deutschen Demokratischen Republik geflüchtet?«

»Ich habe einen Fluchtversuch gemacht.«

»Was geschah Ihnen?«

»Ich wurde bei meinem Fluchtversuch verhaftet.«

»Schildern Sie uns bitte Ihren Fluchtversuch.«

»Ich habe versucht, über ein Ostblockland versteckt in der Eisenbahn nach Westdeutschland zu fliehen. Ich habe den Dachraum geöffnet und mich dort versteckt, und wurde an der Grenze zur Bundesrepublik Deutschland verhaftet.«

»Können Sie uns sagen, in welchem Ostblockland Sie den Eisenbahnwagen bestiegen?«

»In der Tschechoslowakei.«

Der amerikanische Anwalt holte den Hergang aus dem ostdeutschen Flüchtling mit kurzen Fragen heraus, die wie Hiebe auf die Ankläger gezielt waren.

»Wie lange blieben Sie in dem tschechischen Gefängnis?«

»Ungefähr acht Wochen.«

»Und was geschah dann mit Ihnen?«

»Ich wurde dann an die DDR ausgeliefert.«

Sie verbrachte dort drei Monate in Untersuchungshaft und wurde dann wegen Verstoßes gegen Paragraph 213 des Strafgesetzbuches der DDR unter Anklage gestellt.

»Wie lautete das Strafurteil?«

»Ein Jahr und sieben Monate.«

»Nun, wie alt waren sie zu dem Zeitpunkt, als Sie zu einem Jahr und sieben Monaten Gefängnis verurteilt wurden?«

»Neunzehn Jahre.«

»Wie lange dauerte Ihr Prozeß?«

»Das kann ich nicht sagen. Das kann ich nicht genau sagen, weil man als Häftling in Ostdeutschland keine Uhr haben darf. Ich schätze, ungefähr vier Stunden.«

»Wo verbüßten Sie Ihre Freiheitsstrafe?«

»In Ost-Berlin.«

»Waren in dem Gefängnis auch noch andere, die wegen Fluchtversuchs verurteilt worden waren?« wollte Best wissen.

»In dem Frauengefängnis waren mehrere Frauen, die wegen eines zweiten oder dritten Fluchtversuchs aus der DDR in Haft saßen.«

Den Richter überlief ein Schauder. Gefängnisse voller »Verbrecher«, deren »Verbrechen« darin bestand, daß sie versucht hatten, ihr eigenes Land zu verlassen, und die nach einer Gerichtsverhandlung von nur wenigen Stunden verurteilt worden waren.

»Sie konnten dann später aber nach West-Berlin gehen, nicht wahr?«

»Das stimmt, ja.«

»Nun, wieviel mußten Sie von Ihrer Freiheitsstrafe von einem Jahr und sieben Monaten verbüßen, ehe Sie nach West-Berlin gehen konnten?«

»Nur ein Jahr, Gott sei Dank!« schrie die Zeugin in den Saal.

Best hielt einen Augenblick inne und umklammerte das Pult mit beiden Händen. »Nur damit jeder begreift, auf welche Weise Sie aus dem Osten herausgelangten: Es stimmt doch, daß Sie von der Bundesrepublik Deutschland freigekauft wurden?«

»Ja, das stimmt.«

Der Richter schaltete sich ein: »Freigekauft? Nun gut, vielleicht ergibt die Frage und die Antwort für Sie Sinn, aber ich verstehe sie nicht.«

Best nickte: »Ist Ihnen bekannt, daß die Bundesrepublik Deutschland Personen aus Ostdeutschland freizukaufen pflegt?«

»O ja, das ist mir sehr wohl bekannt... Wenn man etwa zwei Drittel seiner Strafe abgesessen hat, besteht dazu die Möglichkeit, aber leider klappt das nicht immer, daß man in die Bundesrepublik entlassen wird, Die Möglichkeit besteht. Für einen Facharbeiter müssen 40000 DM gezahlt werden, für einen Spezialisten 60000, und jetzt kommen auch Ärzte frei und die müssen – für die müssen ungefähr 80000 DM bezahlt werden.«

»Wer bezahlt denn diese Summen?« Der Richter schaute die Zeugin ungläubig an.

»Ich glaube, die Bundesregierung.«

»Und wer kriegt das Geld?«

»Die DDR.«

Der Richter seufzte: Ein Land, das seine eigenen Bürger bis zur Zahlung eines Lösegelds gefangenhält. Ostdeutschland verkauft Ostdeutsche an Westdeutschland – Menschen werden von ihrer eigenen Regierung aus der Knechtschaft in die Freiheit verkauft.

Und was geschehe mit einem Ostdeutschen, der lediglich auf legalem Wege ein Ausreisevisum beantrage, wie es Detlef Tiede zu wiederholten Malen versucht habe?

»Sind Ihnen Fälle bekannt«, fragte Best mit ruhiger Stimme, »in denen Bürger der Deutschen Demokratischen Republik beantragten, auf legalem Wege beantragten, das Land verlassen zu dürfen, und falls ja, was geschah mit ihnen, nachdem sie einen solchen Antrag gestellt hatten?«

»Die Verfassung der DDR gewährleistet jedem Bürger das Recht auf – Recht auf Freizügigkeit, das heißt das Recht der freien Wahl des Wohnortes«, versuchte die Frau es ihm zu erklären. »Wer jedoch einen Antrag stellen möchte, muß einen Grund dafür angeben. In den meisten Fällen wird der Antrag eher abgelehnt. Es heißt dann bloß: ›Sie haben keine triftigen Gründe geltend gemacht.‹ Wenn man dann trotzdem weiter versucht, die DDR auf legalem Wege zu verlassen, dann bekommt man enorme Schwierigkeiten. Unter meinen Bekannten kenne ich einige, sehr viele sogar, die... auf legalem Wege ausreisen wollten. Viele, die eine Universitätsausbildung und entsprechende Stellungen hatten, verloren ihre Stellung, als sie einen Antrag stellten, und mußten in einer Fabrik am Fließband arbeiten oder in der Kirche der DDR... Die Kirche ist praktisch ein Platz, ein Arbeitsplatz für Menschen, die die DDR verlassen möchten, so daß es in der Kirche kaum freie Stellen gibt... Außerdem kommt es oft vor, daß Eltern, deren erwachsene Kinder ›rauszukommen‹ versuchen, daß die Eltern an ihrer Arbeitsstelle, im Betrieb Schwierigkeiten bekommen. Sie müssen für das geradestehen, was ihre Kinder tun.«

Best verkündete daraufhin: »Ich habe keine weiteren Fragen an die Zeugin, Euer Ehren!«

Adelman erhob sich zur Hälfte: »Wir haben keine Fragen.«

»Vielen Dank.« Der Richter wandte sich der Zeugin zu: »Sie können gehen.«

Während die Geschworenen der jungen Frau nachschauten, trat Hellring vor. Weiter im Text! »Als nächste Zeugin rufe ich Ingrid Ruske auf!«

Sämtliche Köpfe wandten sich von der abtretenden Zeugin ab und dem Anwalt zu. Ihre Aufmerksamkeit galt jetzt der Frau, die mit Tiede zusammen geflohen, der Frau, für die der Westdeutsche ins Gefängnis gekommen war. Die Geschworenen beugten sich erwartungsvoll vornüber.

Ristau verließ den Saal, um sie hereinzuführen. Während der plötzlichen Unterbrechung stand Adelman sachte auf: »Dürfen wir um eine vertrauliche Unterredung bitten, während die Zeugin hereingeführt wird?«

»Bitte«, nickte ihm der Richter zu.

Die Anwälte standen zusammengekauert neben dem Richtertisch und sprachen ganz leise, damit die Geschworenen sie nicht hören konnten.

»Euer Ehren«, flüsterte Adelman, »es handelt sich natürlich um die nächste Zeugin, Fräulein Ruske. Ich wollte nur vorschlagen, diese Frage jetzt schon zu klären – die nach der Begrenzung ihrer Aussage.«

Adelman wünschte, daß der Richter Hellring verbiete, ihre Inhaftierung und ihre wiederholten Befragungen durch Goeller zur Sprache zu bringen. Seiner Meinung nach war alles, was nach dem 30. August – nach der Landung des Flugzeugs – geschehen war, für Tiedes Schuld oder Unschuld ohne Belang.

Hellring erklärte sich bereit, auf diesem Gebiet ohne vorherige Erlaubnis des Gerichts keine Fragen zu stellen.

Die vertrauliche Unterredung war damit beendet. Während sich die Anwälte zu ihren Plätzen zurückbegaben, trat Hellring ans Pult, um Ingrid Ruske zu befragen.

»Wo sind Sie geboren?« begann er, nachdem sie den Zeugeneid geleistet hatte.

»In Berlin.«

»In Ost-Berlin oder in West-Berlin?«

»Damals gab es kein Ost- oder West-Berlin.«

Hellring ließ sie von ihrer Kindheit und Jugend erzählen. Von ihrer Ehe, der Geburt ihrer Tochter Sabine, ihrer Scheidung, ihrer Tätigkeit als Serviererin, ihrer ersten Begegnung mit dem Kellner Detlef Tiede.

»Bitte berichten Sie dem Gericht, wie Sie Detlef Tiede begegneten, und auch, wie das Freundschaftsverhältnis zu ihm beschaffen war, von der Zeit an, wo sie ihm erstmalig begegneten.«

»Ich lernte Detlef im Dezember 1969 an unserer gemeinsamen Arbeitsstelle kennen. Wir begegneten uns da und lernten uns später dann besser kennen... Im Laufe der Zeit wurden wir gute Freunde und fuhren zusammen in Urlaub, zusammen mit Sabine. Und«, zuckte sie die Achseln, »was soll ich sagen? Wir haben von Heirat gesprochen, aber ich war gerade geschieden und wollte so bald danach nicht wieder heiraten.«

»Lebten Sie zusammen?«

Sie schüttelte den Kopf. »Nein, nie.« Sie seien nicht einmal verlobt gewesen, sagte sie.

Vom Beginn ihrer Beziehung an hatte Tiede sehnsüchtig von einem Ausbruch in die Freiheit gesprochen.

»War dabei vom Westen die Rede?«

»Wir haben oft davon gesprochen, weil Detlef Tiede das System drüben ablehnte. Wir haben darüber sehr lange diskutiert. Und er hatte immer schon auf irgendeine Weise, irgendwie überwechseln wollen.«

Es war Mittag geworden. Doch selbst die Geschworenen – die auf einer täglichen Mittagsmahlzeit nach deutschem Brauch bestanden hatten – schienen diesmal den Saal nicht verlassen zu wollen.

Der Richter und Ristau saßen am Konferenztisch und stärkten sich mit belegten Broten und Selterswasser.

Ristau nahm, obwohl praktizierender Spezialist für internationales Recht und ein in Revisionsverfahren erfahrener Anwalt, zum erstenmal an einem Geschworenenprozeß teil. Er gestand, er sei perplex.

»Was bringt die Verteidigung eigentlich vor?« Über sein Sandwich hinweg blickte er den Richter an: »Bringt sie vor, daß die Flugzeugentführung rechtlich vertretbar gewesen sei, weil Tiede eine rechtswidrige Verhaftung gedroht habe, oder aber, daß die polnische Besatzung in Wirklichkeit den Kurs geändert habe, um Tiede aus der Patsche zu helfen, und daß überhaupt keine Flugzeugentführung stattgefunden habe?«

»Gute Frage, Bruno.« Der Richter lachte. »Da die Anklage die Beweislast trägt, nicht er, kann er sich auf beides berufen, wenn er will. Er kann geltend machen, daß, was auch immer an Bord des Flugzeugs geschah, es sich dabei nicht um eine gewaltsame Entführung im klassischen Sinne gehandelt hat – und er kann gleichfalls geltend machen, daß seine Tat angesichts des Drucks, unter dem er stand, gerechtfertigt war. Der Anklage obliegt es, zu beweisen, daß eine Flugzeugentführung stattgefunden hat, und ebenso, daß kein rechtfertigender Notstand vorlag. Er braucht überhaupt nichts zu beweisen.«

Ristau blieb skeptisch.

»Das Hauptproblem für die Verteidigung besteht darin, ob sie Tiede als Zeugen in eigener Sache aussagen lassen will oder nicht, Bruno.«

»Muß sie das in diesem Falle nicht?« fragte Ristau.

»Wie du weißt, kann der Angeklagte vor einem amerikanischen Gericht nicht gezwungen werden, auszusagen –« »Ja, ja, ich weiß«, unterbrach Ristau ihn, »doch was will Tiede zu seiner

Verteidigung vorbringen, wenn er nicht aussagen will? Wie kann er darlegen, was die polnische Besatzung tat oder unter welchem Druck er stand, wenn er schweigt?«

Der Richter schüttelte den Kopf: »Adelman will ihn in die Zange nehmen. Heute morgen wollte er Best verlocken, seinen Mann in den Zeugenstand zu rufen. Du erinnerst dich an seinen Einspruch – keine Aussagen über andere Fluchtversuche, es sei denn, Tiede wußte von ihnen und sie spielten eine Rolle bei seinem Entschluß vom 30. August. Adelman will, daß Tiede aussagt, damit er ihn ins Kreuzverhör nehmen kann.« Der Richter trank sein Selterswasser aus und griff nach seinem Talar.

»Achte auf das, was die Frau aussagt, Bruno!« Er lächelte über den fragenden Gesichtsausdruck des Gerichtsschreibers. »Wenn Hellring den ganzen Rechtfertigungsgrund durch sie vorbringt – die Sache mit dem Wegbringen von Tiedes Kindern nach West-Berlin, wo er sie nicht mehr sehen konnte –, dann bedeutet das aller Wahrscheinlichkeit nach, daß die Verteidigung ihn nicht präsentieren will.« Der Richter strich sich den Talar über der Schulter glatt: »Falls ja, dann hören wir über das, was mit der polnischen Besatzung in der Bordküche geschah, weiter nichts mehr, und er wird in erster Linie rechtfertigenden Notstand geltend machen.«

Nach der Mittagspause fuhr Hellring fort, Ingrid Ruske zu befragen.

Sie hatte, nachdem sie einen Westberliner namens Quint kennengelernt hatte, Detlef Tiede nicht mehr gesehen. Sie hatte sich mit Quint verlobt. Quint hatte sie jeden Abend besucht und vor Mitternacht wieder nach West-Berlin zurückkehren müssen.

»Sie sagen, er sei zwei Jahre lang täglich gekommen?«

»Ja, ja, zwei Jahre lang.«

»Und er mußte jeden Abend spätestens zu Mitternacht wieder in West-Berlin zurück sein?«

»Ja.«

»Und Sie waren während dieser Zeit miteinander verlobt?«

»Ja.

Quint hatte bei den ostdeutschen Behörden für sie eine Ausreisegenehmigung beantragt, damit sie heiraten konnten. Die Volkspolizei hatte Quint daraufhin an der Grenze festgehalten und ihm das Betreten des Ostsektors untersagt. Die Verlobung wurde gelöst, denn sie konnten sich nicht mehr sehen. Ingrid Ruske sagte aus, Quint dürfe nach wie vor den Ostsektor nicht betreten.

»Ging die Polizei gegen Sie vor, nachdem Sie den Antrag gestellt hatten — nachdem Herr Quint für Sie um die Genehmigung nachgesucht hatte, Ost-Berlin zu verlassen und nach West-Berlin zu übersiedeln, weil er Sie heiraten wollte?«

»Man sagte mir, ich hätte ein Verhältnis mit einem Bürger Westdeutschlands gehabt und man müsse mir im Interesse meiner eigenen Sicherheit meinen Personalausweis entziehen . . . «

Sie konnte nun ihre Identität nicht mehr nachweisen.

Hellring brachte aus ihr heraus, daß sie und Tiede nach fast fünf Jahren wieder Kontakt miteinander aufgenommen hatten.

Ungeachtet wiederholter Einsprüche von seiten Adelmans sagte sie aus, Tiede sei mit einer Polin namens Maria verheiratet gewesen, die einen Sohn namens Rafael mit in die Ehe gebracht habe. Dem Ehepaar sei dann ein Junge geboren worden, dem es den Namen John gegeben habe. Tiede sei beiden Jungen in väterlicher Liebe zugetan und stolz auf sie. In seiner Ehe habe es jedoch schon bald gekriselt. Sie sei schließlich zerbrochen, und Maria Tiede habe Ost-Berlin mit beiden Kindern verlassen. Sie habe sie nach West-Berlin gebracht. Detlef Tiede habe seine Kinder von da an nicht mehr sehen können.

Der Richter sah zu Ristau hinüber, der seinen Blick mit hochgezogenen Augenbrauen erwiderte. Der Mann wird nicht aussagen, sollte das heißen. Ihre Bekundung würde genügen. Es würde allein auf sie ankommen. Hellring drängte weiter, immer wieder von Adelman unterbrochen.

»Wo ist sie mit den Jungen hingegangen?«

»Nach West-Berlin.«

»Brachte sie die Jungen nach ihrer Übersiedlung nach West-Berlin nach Ost-Berlin zu Besuch bei ihrem Vater?«

»Nein.«

»Nie?«

»Nein, nie.«

»Hat Tiede Ihnen gegenüber von Fluchtabsichten nach Westen gesprochen?«

»Detlef hat immer davon gesprochen. Er sagte jedoch: ›Wie, spielt keine Rolle. Ich muß irgendwas tun. Ich will irgendwie rüber.«‹

»Hat er Ihnen gegenüber damals von irgendwelchen Anträgen an die Ostberliner Regierung auf Ausreiseerlaubnis nach dem Westen gesprochen?«

»Er hat mir erzählt, daß er öfters Anträge gestellt und eingereicht hätte, weil er die DDR legal verlassen wollte, und daß er es immer wieder versuchen würde — die DDR legal zu verlassen.«

Hellring hatte die Kopie eines von Tiede bei der zuständigen Behörde eingereichten Antrags mitgebracht, den er als Beweisstück vorlegen zu dürfen bat, damit die Jury davon Kenntnis nehmen könne. Doch Adelman erhob Einspruch, und zwar mit Recht. Die Urkunde konnte nicht im Wege der Aussage der Frau zum Beweis vorgelegt werden; nur Tiede selbst konnte ihre Echtheit bestätigen. Das Gericht gab dem Einspruch daher statt.

Adelman nahm wieder Platz. Wenn Tiede diese Urkunde den Geschworenen vorlegen wollte, dann mußte er in den Zeugenstand treten.

Hellring kam dann auf Ingrid Ruskes eigene Fluchtgründe zu sprechen. Die Geschworenen erfuhren von Horst Fischer.

»Kam es dann dazu, daß Sie einen Fluchtversuch von Osten nach Westen unternahmen?«

»Nach einem Jahr erhielt ich meinen Personalausweis zurück. Ich dachte aber, daß ich eines Tages verschwinden müsse, weg müsse. Das würde dann meine letzte Chance sein. Ich habe viel darüber nachgedacht, und eines Tages lernte ich jemanden kennen, der mir ›rüberhelfen‹ wollte, mir und meiner Tochter über die Grenze helfen wollte, und wir machten einen Versuch mit gefälschten Papieren. Das klappte aber nicht so, wie wir uns das vorgestellt hatten.«

Sie und Fischer mußten dann einen neuen Plan machen, aber sie hatte Angst.

»Nun, Sie wollten dem Richter und den Geschworenen erzählen, daß Sie und Ihr Freund aus Hamburg einen neuen Plan machen mußten.«

»Ja.«

»Und wann setzten Sie Herrn Tiede davon in Kenntnis?«

»Das war ein oder zwei Monate später. Im März oder April. Ich sagte ihm, es wäre zu gefährlich mit dem Kind. Ich muß meine Tochter immer bei mir haben, und die wußte davon, und es war zu gefährlich für mich, noch einmal einen solchen Fluchtversuch zu machen.«

«Und das teilten Sie Ihrem Hamburger Freund mit?«

»Ja.«

Sie wollte Fischers Namen auch jetzt noch nicht nennen. Dieser saß immer noch irgendwo in Ost-Berlin im Gefängnis. Sie sprach daher nur von ihrem »Freund aus Hamburg«.

Hellring brachte die Rede dann wieder auf den Angeklagten. Die Geschworenen sollten erfahren, warum Detlef Tiede in die Sache hineingezogen worden war.

Sie gab sich große Mühe, ihnen alles zu erklären. Nach dem Scheitern ihres ersten Fluchtversuchs hatte sie schreckliche Angst, noch einmal einen zu unternehmen. Sie mußte schließlich für ihre Tochter sorgen. Wenn man sie und Sabine festnahm, was würde dann mit dem Kind geschehen? Selbst wenn man es nicht einsperrte – wer sollte sich um es kümmern, wenn seine Mutter im Gefängnis saß?

Wenn sich jemand fand, der mitmachte, konnte sie es aber vielleicht noch einmal wagen. Am besten würde es sein, wenn dieser den Fluchtweg vorher auskundschaftete. Detlef Tiede schien dafür geeignet. Es stellte sich heraus, daß er noch dringender fliehen wollte als sie selbst.

»Und Sie wollten also abwarten, ob seine Bemühungen Erfolg haben würden, nicht wahr?«

»Ja, das ist richtig.«

Sie planten und überlegten, gerieten dann aber in Zeitnot. Sie hätten schließlich, berichtete sie den Geschworenen, aus Zeitmangel davon absehen müssen, daß Tiede es erst einmal allein versuchte. Sabine mußte im September wieder zur Schule. Die drei wollten also zusammen nach Polen fahren. Fischer wollte später zu ihnen stoßen und westdeutsche Papiere für sie mitbringen. Sie wollten dann alle an Bord des westdeutschen Schiffes gehen, das jede Woche von Danzig nach Travemünde fuhr. Der nächste Abfahrtstag war Montag, der 28. August.

Sie flog am 25. August mit ihrer Tochter nach Polen. Obwohl sie ja nicht zurückkehren wollte, mußte sie ein Rückflugticket buchen.

»Sie buchten den Rückflug also nur, um eventuelle Vernehmer zu täuschen? Stimmt das?«

»Ja, das stimmt.«

»Für welches Datum buchten Sie den Rückflug?«

»Für den 30. August.«

»War die Maschine, in der Sie einen Platz für den Rückflug buchten, dieselbe, mit der Sie dann später tatsächlich zusammen mit Herrn Tiede zurückflogen?«

»Ja.«

Das Schicksal geht seine eigenen Wege. Ingrid Ruske wollte nach Danzig fliegen, um von dort aus mit einem westdeutschen Schiff in die Freiheit zu fahren. Sie buchte einen Rückflug mit der LOT-Maschine 165, wollte von ihrem Ticket aber keinen Gebrauch machen. Doch das erste Ticket brachte sie der Freiheit um keinen Schritt näher und die Rückflugkarte unvorhergesehenerweise zum ersehnten Ziel.

Ingrid Ruskes Flugreise stand von Anbeginn an unter einem ungünstigen Stern. Bevor man sie die Maschine nach Polen besteigen ließ, unterzog man sie erst einer genauen Kontrolle. Hatten die Behörden wohl von ihrem Fluchtplan Wind bekommen?

»Nun, Sie berichteten der Jury, daß Sie bei Ihrer Ankunft auf dem Ostberliner Flughafen am 25. August festgehalten wurden. Wer hielt sie fest?«

»Zuallererst die Zöllner. Die ostdeutschen Zöllner kontrollierten mich. Sie telefonierten und behielten meinen Personalausweis, und ich regte mich deswegen sehr auf. Ich habe Sabine gesagt, sie sollte still sein, sich ruhig verhalten, und wir haben sie gefragt, warum sie mich nicht fliegen lassen wollten, was denn nicht in Ordnung sei. Ich kriegte aber keine Antwort Ich mußte warten, bis sie mir plötzlich meinen Ausweis zurückgaben, und dann durfte ich einsteigen.«

»Wie lange wurden Sie in Ost-Berlin festgehalten, ehe man Sie das Flugzeug besteigen ließ?«

»Ungefähr eine halbe Stunde. Ich hatte große Angst, weil ich die Papiere im Koffer hatte. Ich hatte sie dort versteckt und dachte, daß die ganze Sache vorher auffliegen würde.«

Die bloße Erinnerung an die Sistierung auf dem Flughafen versetzte die Frau in Erregung. Sie wurde leichenblaß und zitterte am ganzen Leibe. Hellring brachte die Rede dann auf den Aufenthalt in Polen.

»Und dann trafen Sie mit Herrn Tiede zusammen?«

»Ja.«

»Und Sie berichteten ihm alles?«

»Ja.«

»Was sagte er?«

»Er war sehr aufgeregt und sagte: ›Hoffentlich ist Herrn Fischer nichts passiert.«‹ Sie telefonierten mit Fischer. Dieser suchte sie zu beruhigen: »Morgen früh bin ich dort«, versicherte er ihnen. Er werde sie kurz vor der Abfahrt des Zuges noch einmal von West-Berlin aus anrufen.

Hellring fuhr fort: »Am nächsten Morgen –«

»Ja«, unterbrach Ingrid Ruske ihn noch vor der Übersetzung in höchster Erregung.

» – rief er Sie an, ehe er abfuhr?«

»Ehe er in den Zug stieg.« Sie rang nach Atem. »Und er sagte: ›Ich komme‹ und ich wollte am Telefon nicht zuviel sagen.«

Alle Anwesenden lauschten wie gebannt ihren Worten.

»Nun, am nächsten Morgen, was geschah da? Am 26. Was geschah da?«

»Also,. . . wir alle drei, Detlef und Sabine und ich, wir gingen zum Bahnhof, um Herrn Fischer abzuholen, und wir gingen den ganzen Zug entlang. Aber Herr Fischer war nicht drin. Dann gingen wir nach Zoppot. Wir hatten ihn vielleicht nicht gesehen. Wir hatten ihn vielleicht verfehlt. Und wir fuhren dann hierhin und dahin, und dann gingen wir schließlich nach Hause, damit jemand am Apparat war. Er sagte: ›Irgendwas ist passiert – irgendwas muß passiert sein.«‹

»Wer hat das gesagt?« Hellring versuchte ihren Redefluß zu unterbrechen.

Doch Ingrid Ruske war fassungslos schluchzend im Zeugenstand zusammengebrochen. Die Verhandlung stockte. Richter, Jury, Vernehmer, Zuhörer – keiner rührte sich von der Stelle. Allmählich kam sie wieder zu sich.

Der Richter beugte sich vor: »Können Sie weiter aussagen?«

»Ja.« Sie nickte, richtete sich wieder auf und fuhr fort: »Detlef sagte ständig: ›Sie haben ihn geschnappt. Sie haben ihn erwischt. Wir können nicht zurück.‹ Ich hoffte immer noch. Ich dachte, vielleicht lassen sie ihn laufen. Vielleicht hat er den Ausweis gar nicht dabei. Vielleicht hat er ihn vernichtet oder weggeworfen oder so was Ähnliches.«

»Nun, dieser Personalausweis« – Hellring hielt inne –, »galt der nur für Sie oder auch für Ihre Tochter Sabine?«

»Sabine war auf der Rückseite eingetragen«, erwiderte sie.

Fischer führte belastendes Material bei sich. Nicht notwendigerweise solches, das ihn selbst belastete. Er war möglicherweise in der Lage, seinen Vernehmern vorzuspiegeln, daß der Ausweis einer Westberliner Bekannten von ihm gehöre – er war auf den Namen einer tatsächlich in West-Berlin ansässigen Frau ausgestellt –, und konnte ihnen vielleicht irgendwie plausibel machen, weshalb er ihn bei sich führe. Ingrid und dem Kind konnte der Ausweis indes schwer schaden. Was hatte ihr Foto auf einem Westberliner Personalausweis zu suchen, der auf einen anderen Namen ausgestellt war?

Sie saßen in Polen fest und gerieten allmählich in eine panikartige Gemütsverfassung.

»Können Sie dem Gericht und den Geschworenen sagen, was Herr Tiede am 26. zu Ihnen sagte, als Ihnen beiden klar wurde, daß Herr Fischer nicht mehr kommen würde?«

»Herr Tiede sagte: ›Er ist verhaftet, er sitzt im Gefängnis.‹... Er meinte Herrn Fischer. ›Wir brauchen nicht mehr zu warten. Sie haben ihn geschnappt. Es hat keinen Zweck, noch länger zu warten. Uns wird jetzt dasselbe passieren.«‹

»Konnten Sie später feststellen, ob die ostdeutschen Behörden Herrn Fischer tatsächlich am 26. verhaftet hatten?«

»Einspruch, Euer Ehren«, rief Adelman dazwischen. »Das gehört nicht zur Sache!«

»Wenn der Einspruch aus diesem Grund erfolgt, wird er zurückgewiesen.«

»Dürfen wir um eine vertrauliche Unterredung am Richtertisch bitten?« insistierte Adelman und behauptete, diese spätere Information gehöre nicht zur Sache. »Zu der Frage, was sie damals, nicht zu einem späteren Zeitpunkt, wußte.«

Der Richter lächelte über Adelmans Bemühen, der Jury die Tatsache vorzuenthalten, daß ihre und Tiedes Schlußfolgerung, Fischer sei verhaftet worden, richtig gewesen war.

»Daß ihre Schlußfolgerung nahelag, wird durch die Tatsache bestätigt, daß sie richtig war. Einspruch zurückgewiesen.«

Und so hatten sie denn gewartet – hilflos und hoffnungslos, verzweifelt und schließlich von panischer Furcht erfaßt. Zwei Tage blieben Detlef, Ingrid und Sabine noch in Danzig und gingen dann zur Abfahrtszeit des Schiffes zum Landungssteg. Der letzte Fahrgast erschien. Immer noch nichts von Horst zu sehen. Die Laufplanke wurde hochgezogen, und dann fuhr das Schiff ab. Die drei standen auf dem Steg und hatten nun keinerlei Bleibe mehr – außer dem Gefängnis.

»Ich hatte jetzt alle Hoffnung aufgegeben. Aber was sollten wir nun machen? Wie sollten wir 'rauskommen? Wie sollten wir wieder zurück? Wir konnten nicht zurück. Das war unmöglich.«

»Wohin zurück?« wollte der Richter wissen.

»Zurück in die DDR.«

»Warum meinten Sie, daß Sie nicht in die DDR zurückkehren könnten?«

»Weil wir versucht hatten, die DDR zu verlassen... Wenn das 'rausgekommen wäre, wären wir mit Gefängnis, mit vielen Jahren Gefängnis bestraft worden.«

»Fahren Sie fort!« nickte er Hellring zu.

»Haben Sie mit Detlef über das gesprochen, was Sie eben sagten, daß, falls man Sie bei einem Fluchtversuch ertappte, Sie in ein ostdeutsches Gefängnis kommen würden?«

»Ja, wir haben darüber gesprochen...« Sie sprach langsam und versuchte, sich genau zu erinnern.

»... Es würde sehr schwer sein. Wir mußten um jeden Preis versuchen, nicht in die DDR zurückzukehren... Detlef sagte dann: ›Du hast die Flugkarte, aber ich will auf keinen Fall zurück. Wir sitzen jetzt alle im selben Boot. Wir bleiben zusammen.‹ Wir haben dann weiter überlegt und gesagt: ›Das einzige ist vielleicht – wäre vielleicht, das Flugzeug umzuleiten oder zu entführen.‹ Das war nur so hingesprochen. Wir dachten mehr daran, mit einem Flugzeug zu fliegen, das jemand anders entführen würde, als das selbst zu tun. Wir hatten keine Erfahrung. Hatten noch nie so ’was gemacht. Und dann am Dienstag, das war der 29., gingen wir einfach los und sagten: ›Wir wollen mal sehen, ob wir – ob wir auf dem Flohmarkt eine Pistole kaufen können.‹ Und wir gingen los, und Sabine und ich, wir sahen uns um, und Detlef machte einen Verkaufsstand auf, damit wir, falls wir etwas sähen, genug Geld hatten.«

Sabine fand etwas auf dem Flohmarkt, das wie eine Pistole aussah, und Tiede ging hin, um sie zu kaufen. »Als er zurückkam, hatte er die Pistole dabei. Wir sahen sie uns an. Es war nur ein Spielzeug. Man konnte damit niemand bange machen. Er sagte: ›Kann sein, kann sein, daß es damit geht, sieht tatsächlich wie eine Pistole aus.‹... Doch wie sollten wir sie ins Flugzeug kriegen? Weil sie wie ein Spielzeug für Sabine aussah, steckten wir sie ihr in die Tasche und sagten ihr, das wäre ihr Spielzeug, und Sabine machte mit.«

Ihre Antwort mündete in einen leidenschaftlichen Redestrom, der immer schneller und dadurch stellenweise unverständlich wurde, aber nicht abzustoppen war. Die Leibesvisitation, die Rückgabe des »Spielzeugs« durch die Zollbeamtin, ihre panische Angst an Bord des Flugzeugs, Detlefs Tat, schließlich die Landung.

»War an der Landung irgend etwas ungewöhnlich?«

»Nein, überhaupt nichts. Nichts war ungewöhnlich. Alles – das einzige war, daß plötzlich irgend jemand sagte: ›Wo sind wir denn hier, das ist aber nicht Schönefeld! Das ist ja der Westen. Das ist Tempelhof!‹ Und dann waren wir gelandet.«

Tiede hatte mit triumphierendem Gesicht den Vorhang im Vorderteil der Maschine durchschritten.

»Was sagte er zu den anderen Fluggästen?«

»Er sagte: ›Wir sind in West-Berlin! Wenn jemand ebenfalls in den Westen will, dann hat er jetzt die Chance. Jeder kann gehen!‹ Irgend jemand sagte: ›Nein, wir wollen nach Hause!‹ Zu dem sagte Tiede: ›Sie habe ich nicht gemeint.‹ « »Was tat Herr Tiede nach der Öffnung der Tür?«

»Er sollte mit erhobenen Händen 'rauskommen und im Einstieg stehenbleiben, und das tat er. Dann rief ihm jemand von unten zu, er sollte seine Pistole wegwerfen. Das tat er ebenfalls. Und ich stand neben ihm mit Sabine. Er schob Sabine etwas vor, als ob er sie zuerst 'rausbringen wollte, falls irgendwas passierte, und –«

»Wurden Sie von irgend jemand willkommen geheißen, als sie unten ankamen?«

»Ja. Es war viel Militär da, überall waren Soldaten. Alle – viele Menschen und Kraftwagen. Und wir – ich weiß nicht wer, irgendwer – wir umarmten irgend jemanden... Ich kann nicht mehr sagen, wer wen umarmte. Doch die Menschen unten, die uns willkommen hießen, umarmten uns alle und sagten: ›Willkommen!‹ und setzten uns in ein Auto und fuhren uns weg.«

Hellring wünschte, daß die Geschworenen erführen, wohin man sie fuhr und was dann mit ihnen geschah. Doch Adelman sprang auf und erhob Einspruch.

Strenggenommen war die rechtswidrige Inhaftierung der drei Flüchtlinge für die Tiede zur Last gelegten Verbrechen nicht rechtserheblich, da sie *nach der Landung des Flugzeugs* erfolgt war. Dies war Adelmans stärkstes Argument dafür, daß diese Mitteilung der Jury vorzuenthalten sei. Hellrings einziges *rechtliches* Argument lautete demgegenüber, daß man Ingrid Ruske aufgrund dieser Geschehnisse Schutz vor Strafverfolgung hatte gewähren müssen und daß die Jury begreifen sollte, daß sie als eine vor Strafverfolgung wegen der Flugzeugentführung geschützte Zeugin keinerlei Ursache hatte, die Unwahrheit zu sagen.

Adelman wollte diese Mitteilung der Jury natürlich vorenthalten, da sie die Anklage zu beeinträchtigen vermochte, und Hellring wollte sie ihr aus ebendiesem Grund zukommen lassen. Die von den beiden geltend gemachten Argumente, betreffend ihre

Rechtserheblichkeit, dienten lediglich dem Zweck, dies zu bewirken. Adelman obsiegte. Sein Einspruch wurde anerkannt.

Hellring zielte nun direkt auf Adelman, vor den Geschworenen: »Sind Sie irgendwann davon in Kenntnis gesetzt worden, daß Mr. Adelman sie und Tiede unter Anklage zu stellen beabsichtigte?«

Adelman fuhr hoch und rief mit lauter Stimme: »Einspruch!«

»Nun«, sagte der Richter, »ich habe entschieden, er könne vorbringen, daß es dazu kam, daß Anklage erhoben wurde, und die Einstellung des Verfahrens und deren Folgen... Mr. Hellring, ich glaube, Mr. Adelman meint, daß Sie ihm mit der Form Ihrer Frage zuviel Ehre antun. Formulieren Sie sie doch etwas anders.«

»Er ist aller Ehren wert.« Hellring blickte den Staatsanwalt finster an.

«Los, bitte, formulieren Sie sie um!«

Hellring wandte sich widerstrebend wieder seiner Zeugin zu.

»Kam es dazu, daß man Sie wegen eines Verbrechens unter Anklage stellte?«

»Ja, im Dezember.«

»Gab Ihnen zwischen dem 30. August und Dezember, als man sie wegen des Verbrechens unter Anklage stellte, das jetzt Herrn Tiede zur Last gelegt wird, irgend jemand einen Anwalt?«

Adelman sprang auf: »Bitte, Euer Ehren, das verstößt abermals gegen die Entscheidung des Gerichts. Euer Ehren wiesen den Anwalt an, der Zeugin bestimmte Fragen zu dem konkreten Punkt vorzulegen, und das hat er nicht getan.«

»Einspruch anerkannt.«

Hellring schloß ihre Vernehmung ab.

»Und kam es dazu, daß die gesamte Anklage gegen Sie von der Regierung gänzlich fallengelassen wurde?«

»Ja, danach. Vor etwa zwei Wochen wurde die Strafverfolgung gegen mich eingestellt.«

»Haben Sie der Regierung irgendwelche Zusagen gegeben?«

»Ich?« erwiderte sie erstaunt. »Nein.«

»Ist Ihnen klar, daß Ihnen keine strafbare Handlung zur Last gelegt wird und man Sie nicht unter Anklage stellen wird?«

»Ja.«

»Und wissen Sie auch, daß Ihnen keinerlei Schaden erwachsen kann, solange Sie dort auf dem Zeugenstuhl unter Eid die Wahrheit sagen, daß Sie aber wegen Meineids angeklagt werden können, falls Sie nicht die Wahrheit sagen?«

»Ja.«

»Ist alles, was Sie hier heute ausgesagt haben, die Wahrheit, die ganze Wahrheit und nichts als die Wahrheit?«

»Ja.«

Hellring wandte sich dem Richter zu: »Keine weiteren Fragen, hohes Gericht.«

Der Richter sah zu Adelman hin. Dieser schien ein wenig müde.

»Wollen Sie sie sofort ins Kreuzverhör nehmen oder sollen wir es für heute genug sein lassen?«

»Ich glaube, eine Verhandlungspause wäre jetzt angebracht«, gab Adelman dankbar zur Antwort.

»Ich glaube, wir haben sie alle verdient«, stimmte der Richter zu. »Gut.« Er wandte sich den Geschworenen zu: »Meine Damen und Herren, wir haben uns heute tüchtig geplagt... Bitte finden Sie sich morgen früh um 9.30 Uhr im Juryzimmer ein.«

24.
A, B, C und D

22. Mai 1979

Als Ingrid Ruske am Ende dieses Verhandlungstages den Zeugenstand verließ, stand ihr die seelische Erschöpfung deutlich im Gesicht geschrieben. Sie hatte für Detlef Tiede getan, was sie konnte. Am nächsten Morgen würde Adelman sie ins Kreuzverhör nehmen. Was würde er sie fragen? In welche ihrer Lebensbereiche würde er eindringen? Wie sollte sie ihm antworten? Sollte sie sich abweisend und steif oder aufgeschlossen und weiblich geben? Es wurde eine lange und schwere Nacht für sie.

Adelman war ein fähiger Prozeßanwalt. Er wußte, daß ihm ein langes Kreuzverhör nichts nützen würde, sondern lediglich ihre Aussage in den Geschworenen verfestigen oder möglicherweise sogar die Berliner aufbringen würde, die vielleicht der Meinung waren, sie habe bereits genug durchgemacht.

Die Anklagevertretung bestritt schließlich nichts von dem, was sie gesagt hatte. Sie war nicht Augenzeugin des Geschehens in der Bordküche. Ihre Aussage betraf in der Hauptsache die Gründe, die Tiede zum Handeln veranlaßt hatten. Sie war nicht in der Lage gewesen, die Aussagen der polnischen Besatzung zu widerlegen, und die Anklagevertretung betrachtete die Gründe für die Flugzeugentführung als unerheblich. Ihre Grundthese lautete: Nichts vermag eine gewaltsame Flugzeugentführung zu rechtfertigen.

Adelman entschloß sich daher vernünftigerweise, sie in Ruhe zu lassen. Tags darauf würde er Wichtigeres zu tun haben. Er mußte darauf gefaßt sein, daß Tiede als Zeuge in eigener Sache aussagen würde. Und dann waren da noch diese anderen Zeugen.

Ken Adams und Dick Shapiro waren hinter den Kulissen eifrig bemüht gewesen, sämtliche in den Westen übergewechselten Passagiere der LOT-Maschine 105, die sie ausfindig machen konnten, als Zeugen zu gewinnen.

Als erstes hatten sie ihren Aufenthaltsort feststellen müssen. Die meisten Flüchtlinge bleiben nicht in West-Berlin, sondern suchen sich in Westdeutschland eine neue Existenz aufzubauen. Die US-Mission war den jungen Anwälten jedoch behilflich gewesen und hatte ihnen alle Informationen zur Verfügung gestellt, die sie brauchten, um nach dem Verbleib der einstigen Fluggäste zu forschen, die Berlin vor neun Monaten verlassen hatten.

Adams und Shapiro hatten sie schließlich nach fieberhafter Suche ausfindig gemacht. Ja, sagten sie alle, sie seien selbstverständlich bereit, Detlef Tiede zu helfen, und würden freiwillig nach Berlin kommen, um für ihn auszusagen. Der letzte von ihnen traf wenige Stunden vor Adelmans Bekanntgabe ein, daß er keine weiteren Fragen an Ingrid Ruske habe.

Ehe sie den Gerichtssaal betreten durften, bat Adelman zuvor ums Wort. Er erhob dagegen Einspruch,pdaß man der Verteidigung gestatte, sie als Zeugen zu präsentieren. »Wir sind in Sorge«, argumentierte er, »daß diese ehemaligen Fluggäste ihre Meinung über Herrn Tiede bekunden und seine Tat bewerten werden.«

Sein Einspruch wurde zurückgewiesen. Gerade Adelman, entschied der Richter, reite unablässig auf den Rechten der Fluggäste herum, über die Tiede sich hinweggesetzt habe, um seine eigenen durchzusetzen. Wenn man die Interessen der Fluggäste gegen die des Angeklagten abwägen wolle, dann seien ihre Aussagen rechtserheblich und müßten gehört werden.

Und so wurden sie einer nach dem anderen aufgerufen und sagten sämtlich unter einem angenommen Namen – A, B, C und D – aus.

Als erste erschien »A«, eine achtundzwanzigjährige Frau. Der Flug sei ruhig verlaufen, bekundete sie. Nichts Ungewöhnliches sei passiert. Sie habe keinen Lärm, keinen Tumult, nichts Auffälliges gehört. Daß sie sich statt in Ost-in West-Berlin befunden hätten, habe sie erst bemerkt, als sie aus dem Fenster geblickt und statt ostdeutscher Autos Volkswagen gesehen habe.

»Wenn ich Sie richtig verstehe«, fragte der Richter sie, »dann wußten Sie also, daß sie weder in Schönefeld noch dorthin unterwegs waren, erst, als Sie bereits in Tempelhof gelandet waren? Ist das richtig?«

»Ja, das ist richtig.«

Aus dieser Zeugenaussage ging hervor, daß Tiede den Fluggästen keinen Schaden zugefügt und sie nicht in Furcht versetzt hatte.

Nach der Landung hatten »A« und ihr Mann sogleich die Lage erörtert und sich entschlossen, in den Westen überzuwechseln.

Wer waren diese Leute? Was hatten sie in Ostdeutschland gemacht? Warum hatten sie sich entschlossen, dort auf Knall und Fall alles im Stich zu lassen? Hellring holte die Antworten auf diese Fragen aus ihnen heraus.

»Welchen Beruf oder welche Tätigkeit übten Sie vor Ihrer Übersiedlung nach Westdeutschland in Ostdeutschland aus?«

»Ich bin von Beruf Industriekauffrau«, antwortete die Zeugin. »Ich habe in der elektronischen Datenverarbeitung gearbeitet.«

»War das Ihre Tätigkeit in Ostdeutschland?«

»Ja.«

»Üben Sie die gleiche Tätigkeit hier in Westdeutschland aus?«

»Ja.«

»Wollen Sie den Geschworenen bitte erklären, warum Sie so plötzlich und so rasch in den Westen überwechseln wollten, innerhalb von drei Stunden? Sie entschlossen sich, Ostdeutschland zu verlassen, obwohl Sie dort seit Ihrer Geburt gelebt hatten –«

»Verzeihung, Euer Ehren«, unterbrach Adelman. »Ich erhebe Einspruch gegen diese Fragen. Dürfen wir um Gehör am Richtertisch bitten, falls das Gericht nichts dagegen hat?«

» Zurückgewiesen.«

»Würden Sie dem Gericht und den Geschworenen bitte sagen, weshalb Sie und Ihr Mann sich entschlossen, Ostdeutschland zu verlassen und im Westen zu bleiben, als sich Ihnen plötzlich die Gelegenheit dazu bot?«

»Wir hatten beide politische und auch wirtschaftliche Gründe. Im Interesse unserer Angehörigen in der DDR möchte ich mich dazu aber nicht weiter äußern.«

Im US-Gericht für Berlin breitete sich abermals Furcht aus.

Nach knapp zehn Minuten war ihre Befragung beendet.

Als nächster Zeuge sagte ihr Mann, »B«, aus. Er bestätigte alles, was seine Frau gesagt hatte, ging über ihre Bekundung aber noch etwas hinaus. Er war bereit, die Frage zu beantworten, warum er sich sofort entschieden habe, alles im Stich zu lassen.

»Ich darf vielleicht auf folgendes hinweisen: Ich habe in der DDR gearbeitet. Weil ich nicht Parteimitglied war, konnte ich nie zum Abteilungsleiter befördert werden oder eine ähnliche Position bekommen und wurde immer in dieser Weise diskriminiert, obwohl ich Diplom-Ingenieur bin, und mußte mich anderen Leuten mit geringeren Kenntnissen unterordnen.«

»Haben Sie Familienangehörige im Osten?«

»Ja. Mehrere Familienangehörige von mir leben noch dort.«

Dann betrat Frau »C« den Saal, eine sechsundzwanzigjährige Frau mit zwei kleinen Kindern, die seit ihrer Geburt immer in der DDR gelebt hatte. Sie wurde gefragt, wann sie die Kursänderung des Flugzeugs bemerkt habe. Erst nach der Landung. Gleich nach der Landung hätten sie und ihr Mann gemerkt, daß sie im Westen seien, und sich sofort zum Bleiben entschlossen. Warum sie sich bereit erklärt habe, auszusagen? Aus Dankbarkeit für das, was Tiede für sie und für ihre Familie getan habe Er hätte für sie das getan, »wozu uns der Mut fehlte«. Sie blickte dabei mit vor Bewunderung feuchten Augen zu dem Platz hin, wo Tiede neben seinem Bewacher saß, und verbeugte sich dann achtungsvoll vor ihm. Tiede lächelte kurz zurück und blickte dann verlegen zu Boden.

Als nächster Zeuge trat ihr Mann vor die Schranken des Gerichts. Sein Name war natürlich »D«. Sechsundzwanzig Jahre alt, hatte er gleichfalls sein ganzes bisheriges Leben auf der anderen Seite der Mauer der Tränen verbracht. Er sagte dasselbe aus wie die anderen, und seine Befragung dauerte gleichfalls nur kurze Zeit.

Und plötzlich war die Beweisaufnahme abgeschlossen. Beide Seiten waren fertig. Die Verteidigung hatte keine Zeugen mehr, die Anklage keinen Gegenbeweis mehr zu führen. Die Geschworenen hatten alle Aussagen gehört. Von ihren ernsten Gesichtern war deutlich das Bewußtsein abzulesen, daß die Stunde der Entscheidung für sie heranrückte.

Tiede selbst trat nicht als Zeuge auf. Seine Verteidiger hielten es nicht für sinnvoll. Was hätte er denn noch sagen sollen? X und Y,

Ingrid Ruske und dann die einstigen Fluggäste hatten seinen Fall viel günstiger geschildert, als er es hätte tun können. Er hatte nichts in seinem eigenen Namen zu klagen, zu erklären und schließlich zu entschuldigen brauchen, sondern andere hatten es für ihn getan. Die Geschworenen hatten alles gehört. Nun stand nur noch die ethische Entscheidung aus, die zu fällen ihnen oblag. Adelmans fachmännischer taktischer Entscheidung, das Kreuzverhör der Ingrid Ruske zu begrenzen, hatte der Entschluß Hellrings und Bests entsprochen, Tiede nicht als Zeuge in eigener Sache aussagen zu lassen.

Das letzte Wort würden die Geschworenen sprechen, nachdem die Anwälte ihre Schlußvorträge gehalten hatten.

25.
Die Schlußvorträge

23. Mai 1979

Die amerikanischen Besatzungsbehörden in Berlin — d. h. das State Department — führten keinen Scheinprozeß zur Besänftigung der Ostblockstaaten. Sie hatten alles darangesetzt, Tiede einer exemplarischen Bestrafung zuzuführen. Dieses Verlangen nach Schuldigsprechung in allen Anklagepunkten wurde erneut offenbar, nachdem beide Parteien ihre eigene Beweisführung für abgeschlossen erklärt hatten und die Verteidigung den Richter gebeten hatte, das Verfahren einzustellen.

Solch ein Antrag wird in jedem amerikanischen Strafverfahren nach dem Schluß der Beweisaufnahme routinemäßig gestellt. Wenn die Geschworenen den Saal verlassen haben, beantragt der Verteidiger in jedem einzelnen Anklagepunkt Einstellung des Verfahrens. Er bittet den Richter, zu entscheiden, daß das belastende Beweismaterial, selbst im für die Anklage günstigsten Licht betrachtet, aus rechtlichen Gründen nicht ausreichen würde, um einen Schuldspruch durch die Jury zu tragen. Dem Antrag darf nur dann stattgegeben werden, wenn der Richter überzeugt ist, daß kein verständiger Geschworener für einen Schuldspruch stimmen würde. Ihm kann nicht einfach deswegen stattgegeben werden, weil der Richter dem Beweis der Anklagevertretung oder ihren Zeugen keinen Glauben schenkt.

Tiedes Anwälte beantragten, alle fünf Anklagepunkte fallenzulassen. Sie wußten, daß ihre Anträge in bezug auf die Anklagepunkte 1 bis 4 abgewiesen werden würden. Es würde der Jury obliegen, über die Anklagepunkte der gewaltsamen Flugzeugentführung, der Geiselnahme, der Freiheitsberaubung und des tätlichen Angriffs auf die Stewardeß Ewa Przybysz zu entscheiden. Sie allein konnte den Streit darüber entscheiden, was sich tatsächlich in der Bordküche abgespielt hatte, und sie allein würde die Interessenkollision nach den Notstandsparagraphen des deutschen Strafgesetzbuches abwägen. Der Antrag der Verteidigung wurde in bezug auf diese Anklagepunkte daher nur pro forma gestellt.

Nicht dagegen ihr Antrag, den fünften Anklagepunkt – unerlaubter Schußwaffenbesitz – fallenzulassen. Das Regierungs-Asservat Nr. 1 -Tiedes »Waffe« oder aber »Spielzeug« – war keine Schußwaffe, weil es nicht die Voraussetzungen des Waffengesetzes von 1938 erfüllte. Es hieß dort: »Schußwaffen im Sinne dieses Gesetzes sind Waffen, bei denen ein fester Körper durch Gas- oder Luftdruck durch einen Lauf getrieben werden kann.« Die Befragung des Schußwaffensachverständigen der Anklagevertretung hatte zweifelsfrei ergeben, daß das Regierungs-Asservat Nr. 1 keine Waffe war und daß kein »fester Körper durch (seinen) Lauf getrieben werden« konnte. Es war, wie gesagt, einfach keine Schußwaffe, und Tiede hatte es ohne Waffenschein bei sich führen dürfen.

Die Anklagevertretung wehrte sich jedoch verbissen gegen die Einstellung des Verfahrens auch nur in diesem, ihrem unwichtigsten Anklagepunkt. Adelman und Surena und ihre deutschen Kolleginnen, Frau Fischer und Frau Wolf, wollten sich nicht davon abbringen lassen, daß es sich bei dem Regierungs-Asservat Nr. 1 um eine Schußwaffe im Sinne des Waffengesetzes handele. Zum Beweis legten sie den Geschworenen ein Exemplar des – von Adolf Hitler als »Führer und Reichskanzler« unterzeichneten und mit einem Hakenkreuz geschmückten – »Gesetzes über Schußwaffen und Munition vom 12. IV. 1938« vor.

Obwohl das gesamte Gesetz in Westdeutschland längst für ungültig erklärt worden war, hatten die Berliner Besatzungsbehörden Teile davon noch beibehalten – vor allem die Begriffsbestimmung einer Schußwaffe.

Und so wurde denn also zur Entscheidung des Antrags des Beschuldigten auf Freispruch in Punkt 5 der Anklage im US-Gericht für Berlin das nationalsozialistische Waffengesetz herangezogen, um dort durch die Anwälte und den Richter ausgelegt zu werden, von denen etliche als Juden darin für Untermenschen erklärt worden waren.

Best stand am Pult. Er sprach langsam und fühlte sich offenkundig angewidert.

»Euer Ehren ist bekannt, daß wir Freispruch in allen Anklagepunkten beantragt haben. Der Anklagepunkt, auf den ich besonders abheben möchte, ist natürlich Nr. 5. Lassen Sie mich dazu folgendes sagen: Ich glaube, aus dem Beweisprotokoll geht eindeutig hervor, daß das Regierungs-Asservat Nr. 1, die Startpistole, nicht dazu bestimmt war, nicht dazu hergestellt wurde, ein Geschoß abzufeuern. Es wurde nicht zu diesem Zweck fabriziert. Um als Waffe im Sinne jenes Gesetzes zu gelten – das Wort ›Gesetz‹ ist dafür viel zu hochtrabend, doch will ich das hier auf sich beruhen lassen. Ich spreche also von dem Gesetz aus dem Jahre 1938... Ich habe sämtliche Bestimmungen dieses Gesetzes gelesen, wie es damals im Reichsgesetzblatt veröffentlicht wurde. Es ist ein ziemlich hanebüchenes Dokument.« Er verzog das Gesicht: »Ich möchte nicht mehr darüber sagen.« Er wandte sich zum Gehen, kehrte indes zurück, außerstande, an sich zu halten.

»Offen gestanden, wie man einen Abschnitt dieses Gesetzes herausnehmen kann, um ihn, wie geschehen, in der Bundesrepublik wieder in Kraft zu setzen, das übersteigt meine Auffassungskraft ...«

Best irrte sich jedoch. In der Bundesrepublik Deutschland war kein Abschnitt des Gesetzes in Kraft – es galt allein in West-Berlin.

»Wenn ich richtig unterrichtet bin«, unterbrach ihn der Richter, »so ist das Gesetz von 1938, das der US-Staatsanwalt in seiner Anklageschrift, Punkt 5, zitiert hat, nur in Berlin anwendbar. Möglicherweise irre ich mich, aber ich glaube, daß dem so ist.«

Die deutsche Juristin Frau Wolf erhob sich: »Euer Ehren, darf ich dazu ums Wort bitten?«

»Bitte!«

Die Juristin trat vor mit den Worten: »Das Gesetz von 1938 gilt.«

Frau Wolf zufolge war das Gesetz in Berlin nach wie vor in Kraft, und zwar zur Gänze. Der Richter wollte das nicht glauben. Er hielt das Nazigesetz hoch.

»Wollen Sie mir erzählen, daß das ganze Gesetz, das ich hier in der Hand halte – zeigen Sie es ihr -!« Er wandte sich Ristau zu, um es ihm zu reichen.

»Sie hat ein Exemplar.«

» – in West-Berlin in Kraft ist?«

Frau Wolf nickte: »Ich bin mir nicht sicher, ob alle Abschnitte«, antwortete sie. »Ich weiß nicht genau, ob alle Abschnitte in Kraft sind. Ich habe das nicht nachgeprüft.«

»Ausgeschlossen, daß alle Paragraphen in Kraft sind«, wandte er ein.

»Möglicherweise doch, ja«, belehrte sie ihn.

»Das halte ich für ausgeschlossen.«

Der Richter schüttelte unwillig den Kopf.

Surena kam ihr zu Hilfe. Die diskriminierenden Bestimmungen gegen Juden und Zigeuner seien natürlich nicht mehr gültig, aber die übrigen Bestimmungen des Gesetzes seien »in entnazifizierter Form« geltendes Recht.

Der Richter blickte Surena bestürzt an: »Wissen Sie, was mich wirklich beunruhigt – vielleicht sollten wir keine Zeit damit vergeuden –, aber ich soll hier ein Buch mit einem großen Hakenkreuz darauf vornehmen und ein Gesetz studieren, das aufgrund eines Hitler-Befehls erlassen wurde!«

Hellring erhob sich und schritt zu den vor dem Richtertisch versammelten Anwälten. Vor allen Dingen, erklärte er, sei die Startpistole überhaupt keine Waffe im Sinne des Gesetzes von 1938. Sie sei nicht dazu bestimmt, irgend etwas abzufeuern. Man solle diesen Anklagepunkt daher fallenlassen. Doch davon einmal ganz abgesehen, sei »dies ein Gesetz, das im Jahre 1938 von den Nazis verkündet worden ist... Das SS-Zeichen, das Schußwaffe-Zeichen, oder wie der richtige Ausdruck lautet, ist noch immer darauf zu sehen. Es ist eine Beleidigung der Vereinigten Staaten von Amerika, nach diesem Gesetz vor einem Gericht Anklage zu erheben. Es ist hanebüchen. Punkt 5 der Anklage sollte deshalb fallengelassen werden, und dem Gericht sollte die Zeit für weitere Erörterungen darüber zu schade sein.«

Der Richter wies den Anklagepunkt als unbegründet ab.

»Nun, ich bin aus naheliegenden Gründen nicht besonders erfreut, ein Gesetz aus dem Jahre 1938 im Sinne seiner Urheber auslegen zu müssen, ein Gesetz, das zudem mit Hinweisen auf religiöse und volkliche Glaubensvorstellungen und so weiter durchsetzt ist. Doch jede unvoreingenommene Lektüre dieses ganzen Gesetzes, in dem von der Herstellung solcher Dinge die Rede ist, von der dafür vorgesehenen Munition, den behördlichen Genehmigungen für die Hersteller von Waffen und Munition, wer sie bei sich führen darf und wer nicht und unter welchen Voraussetzungen, ergibt für mich ganz eindeutig, daß man an Startpistolen damals nicht gedacht hat.«

Die Anwälte verließen den Saal, um ihre Schlußvorträge über die restlichen Anklagepunkte auszuarbeiten.

Die Öffentlichkeit pflegt sich vor allem für das Ende eines Prozesses zu interessieren. Schlußplädoyer! Dieses Wort hat einen besonderen Klang. Die Phantasie malt sich leidenschaftliche Advokaten aus, die sich vor den Geschworenen in Pose werfen und sich mit lauter Stimme für einen Menschen einsetzen oder für eine Sache plädieren. So sieht man es stets auf der Bühne und im Film, manchmal sogar im wirklichen Leben. Im US-Gericht für Berlin wußte jedermann, daß man diesmal solch einen Fall erleben würde.

Am Mittwochmorgen, am 23. Mai, sollte eine Gruppe von düster dreinblickenden Berlinern als erste Jury auf dem europäischen Festland ein Schlußplädoyer in einem amerikanischen Gerichtssaal anhören.

Die Geschworenen setzten ihre Kopfhörer auf. Die Dolmetscher hielten sich in ihrer Glaskabine bereit, die Anwälte an ihren Tischen. Der Angeklagte rutschte nervös auf seinem Stuhl hin und her. Der Gerichtssaal war bis auf den letzten Winkel besetzt. Der einzige freie Platz war der Zeugenstuhl.

»Guten Morgen, meine Damen und meine Herren«, begrüßte der Richter die Geschworenen. »Wir werden jetzt die Schlußausführungen der Anwälte hören... Die Schlußvorträge der Vertreter der Anklage und der Verteidigung dienen dem Zweck, Ihnen vorzutragen, was nach ihrer Behauptung bewiesen oder nicht bewiesen wurde... Zuerst der Schlußvortrag namens der Anklage, das heißt der Vereinigten Staaten. Dann der Schlußvortrag namens des Angeklagten. Anschließend hat die Anklagevertretung Gelegenheit zu einer verhältnismäßig kurzen Widerlegung.«

Der Richter nickte zum Tisch der Anklagevertretung hin, in der Annahme, daß Adelman den ersten Schlußvortrag halten werde. Statt seiner stand jedoch Marianne Fischer auf, schritt zum Pult und wandte sich jetzt der Geschworenenbank zu und nicht mehr dem nun leeren Zeugenstuhl.

Es war dies ein glänzender Schachzug Adelmans. Eine junge Berlinerin würde den Hauptschlußvortrag der Anklagevertretung an die Geschworenen halten, und zwar ohne Filterung durch einen Dolmetscher. Auge in Auge und in ihrer Muttersprache würde sie als Berlinerin jeden der Berliner Geschworenen auffordern, Detlef Tiede schuldig zu sprechen.

»Meine Damen und Herren Geschworenen, ich heiße Marianne Fischer... Ich begrüße es, daß ich hier Gelegenheit bekomme, mich an Sie zu wenden. Ich bin ebenfalls Berlinerin und weiß um die Bedeutung der Ihnen bevorstehenden Aufgabe. Wie Sie erkenne ich auch die Bedeutung, die ein gerechtes Urteil in diesem Fall für Berlin, für das Gemeinwesen haben wird, das Sie hier vertreten. Ich hoffe, Ihnen beweisen zu können, daß der Fall ein gerechtes Urteil erfordert, und das bedeutet, daß der Angeklagte, Detlef Tiede, schuldig befunden werden muß, schuldig im Anklagepunkt der gewaltsamen Flugzeugentführung, schuldig der Geiselnahme, schuldig der Freiheitsberaubung, schuldig der Körperverletzung.«

Methodisch vorrückend, legte die junge, blonde Juristin den Fall vom Standpunkt der Anklagevertretung aus dar. Sie gab eine Zusammenfassung der Geschehnisse, die zum Rückflug der Ingrid Ruske und des Detlef Tiede mit der LOT-Maschine 165 geführt hatten. Natürlich tat sie das auf die Art und Weise, die der Anklagevertretung am günstigsten erschien.

»Aus dem uns vorliegenden Beweismaterial geht eindeutig hervor, daß Herr Tiede am 30. August nicht nur ein Flugzeug gewaltsam entführte und in Tateinheit damit die anderen strafbaren Handlungen beging, sondern auch, daß er dabei das Leben und die Sicherheit von 68 unschuldigen Menschen, der Besatzung und der Fluggäste des polnischen Verkehrsflugzeugs, in Gefahr brachte. Er brachte sie in unmittelbare Gefahr. Er nahm die Gefährdung des Lebens zahlreicher unschuldiger Menschen bewußt in Kauf.«

Frau Fischer, die niemals zuvor an einem Geschworenenprozeß beteiligt gewesen war, versetzte Tiede sodann einige harte Schläge.

»Sie werden sich der Antwort des Kapitäns, des Herrn Lukomski, erinnern – warum er die Kursänderung nach Tempelhof vornahm. Ich zitiere aus seiner Bekundung: ›Ich durfte das Leben und die Gesundheit eines Menschen – eines Menschen und vielleicht sogar aller Fluggäste nicht gefährden. Bis jetzt hat mir noch niemand das moralische Recht oder ein geschriebenes Gesetz gegeben, das mir gestattet, die Gesundheit und das Leben der mir anvertrauten Passagiere aufs Spiel zu setzen.‹ Und dies veranlaßt uns zu der Frage: Wer gab Herrn Tiede das Recht, das Leben und die Gesundheit auch nur eines Fluggastes dieses Flugzeuges zu gefährden? Nichts berechtigte ihn dazu. Nichts kann ihn entschuldigen.«

Der Richter erkannte, daß diese Umformung der Aussagen der polnischen Besatzung für die Geschworenen ein schwer zu widerlegendes Argument darstellte.

»Sie werden sich daran erinnern, wie Fräulein Przybysz zumute war, als der Angeklagte sie zu erschießen drohte, und zwar nicht einmal, sondern mehrfach, falls man seiner Forderung nicht nachkäme. Und Sie werden sich auch daran erinnern, daß sie hier aussagte, er habe ihr die Pistole an den Kopf gedrückt. Sie mußte daher während dieser zehn, zwanzig oder sogar vierzig Minuten, bis dieser schreckliche Zustand vorüber war, um ihr Leben fürchten. Sie werden sich auch der Befürchtungen und der Reaktionen der Besatzungsmitglieder erinnern, die Fräulein Przybysz zu helfen versuchten Tatsächlich erbot sich einer von den Stewards, Fräulein Przybysz abzulösen, doch Herr Tiede gab ihm zu verstehen, daß das nicht in Frage käme. Im Gegenteil, er schrie: ›Wenn irgendeiner in ihre Nähe kommt, erschieße ich sie!‹ «

Ob Tiedes Tat als gerechtfertigt und entschuldigt anzuerkennen sei? Keineswegs. Ihm habe keine sofortige Verhaftung gedroht, und er habe die Fluggäste großen Gefahren ausgesetzt. »Er hätte versuchen können, ein anderes Schiff zu finden, das nach Schweden oder Westdeutschland abging. Er hätte andere Fluchtversuche über die Grenze unternehmen können«, argumentierte sie. »Er zeigte nicht die geringste Achtung vor dem Leben unschuldiger Menschen.«

Und die Fluggäste seien nicht die einzigen Unschuldigen gewesen, die der Angeklagte in Gefahr gebracht habe, argumentierte sie. Auf Kapitän Lukomskis Aussage abhebend, daß Tempelhof zu klein für das polnische Flugzeug gewesen sei, bedeutete sie den Geschworenen, daß die Tat des Herrn Tiede sie als West-Berliner oder ihre Angehörigen hätten töten oder zu Krüppeln machen können.

Dann setzte sie zum Schlußpunkt an. Sie forderte die Geschworenen als Berliner Mitbürger auf, den Angeklagten in sämtlichen Anklagepunkten schuldig zu befinden.

»Ich bin ebenso wie Sie Berlinerin und weiß, wie schwer es jedem von Ihnen fällt,in diesem Fall eine Entscheidung zu treffen. Ich bin mir jedoch sicher, daß Sie bei Ihrem Wahrspruch alle die Eigenschaften an den Tag legen werden, die für uns Berliner typisch sein sollen, nämlich kritisch und wach zu sein.«

Sie blickte die Geschworenen der Reihe nach an und fuhr mit erhobener Stimme fort: »Spielt es wirklich eine Rolle, aus welchen Motiven Herr Tiede handelte? Ist das für die Passagiere eines gewaltsam entführten Flugzeugs von wesentlicher Bedeutung? Ist das für den Kapitän eines gewaltsam entführten Flugzeugs von wesentlicher Bedeutung, der auf einem ihm unbekannten Flugplatz landen muß? Ist es für ihn von wesentlicher Bedeutung, ob der Täter von Osten nach Westen oder von Westen nach Osten will? Wenn Sie schon einmal fünf Minuten in einem stehengebliebenen, überfüllten Aufzug zugebracht haben, dann können Sie sich vielleicht vorstellen, wie lang vierzig Minuten sein können, wenn Ihnen jemand eine geladene Pistole an den Kopf drückt, auf Ihren Kopf zielt und sie mit dem Tode bedroht! Vierzig Minuten in Lebensgefahr, in denen Ihr Leben davon abhängt, daß niemand, kein Dritter, nicht der Pilot, kein Besatzungsmitglied und kein Passagier die Nerven verliert! Durfte Herr Tiede dies von jemand anderem erwarten? Mußte man nicht eher fairerweise von Herrn Tiede erwarten, daß er von seinem Fluchtplan

Abstand nahm oder nach einem anderen Fluchtweg Ausschau hielt? Nach einem anderen vielleicht, auf dem er nur sein eigenes Leben riskiert hätte?... Wir haben von der Verteidigung so viel über Herrn Tiedes Söhne in West-Berlin gehört. Hat er an die anderen 68 Menschen an Bord des Flugzeugs gedacht, die genauso Menschen waren, Menschen wie Sie und ich? Hat er an die Kinder der anderen Passagiere an Bord des Flugzeugs gedacht?« fragte sie.

Eine Hand in die Hüfte gestemmt, stand sie, über das Pult gebeugt, vor den Geschworenen. Mit lauter Stimme schnellte sie ihren letzten Pfeil gegen den Angeklagten ab.

»Müssen wir Ihnen als Berliner wirklich Beweise für all das vorlegen, was an der Mauer, hinter der Mauer geschieht? Jeder Bürger dieser Stadt weiß darum und leidet darunter. Bei allem Mitleid, allem Mitgefühl, das wir für den Angeklagten empfinden, dürfen wir nicht von den Tatsachen absehen, insbesondere nicht von der Tatsache, daß Tiedes Tat einen Angriff auf die Sicherheit der Zivilluftfahrt darstellte. Nirgendwo in der Welt ist der Schutz der Sicherheit der Zivilluftfahrt so wichtig, so lebenswichtig wie hier in Berlin. Wir sind der Überzeugung, daß Sie aus diesen Gründen wie auch aus all den anderen Gründen, die Sie gehört haben, soeben gehört haben, nur zu einem gerechten und richtigen Wahrspruch kommen können: Gewaltsame Flugzeugentführung: schuldig. Geiselnahme: schuldig. Freiheitsberaubung: schuldig. Körperverletzung: schuldig.«

Der Schluß war ausgezeichnet: »Nirgendwo in der Welt ist der Schutz der Sicherheit der Zivilluftfahrt so wichtig, so lebenswichtig wie hier in Berlin«. Damit hatte sie den Lebensnerv der Geschworenen angesprochen. Berlin, die Insel, Berlin, die belagerte Festung, Berlin die blockierte Stadt – aus der Luft verpflegt und beschützt! Im Handumdrehen hatte sie die Dinge zurechtgerückt und der Verteidigung einen überaus heftigen Gegenstoß versetzt. Ob die junge Frau nun recht hatte oder unrecht, so hatte sie doch einem mit vielerfahrenen Prozeßanwälten gefüllten Gerichtssaal soeben ein paar Fingerzeige gegeben, wie man einer Jury gegenüber argumentierte.

Als sie wieder Platz genommen hatte, stand Dietrich Herrmann auf. Die erste Stimme, die sich für Tiede erhob, sollte eine deutsche sein. Dem namens der Anklage ergangenen Appell einer Berlinerin wollte die Verteidigung mit dem Appell eines Berliners entgegentreten.

Herrmann wandte sich im Gesprächston an die Geschworenen. Man habe sie schon oft darauf hingewiesen, daß dies einzigartig sei, »eine deutsche Jury vor einem amerikanischen Gericht«. Er brauche das deshalb nicht noch einmal zu vertiefen. Sie sollten aber daran denken, daß sie Deutsche seien, obschon hier das amerikanische Verfahrensrecht gelte: »Sie befinden sich hier in Deutschland, in Berlin. Der Angeklagte ist Deutscher. Ich bin Deutscher. Wir müssen versuchen, zu einem nicht nur für die Amerikaner, sondern auch für Deutsche erträglichen Resultat zu gelangen.«

Und wie würde ein »erträglicher« Ausgang des Verfahrens aussehen? Um diese Frage zu beantworten, sagte Hermann, müßten sie sich den Druck vergegenwärtigen, unter dem Tiede gestanden habe.

»Herr Tiede wollte wie so viele andere die DDR verlassen. Und weil Sie genauso wie ich und Herr Tiede gleichfalls in dieser Stadt leben, brauche ich Ihnen nicht zu erklären, wie viele Menschen den gleichen Wunsch haben. Sie können alle Beispiele nennen. Sie wissen, was darüber in den Zeitungen steht, was im Fernsehen gezeigt wird, was der Rundfunk verbreitet... Wir brauchen kein weiteres Beweismaterial, wie viele Menschen in den Westen wollen, ob legal oder illegal. Oder weshalb diese Menschen in den Westen wollen. Ich brauche es Ihnen nicht zu erklären. Weil sie frei sein wollen, frei von der ständigen Überwachung, frei von ungerechter und willkürlicher Verfolgung, Dingen, die wir hier nicht kennen. Jeder weiß das.«

Es war, als hielte Herrmann einen Wischer in der Hand, mit dem er all das auslöschte, was Marianne Fischer an die Tafel geschrieben hatte. Deutsche, denkt an euer Land, das geteilt ist zwischen denen, die frei sind, und denen, die wie Sklaven leben müssen. Deutsche, die ihr wahre Deutsche seid, gedenkt des

Schicksals eurer Landsleute, die die Freiheit entbehren müssen, »es sei denn, sie werden, wie ein Zeuge es hier geschildert hat, gegen ein Lösegeld freigekauft«.

Er sage ihnen, was sie bereits wüßten; »Doch alles dies gehört zu den täglichen Erfahrungen aller Deutschen, aller Berliner, gleichgültig, ob sie östlich oder westlich der Mauer leben. Jeder weiß«, sagte er, »daß es keinerlei Möglichkeit gibt, die DDR auf legalem Weg zu verlassen« Seit dem 13. August 1961 nicht mehr. Seit der Errichtung der Mauer nicht mehr.

Tiede, rief er ihnen ins Gedächtnis, habe jedoch »versucht, auf legalem Wege auszureisen. Sie wissen von Frau Ruske, daß er bei den zuständigen Behörden mehrere Anträge gestellt hatte, ohne jemals eine Antwort zu bekommen.«

Und dann kam er auf Tiedes schweres Dasein zu sprechen, eines Mannes, der sich, in einem Land der Furcht und der Unterdrückung festgehalten, nach der Insel der Freiheit gesehnt habe, wo seine Söhne, für immer durch eine Mauer von ihm getrennt, lebten. Dietrich Herrmann gab eine Darstellung der Hergänge aus der Sicht der Verteidigung. Diese lautete anders als die der Staatsanwältin und sollte das Bild verwischen, das sie der Jury eingeschärft hatte. Als er glaubte, dies getan zu haben, setzte er sich wieder.

Anschließend ging das Wort an Hellring. Er trat vor die Geschworenen, dieser weißhaarige Amerikaner, und bat sie, ihn als ihresgleichen zu akzeptieren: »Betrachten Sie mich ein bißchen als Berliner«, sagte er, »und ich werde Sie ein bißchen als Amerikaner betrachten.«

Tiede hatte nicht als Zeuge in eigener Sache ausgesagt. Hellring mußte dafür eine Erklärung liefern. An seinem Mikrophon nestelnd, erklärte er den Geschworenen, dies sei in Wirklichkeit Tiedes Stimme.

»All das, was Sie hier von mir hören werden, spreche ich nicht für mich oder als meine eigene Überzeugung aus, sondern für meinen Mandanten, den Angeklagten Detlef Tiede, der hier vor Ihnen steht und durch mich zu Ihnen spricht und Ihnen das Beweismaterial vorlegt, die Zeugenaussagen, die Sie gehört haben, und zwar so, wie er es sieht, und so, wie er hofft, daß Sie es auch sehen werden.«

Und wie sah Tiede seinen Fall? Hellring, sein Sprachrohr, verkündete es: Freiheit! »Er trägt Ihnen heute einen Freiheitsfall vor«, erklärte Hellring. »Freiheit ist der Rechtfertigungsgrund, Freiheitsverweigerung ist der Schuldausschließungsgrund.«

Doch was sei »Freiheit«? Was bedeute sie? »Freiheit nicht allein als Idee«, erklärte Hellring, »sondern Freiheit, wie Sie sie gesehen haben. Freiheitsverweigerung, wie sie Ihnen von denen geschildert worden ist, die hier vor Ihnen als Zeugen ausgesagt haben. Denn was ist Freiheit? Ich will dieses Thema mit Ihnen hier nicht in Form einer philosophischen oder ideologischen Debatte erörtern. Doch kann man mit Ihnen über ein Wort wie Freiheit oder Freiheitsverweigerung reden, ohne philosophisch zu werden?« Seine Worte widerhallten in den Ohren der Zuhörer. »Ich sage: ja. Kann man die Freiheit sehen? Kann man sie hören? Ja, man kann es.«

Er ging mit langsamen Schritten vor der Geschworenenbank auf und ab und sprach ohne Notizen.

»Wenn Sie einen sympathischen, kräftigen jungen Deutschen hier vor sich sehen«, erklärte Hellring, »der vor Ihnen sitzt und Ihnen erzählt, er habe im Kofferraum des Wagens einer ausländischen Mission gelegen, und wenn Sie sich ausmalen, was dabei in seinem Innern vorging – wenn Sie diesen jungen Mann heute hier vor sich sehen, dann sehen Sie, was Freiheit ist. Wenn Sie seinen Bericht und seine Schilderung hören, wie ein Mann mit Maschinengewehren bei Nacht an der Grenze auf brutalste Art und Weise getötet wurde, als ob er ein wildes Tier wäre, dann hören Sie, was Freiheitsverweigerung ist. Das sind keine bloßen Ideen. Das ist keine Philosophie. Das ist so wirklich wie dies Gebäude hier und wie ein jeder von uns. Und Sie können das sehen und können es hören, und das ist alles hier gegenwärtig.«

Die deutschen Geschworenen lauschten mit gespannter Aufmerksamkeit. Einige weinten. Doch Hellring ersparte ihnen nichts. Er wollte sie aufwühlen und zu ihren Herzen vordringen.

»Wenn Sie hier ein nettes deutsches Mädchen hören und sehen, das Ihnen erzählt, es habe im Alter von neunzehn Jahren seine Familie verlassen, mit bis zum Hals klopfendem Herzen einen Zug bestiegen und sich oben im Dachraum versteckt, dann sehen und hören Sie, was Freiheit ist. Und wenn das Mädchen Ihnen erzählt, daß es an der Grenze gefaßt wurde – es ist immer die Grenze im Osten, an der man gefaßt wird – und daß sie von tschechoslowakischer Polizei vom Dach heruntergeholt wurde, um nach dem Gesetz des Ostens in die DDR zurückgeschickt zu werden, dann sehen und hören und fühlen Sie, was Freiheitsverweigerung ist. Das ist keine bloße Idee. Und Sie müssen mir verzeihen, wenn mein Mandant Ihnen diese Dinge jetzt berichtet, denn es genügt nicht, es genügt nicht, daß wir als Berliner bloß um alle diese Dinge wissen. Es kommt vielmehr eine Zeit, es kommt eine Zeit, wo diejenigen unter uns, die dies Glück haben, einmal in ihrem Leben für die Freiheit eintreten können, einen kleinen Schlag für sie führen können, der in der ganzen Welt gehört wird. Dies ist solch ein Augenblick für mich und auch für Sie.

Wenn Sie hier sehen und hören, daß, als die tschechoslowakische Polizei sie in die DDR zurückschickte, sie sie damit einem Geheimverfahren auslieferte, einem Geheimverfahren, in dem sie in geheimer Verhandlung zu einem Jahr und sieben Monaten Gefängnis verurteilt wurde, dann sehen und fühlen Sie, was Freiheitsverweigerung ist. Sie können den Rechtfertigungsgrund mit Händen greifen und den Schuldausschließungsgrund mit Ihren eigenen Ohren hören. Das ist keine bloße Idee. Und wenn jemand vor Ihnen sitzt und Ihnen berichtet, daß die Regierung, die Regierung Westdeutschlands, Menschen für Geld freigekauft hat, dann erfahren Sie einiges über Freiheit und was sie hier in Berlin und im Westen bedeutet. Die Freiheit«, wetterte Hellring, »ist in diesem Fall das Faktum, der Rechtfertigungsgrund – und der Anklagevertretung obliegt Ihnen gegenüber die Beweislast dafür, daß in diesem Fall kein Rechtfertigungsgrund und kein Schuldausschließungsgrund vorlag.«

Hellring kam auf die Einzelheiten der ausweglosen Lage zu sprechen, in der Ingrid Ruske und Detlef Tiede sich befunden hatten. Und was habe die Anklagevertretung vorgebracht, um dies Beweismaterial zu entkräften? fragte er. Nichts!

»Ich habe von keinen Tatsachen erfahren, aus denen hervorgeht, daß kein Rechtfertigungsgrund vorlag. Sie vielleicht. Ich nicht. Ich habe nicht einmal von einem Versuch der Anklagevertretung gehört, irgendeinen Beweis gegen den Rechtfertigungsgrund oder gegen den Schuldausschließungsgrund beizubringen. Und der Richter wird Ihnen sagen, daß er von Ihnen erwartet, daß Sie ihre Entscheidung in diesem Fall aufgrund der Tatsachen fällen, die Ihnen vorgetragen worden sind, und nur aufgrund dieser Tatsachen.«

Und Tiedes Brutalität, die die Staatsanwältin soeben heraufbeschworen hatte?

»Nun, die Anklagevertretung hat Sie sehr, sehr eindringlich darauf hingewiesen, daß Tiede stets nur an sich dachte. Wenn Tiede nie an andere gedacht hätte, dann hätte er sich eine Pistole gekauft. Dann hätte er sich eine Waffe besorgt. Es wäre ihm gleich gewesen, ob jemand dadurch zu Schaden kommen würde. Er hat sich jedoch keine Pistole gekauft und er hat sich keine Waffe gekauft. Was er kaufte, war etwas, das wie eine kleine Pistole aussah. Ein zwölfjähriges Mädchen machte ihn darauf aufmerksam, als es in einem Schaufenster Spielwaren betrachtete. Sie haben die gesamte Aussage gehört.« Er hielt inne und lächelte die Geschworenen an.

»Dieser Mann ist kein Egoist«, fuhr er fort. »Natürlich dachte er an sich, weil er in Freiheit leben wollte, aber er dachte auch an seine Fluchtgefährtin, Ingrid Ruske, und an ihre Tochter, weil sie ebenfalls in Freiheit leben wollten, und er war darum besorgt, niemandem einen Schaden zuzufügen.«

Hellring rekapitulierte die Flucht, die Landung und die Geschehnisse nach der Landung. »Als Herr Tiede und Ingrid Ruske und Sabine aus dem Flugzeug stiegen, hieß Oberst Brymer sie im ›freien West-Berlin‹, willkommen, und Oberst Brymer hat uns berichtet, daß ihn dies Ereignis sehr bewegt hat. Freiheit.« Hellring erhob seine Stimme: »Freiheit. Alle sahen, was Freiheit ist. Sie konnten sie buchstäblich schmecken, mit den Händen greifen, hören, riechen. Sie war in jenem Augenblick keine vage Vorstellung, keine philosophische Idee. Sie war mitten unter ihnen gegenwärtig.«

Hellring kam zum Schluß. Er endete ähnlich, wie er begonnen hatte: »Und wenn ich Sie heute auch gebeten habe, in mir ebenfalls einen Berliner zu sehen, und wenn ich auch als Berliner fühle, so weiß ich doch, daß ich demnächst wieder abreisen werde und Sie als Berliner hier bleiben. Sie bleiben hier und müssen damit leben. Und ich hoffe, daß Sie Herrn Tiede seine Freiheit geben, die Freiheit, die er sich mit seinem Mut errang, einen Bluff zu versuchen, der glückte.«

Nach ein paar weiteren Worten beendete Hellring seinen Schlußvortrag. Auf dem Rückweg zu seinem Platz hielt er noch einmal inne, um sich ein letztes Mal an die Jury zu wenden: »Ich bitte Sie, zu befinden, daß Detlef Tiede einen Rechtfertigungsgrund hatte. Er hatte einen Schuldausschließungsgrund, diesen Bluff zu versuchen, diese Täuschung der Besatzung, und ich bitte Sie, ihm seine Freiheit zu geben.« Und mit diesen Worten setzte Hellring sich nieder.

Die Geschworenen hatten drei Schlußvorträge über sich ergehen lassen müssen. Noch zwei standen ihnen bevor. Konnte man von ihnen wirklich erwarten, daß sie alle diese Argumente begriffen und alle diese Vorbringungen analysierten? Und würden ihre von den Vertretern der Anklage und der Verteidigung aufgewühlten Gefühle nicht schon bald wieder abstumpfen?

Best war ans Pult getreten. Er befestigte das Mikrophon an seinem Jackett und setzte dann zu seinem Resümee an. Die Dolmetscher in ihrer Kabine traten wieder in Tätigkeit.

»Ich habe die Ehre gehabt, als erster amerikanischer Verteidiger in diesem Verfahren das Wort an Sie zu richten«, erinnerte er sie an seine Eröffnungsansprache. Es schien schon lange her, daß er sich erstmalig an die Geschworenen gewandt hatte, doch waren seitdem erst acht Tage vergangen.

»Wissen Sie noch, was ich Ihnen zu Beginn dieses Verfahrens sagte? Ich sagte Ihnen, Detlef Tiede sei an der Umleitung eines Flugzeugs nach dem freien West-Berlin beteiligt gewesen. Wir haben Ihnen dargelegt, daß Detlef Tiede aus der Deutschen Demokratischen Republik floh, weil er fürchten mußte, verhaftet zu werden, und wer weiß was sonst noch alles. Wir haben Ihnen dargelegt, daß er durch die Abfolge der Ereignisse, nämlich die Verhaftung des Mannes aus Hamburg, die Sistierung und Vernehmung der Ingrid Ruske in Schönefeld sowohl wie in Danzig und die Leibesvisitation, die an ihm, Ingrid Ruske und dem zwölfjährigen Kind Sabine vorgenommen wurde, in eine verzweifelte Gemütsverfassung geriet.«

Best erinnerte die Geschworenen daran, daß Tiede niemandem einen körperlichen Schaden zugefügt, keine gefährliche Waffe benutzt, das Flugzeug nicht beschädigt und keinerlei Geldforderungen gestellt oder politische Zugeständnisse verlangt habe.

Warum, fragte Best, sei dies alles wichtig? »Warum sollten Sie nicht, wie die Anklagevertretung es gerne möchte, Scheuklappen anlegen und lediglich die Tatsache der Flugzeugentführung ins Auge fassen und weiter nichts? Warum ist es wichtig, daß Detlef Tiede ein achtenswertes Motiv hatte? Das heißt, warum sollte es uns interessieren, daß er sich mit seinem Sohn, John, und seinem Stiefsohn, Rafael, in West-Berlin wieder vereinen wollte?«

Best stellte noch zwei weitere Fragen zur Diskussion.

»Warum ist es wichtig, daß er Ingrid Ruskes Verhaftung und die fast sichere Einweisung eines zwölfjährigen Kindes in ein staatliches Erziehungsheim verhindern wollte? Schließlich und endlich: Warum kümmert uns das? Warum kümmert es uns, daß er einem bösen System entfloh, dessen Gesetze eine Flucht oder Auswanderung zu einem Verbrechen machen? Und noch einmal: Warum ist es wichtig, daß diese Gesetze in Westdeutschland null und nichtig sind?«

Nachdem Best diese Fragen aufgeworfen hatte, unternahm er es, sie zu beantworten. Er las seine Ausführungen mit ruhiger Stimme ab; den Geschworenen, die offensichtlich nach irgendeinem Weg suchten, der aus dem ihnen unlösbar scheinenden Konflikt herausführte, bot er Fingerzeige.

»Die Sache ist die, daß es uns als Menschen kümmert, was mit einem anderen Menschen geschieht. Und es kümmert uns auch, von unseren moralischen Anschauungen einmal ganz abgesehen, weil das unsere Pflicht ist, weil das Gesetz von Ihnen verlangt, daß, ehe Sie den Angeklagten schuldig oder freisprechen, sämtliche Tatsachen von Ihnen erwogen werden müssen, denen Herr Tiede sich gegenübersah, und sämtliche Umstände, die mit der Umleitung des Flugzeugs einhergingen... Sie werden sich erinnern, daß ich Ihnen sagte, Sie würden mindestens zwei Fragen zu behandeln haben. Sie werden sich erinnern, daß ich Ihnen in meinem Eröffnungsvortrag zwei Fragen vorlegte. Ich fragte Sie: ›Was ist recht?‹ und: ›Welche Handlungsweise durfte man von Herrn Tiede vernünftigerweise erwarten?‹ Dies waren die beiden Fragen, die ich Ihnen vorlegte. Lassen Sie mich das jetzt etwas anders formulieren und nehmen Sie die folgende Frage bitte mit ins Juryzimmer: Was hätten Sie anders gemacht, wenn Sie in Detlef Tiedes Haut gesteckt hätten?«

Best hob auf die gleichen Themen ab wie Hellring — Freiheit und Furcht.

»Es war hier von Freiheit die Rede. Lassen Sie mich einen Augenblick von der Furcht sprechen. Furcht ist etwas sehr Reales. Sie haben das hier im Gerichtssaal erlebt. Sie sind Zeuge geworden, wie Adam Wasik, der Steward des polnischen Flugzeugs, bei der Erwähnung des Namens Aleksandrowicz derart in Panik geriet, daß sich das Weiße seiner Augen rötete und er sich nicht einmal, sich nicht einmal mehr an die Abflugzeit seines Flugzeugs von Danzig nach Schönefeld erinnern konnte. Sie haben gesehen, was Furcht ist. Und damit hat Herr Tiede leben müssen und davor ist er geflohen. Weil unsere Gerichte daran glauben, daß das Verhalten eines Menschen entschuldbar sein kann, kann der Angeklagte nur schuldig befunden werden, wenn sein Verhalten tadelnswert war. Somit ist selbst im Falle, daß eine Handlung ein Delikt darstellt, diese dem Beschuldigten nicht notwendigerweise zum Vorwurf zu machen. Und das ist deshalb so, weil wir als gesetzestreue Menschen glauben, daß jemand in eine außergewöhnliche Lage geraten kann, in eine außergewöhnliche Seelenlage, in der man fairerweise von ihm keine Gesetzestreue verlangen kann... Zwei Fragen. Ich lege Ihnen zwei Fragen vor: Brachte Herr Tiede sich in der Deutschen Demokratischen Republik selbst in Schwierigkeiten? Und, falls ja, war es unrecht von ihm, das zu tun? Wir wollen diese Frage stellen und die Antwort darauf geben. Das einzige, was er tat, war, daß er einen Fluchtversuch unternahm. Wäre es Ihnen lieber gewesen, er hätte sich vor Gericht stellen lassen und gewartet, in der Hoffnung, eines Tages freigekauft zu werden? Wirklich?« Er blickte zu den Geschworenen hin, als erwarte er von dort eine Antwort. Er wußte indes, daß die Geschworenen erst später antworten würden.

»Die zweite Frage: Richtete Herr Tiede durch seine Flucht mehr Schaden an, als er verursacht hätte, wenn er in der DDR geblieben wäre? Nun, wie ist es denn gewesen? Er hat ein Flugzeug umgeleitet. Niemand kam dabei zu Schaden. Er benutzte dazu lediglich eine Startpistole. Außer Herrn Tiede, Ingrid Ruske und ihrem Kind entkamen noch sieben weitere Personen in den Westen. Das Flugzeug erlitt keinerlei Beschädigungen. Die Landung ging den Fahrgästen zufolge derart normal vor sich, daß sie nicht einmal merkten, was da passierte. Einigen Unbequemlichkeiten, die manchen der übrigen Passagiere und der Besatzung widerfuhren, steht die Tatsache gegenüber, daß er nicht nur die ihm selbst mit Sicherheit bevorstehende Inhaftierung verhinderte, sondern auch die der Frau Ruske und darüber hinaus -bedenken Sie das – darüber hinaus die fast sicher bevorstehende Trennung einer Mutter von ihrem Kind.

Es handelt sich hier in Wirklichkeit um ein menschliches Problem. Was hätten Sie an Herrn Tiedes Stelle gemacht?«

Best strich sich die Haare aus der Stirn und kam zum Schluß.

»Wir kehren somit zum Ausgangspunkt unserer Ausführungen zurück. Wie der Anfang, so das Ende. Was ist recht? Was durfte man vernünftigerweise von einem Manne erwarten, dem Verhaftung und Freiheitsentzug aufgrund eines Gesetzes drohten, das eine unerträgliche Schande ist und von einem Land erlassen wurde, in dem nur der sich seines Lebens freuen darf, der sich der Partei unterordnet? Und schließlich – es ist dies die gleiche Frage, nur anders formuliert: Was hätten Sie in dieser Situation gemacht und hätten Sie sich anders verhalten als Herr Tiede?«

Best packte seine Notizen zusammen, blickte die Geschworenen an und richtete, ehe er wieder Platz nahm, zum letzten Mal das Wort an sie.

»Dies ist, kurz gesagt, die Geschichte einer Flucht. Dies ist die Geschichte einer Flucht über die Mauer per Flugzeug. Die Amerikaner, die die aus dem Flugzeug aussteigenden Passagiere willkommen hießen, sahen in ihnen alle Flüchtlige, einschließlich Herrn Tiedes, dem sie die Hand schüttelten, um ihm zu gratulieren. Anders als die Geschichte des Fräulein Y ist dies die Geschichte einer erfolgreichen Flucht. Und wenn Sie das auch so sehen, wenn Sie das auch so sehen, dann werden Sie mir zustimmen, daß die Anklage den Beweis für die Richtigkeit ihrer Anschuldigungen nicht erbracht hat. Ich gebe Ihnen zu bedenken, daß sie ihn nicht erbracht hat, und fordere Sie auf, Herrn Tiede nicht schuldig zu befinden. Heißen Sie ihn wahrhaft willkommen im freien West-Berlin, indem sie ihn nicht schuldig befinden!«

Dann setzte Best sich nieder. Seine Worte waren die letzten, die die Geschworenen namens des Angeklagten hören sollten. Wenn sie jetzt nicht geneigt waren, ihn freizusprechen, dann würden sie es niemals sein.

Adelman erhob sich, um darauf zu erwidern. Seine Ausführungen nahmen jedoch nicht einmal zehn Minuten in Anspruch. Es war alles gesagt worden. Zum Schluß bat Adelman die Jury, sie möge sich der Worte der deutschen Juristin Frau Fischer erinnern.

»Bitte erinnern Sie sich an all das, was ich hier gesagt habe, und vor allem an all das, was Miss Fischer gesagt hat. Denken Sie an ihre so treffenden Worte. Und seien Sie dabei fair und gerecht. Mehr verlangen wir von Ihnen nicht. Wir bitten Sie, in Punkt 1 der Anklage, gewaltsame Flugzeugentführung, zu entscheiden: schuldig. In Punkt 2, Geiselnahme: schuldig. In Punkt 3, Freiheitsberaubung: schuldig. Und in Punkt 4, Körperverletzung: schuldig. So, meine Damen und Herren Geschworenen, lautet hier der faire, gerechte und ehrenhafte Wahrspruch. Vielen Dank!«

26.
Das Land, wo unsere Väter starben

24. – 25. Mai 1979

Der auf die Schlußvorträge folgende Tag war Himmelfahrt. Es fand daher keine Gerichtssitzung statt.

Den Anwälten blieb nun nichts mehr zu tun. Sie konnten sich nach Belieben in Berlin umsehen. Der Angeklagte blieb im Gefängnis Moabit, wie seit Monaten. Er wußte jedoch, daß der Augenblick der Entscheidung herannahte. Auf jeden Fall durfte er jetzt seine Söhne Rafael und John sehen. Er war zufrieden.

Der Richter arbeitete seine Rechtsbelehrung an die Geschworenen aus, die Rechtsausführungen, die sie zur Entscheidung des Falles benötigen würden. Er verbrachte den Tag damit, gemeinsam mit seinem Rechtsberater Thomas Weigend und mit Ristau eine einzigartige Reihe von Anweisungen zu bosseln, in denen die amerikanischen Begriffe eines Beweises über jeden vernünftigen Zweifel hinaus und der Unschuldsvermutung mit den deutschen Definitionen der Tiede zur Last gelegten Verbrechen zu verknüpfen waren.

Auf dem Weg vom Hotel nach Tempelhof schlug Ristau einen halbstündigen Umweg vor zur Besichtigung der einstigen Diensträume des Grafen Schenk von Stauffenberg, der 1944 als führender Kopf des geplanten Staatsstreichs das Attentat auf Hitler verübt hatte. Dort befinde sich jetzt ein Museum, das all denen gewidmet sei, die in den besetzten Ländern wie auch in Deutschland gegen Hitler rebelliert hatten.

Der Richter wies den Fahrer an, dorthin zu fahren, und die drei Männer gingen die Treppenstufen in dem Vorkriegsbau hinauf, die zu den Diensträumen des einstigen Stabschefs des Befehlshabers des deutschen Ersatzheeres führten. Diese waren wieder in den Zustand versetzt wordn, in dem sie sich am 20. Juli 1944, dem Tag des Attentats auf Hitler, befunden hatten. Die Straße hieß damals

Bendlerstraße. Vom »Bendler-Block« aus lenkten Stauffenberg und General Beck die Verschwörung hochrangiger Offiziere, der sich schließlich sogar Generalfeldmarschall Rommel aufschloß. Nach dem Krieg wurde die Straße in Stauffenbergstraße umbenannt.

In den einstigen Diensträumen befand sich jetzt eine »Gedenk- und Bildungsstätte«. Weigend, Ristau und der Richter betrachteten aufmerksam die Exponate. An den Wänden hingen Porträtaufnahmen von führenden belgischen, französischen, holländischen, polnischen und russischen Widerständlern wie auch von deutschen Offlzieren und Zivilisten, die den Nazis die Stirn geboten hatten. Beim Durchschreiten der Zimmerflucht, in der die Verschwörung ihren Sitz gehabt hatte, stießen sie auf ein großes, besonders herausgestelltes Foto, das Hunderte von Zivilisten, Männern, Frauen und Kindern, zeigte, die, von deutschen Soldaten bewacht, mit erhobenen Händen eine Straße entlanghasteten. Alle trugen den Davidsstern. An den Straßenecken standen deutsche Zivilisten, die die Szene beobachteten. Die Bildunterschrift lautete: »Und sie sagen, niemand hätte es gewußt!«

Die drei Männer schritten dann die Treppenstufen wieder hinunter und auf den gepflasterten Hof hinaus, den Weg ab, den der verwundete Stauffenberg hatte gehen müssen, nachdem der Staatsstreich mißlungen und die Verfolger in sein Zimmer gestürmt waren. Dort, an der Mauer, wo Stauffenberg mit den Worten: »Heiliges Deutschland!« auf den Lippen unter den Schüssen des Exekutionskommandos sein Leben ausgehaucht hatte, verweilten sie einen Augenblick an dem kleinen, würdigen »Denkmal für die Opfer des 20. Juli 1944.«

Sie gingen dann zum Wagen des Richters zurück und fuhren weiter nach Tempelhof, um dort den ganzen Tag über aus den amerikanischen und den deutschen Rechtsgrundsätzen eine Rechtsbelehrung für die Jury zu bosseln, eine Jury, die in Kürze die menschliche Frei. heit und die Sicherheit der Zivilluftfahrt gegeneinander würde abwägen müssen. Sie machten diese Arbeit gemeinsam. Der Richter kannte die amerikanischen Rechtsgrundsätze, Weigend die deutschen. Weigend und Ristau übertrugen das Gemisch anschließend in einwandfreies Deutsch. Und da sie am Abend nicht mehr ganz damit fertig wurden, blieb Weigend die ganze Nacht über in Tempelhof, um die Übersetzung abzuschließen und abzutippen. Am Morgen war die Belehrung dann fertig.

Am Freitagmorgen betraten die Geschworenen einer hinter dem anderen das Gerichtsgebäude. Da man sie aufgefordert hatte, persönliche Utensilien für die darauffolgende Nacht mitzubringen trug jeder von ihnen eine Tasche.

Das Gericht versammelt sich. Der Angeklagte wurde aus dem Gefängnis nach Tempelhof zurückgebracht. Die Zuhörerbänke waren wie gewöhnlich vollbesetzt. Als der Richter sich anschickte, die Jury hereinzurufen, trat Ristau an seinen Tisch, um ihm mit grinsendem Gesicht eine Mitteilung von einem der Geschworenen zu überreichen.

Der Richter riß den Umschlag auf. Der Geschworene teilte ihm mit, er sei tags zuvor fünfmal von anonymen Anrufern aufgefordert worden, den Angeklagten für schuldig zu befinden.

Der betreffende Geschworene wurde sogleich von den anderen abgesondert, dem Richter vorgeführt und verhört. Nein, er habe mit keinem der anderen Geschworenen über die Anrufe gesprochen. Ja, er bitte um Dispensierung vom Geschworenendienst. Er war offensichtlich verängstigt. Die Anwälte der Anklage und der Verteidigung waren einverstanden, daß man ihn gehen ließ. Sichtlich erleichtert, verließ er sofort den Saal.

Ich möchte wissen, sinnierte der Rchter, ob er die Anrufe wirklich bekommen hat oder nur hier weg will. Das konnte freilich niemand feststellen.

Ein Ersatzmann trat an seine Stelle. Als die Geschworenen ihre Plätze eingenommen hatten, wurde jedem von ihnen ein Exemplar der deutschen Ausgabe der Rechtsbelehrung überreicht. Während der Richter sie auf englisch vorlas, hörten sie die Übersetzung über ihre Kopfhörer und verfolgten sie gleichzeitig anhand des vervielfältigten Textes.

Die Belehrung beanspruchte fast zwei Stunden. Den Geschworenen wurden die gesetzlichen Voraussetzungen eines jeden Anklagepunktes dargelegt. Zum Schluß wurden sie über den Rechtfertigungsgrund des rechtfertigenden und den Schuldausschließungsgrund des entschuldigenden Notstands des deutschen Strafrechts informiert.

»Das Strafrecht sieht in bestimmten außergewöhnlichen Fällen, in denen ein Verstoß gegen den Buchstaben des Gesetzes als... ›gerechtfertigt‹... gilt, Ausnahmen vor... «, las der Richter vor.

Überdies, erklärte er den Geschworenen, obliege es nicht dem Angeklagten, zu beweisen, daß seine Handlungen gerechtfertigt gewesen seien, vielmehr müsse die Anklagevertretung beweisen, daß sie, über jeden vernünftigen Zweifel hinaus, nicht gerechtfertigt gewesen seien.

»Ich möchte nun«, fuhr er fort, »Ihre Aufmerksamkeit insbesondere auf einen Rechtfertigungsgrund lenken, die sogenannte ›Güterabwägung‹. So lautet der Ausdruck im deutschen Strafgesetzbuch. Dieser Rechtfertigungsgrund basiert auf der einfachen Überlegung, daß man manchmal etwas weniger Wertvolles hingeben darf, um etwas Wertvolleres zu bewahren.«

Er stellte den Geschworenen die Güterabwägung dar, die Tiede hatte vornehmen müssen, und trug ihnen vor, welche Rechtsgrundsätze hier anzuwenden seien. Ihm war indes bewußt, daß dies mit Vorsicht zu geschehen hatte. Er mußte die Geschworenen zwar belehren, doch durfte er sich nicht in ihre Tatsachenfeststellung einmischen oder ihre Entscheidung zu beeinflussen versuchen.

»Ich möchte Ihnen zu erklären versuchen«, sagte er, »wie Sie diese Begriffsbestimmung auf den von Ihnen festzustellenden Tatbestand dieses Falles anwenden können. Das ist keine leichte Aufgabe.«

Er ging den Wust von juristischen Einzelheiten duch. Er verabscheute solche Rechtsbelehrungen, in Berlin nicht minder wie daheim. Wie unfair war es doch, dachte er bei sich, zwölf Laien am Schluß eines Verfahrens in ein oder zwei Stunden mit derart viel, gewöhnlich in einem schwer verständlichen Idiom abgefaßter Juristerei zu belasten. Doch wenigstens gab es hier in Berlin keine »schablonisierten« Rechtsbelehrungen im Juristenjargon.

»Sie müssen die Interessen, um die es hier geht, abwägen. Sie müssen das Interesse des Angeklagten, eine Inhaftierung zu vermeiden, auf der einen Seite mit den Flugsicherheitsinteressen der Fluggäste und der Besatzung auf der anderen Seite vergleichen. Dabei sind zwei Faktoren zu berücksichtigen. Erstens: Welche Bedeutung kommt dem betreffenden Interesse zu? Wie wichtig ist Freiheit und wie wichtig ist die Sicherheit der Zivilluftfahrt? Wenn ich sage ›Sicherheit der Zivilluftfahrt‹, so ist das nichts weiter als ein Kürzel für die Sicherheit der Fluggäste an Bord des entführten Flugzeugs wieauch für das Leben und die Gesundheit aller von einem möglichen Unfall betroffenen Personen. Zweitens: Wie groß war die Gefährdung der in Rede stehenden Rechtsgüter? Wie groß war die Gefahr, daß der Angeklagte und Ingrid Ruske in der DDR in Haft genommen würden, und wie groß war die Gefahr, daß es zu einem Flugzeugabsturz oder irgendeinem anderen Unfall kommen würde? In bezug auf diese Frage müssen Sie die Aussage des Flugkapitäns wie auch die von Oberst Brymer in Betracht ziehen. Sie erinnern sich vielleicht daran, daß sich die Aussagen des Piloten der polnischen Maschine und die Oberst Brymers in bezug auf den Grad der Gefährdung der Fluggäste, der Besatzung und der Anwohner durch die Landung in Tempelhof etwas widersprachen.«

Während er diese Worte vorlas, fragte er sich, ob wohl irgend jemand – Richter, Geschworener oder Herrscher-Philosoph – solche Imponderabilien abzuwägen vermöge.

»Drittens«, fuhr er fort, »ein dritter Faktor, den Sie möglicherweise bedenken wollen, ist der, welches Maß an Freiheitsverlust für den Angeklagten auf dem Spiel stand und wie groß der mögliche Schaden war, den er durch seine Handlungen anzurichten riskierte. Sie haben alle diese Faktoren sorgfältig zu bewerten und darüber hinaus auch alle anderen Faktoren, die Ihnen bei der Abwägung zwischen den widerstreitenden Interessen wichtig erscheinen. Wenn Sie das getan haben, müssen Sie die Bilanz daraus ziehen.«

Der Richter legte ihnen sodann die Rechtsgrundsätze dar, die auf den Schuldausschließungsgrund des entschuldigenden Notstands anzuwenden seien. Dieser ähnele dem Rechtsgrundsatz des rechtfertigenden Notstands, hebe aber statt dessen auf die psychische Verfassung des Angeklagten ab. Angenommen, der Angeklagte habe gegen ein Gesetz verstoßen und könne sich nicht auf einen Rechtfertigungsgrund berufen, habe er dann vielleicht unter Druck gehandelt? Falls ja, hätte er dann dem Druck widerstehen sollen oder sei es unangemessen, ihm keinen Schuldausschließungsgrund zuzubilligen?

»Abstrakt betrachtet, ist es schwer zu sagen, unter welchen Umständen von jemandem erwartet werden kann, daß er ein gewisses Risiko eingeht«, räumte der Richter ein.»Sie sollten eher auf Ihr eigenes Urteil über das, was gerecht und billig ist, bauen. Sie müssen alle Tatsachen berücksichtigen, die Sie für wahr und für die Frage wichtig beflnden, ob man von dem Angeklagten fairerweise hätte erwarten können, daß er, anstatt das zu tun, was er getan hat, das Risiko einer Inhaftierung in der DDR hätte auf sich nehmen müssen.«

Der ganze Paragraph ist überflüssig, dachte er bei sich. Rechtfertigungsgrund und Schuldausschließungsgrund besagen meiner Meinung nach das gleiche. Doch Weigend bestand darauf, das sei nicht der Fall und sie müßten gesondert aufgeführt werden. Der Richter tat deshalb, wie ihm geheißen, wenngleich er sich dabei wie ein Papagei vorkam.

Als er im wesentlichen fertig war, blickte er von seinem Manuskript auf und den Geschworenen der Reihe nach in die Augen. Er hatte zu keiner Zeit mit irgendeinem von ihnen gesprochen, sprachen sie doch nicht die gleiche Sprache. Er sah indes ihren Mienen an, was sie empfanden. Er beschloß, ihnen noch eine zusätzliche Rechtsbelehrung mit auf den Weg zu geben, um den Druck, unter dem sie standen, etwas zu mindern. Er wollte ihnen sagen, daß sie aufgrund der ihnen vorliegenden Tatsachen darüber zu entscheiden hätten, was recht und was unrecht sei, ohne gleichzeitig die Last auf sich nehmen zu müssen, darüber zu urteilen, was anderen Flüchtlingen in anderen Situationen in Zukunft erlaubt sein sollte.

»Wie Ihr Urteil im vorliegenden Fall auch immer lauten wird, ob schuldig oder nicht schuldig, so wird es sich doch nur auf diesen Fall beziehen.«

Er glaubte, auf einigen Gesichtern einen Ausdruck der Erleichterung zu bemerken.

»Der Wahrspruch, den Sie fällen, wird auf keinen Fall irgendwelches zukünftiges Verhalten irgendeines anderen Individuums gutheißen oder verbieten. Keine zwei Fälle können sich jemals genau gleichen. Irgendein Faktor wird jedesmal wenigstens etwas verschieden sein. Die Interessen, die Sie möglicherweise zu bewerten haben werden, lassen sich nicht nach Metern messen oder nach Kilogramm wägen. Wenn rivalisierende Interessen miteinander in Konflikt geraten und wenn es sich als erforderlich erweist, die Gründe und die Gegengründe zu erwägen, dann kann niemand anders ein Urteil über die richtigen Proportionen fällen als die Allgemeinheit, die Sie als daraus aufs Geratewohl Ausgewählte repräsentieren.«

Er nickte den ernst dreinblickenden Berlinern zu: »Wir verlangen nicht mehr und nicht weniger von Ihnen, als daß Sie nach bestem Ermessen Ihr Urteil abgeben... Wenn Sie es abgegeben haben, dann ist niemand befugt, nach Ihren Gründen zu forschen oder Ihr Urteil in Zweifel zu ziehen.«

Als die Geschworenen den Saal verließen, traten zwei Ereignisse ein, die das Ende des US-Gerichts für Berlin ankündigten. Als erstes griff Hellring Adelman und Surena an. Während er noch sprach, reichte eine Gruppe von Berlinern eine Klage beim US-Gericht für Berlin ein.

Während der Richter seine Rechtsbelehrung beendete und Hellring anschließend die Anklagevertretung angriff, wartete ein elegant gekleideter deutscher Rechtsanwalt, Reiner Geulen, als Vertreter einer Gruppe von Einwohnern West-Berlins im Büro des Gerichtsschreibers auf Ristaus Rückkehr. Geulen war gekommen, um namens seiner Mandanten eine Zivilklage einzureichen. Diese wandten sich gegen die Errichtung einer Siedlung für Angehörige der US-Streitkräfte auf dem »Düppeler Feld«, einem den Einwohnern der Randgemeinde Düppel als Erholungsgebiet dienenden Forst. Es war im Grunde ein einfacher Fall, wie sie in Deutschland sowohl wie in Amerika die örtlichen Gerichte zu Tausenden beschäftigen. Doch dieser würde, wie Geulen wußte, den Zorn des State Department in Washington erregen.

Das amerikanische Army Command in Berlin wollte seine Siedlung in diesem Forst errichten lassen. Der gehorsame Berliner Senat erwarb das Eigentumsrecht am Düppeler Feld und erklärte sich zur Übernahme der Baukosten bereit. Bei der Verwirklichung des Projekts stieß er indes auf ein Hindernis: Nach dem Gesetz mußte zunächst ein Bebauungsplan aufgestellt und von der zuständigen Bezirksverordnetenversammlung genehmigt werden. Da dies wegen heftiger Einsprüche von seiten der Anwohner innerhalb der vom U. S.-Army Command festgesetzten Frist nicht durchführbar war, beschlossen die Senatsbehörden schließlich, das Projekt ohne Bebauungsplan zu verwirklichen.

Der Bezirksbürgermeister und alle vier in der Bezirksverordnetenversammlung vertretenen Parteien wandten sich daraufhin an den amerikanischen Stadtkommandanten mit dem Ersuchen, die Siedlung auf einem anderen, nicht weit von dem vorgesehenen Gelände entfernten Areal zu errichten. Drei Wochen später faßte die Bezirksverordnetenversammlung den einstimmigen Beschluß, an den US-Kommandanten zu appellieren, er möge die Zerstörung des Düppeler Feldes noch einmal überdenken. Die amerikanischen Militärbehörden wiesen den Senat jedoch an, das Projekt wie geplant durchzuführen.

Die Anwohner erhoben daraufhin bei einem deutschen Gericht, dem Berliner Verwaltungsgericht, Klage. Sie klagten nicht gegen die Besatzungsbehörden. Sie waren nicht berechtigt, ihre Militärregierung zu verklagen, denn deutsche Gerichte können über Maßnahmen der Besatzungsmacht nicht judizieren. Die Düppeler verklagten statt dessen ihren eigenen Senat wegen Verletzung der deutschen Gesetze und suchten ein gerichtliches Verbot der Bebauung zu erwirken, solange noch keine Planungs- und Bebauungsentscheidungen getroffen waren.

Die deutschen Richter befanden sich in einem Dilemma. Der Senat von Berlin unterstand ihrer Jurisdiktion, doch die Errichtung der Siedlung war von den Amerikanern angeordnet worden. Nach dem Besatzungsrecht kann kein deutsches Gericht irgendeinen Streitfall entscheiden, der die Interessen einer der in Berlin regierenden Besatzungsmächte berührt, es sei denn, die betreffende Besatzungsbehörde erteile ihre Genehmigung. Sechs Tage nachdem die Düppeler ihre Klage eingereicht hatten, fragte das deutsche Gericht bei der US-Mission an, ob es in dieser Sache verhandeln dürfe. Drei Wochen später, am 28. August 1978 (zwei Tage vor Tiedes Landung mit der LOT-Maschine) teilte Andre Surena dem deutschen Gericht mit, »die Zustimmung zur Ausübung der Gerichtsbarkeit in diesem Fall« könne »nicht erteilt werden«.

Das deutsche Gericht wies die Klage daraufhin am 8. Oktober 1978 ab. Es blieb ihm keine andere Wahl – die amerikanischen Besatzungsbehörden hatten ihm die Zuständigkeit genommen.

Was konnten die Düppeler tun? Sie glaubten, daß die zuständigen Beamten gesetzwidrig gehandelt hätten, doch die Oberste Behörde in Berlin hatte ihnen den ihnen zustehenden Rechtsschutz versagt.

Die Düppeler veranstalteten eine Sammlung und beauftragten einen amerikanischen Anwalt, beim Bundesgericht in Washington D. C. eine Klage gegen das State Department einzureichen. Die amerikanische Regierung teilte dem Bundesgericht indes mit, es handele sich dabei lediglich um einen Streitfall unter Deutschen in Berlin; zwischen denen, die eine Siedlung errichten wollten, und denen, die dagegen seien. In dieser Sache müsse nach *deutschem* Recht verhandelt werden, verkündete das State Department. Die Amerikaner seien lediglich die Nutznießer des Siedlungsprojekts, das von den Deutschen finanziert und durchgeführt werde. Die US-Gerichte seien für diesen Streitfall nicht zuständig, der allein zwischen Deutschen in Deutschland entstanden sei. Der amerikanische Richter in Washington stimmte dem zu und wies die Klage ab.

Den Berlinern verschlug es die Sprache. Die Amerikaner hatten den deutschen Gerichten wegen des in diesem Fall betroffenen amerikanischen Interesses die Zuständigkeit dafür entzogen, und nun hieß es aus Washington, die amerikanischen Gerichte seien für den Fall nicht zuständig, da es sich um eine rein deutsche Ängelegenheit handele.

Was sollten die Düppeler in dieser Lage tun? Nun, da das US. Gericht in Washington festgestellt hatte, daß der Fall nur Deutsche betreffe, würden die deutschen Gerichte jetzt vielleicht zuständig sein, Sie veranstalteten abermals eine Sammlung und erhoben im November zum zweiten Mal Klage bei dem deutschen Gericht. Doch am 1. Februar 1979 schaltete sich Andre Surena erneut ein. Die US-Mission entschied, daß sie dem deutschen Gericht *nicht* gestatten könne, Gerichtsbarkeit auszuüben. Wohin die Düppeler sich auch wandten, übrrall wurden sie abgewiesen. Es war klar, daß die Besatzungsbehörden keinerlei gerichtliche Uberprüfung zulassen wollten.

Doch am 14. März 1979, nur sechs Wochen nach Surenas letztem Brief, verwarf ein kraft Besatzungsgewalt einberufenes Gericht den Anspruch des State Department auf unumschränkte Herrschaft in Berlin. Der Richter entschied, die Amerikaner müßten bei der Ausübung der Regierungsgewalt in Berlin ihre eigene Verfassung beachten und den von ihnen Regierten in jedem Fall ein ordnungsgemäßes Verfahren zubilligen. Die Düppeler horchten auf. Vielleicht gab es doch eine Stelle, der sie ihre Forderung vortragen konnten.

Sie leiteten sogleich die nötigen Schritte ein. Am 10. April ersuchten sie das deutsche Gericht, ihren Fall an das US-Gericht für Berlin weiterzuverweisen. Das deutsche Gericht fragte daraufhin am 30. April bei Surena an, ob es diesem Ersuchen stattgeben solle. Als die Geschworenen am 25. Mai über das Schicksal des Detlef Tiede zu beraten begannen, hatte der US-Staatsanwalt für Berlin auf diese Anfrage noch nicht reagiert. Am 5. Juni 1979 erteilte Surena dem Gericht eine offizielle Antwort, worin er die Weiterverweisung an das US-Gericht für Berlin ablehnte. Sein Antwortschreiben hatte sich zu diesem Zeitpunkt erübrigt.

Die Düppeler wußten, daß sich das für den Fall Tiede einberufene US-Gericht für Berlin in Kürze auflösen würde. Als die Geschworenen den Saal verließen, erschien daher Rechtsanwalt Geulen mit seinem Antrag. Darin schilderte er die Vorgeschichte des Falles und erinnerte das Gericht daran, daß die Einwohner des US-Sektors von Berlin gegenüber der amerikanischen Schutzmacht Anspruch auf ein ordnungsgemäßes Verfahren hätten. Geulen betonte, es sei demgemäß nicht angängig, die deutschen Gerichte einfach für unzuständig zu erklären, weil die Besatzungsbehörden befürchteten, daß sie den Prozeß möglicherweise verlieren könnten. Er ersuche darum, entweder General Benedict anzuweisen, er solle das deutsche Gericht für zuständig erklären, oder zu entscheiden, daß das US-Gericht für Berlin in dieser Sache verhandeln müsse. Geulen war es gleichgültig, ob sich das amerikanische oder das deutsche Gericht mit dem Fall befaßte. Ihm kam es nur darauf an, daß seine Mandanten Gehör fanden. Dies war die Klage, die Geulen bei Ristaus Rückkehr ins Büro einreichte.

Ristau übergab dem Richter die Unterlagen, nachdem die Geschworenen abgetreten waren. Dieser las sie in der Mittagspause durch. Er hörte zum ersten Mal von der ganzen Geschichte. Er und Ristau begriffen sogleich, daß dieses heillose Durcheinander unter Umständen ihre Abreise verzögern konnte, und beide wollten so bal wie möglich wieder nach Hause. Der Richter hatte sich lediglich bereit erklärt, die eine Strafsache zu übernehmen – ja, er nahm an, das Gericht sei nur in Strafsachen zuständig. Doch Ristau machte ihn darauf aufmerksam, daß er der US-Richter für Berlin sei. Ein Anwalt habe bei diesem Gericht eine Klage eingereicht. Der Richter müsse ihn zumindest anhören, auch wenn er am Ende beschließen sollte, die Klage abzuweisen.

Nach Wiedereröffnung der Verhandlung trug Geulen den Fall erneut vor und ersuchte um Hilfe.

»Ich verstehe Ihr Problem«, nickte der Richter. »Sie befinden sich in einem gerichtlichen Niemandsland. Sie können bei einem deutschen Gericht nicht klagen, weil die amerikanischen Behörden Ihnen das verboten haben, und Richter Richey vom District of Columbia hat entschieden, daß die dortigen amerikanischen Gerichte nicht zuständig seien, da es sich um eine rein deutsche Angelegenheit handele. Nicht wahr?«

Geulen war begeistert: »Genau so ist es.«

Der Richter wollte indes wissen, ob nicht das Gesetz Nr.46 des Hochkommissars, durch das das Gericht im Jahre 1955 ins Dasein gerufen worden sei, diesem *nur* in Strafsachen die Zuständigkeit in erster Instanz zuerkenne?

Ja, antwortete Geulen, allein eine Strafsache könne vor dem US-Gericht für Berlin *ihren Anfang nehmen.* Doch § 6 des Gesetzes Nr. 46 übertrage dem Gericht die gleiche Zuständigkeit – in Zivilsachen ebenso wie in Strafsachen – für jeden Fall, der von einem deutschen Gericht *an* dieses Gericht »verwiesen, rückverwiesen oder weiterverwiesen« werde.

Der Richter wollte indes wissen, wer denn diesen Fall von den deutschen Gerichten an das US-Gericht für Berlin verwiesen, rückverwiesen oder weiterverwiesen habe.

Geulen erwiderte, daß, wann immer der amerikanische Stadtkommandant ein deutsches Gericht für unzuständig erkläre, er den betreffenden Fall automatisch an das US-Gericht »verweise, rückverweise oder weiterverweise«. Jedwede andere Interpretation, argumentierte Geulen, würde dem Grundsatz des gehörigen Rechtsverfahrens widerstreiten. Die Amerikaner könnten die Bevölkerung von Berlin nicht der Möglichkeit des Zugangs zu allen Gerichten berauben.

Wenn Geulen mit seiner Rechtsauffassung durchdrang, dann mußte das weitreichende Folgen für Berlin haben. Es würde dann künftig eine gerichtliche Instanz existieren, die bei jeder verfassungswidrigen Kompetenzüberschreitung durch die US-Behörden im amerikanischen Sektor angerufen werden konnte.

Der Richter wandte sich Surena zu: »Nun, was meint Mr. Surena dazu?«

Andre Surena erhob sich offensichtlich nur widerwillig.

»Mr. Surena« – der Richter lächelte –, »ich kann verstehen, daß es Ihnen vielleicht nicht sonderlich behagt, in einem weiteren Fall hier vor mir auftreten zu müssen. Mein Auftrag lautet jedoch nicht ›US-Richter für den Fall Vereinigte Staaten kontra Tiede und Ruske‹, sondern ›US-Richter für Berlin‹. Eine Klage ist eingereicht worden. Das bedeutet nicht, daß wir dafür zuständig sind. Und wenn ich recht unterrichtet bin, wünschen Sie, daß ich sie abweise, nicht wahr?«

»Richtig.«

»Aus dem einfachen Grund, weil ich dafür nicht zuständig bin?«

» Richtig.«

Surena brauchte etwas Zeit. Er wollte einen Antrag auf Klageabweisung einreichen. Es war Freitagnachmittag. Surena sagte, er wolle sich übers Wochenende eingehend mit der Angelegenheit befassen,und man kam überein, Montagmorgen als erstes über seinen Antrag auf Abweisung der von Geulen eingereichten Klage zu verhandeln.

Doch Surena und Adelman stand Montag noch ein weiteres Problem bevor. Kaum hatten die Geschworenen den Saal verlassen -Geulen wartete in Ristaus Büro –, da sprang Hellring auf.

Er sei zwar »voll und ganz von der Unschuld unseres Mandanten überzeugt«, räumte aber ein, es sei durchaus möglich, daß die Jury »einen Schuldspruch verkünden« würde.

»Ich kann deshalb nicht länger warten«, begann er.

»Die Anklagevertretung«, fuhr Hellring fort, »schlug dem Angeklagten Tiede eine Vereinbarung vor.«

Dieses Angebot sei ohne Vorbehalt gemacht worden: Gleichgültig, was das Gericht tue oder sage, gleichgültig, welche Strafe über Tiede verhängt werde – wenn dieser auf sein Recht auf die Mitwirkung einer Jury verzichte und sich schuldig bekenne, dann werde ihn das State Department am 15. Dezember 1979 freilassen. Der springende Punkt sei, erklärte Hellring, daß es, gleichgültig, wie der Geschworenenwahrspruch laute, rechtlich nicht zulässig sei, Tiede zu einer längeren Freiheitsstrafe zu verurteilen, als ihm vor dem Verfahren angeboten worden sei.

»So lautete das Angebot«, bestätigte der neben Hellring stehende Best.

Best machte keine Umschweife: Der Richter hätte das Strafmaß nach seinem Gutdünken festsetzen können, doch die Mission hätte das Urteil einfach entsprechend ihrer Abrede annulliert. Das sei der Grund, weshalb sie das Gesetz über bedingte Strafaussetzung zur Bewährung erlassen habe.

Der Richter erinnerte sich der vor der Hauptverhandlung vorgebrachten Argumente und an Hellrings Vorwurf, die Besatzungsbehörden hätten zusammen mit dem Verteidiger des Angeklagten ein Gesetz abgefaßt. Der Richter blickte Best an.

»Welches – zu welchem Zweck haben Sie namens des Angeklagten ein Gesetz für Berlin überpüft, ehe dasselbe verkündet wurde?«

»Nun, Euer Ehren, die Regierung hat es uns bei den Sitzungen, die im State Department stattfanden, gezeigt. Man sagte uns, man werde diese Anordnung erlassen, und forderte uns auf, dazu Stellung zu nehmen, und das haben wir natürlich getan.«

»Haben Sie dabei Änderungen vorgeschlagen?«

»Ja, Euer Ehren, das haben wir getan.«

»Hat man diese nderungen akzeptiert und in das Gesetz mit aufgenommen?«

»Ich glaube, ja.«

»Mit anderen Worten, Sie haben an der Abfassung des Gesetzes mitgewirkt?«

Best zuckte die Achseln: »Ich würde eher sagen,daß ich es mit redigiert habe.«

»Aha, ich verstehe. Höchst interessant. Es wird immer merkwürdiger.« Wir befinden uns wieder in Alices Wunderland, dachte er bei sich. »lch habe noch niemals gehört, daß sich Anklagevertreter und Verteidiger zusammengetan haben, um den Richter auszuschalten«, sagte er.

Best stimmte ihm zu: »Ich muß hinzufügen, weil ich über beträchtliche Erfahrungen auf diesem Gebiet verfüge, daß ich eine derartige Situation zuvor noch nie erlebt hatte.«

»Ich weiß nicht, was hier vor sich geht«, erklärte der Richter. »Falls dies die Rechte des Angeklagten im Blick auf die später von mir vorzunehmende Festsetzung des Strafmaßes berührt, so wird selbstverständlich eine Beweisaufnahme erfolgen.«

Der Richter blickte fragend zum Anklagevertreter hin:

»Wollten Sie etwas dazu sagen, Mr. Adelman?«

»Mr. Surena . . . « Adelman zeigte auf Andre Surena.

Der Richter wandte sich an den Vertreter des State Department: »Wollten Sie dazu jetzt etwas sagen?«

»Nein. Nein, danke, Euer Ehren.«

Der Richter war nicht gesonnen, sich ohne weiteres abspeisen zu lassen. Ob es wirklich stimme, wollte er wissen, daß man Tiede versprochen habe, er werde unabhängig von dem vom Gericht festgesetzten Strafmaß nur bis zum 15. Dezember 1979 im Gefängnis bleiben?

»Ja«, antwortete Surena mit leiser Stimme.

»Wenn Sie dem noch etwas hinzufügen wollen, dann bitte.«

»Nein, Euer Ehren«, erwiderte Surena mit noch leiserer Stimme.

Der Richter wandte sich Hellring zu. Was dieser bei einer Beweiserhebung denn beweisen wolle, fragte er ihn. Hellring zählte mehrere Punkte auf: Man habe Tiede bedingungslose Entlassung aus dem Gefängnis am 15. Dezember ohne jede weitere Aufsicht für den Fall angeboten, daß er auf sein Recht auf ein Geschworenenverfahren verzichte. Die Anklagevertretung habe sich außerdem sogar bereit erlärt, für den Fall, daß der Richter die Annahme des Schuldbekenntnisses verweigern sollte, ihren Vorgesetzten die vollständige Einstellung des Verfahrens gegen Tiede zu empfehlen. Sie hätte der Billigung dieser Empfehlung... durch das State Department entgegengesehen..., als Tiede das Anerbieten dann zurückgewiesen habe.« Das will ich bei einer Zeugenvernehmung zu beweisen versuchen. Wenn wir für alle diese Punkte Beweis anbieten..., so geschieht das natürlich zu dem Zweck, darzutun, daß die Regierung an ihr Angebot gebunden ist und daß dies dem Strafmaß, das das Gericht im Falle eines Schuldspruchs festzusetzen hat, eine Höchstgrenze setzt.«

»Ist der Tatbestand strittig?« wollte der Richter von den Staatsanwälten wissen.

Surena bejahte das. Wenn das der Fall war, dann mußte Beweis erhoben werden. Der Richter wandte sich Hellring wieder zu.

»Ich glaube, Sie sollten Ihren ersten Zeugen aufrufen.«

»Roger Adelman«, verkündete Hellring dröhnend.

Surena fuhr hoch: »Einspruch!« Er widersprach aufgrund des Zeugnisverweigerungsrechts. Der dienstliche Verkehr zwischen ihm und Adelman auf der einen Seite und ihrem Mandanten auf der anderen Seite falle unter das Zeugnisverweigerungsrecht. Überdies stehe ihm und Adelman jetzt, wo ihnen pflichtwidriges Verhalten zum Vorwurf gemacht werde, möglicherweise ein persönliches Zeugnisverweigerungsrecht zu.

Der Richter blickte den Vertreter des State Department durchdringend an. Sprach Surena, fragte er sich, vom fünften Zusatzartikel?

»Wollen Sie damit sagen, daß ich Ihnen Gelegenheit geben soll, einen privaten Anwalt beizuziehen?«

»Ja«, bestätigte Surena.

Der Richter drehte sich zu Adelman herum.

»Mr. Adelman, Sie möchten, ehe Sie aufgerufen werden, Gelegenheit bekommen, einen eigenen Anwalt beizuziehen? Stimmt das?«

»Darf ich etwas vorbringen?«

»Ich habe Sie soeben etwas gefragt!«

»Ja, Sir. Wenn es dem Gericht beliebt: Euer Ehren und auch den Anwälten ist sicherlich bekannt, daß ich Angestellter des US-Justiz ministeriums bin.«

»Hier aber doch nicht, oder?«

»Doch, Sir.« Adelman stritt jetzt für sich selbst. »Ich arbeite derzei mit dem State Department zusammen. Man hat mich ihm faktisch ausgeliehen oder – nicht einmal das. Ich empfange meine Direktiven und werde überwacht vom Justizministerium in Gestalt der Bundesanklagebehörde im District of Columbia. Und im Justizministerium wie auch in der Bundesanklagebehörde besteht die Vorschrift, daß ein Staatsanwalt wie ich in der Situation, in der ich mich hier befinde, das Gericht um die Erlaubnis zu bitten hat, sich an seine Vorgesetzten zu wenden und tatsächlich nicht fortzufahren, damit sie ihm Ratschläge erteilen können. Das ist bei uns so üblich. Ich befinde mich hier in einer Situation, wo ich als Angestellter des Justizministeriums und der Bundesanklagebehörde verpflichtet bin, so zu verfahren.«

Der Richter runzelte die Stirn: »Sagen Sie mir bitte, Mr. Adelman wenn niemand hier verfassungsmäßige Rechte genießt, wie kommen Sie dann darauf daß irgend jemand hier Rechte genießt, die das Justizministerium gewährt?«

Ich kann nur darauf erwidern, daß ich mich duswegen in diesem Dilemma befinde, weil ich, wie gesagt, hier als stellvertretender Bundesanwalt amtiere und –«

»Was du nicht willst, das man dir tu', das füg' auch keinem andern zu!« Surena und Adelman beriefen sich plötzlich auf »Rechte«.

Der Richter geriet in Zorn und konnte nur noch mit Mühe an sich halten.

»Ich habe Ihnen allen vom ersten Tag an gesagt . . . , daß ich hierhergekommen bin, um in einem Gericht den Vorsitz zu führen. . . Ich habe Ihnen gesagt, daß, wenn Sie den Angeklagten vor dieses Gericht schleppten und ihn unter Anklage stellten, er bestimmte Rechte genieße. Sie genießen als Ankläger bestimmte Rechte namens Ihres Mandanten. Bestimmte persönliche Rechte übrigens gleichfalls. . . Ich werde feststellen, ob ich in der Lage bin, das Strafmaß mit der gleichen Ermessensfreiheit festzusetzen, die ich gehabt hätte, wenn Sie das nicht getan hätten, was Sie getan haben. Zu diesem Zweck werde ich herausfinden, was das war. Wenn ich Ihnen Gelegenheit geben soll, mit dem Bundesanwalt des District of Columbia zu beratschlagen, oder mit irgend jemand anders im State Department, so will ich das tun. Wie lange brauchen Sie?«

»Bis Montag«, erwiderte Surena.

»Sie wollen wahrscheinlich einige Ferngespräche führen, nicht wahr?«

»Ja«, antwortete Adelman rasch.

Und so telefonierten sie denn. Zwischen Washington und Berlin glühten die Drähte. In der Bundesanklagebehörde in Washington packten zwei leitende Juristen ihre Koffer und fuhren zum Flughafen. Ihnen gesellte sich ein weiterer Anwalt vom Justizministerium hinzu. Desgleichen brach Lee Marks, der geschäftsführende Rechtsberater des State Department und Vorgesetzte von Mark Feldman, nach Berlin auf. Verstärkungen waren unterwegs.

Sie wollten alle vor Montag in Berlin eintreffen. Es war höchste Zeit. Deutsche, die beim US-Gericht für Berlin Klage erhoben? Besatzungsanwälte mit dem Besatzungsrichter uneins? Irgend etwas war völlig schiefgelaufen im besetzten Berlin. Jede Stunde zählte. Die Regierungsjuristen buchten Plätze in der Concorde.

27.
Wahrspruch

26. Mai 1979

Wir reden viel von den demokratischen Einrichtungen als einem Ideal, doch wir haben sie nur in dem Maße, in dem es Männer und Frauen gibt, die bereit sind, Opfer zu bringen, um darin mitzuwirken. Durch Ihre Tätigkeit hier haben Sie ein solches Opfer gebracht.

Die Fragen, über die Sie zu entscheiden hatten, waren ohne jeden Zweifel schwierig. Wäre das nicht der Fall gewesen, so hätten Sie das Juryzimmer schon gleich wieder verlassen können. Doch von der Entscheidung, die Sie zu treffen hatten, einmal abgesehen, wissen wir alle das Opfer, das Sie mit Ihrem Geschworenendienst gebracht haben, sehr wohl zu würdigen.

Der Richter an die Geschworenen, 26. Mai 1979

Die Geschworenen wußten nichts von dem Tumult, der im Gerichtssaal entstanden war, nachdem sie ihn kurz nach Mittag verlasse hatten. Sie berieten sechs Stunden lang im Geheimen: Kein Wahrspruch. Wie sie im Juryzimmer argumentierten, was sie abwogen und vorbrachten, blieb für alle, die draußen auf ihr Verdikt warteten, ein Geheimnis.

Ein Wahrspruch sollte es sein. Doch ging es in diesem Fall um die »Wahrheit«? Diese Geschworenen sollten nicht lediglich darüber entscheiden, ob Tiede die Tat begangen hatte oder nicht, sondern darüber, was recht und was unrecht war. Sie mußten moralische oder, wie Professor Weber sich ausgedrückt hatte, ethische Urteile fällen. Sie mußten hervortreten und »die Wahrheit sagen« in einem Fall, in den es keine Wahrheiten gab – bloß unvollkommene Urteile von Männer und Frauen, die mit Dingen rangen, die gewiß ihren Horizont überstiegen, und dennoch ihr möglichstes taten.

Dem Jurysystem ist ein magisches Element beigemischt. Zwölf einander fremde, verschiedenen Lebensbereichen entstammende Männer und Frauen werden zusammen in einen Raum gesperrt und sollen dort zu einem einstimmigen Urteil gelangen. Solange dieses nicht vorliegt, kann kein Angeklagter schuldig befunden – oder freigesprochen werden.

Als sich die zwölf Berliner Geschworenen um 18.00 Uhr noch immer nicht einig geworden waren, beendete der Richter ihre Beratungen.

Sie wurden von Rabourn und Ristau in den Gerichtssaal zurückgeleitet, doch fiel ihr verändertes Aussehen auf. Einige der Männer hatten erhitzte Gesichter, eine Geschworene war sehr blaß. Ihre Kleider waren zerknittert. Man konnte meinen, im Juryzimmer habe ein Kampf stattgefunden.

Der Richter lächelte den müde auf der Geschworenenbank Sitzenden freundlich zu.

»Ich möchte die Beratungen für heute beenden. Hotelzimmer stehen für Sie bereit... Man wird Sie zu einem Restaurant fahren, wo Sie, von der Außenwelt abgeschlossen, in einem privaten Raum verpflegt werden. Ich habe gestattet, daß Ihnen eine geringe Menge Alkohol in Form von Wein oder Bier ausgeschenkt wird.«

Einige der Geschworenen lächelten und lehnten sich in ihre Stühle zurück.

»Bitte nicht zuviel davon«, lachte der Richter, »denn Sie haben morgen zu arbeiten ...«

Die Geschworenen grinsten, als sie die Übersetzung vernahmen.

»Morgen früh werden Sie um ungefähr 7.30 Uhr Ihr Frühstück bekommen. Unmittelbar danach werden Sie hierher zurückgebracht, um Ihre Beratungen im Juryzimmer fortzusetzen. Vor diesem Zeitpunkt sollen aber keinerlei Beratungen stattfinden!«

Die Geschworenen verließen einer hinter dem anderen den Saal. Von einem Polizeikommando begleitet, nahm Rabourn sich ihrer an.

Am Samstagmorgen, am 26. Mai, befanden sich die Geschworenen wieder im Juryzimmer. Es wurde Mittag. Immer noch kein-Wahrspruch. Den Zuhörern — in der Hauptsache Presseberichterstatter -war das ein Rätsel. Es waren Wetten abgeschlossen worden, daß der Obmann der Geschworenen spätestens am Samstagmittag als ihren Wahrspruch »nicht schuldig« in allen vier Anklagepunkten verkünden würde. Doch die Beratungen dauerten an. Alle warteten gespannt auf ihren Ausgang. Die Verteidigung hoffte auf einen Freispruch, die Anklagevertretung auf einen Schuldspruch. Der Richter wünschte einen Wahrspruch, wie dieser auch immer lauten mochte — einen Wahrspruch, bloß keine uneinige Jury, sinnierte er. Ein Verfahren war genug. Man konnte das nicht noch einmal machen.

Um 15.00 Uhr begab sich Steve Rabourn, einen Umschlag in der Hand, zum Amtszimmer des Richters. Nachdem er Ristau ausfindig gemacht hatte, klopften beide an die Tür.

»Ja?«

»Es ist ein Wahrspruch.«

»Oh — gut, sagen Sie den Anwälten, sie sollten sich im Gerichtssaal einfinden. Und holen Sie den Angeklagten.«

Der Polizist führte den Angeklagten herein. Die Anwälte nahmen ihre Plätze ein. Dann erschienen die Geschworenen. Alle standen auf, als sie einer hinter dem anderen den Saal betraten.

Der Richter sah sie prüfend an. Blickten sie nach dem Angeklagten hin oder wandten sie die Augen ab? Geschworene, die einen Schuldspruch gefällt haben, meiden gewöhnlich seinen Blick. Der Richter konnte es von seinem Platz aus aber nicht erkennen.

»Bitte Platz zu nehmen«, bedeutete ihnen der Richter.

Ristau trat vor: »Obmann, bitte aufstehen! Angeklagter, bitte aufstehen!«

Ein älterer Geschworener stand auf, in der Hand den Wahrspruch,

»Herr Obmann, haben sich die Geschworenen über einen Wahrspruch geeinigt?« fragte Ristau.

Der Obmann wartete die Übersetzung ab und antwortete dann mit Ja.

»Herr Obmann, wie lautet der Wahrspruch der Jury in Punkt 1 der Anklage? Schuldig oder nicht schuldig?«

»Nicht schuldig.«

Im Zuhörerraum sah man lächelnde Gesichter. Die Anklage hatte im Punkt der gewaltsamen Flugzeugentführung eine Niederlage erlitten. Die Jury befand Tiede nicht schuldig. Mit strengem Blick gebot Ristau Schweigen und wandte sich dann erneut an den Obmann.

»Herr Obmann, wie lautet der Wahrspruch der Jury in Punkt 2 der Anklage? Schuldig oder nicht schuldig?«

»Schuldig«, erklärte der Obmann.

Die heitere Stimmung im Saal verflog. Keine lächelnden Gesichter mehr. Der Obmann verkündete den Wahrspruch in den nächsten beiden Anklagepunkten. Punkt 3: »Nicht schuldig.« Punkt 4: »Nicht schuldig.« In einem Anklagepunkt also Schuldspruch, in dreien Freispruch, doch was sollte das alles heißen?

Die Geschworenen befanden Tiede des Verbrechens der gewaltsamen Flugzeugentführung nicht schuldig, der Freiheitsberaubung nicht schuldig und der Körperverletzung der Stewardeß nicht schuldig. Sie erklärten ihn indes für schuldig in Punkt 2 der Anklage, »Geiselnahme«.

Der Wahrspruch war offensichtlich inkonsequent. Doch Geschworene dürfen das – Wahrsprüche fällen, die einen Kompromiß darstellen.

Vielleicht wollten sie Tiede eine Chance geben, indem sie drei Anklagepunkte fallenließen, oder vielleicht hatten sie das Gefühl gehabt, etwas für die Zivilluftfahrt tun zu müssen, und deshalb beschlossen, ihn in einem Punkt für schuldig zu befinden. Möglicherweise verfolgten sie auch ganz andere Absichten. Niemand außerhalb des Juryzimmers würde das je erfahren. Die Geschworenen stimmen ab -im geheimen – und legen über ihre Entscheidung keine Rechenschaft ab. Das gehört schließlich zum Wesen der Demokratie.

Nachdem die Geschworenen einzeln befragt worden waren, richtete der Richter das Wort an sie.

»Meine Damen und Herren, Ihre Tätigkeit im Rahmen dieses Falles ist damit beendet. Sie haben alles getan, was man von Ihnen verlangte.« Er unterstrich seine Worte durch eine ausholende Geste: »Das soll nicht heißen, daß Sie denjenigen Wahrspruch gefällt haben, den man von Ihnen verlangte. Niemand hat irgendwelche Forderungen an Sie gestellt. Ich glaube, Sie wissen das.«

Einige der Geschworenen nickten zustimmend.

»Sie waren zwei Tage allein im Juryzimmer. Sie haben Gedanken ausgetauscht, zweifellos miteinander diskutiert, und Ihre Entscheidung stellt den Konsens dar, zu dem Sie gelangt sind.«

Er bedeutete ihnen, daß sie gut daran täten, keine Interviews zu geben und über den Verlauf ihrer Beratungen Stillschweigen zu bewahren.

»Lassen Sie mich abschließend sagen, wie sehr ich das Opfer zu würdigen weiß, das Sie mit Ihrem Geschworenendienst hier gebracht haben. Ich bin Ihnen als Richter persönlich dafür dankbar.«

Er lächelte sie ein letztes Mal an und sagte zum letzten Mal: »Alle aufstehen!«

Die Geschworenen verließen den Saal, und alle anderen nahmen wieder Platz. Der Richter schüttelte den Kopf. Wenn die Geschworenen meinten, sie hätten Tiede eine Chance gegeben, so waren sie einem fürchterlichen Irrtum erlegen.

Was sie nicht wußten, weil Geschworene die Strafen nie erfahren dürfen, war, daß sie Tiede in dem Anklagepunkt schuldig befunden hatten, für den das Gesetz die schwerste Freiheitsstrafe androhte. Wenn es den Hauptanklagepunkt, Angriff auf den Luftverkehr, auch unter Freiheitsstrafe bis zu fünfzehn Jahren stellte, war als Mindestmaß doch nur ein Jahr vorgeschrieben, falls der Richter dem Täter mildernde Umstände zubilligte. Die Schuldigsprechung im zweiten Anklagepunkt, Geiselnahme, war mit Freiheitsstrafe bis zu fünfzehn Jahren, aber nicht unter drei Jahren, bedroht. Nach deutschem Recht konnte das Strafmaß für Tiede bis zu fünfzehn Jahre Freiheitsentzug betragen, doch mußte er mit *mindestens* drei Jahren bestraft werden.

Adelman und Surena wünschten, daß das Strafmaß sogleich festgesetzt werde. Sie seien, sagten sie, bereit, vier Jahre Freiheitsentzug zu empfehlen. Die Anklage ging davon aus, daß Tiede aufgrund ihres neuen Strafgesetzes nach Verbüßung eines Drittels seiner Strafe oder von ungefähr sechzehn Monaten für eine bedingte Entlassung in Frage kommen werde. Wenn man ihm die neun Monate anrechnete, die er bereits in Haft gesessen hatte, dann würde er nach ihrer Berechnung sieben Monate nach dem 26. Mai für eine bedingte Entlassung in Frage kommen, das heißt vor dem 1. Januar 1980 – genau dem Datum, das sie ihm versprochen hatten, falls er sich schuldig bekenne!

Sie hatten alles gründlich durchdacht. Wenn der Richter Tiede vier Jahre gab, dann würde das nach deutschem Recht erforderliche Mindestmaß erfüllt sein und die Besatzungsbehörde konnte ihn entlassen, wie wenn er ihr ursprüngliches Angebot angenommen und sich schuldig bekannt hätte. Es würde nun nicht mehr nötig sein, Beweis zu erheben, und keine Veranlassung dazu vorliegen, die Staatsanwälte in den Zeugenstand zu rufen. Tiede würde noch vor dem 1. Januar 1980 freikommen, wie man es ihm zugesagt hatte. Es war eine glatte Rechnung.

Der Vorschlag der Anklagevertretung erschien Tiedes Anwälten indes nicht annehmbar. Sie wollten keine Freiheitsstrafe von vier Jahren. Sie wollten nicht, daß das Gericht sich auflöste, Tiede für vier Jahre den Besatzungsbehörden überantwortete und es diesen überließ, ob sie sich an das ihm zugesagte Entlassungsdatum halten wollten. Best und Hellring wünschten vielmehr eine Beweiserhebung mit Adelman im Zeugenstand.

Der Richter wollte am Montagmorgen das Strafurteil verkünden. Darüber hinaus standen die Beweiserhebung und der Antrag der US-Mission auf Abweisung der Zivilklage auf dem Programm. Der Richter hatte bis dahin – übermorgen – noch eine Menge zu überlegen.

28.
Teures Land der Freiheit

27. Mai 1979

Ich bin davon in Kenntnis gesetzt worden, daß beim US-Gericht für Berlin ein Antrag eingereicht worden ist . . . , worin das Gericht aufgefordert wird, in einem die Errichtung gewisser Wohnbauten in dem Berliner Ortsteil Düppel betreffenden Fall Gerichtsbarkeit auszuüben.

Ich möchte Sie darauf hinweisen, daß sich die Gerichtsbarkeit des US-Gerichts für Berlin laut dem Gesetz Nr. 46 des Hochkommissars der Vereinigten Staaten vom 28. April 1955 auf in Berlin verübte Straftaten beschränkt, besondere Rechtsfälle ausgenommen, die durch den Kommandanten von einem deutschen Gericht an das Gericht verwiesen, rückverwiesen oder weiterverwiesen werden. Der Düppel-Fall wurde nicht dieserart an das Gericht verwiesen, rückverwiesen oder weiterverwiesen.

Darüber hinaus möchte ich gemäß § 2 (5) des Gesetzes Nr. 46 des US-Hochkommissars und als Chef der Diplomatischen Vertretung der Vereinigten Staaten in Deutschland feststellen, daß sich Ihre Bestellung zum Richter des US-Gerichts für Berlin nicht auf diesen Fall erstreckt.

Ihr sehr ergebener

Walter J. Stoessel
Botschafter

Der Sonntag war für den Richter der schwerste Tag in Berlin. Montag sollte er das Strafmaß für Tiede festsetzen. Nach deutschem

Recht war offenbar eine Freiheitsstrafe von drei bis zu fünfzehn Jahren zu verhängen. Dr. Weigend, der deutsche Rechtsberater des Richters, war dabei, diesen Punkt zu klären. Der Richter würde aber in jedem Fall nur einen Tag Zeit haben, um ein Strafmaß festzusetzen, das nicht nur dem Angeklagten Gerechtigkeit widerfahren ließ, sondern das auch diejenigen, die den Prozeß verfolgten, als angemessen und fair empfinden würden: die Ostberliner und die Westberliner, die polnische Regierung und natürlich die vier Besatzungsmächte. Ein Richter soll bei der Festsetzung des Strafmaßes fast immer verschiedenen Interessen gerecht werden. Er darf nicht darauf abzielen, dem Pöbel zu gefallen, sollte aber auch nicht berechtigte Erwartungen der Gesellschaft enttäuschen, in deren Namen die Strafe verhängt wird. Der Richter darf nicht versuchen, Rache zu üben, doch Strafurteile sollen strafen. Wenn eine Strafe ausgesprochen wird, dann sollte sie nur dem Verbrechen angemessen, aber auch streng genug sein, um andere von einem ähnlichen gesetzwidrigen Verhalten abzuschrecken. Zwar gilt es, die Lebensumstände des einzelnen Rechtsbrechers – Alter, Bildungsgrad, Herkunft und Bedürfnisse – zu berücksichtigen, damit ihm kein Unrecht zugefügt wird, doch darf das Strafmaß auch nicht zu sehr von dem abweichen, das von anderen Richtern für ähnliche Verbrechen festgesetzt wurde.

Der Richter begann, die Straßen auf und ab zu schlendern. Die Größe des Verbrechens? Er näherte sich der Mauer und sah die Posten. Eingemauerte Bürger. Weiter, weiter durch die Straßen.

Welches Strafmaß würde andere abschrecken? Und wovon sollte man sie abschrecken? Wieviel war nötig, um einen Gefangenen der Tyrannei daran zu hindern, sich durch die Entführung eines Flugzeugs einen Weg in die Freiheit zu bahnen?

Die Geschworenen hatten Tiede im Anklagepunkt der gewaltsamen Flugzeugentführung nicht schuldig befunden. Weiter durch die Straßen, weiter, weiter. Überall junge Leute an einem warmen Frühlingstag. Ein Flohmarkt. Jungen und Mädchen, Arm in Arm schlendernd. Freiheit. Willkommen im freien West-Berlin! Was erwartete man von dem Richter, welche Strafe sollte er Tiede zudiktieren? Und wer war »man«? Die Berliner? Die Menschen daheim? Die Besatzungsmächte? Die Besetzten? Der Westen? Der Osten?

Hatte er den Erwartungen von Freunden Rechnung zu tragen oder denen von Feinden?

Weiter, weiter durch die Straßen, bis er zum Reichstag kam. Das alte Reichstagsgebäude, das die Nazis in Brand gesteckt hatten, um das Kriegsrecht verhängen zu können, und das nach seiner völligen Zerstörung im Kriege danach wiederaufgebaut worden war. Schwärme von Touristen an einem strahlend hellen Sonntag im Mai. Ausstellungsstücke: Bismarck. Der Kaiser. Die Weimarer Republik. Hindenburg. Hitler. Besetzung. Eine neue Republik. Adenauer. Die Luftbrücke. Die Mauer.

Dann wieder weiter durch die Straßen. Scharen zufriedener Menschen, buntgekleidet und fröhlich, auf der anderen Seite der Barrikade grau und verbittert: Das war keine schwierige Entscheidung. Ein Vater, der seine Kinder sehen wollte, die Sicherheit der Luftfahrt in der freien Welt. Gefährdung der Fluggäste, die Aussagen von A und B, C und D, der jungen Leute, die eigens wieder nach Berlin gekommen waren, um dem Mann beizustehen, dem sie ihre Rettung verdankten.

Immer weiter durch die Straßen. Keine Präzedenzfälle. Nichts, woran man sich orientieren konnte. Der Mann, der hier die Straßen einer fremden Stadt auf und ab schlenderte, hielt die Zukunft eines anderen in Händen. Welches Strafmaß würde ausreichen? Wieviel war erforderlich, um andere abzuschrecken? Was war recht, was fair, was gerecht? Drei Jahre, vier Jahre – oder aber zehn? Kein Bericht eines Bewährungshelfers. Kein anderer Richter, mit dem man über den Fall hätte beraten können. Keine sechs Wochen oder auch nur eine Woche zum Überlegen. Ein Tag im Leben des Richters; drei bis fünfzehn Jahre im Leben des Detlef Tiede.

Die Frau des Richters war inzwischen nach Berlin gekommen, und sie schlenderten nun zusammen durch die Straßen. Sie wußte, daß er sie brauchte. Sie hatte sich wenige Tage vor dem Ende des Verfahrens auf den Weg gemacht, um ihm bei dem, was ihm bevorstand, zur Seite zu stehen.

Sie war als Zuhörerin im Gerichtssaal dabeigewesen, als der junge Mann über den Mord an der Mauer ausgesagt hatte. Sie hatte den niederdrückenden Bericht über den Menschenhandel mitangehört, den die Ostdeutschen betrieben. Sie war zu den Schlußvorträgen erschienen. Und ihr war klargeworden, daß sie hier in Berlin nicht mehr so zu empfinden vermochte wie daheim. Für sie war der Zweite Weltkrieg vorbei. Sie stellte fest, daß es ihr nicht gleichgültig war, was mit diesen Menschen in Berlin geschah.

In einer Verhandlungspause besuchte sie als gewöhnliche Touristin den Ostsektor. Sie sah dort das ostdeutsche »Mahnmal für die Opfer des Militarismus und Faschismus«, vor dem Volksarmisten im Paradeschritt die Beine schleuderten.

Jetzt ging sie also mit ihrem Mann durch die Straßen von West-Berlin und hoffte, daß er einen Weg finden würde, der allen gerecht wurde, Tiede, der Allgemeinheit und ihm selbst.

Der Richter traf seine Entscheidung. Die Berliner hatten ihren Wahrspruch gefällt. Sie hatten entschieden, daß das, was Tiede getan hatte, unrecht war. Dies Urteil war zu respektieren und an Tiede zu vollstrecken. Das von der Anklage empfohlene Strafmaß von vier Jahren war nicht unangemessen, jedenfalls nicht, wenn man es mit ihrer offenkundigen Absicht verband, Tiede spätestens bis zum 1. Januar 1980 – also in sieben Monaten – bedingt zu entlassen. Er würde dann ein Jahr und fünf Monate abgebüßt haben. Eine Freiheitsstrafe von vier Jahren würde andere abschrecken und nach menschlichem Ermessen den Erwartungen aller, die Rachgierigsten ausgenommen, entsprechen. Nur sieben Monate noch, und dann würde Tiede für den Rest seines Lebens ein freier Mann sein. Er war sich bewußt, daß dies keine perfekte Lösung war, aber doch vielleicht die bestmögliche. Er wußte einfach nicht, wie man es besser machen sollte. Sie gingen ins Hotel zurück.

Sie zogen sich fürs Abendessen um. Die Frau des Richters hatte ihn durch die Straßen begleitet und sich damit abgefunden, daß er derzeit nicht ansprechbar war. Er hatte den Düppel-Fall noch nicht durchdacht. Das State Department hatte ihm seinen Schriftsatz noch nicht eingereicht. Doch es war jetzt Zeit, hinunterzugehen.

Sie verließen den Aufzug und durchschritten das Foyer. Unweit des Eingangs wartete ein Abgesandter des State Department auf ihn. Er betrat das übervolle Foyer, überreichte dem Richter einen Brief und verschwand sogleich wieder. Es war 20.00 Uhr.

Der Richter riß den amtlichen Umschlag auf. Er enthielt keine Rechtsdarstellung, sondern ein Schreiben mit dem Briefkopf des State Department, das von Walter J. Stoessel, Jr., dem US-Botschafter in der Bundesrepublik Deutschland, unterzeichnet war.

Der Richter überflog es. Sein Kopf ruckte. Seine Frau blickte ihn fragend an. Der Richter las es noch einmal durch. Es handelte sich um den Düppel-Fall. Das State Department würde keinen Schriftsatz einreichen. Statt dessen wies der Botschafter den Richter an, in diesem Fall keine Gerichtsbarkeit auszuüben.

Das Ehepaar ließ sich einen Tisch anweisen. Dort nahm der Richter den Brief noch einmal vor. Man wies ihn in unzweideutigen Worten an, die deutschen Kläger abzuweisen.

Der Tag, der laut Surenas Zusage vom März nie kommen sollte, war nun also schließlich doch gekommen. Das State Department bedeutete ihm nicht nur, daß es ermächtigt sei, dem Gericht Weisungen zu erteilen, sondern machte jetzt auch von dieser Befugnis Gebrauch.

Die inneren Kämpfe, die er wegen des Strafmaßes für Tiede auszufechten hatte, sanken angesichts des Briefes zur Bedeutungslosigkeit herab. Der zivile Rechtsstreit war an sich, verglichen mit der Umleitung eines polnischen Verkehrsflugzeugs nach West-Berlin, eine Routinesache. Ob die Düppeler ihren Forst als Erholungsgebiet erhalten konnten, war kaum von weltbewegender Bedeutung. Sehr viel bedeutungsvoller war aber natürlich die Frage, ob die amerikanischen Besatzungsbehörden die deutschen Gerichte einfach zumachen und jedwede gerichtliche Untersuchung ihres Verhaltens verhindern konnten.

Der Richter wußte nicht, ob Geulen und seine Mandanten im Recht waren. Er hatte den Fall nicht an sich gezogen und ihn, ehe er anhängig gemacht worden war, nicht gekannt. Es handelte sich jedoch um einen Fall vor dem US-Gericht für Berlin. Dieser warf gemäß dem Gesetz Nr.46 und der Verfassung der Vereinigten Staaten die Frage auf, ob die Besatzungsbehörde deutsche Gerichte ohne weiteres schließen konnte und ob sie sich – falls sie es tat – vor ihrem eigenen Gericht dafür verantworten mußte. Doch was das State Department soeben getan hatte, war von weit größerer Tragweite als die von ihm beanspruchte Befugnis, den deutschen Gerichten in Berlin Befehle zu erteilen: Es hatte sich angemaßt, seinem eigenen Gericht Befehle zu erteilen.

Strenggenommen war der Botschafter die Ernennungsbehörde des Richters. Tatsächlich war der Richter aber natürlich vom State Department in Washington ernannt worden, und der Botschafter hatte die Ernennung verfügt, weil man ihm eine entsprechende Weisung erteilt hatte. Man hatte ihn offensichtlich angewiesen, diesen Brief zu schreiben, durch den der Richter Befehl bekam, das Verfahren einzustellen.

Dem Richter war der Appetit vergangen.

Wer tags darauf eine schwierige Entscheidung zu treffen hat, dem wird die Nacht lang. Ingrid Ruske hatte das erfahren, ehe sie sich erboten hatte, ein Schuldbekenntnis abzulegen. Vielleicht war es den Geschworenen ähnlich ergangen, ehe sie sich ermannt hatten, Tiede in drei Anklagepunkten freizusprechen und in einem schuldig zu befinden.

Der Richter hatte gehofft, daß ihm nach den verfassungsrechtlichen Auseinandersetzungen im März weitere Prüfungen erspart bleiben würden. Jetzt trennte ihn nur noch ein Tag vom Ende seines Auftrags. Im März war er nahe daran gewesen, abzureisen, als man das Gericht zu einem Instrument der Außenpolitik des State Department erklärt hatte. Die Angeklagten wären dann jedoch schutzlos gewesen. Jetzt mußte er sich abermals entscheiden.

Ihm war klar, daß das State Department ihn nach Gutdünken feuern, entlassen, nach Hause schicken konnte – wie immer der richtige Ausdruck lauten mochte. Er bekleidete daheim in Amerika die Stellung eines Bundesrichters auf Lebenszeit, doch gereicht es niemandem zum Ruhm, von der eigenen Regierung als Versager hingestellt zu werden. Ganz bestimmt nicht einem Richter. Man kann dann Erklärungen vorbringen, doch klingen sie schließlich immer wie Entschuldigungen. Man erinnert sich an das Faktum, nicht an seine Ursachen. Was ihm im März als eine Möglichkeit erschienen war, war ihm jetzt zur Gewißheit geworden: Er war an Weisungen gebunden. Wenn er sich diesen jetzt nicht unterwarf, dann würde man ihn unter weithin Aufsehen erregenden Umständen seines Amtes entheben.

Im März war es ihm wichtig erschienen, klarzustellen, daß, was immer die Anwälte vorbrächten, das US-Gericht entschieden habe, daß die Berliner Bevölkerung Rechte genieße und daß amerikanische Richter nicht weisungsgebunden seien. Ihm war klar, daß die Tatsache, daß Amerikaner solche »Argumente« vorgebracht hatten, eines Tages ebenso in Vergessenheit geraten würde wie die, daß sie damit nicht durchgedrungen waren. Sie würde selbst in Berlin in Vergessenheit geraten, eben weil dieser Anspruch zurückgewiesen worden war. Eine gerichtliche Entscheidung zu ihren Gunsten wäre jedoch ein untilgbarer Schandfleck geblieben.

Aber war einmal nicht genug? Er hatte seine Überzeugung schließlich durchgesetzt. Warum sich noch einmal in den Kampf stürzen, jetzt, wo das Ergebnis schon feststand? Er war außerstande, dem irgendwie zu wehren. Man würde ihn von seinem Posten abberufen, und nichts würde sich dann ändern.

Es würde so einfach sein, dem Konflikt aus dem Wege zu gehen. Vier Jahre für Tiede – die US-Mission würde ihn wahrscheinlich nach Ablauf von sieben Monaten in Freiheit setzen – und in der Zivilsache einfach sagen, daß das Gesetz Nr. 46 Deutsche nicht ermächtige, bei den Gerichten ihrer Besatzungsmacht Klage zu erheben. Schließlich war es wenig wahrscheinlich, daß diejenigen, die im Jahre 1955 das Gesetz Nr. 46 formulierten, Deutschen die Möglichkeit einräumen wollten, das Gericht in Anspruch zu nehmen. Noch besser wäre es freilich, diesem Fall ganz aus dem Wege zu gehen und statt dessen zum Beispiel zu sagen: »Ich habe diesen Auftrag nur für einen Fall übernommen. Ich muß morgen wieder abreisen. Lassen Sie den Botschafter für diese Sache einen anderen Richter auswählen. Mein Terminkalender daheim ist randvoll« – was ganz gewiß der Fall war. Den Düppel-Fall sollte jemand anders, der nächste Richter, übernehmen -falls sie einen ernannten. Oder besser noch: gar nichts sagen, einfach zurücktreten. Lieber freiwillig das Feld räumen als gefeuert zu werden.

Der Haken dabei war, daß er nichts von alledem tun konnte – nicht nach dem Empfang des Briefes –, zu keiner Zeit an einem US-Gericht und ganz gewiß nicht in Berlin. Nicht angesichts der Geschichte der Stadt wie ihrer Gegenwart. Alle die Richter, die vor vierzig Jahren Befehle ausgeführt hatten; alle die Menschen Osteuropas, die sehnsuchtsvoll nach Westen blickten und glaubten, daß dort das Recht herrsche. Alles das – und natürlich noch sehr viel mehr – beraubte ihn dieser Möglichkeiten. Er wußte, was er zu tun hatte.

29.
Freiheit! Hört man schallen

28. – 29. Mai 1979

Auf meinen Reisen um die Welt wurde mir beim Vergleich mit anderen Völkern klar, daß die Stärke unserer großen Nation vor allem auf unserem einzigartigen Rechtssystem beruht, einem System, das durch eine starke und unabhängige richterliche Gewalt gekennzeichnet ist, zu der eine pflichtbewußte, mutige und den Mandanten und Anliegen, die ihre Mitglieder vertreten, treu ergebene Anwaltschaft hinzutritt. Unser Rechtssystem ist geprägt durch die Bereitschaft unserer Prozeßanwaltschaft, sich jedem Gegner, auch der Regierung selbst, zu widersetzen und energisch für die ihr anvertraute Sache zu streiten, in der Gewißheit, daß ein gerecht denkender Richter eine unparteiische Entscheidung treffen wird, ohne nach rechts oder links zu blicken oder sich um die Reaktion von Regierungsmitgliedern zu kümmern.

Wir dürfen dies nicht als selbstverständlich betrachten. Das wäre ein schwerer Fehler. Es ist dies ein wertvolles Vermächtnis, das wir hegen und pflegen müssen.

Cyrus Vance, 25. November 1981

In dem für die Prozeßbeteiligten abgegrenzten Raum hatten fünf neu eingetroffene Anwälte Platz genommen: Peter R. Steenland vom US-Justizministerium, Major John C. Cruden vom Heeresministerium, Royce Lamberth, Leiter der Abteilung für Zivilsachen in der Bundesanklagebehörde des District of Columbia, sein Gehilfe Henry Schuelke und Lee R. Marks, der geschäftsführende Rechtsberater des State Department. Steenland und Cruden waren für den Düppel-Fall erschienen, Schuelke und Lamberth vertraten Surena und Adelman, und Marks hatte als Vertreter der Regierung den Oberbefehl. Sie drängten sich alle in dem der Anklagevertretung vorbehaltenen Teil des Raums zusammen.

Ingrid und Sabine Ruske, Tiedes frühere Ehefrau Maria und seine beiden Kinder waren zusammen mit einem Schwarm von Presseberichterstattern erschienen. Der Saal war bis in den letzten Winkel hinein besetzt.

Best und Hellring, Shapiro und Adams saßen zusammen mit Dietrich Herrmann an ihrem Tisch. Tiede wurde alsbald von seinen Bewachern hereingeführt und neben seine Anwälte plaziert. Sie warteten.

Der Richter beriet sich in seinem Amtszimmer mit Weigend und Ristau. Sie saßen am Konferenztisch und sahen den Brief des Botschafters durch. Der Richter blickte die beiden fragend an, doch konnten sie ihm keinen Ratschlag geben. Weigend wußte indes eine Neuigkeit. Er hatte festgestellt, daß die Mindeststrafe für Tiede nach deutschem Recht nicht drei Jahre betrug. Der Richter blickte über die Mitteilung hinweg den deutschen Rechtswissenschaftler an.

»Die Jury hat seine Tat aber doch nicht als gerechtfertigt anerkannt.«

»Das ist richtig«, nickte Weigend. »Es spielt aber keine Rolle, daß der Angeklagte schließlich schuldig befunden wurde, weil man entschied, die Gefährdung seiner Interessen habe den potentiellen Schaden, den er andern zufügte, nicht überwogen. Wenn festgestellt wird, daß eine Abwägung vorgenommen werden mußte, daß der Angeklagte unter Druck handelte, dann gilt nach deutschem Recht das Mindestmaß von sechs Monaten.«

Der Richter machte ein nachdenkliches Gesicht. Bei der vorgeschlagenen Anrechnung der Untersuchungshaft hatte Tiede die gesetzliche Mindeststrafe bereits abgebüßt.

Er überlegte noch, als Rabourn eintrat und bekanntgab, daß alle bereit seien. Die drei Männer standen auf, um sich in den Gerichtssaal zu begeben, und Ristau rief hinein: »Alle aufstehen, bitte!«

Der Richter rief zuerst die Zivilsache auf. Ehe er irgend etwas Unwiderrufliches tat, mußte er sich vergewissern, daß er den Brief des Botschafters nicht mißverstanden hatte.

Er nickte den so zahlreich erschienenen Anwälten zu: »Guten

Morgen... Ich beabsichtige, mich zunächst kurz der Zivilsache zuzuwenden, die betitelt ist ›Rosemarie Dostal kontra Calvin P. Benedict und andere‹... Ich glaube, die Regierung hat weitere Anwälte beigezogen, nicht wahr?«

Surena stand auf und trat vor. Seine Augen blickten streng.

»Ja, Euer Ehren. Wenn es gestattet ist, möchte ich dem Gericht Mr. Peter Steenland vorstellen, einen Anwalt vom Justizministerium, der zum Zweiten Stellvertretenden US-Anwalt für Berlin ernannt worden ist und im Düppel-Fall das Wort ergreifen wird. Desgleichen möchte ich Major John Cruden von der Abteilung für Rechtssachen des Heeresministeriums vorstellen.«

Steenland, Leiter einer Rechtsmittelabteilung im US-Justizministerium, blieb sitzen, als er zu sprechen anhob – doch der Richter unterbrach ihn. Er wollte wissen, was es mit dem Brief auf sich habe. Er las ihn vor und wandte sich anschließend an Steenland.

»Der Brief, den ich soeben vorgelesen habe, richtet offensichtlich kein Ersuchen an mich, sondern erteilt mir anscheinend eine Weisung.« Der Richte blickte den Vertreter des Justizministeriums an und fragte ihn rundheraus.

»*Weist* mich der Botschafter Ihrer Meinung nach *an*, keine Entscheidung zu treffen, die der mir soeben von Ihnen angeratenen widerstreitet?«

Steenland, der auch jetzt nicht aufstand, antwortete mit deutlicher Distanziertheit: »Ich glaube, ja.«

Der Richter hatte Mühe, an sich zu halten. Steenland gab sich sehr viel gelassener als Surena und Adelman während der Auseinandersetzung über die verfassungsrechtlichen Fragen im März. Dieser Anwalt befahl ihm mit gespielter Gleichgültigkeit, er möge gefälligst für seinen Mandanten entscheiden. Diesmal fühlte sich der Richter ein wenig unsicher. Er sah sich so vielen Anwälten gegenüber, vom State Department sowohl wie vom Justizministerium wie auch vom Heer. Er war dagegen ganz allein. Der Richter kam ins Stottern.

»Dies wirft schwierige Fragen auf und – ich bin gleichfalls für das verantwortlich, was ich tue.«

»Ganz gewiß tragen Sie, Euer Ehren, für das, was Sie tun, die Verantwortung«, erwiderte Steenland kühl. »Im vorliegenden Falle tragen Sie nicht nur die Verantwortung für das Gericht, in dem Sie den Vorsitz führen, das US-Gericht für Berlin, sondern sind in gewissem Sinne auch der Behörde verantwortlich, die Sie ernannt hat.« Er lächelte den Richter an und setzte ihm sorgfältig auseinander, daß er hier in Berlin – anders als daheim – einen Chef habe.

»Nun, Euer Ehren«, belehrte Steenland ihn, »ich darf vielleicht kurz erwähnen, daß Sie hier nicht als Richter nach Artikel III den Vorsitz führen, kraft dessen der Präsident Sie nach Bestätigung durch den Senat ernannt hat und Sie so lange amtieren, bis Sie Ihr Amt niederlegen, sich für die Annahme einer höheren Stellung entscheiden oder zum Richter am Berufungsgericht ernannt werden.« Steenland spielte auf eine mögliche Beförderung an.

Der Richter mußte lachen: »Ist unter den gegebenen Umständen höchst unwahrscheinlich.«

»Das will ich nicht sagen. Ich erinnere mich noch sehr gern an die Verhandlung vor dem Berufungsgericht.« Dem Richter dämmerte es plötzlich: »Ja, richtig. War das nicht in der Grundstückssache?«

»Ja.«

Jetzt erinnerte sich der Richter. Steenland hatte eine wichtige Berufungssache vertreten, als der Richter am Berufungsgericht für den Dritten Bezirk tätig gewesen war, der Berufungsinstanz für die Bundesgerichte in Pennsylvania, Delaware, New Jersey und den Jungferninseln. Der Richter hatte damals mit ihm übereingestimmt. Sie lächelten einander an. Des Richters Stimmung hellte sich etwas auf, als er sich der Umstände ihres letzten Zusammentreffens erinnerte, und er entschuldigte sich, daß es ihm nicht eher eingefallen sei. Er machte die Beleuchtung dafür verantwortlich.

»Ich bin älter geworden, Euer Ehren.«

»Das ist nichts im Vergleich zu dem, wie es mir ergangen ist, wie Sie sehen können!« Er grinste, wurde dann aber gleich wieder ernst.

»Hören Sie« – er beugte sich weit vor –, »ich weiß, daß ich denen, die mich ernannt haben, verantwortlich bin. Ich möchte jedoch wissen, ob meine Verantwortlichkeit darin besteht, das zu tun, was sie mir befehlen, oder aber nach bestem Ermessen mit möglichster Gerechtigkeit zu amtieren und mich zu weigern, von irgend jemandem Weisungen darüber entgegenzunehmen, wie ich einen Streitfall zu entscheiden habe?« Er beugte sich noch weiter vor: »Genau dies möchte ich von Ihnen wissen.«

Steenland gab sich wieder vorsichtig, kühl und distanziert. Die Fragen, um die es gehe, sagte er, seien viel zu bedeutsam, als daß die Regierung sie auf die übliche Weise gerichtlich entscheiden lassen könne.

»Der Botschafter und andere verantwortliche Persönlichkeiten wollen diesen Fall wegen seiner möglichen außenpolitischen Auswirkungen mit äußerster Sorgfalt und Umsicht behandelt sehen.«

Der Richter schüttelte den Kopf und fragte noch einmal, ob man ihm »Weisungen« erteile.

»Ich glaube, ja«, erwiderte Steenland kühl.

Steenland vertrat im Grunde den gleichen Standpunkt, den Surena zehn Wochen zuvor an der gleichen Stelle, wenn auch nicht ganz so dezidiert und selbstgewiß vorgetragen hatte. Man hatte ihn 5000 Kilometer weit reisen lassen, um dem Richter klarzumachen, was er zu tun habe. Der Richter lehnte sich in seinem Sessel zurück. Ihm war jetzt sehr viel wohler zumute.

»Sie waren im März nicht anwesend« – der Richter lächelte: »Damals wurde hier argumentiert,... aus außenpolitischen Erwägungen und wegen der besonderen Wichtigkeit der Angelegenheit – es wurden genau dieselben Ausdrücke gebraucht, die Sie gerade eben in bezug auf den Düppel-Fall benutzten – aus diesen Gründen sollte und dürfe kein Geschworenenverfahren stattfinden. Man argumentierte sogar . . . , ich sei eine Art Angestellter des State Department und nicht befugt, eine andere Meinung zu vertreten. Ich weiß nicht, ob Sie die betreffenden Schriftsätze gelesen haben.«

»Nein, Euer Ehren.« Steenland zeigte sich völlig desinteressiert.

»Ich habe damals unmißverständlich klargestellt« – der Richter beschloß, sich genauso reserviert zu verhalten wie Steenland –, »daß, falls ich aus außenpolitischen Erwägungen so entscheiden müsse, wie man mir befehle, dies Argument in jedem beliebigen Fall vorgebracht werden könne.« Seine damalige Prophezeiung schien jetzt eingetroffen zu sein.

»Ich verstehe durchaus, was Sie sagen wollen, Euer Ehren«, räumte Steenland ein, bestand indes darauf, daß man dem Richter in diesem Fall sehr wohl Weisungen erteilen könne – und er diesen Folge zu leisten habe.

Der Richter wurde zornrot. Er war jetzt außerstande, noch weiter

Gleichgültigkeit zu mimen. Mit erhobener Stimme trat er dem Abgesandten Washingtons entgegen.

»Worüber Sie zu entscheiden haben . . ., ist, was für eine Art Gericht Sie hier haben wollen. Wollen Sie sich damit abfinden, daß ich gegen Sie entscheide, oder wollen Sie mir einen Befehl erteilen? Darüber habe ich nicht zu befinden. Das müssen Sie entscheiden. Ich entscheide, ob ich Ihren Befehl akzeptiere oder nicht, aber Sie müssen genau wissen, was Sie tun.« Er hielt inne und zuckte die Achseln.

»Was sollen die Leute hier denken? Ein Richter nahm einen Befehl entgegen und fand auch einen Grund dafür. Welches Maß an Integrität kann man in diesem Verfahren dann voraussetzen, nicht nur in diesem Falle, sondern in jedem beliebigen Falle? Ich weiß, daß Sie dies Gericht nicht für vierundzwanzig Jahre geschaffen haben. . . Es mag jedoch durchaus sein, daß Sie es eines Tages erneut besetzen wollen. Wer wird dann noch irgend etwas glauben von dem, was hier geschieht?«

Der Richter umfaßte seinen Hammer mit beiden Händen und beugte sich nach vorn: »Doch vor allen Dingen, die Außenpolitik und die Glaubwürdigkeit einmal beiseite: *mit mir kann man das nicht machen.* Und ich möchte meinen, mit Ihnen auch nicht. Und ich wünschte, Sie würden das von mir nicht verlangen!«

Um ein heilloses Durcheinander zu verhindern, schlug der Richter vor, Steenland möge die Leute vom State Department fragen, ob sie wirklich auf ihrem Verlangen beständen.

Der Anwalt nickte: »Entschuldigen Sie mich bitte für einen Augenblick.«

»Möchten Sie eine Unterbrechung?«

»Vielleicht fünf Minuten, Euer Ehren.«

Der Richter verließ den Saal, während Steenland sich zu Surena und Lee Marks zurückbegab.

Wieder in seinem Amtszimmer, sah er wortlos aus dem Fenster, während Weigend und Ristau ihn fragend anblickten. Ristau konnte nicht länger schweigen: »Was wollen Sie tun?«

»Hoffen, daß sie diesen gottverdammten Brief zurücknehmen, Tiede verurteilen und dann machen, daß ich hier wegkomme.«

Zehn Minuten später kehrten sie in den Verhandlungssaal zurück.

Der Richter blickte zu Steenland hin.

»Ich danke Euer Ehren für die Unterbrechung«, begann Steenland, um dann klarzustellen, daß das State Department seine Haltung nicht geändert habe.

»Soll das also heißen, daß ich nach Ihrer Auffassung nicht darüber entscheiden darf, ob ich zuständig bin oder nicht, sondern gehalten bin, gemäß der Weisung des Botschafters zu entscheiden?«

»Das ist, glaube ich, richtig.«

Der Richter wollte wissen, ob er Herrn Geulen in dieser Sache anhören dürfe oder ob es ihm ebenfalls verboten sei, die andere Seite zu Wort kommen zu lassen.

»Ich hätte nichts dagegen, falls Euer Ehren Herrn Geulen anhören möchten« – Steenland machte eine beruhigende Geste –, »aber ich glaube, daß nichtsdestoweniger Klarheit darüber besteht, wie Euer Ehren zu entscheiden haben.«

Zu entscheiden haben! Der Richter war nahe daran, Rabourn zu befehlen, er solle den Kerl packen und aus dem Saal werfen. Doch damit konnte er Rabourn in Schwierigkeiten bringen. Er wandte sich Geulen zu.

Der schlankwüchsige deutsche Anwalt schritt in ehrerbietiger Haltung zum Pult. »Ich möchte das Gericht und Mr. Steenland fragen«, begann er: »Ist dies ein Gericht oder soll dies Gericht nur dem Zweck dienen, Weisungen der einen Partei entgegenzunehmen? Ist dies Gericht unabhängig und hat es nach bestem Ermessen und möglichster Gerechtigkeit Entscheidungen zu fällen oder hat dies Gericht gemäß dem zu entscheiden, was die eine Partei, und das ist nicht meine Partei, vorbringt oder dem Gericht vorschreibt?«

Der Richter blickte zu Steenland hin, in der Hoffnung, daß er Betroffenheit erkennen lassen würde, doch konnte man seinem Gesicht lediglich höfliches Interesse ablesen.

Dem Richter war klar, daß, wenn das so weiterging, das Gericht in fünf Minuten nicht mehr existieren würde. Zumindest nicht mit seinem derzeitigen Richter. Wenn er der Auseinandersetzung nicht ein Ende machte, dann würde Tiede seinem Nachfolger, wer immer das sein mochte, auf Gnade und Ungnade preisgegeben sein.

Er blickte die Anwälte alle an und entschloß sich, ihnen unumwunden seine Meinung zu sagen.

»Ich kann nicht umhin, festzustellen, daß, je nachdem, wie ich in der Zivilsache verfahre, ich... vielleicht nicht imstande sein werde, das Urteil in einer Strafsache zu sprechen, über die unter meinem Vorsitz unter der Mitwirkung einer Jury verhandelt wurde. Aus diesem Grunde werde ich jetzt zur Festsetzung des Strafmaßes schreiten, um auf die Zivilsache dann später zurückzukommen – es sei denn, irgend jemand erhebt gegen diese Vorgehensweise Einspruch.«

»Keine Einwendungen, Euer Ehren!« Steenland zuckte die Achseln. Schließlich lag der Befehl hier bei ihm. Er konnte es sich leisten, großmütig zu sein.

Nach einer kurzen Pause blickte der Richter Best ins Gesicht, der sich allein vor ihm aufgebaut hatte. »Liegt irgendein rechtlicher Grund vor, weshalb das Urteil jetzt nicht verkündet werden kann?«

»Nein, Euer Ehren.«

»Nein, Euer Ehren«, ließ sich auch Adelman vernehmen.

Die Frage der Zeugenvernehmung, die Hellring verlangt hatte, um zu beweisen, daß Adelman und Surena sich einer Pflichtverletzung schuldig gemacht hatten, war noch unerledigt wie auch das Versprechen des Richters, dieser Angelegenheit auf den Grund zu gehen.

»Ich habe das nicht vergessen«, versicherte er Best. »Mr. Hellring gab eine Erklärung ab, wonach die Verordnung eigens zu dem Zweck erlassen wurde, Tiede zu einem Schuldbekenntnis zu veranlassen. Mr. Surena hat das abgestritten. Sie sagten dann, das Gericht werde bewußt getäuscht.«

»Das ist richtig. Das habe ich gesagt.«

Die ganze Sache lief jedoch auf folgendes hinaus: Wenn über die Zusagen, die Tiede in der Absicht gemacht worden waren, ihn zu einem Schuldgeständnis zu bewegen, zwischen Anklage und Verteidigung keine Einigkeit herrschte, dann mußte eine Zeugenvernehmung vorgenommen werden. Waren sie sich über das, was geschehen war, aber einig, dann würde es sich erübrigen, die Staatsanwälte in den Zeugenstand zu rufen.

Die Anwälte waren sich indes über alle Grundtatsachen einig. Anklage und Verteidigung stellten den Tatbestand einverständlich fest. Eine Zeugenvernehmung erübrigte sich damit. Der Richter gab ein Resümee.

»Die wesentlichen Tatsachen sind nicht strittig... Es herrscht allgemein Einigkeit darüber, daß dem Angeklagten die eindeutige Zusage gegeben wurde, daß er im Falle, daß er sich in Punkt 1 der Anklage schuldig bekenne, gute Führung im Gefängnis vorausgesetzt, spätestens am 15. Dezember 1979 in Freiheit gesetzt werden würde. Darüber hinaus versprach man ihm, daß die Regierung im Falle, daß das Gericht dem nicht zustimmen sollte, versuchen werde, dieses dazu zu zwingen. Sollte sich das Gericht dann noch immer querlegen, so würden die für diese Anklage zuständigen Vertreter der Vereinigten Staaten in Berlin ihren Vorgesetzten nahelegen, die ganze Angelegenheit niederzuschlagen, da das Gericht sich weigere, Tiedes Schuldbekenntnis unter diesen Umständen zu akzeptieren. Ich werde jetzt das Urteil sprechen«, fuhr der Richter fort. »Wer ergreift dazu für den Angeklagten das Wort?«

Best stand auf und schritt zum Pult. »Euer Ehren, ich werde für den Angeklagten das Wort ergreifen und dem Gericht die Tatsachen vortragen, um dem Gericht beim Fällen einer angemessenen Entscheidung behilflich zu sein.«

»Ich glaube, ich sollte erst die Regierung zu Wort kommen lassen, denn ich glaube, dem Angeklagten steht das letzte Wort zu, ehe das Urteil gesprochen wird.«

Adelman war aufgestanden: »Wenn es Euer Ehren beliebt« – er trug seine letzten Ausführungen vor dem US-Gericht für Berlin mit betont leiser Stimme vor –, »so schlagen wir vor..., daß das Gericht eine Freiheitsstrafe von vier Jahren verhängt. Wir haben das schon zu einem früheren Zeitpunkt des Prozesses, glaube ich,... zu verstehen gegeben und tun das noch einmal. Wir bitten Sie, Euer Ehren, unsere Empfehlung anzunehmen.«

Adelman erklärte außerdem, daß eine Freiheitsstrafe von vier Jahren bei Anrechnung der erlittenen Haft wahrscheinlich die Entlassung des Angeklagten bis spätestens 15. Dezember 1979 zur Folge haben würde.

Die Besatzungsbehörde sprach auch jetzt noch lediglich von einem »wahrscheinlichen« Entlassungsdatum.

»Sie bitten mich, Ihnen diesen Mann für vier Jahre zu überlassen, nicht wahr?«

»Nicht mir, Euer Ehren«, protestierte Adelman.

»Ihrem Mandanten«, konstatierte der Richter.

»Der Regierung, ja«, räumte Adelman ein und setzte rasch hinzu: »Wir bitten, wenn ich das noch sagen darf, nicht persönlich darum, daß gegen den Angeklagten vorgegangen wird.«

Der Richter wandte sich ab. »Ich erteile jetzt dem Verteidiger das Wort«, bedeutete er Best, der wartend am Pult stand.

»Hohes Gericht, Euer Ehren, wir stehen hier in einer entscheidungsschweren Stunde im Leben des Angeklagten... Sie kennen die Gründe, weshalb Detlef Tiede aus dem Osten in den Westen ging. Was Sie, glaube ich, noch nicht gesehen haben, ist sein Antrag auf Ausreiseerlaubnis aus dem Osten. Diese Urkunde wurde zwar identifiziert, aber nicht als Beweismittel zugelassen. «

Der Richter nickte. Er erinnerte sich. Hellring hatte sie als Beweisstück vorlegen wollen, doch hatte er Adelmans Einspruch dagegen anerkannt. Weder der Richter noch das Gericht hatten gehört, was Tiede an die Regierung Ostdeutschlands geschrieben hatte.

»In seinem Antrag«, fuhr Best fort, »schrieb er: ›Ich habe mich schon sehr oft mit dem Gedanken getragen, aus der DDR auszuwandern. Ich sehe für mich kein Fortkommen und keine Zukunft in der DDR. Ich habe mich heute unwiderruflich entschlossen, mich an Sie, die Behörde, zu wenden, und ergebenst um die Genehmigung zur Ausreise in die BRD zu bitten. Ich kann und werde nicht begreifen, daß die meisten Menschen das Recht haben, ihren Wohnsitz frei zu wählen, warum nicht ich?«

Best legte den Brief beiseite und blickte den Richter an.

»Ich höre, daß Detlef Tiede zwölfmal um die Genehmigung zum Verlassen der DDR und zur Übersiedlung nach West-Berlin und in die Bundesrepublik einkam und daß jeder seiner Anträge abgelehnt wurde... Nach einer Weile nahm man ihn dann beiseite und sagte ihm: ›Wissen Sie auch, was das für Folgen hat, wenn Sie ständig solche Anträge stellen?‹ Und infolgedessen lebte er – ich glaube man kann sagen mit gutem Grund – in ständiger Furcht... Lassen

Sie mich bitte noch kurz ein paar Worte über ihn sagen:... Das Leitmotiv seines Lebens ist sein Verantwortungsgefühl für sein Kind. Ich war dabei, als sein Kind und seine Frau – seine Kinder, denn er betrachtet Rafael als sein Kind... Ich war dabei, als seine Frau und seine Kinder ihn hier besuchten, und es war ein tief bewegender Moment. So sehr, daß sich sogar seine Bewacher, die ihn eigentlich immer im Auge behalten sollten, abwandten, weil das niemand mit ansehen konnte. Er ist von einem ausgeprägten, tiefen Verantwortungsgefühl für seine Familie durchdrungen. Er möchte für seinen Sohn sorgen. Ja, wenn man sich mit ihm unterhält, dann versteht man, daß eben die Tatsache, daß ihm dieses Verhältnis, wie es ja oft vorkommt, seinem Vater gegenüber versagt geblieben ist, daß dies in ihm den Wunsch erweckt hat, zu einem solchen, von Verantwortungsbewußtsein getragenen, harmonischen Verhältnis – ich glaube, man nennt es *Liebe* – zu seinem Sohn zugelangen. Und er möchte, daß dieser in einer freien Gesellschaft aufwächst.«

Dann wandte sich Best dem Fall wieder zu.

»Der Tatbestand der gewaltsamen Umleitung ist Euer Ehren bekannt. Diesbezüglich brauche ich nichts mehr zu wiederholen. Mir scheint, daß alle uns vorliegenden Tatsachen – ein Mann, der zwölfmal um eine Gelegenheit zur Ausreise in den Westen nachsuchte, ein Mann, der in den Westen wollte, um dort seinen Sohn wiedersehen zu können, ein Mann, der auf gewaltlosem Wege in den Westen zu gelangen versuchte, mittels gefälschter Papiere, und ein Mann, der erst dann in die Umleitung eines Flugzeugs verwikkelt wurde, als alles andere fehlgeschlagen war – mir scheint, daß das alles einen Mann zeigt, der wohl Gnade verdient hat. Ich bitte ergebenst und empfehle dem Gericht, für Detlef Tiede ein Strafmaß festzusetzen, das seine Entlassung am Schluß der heutigen Verhandlung ermöglicht.«

Best schloß seine Ausführungen mit der Verlesung eines Briefes, den Tiede knapp sieben Monate zuvor aus der amerikanischen Haft in Tempelhof an seine Eltern gerichtet hatte.

»Hohes Gericht, ich möchte abschließend einen Brief vorlesen, den der Angeklagte am 5. November 1978 an seine Eltern schrieb. Er lautet wie folgt:«

Liebe Eltern,

am liebsten würde ich die ganze Seite mit den Worten ›Ich bin sehr glücklich und zufrieden‹ vollschreiben. Doch was soll's. Ihr wißt das beide, aber ich wäre glücklicher, wenn ich wüßte, daß sie Euch in Ruhe lassen. Es macht mich ganz krank zu wissen, daß sie Euch all die dummen und albernen Fragen stellen, nur weil ich endlich mein Ziel erreicht habe, worum ich die DDR-Regierung immer wieder ersucht habe . . .

Eins weiß ich: daß dieser Staat mit seiner unmenschlichen Politik niemals siegen wird. Dazu braucht man sich nicht in die politischen Fragen zu vertiefen. Das sind nur rein menschliche Gefühle. Mensch oder Tier, jeder liebt seine Freiheit. Wer möchte schon sein ganzes Leben im Gefängnis verbringen? Daß ich meine Gefühle jetzt ohne Furcht offen aussprechen kann, macht mich sehr glücklich. Ja, es ist schön, endlich frei zu sein, wunderbar . . .

Vielleicht werdet Ihr aber sagen: Was soll denn jetzt aus dir werden? Ja, das dürft Ihr natürlich fragen. Aber macht Euch keine Sorgen. . . Natürlich gibt es einen Prozeß, doch das ist im Preis inbegriffen. Macht Euch keine Gedanken, und behaltet den Kopf oben. Das ist alles. Der Kassettenrecorder spielt das Lied ›In Kreuzberg sind die Nächte lang‹. Es fängt langsam an, und dann – ich höre sowas gern. Ich wünsche Euch von Herzen alles Gute, lebt wohl bis zum nächsten Mal.

Euer Sohn Detlef

Einen Kuß für Mutti und Grüße an alle Bekannten.

»Richter«, blickte Best von seinem Brief auf, Tränen der Rührung hinter der schwarzumrandeten Brille in den Augen, »das ist ein netter Mann.« Er schluckte. »Mehr kann ich nicht sagen.« Dann wandte er sich ab und begab sich mit langsamen Schritten zu seinem Platz zurück.

»Möchte der Angeklagte selbst das Wort ergreifen oder nicht?« Der Richter blickte zu Tiede hin.

Der neben seinem Mandanten sitzende Hellring erhob sich.

»Nein, Euer Ehren.«

Es mußte nun nur noch das Urteil gesprochen werden. Der Richter tat einen tiefen Atemzug und kam dann ohne Umschweife zur Sache.

»Dies ist der ungewöhnlichste Prozeß, an dem ich jemals beteiligt gewesen bin... Die Aufgabe, vor die ich mich hier gestellt sehe, ist ganz außergewöhnlich, nicht bloß . . . , weil sie eine Güterabwägung erforderte zwischen dem Schutz der Sicherheit der Zivilluftfahrt auf der einen Seite und dem Recht einer Einzelperson, einem Willkürregime zu entfliehen, das unter Verletzung internationaler Abkommen Menschen die Ausreise verbietet. In diesem Falle verfügen wir über das Urteil von Menschen, die diese Situation aus nächster Nähe kennen.«

Er blickte zu der nunmehr leeren Geschworenenbank hin und dachte an die zwölf Berliner, die noch vor zwei Tagen dort gesessen hatten.

»Von Menschen, denen die Überlegungen, die diesen Angeklagten zu seiner Tat veranlaßten, ständig vor Augen geführt werden... Ihrem ethischen Urteil wurde die Frage anheimgegeben, ob der Angeklagte in Anbetracht der Beweggründe, die er in diesem Fall hatte, nach deutschem Recht so handeln durfte, wie er es tat.«

Er fragte sich, ob irgendeiner der Geschworenen wohl an diesem Verhandlungsstadium Anteil nehme. Er vermutete, daß die meisten es verfolgen würden.

»Und das ist der Grund, weshalb wir heute hier sind, um das Strafmaß festzusetzen: weil ein repräsentativer Querschnitt dieses Gemeinwesens ein ethisches Urteil gefällt hat.«

Er hatte ursprünglich vorgehabt, ein auf diesem Urteil basierendes Strafmaß festzusetzen. Doch dann hatte der Botschafter ihm den bewußten Brief geschrieben und war Steenland im Gerichtssaal aufgetaucht.

»Meine Aufgabe wäre in gewisser Weise schwieriger, als sie ist, hätten diejenigen, die in diesem Fall die Anklage vertreten haben, sich an die Grundprinzipien des amerikanischen Regierungssystems gehalten... Hätten sie sich damit begnügt, das zu tun, was jeder Staatsanwalt vor jedem amerikanischen Gericht tut . . . , nämlich die Beschuldigungen vorzubringen, Anklage zu erheben und dem Angeklagten Gerechtigkeit widerfahren zu lassen in Gestalt eines fairen Prozesses vor einem repräsentativen Querschnitt des Gemeinwesens, in dem er seinen Wohnsitz hat oder vor Gericht gestellt wird, um sich dann mit dem Ergebnis abzufinden! «

Doch das taten sie nicht! Sie bestanden darauf, den Prozeßverlauf und den Richter zu überwachen.

»Kurz nach meiner Ernennung zum Richter am US-Gericht für Berlin erhob sich die Frage, ob dieser Angeklagte hier Anspruch auf die Rechtswohltaten der Verfassung der Vereinigten Staaten erheben könne oder nicht!«

Die Erinnerungen wurden wach: Der Flug nach Berlin, der Zusammenstoß mit Surena im Gericht, mit David Anderson in dessen Residenz!

»Die Regierung reichte dem Gericht einen Schriftsatz ein!!! Darin hieß es, vor dem US-Gericht für Berlin genieße niemand irgendwelche Rechte. Und man gab mir dann mündlich zu verstehen, dies besage, daß hier niemand Anspruch auf ein ordnungsgemäßes Verfahren habe.«

Es fällt immer noch schwer zu glauben, daß das alles geschah, dachte er bei sich!

»Das Gericht war überrascht und entschied natürlich, daß so etwas vor allen Gerichten, in der diese Flagge stehe, die da über meiner rechten Schulter, unmöglich sei.«

Er wies hinter sich auf das Sternenbanner!

»Und das Gericht sagte damals und wiederholt, daß jeder, der solch eine Lehre hier verkündet und dies namens der Vereinigten Staaten von Amerika zu tun vorgibt, sich fragen lassen muß, wer ihn dazu ermächtigt hat: Denn« – er beugte sich vor und blickte das Aufgebot von amerikanischen Anwälten an – »wenn die Allgemeinheit, das Volk, die Bürger der Vereinigten Staaten jemals feststellen sollten, daß ihre Repräsentanten so etwas sagen – in Berlin oder sonstwo –, wenn das amerikanische Volk das jemals feststellt, dann werden diese Repräsentanten feststellen, daß sie niemand repräsentieren außer sich selbst!«

Er blickte die Anwälte vom State Department und vom Justizministerium erneut an. Er fragte sich, was sie wohl sagen würden, falls sich eines Tages für ihr Verhalten in Berlin verantworten müßten, Höchstwahrscheinlich, daß sie lediglich Befehle befolgt oder der Standpunkt ihres Mandanten vertreten hätten.

»Das Gericht war bereit zu glauben, daß die Vertreter der Anklage mit den von ihnen hier vorgebrachten Argumenten übers Ziel hinausschossen und daß diese nicht die wirkliche Haltung widerspiegelten ... «

Ich war zu vertrauensselig, dachte er bei sich. Aber wer hätte denn gedacht, daß amerikanische Anwälte wirklich so etwas machen würden?

»Und dann wurde offenbar ..., daß man die ehemalige Angeklagte Ingrid Ruske und ihre Tochter... mehr als zwei Monate lang in Haft gehalten hatte, ohne Anklage gegen sie zu erheben oder sie zur Anklage zu vernehmen... Dem Gericht wurde klar, daß man nicht nur argumentiert hatte, daß die Angeklagten Tiede und Ruske keinerlei verfassungsmäßigen Rechte genössen, sondern daß die Strafverfolgungsbehörden in ihrem Verhalten tatsächlich davon ausgegangen waren.«

Er sah noch den auf dem jetzt leeren Stuhl sitzenden Goeller vor sich, wie er sich beim Verhör gewunden und undeutlich murmelnd erklärt hatte, daß man die Frau in Isolationshaft gehalten habe, um sie vor den Kommunisten zu schützen.

»Gibt es sonst noch einen Ort, wo die amerikanische Flagge weht und man jemand einfach zweieinhalb Monate lang einsperren kann, seine Post kontrolliert, alle ungenehmigten Anrufe untersagt und, bedenken Sie, nicht einmal Anklage erhebt?«

Alles das war natürlich geschehen, als das Gericht noch nicht existierte. Doch auch nachdem er – auf ihr Ersuchen – in Berlin eingetroffen war, hatten sie fortgefahren, Tiedes Rechte mit Füßen zu treten.

»Sodann bestand der Angeklagte, wie wir gehört haben, auf seinem Recht auf die Mitwirkung einer Jury... Und es ist aufgrund des protokollarisch einverständlich festgestellten Tatbestandes für das Gericht offensichtlich, daß die zuständige Strafverfolgungsbehörde von diesem Zeitpunkt an angeblich aus Gründen der Staatsraison oder aus außenpolitischen Erwägungen entschlossen war, diesem Angeklagten das Recht auf ein Geschworenenverfahren zu versagen. Und sie tat alles, was in ihrer Macht stand ..., um ihn auf eine völlig unzulässige Art und Weise dazu zu zwingen, auf das zu verzichten, was das Gericht als ein ihm zustehendes Recht erkannt hat und was der Oberste Gerichtshof der Vereinigten Staaten für ein Grundrecht erklärt hat.«

Er blickte zu Adelman und Surena hin und dann weiter zu Lee Marks, der zusammen mit Feldman alles dies von Washington aus überwacht hatte.

»Dem Gericht war ein absurdes Scheindasein zugedacht. Die Verfahrensvorschriften waren bedeutungslos. Da die Staatsanwälte sich hier von jeglichen verfassungsrechtlichen Beschränkungen oder solchen eines gehörigen Rechtsverfahrens frei wähnten, erließen sie einfach, sobald es ihnen notwendig erschien, diejenigen Gesetze, die sie gerade benötigten!«

Er machte eine Geste zu Tiede hin: »Und weshalb? Um diesen Mann zum Verzicht auf die Mitwirkung einer Jury zu zwingen!« Er schüttelte mit angewiderter Miene den Kopf!

»Da fragt man sich doch: Was für ein Gericht ist dies eigentlich, wo die Richter nicht gebeten werden, in Rechtssachen zu entscheiden, sondern Weisungen bekommen, wie sie zu entscheiden haben, wo Verfahrensvorschriften in Sekundenschnelle aufgrund geheimer Unterredungen zwischen dem Ankläger und dem eines Verbrechens Angeklagten oder seinem Anwalt außer Kraft gesetzt werden, aufgrund von Sondergesetzen, die erlassen werden, um den Richter zu umgehen? Und wenn es sich auf diese Weise nicht machen läßt, nun, dann schickt man dem Richter einen Brief und sagt ihm, was er zu tun hat.«

Er holte tief Atem und zählte bis zehn!

»Wir fragen uns: warum das alles? Was hat dazu geführt? Etwa die Befürchtung, einen Prozeß zu verlieren? War es einfach die Befürchtung, daß der Beschuldigte in einem Geschworenenverfahren vielleicht freigesprochen würde, die alles dies verursachte? Das Gericht stellt fest, daß dies nicht der Grund war!!! Der Grund war vielmehr der, daß es der Anklagevertretung unerträglich schien, daß hier eine aus Deutschen bestehende Jury mitwirken sollte! Oder daß hier eine Instanz amtieren sollte, der diejenigen, die sich als Besatzungsmacht betrachteten, rechenschaftspflichtig sein würden! Nämlich der Richter, den sie selbst ernannten, und der aufgrund unserer

Verfassung die ihm vorgelegten Fälle als unabhängiger Schiedsrichter verhandeln soll.«

Er hatte sich wochenlang im Interesse des Verfahrens zurückgehalten. Jetzt war der Grund für eine solche Rücksichtnahme entfallen! Und niemand konnte dem Gericht ein Ende machen, ehe er nicht Gelegenheit gehabt hatte, seinen Standpunkt darzulegen! Das wollte er jetzt tun.

»Weshalb rufen Sie ein Gericht ins Dasein«, fragte er sie, »wenn Sie nicht an seine Verfahrensvorschriften gebunden sind? Was ist das für ein Richter, dem Sie Weisungen erteilen können? Ist dies ein Scheinding, dies alles, das nur dazu da ist, um Ihnen als Instrument zu dienen damit Sie auf der einen Seite internationalen Abkommen Genüge tun können, Ihrer Verfassung auf der anderen Seite aber nicht? Müssen wir«, begehrte er zu wissen, »hier in *dieser* Stadt denn noch *mehr* Richter haben, die Befehle ausführen?«

Er hielt inne, um ein letztes Mal Atem zu schöpfen!

»Meine Herren, ich werde Ihnen diesen Angeklagten nicht ausliefern... Ich habe ihn jetzt fast neun Monate lang für Sie in Haft gehalten... Sie haben mich dazu überredet. Ich glaube jetzt, daß Sie keine der Beschränkungen anerkennen, denen ein gehöriges Rechtsverfahren unterliegt... Ich brauche kein großer Prophet zu sein, um zu begreifen, daß dem US-Gericht für Berlin wahrscheinlich keine große Zukunft beschieden ist.«

Einer der Zuhörer ließ ein unfreiwilliges Lachen hören. Der Richter nickte.

»Wer wird unter diesen Umständen Tiede schützen, wenn ich ihn Ihnen für vier Jahre überlasse? Wer soll, wenn Sie die Verfassung als nicht existent betrachten und keinerlei Beschränkungen unterworfen zu sein vermeinen, zwischen Sie und ihn dazwischentreten? Welcher Richter? Welche unabhängige Instanz haben Sie hier? Was für eine unabhängige Instanz wollen Sie hier zulassen? Wenn ein Richter das Urteil spricht, dann überantwortet er einen Angeklagten — in den Vereinigten Staaten sagt er: ›Ich übergebe dem Justizminister der Vereinigten Staaten zur Verwahrung‹ — usw. Hier sagt er, nehme ich an: ›Ich übergebe dem Kommandanten oder dem Außenminister oder wem immer zur Verwahrung‹... Ich werde das nicht tun. Nicht unter diesen Umständen... Ich verurteile den Angeklagten zu der von ihm verbüßten Haftzeit. Sie«, wies er auf Detlef Tiede, »sind ab sofort ein freier Mann!«

Tiede stand auf: »Danke« – mehr brachte er nicht heraus.

Der Richter nickte.

»Mit der Zivilsache werde ich mich nach der Pause befassen. Behalten Sie bitte Platz.«

Der Richter verließ den Saal. Dort war alles in Aufruhr. Zuhörer rannten zu Tiede, stießen ihn lachend an und gratulierten ihm. Einige weinten. Ingrid Ruske konnte nur mit Mühe nach vorn gelangen. Hellring war ihr schließlich behilflich, während Shapiro und Adams sich in die Arme fielen.

Irgend jemand überreichte Tiede eine kleine Nachbildung der Freiheitsstatue. Der einstige Ostberliner hob sie in die Höhe und schwenkte sie hin und her. Er konnte sich des Ansturms kaum erwehren. Er war zum erstenmal in seinem Leben tatsächlich »ein freier Mann«.

Wenig später kam der Richter in den Saal zurück, um sich noch einmal mit der Zivilsache zu befassen. Die Anwälte wechselten die Plätze. Eine Drehbühne. Steenland hielt sich bereit.

Doch was war zu tun? Der Richter hatte einen Befehl vom Botschafter bekommen, dem er nicht Folge zu leisten vermochte. Er konnte aber nicht Vergeltung dafür üben, indem er für Geulen entschied. Irgend etwas mußte er jedoch tun.

»Alle aufstehen, bitte«, rief Ristau zum letztenmal in den Saal hinein!

Der Richter setzte sich in seinem Sessel nieder! »Bitte Platz zu nehmen! «

Der letzte Stuhl wurde zurechtgerückt.

»Ich habe ein schwieriges Problem zu lösen«, begann er! ». . . Mein Problem besteht im Grunde darin, daß ich wegen des Widerwillens . . . , wie ihn wohl jeder Richter beim Empfang einer Weisung empfinden würde, gemäß der er entscheiden soll – daß ich deswegen meine Urteilsfähigkeit nicht einbüßen möchte!«

Steenland stand allein vor dem Richtertisch. Er hatte soeben erlebt, daß man einen »Luftpiraten« hatte laufen lassen! Was kam als nächstes?

Der Richter fuhr fort: »Ich verstehe sehr gut, warum dieser Fall, wie Sie sagten, so wichtig ist, denn wenn irgendeine Möglichkeit besteht, daß Ihr Gegner recht hat, dann können Sie nicht einfach in Berlin herumgehen und Gerichte schließen.«

Der Richter fragte abermals: »Was ist meine Aufgabe? Was für ein Gericht ist dies?« Es waren dies indes keine rhetorischen Fragen mehr, und Steenland entschloß sich, ihm zu antworten!

»Wie mir scheint, stehen Euer Ehren mehrere Möglichkeiten zur Wahl«, begann der Anwalt des Justizministeriums mit ruhiger Stimme. »Das Gericht könnte den Antrag ohne Begründung abweisen, so daß man dann nur darüber spekulieren könnte, ob Sie wohl zu dem Schluß gekommen seien, Sie handelten pflichtgemäß, oder ob Sie dem Schreiben zustimmten und es befolgten!«

Das war die eine Möglichkeit: Entscheide zu unseren Gunsten und behalte deine Gründe für dich, dann erfährt niemand, daß du klein beigegeben hast!

Für den Fall, daß der Richter nicht zugunsten des State Department entscheiden – und seine Gründe nicht für sich behalten – wollte, nannte Steenland ihm die Alternative!

»Sollte das Gericht, aus welchen Gründen auch immer, nicht zu einem solchen Resultat kommen oder meinen, daß es das nicht dürfe, dann sollte das Gericht – ich schlage dies wiederum mit allem schuldigen Respekt vor – vielleicht die Möglichkeit in Erwägung ziehen, hier nicht länger als Richter zu amtieren.«

Der Richter starrte den Anwalt an: »Soll das heißen, wenn mir das nicht paßt, dann soll ich gefälligst zurücktreten?«

»Ich bringe Möglichkeiten in Vorschlag, die dem Gericht vielleicht zur Wahl stehen.«

Steenland bestand darauf, daß, falls der Richter die Zuständigkeit des Gerichts für diesen Fall bejahe, sich dies sehr nachteilig für die Vereinigten Staaten und ihre Alliierten auswirken würde: »Ich bin sicher, daß es uns gelungen ist, oder vielmehr: ich hoffe, daß es uns gelungen ist, Euer Ehren klarzumachen, daß solch eine Entscheidung höchst bedeutsam sein und für die Vereinigten Staaten, ihre Alliierten, die Berliner und die Bundesrepublik Deutschland sehr unliebsame Folgen haben würde.«

»Sie haben die Vereinten Nationen vergessen«, erwiderte der

Richter. Dann bauschte er seinen Talar vor und sprach seine letzten Worte im US-Gericht für Berlin.

»Wann hat man Richtern zugemutet, sich bei ihren Entscheidungen um derartige Dinge zu kümmern?... Und seit wann ist es Anwälten gestattet, dem Richter in einem Verhandlungssaal zu bedeuten, daß der Rechtsstreit für die prozeßführende Partei so wichtig ist, daß dem Richter *befohlen* wird, in bestimmter Weise zu entscheiden? Von was für einem Rechtssystem sprechen Sie? Was für eine Jurisprudenz haben Sie studiert, daß Sie hier Derartiges vorbringen? Wo gibt es in ganz Amerika ein Gericht, in dem solcherart Recht gesprochen wird? Welcher Richter würde das für Sie tun?«

Steenland konnte nichts weiter tun, als diesen Redestrom über sich ergehen zu lassen.

»Es ist uns nicht gestattet, etwas Derartiges anzuhören. So etwas dürfen wir uns nicht bieten lassen. Für einen Richter ist das eine dreiste Zumutung.«

Der Richter hatte sich zur Hälfte aufgerichtet, und seine Stimme dröhnte in den hallenden Saal.

»Menschen können schuldig befunden werden ..., schuldig oder nicht schuldig, falls das für den Staat von Wichtigkeit ist oder für seine Verbündeten oder für die Völkerfamilie ... «

Er setzte sich wieder nieder und suchte sich zu sammeln.

»Es macht mir wahrhaftig keinen Spaß, all dies zu sagen, aber ich habe den Brief nicht geschrieben. Sie sagen mir, ich solle doch zurücktreten. Glauben Sie wirklich, daß ich daran nicht schon gedacht habe?«

Er hatte im März daran gedacht und erneut am Abend zuvor.

»Und dann wurde mir alles klar. Stellen Sie sich vor, ich säße hier und wäre daheim kein Richter nach Artikel III? Stellen Sie sich vor, ich wäre gehaltlich vom Botschafter abhängig?... Angenommen, die Erziehung meiner Kinder hinge von der Gutwilligkeit des Botschafters ab? Wollen Sie solch einen Richter haben, einen Richter, dem man sagen kann, wie er Fälle entscheiden soll? In Wahrheit doch wohl nicht!«

Er versuchte, Steenland nicht nur durch Vorhaltungen, sondern ebenso durch inständige Bitten von seinem Standpunkt abzubringen. Ob es denn keinerlei Möglichkeit gebe, den Brief zurückzunehmen?

»Ich glaube nicht, Euer Ehren! Ich glaube nicht, daß der Botschafter den Brief nochmals erwägen oder zurücknehmen möchte. Ich glaube nicht, daß eine nochmalige Erwägung sinnvoll wäre!«

»Schön«, sagte der Richter! »Ich will Ihnen was sagen: Solange dieser Brief über diesem Gericht schwebt, kann ich keine Entscheidung fällen! Denn diese könnte nicht die mindeste Rechtsgültigkeit beanspruchen... Auf Ihren Vorschlag, ich möge einfach ohne jede Begründung zu Ihren Gunsten entscheiden, will ich hier nicht weiter eingehen!« Er verzog angewidert das Gesicht!

»Richter sollten das, was sie tun, begründen, damit man erkennen kann, worauf ihre Entscheidung basiert! Auf Ihr Ansinnen, ich solle doch zurücktreten, wenn es mir hier nicht gefiele,... will ich gleichfalls nicht weiter eingehen! Ich trete zurück, wenn es mir paßt. Ich weiß, daß Sie mich hier 'rauswerfen können. Darüber müssen Sie entscheiden... Aber ich werde hier nicht als Richter in dieser Sache verhandeln und irgend etwas entscheiden, solange dem Gericht solch ein Brief vorliegt!«

Er stand auf und drohte mit dem Finger.

»Kommen Sie nicht in mein Gericht, um mir zu sagen, was ich tun soll. Und kommen Sie nicht in mein Gericht, um mir zu sagen, ich solle doch zurücktreten, falls mir das nicht passe!«

Er blickte starr auf Steenland und dann auf Marks!

»Die Verhandlung wird bis auf weiteres vertagt«

Der Richter nahm seine Akten über beide Fälle – die Zivil- und die Strafsache – auf, erhob sich vom Tisch und verließ den Saal! Die Anwälte verharrten regungslos auf ihren Plätzen! Der Düppel-Fall würde hier offenbleiben! Eine Entscheidung auf Befehl würde nicht ergehen.

Am nächsten Morgen um sieben Uhr wurden der Richter und seine Frau durch lautes Klopfen an der Tür ihres Hotelzimmers geweckt. Bums! Bums! Sie fuhr erschreckt im Bett hoch! Bums! Bums! Er legte den Arm um ihre Schulter: »Bleib ruhig! Ich weiß schon, was das ist.« Er beugte sich vor! »Haben Sie einen Brief für mich?« fragte er zur Tür hin.

»Ja«, antwortete eine Stimme!

»Schieben Sie ihn unter die Tür!«

Der Überbringer tat, wie ihm geheißen! Das Schreiben trug das Siegel der US-Botschaft!

Der Richter öffnete den Brief, las ihn durch und gab ihn dann seiner Frau! Sie lächelte erleichtert! Es war alles vorbei.

BERLIN/DEUTSCHLAND

29. Mai 1979

S. Ehren Herbert J. Stern
Amerikanisches Gericht für Berlin

Sehr geehrter Richter Stern,

Botschafter Stoessel hat mich gebeten, Sie von einem Schreiben in Kenntnis zu setzen, das ich Ihnen beiliegend übersende.

Ihr sehr ergebener

David Anderson
Geschäftsführender Missionschef-Stellvertreter

BONN

29. Mai 1979

S. Ehren Herbert J. Stern
Amerikanisches Gericht für Berlin

Sehr geehrter Richter Stern,

ich bin davon in Kenntnis gesetzt worden, daß der Angeklagte im Fall Vereinigte Staaten als US-Element der Alliierten Kommandantura Berlin kontra Tiede verurteilt wurde und der Strafprozeß, für den das Amerikanische Gericht für Berlin einberufen wurde, damit abgeschlossen ist.

Demgemäß beende ich als Chef der Diplomatischen Mission der Vereinigten Staaten in Deutschland hiermit zufolge Paragraph 2 (5) des Gesetzes Nr. 46 des US-Hochkommissars mit Wirkung vom 28. Mai 1979 Ihre Bestellung zum Richter am Amerikanischen Gericht für Berlin.

Ihr sehr ergebener

Walter J. Stoessel, Jr.
Amerikanischer Botschafter

Sie schlummerten noch eine Stunde. Ein paar Stunden später brachte er sie zum Flughafen. Am Nachmittag traf er mit Ristau zusammen. Der Richter übergab ihm den Brief und wies ihn an, ihn öffentlich zu den Akten des US-Gerichts für Berlin zu nehmen.

So geschah es, daß der Schluß des Gerichtsprotokolls das Datum Dienstag, 29. Mai, trägt! Er lautet wie folgt:

> (Das folgende fand in Abwesenheit des Gerichts statt!)
>
> MR. RISTAU: Ich bin zu der Feststellung ermächtigt, daß der folgende Brief heute morgen um sieben Uhr S. Ehren Herbert J. Stern, US-Richter für Berlin, in seinem Hotelzimmer ausgehändigt wurde
>
> Auf Anordnung des Richters werden der Brief und die Anlage hiermit zu den Akten des Gerichts genommen!

Er fuhr noch einmal nach Tempelhof zurück, um seine Sachen zu holen und sich von seinem Mitarbeiterstab zu verabschieden!

Für ihn war es ein bewegender Moment! Das Berliner Polizeikommando, das den Ordnungsdienst versehen hatte, war vollzählig erschienen. Zu seinem großen Erstaunen baten ihn die Beamten sämtlich um ein Autogramm! Er war ein wenig verlegen, doch war er noch nie so froh gestimmt gewesen wie an diesem seinem letzten Tag in Berlin.

Dann zurück ins Hotel zum Mittagessen und anschließend Sachen packen!

Beim Betreten des Speisesaals wurde er erkannt! Eine junge Frau trat an ihn heran: »Verzeihung, Mr. Stern, ich wollte Ihnen nur sagen, daß die Berliner gern möchten, daß Sie hierbleiben!«

Eine leichte Röte überzog sein Gesicht! Als er zu seinem Tisch schritt, winkte man ihm zu! Ich sollte mich eigentlich schämen, so stolz zu sein, dachte er.

Als er sich auf sein Zimmer zurückbegab, läutete dort unaufhörlich das Telefon! Die deutsche Presse hatte im Grunde gar nicht begriffen, was im März vor sich gegangen war! Die Auswahl der Geschworenen im Mai betrachtete man eher als Kuriosität denn als Erscheinungsform einer demokratischen Einrichtung! Der Erlaß eines Sondergesetzes über bedingte Strafaussetzung war nichts Neues, und das gleiche galt für die Schließung der deutschen Gerichte im Düppel-Fall! Man war solche Dinge gewohnt! Doch jetzt, nach dem letzten Verhandlungstag, zeigte die deutsche Presse plötzlich stärkstes Interesse an dem Prozeß: Berichte, Leitartikel, Rundfunkmeldungen! Fernsehteams erschienen im Hotel. Und unablässig läutete das Telefon.

Detlef Tiede und Ingrid Ruske wurden fürs Fernsehen interviewt und waren im Nu allen Zuschauern bekannt!

Der Richter nahm jedoch keine Anrufe entgegen, ließ sich nicht interviewen und lehnte es auch ab, im Fernsehen zu erscheinen! Die deutschen Massenmedien waren jetzt auf dem Kriegspfad. Er wollte indes nach Hause.

Am nächsten Morgen flog er ab. Vorher erfuhr er noch, wie es Horst Fischer ergangen war. Die Ostdeutschen hatten ihn vom 25. August 1978 bis zu dem Tag, an dem das Strafmaß für Tiede verkündet wurde, in Haft gehalten. Dann erfolgte ihre Antwort auf den Prozeß in West-Berlin. Ihre diplomatischen Proteste sollten noch kommen, doch erst einmal stellten sie Horst Fischer vor ein Tribunal, das im geheimen tagte. Dieser Prozeß hinter verschlossenen Türen dauerte nicht einmal einen Tag. Am Spätnachmittag wurde das Urteil verkündet: acht Jahre! Die Kommunisten statuierten ein Exempel an dem Mann, dessen »Verbrechen« darin bestand, daß er der Frau, die er liebte, und ihrer Tochter zur Flucht aus Ostdeutschland hatte verhelfen wollen, der an der Flugzeugentführung aber gar nicht beteiligt gewesen war. Horst Fischer wurde zu acht Jahren Freiheitsstrafe verurteilt.

Der Richter fuhr zum Flugplatz. Selbst beim Warten an der Paßkontrolle wurde er noch von Journalisten bedrängt. Kein Kommentar. Tiede verließ das Gericht als freier Mann. Auch der Mann, der ihn in Freiheit setzte, verließ Berlin als freier Mann.

Nachwort

Der Gerichtssaal existiert nicht mehr. Die Geschworenenbank, die Dolmetscherkabine und die Anwaltstische wurden fortgeschafft,desgleichen der Richtertisch. Tempelhof wurde in einen schläfrigen, nahezu leeren, von einem kleinen amerikanischen Truppenkontigent besetzten Giganten zurückverwandelt.

Die Entscheidung über den Düppel-Fall wurde offengelassen – doch ist nun niemand mehr da, ihn zu entscheiden.

Die Berliner brachten weitere Geldmittel auf. Sie ließen durch amerikanische Rechtsanwälte beim Bundesdistriktgericht in Washington erneut gegen Außenminister Vance und seine Beauftragten Klage erheben. Der Fall erhielt die Bezeichnung *Dostal, et al. v. Vance* – Zivilprozeß Nr. 79-1964. Die Berliner beschwerten sich über die Schließung des US-Gerichts für Berlin und kamen um seine Wiedereröffnung zur Entscheidung ihres Falles ein. Das State Department ließ das Distriktgericht indes wissen, daß sich die Bundesgerichte mit der Sache nicht zu befassen hätten, »da es dabei um eine politische Frage gehe, die für eine richterliche Nachprüfung nicht geeignet« sei.

Ein Washingtoner Richter stimmte dem zu: »Wenn damit zu rechnen ist, daß eine bei einem Gericht eingereichte Klage heikle Fragen der internationalen Beziehungen berühren könnte«, schrieb er, »dann sollten die Gerichte anerkennen, daß solche Angelegenheiten nach unserer Verfassung dem Urteil und dem Ermessen der Exekutive vorbehalten sind.« Er wies die Klage ab.

Die Berliner legten daraufhin bei drei Richtern des für den District of Columbia zuständigen Bundes-Berufungsgerichts Berufung ein. Diese wurde einstimmig zurückgewiesen, und zwar mit folgender Begründung:

> Wenngleich feststeht, daß die US-Regierung den amerikanischen Sektor von Berlin nicht annektiert hat, wie auch, daß der Krieg gegen Nazideutschland im Jahre 1951 offiziell beendet wurde, so hat die US-Streitmacht in Bezlin doch in vielen Hinsichten den Charakter einer Besatzungsstreitmacht. Sie ist, praktisch gesprochen, »alleiniger Souverän« in ihrem Sektor und übt die »oberste Gewalt« aus, während die kommunale Selbstverwaltung, die örtlichen Einrichtungen und die Gerichte lediglich ihre *Werkzeuge* sind. (Hervorhebung vom Verf.)

Das US-Gericht für Berlin bleibt geschlossen. Dem State Department steht es weiterhin frei, »Gesetze« zu erlassen oder außer Kraft zu setzen, ohne den Menschen, über die es herrscht, für seine Handlungen rechenschaftspflichtig zu sein. Und die Behörden West-Berlins und Westdeutschlands sind nach wie vor in der Lage, ihre eigenen Gesetze dadurch zu umgehen, daß sie die Amerikaner ersuchen, ihnen dies zu »befehlen«. So versuchten diese Behörden schließlich, mit Detlef Tiede zu verfahren, und so vermochten sie mit den Anwohnern des Düppeler Feldes zu verfahren. Die »Besetzung« ist eine zweischneidige Fiktion. Sie ist als Deckmantel erforderlich, um die Russen fernzuhalten und die Freiheit zu schützen. Die Besetzung ist aber auch eine nützliche Einrichtung für Beamte, die die Schranken, die alle freien Gesellschaften der Bürokratie setzen, überspringen möchten.

Tiede ist frei, desgleichen Ingrid Ruske und ihre Tochter – zum höchsten Mißvergnügen Polens und der DDR, die auf den Ausgang des Verfahrens mit wütenden diplomatischen Protesten reagierten. Doch den drei Flüchtlingen konnte nun niemand mehr etwas anhaben. Die DDR hatte natürlich Horst Fischer. Er erlitt in der dortigen Haft mehrere Schlaganfälle und magerte um fast zwanzig Kilogramm ab.

Doch heute ist auch er frei. Im Sommer 1980 sprach Bernard Hellring im State Department vor, um eine Mitteilung von Ingrid Ruske zu überbringen. Sie beabsichtige, auf Schadenersatz für das zu klagen, was Goeller und die anderen ihr und ihrer Tochter angetan hätten. Sie wolle kein Geld für sich selbst, sondern benötige die

Summe, um Horst Fischer aus Ost-Berlin herauszukaufen. Sollte Fischer freigelassen werden, sagte Hellring, so würde sie natürlich niemand zu verklagen brauchen. Wenige Tage später ließen ihn die Kommunisten frei. War da ein Zusammenhang? Wer weiß? – doch im August 1980, fast auf den Tag zwei Jahre nach seiner Festnahme, wurde Fischer nach West-Berlin entlassen. Ingrid Ruskes Klageandrohung war damit gegenstandslos geworden. Die Entschlüsse, die sie und Horst Fischer für ihren weiteren Lebensweg getroffen haben, sind ihre Privatangelegenheit.

Anmerkungen

4. Kapitel: DIE ANKLAGEVERTRETER UND DIE RICHTER

Nach seinem Gespräch mit Feldman verschaffte sich der Richter einen knappen Überblick über die Geschichte der Besatzungsgerichte in Deutschland. Dieser überzeugte ihn davon, daß ein solches Gericht völlig Rechtens ist, zumindest in Berlin. Als die Amerikaner 1945 die Kontrolle ihrer Zone in Deutschland und kurz darauf auch ihres Sektors in Berlin übernahmen, war die politische Ordnung Deutschlands total zusammengebrochen. Ein mächtiger westlicher Industriestaat war vollständig besiegt worden. Seine Bevölkerung hatte für längere Zeit keine Nahrung, keine Kleidung oder andere Versorgung. Außer der Befriedigung elementarer menschlicher Bedürfnisse hatten die Amerikaner vordringlich ein Gerichtssystem zu schaffen. Die Nazi-Gerichte wurden aufgehoben, aber Rechtsstreitigkeiten mußten dennoch geschlichtet werden; Streitigkeiten zwischen Deutschen, aber auch Streitigkeiten zwischen Deutschen und den Besatzungsbehörden erforderten eine Entscheidungsinstanz.

General Lucius Clay, der Militärgouverneur in Deutschland, ließ ein System von Militärgerichten aufbauen. Später, als der Militärgouverneur zum Hohen Kommissar in Deutschland wurde, also eine zivile Stellung einnahm, wurden diese Gerichtshöfe der Militärregierung Gerichtshöfe der Hohen Kommission genannt. Insgesamt verhandelten diese Gerichte zwischen ihrer Einsetzung im Jahre 1945 und dem Ende der Besetzung im Jahre 1955 fast sechshunderttausend Fälle. Die meisten Fälle wurden in den späten vierziger Jahren anhängig, ehe Westdeutschland »auf die Füße« kam. Ab 1952 verloren die Gerichte sehr an Bedeutung. Nichtsdestoweniger bestanden sie auf dem Papier bis Mai 1955, als der Bundesrepublik

Deutschland volle Souveränität gegeben wurde. Damals verschwanden sie überall in Westdeutschland. Nur in Berlin bestand weiter ein Besatzungsgericht. Aber auch dort war es nur ein Gericht auf dem Papier – errichtet, aber nie tätig.

Dieser knappe Überblick klärte für den Richter einiges Durcheinander, eine Verwechslung zwischen dem von den siegreichen Alliierten geschaffenen Gerichtshof in Nürnberg, vor den die Hauptkriegsverbrecher gestellt werden sollten, und den Besatzungsgerichten, die sich mit Zivil- und Strafsachen in Deutschland befassen sollten, bis den Westdeutschen die Souveränität zurückgegeben war.

Der Internationale Gerichtshof in Nürnberg, vor den von den siegreichen Alliierten Göring und die anderen Kriegsverbrecher gestellt worden waren, war überhaupt kein amerikanisches Gericht gewesen, sondern, wie sein Name andeutete, ein internationaler Gerichtshof mit Richtern und Staatsanwälten aus Frankreich, Großbritannien, Rußland und den Vereinigten Staaten. Das angewandte Recht war international, Völkerrecht, besonders der Teil, der Kriegsrecht genannt wird. Die Angeklagten hatten sich wegen Verletzungen des Kriegsrechts zu verantworten. Dieses Gericht war kein Besatzungsgericht wie die anderen gewesen, die gearbeitet hatten, um alltägliche Straf- und Zivilsachen in einem Vakuum der Rechtspflege zu entscheiden, das nach dem Zusammenbruch Deutschlands durch die Auflösung des Gerichtssystems entstanden war.

NACHSCHRIFT

Für diejenigen, die es interessiert, folgt hier ein Abschnitt der Entscheidung des Court of Appeals:

> Wir bemerken ferner, daß Richter Stern (der als US-Richter für Berlin auf Grund einer Bestallung durch den Botschafter richtete) dafür hielt, daß er durch die Bill of Rights der US-Verfassung verpflichtet sei, für die damals vor Gericht stehenden deutschen Flugzeugentführer eine Geschworenenbank zu schaffen. *United States v. Hans Detlef Alexander Tiede and Ingrid Ruske,* 86 F. R. D. 227 (14. März 1979). Er ordnete an,

500 nichtsahnende Berliner auszuheben und zum Geschworenendienst bei der im Mai beginnenden Hauptverhandlung vorzuladen. Die Angeklagten wurden für schuldig befunden und verurteilt, und bald danach beendete der Botschafter die Bestallung des Richters, und das US-Gericht für Berlin erhielt seine übliche Existenz auf dem Papier zurück. Wir haben Richter Sterns kundige Darstellung des Ursprungs, der Geschichte und des gegenwärtigen Status der US-Besetzung von Berlin zu Rate gezogen und genutzt. Wir akzeptieren, als Rechtsansicht, seinen Standpunkt, der vieles für sich hat, die Bill of Rights voll auf das Verhalten der amerikanischen Richter und Beamten in Berlin anzuwenden ist, und zwar in bezug auf befreundete Ausländer, allerdings nicht vor den ausschließlich deutschen Gerichten vor Ort, die unter amerikanischer oberster Gewalt tätig sind. *Dostal v. Haig,* 652 F.2d 173 [(D. C. Cir. 1981)]

Ingrid Ruske wird überrascht sein, wenn sie erfährt, daß sie vor dem Gericht für schuldig befunden wurde, und die Geschworenen werden erheitert sein, wenn sie hören, daß sie nichtsahnend »ausgehoben worden sind«.

SACHBUCH

Als Band mit der Bestellnummer 60 184 ist erschienen:

Zu den meistbeachteten öffentlichen Ereignissen gehört Jahr für Jahr die Verleihung des Friedensnobelpreises. Nicht immer werden die Entscheidungen des Preiskomitees vorbehaltlos begrüßt, aber stets haben sie weltweites Interesse gefunden. In ausführlichen Einzelporträts werden hier die Träger der international wichtigsten politischen Auszeichnung vorgestellt: ihr Lebensweg, ihr Dienst im Geiste des Friedens und ihre welthistorische Bedeutung.

BASTEI LÜBBE